20 世纪儒学研究大系

主编：傅永聚　韩钟文

孔 子 研 究

本卷主编　孔凡岭

中 华 书 局

20世纪儒学研究大系

编辑委员会

中国文化的基本精神(代序)

在现今时代,做一个中国人,最重要的是具有爱国意识。爱国意识有一定的思想基础,必须感到祖国的可爱,才能具有爱国意识。而要感到祖国的可爱,又必须对于中国文化的优秀传统有正确的理解。中国文化,从传说中的羲、农、黄帝以来,延续发展了四五千年,在 15 世纪以前一直居于世界文化的前列。15 世纪,中国的四大发明传入欧洲,促进了西方近代文明的发展,于是西方文化突飞猛进,中国落后了。19 世纪 40 年代之后,中国受到资本主义列强的侵略凌辱,中国各阶层的志士仁人,奋起抗争,努力寻求救国的道路,经过 100 多年的艰苦斗争,终于取得了胜利,于 1949 年建立了新中国,"中国人民站起来了!"中国文化虽然一度落后,但又能奋发图强,大步前进。这不是偶然的,必有其内在的思想基础。中国文化长期延续发展,虽曾经走过曲折的道路,但仍能自我更新,继续前进。这种发展更新的思想基础,就是中国文化的基本精神。

何谓精神? 精神即是思维运动发展的精微的内在动力。中国文化中的基本精神,在中国历史上确实起到了推动社会发展的作用,成为历史发展的内在思想源泉。当然,社会发展的基本原因在于生产力的发展,但是思想意识在一定条件下也有一定的积极作用。文化的基本精神必须具有两个特点:一是具有广泛的影响,为大多数人民所接受领会,对于广大人民起了熏陶作用。二是具有激励进步、促进发展的积极作用。必须具有这两方面的表现,才可以称为文化的基本精神。

我认为,中国几千年来文化传统的基本精神的主要内涵有四项基本观念,即(1)天人合一;(2)以人为本;(3)刚健有为;(4)以和为贵。

一 天人合一

天人合一即肯定人与自然的统一,亦即认为人与自然界不是敌对的,而具有不可割裂的关系。所谓合一指对立的统一,即两方面相互依存的关系。天人合一思想在春秋时即已有之。《左传》昭公二十五年记载郑大夫子大叔述子产之言说:"夫礼,天之经也,地之义也,民之行也。天地之经,而民实则之。"又记子大叔之言说:"礼,上下之纪,天地之经纬也,民之所以生也,是以先王尚之。"这是认为礼是天经地义,即自然界的必然准则,"天经"与"民行"是统一的。应注意,这里天是对地而言,天地相连并称,显然是指自然之天。子产将天经地义与民则统一起来,但也重视天与人的区别,他曾断言:"天道远,人道迩,非所及也,何以知之?"(《左传》昭公十八年)当时占星术利用所谓天道传播迷信,讲天象与人事祸福的联系,子产是予以否定的。孟子将天道与人性联系起来,他说:"尽其心者,知其性也。知其性,则知天矣。"(《孟子·尽心上》)孟子认为人性是天赋的,所以知性便能知天。但孟子没有做出明确的论证。《周易大传》提出"裁成辅相"之说,《象传》云:"天地交,泰。后以裁成天地之道,辅相天地之宜,以左右民。"《系辞》云:"范围天地之化而不过,曲成万物而不遗。"《文言》提出"与天地合德"的思想："夫'大人'者,与天地合其德,与日月合其明,与四时合其序,与鬼神合其吉凶。先天而天弗违,后天而奉天时。"这里所谓先天指为天之前导,后天即从天而动。与天地合德即与自然界相互适应,相互调谐。

汉代董仲舒讲天人合一,宣扬"天副人数",陷于牵强附会。宋代张载明确提出"天人合一"的四字成语,在所著《西铭》中以形象语言宣示天人合一的原则。《西铭》云："乾称父,坤称母,予兹藐焉,乃混然中处。故天地之塞,吾其体;天地之帅,吾其性。民吾同胞,物吾与也。"所谓天地之塞指气,所谓天地之帅指气之本性,就是说:天地犹如父母,人与万物都是天地所生,人与万物都是气构成的,气的本性也就是人与万物的本性,人民都是我的兄弟,万物都是我的朋友。这充分肯定了人与自然界的统一。但张载也承认天与人的区别,他在《易说》中讲："鼓万物而不与圣人同忧者,此直谓天也,天则无心,……圣人所以有忧者,圣人之仁也。不可以忧言者天也。"天是没有思虑的,圣人则不能无忧,这是天人之别。所谓天人合一是指人与自然界既有区别,而又有统一的关系,人是自然界所产生的,是自然界的一部分,人可以认识自然并加以改变调整,但不应破坏自然。这"天人合一"的观念与西方所谓"克服自然"、"战胜自然"有很大区别。在历史上,中西不同的观点各有短长,西方近代的科学技术取得了改造自然的辉煌成绩,但也破坏了自然界的生态平衡。时至今日,重新认识人与自然的统一,确实是必要的了。

二　以人为本

以人为本是相对于宗教家以神为本而言的,可以称为人本思想。孔子虽然承认天命，却又怀疑鬼神。他说："务民之义，敬鬼神而远之，可谓知矣。"（《论语·雍也》）认为人生最重要的是提高道德觉悟，而不必求助于鬼神。孔子更认为应重视生的问题，而不必考虑死后的问题。《论语》记载："季路问事鬼神，子曰：'未能事人，焉能事鬼？'曰：'敢问死！'曰：'未知生，焉知死？'"（《先进》）孔子更不赞成祈祷，《论语》载："子疾病，子路请祷。子曰：'有诸？'子路对曰：有之，诔曰：'祷尔于上下神祇。'子曰：'丘之祷久矣。'"（《述而》）孔子对于鬼神采取存疑的态度，既不否定，亦不肯定，但认为应该努力解决现实生活中的问题，而不必向鬼神祈祷。孔子这种思想观点可以说是非常深刻的。

这种以人为本的思想，后汉思想家仲长统讲得最为鲜明。仲长统说："所贵乎用天之道者，则指星辰以授民事，顺四时而兴功业，其大略也，吉凶之祥，又何取焉？……所取于天道者，谓四时之宜也；所壹于人事者，谓治乱之实也。……从此言之，人事为本，天道为末，不其然与？"（《全后汉文》卷八十九）这里提出"人事为本"，可以说是儒家"人本"思想最明确的表述。所谓以人为本，不是说人是宇宙之本，而是说人是社会生活之本。

佛教东来，宣传灵魂不灭、三世轮回的观念，一般群众颇受其影响，但是儒家学者起而予以反驳。南北朝时何承天著《达性论》，宣扬人本观念。何承天说："人非天地不生，天地非人不灵，……安得与夫飞沈蠕蠕，并为众生哉？……至于生必有死，形毙神散，犹春荣秋落，四时代换，奚有于更受形哉！"这完全否定了灵魂不灭、三世轮回的迷信。范缜著《神灭论》，提出形为质而神为用的学说，更彻底批驳了神不灭论。

宋明理学中，不论是气本论，或理本论，或心本论，都不承认灵魂不灭，不承认鬼神存在，而都高度肯定精神生活的价值。气本论以天地之间"气"的统一性来论证道德的根据,理本论断言道德原于宇宙本原之"理",心本论则认为道德伦理出于"本心"的要求。这些道德起源论未必正确,但是都摆脱了宗教信仰。受儒家影响的中国知识分子,宗教意识都比较淡薄,在中国文化中,有一个以道德教育代替宗教的传统。虽然道德也是有时代性的,但是这一道德传统仍有其积极的意义。

三　刚健自强

先秦儒家曾提出"刚健"、"自强"的人生准则。孔子重视"刚"的品德:他说:"刚毅木讷近仁。"(《论语·子路》)刚毅即是具有坚定性。孔子弟子曾子说:"可以托六尺之孤,可以寄百里之命,临大节而不可夺也。君子人与? 君子人也。"(同上《泰伯》)临大节而不可夺,即是刚毅的表现。《周易大传》提出"刚健"、"自强不息"的生活准则。《大有·象传》云:"大有,柔得尊位,大中而上下应之,日大有,其德刚健而文明,应乎天而时行。"《乾·文言传》云:"大哉乾乎! 刚健中正,纯粹精也。"《乾·象传》云:"天行健,君子以自强不息。"乾指天而言,天行即日月星辰的运行。日月星辰运行不已,从不间断,称之日健,亦日刚健。人应效法天之运行不已,而自强不息。自强即是努力向上、积极进取。《系辞下传》又论健云:"夫乾,天下之至健也,德行恒易以知险。"这是说,天下之至健在于能知险而克服之以达到恒易(险指艰险,易指平易)。所谓自强,含有克服艰险而不断前进之意。儒家重视"不息",《中庸》云:"故至诚无息。不息则久,久则征;征则悠远,悠远则博厚,博厚则高明。……《诗》云:'维天之命,於穆不已。'盖日天之所以为天也。'於乎不显,文王之德之纯!'盖日文王之所以为文也,纯亦不已。"儒家强调不懈的努力,这是有积极意义的。

在古代哲学中,与刚健自强有密切联系的是关于独立意志、独立人格和为坚持原则可以牺牲个人生命的思想。孔子肯定人人都有独立的意志,他说:"三军可夺帅也,匹夫不可夺志也。"(《论语·子罕》)又赞扬伯夷叔齐"不降其志,不辱其身"(同上《微子》),即赞扬坚持独立的人格。孔子更认为,为了实行仁德可以牺牲个人的生命,他说:"志士仁人,无求生以害仁,有杀身以成仁。"(同上《卫灵公》)孟子进而提出:"生亦我所欲也,义亦我所欲也,二者不可得兼,舍生而取义者也。生亦我所欲,所欲有甚于生者,故不为苟得也;死亦我所恶,所恶有甚于死者,故患有所不辟也。"(《孟子·告子上》)这里所谓"所欲有甚于生者"即义,其中包括人格的尊严。他举例说:"一箪食、一豆羹,得之则生,弗得则死。呼尔而与之,行道之人弗受;蹴尔而与之,乞人不屑也。"不受嗟来之食,即为了保持人格的尊严。坚持自己的人格尊严,这是刚健自强的最基本要求。

先秦时代,儒道两家曾有关于刚柔的论争。与儒家重刚相反,老子"贵柔"。老子提出"柔弱胜刚强"(《老子》三十六章),认为"天下之至柔,驰骋天下之至坚"(四十三章)。他以水为喻来证明柔能胜强:"天下柔弱莫过于水,而攻坚,强莫之能先,其无以易之。故弱胜强,柔胜刚,天下莫能知,莫能行。"(七十八章)老子贵柔,意在以柔克刚,柔只是一种手段,胜刚才是目的,贵柔乃是求胜之道。孔子重刚,老子贵柔,其实是相反相成的。

在中国古代哲学中,儒家宣扬"刚健自强",道家则崇尚"以柔克刚",这构成中国文化思想的两个方面。儒家学说的影响还是大于道家影响的,在文化思想中长期占有主导的地位。刚健自强的思想可以说是中国文化思想的主旋律。《周易大传》"天行健,

君子以自强不息"的名言,在历史上,对于知识分子和广大人民,
确实起了激励鼓舞的积极作用。

四　以和为贵

中国古代以"和"为最高的价值。孔子弟子有若说:"礼之用,
和为贵。先王之道斯为美,小大由之。"(《论语·学而》)孔子亦
说:"君子和而不同,小人同而不和。"(同上《子路》)区别了"和"
与"同"。按:和同之辨始见于西周末年周太史史伯的言论中。
《国语》记述史伯之言说:"夫和实生物,同则不继。以他平他谓之
和,故能丰长而物归之。若以同裨同,尽乃弃矣。"(《郑语》)这里
解释和的意义最为明确。不同的事物相互为"他","以他平他"即
聚集不同的事物而达到平衡,这叫做"和",这样才能产生新事物。
如果以相同的事物相加,这是"同",是不能产生新事物的。春秋
时齐晏子也强调"和"与"同"的区别,他以君臣关系为例说:"君所
谓可而有否焉,臣献其否,以成其可。君所谓否而有可焉,臣献其
可,以去其否。"这称为"和"。如果"君所谓可",臣亦曰可;"君所
谓否",臣亦曰否,那就是"同",而不是"和"了。晏子说:"若以水
济水,谁能食之? 若琴瑟之专一,谁能听之? 同之不可也如是。"
(《左传》昭公二十年)这是说,必须能容纳不同的意见,兼容不同
的观点,才能使原来的思想"成其可"、"去其否",达到正确的结
论。孔子所谓"和而不同"也就是能保留自己的意见而不人云亦
云。"和"的观念,肯定多样性的统一,主张容纳不同的意见,对于
文化的发展确有积极的促进作用。

老子亦讲"和",《老子》四十二章:"万物负阴而抱阳,冲气以为
和。"又五十五章:"知和曰常,知常曰明。"这都肯定了"和"的重要。

但是老子冲淡了"和"与"同"的区别,既重视"和",也肯定"同"。五十六章:"塞其兑,闭其门,挫其锐,解其忿,和其光,同其尘,是谓玄同。"这"和光同尘"之教把西周以来的和同之辨消除了。

墨子反对儒家,不承认和同之辨,而提出"尚同"之说。墨家有许多进步思想,但是尚同之说却是比和同之辨后退一步了。

儒家仍然宣扬和的观念,《周易大传》提出"太和"观念,《乾·彖传》说:"乾道变化,各正性命,保合太和,乃利贞。"这里所谓太和指自然界万物并存共育的景况。儒家认为,包含人类在内的自然界基本上是和谐的。《中庸》云:"万物并育而不相害,道并行而不相悖。"这正是儒家所构想的"太和"景象。

孟子提出"人和",他说:"天时不如地利,地利不如人和。三里之城,七里之郭,环而攻之而不胜。夫环而攻之,必有得天时者矣;然而不胜者,是天时不如地利也。城非不高也,池非不深也,兵革非不坚利也,米粟非不多也,委而去之,是地利不如人和也。故曰:域民不以封疆之界,固国不以山溪之险,威天下不以兵革之利。得道者多助,失道者寡助。寡助之至,亲戚畔之;多助之至,天下顺之。"(《孟子·公孙丑下》)这里所谓人和是指人民的团结,人民的团结是胜利的决定性条件。"得道多助,失道寡助",这是今天仍然必须承认的真理。

儒家以和为贵的思想在历史上曾经起了促进民族团结、加强民族凝聚力、促进民族融合、加强民族文化同化力的积极作用。在历史上,得民心者得天下,失民心者失天下,已成为长期起作用的客观规律。在历史上,汉族本是由许多民族融合而成的;在近代,汉族又和五十几个少数民族融合而合成中华民族。中华民族内部密切团结而成为一个统一的整体。中华民族是多元的统一体,中国文化也是多元的统一体。多元的统一,正是中国古代哲学家所谓"和"的体现。所谓"和",不是不承认矛盾对立,而是认为应该解决矛盾而达到更高的统一。

以上所谓"天人合一"、"以人为本"、"刚健自强"、"以和为贵",都是用的旧有名词。如果采用新的术语,"天人合一"应云"人与自然的统一",或者如恩格斯所说"人与自然的一致"(《自然辩证法》1971年版第159页)、"自然界与精神的统一"(同书第200页)。"以人为本",应云人本主义无神论。"刚健自强",应云发扬主体能动性。"以和为贵",即肯定多样性的统一。这些都是中国古代哲学中的精湛思想,亦即中国文化基本精神之所在。

以上,我们肯定"天人合一"、"以人为本"、"刚健自强"、"以和为贵"等思想观念在历史上曾经起了促进文化发展的积极作用。但是,历史的实际情况是非常复杂的,许多思想观念的含义也不是单纯的。正确的观念与荒谬的观念、进步的现象与反动的落后的现象,往往纠缠在一起。所谓天人合一,在历史上不同的思想家用来表示不同的含义。例如董仲舒所谓天人合一主要是指"人副天数"、"天人感应",那完全是穿凿附会之谈。程颐强调"天道人道只是一道",认为仁义礼智即是天道的基本内容,也是主观的偏见。在董仲舒以前,有一种天象人事相应的神学思想。认为天上星辰与人间官职是相互应合的,所以《史记》的天文卷称为"天官书",但这不是后来哲学家所谓的"天人合一"。如果将上古时代天象与人事相应的神学思想称为天人合一,那就把问题搞乱了。这是应该分别清楚的。儒家肯定"人事为本",表现了无神论的倾向,但是这并不意味着宗教迷信在中国社会并无较大的影响。事实上,中国旧社会中,多数人民是信仰佛教、道教以及原始的多神教的。但是这种情况也不降低儒家人本思想的价值。"以和为贵"是儒家所宣扬的,但是阶级斗争、集团之间的斗争、个人与个人的斗争也往往是很激烈的。我们肯定"和"观念的价值,并不是宣扬调和论。

中国文化具有优秀传统,同时也具有陈陋传统,简单说来,中国文化的缺陷主要表现于四点:(1)等级观念;(2)浑沦思维;(3)近效取向;(4)家族本位。从殷周以来,区分上下贵贱的等级,是传统文化的一个最严重的痼疾,辛亥革命推翻了君主专制,但等级观念至今仍有待于彻底消除。中国哲学长于辩证思维,却不善于分析思维。事实上,科学的发展是离不开分析思维的。如何在发扬辩证思维的同时学会西方实验科学的分析方法,是一个严肃的课题。中国学术向来注重人伦日用,注重切近的效益,没有"为真理而求真理"的态度,表现为一种实用主义倾向,这也是中国没有产生自己的近代实验科学之原因之一。中国近代以前的社会可以说是以家族为本位。西方近代社会可以说是"自我中心、个人本位",而中国近代以前则不重视个人的权益,这是一个严重的缺陷。五四运动以来,传统的家族本位已经打破了。在社会主义时代,应该是社会本位、兼顾个人权益。

我们现在的历史任务是创建社会主义的新文化,正确认识中国传统文化的长短得失,是完全必要的。

傅永聚、韩钟文同志主编的《20世纪儒学研究大系》,循百年思想学术发展的脉络,以现代学术分类的原则,择选有学术价值、文献价值的代表文章,以"大系"的形式编纂而成,共有20多卷,每卷附有专题研究的"导言"一篇。这部《20世纪儒学研究大系》是由曲阜师范大学、孔子研究院、山东大学、复旦大学等单位的中青年学者合力编纂而成,说明了儒学研究事业后继有人。《大系》被列入国家社会科学基金规划项目,又由中华书局出版,都在弘扬和培育中华民族精神方面做出了一件非常有意义的事情,我感到十分欣慰。编者征求我的意见,于是略陈关于中国文化的基本精神和儒家文化传统的一些感想,以之为序。

張岱年

前　言

傅永聚　韩钟文

　　儒学犹如一条源远流长的大河,导源于洙泗,经过二千五百多年生生不息的奔腾,从曲阜邹城一带流向中原,形成波澜壮阔的江河,涉及整个中国,辐射东亚,流向全球,泽惠万方。儒学曾经是中华文化的主流、东亚文明的精神内核。但是进入20世纪后的儒学,遭遇到空前严峻的挑战,也面临着再生与复兴的历史机遇。一百多年来,儒学几经曲折,备受挫折,又有贞下起元、一阳来复之象,至20、21世纪之交成为参与"文明对话"的重要角色。

　　牟宗三先生说:"察业识莫若佛,观事变莫若道,而知性尽性,开价值之源,树价值之主体,莫若儒。"(《生命的学问》)儒、道、释及西方的哲学、耶教等都指示人的生命意义的方向,但就中国人特别是中国古代知识分子而言,儒学是安身立命之道。孔子、儒家追求的"内圣外王之道",一直是中国人的人格修养与经世事业的价值理想。"士不可以不弘毅,任重而道远。仁以为己任,不亦重乎?死而后已,不亦远乎?"(《论语·泰伯》)从孔子、曾子、子思、孟子至康有为、梁启超、梁漱溟、熊十力、牟宗三,中国的儒学代表人物就是怀抱志仁弘道的精神去实践自己的生命价值,开拓教化天下的事业与创建文化中国的理想的。中华文化历尽艰难,几经跌宕,却如黄河、长江一样流淌不息,且代有高潮,蔚成奇观,与孔子及其所创建的儒家学派所做的贡献是分不开的。

儒学一直对中华文化各个层面产生着巨大而又深远的影响。儒学统摄哲学、伦理、政治、教育、宗教、艺术等人文社会科学的学术品格及关怀现世人生的精神,使它成为一套全面安排人间秩序的思想体系,从一个人的生存方式,到家、国、天下的构成,都在儒学关怀与实践的范围之内。经过二千多年的传播、积淀,儒学一直影响着中华民族的民族性格、心理结构的形成。然而,进入 20 世纪,又出现类似唐宋之际"儒门淡泊,收拾不住"的危机,陷入困境之中。唐君毅以"花果飘零"、余英时以"游魂"形容儒学危机之严峻,张灏则称这是现代中国之"意义危机"、"思想危机"。

从 19 世纪中后期开始,中国社会、文化进入从传统农业社会向现代工业社会、从传统文化向现代文化转型的时代。1905 年废除科举制度,1911 年辛亥革命推翻了帝制,"五四"新文化运动的兴起,西方各种思潮、主义潮水般地涌入,风起云涌的政治革命、文化革命、社会转型、文化转型,导致了传统士阶层的解体与分化,新型知识分子的诞生与在文化思想领域倡导"新思潮"、"新学说",激进的反传统思潮的勃兴,现代化进程的启动和在动荡不安中急遽推进,使 20 世纪中国处于"三千年未有的大变局"的境遇之中,儒学的危机也由此而生。

一个世纪以来,儒学的命运与中国现代化的历史进程相消长,也与学术界、思想界及政治界对儒学与现代化的关系、儒学与西方文化的关系、儒学与全球的"文明对话"的关系所形成的认识有关。从 19 世纪末至 21 世纪初,一百多年来,中国的学术界、思想界与政治界围绕着孔子、儒家及儒学的命运、前景问题展开了广泛的持久的争鸣,而这类争鸣又直接或间接地同传统文化与现代化、中学与西学、新学与旧学、科学主义与人文主义、全球化与中国化、文明冲突与文明对话、西方智慧与东方智慧等等论题交织在一起,使有关儒学的思想争鸣远远超出中国儒学史的范围,而成为20世纪中国思想史、学术史的有机组成部分。

百年儒学的历史大致沿着两个方向演进:一、儒学精神的新开展,使儒学于危机中、困境中得以延续、再生或创造性转化;二、儒家学术思想的研究,包括批判性研究、诠释性研究、创造性研究在内。由于20世纪中国是以"革命"为主潮的世纪,学术研究与政治革命的关系特别密切,故批判性研究常常烙上激进的政治革命的烙印,超出学术研究的范围,并形成批判儒学、否定儒学的思潮,酿成批判论者、诠释论者与复兴论者的百年大论争,并一直延续到21世纪。

回顾百年儒学精神新开展与儒学研究的历程,有一奇特现象值得重视。活跃于20世纪中国思想界、学术界、政治界、教育界的精英或代表人物,都不同程度地介入或参与了有关孔子、儒家思想的争鸣。如:早期马克思主义者陈独秀、李大钊、瞿秋白、李达、郭沫若、范文澜、侯外庐等,三民主义者蔡元培、陶希圣、戴季陶等,自由主义的代表人物严复、胡适、殷海光、林毓生等,无政府主义者吴稚晖、朱谦之等,现代新儒学的代表人物梁漱溟、熊十力、唐君毅、牟宗三、徐复观等,学衡派的代表人物梅光迪、吴宓、陈寅恪、汤用彤等,东方文化派的杜亚泉、钱智修等,新士林学派的罗光等,以及张申府、张岱年等,都参与了有关儒学的争鸣,并在争鸣中形成思想的分野,蔚成中国近代思想文化史上最壮观的一幕。

20世纪中国思想史的复杂性、丰富性远远超出了唐宋之际和明清之际,其思想争鸣具有现代性或现代精神的特色。美国学者列文森在《儒教在中国及其现代命运》中以"博物馆化"象征儒学生命的终结,有些中国学者也说儒学已到"寿终正寝的时节"。但从百年儒学的精神开展与儒学研究的种种迹象看,儒学的生命仍然如古老的大树一样延续着,儒学曾经创造性地回应了印度佛教文化的挑战,儒学也正在忧患之中奋然挺立,回应西方文化的挑战,这是儒学传统现代创造性转换的契机。人们在展望"儒学第三期"或"儒学第四期"的来临。百年儒学的经历虽曲折艰难,时兴时衰,但仍是薪火相传,慧命接续,间有高潮,巨星璀璨,跨出本土,落根东亚,走向世界,成为一种国际性的思潮,在全球性的"文明对话"中扮演着重要角色,为人类重建文明秩序提供了可资汲取的智慧。儒学并没有"博物馆化",儒学的新生命正在开始。因此,对百年儒学作系统的全面的反思与总结,是一项具有历史意义与现实意义的学术课题。

　　纵观百年儒学的历程,大致经历了五个阶段,在这五个阶段中,儒学的命运、所遭遇的景况不尽相同,分述如下:

　　19 世纪末至 1911 年辛亥革命为第一阶段　洋务运动、戊戌变法导致儒家经世思想的重新崛起,晚清今文经学的复兴,特别是康有为《新学伪经考》、《孔子改制考》的出版,托古改制,以复古为解放,既开导儒学的新方向,又开启"西潮"的闸门,如思想"飓风",如"火山火喷"。章太炎标举古文经学的旗帜,与以康有为为代表的今文经学派展开经学论争,而这场思想学术争鸣又与政治上的革命或改良、反清或保皇、君主立宪与民主共和等论争交错在一起,显得格外严峻与深沉。诸子学的复兴,西学输入高潮的到来,政治革命的风暴席卷神州,社会解体与重建进程加速发展,传统士阶层的分化与新型知识分子的诞生,预示后经学时代的降临。思想界、学术界先觉之士以"诸子学"、"西学"为参照系,批判儒学或重新诠释儒学,传统儒学向现代儒学转型已初见端倪。

以辛亥革命至 1928 年南京政府成立为第二阶段　康有为、陈焕章等仿效董仲舒的"崇儒更化"运动创建孔教会,"五四"新文化运动兴起,吴虞、胡适等提倡"打孔家店",《新青年》派陈独秀、胡适与文化保守主义者梁启超、梁漱溟、杜亚泉等,学衡派梅光迪、吴宓等展开思想文化争鸣,以张君劢、梁启超等为代表的人文主义与以丁文江、胡适、王星拱等为代表的科学主义的论辩,马克思主义者李大钊、瞿秋白等也积极参与思想争鸣,各大思潮的冲突与互动,不论是批判儒学,或者是重释儒学及复兴儒学,有一个共同的特点,都是将儒学的研究纳入现代思想学术的领域之中,使思想争鸣具有现代性,从而导致儒学向现代思想学术转型。20 世纪中国人文社会科学的学科建制、研究方法深受"西学"的影响,有关孔子、儒学的论争已不同于经学时代,且与国际上各种思潮的论争息息相通。以现代西方哲学、科学、政治等学科的范畴、概念、方法去解读、分析、批判或重新诠释儒学,成为一时的学术风气,还出现"援西学入儒学"的现象。有些思想家、哲学家试图摄纳西学、诸子学及佛学中有价值的东西重建儒学,如梁启超的《儒学哲学及其政治思想》、《儒学哲学》等文及《欧游心影录》,梁漱溟的《东西文化及其哲学》,冯友兰的《人生哲学》,已透露出现代新儒学即将崛起的消息。

1928 年至 1949 年中华人民共和国建立为第三阶段　30 年代后,中国思想界、学术界出现"后五四建设心态"。吸取西学的思想、方法,以反哺儒学传统,创造性地重建传统儒学,如张君劢、冯友兰、贺麟等;或者回归儒学传统,谋求儒学的重建,如熊十力、钱穆、马一浮等;即使是"五四"时期及传统的学者,在胡适提倡"研究问题,输入学理,整理国故,再造文明"之后,也将儒学作为

"国故"的重要组成部分,作为学术史、思想史、文化史的思想资料加以系统的研究。胡适的《说儒》就是一篇以科学方法研究孔子、儒学的示范之作。"后五四建设心态"的形成,对中国现代学术的建构起了积极的作用。一大批专家、学者参照西方人文社会科学学科建制的原则与方法,分哲学、宗教学、政治学、经济学、伦理学、社会学、法学、史学、美学、文学艺术、教育学、心理学等等,对儒学进行系统的研究,还对不同学科的发展史作深入的探讨,如中国哲学史、中国教育思想史、中国政治思想史、中国学术史、中国伦理学史、中国文化史、中国通史等等,儒学研究也纳入分门别类的学科及学科发展史的研究之中。钱穆在《现代中国学术论衡》中说:"民国以来,中国学术界分门别类,务为专家,与中国传统通人通儒之学大相违异。"将数千年经学、儒学作为学术思想的资源或资料,分门别类地纳入学科专题研究之中,虽然使儒家"内圣外王之道"的"道"变为"学术",由"专门之学"代替"通儒之学",但恰恰是这种转变,才促使了儒学由传统形态向现代形态转型。这一阶段是中国社会动荡不安的年代,令人惊异的是,在动荡的岁月中出现了一个学术繁荣期,学术研究的深度与广度并不亚于乾嘉时代,儒学研究也是如此。"专门之学"代替"通儒之学"乃大势所趋,是现代学术的进步。

　　抗日战争的爆发、救亡运动的高涨,把民族文化复兴运动推向高潮,为儒学精神的新开展或创造性重建提供了历史机缘。儒学在民族文化复兴的大潮中获得再生并走向现代。1937年沈有鼎在《中国哲学今后的开展》,1941年贺麟在《儒家思想之开展》,1948年牟宗三在《鹅湖书院缘起》中,都强调中国进入一个"民族复兴的时代"。民族复兴应该由民族文化复兴为先导,儒家文化是中华文化的主流,儒家文化的命运与民族文化的命运血脉相连、

息息相关。他们认为,如果中华民族不能以儒家思想或民族精神
为主体去儒化或汉化西洋文化,则中国将失掉文化上的自主权,而
陷于文化上的殖民地。他们期望"儒学第三期"的出现,上接宋明
儒学的血脉,对儒学作创造性的诠释,或者会通儒学与西学,使古
典儒学向现代思想学术形态转换。以熊十力、贺麟、牟宗三等为代
表的新心学,以冯友兰、金岳霖等为代表的新理学,是儒学获得现
代性并走向成熟的重要标志。此外,王新命、何炳松等十教授发表
《中国本位的文化建设宣言》(1935 年 1 月 10 日),新启蒙运动倡
导者张申府、张岱年等提出"打倒孔家店,救出孔夫子"的口号及
综合创造论,都体现了"后五四建设心态",都有利于儒学的学术
研究之开展。

1949 年至 1976 年"文革"结束为第四阶段　余英时在《现代
儒学论》序言中指出:20 世纪中国以 1949 年为分水岭,在前半个
世纪与后半个世纪,中国的文化传统特别是儒家命运截然不同。
1949 年以前,无论是反对或同情儒家的知识分子大部分曾是儒家
文化的参与者,他们的生活经验中渗透了儒家价值。即使是激进
的反传统者,他们并没有权力可以禁止不同的或相反的观点,故批
判儒学或复兴儒学之争可以并存甚至互相影响。1949 年以后,儒
家的中心价值在中国人的生活方式中已退居边缘,知识分子无论
对儒学抱着肯定或否定的态度,已失去作为参与者的机会了,儒学
和制度之间的联系中断,成为陷于困境的"游魂"。

就实际状况而言,这一阶段的儒学研究或者儒家思想之开展,
比余英时分析的还要复杂,值得注意的是分化现象:大陆出现批判
儒学的新趋向,50 年代至 60 年代中期,以批判性研究为主,除梁
漱溟、熊十力、陈寅恪等少数学人外,像冯友兰、贺麟、金岳霖等新
理学与新心学的代表人物,都经过思想改造、脱胎换骨之后批判自

20 世纪儒学研究大系

己的学说,即使写研究孔子、儒学的文章,也离不开批判的框框。当时思想界、学术界的儒学研究,多以"苏联哲学"为范式,进行"唯心"或"唯物"二分式排列,批判与解构儒学成为当时的风潮。70 年代中期出现群众性的批孔批儒运动,真正的学术研究根本无法进行。儒学已经边缘化了。在港台地区和海外华人社群中,儒学却得到不同程度的认同,移居港台、海外的学者,如张君劢、钱穆、陈荣捷、唐君毅、牟宗三、徐复观、方东美等,继续以弘扬儒家人文精神为己任,立足于学术界、教育界,开拓儒学精神的新方向,成就了不少持之有据、言之成理的"一家之言"。

70 年代后期至 21 世纪初为第五阶段　中国大陆的改革开放,思想解放运动,传统文化与现代化的论争,"文化热"的出现,以及日本、韩国、新加坡等国与香港、台湾地区经济腾飞所产生的影响,东亚现代化模式的兴起,全球化进程中形成的文化多元格局,文明对话,全球伦理、生态平衡,以及"文化中国"等等课题的讨论,使人们对孔子、儒学研究逐渐复苏,重评孔子、儒学的论文、论著陆续出版,有关孔子、儒学、中国文化的学术会议频繁举行,中国孔子基金会、国际儒学联合会、中华孔子学会、中国文化书院、孔子研究院等学术团体和研究机构的建立,历代儒家著作及其注解、白话文翻译、解读本的大量出版,有关儒家的人物评传、思想研究、专题研究以及儒学与道、释、西方哲学及宗教的比较研究,成为学术界关注的课题。还有分门别类的人文社会科学及自然科学,也将儒学纳入其中作专门研究,如儒家哲学思想、儒家伦理思想、儒家美学思想、儒家史学思想、儒家政治思想、儒家教育思想、儒家宗教思想、儒家科学思想、儒家管理思想等等。专门史的研究也涉及儒学,如中国哲学史、中国经济思想史、中国教育思想史、中国伦理思想史等等,一旦抽掉孔子、儒家与儒学,就会显得十分单薄。此外,原来处于边缘化的港台、海外新儒家,乘改革开放的机遇,或者进入大陆进行学术交流,或者将其思想、学说传入大陆,至 90 年代,出现当代新儒家、自由主义与马克思主义重新论辩、对话与互动的格局,有关"儒学第三期"、"儒学第四期"的展望,儒学在国际思想界再度引起重视,说明儒学的确在展示着其"一阳来复"的态势。

　　纵观百年儒学的历程,不论在哪一个阶段,不论是儒家思想之新开展,或者是有关儒学的学术研究,都积有丰富的思想资源或文献资料,已经到了对百年儒学进行系统研究、全面总结的时候了。站在世纪之交的高度,我们组织编纂《20 世纪儒学研究大系》,就是为了完成这一学术使命。

　　《20 世纪中国儒学研究大系》是孔子研究院成立后确定的一项浩大的学术工程,现已列入 2002 年国家社会科学基金项目。《大系》的编纂与出版,实为孔子、儒学研究的一大盛事,必将对 21 世纪的儒学研究产生积极而又深远的影响。

编选原则及体例

《20世纪儒学研究大系》是一部大型的相对成套的专题分卷的儒学研究丛书,力求通过选编20世纪学术界研究儒学的代表性论文、论著,全面反映一百年来专家、学者研究儒学的学术成果及水平,为进一步研究儒学提供一部比较系统的学术文献。

一、将20世纪海内外专家、学者研究儒学的代表性论文、论著按研究专题汇集成册,共分21卷。所选以名家、名篇及具有代表性的观点为原则,不在多而在精,力求反映20世纪儒学研究的全貌。

二、所选以学术性讨论材料、思想流派性材料为主,兼收一些具有代表性并产生过重大影响的批判性文章。

三、每一卷包括导言、正文、论著目录索引三个主干部分。

四、每卷之始,撰写导言,综论20世纪该专题研究的大势及得失,阐发本专题研究的学术价值和意义,为阅读利用本卷提示门径。

五、一般作者原则上只入选一篇具有代表性的成果,重要代表人物可选2—3篇。

六、所收文章均加简要按语,介绍作者学术生平及本文内容。合作创作的论著,只介绍第一作者。

七、每卷所收文章,原则按公开发表或正式出版的时间先后为序。

八、所收文章,尽量使用最初发表的版本,并详细注释文章出处、发表或写作时间。

九、入选文章、论著篇幅过长者,适当予以删节,并予以注明。

十、为统一体例,入选文章一律改用标准简化字,一律使用新式标点。

十一、所选文章的注释一律改为文中注和页下注,以保持丛书的整体风格。材料出处为文中注(楷体),解释性文字为页下注。

十二、每卷后均列论著目录索引,将未能入选但又有学术价值与参考价值的论著列出。论文和著作分门别类,并按公开发表和正式出版的时间先后为序。

目　录

20世纪儒学研究大系

20世纪儒学研究大系

导　言

　　20 世纪已经过去,新的世纪刚刚开始,清代经学家阮元曾云"学术盛衰,当于百年前后论升降焉"。站在新世纪的门槛,回观百年以来孔子研究的历程,总结其经验教训,应是最为恰当的时机。

一

　　20 世纪是中国社会大变革的时代。西方资产阶级思想和马列主义的传入,资产阶级民主革命和社会主义革命社会主义建设的进行,使中国传统文化面临现代文化的严峻挑战,自然使封建社会的"圣人"孔子,封建社会的正统思想孔学受到前所未有的重创。在中西文化处于新的汇合与冲突之际,各派社会力量都在思考和设计如何在新的历史条件下解释与利用孔学达到自己的政治目的。因此,尊孔、反孔、释孔、重建孔学诸倾向交织进行,出现前所未有的激烈场面。

　　20 世纪的评孔思潮及孔子研究,从大的方面分,可以新中国的成立为界,前半叶是以资产阶级为主体的评孔思潮;后半叶是以无产阶级为主体的对孔学的"批判继承"活动。其中建国前可分为两个时期,建国后可分为三个时期,下面分别加以概述。

1. 资产阶级各派的公开批孔(1900—1919)

20 世纪初的 20 年,针对当时盛行的尊孔复古逆流,资产阶级维新派、革命派及急进民主主义者先后公开点名批判孔子及儒学,掀起一浪高一浪的反孔思潮,尤其是经过新文化运动,永远结束了"儒学独尊"的统治地位。

拉开 20 世纪批孔帷幕的是资产阶级维新派梁启超。梁在戊戌变法失败到 1902 年期间,逐渐由排荀发展到反孔,所发表的《保教非所以尊孔论》、《新民说》、《论中国学术思想变迁之大势》等文,充满了反孔的内容。主要有:孔子"得政而诛少正卯","乃滥用强权,为思想自由、言论自由之蟊贼";孔子"崇古保守之念太重","非先王法言不敢道,非先王法行不敢行,其学派之立脚点,近于保守无疑矣";孔子根本思想在于尊君,"儒教最缺点者,在专为君说法,而不为民说法","严其等级,贵秩序,而措而施之者,归结于君权"。因此,孔子是封建君主专制的工具,"对帝王驭民最为合适,故霸者窃而用之,以宰割天下";独尊儒术妨碍了学术的发展,"中国政治之所以不进化,曰惟共主一统故;中国学术之所以不进化,曰惟宗师一统故","儒学一统者,非中国学术之幸,而实是中国学术之大不幸也";孔子思想已经不合时代之潮流,"孔子立教,对二千年前之人而言也",不适于新世界者多矣。梁启超首次明确指出孔子和儒家思想的弊端及时代局限性,是重要的理论贡献,其中许多论点,为后来的批孔者所继承和发展。

20 世纪初年,资产阶级革命团体相继产生,革命派看到尊孔是当时革命发展的严重障碍,便掀起了反孔批孔的浪潮,其中最为著名者便是章太炎。戊戌以前的章太炎,由于追随康、梁的变法运动,在政治上走的也是"纪孔保皇"的改良主义道路。但从接受了革命的民主主义思想以后,对孔子不能不有新的看法和评论。1902 年他写的《订孔》一文,赞同日本学者远藤隆吉的评论:"孔子之出于支那,实支那之祸本也。""八十世而无进取者,咎亡于孔氏,祸本成,其胙尽矣。"批评孔子"虚荣夺实",道德文章都不算高明。1903 年他写了轰动一时的《驳康有为论革命书》,其中揭露清朝"尊事孔子,奉行儒术"的目的,在于"便其南面之术,愚民之计"。1906 年章东渡日本,加入同盟会,主编《民报》,与改良派论战,其批孔言论日趋激烈。该年所写《诸子学略说》对"儒家之病"、"儒术之害"剖剥得淋漓尽致;而于道、墨、阴阳、纵横、法、名、杂、农、小说诸家,则多有恕词。至 1909 年《致国粹学报社书》,进而提出"唯诸子能起近人之废"的主张。复活先秦诸子之学,使孔子恢复先秦之孔,始终是章氏学术思想的一个重要特征。章太炎的反孔思想有不少精辟独到的见解,但也有偏颇失平之论,捕风捉影之谈。他笔下的孔子,几等于官迷、伪君子、两面派、投机家、阴谋家,辛辣的嘲讽多于严肃的研究,这在历史上也造成不良的影响。辛亥革命准备时期,除章太炎外,还有许多革命派和进步人士发表一系列文章,对正统儒学展开全面批判,不少文章直接点名批判孔子、孔学、孔教,其主要特点是揭露孔子与封建统治的密切关联,把批孔与反清联系起来,言辞激烈、论点明确,但理论上阐述不足,尤其是对封建伦理纲常冲击无力。

　　辛亥革命推翻了帝制,但封建主义的旧思想旧文化并未随着一场政治风暴而消失。袁世凯就任中华民国临时大总统后,就提出了思想文化领域中的复辟纲领:"国体虽更,民彝无改。"公开鼓吹封建道德,提倡祀天、尊孔、读经。在其支持下,康有为、陈焕章等一批封建文人鼓噪而出,大搞尊孔复古。1912 年 10 月 7 日,陈焕章等发起在上海成立孔教会,并立即得到教育部批准立案。次

年孔教会改为孔教总会,由上海迁至北京,康有为、陈焕章分任会
长和干事,并在各省设分会或支会。同时,由陈任主编的《孔教会
杂志》和康有为任主编的《不忍》杂志先后创刊,以其为阵地,大肆
宣传尊孔读经,要求把孔教定为国教。陈焕章从各个方面论述了
孔教是宗教的理由,主张把孔子当作偶像加以崇拜,反对把孔教降
为"孔学"、"孔道"一派私家学说,认为"孔子乎,其中国特出之教
祖哉。自有孔子,师统乃独立于君统之外矣。孔子既生于中国文
明绚烂之时,而复在于礼乐彬彬之鲁,故其为教也,包举天地,六通
四辟。此固由孔子之圣智超越大地诸教祖,而亦由中国之文明冠
绝全球也"①。康有为则卖力鼓吹"孔子之道溥博如天并行不背,
曲成不遗"。"凡为人者不能不行之道","凡五洲万国,教有异,国
有异,而惟为僧出家者,不行孔子夫妇之一道而已"。指出"今欲
救人心,美风俗,惟有亟定国教而已;欲定国教,惟有尊孔而已"。
并主张"今共和国之国民,以神明圣王之孔子配上帝"。这种对孔
子的极端神化,暴露了其思想的保守和迂阔。

　　袁世凯尊孔复古以复辟帝制的行为,得到康有为等人的拥戴,
也遭到人们的反对。梁启超担任撰述主任的《大中华》杂志于
1915 年 1 月 20 日创刊出版后,接连发表一系列反对尊孔读经,反
对复辟帝制的文章,梁氏的《孔子教义实际裨益于今日国民者何
在? 欲昌明之其道何由?》便是其中之一。作者把孔子之言分为
三类:第一,言天人相与之际,即性与道,属哲学范围,应由专门哲
学家研究;第二,言治国平天下之大法,属政治学、社会学的范围,
其中的节文仪礼制度,什九不适用,只能留供考古之讲求。其中治
平理法之精粹者,仅供从政者服膺;第三,言各人立身处世之道,属

① 《孔教会序》,《孔教会杂志》1 卷 1 号。

伦理学、道德学、教育学之范围。孔子教义实际裨益于今日国民者，是这部分。目的是通过反对复古尊孔来揭露和反对复辟帝制。《大中华》向袁掀起的尊孔复古逆流打响了第一枪，实际上揭开了新文化运动更大规模批孔的序幕。

　　新文化运动的兴起，以1915年陈独秀创办《青年杂志》为标志，它对封建思想的扫荡，对孔子的批判，其尖锐程度和所向无前的气势，都是前所未有的。在这场运动中，首先公开点名批评孔子的是易白沙，他在1916年《新青年》上先后发表了《孔子平议》一文，指出孔子当时不过是"九家"之一，既主张君权，又为平民所喜悦，是一普通学派。孔子之所以在汉武帝后被历代野心家所利用，是由于"尊君权，漫无限制"等缺点而造成。认为"孔子自有可尊崇者在"，这便是他的学术与"儒家革命思想"。现在"独夫民贼利用孔子，实大悖孔子之精神"。这是对当时封建势力大搞尊孔的抨击。陈独秀是新文化运动的主帅，在当时以批孔反封建著称于世，先后发表了《宪法与孔教》、《孔子之道与现代生活》、《尊孔与复辟》等一系列文章。他明确反对将孔教列入宪法的主张，指出"孔子之道，以伦理政治忠孝一贯，为其大本，其他则枝叶也，故国必尊君，如家之有父"，"盖主张尊孔，势必立君；主张立君，势必复辟，理之自然，无足怪者"，从而彻底揭露了尊孔复古为复辟帝制的实质。李大钊先后发表《孔子与宪法》、《自然的伦理观与孔子》等文章，指出"孔子于其生存时代之社会，确足为其社会之中枢，确足为其时代之圣哲，其说亦确足以代表其社会时代之道德"。"故余之掊击孔子，非掊击孔子之本身，乃掊击孔子为历代君主所雕塑之偶像的权威也。非掊击孔子，乃掊击专制政治之灵魂也"①。李大钊区分孔子本人与历代统治者塑造的孔子,将孔子作为封建社会偶像,将儒学作为专制政治护符灵魂来加以批判,这就抓住了问题的要害。吴虞在攻击孔教上更是不遗余力,他在《新青年》上发表《家族制度为专制主义之根据论》、《吃人与礼教》等文章,大胆冲击旧礼教和封建文化。他把孝与家族制度和君主政体连在一起进行批判,指出"孝之范围,无所不包,家族制度与专制政治,遂胶固而不可分析",说明"儒家以孝悌二字为二千年来专制政治联结之根干,而不可动摇"。大骂孔子为"盗丘",指责其"遗祸及万世"、"流毒遍天下"②。他揭露礼教吃人的本质说"孔二先生的礼教讲到极点,就非杀人吃人不成功,真是惨酷极了!一部历史里面,讲道德仁义的人,时机一到,他就直接间接的都会吃起人肉来了"③。经过新文化运动的声讨批判,孔子的声望一落千丈,尊孔为世诟病,儒学日益衰微。此后虽还有人提倡尊孔读经,却再也无法重新树立儒学的独尊地位了。从此孔子儒学如同其他历史文化遗产一样,成为人们科学研究的对象,而不再是崇拜的偶像和迷信的教条。

2. 活跃着的四大评孔思潮(1920—1949)

五四运动后至新中国成立的 30 年间,是孔子评论与研究的活跃时期。西学的纷纷输入,特别是马列主义在中国的传播和发展,使中国思想文化界出现前所未有的生机和活力,社会各种政治势力和文化派别,分别将根据需要而经过取舍的西方思想移植于中

---

① 《自然的伦理观与孔子》,《甲寅》1917 年 2 月 4 日。
② 《家族制度为专制主义之根据论》,《新青年》2 卷 6 号。
③ 《吃人与礼教》,《新青年》6 卷 6 号。

国社会,并与以儒学为主体的中国传统思想相互融会贯通,从而构造出新的思想体系,并企图利用其干预中国社会发展的方向和进程。这一时期,主要有以下四大评孔思潮:

(1)自由主义思潮

中国自由主义者在文化中基本是一些不同程度的西化论者。他们对传统文化持批判乃至否定态度,全面肯定西方近世文明的优越性,主张用西方文化来批判、改造乃至取代中国文化,实现以西方文化为体的中西结合。基于西方文化的价值观,他们主张个人本位、文化多元与科学主义。在孔子问题上,反映出他们的这种主张,基本上是以西方传入的科学与民主的思想或资产阶级的民主主义、人道主义等观点,研究、解释、评论与继承儒学。主要代表人物有胡适、蔡元培、傅斯年等。

胡适在批孔中曾发挥过积极作用。"打倒孔家店"这个口号就是他首先提出来的。1921年5月《吴虞文录》出版,他在为该书所写的序言中,赞扬吴虞是中国思想界扫除"孔滓"、"孔尘"的清道夫,是"四川省只手打孔家店的老英雄"。"打孔家店"言简意赅,便于上口,后演变为"打倒孔家店"而广泛流传。在对孔子的批判和研究中,胡适的《中国哲学史大纲》(上卷)产生过重大影响。根据蔡元培的说法,胡适研究中国哲学史,使用的是证明的方法、扼要的方法、系统的方法和平等的眼光。其中所谓平等的眼光,就是把孔子和其他哲学家放在同等的地位上,不仅在全书的结构上,把孔子和老子、墨子、杨朱、庄子等诸子平列在一起加以评述,而且在内容上,也是把孔子降到诸子的平等地位加以褒贬,这在中国思想史上确是一大变革。胡适还在30年代所写的《说儒》中,把历史上的孔子与偶像的孔子分开,采用中西比较的方法,对孔子作历史的再评价。他认为,孔子是原始儒学的革新家,把"柔顺取容的殷儒抬高到那弘毅进取的新儒。这真是'振衰而起儒'的大事业"。自《说儒》一文后,胡适对孔子、儒学的研究有了新的观点,他所写的《中国哲学里的科学精神与方法》、《中国传统与将来》等文,称孔子是"苏格拉底式"的哲人,主张自由讨论、独立思想,是伟大的理性主义、人本主义者,等等。

1936年9月,蔡元培发表了《孔子之精神生活》一文。作者认为,孔子没有绝对排斥物质生活,但在不可兼得的情况下,而偏重精神方面,不为物质生活所动摇。其精神生活主要表现在智、仁、勇三个方面。此外还有毫无宗教迷信和利用美术的陶养,这些今日还是可以师法的。

傅斯年在1940年出版《性命古训辨证》上中下三卷,该书从甲骨文开始追溯"性"、"命"二字的来源及其演变,涉及中国古代思想史各家流派,一直推断宋明理学是先秦儒学的集大成。作者以考据、训诂、语言学等方法与社会历史背景互相发明印证,重建了中国古代思想史,其中认为孔子的天命观念,一如西周之传说,春秋之世俗,非有新界说在其中;虽命定彩色不少,要非完全之命定论,而为命定论与命正论之调和;孔子之言天道,盖在若隐若显之间,正是脱离宗教之道德论之初步。在人论上,孔子以为人之生也,大体不远,而等差亦见,故必济之以学,然后归于一路。

1948年张申府发表《论纪念孔诞》一文,重申它过去曾提出的主张:第一,"合孔子、列宁、罗素而一之"。认为孔子代表中国好的文化;罗素代表西洋好的文化;列宁代表已经开始的偏于西洋的未来世界的好文化。第二,"打倒孔家店,救出孔夫子"。认为把孔子当成教主,罢黜百家,定为一尊,关门锁户,使得学术不得进步,遗害中国已经两千年,当然要不得,当然要该打倒。也只有打倒了儒家孔教,打倒了对孔子的崇拜,可以自由研究了,孔子的面目,孔子的真精神,孔子的伟大,才真会被认识。第三,"国于天地,必有与立"。中国立国,靠的就是仁,就是中,就是生(天地之大德曰生),而这些应以孔子为代表。总之,孔子不仅是中国的伟大人物,也是世界的伟大人物①。

(2)文化保守主义思潮

文化保守主义主张以中国传统文化作为建构新文化的主体,肯定中国文化高于西方文化;对传统文化,认同多于批判。它起源于清末以康有为为首的"今文经学"派和以章太炎为代表的"国粹派"。"五四"后期,文化保守主义思潮在哲学、文学、史学领域都有所表现,形成了较为可观的阵势。在孔子问题上,是对新文化运动激烈反孔的一种保守的回应,力图以儒家学说为本位,来吸纳、融合、会通西学,仍然想把儒学作为改造中国社会的指导思想,或以儒学来解释中国社会的结构和发展。以梁漱溟、张君劢、柳诒徵、钱穆、冯友兰等为代表。

梁漱溟被称为最后的一个儒家,也被人认为是新儒学的第一个代表。他早年究心佛学,1917年应蔡元培之聘任教北大。当时知识界西浪声声,而他却钟情于东方传统。由是开始讲《东西文化及其哲学》,倡"世界文化三期重现"说,重估中国的儒学传统,给定孔子以新的价值,破天荒地提出"世界未来文化就是中国文化的复兴,有似希腊文化在近代的复兴那样"②。1921年他这本讲演集由上海商务印书馆正式出版,至1929年先后印行八次,可见其影响。其价值在于他提出的问题本身,动人心弦处是问题的指向。30年代中期的一次讲演中,梁氏进一步阐述了这一观点,

---

①　《大公报》1948年10月15日。

②　《梁漱溟全集》第1卷第525页,山东人民出版社1989年版。

认为孔子的学问最大的和最根本的是"明白他自己","孔子学说的真价值,就在他自己对自己有办法"。他断定,现在的西洋人要失败在中国人面前!这是因为,西洋人"对物的问题算有办法,而对自己则无办法"。中国最高学问与印度最高学问,是让智慧回到自己生命,使生命成立了智慧的生命,而西洋人学术虽很发达,可是都系智慧外用的结果。认为"孔子学说的价值,最后必有一天,一定为人类所发现,为人类所公认,重光于世界!"①

如果说梁漱溟所提问题的思想价值,高于其学术价值,在哲学上并未建立起自己的理论体系,那么冯友兰则是第一个比较完整意义上的吸收西方哲学来创立思想体系的哲学家。在孔子研究中,1927年冯氏写成《孔子在中国历史中之地位》一文,申明自己不同意廖平、康有为等"孔子是教主,制作六经"之说,但同时认为孔子是"中国第一个使学术民众化的,以教育为职业的'教授老儒';他开战国讲学游说之风;他创立,至少亦发扬光大,中国之非农非商非官僚之士之阶级"。其行为与其在中国历史上的影响,"与苏格拉底的行为及其在西洋历史上的影响相仿佛"。这篇文章中的主要内容后被收入《中国哲学史》中。该书是冯友兰继胡适《中国哲学史大纲》(上卷)之后,于30年代用西方哲学方法,由中国人写出的第二部中国哲学史。上篇名《子说时代》,论述从孔子到淮南王的哲学思想;下篇《经学时代》,论述从董仲舒到康有为的哲学思想。当时被教育部定为大学教材。金岳霖曾给以很高的评价,认为此书所注重,不仅是道而且是理,不仅是实质而且是形式,不仅是问题而且是方法。冯友兰并由哲学研究转入哲学创作,抗战期间完成了"贞元六书",确立其"新理学"的哲学思想体

① 《孔子学说的重光》,《乡村建设》旬刊4卷5期。

系。认为中国传统哲学主流即"极高明而中庸"的传统,讲求一种"天地境界",而不脱离人伦日用之常。这种传统是由孔、孟开端,中经先秦的道家、魏晋的玄学、唐代的禅宗,至宋代的程朱道学而集其大成。强调他的"新理学"哲学体系是"接着宋明道学中底理学讲底",其宗旨就是"继往开来"而建立起"新统",并视之为儒学和中国哲学现代化的一种途径。冯友兰直接吸收了西方现代哲学的逻辑分析方法来重建儒家的本体论哲学,成为第一个比较完整意义上吸收西方哲学来创立思想体系的哲学家。

　　新儒家的哲学思想是文化哲学,史学家中一批大师巨子所涉猎和所建树的史学,实际上也视作文化史学。文化史学的集大成者是钱穆,其《国史大纲》不仅反映了作者对中国历史的系统见解,而且也系统地反映了他对中国文化与儒学的见解,在国内外有广泛影响。该书成于1939年,出版于1940年。作者认为,百家的开先为儒家,儒家的创始为孔子,孔子居文献之邦,故得大成其学。孔子欲以礼改革世道,批评了当时贵族之一切非礼。礼之最重最大者唯祭,祭原于人类之孝弟心,孝弟心推广曰仁曰忠恕。仁是人类社会种种组织之最高原理。孔子思想,骤观似有偏于复古和维持宗法封建阶级之倾向,其实只是注重历史与文化,亦决不致为阶级特权所僵化。孔子思想实绾合已往政治历史宗教各方面而成。孔子抱改革天下之宏愿,注重于教育事业,还是第一个最伟大的史学家。1943年钱穆又发表《孔子与心教》一文,叙述了中西人生的不同,西方的人生是两个世界的,来世的人生是宗教,现世的人生是法律,二者相互为用。而中国的人生观念是"人心"本位。中国古代有上帝神鬼之信仰,直到孔子,才把此等旧学尽行舍弃,以后的人,但讲"人心世道"而不谈上帝,这实是中国的一大进步。

　　(3)官方尊孔思潮

　　以戴季陶、蒋介石、陈立夫、孔祥熙等国民党当权者及其御用文人为代表，企图利用孔子作为维护其统治的工具，把儒学作为统治思想之一。他们以弘扬孙中山哲学面目出现，编织了一套孔孙道统说，把孙中山说成是继承和发扬孔子之道的"集大成者"和继往开来的"大圣"，由此而全盘美化孔子。

　　1925 年戴季陶抛出《孙文主义之哲学基础》一文，力图把孔子三民主义化，三民主义儒学化。认为"孔子虽没有做改制的工夫，然而他却组织了一个民生哲学"。这个理论，就是孙中山先生所继承的理论。"孔子的思想，注意全在民生"，孙中山的民生论，即是中国传统儒家的仁爱论，"民生是历史的中心，仁爱是民生的基础"、"人类的生性"，以此反对阶级斗争，反对国共合作，成为蒋介石发动"四·一二"政变的理论基础。

　　蒋介石建立南京政府后，大搞尊孔活动。1928 年去曲阜"朝圣"，并以"国民革命军总司令"的名义张贴布告，称颂孔子是"千秋仁义之师"、"万世人伦之表"。1933 年蒋在庐山军官训练团发表演说，鼓吹以"礼"作为"作人立国的根本大道"，"剿匪"就是行孔子的"仁"①。1934 年蒋发起"新生活运动"，提倡"礼义廉耻"的规律生活。这年 7 月，国民党中常会通过蒋介石等人议案，决定每年 8 月 27 日为孔诞纪念日。当年，南京政府特派秘书长叶楚伧率各部代表百余人到曲阜举行祭孔盛典。举国休假一天，各界悬旗志庆，各党政军警机关、学校团体皆集会，并由各最高行政机关召开各种纪念大会，全国各大报刊均有祀孔专号，掀起袁世凯后的民国第二次尊孔高潮。此后每年皆举行孔诞纪念，直到 1949 年 8 月 27 日，国民党逃亡政府在广州仍举行了孔子二千五百年诞辰纪念

---

① 《军人教育之精义》，《蒋总统集》第 1 册。

典礼。

南京政府的尊孔，袭用戴季陶办法，把孙中山孔子化，三民主义儒学化是其重要特点之一。行政院长汪精卫在其报告中认为，孙中山继承了孔子的大同说，"大同学说实在是三民主义之基础"①。上海市长吴铁城有《尊孔论》在各大报显著位置发表，宣扬"孔子是集古代的大成，而总理是集古今中外的大成"，指出纪念孔子就要使全国人民明确"孔子学说与总理学说彼此一贯的关系"。全盘美化孔子，鼓吹孔学具有永恒性是又一特点。如北平军分会委员长何应钦在演讲中吹捧孔子"思想的伟大、态度的醇正、意义的深远、步骤的稳健，实在是尽善尽美、不可思议，并且他的价值，是富有永恒性的，在现在的中国，及现在的世界，又恰好是对症的良药"②。《津浦党部告员工书》说什么"孔子本至中至正之道，以推其立人达人之怀，所谓放之四海而皆准，俟诸百世而不惑"③。邵元冲的《孔子之人格与时代精神》④、孔祥熙的《孔子日常生活与礼义廉耻诠释》⑤、吴鼎昌的《孔子的伟大》⑥、陈立夫的《孔学刍言》⑦皆是此类吹孔美孔之作。

国民党当局的尊孔，自然引起进步人士的反对。张东荪当时就指出："政府当局忽然尊孔起来了，然而很不巧！正值日本人亦在那里尊孔；满洲国亦正在尊孔。"其目的当然都在利用孔子，"利

---

① 《汪院长报告孔诞纪念之意义》，《申报》1934年8月28日。
② 《何应钦讲孔子学说》，《中央日报》1934年8月27日。
③ 《中央日报》1934年8月27日。
④ 《中央日报》1934年8月27日。
⑤ 《大公报》1935年8月27、29、30日。
⑥ 《大公报》1942年4月22日孔学会成立大会特刊。
⑦ 《大公报》1942年4月22日孔学会成立大会特刊。

用孔子的人们做了无数的罪恶,却不被人们发现,只是写在孔子的账上。于是推崇孔子的人愈推崇孔子,而旁人便愈恨孔子"①。鲁迅发表《在现在中国的孔夫子》、《关于中国的两三件事》、《不知肉味和不知水味》等,对蒋介石的尊孔进行抨击。他说"孔夫子在中国,是权势们捧起来的,是那些权势者或想做权势者们的圣人,和一般民众并无什么关系"。指出孔子生前的遭遇并不好,只是到了死后,"种种权势者们使用种种的白粉给他化妆,一直抬到吓人的高度","成了权势者们的圣人,终于成了敲门砖"②。宋庆龄在海外也发表文章,指出"孔子学说是彻头彻尾的封建的,专制的","只要一天封建制度存在,就一天需要孔子之道"。明确提出清除封建思想的任务③。

(4)马克思主义思潮

30 年代以后,以郭沫若、范文澜、吕振羽等为代表的一批马克思主义者也涉入中国文化遗产的研究领域,他们用马克思主义的唯物史观为指导,力图以科学的态度把儒学作为传统文化遗产进行研究、批判、继承和总结,主张把精华视为优秀的文化遗产加以肯定和继承,把"糟粕"视为封建性的沉渣加以否定和批判。

1935 年吕振羽发表《孔丘派哲学思想的发展》一文,其第一部分便是"孔丘的封建制度维持论"。文章认为,孔丘出身于没落贵族家庭,其思想的出发点是"仁",它既是其政治哲学的核心,也是其伦理哲学的核心。孔子面对当时各种混乱现象,拿出一个"正名主义"来作为安定封建秩序的武器,更拿出一个"礼治主义"来

① 《现代的中国怎样要孔子》,《正风》第 1 卷第 2 期。
② 《在现代中国的孔夫子》,日本《改造》1935 年 6 月号。
③ 《儒教与现代中国》,纽约《亚细亚》1937 年 4 月号。

作为强化等级制度的政治手段,二者在"仁"的下面统一起来。对被统治者,则主张"德"与"刑",在软性教育失去效力时,而用刑罚去惩治。

1939年生活书店出版了赵纪彬《中国古代哲学史纲》一书,提出讲孔子哲学,不但要将它和后世儒教学者思想分开,即在孔子本人与其正统弟子之间也须分清楚界限。认为研究孔子哲学唯一可靠的资料只有《论语》。作者指出,孔子是经验论者,他对宗教神话取怀疑主义,"固有其比较前进的见解"。孔子哲学的特征,在于人生哲学的思想支配一切,他的道德论、政治论的根本观念在"一"或"仁"。在当时虽然缺乏斗争性,而本质上则是温和的改良的奴隶社会的修正者,封建制萌芽的卫护者,它始终获得封建统治者的信奉,其理由实在于此。

1939年4月《解放》第69期发表了陈伯达《孔子的哲学思想》一文,分析了孔子唯心论哲学的本质。认为孔子关于名实关系的见解,"名"是第一,"实"是被"名"所决定,名实的关系是倒置的,把真实的世界倒置为概念世界。孔子所建立的概念世界,就是封建社会中"忠"与"孝"两个概念,孔子所谓"忠恕"其意义就是"推己及物",内在的推变乃是人们认识外界的准则。"仁"在孔子学说中就是忠恕的别名,"己所不欲,勿施于人",在实质上是根据自己来决定别人,在哲学上,也就是把内心来决定外界,是唯心论的。孔子关于"质"的规定,把中庸看成主观的"善"的东西,变成不变的不可企及的神圣。在为自己的一定的历史立场而奋斗的德行上,孔子认为知、仁、勇三种德性才是完全的人格,而孔子的"知"是主观的任意独断的,孔子的仁是不及庶人的,所谓勇,也是勇于守卫封建制度。指出"二千余年中国一切暴君民贼都就拿孔子的各种教条,变成麻醉人民的鸦片"。

范文澜是中国杰出的马克思主义史学家,也是用马克思主义研究经学的开创者。1933年他出版了《群经概论》,该书遵循古文经学派的家法,对儒经进行了系统考察。1940年他在中央党校讲授《中国经学史的演变》,开始用马克思主义对经学进行科学的分析,并对近代一些经学家的错误观点进行批判。1942年范文澜的《中国通史简编》出版,这是一部用马克思主义观点研究历史的名著,影响很大。该书论证孔子学说的主要内容是礼乐与仁义两部分,是当时士阶层思想的结晶。士阶层的思想有两面性,但保守性多于进步性,妥协性大于反抗性。举贤才、慎刑罚、薄赋敛、重教化、大一统是进步的,但把民看成可使由之不可使知之,又是保守的。他认为,孔子是历史上伟大的教育家和政治家,教育方面的成功比政治要大得多。他那种"学而不厌,诲人不倦,不知老之将至"的精神是应该学习的,他那种繁富的学说,在一定的批判下加以选择继承发扬是非常必要的。

郭沫若把马克思主义的社会发展学说,比较全面地引入中国历史、文化、儒学的研究中,将儒学及其代表人物、典籍都与时代、阶级属性联系起来,进行分析和评价。1945年郭沫若研究周秦诸子的学术名著《十批判书》在重庆出版。该书"孔墨批判"一章指出,"孔子的立场是顺乎时代的潮流,同情人民解放的"。"大体上他是站在代表人民利益的方面的,他很想积极地利用文化的力量来增进人民的幸福。对过去的文化除部分地接受整理外,也部分地批判改造,企图建立一个新的体系以为新来的封建社会的韧带"。在确定孔子基本立场的基础上,郭对孔子的整个思想体系的基本范畴"仁"、"命"等作了比较系统、深入的和自成一格的论述。最后他对孔子思想体系的总的评价是:"在孔子的整个思想体系上我们可以看出,他在主观上的努力是抱定一个仁,而在客观的世运中是认定一个命。在主观的努力和客观的世运不相调适的时候,他是主张固守自己的。"郭沫若对孔子的研究方法,具有开拓性意义,对后来的儒学研究有很大影响。他申明自己评价古代人物的思想所遵循的是"人民本位"的原则,"合乎这种道理的便善,反之便是恶"①。

　　以上分类不过是为了叙述上的方便,并不见得完全科学。除此之外还有一些涉及孔子研究的学术论著。如李石岑的《人生哲学》(1923 年)、钱玄同的《春秋与孔子》(1925 年)、顾颉刚的《春秋时代的孔子和汉代的孔子》(1926 年)、周谷城的《孔子的政治学说及其演化》(1927 年)、吕思勉的《先秦学术概论》(1933 年)、钟泰的《中国哲学史》(1934 年)、周予同的《孔子》(1934 年)、杨幼炯的《孔子之政治思想》(1937)年、萧公权的《中国政治思想史》(1945 年)、张岱年的《孔子平议》(1946 年)、岑仲勉的《对于孔子的我见》(1947 年)、蔡尚思的《孔子思想的研究》(1947 年)、黄绍衡的《从孔子精神清算"尊孔"》(1948 年)等,作者多是把孔子作为学术问题认真研究,而提出一些独到见解。

3.孔子研究的开展(1949—1966)

　　1949 年新中国成立以后大陆的孔子研究大体可分为三个时期,1966 年"文化大革命"爆发之前,为研究的开展时期,1966—1976 年为其灾难时期,1977 年之后为研究的兴盛时期。

　　中华人民共和国的成立,改变了孔子及儒学的社会地位,孔子不再被独尊,孔庙也不再被国家法定奉祀,孔子开始恢复其自身的面目,被视为民族历史文化遗产而加以研究、探讨和利用。马列主

------

　　①　《十批判书·后记》。

义、毛泽东思想成为指导思想,许多学者开始用唯物史观的观点和方法对孔子进行研究。1951 年嵇文甫率先发表了《孔子的思想及其限度》一文。作者既肯定了孔子学说的进步作用,也指出了其时代和阶级的局限性①。不久,宋文彬发表了《孔子在中国历史上的作用》(《光明日报》1951 年 11 月 24 日),也对孔子进行了一分为二的评价。两文发表后,孔子研究受到学术界注意,学者们选取一些课题进行研究,至 1957 年,陆续发表论文近 40 篇。如冯友兰与人合作发表了《孔子思想研究》②,文章运用阶级分析的方法,对孔子所处时代、所代表的阶级利益,由此产生的政治主张、宗教观点、教育思想等作了全面分析,由此引起学术界的争论。赵光贤在同刊物发表《论孔子不代表地主阶级》一文,阐明了与冯文的不同看法,认为从孔子当时的社会矛盾、孔子的言论行事来分析,他是一贯代表没落中的领主阶级,而不是代表新兴地主阶级③。杨向奎则认为,孔子生活在由宗法封建制逐步转入地主社会的时期,按阶级成分说,孔子属于新的士阶层④。学者们还就孔子政治思想、哲学思想、教育思想等进行了讨论,提出若干有益的见解,这当中值得一提的是熊十力《原儒》一书的问世。这是 50 年代我国学者研究儒学最有独创性见解的专著,该书完成于 1955 和 1956 年,上卷内容为“原学统”、“原外王”,下卷内容为“原内圣”。本书以“内圣外王”之道概括儒学主旨,在海内外产生深远影响,对儒学的“宗经申义”,具有启迪后学之功。所谓“内圣外王”即是“成己

---

①　《新史学通讯》1951 年第 5 期。

②　《新建设》1954 年 4 月号。

③　《新建设》1956 年 8 月号。

④　《孔子的思想及其学派》,《文史哲》1957 年第 5 期。

说为内,成物说为外"。建国之初的孔子研究虽取得一些成果,但总的讲还处于探索阶段,其文章旨在宣传和普及的多,进行深入研究的少;总体论述的多,具体分析的少;对政治和教育思想研究的多,对其他方面研究的少。同时由于许多学者是在开始学习马列主义,具体运用上还存在一些问题,主要倾向就是用今人的思想去改铸孔子思想。

1958 年到 1966 年"文革"开始可作为这一时期的第二阶段,主要是专题论争一些问题。这个阶段发表有 200 多篇文章,出版了 3 本专著和几本论文集,举办过一次有 160 多名学者参加的全国性孔子学术讨论会,曾出现了孔子研究的一个高潮。这个阶段孔子研究的一个重要特点,就是学者们比较重视对孔子及其思想学说进行全面而又深入系统的研究,涌现出一批质量较高的学术论著。如冯友兰的《论孔子》①,作者探讨了孔子的生平事迹,分析了他的阶级立场,阐明了他关于"仁"和"礼"的理论,关于天的见解、教育思想以及思想方法。最后得出结论说:"在春秋时代,奴隶制崩坏的时期,有一部分奴隶主贵族向地主阶级转化,孔子就是这个阶层的代言人。"孔子在天和鬼神问题上对传统宗教做了修正,"倾向于无神论",但自然观基本上还是唯心主义的。孔子把"仁"作为一个主要的道德原则,把他的拥护"礼"的主张集中成他所谓"正名"的理论。认为"孔子和儒家的学说,不仅为剥削阶级的统治者提供了从精神上尤其是从伦理道德上,巩固封建等级制度的武器,而且在政治上,为封建统治者提供了缓和阶级矛盾从而维护原来利益的对策"。孔子的学说,"也含有民主和人道主义的因素","对古代中国的政治生活和文化生活起了巨大的影响"。

---

① 《光明日报》1960 年 7 月 22、29 日。

童书业的《孔子政治思想的进步面》①认为,"孔子在理论外表上虽明白主张恢复西周制度,但他的政治实践和某些政治主张发展下去,会走上新路。孔子的革新倾向固然不见得完全自觉,而有些地方似乎是自觉的,他的主张确带有'托古改制'的成分"。文章从孔子的政治实践、政治理论和对教育、宗教的看法,证明孔子的政治思想中虽有落后的一面,"但在后世起作用的乃是他思想中进步的一面"。认为"举凡后来儒家的'非世卿'、'大一统'、'尚同'、'王道'政策、民主主义等思想,在孔子思想中都已有萌芽。便是后来墨家的'尚贤'、'尚同'思想,法家的中央集权政策,也都可说是导源于孔子的"。高亨的《孔子思想三论》②对孔子的仁与忠恕、孔子对人民的态度和方针、孔子的礼与法先王三个方面阐述了作者的观点:仁是忠恕的合体,忠是己所欲施于人,恕是己所不欲勿施于人;孔子最高理想是安民和博施于民,反对统治者对人民的过分剥削和压迫;孔子的所谓"礼",在地租制度方面,基本原则是不超过什一,这有利于人民。法先王最突出的是任用贤人。落后之点是维护分封、世袭等级制。认为孔子本是士阶层的人物,其思想一部分代表了人民的某些利益,一部分又代表了贵族领主的利益。王仲荦的《孔子在当时是进步人物》③、王玉哲的《从客观影响上看孔子的历史作用》④都认为孔子"属于进步阶级","对历史起推动作用","是个伟大的历史人物"。朱谦之的《十七八世纪西方哲学家的孔子观》⑤则指出,孔子学说传入欧洲,影响了资产

---

①　《文史哲》1961 年第 2 期。
②　《哲学研究》1962 年第 1 期。
③　《大众日报》1962 年 11 月 3 日。
④　《天津日报》1962 年 12 月 12 日。
⑤　《人民日报》1962 年 3 月 9 日。

阶级上升时期的思想。

如果说上述论者对孔子和孔子学说持肯定或基本肯定的观点，那么另一类学者如关锋、杨荣国、任继愈、蔡尚思等则持相反的态度。关锋、林聿时在《哲学研究》1961 年 4 月号发表的《论孔子》一文，认为孔子在教育文化方面当时是一个杰出人物，"但是，在政治方面，却大半是逆乎时代潮流的"，保守而反动。"孔子的‘仁’和‘礼’学说，就是改良主义。就是基本上站在奴隶主立场调和阶级矛盾"。"孔子的政治思想是改良过的西周社会"，"他的世界观是主观唯心主义和客观唯心主义的折衷杂拌。哲学思想贯彻着折衷主义，孔子的教育方法有一些唯物主义因素，但因教育是为政治服务的，也就不能不具有保守色彩"。断言孔子"是站在代表没落奴隶主贵族的鲁公室一面"，一贯反对新兴地主阶级的。杨荣国的《论孔子思想》①探讨了孔子在当时的政治态度，指出孔子是竭力维护当时没落的种族奴隶制，从而反对一切适应新的形势的变化与改革，力图参与维护奴隶制的一切活动；指出孔子所倡导的"仁"，并非是人的发现，所发现的统治者氏族，统治者氏族中之没落者；孔子不把"天命"单言，而把"命"和"仁"联系起来；孔子举"贤才"是为维护奴隶制的统治；还通过对孔子的反对派——墨子的研究，指出孔子思想在封建时代起作用的原因。任继愈的观点则介于以上两派中间稍微偏向后一派。他在《孔子——奴隶社会的保守派封建社会的"圣人"》②中申明：目前学术界基本上两派对立的意见中，自己是站在乙方的，即认为孔子是春秋时期没落奴隶主阶级的代言人，思想中保守方面是主要的。然后从三个方

① 　《学术研究》1962 年第 1 期。
② 　《北京大学学报》1962 年第 4 期。

20世纪儒学研究大系

面加以说明并反驳了甲方的观点:第一,从孔子对所处时代的看法、对当时社会上重大政治事件的态度、从对当时关于"天"的问题的辩论中的立场,证明孔子是站在奴隶主立场,反对新兴封建势力的。第二,通过分析孔子"仁"、"礼"的学说,指出孔子的基本学说不是为地主阶级服务的。第三,剖析了孔子后来被封建社会奉为圣人的原因:汉代统治者鉴于秦亡的教训,采取了较为温和的政策,孔子为奴隶主献策的一些主张,被改造为地主阶级的哲学。蔡尚思在其《孔子思想核心的面面剖析》①中,认为孔子"代表没落贵族"、"中间偏右"、"旧中带新"、"反对革命";孔子的思想核心是"仁",主要内容是:"仁的基础和先务是孝;仁的准绳和目标是礼,孔学主要是礼学",仁的基本界限是中庸,仁的实行方法是忠恕,为仁的精神安慰是成名。作者的结论是:"孔子儒家构成了一个以仁为核心、以孝和礼为主要成分的道德思想体系。"

发表的论文还涉及到孔子研究的方法论问题,涉及到军事、伦理、经济、史学、美学、艺术、音乐、体育方面的思想,以及对《论语》章句的解义等。这个时期在取得一些成绩的同时,也存在不少问题。如有些文章以贴标签代替阶级分析,以阶级属性划线,并以此评价孔子的功过是非,结果把错综复杂的历史现象简单化;有些文章在运用马克思主义理论时,以经典作家的个别词句,当作公式和教条,不是在尊重历史的基础上加以研究,而是在理论的基础上推论。特别是这个阶段的后期,政治生活开始干预学术研究,把孔子研究也当作意识形态领域的阶级斗争,使某些著名专家学者受到错误批评,结果偏离了正确的方向。

---

① 《中国哲学史论文集》二,中华书局 1965 年版。

4. 孔子研究的灾难(1966—1976)

　　"文化大革命"十年是孔子研究的灾难时期,其间又可分为两个阶段,前为"横扫"阶段,后为"围攻"阶段。1966 年"文革"开始之初,在"破四旧、立四新,横扫一切牛鬼蛇神"的声浪中,孔子首当其冲受到声讨,研究孔子的专家被列为牛鬼蛇神遭游斗、禁闭;讨论孔子的学术会议被定性为黑会,对孔子思想有所肯定的发言、文章被说成"放毒"、"进攻",从政治上加以清算;有关孔子的文物、书刊被当作"四旧"、"毒草"遭焚毁;接着是"大批判",孔子更成为文化教育方面的罪魁,是被肃清影响的头号对象。1973 年后,全国掀起了"批林批孔"和"评法批儒"运动,孔子被描绘为历史上和现实中一切反动政治、倒退路线的总代表,是中国社会的所有罪恶和谬误的总根源,受到了剧烈的攻击和最粗野的辱骂,批孔会议接连不断,批孔文章铺天盖地。据统计,从 1973 年下半年至 1974 年底,全国 96 家报刊发表批孔文章 3000 余篇,50 多家出版社印行有关书籍 40 多种。当然,这些多属批判的文字,算不得什么研究,有价值者不多,值得一提的是梁漱溟的《今天我们应当如何评价孔子》一文。文章写于"批林批孔"正盛的 1974 年下半年,作者以令人敬佩的勇气,尖锐批驳了当时流行的一些说法。他写道:"目前批林批孔运动中一般流行意见,我多半不能同意。即如认为孔子护卫奴隶制之说,便不合事实。""时下流行的批孔言论,总是批斥孔孟代表着一种'复辟'、'反动'、'倒退'的运动;这在表面上似乎是基于马克思主义的观点而言,其实往往违反了马克思主义而不自知。"他认为"孔子在中国的五千年文化史上为承前启后的关键性人物"。孔子功罪或其价值如何即视中国文化在世界史上表现出的成功失败而定之。"我民族在世界史上有卓异之成功"，"那便是肇兴自古的'非宗教性文化'。这文化，大约根本在周公制作的礼乐制度，而孔子理性主义的教导，仍得以在礼崩乐坏之后略略传衍下来。卒之以教化取代宗教为社会文化中心。此教化非唯取代了宗教而取代了政治，中国当政者总是积极于教化，最能把异族人同化吸收进来，而且养成了好讲情理的民风，使中国卒有长期统一的局面"。作者并预言："近二千年孔子的价值到今天而一大变，固非到此为止，行且有不远而复者，不妨拭目以俟之，可耳。"①

十年动乱中的全国批孔运动，从另一个角度来看，又是一场空前规模的对孔子的宣传运动，使成千上万青少年，知道中国古代还有孔丘，还有个儒家学派。十年动乱形成的文化真空、道德真空，又促使众多的学者寻求各种方案来填补这个真空。从另一方面讲，"文化大革命"把评价孔子问题简单地政治化，只容许否定性的评价，使之发挥尽至，把学术上的一种观点、主张推越极限，导致荒诞；反之，则压制和打击学术上有所肯定孔子的观点和主张，但是学术问题压而不服，许多学者因受压而沉默，因不服而更加冷静地反复思考。从广泛的意义上说，对孔子学术的研究这时仍然以非正常的方式进行着，"文化大革命"后研究孔子之所以能够迅速形成热潮，以上两个方面不能不是其中的重要原因。

5. 孔子研究的兴盛（1977—2000）

"文化大革命"结束后，孔子研究进入建国后的第三个时期，即兴盛期。这个时期的 1977 年至 1979 年是研究的呼吁阶段。开始一些文章指斥"四人帮"是假批孔真夺权，又有一些提出"文革"

---

① 《东方学术概观》，巴蜀书社 1986 年版。

时期批孔有不符合史实之处。虽然都没有明白地说出不应该彻底否定孔子,但其中有的寓有应该认真研究孔子的呼吁。1978 年以后,随着真理标准问题的讨论和人们思想的解放,对孔子需要重新评价的呼声随之出现。1978 年第 8 期《历史研究》发表了庞朴的《孔子思想的再评价》一文。作者以马克思主义的唯物史观,既肯定了孔子思想学说在历史上所起的进步作用,同时也指出由于时代和阶级的局限性,存有不少糟粕。孔子学说在后世发生的影响,有消极的一面,也有积极的一面;后人对孔子的利用,起过反动作用,也曾起过进步作用。我们不能以一个方面否定另一个方面,不能拿一种作用抹煞另一种作用。而所有这些方面和作用,又只有从同孔子思想的联系区别中,作出评价,从历史发展的曲折和波澜中,寻找说明;不能皂白不分,爱恶无定,“葫芦僧判断葫芦案”,糊涂对糊涂,那将是什么也判不清楚的。所以必须全面地评价孔子,批判地清理孔子的思想和影响。此文一反“文革”中全盘否定孔子的毛病,是粉碎“四人帮”后第一篇敢于提出学术上的是非,以科学态度研究孔子的文章,在国内学术界引起强烈反响,很短的时间内全国就展开了对孔子思想的研究再评价,张岂之的《真孔子和假孔子》①便是其中之一。作者认为,中国统一的封建主义中央集权国家建立以后,思想家们关于孔子的议论,从内容到形式都饱和着自己时代的特色。有些思想家为适应封建专制的需要,他们改造和利用孔子,有的是神学化的孔子,有的则是理学化的孔子等等。同时也要看到封建统治思想和孔子本身的一定渊源关系,不能割断历史。有些进步思想家曾经探讨过孔子思想本身,即真孔子的一些问题,对此作出不少深刻的评论。总之,在中国封建社

---

① 《西北大学学报》1978 年第 4 期。

会,文化思想领域内的真孔子和假孔子是辩证的统一,片面地强调某一方面,忽视另一方面,是不能令人信服的。

1980年起孔子研究进入拓展阶段,并逐渐形成高潮。表现在:首先,产生了一些专门学术团体和研究机构。如中国孔子基金会、中华孔子研究所、山东孔子学会、山西孔子学会、苏州市孔子研究会、曲阜师大孔子研究所、山东社科院儒学研究所,尤其是2000年国家在曲阜建成中国孔子研究院,作为厅级专门科研机构,这是国内首屈一指的有关孔子与儒学的现代化综合性资料中心、人才培训中心、学术研究中心和展览教育中心。其次,学术会议不断召开,而且规模越来越大。"文革"后第一次全国性的孔子学术讨论会是1980年由曲阜师院发起召开的,以后每年都多次举办各种类型的学术活动。1987年中国孔子基金会与新加坡东亚研究所在曲阜联合举办第一次国际儒学讨论会,之后,全国每年都举办有各种类型的国际性孔子、儒学讨论会。此外大陆学者出国参加孔子儒学会议、座谈讲演,港台、外国学者到大陆进行学术交流也愈益频繁,从而促进了孔子研究的开展。再次,不断开拓一些新的研究领域。除哲学、史学、教育学、语言文学仍是研究的主流外,对经济学、政治学、法律学、管理学、美学、逻辑学、人才学、心理学、军旅学、宗教学、音乐舞蹈学、饮食卫生学、旅游学等方面也加以研究。另外,创办了专门刊物和专栏,学术论著纷纷涌现。中国孔子基金会主办的《孔子研究》于1986年创刊,有些刊物也设有孔子研究专栏。1984年以前,每年发表孔子研究的文章不足百篇,而1987年后每年都在300篇以上,同时有不少论文集和专著问世。

所发论文,主要有以下几类:一是关于孔子再评价方面的。如李泽厚的《孔子再评价》,发表于《中国社会科学》1980年第2期。作者认为,春秋战国是早期奴隶制向发达奴隶制过渡时期,孔子思想是这一空前时代变革中某些氏族贵族阶级性格的表现。孔子创始了一个对中国民族影响很大的文化—心理结构。孔子维护的周礼是早期奴隶制的秩序体系，其中保存了大量的氏族原始礼仪。孔子用亲子之爱等自觉的内在欲求"仁"来阐释强制性的传统规范"礼"，从而替代了建立宗教神学的外在信仰。在分析了孔子仁学结构的四个要素（血缘基础、心理原则、人道主义、人格理想）和作为整体特征的实践理性后，认为应在广阔的历史视野和中国文明将与世界文明交融会合的前景下，对孔子作出再评价。胡寄窗的《关于孔子思想的再评价》①着重指出孔子思想体系的最为独特之处是他的治理国家的标准，是世界范围内存在的一种能用于任何社会形态的较为合理的统治原则，既能为任何统治阶级服务，又不损害任何被统治阶级的利益。匡亚明的《对孔子进行再研究和再评价》②则主要指出了"三分法"的方法。文章认为，孔子思想是我们应该继承的一份珍贵遗产，但历史的局限性，使之不可能不包含着封建的因素，故必须用"三分法"进行剖析清理：凡是孔子思想中直接维护封建统治者利益的东西，必须加以批判抛弃；凡是在一定程度上带有远见智慧或这种智慧萌芽的东西，要认真加以清理，使之古为今用；凡是至今仍保有生命力而且具有现实意义的东西，则应积极继承和发扬。对待孔子这样一位古今中外有深远影响达两千多年之久的伟大思想家、教育家和政治家，既不能冷淡，也不能表面热闹一番，而是要进行冷静的科学研究，予以合理评价。

---

①　《文汇报》1987 年 5 月 26 日。
②　《光明日报》1982 年 9 月 13 日。

二是孔子传记。如张恒寿的《孔丘》①,主要论述了孔子的生平,从其经历上,得出孔子思想所代表的阶级利益,不是奴隶主阶级,也不是地主阶级,而是还未变成地主阶级的"士"阶层的结论。刘蔚华的《孔丘》②,重点阐述的是孔子思想,从分析其思想形成的社会条件,到叙述其思想的演变过程,再到论证其思想体系,最后论述其思想对后世的影响。虽然也写了生平,但占用很少的篇幅,并且是为了说明其思想的演变过程。作者认为,孔丘是我国历史上影响最大的思想家,在其政治、哲学、伦理思想中,保守方面是主要的,根本的;在其文化、教育思想中,改良的方面是主要的。由于孔子思想本身具有内在的矛盾性和其他因素,致使对孔子评价众说纷纭,因此应在发展变化中把握孔子思想。

三是总体评论孔子的。如杨伯峻的《试论孔子》③认为,孔子处于社会动荡、变革的时代。孔子是热心救世者,提出不少政治主张,他要复周礼,因周礼在春秋以前很被人重视,他不能抛弃这面还有号召力的旗帜,但对周礼有损益。礼的本质就是仁。仁是"己欲立而立人,己欲达而达人",是"爱人",中国文化的流传和发达与孔子的整理古代文献和设立私塾是分不开的。汤一介的《孔子》④从某些言行证明孔子是一个有血有肉的现实社会的人,从他所处的时代,强调他是一个从奴隶贵族向封建地主阶级转化的思想家,然后分析了其思想核心"仁"和保守方面的"礼"及对"天"的看法,无不表现了这种转化中的特点,表现了新旧相间的矛盾

---

① 原载《中国古代哲学家评传》,齐鲁书社 1980 年版。
② 《山东古代思想家》,山东人民出版社 1985 年版。
③ 《东岳论丛》1980 年第 2 期。
④ 《孔子研究论文集》,教育科学出版社 1987 年版。

性,同时指出孔子不仅是伟大的思想家而且是伟大的教育家,"知"是其思想的精华。

　　四是论述孔子思想的。如金景芳的《孔子思想述略》①认为,孔子的政治思想和唯心主义历史观是落后的,不适用的,但他的哲学思想和教育思想在过去所起的作用则不可低估。今天孔子的思想大部分已不适用了,但作为一个历史人物,我们应给以应有的历史地位并做出科学的总结。蔡尚思的《孔子的礼学体系》②,改变了过去认为孔子核心思想是"仁"的观点,而认为"孔子的礼学,从大到细,面面俱到。他打下礼教理论的基础,成为礼教系统的祖师"。

　　五是阐述孔子历史地位的。如张岱年的《孔子与中国文化》③论述了孔子对中国文化的积极和消极影响,认为孔子是一位伟大的思想家、教育家,是为中国文化的发展提供思想基础的最主要的哲人。孔子对中国文化的积极影响表现在:积极乐观的有为精神;对于道德价值的高度重视;开创了重视历史经验的优良传统。这三点,为中国文化的发展提供了思想基础。其消极影响是:"述而不作",对创新重视不够;宣扬德治,对军事重视不够;推崇礼乐,对于珍惜劳动重视不够。梁漱溟的《孔子在中国历史上的地位》④认为,"两千年来中国对外居于世界各方之间,其文化显著异采,卓尔不群,而就它如此广大社会内部说,其文化竟然高度统一者,前两千五百年的孔子实开之"。同时又指出,也要看到其严重消

---

　　①　《中国哲学史研究》1981 年第 2 期。
　　②　《孔子研究》1989 年第 3 期。
　　③　《孔子研究论文集》,教育科学出版社 1987 年版。
　　④　《孔子研究论文集》,教育科学出版社 1987 年版。

极性、幼稚、老衰、不落实、暧昧而不明爽等五大病。

这个阶段影响较大的专著有：

《孔子思想体系》，蔡尚思著，上海人民出版社 1982 年版。该书代表了作者数十年研究孔子所形成的系统观点，自认为是一份研究总结。它比较系统地论述了孔子的政治思想、经济思想、哲学思想、文艺思想、史学思想、教育思想，以及孔学在封建时代的演变，五四时期对孔子思想体系的批判等等，从而形成了比较全面的孔子思想体系的完整概念。

《孔子研究》，钟肇鹏著，中国社会科学出版社 1983 年版，全书由 9 篇文章组成。作者认为，孔子是中国历史上最有影响的思想家，其影响及于国外，是公认的对世界文化思想有影响的人物。孔子的基本思想是维护和巩固封建制度，是新兴地主阶级的思想代表。孔子的天命论基本上是继承殷周以来传统的宗教天命观念，在哲学上属于唯心主义。还认为，孔子是当时一个较有远见的思想家，由于当时阶级斗争的尖锐，他初步朦胧地察觉到人民是有力量的，因而很重视人的地位和作用。但是，孔子学说是一套彻头彻尾的支持封建制度的理论。

《孔子评传》，匡亚明著，齐鲁书社 1985 年版。是作者"酝酿了四十多年"断断续续研究孔子的"初步研究成果"。全书共分十章，把孔子放在当时的历史条件下，进行实事求是的研究和评价。认为孔子思想是两千年来中国历代封建王朝统治阶级的思想支柱。孔子思想中有既要维护统治阶级利益又要照顾到被统治者利益的两重性。最主要的是仁，礼是仅次于仁的主要概念。孔子思想深刻影响了中国封建时代的政治、经济、文化和中华民族的心理素质，既有消极因素，也有积极因素。孔子作为一位中国古代伟大的思想家、政治家和教育家，不仅是中国历史的人物，而且是具有世界历史意义的人物。

《孔子学说精华体系》，杜任之、高树帜著，山西人民出版社1985年版。全书分六编，是一部以阐述、论证孔子思想精华为主旨的专著。认为孔子思想是多方面的矛盾综合体，其中有精华也有糟粕，必须做分辨工作。孔子思想精华的核心是"仁"，"仁"的涵义是"爱人"，是孔子的新人类观，要求人与人，尤其是贵族与奴隶在"人格"上的平等。作者认为，孔子思想的精华即具有民主性、科学性与至今还有生命力的进步性的东西，能够现实地为建设两个文明，振兴中华服务。

《孔子思想在国外的传播和影响》，杨焕英编著，教育科学出版社1987年版。这是一部研究介绍孔子思想在国外的传播和影响的著作。作者搜集了大量的第一手资料，并参考和吸收了前人已有的研究成果，介绍了孔子思想在朝鲜、越南、日本、意大利、法国、德国、英国、美国、苏联的传播和影响，书后还译编了英国、美国、法国、日本、苏联五国大百科全书中"孔子"或"儒学"条目，弥补了国内这一方面的空白。

《孔子》（上下卷），姬仲鸣、周侃主编，中央民族大学出版社1998年版。这是一部集孔子生平、思想学说、学说传续、文集及其学说影响和具体运用为一体，全面系统反映孔子的一套大型图书，共分六大部分：一、东方的太阳——孔子全传；二、思想的长城——孔子学说，系统地归纳了孔子哲学、伦理、政治、教育和经济思想；三、与伟人散步——孔学启示录；四、智慧的新传——儒学继承；五、东方的经典——孔学全集，收集了"五经"、"四书"；六、理想的管理——现代儒家思想与应用。

《中国儒学史》，姜林祥主编，广东教育出版社1998年版。全书七卷，由办学于孔子故乡曲阜师大的七位学者分头撰写，而近代卷对鸦片战争至新中国成立期间的评孔思潮有所涉及。

以上是建国后大陆的孔子研究状况。另外,1949 年后,一部分新儒家代表人物和自由主义势力转移到台湾、香港等地,分别以《民主评论》、《自由中国》等刊物为载体,继续进行论辩,形成海外新儒家思潮。主要代表人物有张君劢、钱穆、徐复观、牟宗三、唐君毅等,他们固守儒家文化阵地,向国人及世界人士发出了"拯救"中国文化"慧命"的呼吁,纷纷从历史、文化、道德、伦理、宗教、哲学等领域,发挥儒家文化的精神价值,也在一定程度上揭露了传统文化的缺陷。半个世纪以来,港台及海外华人学者相继出版了一批研究孔子的专著,报刊上发表的有关论文数量也相当可观,涉及孔子思想的各个方面。勿庸讳言,他们中存有明显的尊孔倾向,但多数学者的治学态度是严谨的,对于孔子的研究是认真的、深入的,某些见解也是较为新颖的。如唐君毅的《孔子与人格世界》,牟宗三的《心体与性体》中《道之本统与孔子对本统之再建》,徐复观在《中国人性论史》第四章《孔子在中国文化史上的地位及其性与天道》及《孔子德治思想的发微》,成中英的《论孔孟的正义观》、《孔子哲学中的创造性原理——论生即理与仁即生》,杜维明的《孔子仁学中的道学政》等等,都具有较高的学术价值,在海内外学术界产生过重大影响。

二

以上所述,百年来评孔研孔的五个时期,情况各不相同,研究的广度深度也有差异,但又有共同的课题,即孔子学说的性质及社会作用,由此或围绕此课题引出的具体争论很多,主要有以下几项:

1. 关于真孔子和假孔子

一种观点认为,有真孔子和假孔子,应予以区分,另一种观点则认为没有真假之分。在承认有真假孔子的一派中,有的认为真假孔子之间没有什么联系;有的则认为真孔子和假孔子是辩证的统一。

"真假孔子论"早在新文化运动初期就已出现。当时有个叫常乃德的写信给陈独秀,申明把孔道与帝制联系在一起的,是汉、宋儒士及今日之孔教会等依傍的孔教,不是真正的孔子之教,孔子之教,一坏于李斯,再坏于叔孙通,三坏于刘歆,四坏于韩愈,至唐宋之交,孔子之真训,遂无几微存于世矣。陈独秀批驳说:"足下分汉、宋儒者以及今之孔教孔道诸会之孔教,与真正孔子之教为二,且谓孔教为后人所坏。愚今所欲问者,汉唐以来诸儒,何以不依傍道法杨墨,人亦不以道法杨墨称之? 何以独与孔子为缘而复败坏之也?"[①]强调汉唐以来诸儒与孔子本是一家。

1926 年顾颉刚在《春秋时的孔子与汉代时的孔子》一文中提出"各时代有各时代的孔子,即使在一个时代中,也有种种不同的孔子","春秋时的孔子是君子,战国时的孔子是圣人,西汉时的孔子是教主,东汉时的孔子又成了圣人,到现在又快成君子了……我们要崇拜的,要纪念的,是这个真相的孔子!"[②]

1934 年周予同的《孔子》一文,一开始就提出,"孔子是大家都知道的圣人;然而孔子的真相,到现在还在学者间研究而没有完全解决。这原因是为什么呢? 简单地说,就是真的孔子死了,假的孔

① 《答常乃德》,《新青年》2 卷 4 号。
② 《厦大周刊》160 期。

子在依着中国经济组织、政治状况与学术思想的变迁而挨次的出现"。并且指出,研究孔子应该有两方面,一方面固然要研究真的孔子,一方面也要研究假的孔子,因为假的孔子正所以衬托出真的孔子的真实性①。

1978 年张岂之在《真孔子和假孔子》的文章中又提出这个问题。他说:"在中国漫长的封建社会里,许多思想家以代孔子'立言'相标榜,有的则对孔子提出了非议,这些和孔子思想本身有什么关系?他们笔下的孔子是真孔子还是假孔子?"作者认为,在中国封建社会里,文化思想领域内的非儒在不同的时期具有不同的特点,取决于当时社会的经济和政治情况。以王充为例,他批判的对象,主要是神化的孔子和谶纬化的孔子,也可以说就是假孔子。朱熹利用和改造孔子思想,同时他们之间也有继承关系。继承和改造是辩证的统一,不能绝对地割裂开来,形象地说,朱熹笔下的孔子,既有假孔子,也有真孔子。更多的情况是,进步思想家们为阐明道学家所推崇的假孔子,不是历史上的真孔子,他们仔细地研究儒家经典,进行独立审查,作出新的解释,说明他们自己才是孔子思想的真正继承者。作者认为,在"中国封建社会,文化思想领域内的真孔子和假孔子是辩证的统一,片面地强调某一方面,忽略另一方面,是不能令人信服的"②。

后来匡亚明在其专著中明确地说,除了肯定孔子作为一个历史人物应有的历史地位外,更重要的则在于认真地通过批判和清理,"把真孔子和假孔子或半真半假的孔子区别开来"③,后来发表

① 上海开明书店,1934 年 9 月出版。
② 《西北大学学报》1978 年第 4 期。
③ 《孔子评传》,齐鲁书社 1985 年版。

的评论文章也都提出区分真孔子假孔子问题。

2.关于孔子与六经的关系

这个问题,自汉代以后学者们就有不同看法,或认为六经经过孔子的手笔,甚至于认为皆为孔子所创作;或认定六经古已有之,孔子对它们未做什么加工。进入 20 世纪后,仍成为争论的问题之一。

一派坚持六经皆孔子所作说。晚清今文经学家廖平认为"六经,孔子一人之书"(《知圣篇》)。康有为也明确肯定"六经皆孔子所作也。汉以前之说,莫不然也。学者知六经为孔子所作,然后孔子之为大圣,为教主,范围万世而独称尊者,乃可明也。知孔子为教主,六经为孔子所作,然后知孔子拨乱世致太平之功,凡有血气者,皆曰被其殊功大德,而不可忘也"①。陈焕章认为"孔子之事业,莫大于作六经。盖六经皆孔子所作也"(《孔教论》)。30 年代不少学者也是这种看法。如杨幼炯认为"孔子对于千古学术上之最大贡献,即为删定六经。其本原皆出于古,而孔子删定之,笔削去取,皆有深义"②。50 年代熊十力《原儒》一书附录中的首篇题目就是《六经是孔子晚年定论》,认为孔子"晚年学《易》以后,其思想确突变,始作六经"。不过他认为,孔子没后,大道派学者自当世守,小康派则予以改窜之。六经本秦火后必难得,汉人传至今日六经,自是采自小康派之经本而更加窜乱。

与此对立的观点则认为《六经》与孔子无关,其代表人物为古史辨派。近代以来,随着辨伪学风的兴起,有关经书的问题受到古

---

① 《孔子改制考》卷十。
② 《中国政治思想史》,商务印书馆 1937 年版。

20世纪儒学研究大系

史辨派的严格审核,有的学者就完全否定了孔子与六经的关系,钱玄同、顾颉刚皆是此种观点。如钱玄同认为:孔子没有删述或制作六经一事,《诗》、《书》、《礼》、《易》、《春秋》本是五部互不相干的书,六经的配成,应当在战国末年①。

介于以上两种观点之间的意见则认为孔子与六经有关,但并不十分密切。如梁启超认为,六经虽然都是旧日所有,经过孔子的手,便成为孔子的六经,所以说六经是孔子的著述,亦未为不可,但这六部经里头添上孔子的分子之多少,各不相同。他认为,礼经大约是一种官书,内中未必有孔子手笔;诗与乐,孔子的"功劳不在删诗而在正乐","可惜乐谱失传";书经或许是孔子从许多古书里头删选出来,"《尚书》的文字或许还有许多经孔子润色过";现存的《易经》,"除卦辞爻辞为孔子以前旧本外,其他皆孔子所作";现行这部《春秋》,"完全是孔子作的,但他的底本仍因鲁史"②。冯友兰在《孔子在中国历史中之地位》一文中说:本篇的主要意思,在于证明孔子果然未曾制作或删正六经;即令有所删正,也不过如"教授老儒"之"选文选诗"③。周予同认为,孔子以《礼》、《书》教弟子是有的,但没有删《诗》、《书》。孔子以礼、乐治理社会,教导个人是有的,但没有订正什么《礼经》或《乐经》。至于《易》与《春秋》,经今文学家认为是孔子的社会哲学与政治哲学所在的著作,然而是否是孔子所作,到现在都成疑问了④。

这个问题至今仍无定论,不过大多数学者认为六经是经过孔

① 《答顾颉刚先生书》,《古史辨》第 1 册。
② 《孔子》,《江苏教育》5 卷 9 期,1936 年 9 月。
③ 《燕京学报》第 2 期。
④ 《孔子》,上海开明书店 1934 年版。

子加工整理的。

3.孔子历代被利用的原因

　　一种观点认为是由于孔子自身的弱点。当然其弱点是什么，在不同人的笔下又不一样。易白沙在其《孔子平议》中说："中国二千年尊孔之大秘密既揭破无余，然后推论孔子以何因缘被野心家所利用，甘作滑稽之傀儡，是不能不归咎孔子之自身矣！"表现在孔子尊君权漫无限制，易演成独夫专制之弊；讲学问不许问难，易演成思想专制之弊；少绝对之主张，易为人借口；重做官不重谋食，易入民贼牢笼①。张东荪在《现代的中国怎样要孔子》中认为，所以孔子被利用数千年就是因为他对于文化取维持的态度。他说："孔子的最大缺点是在于他不讲政治制度与只讲政治精神。他的德治主义与礼治主义，由我们看来，似乎在君主上面可以实行，在民主政体上也可以实行。""他大概亦就是因为这个缘故，只反对君主的暴政，而不反对君主制度。后世所以能利用他，大概亦就是因为他不讲制度。""须知制度是固定的，精神便没有制度那样显而易见。"所以卢梭的民约论不容易为人利用，而孔子则容易被人利用，"这亦是东方与西方在思想上态度不同的缘故"②。周谷城则认为在于孔子学说的空言道德。他说，"孔子之学说，在政治方面无何种价值。除提倡道德一项以外，他无可取。彼乃天然之教育家，善说道德。政治乃具体之事，非彼之空言所能改良。但正因彼之言是空的，对于后世便发生惊人之影响。与独裁君主，方便尤多"。"孔子之说，虽无精采，然能维护寿命如此之久，发生效

---

①　《新青年》1卷6号及2卷1号。
②　《正风》半月刊1卷2期，1934年12月。

力如此之大者,只因其与独裁君主,有此种关连。他家学说不能完全见诸实事者,或因说理很深,为常人所不能懂,或因陈义过高,在事实上为不能行。独孔子是一中材之人,本着一生经验,开口道德,闭口道德,便大为世人所欢迎。独裁君主利用其学说以维持地位。高兴时,作一二善事,以欺小民;不高兴时,仍可横行无忌。故孔子之说,就表面看,全是为民,而其结果,恰恰利于君主。名是为民,故人民爱之。利于君主,故君主爱之。延至今日,势力犹存,非偶然也”①。

第二种观点认为,不是因孔子学说的弱点,而是因为偶像的麻醉、反面的防止和学说的近似。黄绍衡在《从孔子精神清算“尊孔”》中认为,专制统治者及帮闲士大夫为什么独要选择孔子而来利用呢? 其答案不外:第一,是偶像的麻醉。中国是一个没有宗教的国度,历来的统治者不得不拉上一位比较伟大的思想家,把他的精神变了质以代替宗教。孔子尊君父、主忠孝,态度严肃,比较适合于统治者的脾胃。因此,孔子便被拉下水了。第二,是反面的防止。孔子是个思想前进,对于政治社会反抗奋斗,而思有以革新的人。这是极不利于统治者的,所以非设法防止不可。防止的最好方法,莫若“以毒攻毒”,把孔子的招牌抬来,把孔子的货色变了质,从反面去防止孔子思想的流行及实现。第三,是学说的近似。如“尊王”、“君君臣臣父父子子”、“民可使由之不可使知之”等易含混的语句,统治者恰好据以为专制皇权的宝典,而实行着他们那“挂羊头,卖狗肉”的伎俩。

第三种观点,认为要害在孔子学说的“忠君尊王”。匡亚明认为,历代君王竞相尊孔,有一般的理由,更有其特殊的原因。孔子

① 《孔子的政治学说及其演化》,《民铎》9 卷 1 号,1927 年 9 月。

是一位道德理论家和实践家，尊崇孔子，对调节贵族内部的等级，缓和统治阶级和被统治阶级之间的关系有利；孔子是博学多才的学问大家，尊崇孔子，对鼓励后来学者发愤读书有推动作用；孔子在历史上、在人民中影响极大，尊崇孔子，以示敬意。以上只是一般的理由，而关键的要害在"忠君尊王"，这是孔子始终不变的一贯主张，这是孔子提供的君主尊严神圣不可侵犯的"理论根据"，是关键的要害之所在。孔子依据仁为内容、礼为形式的思想，设计了理想的封建政治，希望封建制度亿万斯年地存在下去，虽然孔子主张的忠君尊王是有条件的，忠的是名君，尊的是贤王。但对昏王暴君没有提出任何积极措施，只能消极隐退，也不能"犯上作乱"①。

　　第四种观点，认为孔子的主张有利于统治者与被统治者双方。胡寄窗在《关于孔子思想的新评价》中提出：为什么孔子的思想体系能在长达三千多年的历史时期中不但为历代统治阶级所接受，也为被统治阶级所信奉？一般的解答，不外是说它适应了封建统治者们的欺骗伎俩。如果真是"欺骗"，何以二千多年来一直未被广大人民群众所察觉。认为孔子思想体系中，除了一些有关个人行为的规范而外，绝大多数均为直接间接的与"为政"或治理国家有关的准则。这一特点既有别于西方抽象玄妙的哲学思维，又有利于东方各大教派逃避现实的宗教追求。正是孔子思想与人类社会生活存在密切关联的这一特点，使它能长期而广泛地为各社会阶级所接受。尤其重要的是孔子所提出的一系列政治准则，在阶级社会中既有利于统治阶级的长期统治，也无损于被统治阶级的实际利益，无论在理论上或实践上，均系阶级社会中最完善的统治

————————————

①　《孔子评传》，齐鲁书社 1985 年版。

方式,故其为历代统治者所接受和推崇①。

4.孔子的阶级性问题

大体上有六种看法:

第一种,认为是新兴地主阶级的代言人。30 年代周予同在《孔子》一书中说"因为孔子以学识传授给一般平民,一般平民为获得学识而有参与政权的要求,所以孔子可以说是在文化方面促进贵族封建制度崩溃的人物。所以近人说孔子是新兴地主阶级的代言人,是有相当理由的"②。50 年代冯友兰也认为,孔子生在由封建领主经济转向封建地主经济,由封建割据转向专制主义的中央集权的封建国家的时代,他是站在从领主阶级初步分化出的地主阶级立场上的,他的思想一方面是保守的,一方面是进步的③。

第二种,认为孔子是没落奴隶主贵族阶级的代表。蔡尚思说,孔丘"代表没落的贵族"、"中间偏右"、"旧中带新"、"反对革命"④。关锋、林聿时认为,孔子的"仁"和"礼"学说,就是改良主义。就是基本上站在奴隶主立场调和阶级矛盾。"特别是中年以后,是站在代表没落奴隶主贵族的鲁公室一面",一贯反对新兴地主阶级的⑤。任继愈也认为,孔子是站在奴隶主立场,反对新兴封建势力的,孔子的基本学说不是为地主阶级服务的⑥。赵光贤在

---

① 《文汇报》1987 年 5 月 26 日。
② 上海开明书店 1934 年版。
③ 《孔子思想研究》,《新建设》1954 年 4 月号。
④ 《孔子思想的研究》,《中国建设》4 卷 6 期,1947 年 9 月。
⑤ 《论孔子》,《哲学研究》1961 年第 4 期。
⑥ 《孔子——奴隶社会的保守派　封建社会的"圣人"》,《北京大学学报》1962 年第 5 期。

其《论孔子不代表地主阶级》文章中明确指出："从孔子当时社会矛盾,从孔子的言论行事来分析孔子的阶级立场,他是一贯地代表没落中的旧领主阶级,而不是代表新兴地主阶级的。"孔子的思想和许多大思想家一样,不免有矛盾,"但在维护封建领主们的利益上是始终一贯的,没有矛盾的。他的政治思想是保守的开倒车的"①。杨荣国也持这种看法,他说"在当时由种族奴隶制向新的封建制的转变过程中,孔子的思想基本上是维护种族奴隶制的";"而反对一切适应新的形势的变化与改革,力图参与如何维护种族奴隶制的一切活动"。他"要把东周的颓势挽回过来,回复到西周种族统治的局面。同时他嫉视新兴势力,嫉视新兴势力的所谓越礼的行动。……这一切,均说明孔子政治态度是如何的保守"②。侯外庐、李泽厚也认为孔子代表没落奴隶主贵族的利益,不过在指出其主导方面具有落后性的同时,也看到有其人民性的一面。侯外庐说,"孔子是春秋末期的大思想家","基本上是代表奴隶主贵族的利益,企图挽救贵族统治的没落",这是其思想的主导方面,"但他也注意到平民阶层的兴起,并主张对平民作一定的让步"③。李泽厚也说:春秋战国是早期奴隶制向发达奴隶制过渡时期,孔子思想是这一空前时代变革中某些氏族贵族阶级性格的表现,孔子维护周礼,是保守、落后以至反动的,但他反对残酷的剥削压榨,要求保持、恢复并突出地强调相对温和的远古氏族统治体制,又具有民主性和人民性④。

---

① 《新建设》1956 年 8 月号。
② 《论孔子思想》,《学术研究》1962 年第 1 期。
③ 《中国思想史纲》上册,中国青年出版社 1963 年版。
④ 《孔子再评价》,《中国社会科学》1980 年第 2 期。

　　第三种,认为孔子是士阶层的代表。范文澜认为,士处在社会中间阶层,看不起老农老圃,当然不愿意吃苦劳动,但贵族阶层里又没有士的地位,很少机会取得大官。因此他们憎恶世卿把持,要求登进贤才。唯一希望是做官食禄,最好得做国君的宰相。周公相成王,是他们理想的幸运。如果做不到,替世卿当家臣也可以。孔子正是这阶层的代表。士是统治阶级的最下一层,其思想有两面性,但保守性多于进步性,妥协性大于反抗性①。杨向奎认为,孔子生活在由宗法封建制逐步转入地主封建社会的时期,“按阶级的成分说,孔子属于新的士阶层”。在政治思想上,他没有提出新的主张,没有任何新兴的气味②。高亨在《孔子思想三论》中指出,孔子本是士阶层的人物,其思想一部分代表了人民的某些利益,一部分又代表了贵族领主的利益。80年代张恒寿也明确认为“孔丘思想所代表的阶级利益,不是奴隶主阶级,也不是地主阶级,而是还未变成地主阶级的‘士’阶层”③。

　　第四种,认为孔子代表人民利益。如郭沫若认为,孔子的基本立场既是顺应着当时的社会变革的潮流的,因而他的思想和言论也就可以获得清算的标准。大体上他是站在代表人民利益方面的,他很想积极用文化的力量来增进人民的幸福。对于过去的文化于部分地整理接受之外,也部分地批判改造,企图建立一个新的体系以为新来的封建社会的韧带。认为廖季平、康有为所倡导的“托古改制”的办法,确实是道破了当时的事实④。

---

①　《中国通史简编》,1942年。

②　《孔子的思想及其学派》,《文史哲》1957年第5期。

③　《孔丘》,《中国古代哲学家评传》,齐鲁书社1980年版。

④　《十批判书》,《郭沫若全集》历史篇2,第87页,人民出版社1982年版。

　　第五种,认为孔子代表统治阶级利益。陈伯达认为,孔子的所谓"仁",并不是如胡适简单地所谓即是"做人的道理",而只是支配者对被支配者的道理,而只是表现被支配者应该如何服侍支配者的道理。如孔子所说:"刑罚不中,则民无所措手足。"他的所谓"刑罚",正是支配阶级所专为加之被支配的"民"而设的。孔子主张"贫而无怨",就是说:被榨取的人们不应哀怨的,不应反抗的。这些也就可以看出:孔子的所谓"仁",只是仁于支配者——统治阶级,而不是仁于一般被压迫的人民的。他的所谓"勇",如在一切事实所表现了的,也是勇于守卫封建制度,勇于为君,勇于谋寻求官,勇于陷害"异端"(异己),勇于压迫人民,而不是勇于反抗压迫与榨取,不是勇于为人民服务。惟其是如此,二千余年中国一切暴君民贼都就拿孔子的各种教条,变成麻醉人民的鸦片①。

　　第六种,认为无阶级性。岑仲勉在《对于孔学的我见》一文中提出对"孔学是代表统治阶级,拥护封建等级制度"的质问,认为"从某角度看,这点似乎言之成理,但从整个孔学来看,还是难以成立"。理由是"孔子的言论,是随事自由发表意见,未专替某一阶级着想"。因此,他不同意"孔子代表统治阶级利益"的观点,也不同意孔子袒护"乱党"(即新兴势力)的观点②。

5. 孔子思想的核心

　　第一种观点,即大多数学者认为孔子思想的核心是仁,当然对仁的解释又各有不同。李石岑认为,"所谓仁,是叫不觉悟的去觉悟,不努力的去努力"。"孔子的根本思想是仁,也就是忠恕;这就

---

① 《孔子的哲学思想》,《解放》69 期,1939 年 4 月。
② 《东方杂志》第 43 卷第 6 号,1947 年 3 月。

是所谓'一贯之道'"①。杨幼炯认为,孔子所谓"仁"之真义简单的解释,即是一种同情心。所谓仁爱即为此种同情心之表现。儒家人生哲学,又全以"仁"为中心②。吕振羽说,孔子所谓"仁",只是一个无美不备,"施之四海而皆准"的他理想中的"圣人"的"心传"——虽属是先验的独自存在着的东西。因而孔子认为只要大家都肯去作"仁"的"修养"和实践,则一切社会内部矛盾,便都能从个人内心的修养上去消灭于无形。因而"仁"不啻是孔子的理论体系的核心,其表现到政治上伦理上,也都是从此核心的作用去发动的③。郭沫若认为,孔子"仁"的含义是克己而为人的一种利他行为。简单一句话,就是"仁者爱人"。因此我们如更具体一点说,他的"仁道"实在是为大众的行为。他要人们除掉一切自私自利的心机,而养成为大众献身的精神。视听言动都要合乎礼。这种所谓仁道,很显然地是顺应着奴隶解放的潮流的。这也就是人的发现。每一个人要把自己当成人,也要把别人当成人,事实是先要把别人当成人,然后自己才能成为人。"一个'仁'字最被强调,这可以说是他的思想体系的核心"④。张岱年认为,"仁"的涵义就是"己欲立而立人,己欲达而达人"⑤。孔子的一贯之道为"仁"。"仁"乃是孔子哲学的中心观念,亦是中国人生哲学之最高理想。然而孔子于"仁"之外,实兼重"智""勇"。认为自宋以来,儒者多专讲"仁",遗忘了"智"与"勇",然智勇既不足,所谓仁便

---

① 《人生哲学》,商务印书馆1926年版。

② 《中国政治思想史》,商务印书馆1937年版。

③ 《孔丘派哲学思想的发展——由孔丘到荀卿》,《中山文化教育馆季刊》2卷3期,1935年11月。

④ 《十批判书》,重庆群益出版社1945年版。

⑤ 《探索孔子思想真谛》,《孔子研究》1989年第3期。

亦成空虚了①。杨荣国也认为孔子的中心思想是"仁"。"仁"的内涵颇多，包摄了孝、悌、忠、恕、礼、智、勇、恭、宽、信、敏、惠；而以孝悌为仁之本，以维护种族统治的所谓礼治，达到"克己复礼"的目的②。牟宗三认为孔子以"仁"为道德人格发展的最高境界，"智"藏于"仁"之中，一切"德"亦藏于其中。"仁"的内在作用以成"圣"为目标，外在作用便是遥契"性与天道"，即怎样和宇宙打成一片。从此"性与天道"不致挂空成悬空地讲论了。因此"仁"实为"天命"、"天道"的一个"印证"③。杜维明从道、学、政三个方面及其相互关系对孔子仁学进行了探索，认为"这套思想有成熟的道德理性、浓厚的人文关切和强烈的入世精神，即不同于古希腊的哲学思辨，又大异于希伯来的宗教信仰"④。

第二种观点，认为孔子核心思想是礼。吴虞在《吃人的礼教》中说，"孔二先生的礼教讲到极点，就非杀人吃人不成功，真是惨酷极了！""我们如今，应该明白了，吃人的就是讲礼教的！讲礼教的就是吃人的呀！"他认为在孔子整个思想体系中，起主要作用的是礼，学礼、复礼、传礼是孔子思想和一生活动的主线。孝是维护封建道德的主要内容，礼则是封建道德的主要表现形式⑤。陈独秀认为，"孔教之精华曰礼教，为吾国伦理政治之根本"。"三纲五常之名词，虽不见于经，而其学说之实质，非起自两汉、唐、宋以后，

---

① 《孔子平议》，《张岱年哲学文选》206 页，中国广播电视出版社 1999 年版。

② 《论孔子思想》，《学术研究》1962 年第 1 期。

③ 《中国哲学的特质》，香港人生出版社 1961 年版。

④ 《孔子仁学中的道学政》，《中国哲学》第 5 辑，三联书店 1981 年 6 月版。

⑤ 《新青年》6 卷 6 号，1919 年 11 月。

则不可争之事实也"，"愚以为三纲说不徒非宋儒所伪装，且应为孔教之根本教义，何以言之？儒教之精神曰礼"。"此等别尊卑明贵贱之阶级制度，乃宗法社会封建时代所同然，正不必以此为儒家之罪，更不必讳为原始孔教之所无。愚且认为儒教经汉、宋两代之进化，明定纲常之条目，始成一有完全系统之伦理学说。斯乃孔教之特色，中国独有之文明也"①。陈独秀后来还说："孔门之礼教，即孔门的政治思想。""礼是君权、父权、夫权三纲一体的治国之道，而不是礼节仪文之末。不懂得这个，便不懂得孔子。"在孔子的积极教义中，若除去"三纲"的礼教，剩下来的只是些仁、恕、忠、信等美德，那么孔子和历代一班笃行好学的君子，有什么不同呢？他积极建立起来他所独立的伦理政治学说之体系是什么呢？……儒家的独特主张是什么呢？除去"三纲"的礼教，他没有任何主张，孔子只不过是一个笃行好学的君子而已，人们凭什么奉他为万世师表呢？②宋庆龄也认为，作为一个改良家，孔子扮演了一个伟大的历史角色。他为封建社会创造了礼教。为了加强这种封建秩序，他根据历史的传统创立了他的学说。为了使人民服从，孔子创造了一整套礼仪来加强封建秩序③。蔡尚思原来认为孔子核心思想是仁，80 年代后又认为是礼，理由是"礼独高于诸德"，"道德仁义，非礼不成"，"以礼为仁的主要标准"。孔子主张"克己复礼"为"仁"。克己复礼的内容包括了人生的一切，即全身都用礼约束起来，认为"以礼为孝、忠、中和的主要标准"，以礼为治国、法律、外交、军事、经济、教育、史学、诗歌、音乐的主要标准，以礼为美人、尊

---

①　《宪法与孔教》，《新青年》2 卷 3 号。
②　《孔子与中国》，《东方杂志》34 卷 18 号，1937 年 10 月。
③　《儒教与现代中国》，《亚细亚》1937 年 4 号。

敬鬼神的主要标准,甚至日常生活中如饮食、睡觉、穿衣、乘车、坐席、谈话、交往等都必须合礼。礼的重要性不仅高于其他诸德,而且其范围的广大几乎无所不包。"孔子的礼学,从大到细,面面俱到。他打下礼教理论的基础,成为礼教系统的祖师"。他认为古代崇拜儒家孔子者,都公开宣传礼学与孔子的密切关系;到了现代,传入西方的民主主义、社会主义等思想后,崇拜儒家孔子者便多避而不谈孔子的礼学,甚至宣传孔子反对三纲、孔子主张臣权、孔子尊重女权等等。这是古今崇拜儒家孔子者的一个异点①。

　　第三种观点,认为孔子思想的核心是中庸。范文澜认为"孔子教人立身处世的大道理,可以说是中庸主义和家族主义。处世以中庸为主。庸言庸行,寡悔寡尤,就是不要说固执的话,不要做特异的事。免得遭祸受辱。天下有道,出来做官,无道,快点隐藏。和不分是非,惟利是图的'乡原'(伪君子),区别就在这里"。又说,"孔子学说全部贯注着中立而不倚的中庸思想"。中是什么?孔子认为礼就是所以制中的,"合乎礼就是合乎中",孟子以前,儒学实际就是礼学②。黄绍衡认为,"孔子所讲的中庸,不是'不偏不易'的中庸,而是时中的中庸"。"孔子的根本精神在于'时中'。这统率着他的思想的全部"。所谓时中,就是说,人生要随着时代并进并做到"恰到好处"之意。他认为,俗儒只知孔子的根本精神在"仁",在"尊王",在"正名",在"礼乐"等这些观念,这固没有错,"但是我们以为时中比那仁、尊王、正名、礼乐等更为基本"。"孔子的仁是与时中相配合着的一种牺牲自己,以为大众服务的精神之最高表现";"孔子所要尊的王,乃是像尧舜那样的圣王";

① 《孔子的礼学体系》,《孔子研究》1989 年第 3 期。

② 《中国通史简编》199 页。

"正名与时中息息相关",无论实亡实生,名就有变,而与实相合或实变而与名相符,使之可言可行的必要"。"礼乐是要人们除去一切自利自私的心机,而养成为大众献身的牺牲精神的最好手段"。"礼乐更是依附时中的"。总之,孔子的仁、尊王、正名、礼乐等观念,都是从时中所派生;离开时中,则仁、尊王、正名、礼乐等便没有灵魂,所以我们说,时中比仁、尊王、正名、礼乐等更是孔子的根本精神的根本①。郭碧波认为,人们试图寻求孔子思想的核心,但是抓住了孔子思想中某一方面,某一因素,而不是把孔子思想看作一个相互联系,相互作用的有机整体。必须进行思维方法上的变革。认为孔子用"合二为一"的"中庸"思想使新旧思想加以联结,达到新的和谐。孔子思想中的新旧原素达到新的统一和谐,就构成了孔子思想的整体。孔子思想的整体被"中庸"这一整体思想所制驭着。我们了解孔子思想的核心后,必须把孔子思想放到春秋末期的整个社会的大系统中,进行多方面的综合考察,弄清它在各种社会思想文化系统中不同的系统质,才能进一步理解孔子思想的本质②。

　　第四种观点,主张孔子思想的核心是和,以骆承烈为代表。他认为"礼"是孔子依古时规定的标准和提倡的做法,"仁"是解决事物矛盾的态度和手段,"中庸"是处理问题的方法。它们都不是孔子终生奋斗的目标和要达到的最高理想,或者说都不是孔子思想的核心。孔子终生奋斗的目的是"社会稳定",要达到的最高理想是"大同盛世",两者共同点则是"极力寻求社会矛盾的统一",简

---

① 《从孔子精神清算"尊孔"》,《中国传统思想之检讨》,中华书局1948 年版。
② 《孔子思想核心的再认识》,《哲学研究》1985 年第 9 期。

单归结为一个字,就是"和"。"和"的思想之表现为:一、发展生产,提倡节俭;二、反对暴政,严斥重赋;三、谨慎征战,礼让为上;四、民族融合,平等相待;五、统一思想,协调矛盾①。

6. 关于孔子的哲学思想

孔子的哲学思想是唯物主义还是唯心主义的,意见很不一致。

一种观点认为孔子的哲学思想是唯物主义的,郭沫若、范文澜、金景芳、杜任之等是该观点之主要代表。郭沫若认为,孔子所讲的"天",并没有主宰的意思,只是一种自然或自然中流行着的理法。他否定了鬼神的存在,而又认定了"命"是一种必然性,孔子基本上是泛神论者,而不是宿命论者。对待鬼神这个问题上,孔子至少是一位怀疑派②,范文澜指出,孔子把讲不通的事情,都归到天命。高深莫测的叫作天,无可奈何的叫作命,孔子不很谈天道与天命,孔子不谈神怪,这种对鬼神的不可知论,实质上掩藏着唯物主义的因素③。金景芳认为,事实上,孔子所说的天命或天道,和老子所说的天道是一种东西,都是指自然发展规律而言。所不同的是,老子的观点是"道生一、一生二",而孔子的观点只是一生二,没有道生一。也就是说孔子认为一是第一性的,老子认为道是第一性的。一是物质,道是规律,所以老子是一个唯心主义哲学家,孔子是一个唯物主义哲学家。他还认为,孔子的哲学思想不但有唯物论,还有辩证法。中庸即是辩证法思想在生活实践中的应

①　《孔子的思想核心——和》,《儒家思想与未来社会》,上海人民出版社 1991 年版。

②　《十批判书》,重庆群益出版社 1945 年版。

③　《中国通史简编》,新知书店 1947 年版。

用①，杜任之认为，到春秋后期，由于生产力和阶级矛盾的发展，社会、政治上出现的越来越严重的哲学思想即相应发展，这也基本上是孔子哲学思想由唯心转向唯物论的发展过程。孔子在唯物论哲学上的发展和创新主要表现在：（一）他认识到世界的本原是物质的，精神来自物质；（二）他认识到认识来自实践；（三）孔子认为，人的一生，应该有益于人类社会；（四）中庸是孔子唯物思想哲学的方法论。孔子哲学的唯物思想特征，是贯穿于其伦理道德、社会、政治、科学技术、文化教育各方面的②。

第二种观点则认为孔子的哲学思想是唯心论。陈伯达、关锋、冯友兰、庞朴等皆是这种看法。陈伯达在《孔子的哲学思想》中说，孔子关于名实关系的见解，"名"是第一，"事"是被"名"所决定，名实的关系是倒置的；把真实的世界倒置为概念世界。孔子所建立的概念世界，就是封建社会中"忠"与"孝"两个概念。孔子所谓"忠恕"其意义就是"推己及物"，内在的推度乃是人们认识外界的准则，以内界来概括外界，这是唯心论哲学的本色。"仁"在孔子学说中就是忠恕的别名，"己所不欲，勿施于人"，在实质上是根据自己来决定别人，在哲学上也就是内心来决定外界，是唯心论的③。关锋、林聿时认为孔子的哲学思想"基本上是折衷地混合了'客观'唯心主义和主观唯心主义"。孔子的"天命"是"客观"的主宰，这是客观唯心主义的，而政治学说中的"仁"是人们头脑中的观念，他认为"名"是第一性的，"实"是第二性的，要实行仁政学说，以正名气的手段去恢复即将完全崩溃的奴隶主贵族统治的社

---

① 《孔子思想述略》，《中国哲学史研究》1981 年第 2 期。
② 《孔子学说精华体系》254—255 页，山西人民出版社 1985 年版。
③ 《解放》69 期，1939 年 4 月。

会秩序的基础,这当然是主观唯心主义的,这又排斥了一切都是由天命安排好了的观点①,冯友兰认为,孔子接受了宗教关于"命"的思想,但对它作了比较重要的修正,其表现是:一方面承认"天命",另一方面又主张"知其不可而为之",一方面承认人的贫富贵贱决定于天命,另一方面又主张人的"贤不肖"则不是由天命决定的。因此,从古代哲学"力"与"命"的关系上看,这是对天命权限的限制。在鬼神问题上,孔子对鬼神是否存在是持怀疑态度的。同时,他又认为在孔子那里,"仁"、"礼"和"天"是统一的。从这个意义上说,在孔子的思想体系里,"仁"不只是一种道德,而且是一种世界观,"是人类自觉的一种表现"。因此不同意把孔子的哲学思想说成是折衷主义的,而认为是一个完整的唯心主义哲学体系②。庞朴也认为,在哲学上,孔子是唯心主义者。他相信天命,认为人的死生富贵,事的成败兴废,都是由天命决定的。他把天命同"大人"、"圣人之言"并列,称为君子应有的"三畏",其实这三者都是一个东西,就是统治者的意志③。

7. 关于孔子的评价问题

总的来说,大家都承认孔子在中国历史上的巨大作用是无与伦比的,但具体评价分歧很大,除"文化大革命"中对其全盘否定外,大致可分三种。

一种是全盘肯定,高度评价。认为孔子是完人、圣人,其思想学说万世常存,用之四海而皆准。梁启超曾是 20 世纪揭开反孔序

---

①　《论孔子》,《哲学研究》1961 年第 4 期。

②　《论孔子》,《光明日报》1960 年 7 月 22 日。

③　《孔子思想再评价》,《历史研究》1978 年第 8 期。

幕的第一人,然而晚年对孔子的看法却有很大变化,在《世界伟人传》第一编"孔子"中,对其作了极高的评价。他说"吾将以教主尊孔子。夫孔子诚教主也,而教主不足以尽孔子。教主感化力所及,限于其信徒。而孔子则凡有血气,莫不尊亲。举中国人,虽未尝一读孔子之书者,而皆在孔子范围中也。故印度不能为释迦之印度,犹太不能为基督之犹太,而中国则孔子之中国也。吾将以教育家尊孔子。夫孔子诚教育家也,而教育家不足以尽孔子。教育家之主义及方法,只能适用于一时代、一社会。而孔子之教育,则措四海而皆准,俟百世而不惑也。故梭格拉第之后,容有梭格拉第,而孔子之后,无孔子也。吾将以学问家尊孔子。夫孔子诚学问家也,而学问家不足以尽孔子。学问家以学问故而成家,而孔子则学问之所从出也。吾将以政治家尊孔子。夫孔子诚政治家也,而政治家不足以尽孔子。食政治家之赐者,不过一国,而孔子之理想的政治,则洋溢于中国而施及蛮貊也。食政治家之赐者,不过百年,而孔子之因时的政治,可以善当时之中国,可以善二千年迄今之中国,且可以善自今以往永劫无穷之中国也"①。在梁氏的眼中,孔子不仅是教主、教育家、学问家、政治家,而且胜过了教主、教育家、学问家、政治家,这可说是对孔子的总体评价。柳诒徵、徐复观等则强调了孔子在中国文化史上的地位。柳氏认为,"孔子者,中国文化之中心也。无孔子则无中国文化,自孔子以前数千年之文化,赖孔子而传,自孔子以后数千年之文化,赖孔子而开。即使自今以后,吾国国民同化于世界各国之新文化,然过去时代之与孔子之关系,要为历史上不可磨灭之事实。故虽老子与孔子同生于春秋之时,同为中国之大哲,而其影响于全国人民,则老犹远逊于

---

① 《饮冰室合集·专集》之三十六,66—67 页。

孔。其他诸子,更不可以并论"①。徐复观在《中国人性论史》中分六个方面论述了孔子在中国文化史上之地位:第一,由孔子而确实发现了普遍地人间,亦即是打破了一切人与人的不合理的封域,而承认只要是人,便是同类的,便是平等的观念。第二,由孔子开辟了内在地人格世界,以开启人类无限融合及向上之机。第三,由孔子而开始有学的方法的自觉,因而奠定了中国学术发展的基础。第四,教育价值之积极肯定,及对教育方法之伟大启发。第五,总结整理了古代文献,而赋与以新的意义,从文献上奠定了中国文化的基础。第六,人格世界的完成。这即是统摄上述各端的性与天道的合一②。冯友兰、张君劢等在阐述孔子在中国历史上的地位中,特别指明了他对中国学术的作用。冯氏认为,"孔子是一个教育家,孔子是中国第一个使学术民众化,以教育为事业的'教授老儒',他开战国讲学游说之风"③。还说"孔子学说,在中国哲学史中也有着重要的意义。他是中国古代一位伟大的启蒙思想家。他创立了古代中国最早的学术流派。在中国历史上第一个提出了比较系统的理论体系。他的哲学观点,标志着古代思想开始从神权的束缚中解脱出来。还能够把人和现实生活拉到重要的地位,从人的实际生活需要,观察和了解一切问题。因此,教导人们对现实生活采取积极的态度,这是孔子的贡献"④。张君劢在其《义理学十讲纲要》⑤中从四个方面论述了孔子对吾国学术思想社会结构之影响:(甲)孔子不以宗教为立国大本,使吾国免于宗教战争,且

---

① 《中国文化史》,商务印书馆 1934 年版。

② 台北中央书局 1936 年版。

③ 《孔子在中国历史中之地位》,《燕京学报》第二期 1927 年 11 月。

④ 《论孔子》,《光明日报》1960 年 7 月 29 日。

⑤ 台北华国出版社 1955 年版。

使儒释道回四教得以和平相处。（乙）孔子在六经中保存文献,留下吾国社会之真面目,视印度人但好哲学,无自古迄今之历史著作者,正相反对。（丙）孔子有正名之说,具体言之,以君君臣臣父父子子之义,安定社会秩序。（丁）孔子开门授徒,树私人讲学之风,以智力资格,代替贵族世袭之制。认为"孔子孟子,吾国文化传统之柱石,定二千年来是非邪正标准之人也,其毁之者,吾亦曰借子贡之言以答之曰:何伤于日月"。张东荪、陈立夫等阐述了孔子在世界史上的地位和影响。张氏说,"假定我们把孔子本人与后世推崇孔子之故分开来论,则我敢说孔子的思想置诸西方哲学内,例如柏拉图、亚里士多德等,丝毫不逊色。并且孔子的思想在人类思想界内确是一个特别的。西方思想素以方面繁多内容丰富见长。然而竟没有一派能和孔子一样。凡孔子之所长,西方思想都寻不着相当的以为代替。可见孔子的价值不仅是在东方,实在是在于全人类。近来西方颇有人羡艳东方思想,想来或亦就是如此"。他称颂"孔子本身是人类中一大思想家,至少可与柏拉图、亚里士多德相鼎足而立"[1]。陈立夫认为,"孔子学说博大精深,不仅在中国成为二千五百年中华文化的础石,即在国外,亦发生宏远的影响"[2]。

第二种是对孔子基本肯定,认为孔子及其学说既有积极作用,又有消极影响,两相比较,积极的方面是主要的,功大于过。梁漱溟认为,"说孔子以前的上古文化于孔子而传者,其文化大要即如是,其流传大要即限于是,其功存孔子,其过不在后人"。"说孔子

[1] 《现代的中国怎样要孔子》,《正风》半月刊1934年12月。
[2] 《孔子学说对世界之影响》,《世界尊孔运动纪要》第115页,美国孔子大学孔子纪念图书文物馆出版部,1984年版。

以后数千年文化孔子而开者,其根本点就在二千五百年来大有异乎世界各方,不以宗教为中心的中国文化端赖孔子而开之……再申言之:一贯好讲情理,富有理性色彩的中国社会文化生活,端由孔子奠其基础。传统文化的消极面,其一幼稚,其二老衰,其三不落实,其四暧昧而不明爽,此五病总坐在理性早启、文化早熟。孔子既于此有其功,同时也要分担其过"①。张岱年认为孔子从三个方面为中国文化的发展提供了思想基础,第一,积极乐观的有为精神,激励历代有志之士奋发向上;第二,对于道德价值的高度重视,使中国文化中存在着一个重视气节,刚正不屈的精神和爱国主义传统,中国在长期的历史过程中能够形成多民族大联合大统一的局面;第三,开创了重视历史经验的优良传统,中国史书在世界文明古国中最为丰富。与此同时,孔子学说也有三个方面的缺欠:一是孔子"述而不作",对于创新重视不够;二是孔子宣扬德治,对军事重视不够;三是孔子推崇礼乐,对于生产劳动重视不够②。童书业认为,我们决不否认孔子政治思想有落后的一面,但在后世起作用的,乃是他思想中进步的一面③。任继愈认为,博才多艺孔子对后来中国文化的影响是多方面的。他是春秋时期重要的哲学家、博学的学者、政治活动家、伟大的教育家。作为教育家和作为历史、古典文献专家的孔子,他的积极贡献是重要的。政治活动家的孔子,他代表没落奴隶主阶级对抗新兴封建势力,他是保守派。作为哲学家的孔子,他对当时思想战线上争论的"天"是否有思想的

① 《今天我们应当如何评价孔子》,《东方学术概论》,巴蜀书社1986年版。
② 《孔子与中国文化》,《孔子研究论文集》教育科学出版社1987年版。
③ 《论孔子政治思想的进步面》,《文史哲》1961年2期。

人格神这一主要问题上,他站在唯心主义立场与唯物主义的老子哲学对立,他的错误是主要的。孔子也有些关于学习方面的唯物主义观点。如果对孔子这个历史人物进行全面评价,他的贡献大于他的缺点①。

第三种观点是对孔子持基本否定的态度。如蔡尚思强调以阶级观点评价历史人物,大体肯定孔子的教育思想而否定他的其他思想,认为孔子的政治见解,固然不乏可取之处,但总的来说却是正在崩溃的旧制度的挽歌,属于落后保守的行列。关锋认为,孔子在教育事业方面是有重大成就的,开了私人讲学之风,广收弟子,主张"有教无类"。他的教育学说,主要是教学方法方面,也有不少光辉的思想,给后人留下了一些有价值的文化遗产。但是,在政治方面,却大半是逆乎时代潮流的。孔子的政治学说,有进步方面,也有保守方面,并且保守方面是主要的;而从他中年以后的实行政治活动看,则更是保守反动的;他的哲学贯彻着折衷主义,世界观是主观唯心主义和客观唯心主义的折衷杂拌,孔子的学说,在中国封建社会的历史上所起的作用是很复杂的②。金景芳认为,孔子这个人物,不管怎么看,都不能不承认他是中国历史上一个有重大影响的人物。那末,对孔子应当怎样评价呢?孔子自己说过,他"述而不作,信而好古"(《论语·述而》),正由于好古,孔子成为有广博知识的学者,在保存、整理、研究、传播历史文化遗产方面,作出了重大的贡献,也正由于好古,他背上了一个沉重的古的包袱,使他只能成为一个伟大的教育家、哲学家,而不能成为一个

① 《孔子——奴隶社会的保守派封建社会的"圣人"》,《北京大学学报》1962 年第 5 期。

② 《论孔子》,《哲学研究》1961 年 4 月号。

政治家,更不能成为一个革命家,并说,孔子的政治思想,事实上在法家出现后,已被证明是不适用了。为扫除前进道路上的障碍,彻底地深入地批判孔子的唯心主义历史观和政治思想是完全必要的,但孔子教育思想在过去所起的作用,则不应低估①。杨伯峻认为,从哲学上说,孔子是个唯心主义者,从政治上说,孔子是改良主义者,孔子给后代的贡献,自以整理和传授古代和当时文献为大②。李泽厚在其《孔子再评价》③中认为,孔学诞生在氏族统治体系彻底崩毁时期,它所提出的具体的经济、政治方案,是不合时宜的保守主张,但其中所包含的氏族民主遗风、原始人道主义和氏族制崩毁期才可有的个体人格的追求,又是具有合理因素的精神遗产,指出,正是这个君主专制主义、禁欲主义、等级主义的孔子,是封建上层建筑和意识形态的人格化的总符号,它当然是资产阶级民主革命的对象。直到今天,也仍然有不断地、彻底地肃清这个封建主义的孔子余毒的重要艰巨的任务,并且这个封建主义的孔子与孔子原型中对血缘基础宗法等级的维护,对各种传统礼仪的尊重,以及因循、保守,反对变革,更新……又确乎是联在一起的……它始终是中国走向工业化、现代化的严重障碍。他认为,就是仁学结构原型的实践理性本身,也有其弱点和缺陷,它在一定程度和意义上有阻碍科学和艺术发展的作用。另一方面,在中国民族及其文化之所以具有如此顽强的生命力量,历经数千年各种内忧外患而终于能保存、延续和发扬光大,与这个孔子仁学结构的长处也大有关系。

---

① 《孔子思想述略》,《中国哲学史研究》1981 年 2 期。
② 《试论孔子》,《东岳论丛》1980 年 2 期。
③ 《中国社会科学》1980 年第 2 期。

以上三种观点中,持全盘肯定和基本否定者越来越少,而持基本肯定观点者愈来愈占有主导地位。

8.关于孔子学说的现代价值

在这个问题上大体三种看法,近代以来的"反孔"派认为孔子学说在现代已失去其价值;而"尊孔"派则认为孔学仍是救世的良药;介于二者之间的学者则主张进行具体分析,某些方面仍可作为借鉴。

第一种观点,认为孔子学说已失去价值。如陈独秀认为,"孔子生长在封建时代,所提倡之道德,封建时代之道德也,所垂示之礼教,即生活状态,封建时代之礼教,封建时代之生活状态也;所主张之政治,封建时代之政治也。封建时代之道德,礼教,生活,政治,所心营目注,其范围不越少数君主贵族之权利与名誉,于多数国民之幸福无与焉[1]。李大钊认为,孔子学说之精神,"已不适于今日之时代精神",他论述说"道德者利便于一社会生存之习惯风俗也。古今之社会不同,古今之道德自异。而道德之进化发展,亦泰半由于自然淘汰,几分由于人为淘汰。孔子之道,施于今日之社会为不适于生存,任诸自然之淘汰,其势力迟早必归于消灭。吾人为谋新生活之便利,新道德之进展,企于自然进化之程,即加以人为之力,冀其迅速蜕演,虽冒毁圣非法之名,亦所不恤矣"[2]。宋庆龄在30年代曾发表文章指出,目前,中国国内关于孔子学说是否能应用到现代的生活的讨论很多。在过去二十年中,许多学者,政论家和政治家,企图复活孔子的学说,因为他们相信在这兵荒马

---

[1]　《孔子之道与现代生活》,《新青年》2卷4号。
[2]　《甲寅》月刊1917年2月4日。

乱,内忧外患的年代里,儒教能够像它在中国早期历史中好多次那样地巩固、加强并统一中华民族。但是另外有许多学者和教育家却认为,假若现代中国要生存下去的话,我们就必须把每本教科书中的儒教思想肃清。宋庆龄认为,孔子学说是彻头彻尾的封建的,专制的,只要一天封建制度存在,就一天需要孔子之道。但是孔子的伦理体系已经堕落成为纯粹的繁文缛节,同时他的学说束缚了学者们的智能,限制了学问的范围,并且使大众陷于愚昧。她认为孔子是保守的。孔子的保守主义自然就阻碍了中国的科学与社会秩序的发展。孔子所讲的是一些老道理。他与革命实不相干,他反对社会秩序的任何改变。我们现在的社会组织正在急剧地变化,改造以及重建新的社会秩序自然需要新的意识、新的道德标准和新的关系。许多人的思想发生了混乱。中国正在发生的许多大变化,带来了许多问题,要解决这些问题不是很容易的事。儒教不能帮助解决这些问题,是已经失去了实际价值。只有那些头脑反动的人,才要想恢复它[1]。蔡尚思认为孔学反民主政治、反平等经济,反社会道德,反自然科学,反客观史学,反认真研究,因此,和新时代是对立的[2]。

第二种观点,认为孔子思想仍是救世的良药。梁漱溟、钱穆、张东荪、陈立夫等皆持这种看法。张东荪认为,一方面输入西方文化,同时他方面必须恢复固有的文化,这两方面不但不相冲突,并且是相辅相佐的,因为中国的固有文化以儒家文化为代表,他只是讲做人的道理。并且这种人生哲学即从西方眼光看来,仍不失为很有价值的。在西方思想中很难寻到与他相等的,所以这一方面

[1] 《儒教与现代中国》,《亚细亚》1937年4月号。
[2] 《孔学和新时代的对立》,《大公报》1949年2月20日。

非但不应该打倒,并且应该提倡。他认为,今后孔子要在现代的中国发生一些效用,必须把孔子贯入人们的血管里才行。倘只是腾在口头,则孔子依然是个死东西。所以尊孔不能使孔子复活,惟有体会孔子的精神①。梁漱溟认为,孔子的学问最大的和最根本的是"明白他自己","孔子学说的真价值,就在于他自己对自己有办法",西洋人对物的问题算有解决,而于自己则无办法,孔子学说的价值,最后必有一天,一定为人类发现,为人类所公认,重光于世界。②钱穆也认为,西方的宗教为上帝教,中国的宗教则为"人的教"或"良心教",孔子认为培养良心最直捷的方法,莫过于教子孝弟,孝之外貌有礼,其内心为仁,由此推扩到为整个人心与世道。因此既有孔子,中国便不需再有宗教。只因有孔子的心教生于中国,所以中国能无需法律宗教的维系,而社会可以屹立不摇,他断言,"此后的中国乃至全世界,实有盛唱孔子心教之必要"③。他还认为,"孔子思想实绾合已往政治历史宗教各方面而成,实切合于将来中国抟成一和平的大一统的国家,以绵延其悠久的文化之国民性"④。胡寄窗在其《关于孔子思想的再评价》⑤指出,孔子思想体系尤其是它的治国平天下的主导政治准则,在阶级社会中对于任何阶级和阶层都是有利的。孔子思想体系的这一特点,就目前它日益为国外所重视的发展形势看,对未来世界的深远影响是无法预计的。他认为,资本主义国家专靠政治法权和物质利益为工具的统治方式,西方有识之士对此抱有隐忧,不时露出须求助于东

---

① 《现代的中国怎样要孔子》,《正风》1卷2期,1934年12月。
② 《孔子学说的重光》,《乡村建设》旬刊4卷5期。
③ 《孔子与心教》,《思想与时代》21期,1943年。
④ 《国史大纲》,上海商务印书馆1940年版。
⑤ 《文汇报》1987年5月26日。

方文化的呼声。所谓东方文化实际上就是中国文化,更具体地说就是孔子思想。二百多年前的欧洲启蒙时代已曾掀起过一次研习中国文化的高潮,甚至有人主张要"全盘中国化"。如果未来的西方真是再涌现一次"孔子热",那也不是什么新鲜事。倘能在政治权力和物质利益的统治工具之外,再加上孔子的政治准则,岂非更为完备的统治方式。唐君毅则认为以学术思想论孔子及从过去之中国社会之影响效用以论孔子,这两种流行之论孔子之方式,非正面接触孔子,我们真要了解孔子之真价值,当直接由对其人格之崇敬入手。认为孔子的精神,即超越涵盖持载精神,亦即一绝对之真诚恻怛。诚之所至,即涵盖持载之所至,亦即超越有限之自我,以体现无限之精神之所至。得出孔子及孔子教化下的圣贤均属于圆满的圣贤型之人格的结论①。

第三种观点,认为孔子学说中的某些方面仍可作为借鉴,部分可以师法。30 年代蔡元培曾发表文章说,孔子所处的环境与二千年后的今日,很有差别,我们不能说孔子的语言至今日还是句句有价值,也不敢说孔子的行为至今日还是样样可作模范。但是抽象地提出他精神生活的概略,以智、仁、勇为范围,无宗教的迷信而有音乐的陶养,是完全可以师法的②。40 年代范文澜在《中国通史简编》中说,孔子那种"学而不厌,诲人不倦,不知老之将至"的精神是应该学习的,他那种繁富的学说,在一定的批判下加以选择继续发扬是非常必要的。张岱年在 1946 年所写的《孔学平议》中也认为,"孔子哲学中有已经陈腐不足称述,应该摈弃的方面,亦有

20世纪儒学研究大系

虽旧犹新,将随人类文化之延续而仍有一定意义的方面"①。80
年代,他又指出,"应该承认,孔学已经不能满足民族发展的全面
需要了。孔子所揭示的真理还是要肯定的,但是时代已经改变了,
我们应发挥创造性思维,建立符合新时代精神的新的学说体系。
在建立新的学说体系时,孔子的学说仍有重要的参考价值"②。匡
亚明指出,"我们应该承认,孔子身上虽然带有必须认真批判并严
肃与之决裂的封建主义的污泥,但同时还应看到孔子又是一个伟
大的在封建社会时期所能产生的人类许多优良品质的体现者。他
不仅留下了不少有益的箴言,同时还在自己的实践中留下了值得
敬慕的人类的优良品质。这些品质是值得我们深思、学习和借鉴
的。归纳起来有五条:'学而不厌';'诲人不倦';谦逊虚心,严以
律己;坚持道义;知难而进"③。杜任之认为,孔子思想中有糟粕有
精华,其精华部分,"至今从世界上看,既未失去其光辉,也越来越
广泛地受到称道"。"孔子思想的精华,即具有民主性、科学性与
至今还有生命力的进步性的东西,能够现实的为建设两个文明,振
兴中华服务"④。余英时认为,中国文化与现代生活不是对立的,
现在世界上只有一个个具体的现代生活,这些具体的现代生活都
是具体的文化在现代的发展和表现,中国文化不可能和现代生活
截然分为两橛。中国文化走的是一条内超越之路,这种内倾的偏
向在现代社会中的确显露了不少不合时宜的弊端,但中国文化能
延续数千年而不断却也是受这种内在的韧力之赐。止、定、静、安

---

① 《张岱年哲学文选》204 页,中国广播出版社 1999 年版。
② 《探索孔子思想的真谛》,《孔子研究》1989 年 3 期。
③ 《孔子评传》,齐鲁书社 1985 年版。
④ 《孔子思想精华》,山西人民出版社 1985 年版。

这四个字大致能说明内倾文化的特性所在。从"进步"的观点看，安定静止自然一无足取，但是今天西方的危机却正在"动"而不能"静"，"进"而不能"止"，"富"而不能"安"，"乱"而不能"定"，安定静止的价值观念则十分值得正视了。整体地看，中国的价值系统是经得起现代化以至现代化以后的挑战而不致失去它存在的根据的①。

孔子研究中争论的问题还有很多，这里不能一一赘述。

---

① 《从价值系统看中国的传统文化》，《理论信息报》1986 年 37—41 期。

保教非所以尊孔论

梁 启 超

绪 论

近十年来,忧世之士,往往揭三色旗帜以疾走号呼于国中,曰保国,曰保种,曰保教。其陈义不可谓不高,其用心不可谓不苦。若不佞者,亦此旗下之一小卒徒也。虽然,以今日之脑力眼力,观察大局,窃以为我辈自今以往,所当努力者,惟保国而已,若种与教,非所亟亟也。何则?彼所云保种者,保黄种乎,保华种乎,其界限颇不分明。若云保黄种也,彼日本亦黄种,今且浡然兴矣,岂其待我保之;若云保华种也,吾华四万万人,居全球人数三分之一,即为奴隶为牛马,亦未见其能灭绝也。国能保则种莫不强,国不存则虽保此奴隶牛马,使孳生十倍于今日,亦奚益也。故保种之事,即纳入于保国之范围中,不能别立名号者也。至倡保教之议者,其所蔽有数端:一曰不知孔子之真相,二曰不知宗教之界说,三曰不知今后宗教势力之迁移,四曰不知列国政治与宗教之关系。今试一一条论之。

第一　论教非人力所能保

教与国不同。国者积民而成,舍民之外更无国,故国必恃人力以保之。教则不然,教也者,保人而非保于人者也。以优胜劣败之公例推之,使其教而良也,其必能战胜外道,愈磨而愈莹,愈压而愈伸,愈束而愈远;盖其中自有所谓一种烟士披里纯(lnspiration)者,以嘘吸人之脑识,使之不得不从我,岂其俟人保之。使其否也,则如波斯之火教,印度之婆罗门教,阿刺伯之回回教,虽一时借人力以达于极盛,其终不能存于此文明世界,无可疑也。此不必保之说也。

抑保之云者,必其保者之智慧能力,远过于其所保者,若慈父母之保赤子,专制英主之保民是也。保国不在此数,国者无意识者也,保国实人人之自保耳。彼教主者,不世出之圣贤豪杰而人类之导师也,吾辈自问其智慧能力,视教主如何,而漫曰保之保之,何其狂妄耶!毋乃自信力太大,而褒教主耶!此不当保之说也。然则所谓保教者,其名号先不合于论理,其不能成立也固宜。

第二　论孔教之性质与群教不同

今之持保教论者,闻西人之言曰支那无宗教,辄怫然怒形于色,以为是诬我也,是侮我也。此由不知宗教之为何物也。西人所谓宗教者,专指迷信宗仰而言,其权力范围乃在躯壳界之外,以魂灵为根据,以礼拜为仪式,以脱离尘世为目的,以涅槃天国为究竟,以来世祸福为法门,诸教虽有粗精大小之不同,而其概则一也。故奉其教者莫要于起信,耶教受洗时,必诵所谓十信经者,即信耶稣种种奇迹是

也。佛教有起信论。莫急于伏魔。起信者,禁人之怀疑,窒人思想自由
也;伏魔者,持门户以排外也。故宗教者非使人进步之具也,于人
群进化之第一期,虽有大功德,其第二期以后,则或不足以偿其弊
也。孔子则不然,其所教者,专在世界国家之事,伦理道德之原,无
迷信,无礼拜,不禁怀疑,不仇外道,孔教所以特异于群教者在是。
质而言之,孔子者,哲学家、经世家、教育家,而非宗教家也。西人
常以孔子与梭格拉底并称,而不以之与释迦、耶稣、摩诃末并称,诚
得其真也。夫不为宗教家,何损于孔子! 孔子曰:"未能事人,焉
能事鬼","未知生,焉知死","子不语,怪力乱神"。盖孔子立教之
根柢,全与西方教主不同。吾非必欲抑群教以扬孔子,但孔教虽不
能有他教之势力,而亦不至有他教之流弊也。然则以吾中国人物
论之,若张道陵即今所谓张天师之初祖也。可谓之宗教家,若袁了凡专提
倡太上感应篇、文昌帝君阴骘文者。可谓之宗教家,宗教有大小有善恶,埃及之拜
物教、波斯之拜火教,可谓之宗教,则张袁不可不谓之宗教。而孔子则不可谓之
宗教家。宗教之性质,如是如是。

　　持保教论者,辄欲设教会,立教堂,定礼拜之仪式,著信仰之规
条,事事摹仿佛、耶,惟恐不肖。此靡论其不能成也,即使能之,而
诬孔子不已甚耶! 孔子未尝如耶稣之自号化身帝子,孔子未尝如
佛之自称统属天龙,孔子未尝使人于吾言之外皆不可信,于吾教之
外皆不可从。孔子人也,先圣也,先师也,非天也,非鬼也,非神也。
强孔子以学佛耶,以云是保,则所保者必非孔教矣。无他,误解宗
教之界说,而艳羡人以忘我本来也。

第三　论今后宗教势力衰颓之征

　　保教之论何自起乎? 惧耶教之侵入,而思所以抵制之也。吾

以为此之为虑,亦已过矣。彼宗教者,与人群进化第二期之文明,不能相容者也。科学之力日盛,则迷信之力日衰;自由之界日张,则神权之界日缩。今日耶稣教势力之在欧洲,其视数百年前,不过十之一二耳。昔者各国君主,皆仰教皇之加冕以为尊荣,今则帝制自为也;昔者教皇拥罗马之天府,指挥全欧,今则作寓公于意大利也;昔者牧师神父,皆有特权,今则不许参与政治也。此其在政界既有然矣。其在学界,昔者教育之事,全权属于教会,今则改归国家也。哥白尼等之天文学兴,而教会多一敌国,达尔文等进化论兴,而教会又多一敌国;虽竭全力以挤排之,终不可得,而至今不得不迁就其说,变其面目,以弥缝一时也。若是乎耶稣教之前途可以知矣。彼其取精多,用物宏,诚有所谓百足之虫,至死不僵者,以千数百年之势力,必非遽消磨于一旦,固无待言。但自今以往,耶稣教即能保其余烬,而亦必非数百年前之面目,可断言也。而我今日乃欲摹其就衰之仪式,为效颦学步之下策,其毋乃可不必乎!

或曰,彼教虽寝衰于欧洲,而寝盛于中国,吾安可以不抵制之。是亦不然。耶教之入中国也有两目的:一曰真传教者,二曰各国政府利用之以侵我权利者。中国人之入耶教也亦有两种类:一曰真信教者,二曰利用外国教士以抗官吏武断乡曲者。彼其真传教、真信教者,则何害于中国;耶教之所长,又安可诬也。吾中国汪汪若千顷之波,佛教纳之,回教纳之,乃至张道陵、袁了凡之教亦纳之,而岂其有靳于一耶稣。且耶教之入我国数百年矣,而上流人士从之者稀,其力之必不足以易我国明矣,而畏之如虎,何为者也。至各国政府与乡里莠民之利用此教以侵我主权挠我政治,此又必非开孔子会、倡言保教之遂能抵抗也。但使政事修明,国能自立,则学格兰斯顿之予爱兰教会以平权可也,学俾斯麦、嘉富尔之山水外教徒以限制亦可也,主权在我,谁能侵之。故彼之持保教抵制之说者,吾见其进退无据也。

第四　论法律上信教自由之理

　　彼持保教论者,自谓所见加流俗人一等,而不知与近世文明法律之精神,适相刺谬也。今此论,固不过一空言耳,且使其论日盛,而论者握一国之主权,安保其不实行所怀抱,而设立所谓国教以强民使从者。果尔,则吾国将自此多事矣。彼欧洲以宗教门户之故,战争数百年,流血数十万,至今读史,犹使人毛悚股栗焉。几经讨论,几经迁就。始以信教自由之条,著诸国宪,至于今日,各国莫不然,而争教之祸亦几熄矣。夫信教自由之理,一以使国民品性趋于高尚,若特立国教,非奉此者不能享完全之权利,国民或有心信他教,而为事势所迫强自欺以相从者,是国家导民以弃其信德也。信教自由之理论,此为最要。一以使国家团体归于统一,昔者信教自由之法未立,国中有两教门以上者,恒相水火。而其尤要者,在画定政治与宗教之权限,使不相侵越也。政治属世间法,宗教属出世法,教会不能以其权侵政府,固无论矣,而政府亦不能滥用其权以干预国民之心魂也。自由之理,凡一人之言论行事思想,不至有害他人之自由权者,则政府不得干涉之。我欲信何教,其利害皆我自受之,无损于人者也,故他人与政府皆不得干预。故此法行而治化大进焉。吾中国历史有独优于他国者一事,即数千年无争教之祸是也。彼欧洲数百年之政治家,其心血手段,半耗费于调和宗教恢复政权之一事,其陈迹之在近世史者,班班可考也。吾中国幸而无此缪辖,是即孔子所以贻吾侪以天幸也。而今更欲循泰西之复辙以造此界限何也?今之持保教论者,其力固不能使自今以往,耶教不入中国,昔犹孔自孔,耶自耶,各行其自由,耦俱而无猜,无端而画鸿沟焉,树门墙焉,两者日相水火,而教争乃起,而政争亦将随之而起。是为吾国民分裂之厉阶也,言保教者不可不深长思也。

第五　论保教之说束缚国民思想

　　文明之所以进,其原因不一端,而思想自由,其总因也。欧洲之所以有今日,当由十四、五世纪之时,古学复兴脱教会之樊笼,一洗思想界之奴性,其进步乃沛乎莫能御,此稍治史学者所能知矣。我中国学界之光明,人物之伟大,莫盛于战国。盖思想自由之明效也。及秦始皇焚百家之语,坑方术之士,而思想一窒;及汉武帝表章六艺,罢黜百家,凡不在六艺之科者绝勿进,而思想又一窒。自汉以来,号称行孔子教者二千余年于兹矣,而皆持所谓表章某某、罢黜某某者,以为一贯之精神,故正学、异端有争,今学、古学有争,言考据则争师法,言性理则争道统,各自以为孔教,而排斥他人以为非孔教,于是孔教之范围,益日缩日小。寝假而孔子变为董江都、何邵公矣,寝假而孔子变为马季长、郑康成矣,寝假而孔子变为韩昌黎、欧阳永叔矣,寝假而孔子变为程伊川、朱晦庵矣,寝假而孔子变为陆象山、王阳明矣,寝假而孔子变为纪晓岚、阮芸台矣。皆由思想束缚于一点,不能自开生面。如群猿得一果,跳掷以相攫,如群妪得一钱,诟骂以相夺,其情状抑何可怜哉!夫天地大矣,学界广矣,谁亦能限公等之所至,而公等果何为者,无他,暖暖姝姝,守一先生之言,其有稍在此范围外者,非惟不敢言之,抑亦不敢思之,此二千年来保教党所成就之结果也。曾是孔子而乃如是乎?孔子作《春秋》,进退三代,是正百王,乃至非常异义可怪之论,阗溢于编中,孔子之所以为孔子正以其思想之自由也。而自命为孔子徒者,乃反其精神而用之,此岂孔子之罪也。鸣呼,居今日诸学日新、思潮横溢之时代,而犹以保教为尊孔子,斯亦不可以已乎!

抑今日之言保教者,其道亦稍异于昔。彼欲广孔教之范围也,于是取近世之所学新理以缘附之,曰某某者孔子所已知也,某某者孔子所曾言也。其一片苦心,吾亦敬之,而惜其重诬孔子而益阻人思想自由之路也。夫孔子生于二千年以前,其不能尽知二千年以后之事理学说,何足以为孔子损? 梭格拉底未尝坐轮船,而造轮船者不得不尊梭格拉底,亚里士多德未尝用电线,而创电线者不敢菲薄亚里士多德,此理势所当然也。以孔子之圣智,其所见与今日新学新理相暗合者必多多,此奚待言。若必一一而比附之纳入之,然则非以此新学新理厘然有当于吾心而从之也,不过以其暗合于我孔子而从之耳。是所爱者仍在孔子,非在真理也。万一遍索之于四书、六经,而终无可比附者,则将明知为铁案不易之真理,而亦不敢从矣;万一吾所比附者,有人从而剔之曰孔子不如是,则亦不敢不弃之矣。若是乎真理之终不能饷遗我国民也。故吾最恶乎舞文贱儒,动以西学缘附中学者,以其名为开新,实则保守,煽思想界之奴性而滋益之也。我有耳目,我有心思,生今日文明灿烂之世界,罗列中外古今之学术,坐于堂上而判其曲直,可者取之,否者弃之,斯宁非丈夫第一快意事耶! 必以古人为虾,而自为其水母,而公等果胡为者? 然则以此术保教者,非诬则愚,要之决无益于国民可断言也。

第六　论保教之说有妨外交

保教妨思想自由,是本论之最大目的也;其次焉者,曰有妨外交。中国今当积弱之时,又值外人利用教会之际,而国民又夙有仇教之性质,故自天津教案以迄义和团,数十年中,种种外交上至艰极险之问题,起于民教相争者殆十七八焉。虽然,皆不过无知小民之起衅焉耳。今也博学多识之士大夫,高树其帜曰保教保教,则其所著论所演说,皆不可不昌言何以必要保教之故,则其痛诋耶教必矣。夫相争必多溢恶之言,保无有抑扬其词,文致其说,以耸听者,是恐小民仇教之不力,而更扬其波也。吾之为此言,吾非劝国民以媚外人也,但举一事必计其有利无利、有害无害,并其利害之轻重而权衡之。今孔教之存与不存,非一保所能致也,耶教之入与不入,非一保所能拒也,其利之不可凭也如此。而万一以我之叫嚣,引起他人之叫嚣,他日更有如天津之案,以一教堂而索知府、知县之头,如胶州之案,以两教士而失百里之地,丧一省之权,如义和之案,以数十西人之命,而动十一国之兵,偿五万万之币者,则为国家忧,正复何如?呜呼,天下事作始也简,将毕也巨。持保教论者,勿以我为杞人也。

第七 论孔教无可亡之理

虽然,保教党之用心,吾固深谅之而深敬之。彼其爱孔教也甚,愈益爱之,则愈益忧之,惧其遂将亡之也,故不复权利害,不复揣力量,而欲出移山填海之精神以保之。顾吾以为抱此隐忧者,乃真杞人也。孔教者,悬日月,塞天地,而万古不能灭者也。他教惟以仪式为重也,故自由昌而仗式亡;惟以迷信为归也,故真理明而迷信替。其与将来之文明,决不相容,天演之公例则然也。孔教乃异是,其所教者,人之何以为人也,人群之何以为群也,国家之何以为国也,凡此者,文明愈进,则其研究之也愈要。近世大教育家多倡人格教育之论,人格教育者何,考求人之所以为人之资格,而教育少年,使之备有此格也。东西古今之圣哲,其所言合于人格者不一,而最多者莫如孔子。孔子实于将来世界德育之林,占一最重要之位置,此吾所敢豫言也。夫孔子所望于我辈者,非欲我辈呼之为救主,礼之为世尊也。今以他人有救主、世尊之名号,而我无之,遂相惊以孔教之将亡,是乌得为知孔子矣乎! 夫梭格拉底、亚里士多德之不逮孔子也亦远矣,而梭氏、亚氏之教,犹愈久而愈章,曾是孔子而顾惧是乎! 吾敢断言曰:世界若无政治、无教育、无哲学,则孔教亡;苟有此三者,孔教之光大,正未艾也。持保教论者,盍高枕而卧矣。

第八　论当采群教之所长以光大孔教

吾之所以忠于孔教者,则别有在矣。曰:毋立一我教之界限,而辟其门,而恢其域,揖群教而入之,以增长荣卫我孔子是也。彼佛教、耶教、回教、乃至古今各种之宗教,皆无可以容纳他教教义之量何也? 彼其以起信为本,以优伏为用,从之者殆如妇人之不得事二夫焉。故佛曰天上地下惟我独尊,耶曰独一无二上帝真子,其范围皆有一定,而不能增减者也。孔子则不然,鄙夫可以竭两端,三人可以得我师,盖孔教之精神非专制的而自由的也。我辈诚尊孔子,则宜直接其精神,毋拘墟其形迹。孔子之立教,对二千年前之人而言者也,对一统闭关之中国人而言之也,其通义之万世不易者固多,其别义之与时推移者亦不少。孟子不云乎:"孔子圣之时者也。"使孔子而生于今日,吾知其教义之必更有所损益也。今我国民非能为春秋、战国时代之人也,而已为二十世纪之人,非徒为一乡一国之人,而将为世界之人,则所以师孔子之意而受孔子之赐者必有在矣。

故如佛教之博爱也、大无畏也、勘破生死也、普度众生也,耶教之平等也、视敌如友也、杀身为民也,此其义虽孔教固有之,吾采其尤博深切明者以相以明；其或未有者，吾急取而尽怀之，不敢廉也；其或相反而彼为优者，吾舍己以从之，不必吝也。又不惟于诸宗教为然耳，即古代希腊、近世欧美诸哲之学说，何一不可以兼容而并包之者。若是于孔教为益乎，不待智者而决也。夫孔子特自异于狭隘之群教，而为我辈遵孔教者开此法门，我辈所当自喜而不可辜此天幸者也。大哉孔子！大哉孔子！海阔凭鱼跃，天空任鸟飞，以是尊孔，而孔之真乃见，以是演孔，而孔之统乃长。又何为鳃鳃然猥自贬损，树一门划一沟，而曰保教保教为也。

结　论

嗟呼嗟乎，区区小子，昔也为保教党之骁将，今也为保教党之大敌。嗟我先辈，嗟我故人，得毋有恶其反复，诮其模棱，而以为区区罪者。虽然，吾爱孔子，吾尤爱真理；吾爱先辈，吾尤爱国家；吾爱故人，吾尤爱自由。吾又知孔子之爱真理，先辈、故人之爱国家、爱自由，更有甚于吾者也。吾以是自信，吾以是忏悔。为二千年来翻案，吾所不惜；与四万万人挑战，吾所不惧。吾以是报孔子之恩我，吾以是报群教主之恩我，吾以是报我国民之恩我。

（原载 1902 年 2 月 22 日《新民丛报》第二号。选自《饮冰室合集·文集之九》）

梁启超（1873—1929），字卓如，又字任甫，号任公，别号饮冰室主人，广东新会人。17 岁中举，追随康有为从事变法维新运动，失败后逃亡日本 14 年，曾先后主办《清议报》、《新民丛报》等五种刊物。民初为进步党主要魁首，曾任司法总长、财政总长。1920 年从欧洲考察回国,先后任教于北京大学、南开大学、东南大学,后任清华学校国学研究院导师、北京图书馆馆长等。著作皆收入《饮冰室合集》。

　　文章开宗明义即声明"此篇与著者数年前之论相反",改变了尊孔保教的观点,反对把孔子视为教主,主张还孔子以本来面目。指出"孔子者哲学家、经世家、教育家,而非宗教家也"。反对把孔子学说看作宗教教条,更反对古今比附,认为其学说中有"通义",有"别义"。通义是"万世不易者",而别义则是"与时推移者",假使孔子生在今日,他对他的教义一定会"有所损益"。

订　孔

章　太　炎

远藤隆吉曰：孔子之出于支那，实支那之祸本也。夫差第韶、武，制为邦者四代，非守旧也。处于人表，至岩高，后生自以瞻望弗及，神葆其言，革一义，若有刑戮，则守旧自此始。故更八十世而无进取者，咎亡于孔氏。祸本成，其胙尽矣。远藤氏：《支那哲学史》。

章炳麟曰：凡说人事，固不当以禄胙应塞，惟孔氏闻望之过情有故。曰：六艺者，道、墨所周闻，故墨子称《诗》、《书》、《春秋》多太史中秘书。女商事魏君也，衡说之以《诗》、《书》、《礼》、《乐》，从说之以《金版》、《六弢》。《金版》、《六弢》，道家大公书也，故知女商为道家。异时老、墨诸公，不降志于删定六艺，而孔氏擅其威。遭焚散复出，则关轴自持于孔氏，诸子却走，职矣。《论语》者晻昧，《三朝记》与诸告饬、通论，多自触击也。下比孟轲，博习故事则贤，而知德少歉矣。荀卿以积伪俟化治身，以隆礼合群治天下。不过三代，以绝殊瑰，不贰后王，以綦文理。百物以礼穿载，故科条皆务进取而无自戾。《荀子·王制》上言"道不过三代，法不贰后王"。下言"声则凡非雅声者举废，色则凡非旧文者举息，械用则凡非旧器者举毁。夫是之谓复古"。二义亦非自反。雅声旧文旧器，三代所用，人间习识。若有用五帝之音乐服器于今以为新异者，则必毁废。故倞注曰："复三代故事，则是复古不必举也。"其正名也，世方诸仞识论之名学，而以为在琐格拉底、亚历斯大德间。桑木严翼说。由斯道也，虽百里而民献比肩可也，其视孔氏，长幼断可识矣。

夫孟、荀道术皆踊绝孔氏，惟才美弗能与等比，故终身无鲁相之政，三千之化。才与道术，本各异出，而流俗多视是崇堕之。近世王守仁之名其学，亦席功伐己。曾国藩至微末，以横行为戎首，故士大夫信任其言，贵于符节章玺。况于孔氏，尚有踊者。孟轲则踬矣。虽荀卿却走，亦职也。荀卿学过孔子，尚称颂以为本师，此则如释迦初教，本近灰灭，及马鸣、龙树，特弘大乘之风，而犹以释迦为本师也。

夫自东周之季，以至禹，《连山》息，《汩作》废，《九共》绝，墨子支之，只以自陨。老聃丧其征藏，而法守亡，五曹无施。惟荀卿奄于先师，不用。名辩坏，故言淆，进取失，故业堕，则其虚誉夺实以至是也。虽然，孔氏，古良史也，辅以丘明而次《春秋》，料比百家，若旋机玉斗矣。谈、迁嗣之，后有《七略》。孔子死，名实足以仇者，汉之刘歆。

白河次郎曰：从横家持君主政体，所谓压制主义也；老庄派持民主政体，所谓自由主义也。孔氏旁皇二者间，以合意干系为名，以权力干系为实，此儒术所以能为奸雄利器，使百姓日用而不知，则又不如从横家明言压制也。案所谓旁皇二者间者，本老氏之术，儒者效之，犹不若范蠡、张良为甚。庄周则于《马蹄》、《胠箧》诸论，特发老氏之覆。老、庄之为一家，亦犹输、墨皆为艺士，其攻守则正相反，二子亦不可并论也。故今不以利器之说归曲孔氏。余见《儒道篇》。

（写于 1902 年，录自《訄书》重印本）

附：订　孔　上

　　日本有远藤隆吉者，自以为习汉事。其言曰：孔子出于支那，则支那之祸本也。夫差第韶、武，制为邦者四代，非一意循旧也。以其卓跞过人，后生自以瞻望弗及，重神有言，革一义，若有刑戮，则一意循旧自此始。故更八十世而无进取者，咎亡于孔氏。祸本成，其祚尽矣。略举远藤氏：《支那哲学史》。

　　章炳麟曰：一意循旧者，汉世博士有之，魏晋以后亡是也。追惟仲尼闻望之隆，则在六籍。六籍者，道、墨所周闻，故墨子称《诗》、《书》、《春秋》多太史中秘书，而老聃为守藏史，得其本株。异时倚相、苌叔诸公，不降志于删定六艺，墨翟虽博闻，务在神道珍秘，而弗肯宣继志述事。缵老之绩而布彰六籍，令人人知前世废兴，中夏所以创业垂统者，孔氏也。遭焚散复出，则关轴自持于孔氏，诸子却走，职矣。且古者世禄，子就父学为畴官，后世虽已变更，九流犹称家。孟轲言法家拂士，荀卿称家言邪学，百家无所窜，小家珍说之所愿皆衰，其遗迹也。宦于大夫，谓之宦御事师，《曲礼》，宦学事师，学亦作御。言仕者又与学同。《说文》：仕，学也。明不仕则无所受书。《周官》宾兴万民，以礼、乐、射、御、书、数，六籍不与焉。礼乐亦士庶常行者耳，必无《周官》之典。尚犹局于乡遂，王畿方百万里，被教者六分一耳。及管子制五官技能，为《诗》、《易》、《春秋》者，予之一马之田，一金之衣，《山权数》。甿庶之识故事者，若此其寡也。管子虽厉学不遍九服，又令细民以是干小禄、致末秩，其学蓌陋，长见笑于大方之家。自老聃写书征藏，以诒孔氏，然后竹帛下庶人，六籍既定，诸书复稍稍出金匮石室间。民以昭苏，不为徒役，九流自此作，世卿自此堕，朝命不擅威于肉食，国史不聚奸于故府。故直诸夏覆亡,虽无与立,而必有与毙也。不曰贤于尧、舜,岂可得哉!

夫神化之道,与时宜之故,五帝不同礼,三王不沿乐,布六籍者,要以识前事,非谓旧章可永循也。汉初故文,既不远布,而仲尼名实已高岩矣,诸儒睹秦余敝法,欲有更易,持之未有其故,由是破瓴六籍,定以己意,参之天官、历象、五行、神仙诸家,一切假名孔氏,以为魁柄,则六籍为巫书。哀、平之间,《周官》、《左氏》始兴,神道渐祛,更二百年而得黄初。后王所以更制者,未尝不随时经变,何乃无进取哉?且旧章诚不可与永守,政不骤革,斟酌曼今,未有不借资于史。先汉之史则谁乎?其惟姬周旧典见于六籍者。故虽言通经致用,未害也。迁、固承流,而继事者相次十有余家,法契之变,善败之数,则多矣。犹言通经致用,则不与知六籍本意。

章炳麟曰:仲尼,良史也,辅以丘明而次《春秋》,料比百家,若旋机玉斗矣。谈、迁嗣之,后有《七略》。孔子殁,名实足以抗者,汉之刘歆。书布天下,功倍仲尼,其后独有刘歆而已,微孔子,则学皆在官,民不知古,乃无定臬。然自秦皇以后,书复不布。汉兴,虽除挟书之禁,建元以还,百家尽黜,民间唯有五经。《论语》犹非师授不能得,自余竟无传者。东平王求《史记》于汉廷,桓谭假庄子于班嗣,明其得书之难也。向、歆理校雠之事,书既杀青,复可移写,而书贾亦赁鬻焉。故后汉之初,王充游雒阳,书肆已见有卖书者。其后邠卿章句之儒,而见《周官》;康成草莱之氓,而窥《史记》:则书之传者广矣。至梁时,阮孝绪以处士撰《七录》,是为天禄、石渠之守移于民间也。然以钞撮烦,犹多窒滞。及冯道为镂版之术,而负贩益多矣。《宋史·邢昺传》,景德二年,上问昺经板几何?昺曰:"国初不及四千,今十余万。经传正义皆具。"则他书可以例推。由此观之,冯道功亦不细。学之高下,行之邪正,非此所论也。

订　孔　下

往时定儒学,莫若孟、荀。私以《论语》晻昧,《三朝记》与诸告饬,总纰经记,辞义缺如也。下比孟轲,博习故事则贤,而辩察少歉矣。荀卿以积伪俟化治身,以隆礼县群众,道不过三代,以绝殊瑰,法不贰后王,以綦文理,始终以礼穿敕,故科条皆混然,无自戾者。其正名也,与墨子相扶持,有所言缘,先于西来桑门之书。由斯道也,虽百里而民献比肩可也。其视孔子,长幼断可识矣。

夫孟、荀道术皆踊绝孔氏,惟才美弗能与等比,故终身无鲁相之政,三千之化。才与道术本异出,而流俗多视是崇堕之。故仲尼名独尊,其道术固未逮也。怀是者十余年,中间颇论九流旧闻。上观庄生为《齐物论释》,又以闲暇质定老聃、韩非、惠施诸书,方事改革,负缲东海,独抱持《春秋》。窥识前圣作史本意,卒未知其道术崇庳也。以炎、黄、罍、尧之灵,幸而时济,光复旧物,间气相揖,逼于舆台,去食七日,不起于床,叔然叹曰:余其未知羑里、匡人之事。夫不学《春秋》,则不能解辫发,削左衽;不学《易》,则终身不能无大过,而悔吝随之。始玩爻象,重籀《论语》诸书,粲然若有寤者。圣人之道,罩笼群有,不亟以辩智为贤,上观《周易》,物类相召,执数相生,足以彰往察来。审度圣人之所忧患,与其《卦》、《序》所次时物变迁,上考皇世而不缪,百世以俟后王群盗而不惑,洋洋美德乎,诚非孟、荀之所逮闻也。诸所陈说,列于《论语》者,时地异制,人物异训,不以一型锢铸,所谓大道固似不肖也。

人亦有言,西极之圣,守其一术,强聒而不舍,娄遇而不异辞,大秦三哲以之。东极之圣,退藏于密,外虞机以制辞言,从其品物,因变流形,浮屠、老聃、仲尼、庄周以之。虞机虽审,权议虽变,岂直无本要哉。道在一贯,持其枢者忠恕也。躬行莫先而方移以为学,则守文者所不省已。心能推度曰恕,周以察物曰忠,故夫闻一以知十,举一隅而以三隅反者,恕之事也。夫彼是之辨,正处正色正味之位,其侯度诚未可壹也。守恕者善比类,诚令比类可以遍知者,是絜榘可以审方圆，物情之纷，非若方圆可以量度也。故用榘者困，而务比类者疑。周以察物，举其征符，而辨其骨理者，忠之事也。故疏通知远者恕，文理密察者忠。身观焉，忠也；方不障，恕也。上者寂然不动，感而遂通天下之故，无有远近幽深，遂知来物。中之方人用法，察迩言也。下者至于原本山川，极命草木，合契比律，审曲面埶，莫不依是。以知忠恕于学，犹鸟有两翮，而车之左右轮，学不兼是，菩沛将蔽之。日中而主爝水沫为谪也，而况于躬行乎？荀卿盖云：万物莫形而不见，莫见而不论，莫论而失位，此谓用忠者矣。坐于室而见四海，处于今而论久远，疏观万物而知其情，参稽治乱而通其度，经纬天地而材官，万物制割大理而宇宙里，此谓用恕者矣。夫墨子者，辩以经说，主以天志，行以兼爱尚同，天志尚同之末，以众暴寡，墨子《兼爱》、《天志》诸篇，亦论以众暴寡之非，然既云天志、尚同，设有异天志而殊群众者，不为众之所暴，得乎？物类洮汰，埶自然也。惟尽恕远忠也。荀卿虽解蔽，观其约束，举无以异于墨氏。荀子虽非墨氏，惟其文质异流耳。《墨子·尚同篇》极论一人一义、十人十义、百人百义之非，欲令万民上同天子，天子所是必是之，天子所非必非之。荀卿论治，正与相符。体忠恕者，独有庄周《齐物》之篇，恢恑谲怪，道通为一，三子之乐蓬艾，虽唐尧不得更焉。兹盖老聃之所流传，儒道所以不相牾忤，夫何晻昧矣哉。《三朝记》小辨亦言忠恕，《三朝记》，哀公欲学小辨，孔子对以力忠信，云，知忠必知中，知中必知恕，知恕必知外，内思毕心曰知中，中以应实曰知恕，内恕外度曰知外。此言以忠恕为学，则无所不辨也。周以察物，疑其碎矣。物虽小别，非无会通，内思毕心者，由异而观其同。其余华泽也。

（选自《章太炎政论选集》，中华书局1977年版）

章太炎（1869—1936），名炳麟，字枚叔，号太炎，浙江余

20世纪儒学研究大系

杭人。1897年任《时务报》撰述。1900年与改良派决裂。
1902年在日本发起"支那亡国二百四十二周年纪念会"。旋
在上海与蔡元培等组织中国教育会和爱国学社。次年发表
《驳康有为论革命书》，宣传革命。"苏报案"发，与邹容同被
监禁。1906年出狱后东渡日本，参加同盟会，主编《民报》。
1910年2月在东京重建光复会总部，任会长。1911年上海光
复后回国，任孙中山总统府枢密顾问，同时与张謇等组织统一
党。1913年发生"宋教仁案"，指责袁世凯，在北京被软禁。
1917年任护法军政府秘书长。五四运动后，以讲学为业。在
经学、语言文字等研究领域成就卓著，成为近代著名古文经学
大师。主要著作有《訄书》、《章氏丛书》、《太炎最近文录》、
《章氏丛书续编》、《章氏丛书三编》等。

　　作者赞同日本学者远藤隆吉的观点："孔子之出于支那，
实支那之祸本也。……其胙尽矣。"认为"老、墨诸公，不降志
于删定六艺，而孔氏擅其威。遭焚散复出，则关轴自持于孔
氏，诸子却走"。"孟、荀道术皆踊绝孔氏，惟才美弗能与等
比，故终身无鲁相之政"。1914年章氏手定《章氏丛书》把
《訄书》改为《检论》，把《订孔》析为上、下，说"圣人之道，罩
笼群有"，孔丘的"洋洋美德乎，诚非孟、荀之所逮闻也"。革
命时期的《订孔》，已落在他的视野之外了。兹将《检论》的
《订孔》上、下篇辑附于文后。

论孔教与中国政治无涉

刘 师 培

　　近世忧时之士,鉴于中国政治之弊,以为中国之政治,皆受孔教之影响也,而革教之问题以起。自吾观之,孔子者,中国之学术家也,非中国之宗教家也。何则? 上古之时本有宗教,而宗教之源起于神教,因祀先而祀人鬼,教字从孝。《孝经》曰:"夫孝,教之所由生也。"此古教起于祖先教之证因禘礼而祀天神,因祀祖而并推祖之所自出,以托之于天,故禘为祀远祖之祭,又为祀天之祭。因祭社而祀地祇,如社为土地之神,而二十五家亦为社,是古代团体之结合,由于奉神,同奉一神即同居一地。今中国各村落,虽民户数十,必有一祀土神之所,此其征矣。又因祀人鬼以推之,而崇德报功之典著,(见祭法。)因祀天神以推之,而日月星辰之祀立,风雨水旱之祭亦然。因祀地祇以推之,而山陵川谷之祀兴。《山海经》所言皆地祇也。是则中国古代之宗教可分为三:一曰多神,一曰拜物,上古原人不明万物运行之理,以为皆有神为凭之,故多神、拜物二教,皆生于神物一体说。一曰祀先,习尚相沿,至今未革,祀先、多神二教,固为今日所通行,即拜物教亦然。观中国所祀金龙大王、五通神,以及拜草木,拜禽兽之风,皆与埃及拜物无异。一言以蔽之曰神教而已。又可谓之巫教。此皆孔子以前之教也。汉魏以降,老释二家继兴,中国陋儒以昔之崇奉多神、拜物各教者,参入老释二家之说,道教亦非宗教,中国古代之神教,其末流为燕齐方士;西汉之时,以其说参入儒道两家,一为谶纬,一为符箓,而符箓遂为道教矣。又佛教本祀一神,而中国之僧则大抵仍奉多神，乃以神教参入佛教者也。故草野愚民崇奉张道陵、袁了凡者，道陵固为符箓派，了凡亦沿中国福善祸淫之说而又缘饰佛教者也，亦不得以佛教目之。大抵占国民之多数，此中国古今宗教之大略也，与孔教果何涉乎？

　　若孔子所立六经，则皆周史所藏旧典，孔子得《易》于鲁史，得百二国宝书于周史，问礼乐于苌弘、老子，则诗又为孔子远祖太师正考父所传。而孔门之教科书也。《易》为哲学讲义，《诗》、《书》为唱歌、国文课本，《春秋》为本国近世史课本，《礼》为伦理、心理讲义，《乐》为唱歌、体操课本。至《论语》、《孝经》，又为孔门之学案，则孔学之在当时，不过列九流中儒家之一耳。观汉艺文志可见。观孔门所言之教，皆指教育言，非指宗教言，案《中庸》云：修道之谓教。又云：自明诚谓之教。郑注皆以礼义释之。《说文》云：教，上所施，下所效也。则古代所谓教者，皆指教育、教化而言，故王制言七教，荀子言十教也。孔子诲人不倦，即教字之确诂。即有改制之文，公羊家说。亦与宗教无涉。改制者，革政也，非革教也，与耶稣、摩哈麦特另创教者不同。若祀神之言，如非其鬼而祭之，祭神如神在，诸语皆孔子信神教之证，若据公孟子无鬼神一言，似不足为信。又大抵沿中国古籍之语。其所以受学士崇信者，不过以著述浩繁，为诸子百家冠。弟子众多，凡三千人，有势力者亦众。而又获帝王之表章耳，于传教亦无涉也。至牟融始言儒道，牟子以儒道与佛道并称。而顾欢、张融之辈（见《夷夏论》及《齐书》传赞。）遂有儒、道、佛三教之称。是则孔教之名，由与老、释相形而立，故唐宋以降，多以孔教与老、释并衡。如以日月星比儒、释、道三教是。至韩愈信儒辟老、释、李贽又谓三教同源，而孔教遂俨然为宗教之一矣。

　　近世以来，西教侵入中国，学者又欲树孔教之帜以与彼争，而孔教之名词愈起，岂知孔教二字乃最不合论理者哉。孔子为古代学派之一，如以孔子为宗教，则凡老庄管墨申韩，皆可以某教称之，岂理也哉。知孔教二字不合论理，即知孔子之非宗教家矣；知孔子之非宗教家，即知孔教与政治无涉矣。盖世之谓孔学影响政治者,仅有三端:一则区等级而判尊卑,如君子以辨上下、定民志,亲亲之杀、尊贤之等,礼所生也是。一则薄事功而尚迂阔,如孟子侈口陈正义,而董子又言正义不谋利,明道不计功,皆孔学末流之失也。一则重家族而轻国家。如奖励孝慈笃敬,大抵皆指对于个人之私德言,非指公德言也。然皆神权时氏之思想,《洪范》:惟辟作福北山,莫非王臣。即判尊卑也。干羽格苗,旅獒陈戒,即尚迂阔也。尧亲九族,契教五伦,即重家族也。此皆孔学所本。而孔子沿用其说耳。降及后世,习俗相仍,以士民之崇信孔学也。于是缘饰古经,附会政治,此则后世之利用孔学,非果政治之原于孔教也。否则商君著书,亦严等级;如尊君抑臣诸说是。老庄立说,亦薄事功;主消极而不主积极。管子治民,亦明族制。如管子治齐,首重六亲和睦是。舍孔学而外,彼法家、道家之书,亦得为中国政治之左验,学之影响政治者,乃诸子所同,非孔子特创之说。何得以是罪孔子哉。吾观晋帝、梁宗,皈依佛法,(见《晋书·康帝本纪》、《梁书·武帝本纪》)而崇孔子如故,元魏、李唐施行道教,(见魏释老庄、唐玄宗纪)而宗孔子仍如故,若王羲之、谢灵运之流,则又信二氏,而并崇孔子,是则奉孔子者,本无迷信之心,而使人立誓不背矣,与西教强人必从之旨大相背驰,孔教无祈祷,无入教之仪式,皆孔子非宗教家之确证。其得以宗教家称之哉。居今日而欲导民,宜革中国之神教,民智愈启,则神教日衰。而归孔学于九流之一耳,仿周秦之例,称为儒家。奚必创高远难行之论哉。

(原载《警钟日报》1904 年 5 月 4 日、5 日)

刘师培(1884—1920),字申叔,号左庵,江苏仪征人。1902 年中举,次年会试受挫,归途中结识章太炎。曾担任《警钟日报》、《国粹学报》的撰述,宣传排满革命。1908 年入大臣端方幕府。辛亥革命后加入"筹安会",拥护袁世凯称帝。1917 年被聘为北京大学文学门教授。1919 年主编《国故》月刊,反对新文化运动。1920 年因肺病亡于北大。其论著收录在《刘申叔先生遗书》中。

文章驳斥了把孔教当作宗教的观点,认为"孔学之在当时,不过列九流中儒家之一。孔门所言之教,皆指教育,非指宗教,与政治无涉"。并批驳了所谓孔学影响政治的三点证据,认为"区等级而制尊卑"、"薄事功而尚迂阔"、"重家族而轻国家",这些皆神权时代之思想,而孔子沿用其说。"降及后世,习俗相似,以士民之崇信孔学也,于是缘饰古经,附会政治,此则后世之利用孔学,非果政治之原于孔教也"。

孔　子

蔡　元　培

　　小传　孔子名丘,字仲尼,以周灵王二十一年生于鲁昌平乡陬邑。孔氏系出于殷,而鲁为周公之后,礼文最富。故孔子具殷人质实豪健之性质,而又集历代礼乐文章之大成。孔子尝以其道遍于列国诸侯而不见用。晚年,乃删诗书,定礼乐,赞易象,修春秋,以授弟子。弟子凡三千人,其中身通六艺者七十人。孔子年七十三而卒,为儒家之祖。

　　孔子之道德　孔子禀上智之资,而又好学不厌。无常师,集唐虞三代积渐进化之思想,而陶铸之,以为新理想。尧舜者,孔子所假以代表其理想而为模范之人物者也。其实行道德之勇,亦非常人之所及。一言一动,无不准于礼法。乐天知命,虽屡际困厄,不怨天,不尤人。其教育弟子也,循循然善诱人,曾点言志曰:与冠者、童子"浴乎沂,风乎舞雩,咏而归",则喟然与之。盖标举中庸之主义,约以身作则者也。其学说虽未成立统系之组织,而散见于言论者得寻绎而条举之。

　　性　孔子劝学而不尊性。故曰:"性相近也,习相远也。""唯上知与下愚不移。"又曰:"生而知之者,上也;学而知之者,次也;困而学之,又其次也;困而不学,民斯为下。"言普通之人,皆可以学而知之也。其于性之为善为恶,未及质言。而尝曰:"人之生也直,罔之生也幸而免。"又读《诗》至"天生烝民,有物有则,民之秉彝,好是懿德",则叹为知道。是已有偏于性善说之倾向矣。

仁 孔子理想中之完人,谓之圣人。圣人之道德,自其德之方面言之曰仁,自其行之方面言之曰孝,自其方法之方面言之曰忠恕。孔子尝曰:"仁者爱人,知者知人。"又曰:"知者不惑,仁者不忧,勇者不惧。"此分心意为知识、感情、意志三方面,而以知仁勇名其德者。而平日所言之仁,则即以为统摄诸德完成人格之名。故其为诸弟子言者,因人而异。又或对同一之人,而因时而异。或言修己,或言治人,或纠其所短,要不外乎引之于全德而已。孔子尝曰:"仁远乎哉?我欲仁,斯仁至矣。"又称颜回"三月不违仁,其余日月至焉。"则固以仁为最高之人格,而又人人时时有可以到达之机缘矣。

孝 人之令德为仁,仁之基本为爱,爱之原泉,在亲子之间,而尤以爱亲之情之发于孩提者为最早。故孔子以孝统摄诸行。言其常,曰养、曰敬、曰谕父母于道。于其没也,曰善继志述事。言其变,曰几谏。于其没也,曰干蛊。夫至以继志述事为孝,则一切修身、齐家、治国、平天下之事,皆得统摄于其中矣。故曰,孝者,始于事亲,中于事君,终于立身。是亦由家长制度而演成伦理学说之一证也。

忠恕 孔子谓曾子曰:"吾道一以贯之。"曾子释之曰:"夫子之道,忠恕而已矣。"此非曾子一人之私言也。子贡问:"有一言可以终身行之者乎?"孔子曰:"其恕乎。"《礼记·中庸》篇引孔子之言曰:"忠恕违道不远。"皆其证也。孔子之言忠恕,有消极、积极两方面,施诸己而不愿,亦勿施于人。此消极之忠恕,揭以严格之命令者也。仁者,己欲立而立人,己欲达而达人。此积极之忠恕,行以自由之理想者也。

学问　忠恕者,以己之好恶律人者也。而人人好恶之节度,不必尽同,于是知识尚矣。孔子曰:"学而不思,则罔;思而不学,则殆。"又曰:"好仁不好学,其蔽也愚;好知不好学,其蔽也荡;好信不好学,其蔽也贼;好直不好学,其蔽也绞;好勇不好学,其蔽也乱;好刚不好学,其蔽也狂。"言学问之亟也。

涵养　人常有知及之,而行之则过或不及,不能适得其中者,其毗刚毗柔之气质为之也。孔子于是以《诗》与礼乐为涵养心性之学。尝曰:"兴于《诗》,立于礼,成于乐。"曰:"《诗》可以兴,可以观,可以群,可以怨。"曰:"若臧武仲之知,公绰之不欲,卞庄子之勇,冉求之艺,文之以礼乐,可以为成人矣。"其于礼乐也,在领其精神,而非必拘其仪式。故曰"礼云礼云,玉帛云乎哉? 乐云乐云,钟鼓云乎哉?"

君子　孔子所举,以为实行种种道德之模范者,恒谓之君子,或谓之士。曰:"君子有三畏:畏天命,畏大人,畏圣人之言。"曰:"君子有三戒:少之时,血气未定,戒之在色;及其壮也,血气方刚,戒之在斗;及其老也,血气既衰,戒之在得。"曰:"君子有九思:视思明,听思聪,色思温,貌思恭,言思忠,事思敬,疑思问,忿思难,见得思义。"曰:"文质彬彬,然后君子。"曰:"君子讷于言而敏于行。"曰:"君子疾没世而名不称。"曰:"士,行己有耻,使于四方,不辱君命;其次,宗族称孝,乡党称弟;其次,言必信,行必果。"曰:"志士仁人,无求生以害仁,有杀身以成仁。"其所言多与舜、禹、皋陶之言相出入,而条理较详。要其标准,则不外古昔相传执中之义焉。

政治与道德　孔子之言政治,亦以道德为根本。曰:"为政以德。"曰:"道之以德,齐之以礼,民有耻且格。"季康子问政,孔子曰:"政者,正也。子率以正,孰敢不正?"亦唐、虞以来相传之古义也。

（选自《中国伦理学史》，上海商务印书馆 1910 年 4 月）

蔡元培（1868—1940），中国近代著名思想家、教育家和民主革命家。原字鹤卿，号子民，生于浙江绍兴府山阴县，17 岁中秀才，23 岁中举，26 岁进士及第，被点为翰林院庶吉士，28 岁升补为翰林院编修。1901 年在上海南洋公学任教。次年在上海组织中国教育会，同年冬创设爱国学社，宣传"排满革命"。1904 年冬组织光复会，1905 年加入同盟会，任上海分部主盟员。1907 年赴俄留学，直至武昌起义后才回国。1912 年任南京临时政府教育总长，1917 年任北京大学校长。1927 年后历任国民党政府大学院院长、中央研究院院长。1932 年与宋庆龄等组织中国民权保障同盟。1940 年 3 月在香港病逝。主要论著收入《蔡元培全集》（七卷）。

作者认为孔子"具殷人质实豪健之性质，而又集历代礼乐文章之大成"。"其实行道德之勇，亦非常人之所及"。孔子劝学而不尊性，其理想中之完人，谓之圣人。圣人之道德，自其德之方面言之曰仁，自其行之方面言之曰孝，自其方法方面言之曰忠恕。孔子所举，以为实行种种道德之模范者，恒谓之君子，或谓之士。孔子之言政治，亦道德为根本。

孔 教 会 序

陈 焕 章

以2500岁博深精切统天而治之孔教,产于五六千年声名文物自创自守之中国,抚有五六百兆聪明强力伟大蕃衍之华民,而适当九大洲瀛海交通物质发达之时代。昔子思子说圣祖之德有言,舟车所至,人力所通,天之所覆,地之所载,日月所照,霜露所队,凡有血气者,莫不尊亲,意在斯乎,意在斯乎,以其时考之则可矣。陈焕章曰:宗教者人类之所不能外者也,自野蛮半化,以至文明最高之民族,无不有教,无不有其所奉之教主。其无教者,惟禽兽斯已耳,非人类也。太古之时,大地未通,各尊所闻,各行所知,各信其聪明首出者以为教主。而其教主之教义高下广狭,即以其时其地之文明程度为差。太古之时,民智幼弱,道同则不能相先,情同则不能相使,故为教主者,必托之鬼神。是故有群鬼之教,有多神之教,有合鬼神之教,有一神之教。有托之木石禽兽以为鬼神,有托之尸像以为鬼神,有托之虚空以为鬼神。其道虽殊,其以神道设教者则一而已。我中国固全球最古最大之文明国也,自包牺神农黄帝尧舜以至禹汤文武,政教不分,皆以作君兼作师之任。周公以懿亲摄政,而不有天下制礼作乐,实为师统渐离君统之始,周公者诚一过渡时代之重要人物也。天哀生民,黑帝降神,素王受命,宗教一新。孔子乎,其中国特出之教祖哉。自有孔子,师统乃独立于君统之外矣。孔子既生于中国文明绚烂之时，而复在于礼乐彬彬之鲁。故其为教也，包举天地，六通四辟，此固由孔子之圣智，超越大地诸教祖，而亦由中国之文明，冠绝全球也。故大地诸教，皆不脱神道之范围，而孔教独以人道为重，取眇眇七尺之躯，而系之一元之始，天地之前，使人人皆有可以位天地育万物之道。魂灵如如，止于至善，孔教其至矣哉。乃无识者仅知有神道之教，而反疑人道之非教。是犹见欧美刀叉之用，而反谓中国匕箸之不良于食；睹欧美毡裘之俗，而反谓中国丝帛之不足为衣。岂不愚妄也哉。且孔教亦非绝不言鬼神也，其尤深切著明者。易曰，圣人以神道设教而天下服。礼曰，合鬼与神，教之至也。因物之精，制为之极。明命鬼神，以为黔首。则百众以畏，万民以服。盖春秋之时，神权太盛，孔子既扫除而更张之矣，而不为已甚。尚稍留其切近者以为据乱之制，此孔子所以为圣之时者也。而愚妄者乃谓孔子非宗教家，是诚瞽者无与于邱山之观，聋者不闻夫雷霆之响也，适见其陋而已矣。焕章不量绵薄，发愤任道，立会昌教，十有四年。发始于高要，推行于纽约，薄海内外，应者日多，方谓圣教之隆指日可待。乃回国以后，所见全非，文庙鞠为武营，圣经摈于课本，俎豆礼阙经传道丧，举国皇皇莫知所依，甚至以教育部而倡废学校之祀孔，以内务部而不认孔教为宗教。倒行逆施，自乱其国。呜呼！痛矣。夫教育部之废孔祀也，以孔子为教主，而不欲杂宗教于教育耳。然教育部岂不认孔子为教育家乎。欲提倡教育，而必先推倒中国之唯一大教育家，是欲求长生而自饮毒药也。苟不认孔子为教主，则何必停孔子之祀。苟认孔子为教主，又何可停孔子之祀？吾见教育部之进退失据也。至内务部不认孔子为宗教家，以为非此不足以推尊孔子。然则内务部何不曰孔子非人乎。孔子为世界各教主之冠，而不得为宗教家。则孔子为生民未有之圣，岂尚得为人也哉。且内务部不认孔教为教,然人类有宗教之欲必不能免。内务部其将以佛回耶诸外教代之乎? 抑将以各土木偶像代之乎? 欲求进化,而先不承认最文明之宗教,是却行而求前也。吾今且正告天下曰:道字与教字本可互易,故谓曰孔道也可,谓曰孔教也亦可。中庸曰修道之谓教,盖二者一而已矣。然今处群言淆乱之时,虽以内务部犹妄分孔道孔教为二,故必当正孔教之名,而不曰孔道盖近人视孔道二字,不过如一种理论,一派学说。不若孔教二字之包罗万象也。孔学二字,益偏狭矣。至以尊孔名会,又嫌肤泛。孔之可尊,岂非以其为教主乎。既尊其实,而复讳其名,果何为者。夫中国之教字,本含三义,曰宗教、曰教育、曰教化,惟孔教兼之。此孔教之所以为大也。然孔教虽具备三者,而究以宗教为本。盖惟孔教是一宗教。故能范围天地而不过,曲成万物而不遗也。若徒以一家学说视之,则孔子之圣经,乃不过与老墨诸世并列,本欲尊孔子于释迦耶稣穆罕默德之上,乃反降孔子于诸子百家之中,以是为尊孔,不其倒置欤。希腊之哲学,为耶教所无。然而欧美之人心,不归依于希腊之哲学,而归依于耶教,此教与学效果之异也。夫释迦耶稣穆罕默德虽不及孔子之大,然皆为教主,其教徒皆尊之以配上帝。乃我国人偏夺孔子配天之资格,降教主以为学者,而所谓尊孔乃不过一种崇拜英雄之气味。呜呼,我中国其真陷于无教也乎! 夫国之所以立,民之所以生,必有教焉,以为之主,使无男无女,无老无少,无贵无贱,无智无愚,无贤无不肖,皆涵濡生息于其间。苟无教乎,则吾国数万万人,将何所依归也。是故谓孔子为道德家,则孔子不过夷惠之班耳;谓孔子为哲学家,则孔子不过老庄之类耳;谓孔子为政治家,则孔子不过伊吕之伦耳;谓孔子为教育家,则孔子不过朱陆之畴耳。皆不足以尊孔子,而反陷中国于无教。惟以教主尊孔子,则孔子乃贤于尧舜,继于文王,其在中国集群圣之大成,而开万世太平之治,其在天下,补各教之未备,而筦世界大同之枢。盖孔子既备道德哲学政治教育诸家之资格,而萃于一身,即聚道德哲学政治教育诸学之精华,而创为一教。乃近人竟嫌孔教之太大,必欲斲而小之,何其不思之甚耶。吾尝谓孔道必不亡,孔学亦必不亡。惟不认孔教为宗教,则孔教必亡。何则,凡人之心思材力,苟其有不可磨灭者,自足以常存,况孔子之道德文章哉。故孔道孔学之不亡,有必然矣。然苟不认孔教为教,则孔道虽存不过空文之理论,孔学虽存不过私家之学说,即使六经不废,世之读者,不过视如诸子百家之书耳。既无尊信之诚心,必无奉行之实事,而世道人心,将无所维系。此则不认孔教为教者之罪也。且今之能读诸子百家之书者有几人乎?既不认孔教为教,于是学校不拜孔子。学校不读孔经,将来虽有读经之人,亦不过寥若晨星,然则孔道孔学虽不能亡,其所存者亦仅矣。是故诚欲昌明孔道,发挥孔学,以尊孔为目的,则孔教二字,必当加意保存,表而出之,使昭昭然揭日月而行,万不能避而不用也。今夫国家之亡也,非必其国土变为沧海,其国民化为虫沙也,但使其国不能以其国名通于列国,斯其国亡矣。宗教之亡也,亦非必其教义全坠于地,其教徒尽变其心也,但使其教不能以其教名显于世界,斯其教亡矣。古来各教之发生于大地者,何可胜数,今其存者不过数大教焉,斯亦亡教之覆辙也。今之攻孔废孔者,既不认孔子为教主,不认孔教为教,谬借孔道孔学之名目,以饰邪说而文奸言,阴怀废孔之心,而阳托尊孔之貌。乃吾党之真正尊孔者,亦以为用孔道孔学等名,便足以扶翼圣教,或仅用尊孔二字使浑沦无迹,免受人攻。诸君子委曲苦心,固所钦佩,然而名不正则言不顺,遂使神圣不可侵犯之教字,竟变为隐约忌讳之名词,将来孔教二字,无人敢用,而孔子非宗教家之谬论,遂成事实。是孔教之亡,始于废孔者,而实成于尊孔者也。夫废孔者之不认孔教为教,犹可言也,尊孔者之不称孔教为教,不可言也。不正其名,遂失其实,我尊孔之诸君子,其念之哉。或谓教之优者,自能生存,无待于保。且教徒之才力,不逮教主,又安能保教,而不知皆非也。中庸曰:待其人而后行。此言教之有待于保也。今夫佛教固亦可谓优美之教矣,然其在出产之印度,反屈于回教而绝灭焉。教虽优美,苟无人保之,安能以自存哉。孔子曰:人能宏道,非道宏人。故教徒之才力,虽不逮教主,而足以保教。笃信好学,守死善道,岂非尽人可能之事也耶。盖开创者难为功,保守者易为力,理势然也。安可自谢不敏,而放弃责任哉。焕章目击时事,忧从中来,惧大教之将亡,而中国之不保也。谋诸嘉兴沈乙盦先生曾植,归安朱彊邨先生祖谋,番禺梁节闇先生鼎芬,相与创立孔教会,以讲习学问为体,以救济社会为用,仿白鹿之学规,守蓝田之乡约,宗祀孔子以配上帝,诵读经传以学圣人,敷教在宽,藉文字语言以传布,有教无类,合释老耶回而同归,创始于内国,推广于外洋。冀以挽救人心,维持国运,大昌孔子之教,聿昭中国之光。所望鸿儒硕学、志士仁人,效忠素王,报恩教祖,同声响应,大力提倡。或锡以鸿文,或助以钜款,为山九仞,各呈一篑之功。集腋千狐,慨助万金之费。庶几提纲挈领,肇开总会之基,合力同心大振儒门之铎。当仁不让,见义勇为其诸世之君子,亦有乐于是欤。

孔子二千四百六十三年大成节即民国元年十月七日

（原载《孔教会杂志》第一卷第一号,1913 年 2 月）

　　陈焕章（**1881—1931**）字重远,广东高要人,光绪进士,康有为弟子。1907 年赴美留学,获博士学位,辛亥革命前夕回国,后建立孔教会,任主任干事和《孔教会杂志》总编。1913

年召开孔教会第一次全国大会,举行大规模祀孔典礼。1923年任北京孔教大学校长,又被聘为曹锟总统顾问。1928年退居香港。著有《孔门理财学》、《孔教经世法》等。

作者主张把孔子当作偶像加以崇拜,立孔教为国教,反对把孔教降为"孔学"、"孔道"一派私家学说。认为"孔子乎,其中国特出之教祖哉。自有孔子,师统乃独立于君统之外矣。孔子既生于中国文明绚烂之时,而复在于礼乐彬彬之鲁,故其为教也,包举天地,六通四辟。此固由孔子之圣智超越大地诸教祖,而亦由中国之文明冠绝全球也。故大地诸教皆不脱神道之范围,而孔教独以人道为重,取眇眇七尺之躯而系一元之始,天地之前,使人人皆有可以位天地育万物之道,魂灵如如,止于至善,孔教其至矣哉"。

以孔教为国教配天议

康 有 为

购日本《六法全书》一册，夜译而朝布之，神禪其高玄冠，弟伲其缁后衽衣，西食而马车，握手鞠躬，免冠而风趋，若是者，足以治强中国乎？则樵夫负贩之氓睨而笑之。今中国阽危，人心惘惘汹汹，政治之变，能救之欤？意者亦有待于教化耶。

且夫礼俗教化者，人所以行持云为者也，人道以为主宰，奉以周旋者也。何以立身，何以行事，何以云为，何以交接，必有所尊信畏敬者，以为依归，以为法式，此非一日所能致也。积之者数千年，行之者数万万人，上自高曾祖父，至于其身，外自家族乡邑，至于全国，习焉而相忘，化焉而不知，是所谓风俗也。风俗善则易归于善，风俗恶则易归于恶，苟不尊奉一教以为之主，则善者安知其为善，而恶者安知其为恶也。故凡国必有所谓国教也。国教者，久于其习，宜于其俗，行于其地，深入于其人心者是也。虽诸教并立，皆以劝善惩恶，然宜不宜则有别焉。故佛教至高妙矣，而多出世之言，于人道之条理未详也；基督尊天爱人，养魂忏恶，于欧、美为盛矣，然中国四万万人能一旦舍祠墓之祭而从之乎，必不能也。然而今中国人也，于自有之教主如孔子者，而又不尊信之，则是绝去教化也。夫虽野蛮亦有其教，否则是为逸居无教之禽兽也。呜呼！吾四万万之同胞，而甘为无教之禽兽乎？

今以人心之败坏，风俗之衰敝，廉耻伤尽，气节靡荞，盖秦、五代之不若，实数千年未有之厉，稍有识者，亦知非崇道德不足以立国矣。而新学之士，不能兼通中外之政俗，不能深维治教之本原，以欧、美一日之强也，则溺惑之，以中国今兹之弱也，则鄙夷之。溺惑之甚，则于欧、美弊俗秕政，欧人所弃余者，摹仿之惟恐其不肖也；鄙夷之极，则虽中国至德要道，数千年所尊信者，蹂躏之惟恐少者存也。于是有疑孔教为古旧，不切于今者，有以为迂而不可行者。吁！何其谬也。夫伦行或有与时轻重之小异，道德则岂有新旧中外之或殊哉！而今之新学者，竟嚣嚣然昌言曰："方今当以新道德易旧道德也。"嗟夫！仁义礼智忠信廉耻，根于天性，协于人为，岂有新旧者哉？《中庸》之言德曰："聪明睿智，宽裕温柔，文理密察，斋庄中正，发强刚毅，而仁智勇为达德。"岂有新旧者哉，岂有能去之者哉？欧、美之贤豪，岂有离此德者哉？即言伦行，父慈子孝，兄友弟恭，君仁臣忠，夫义妇顺，朋友有信，岂如韩非真以孝忠信弟贞廉为六虱乎？则必父不慈，子不孝，兄不友，弟不恭，君不仁，臣不忠，夫不义，妇不顺，朋友欺诈而不信，然后为人而非虱，然后为新德而非旧道乎？则今几几其近是矣。其有此乎，其家必不能一日和，其身必不能一日安，其心必不能一日乐，即其国必不能久存而垂垂以亡。夫道者，人人可行之谓，若此危道，岂可行乎？而可以为新道乎？欧、美未之有行，鄙人未之前闻也。

推彼之谬言新道者，盖以共和立国，君臣道息，因疑经义中之尊君过甚也，疑为专制压民之不可行也，岂知先圣立君臣之义，非专为帝者发也。《传》曰："王臣公，公臣卿，卿臣大夫，大夫臣士，士臣仆，仆臣隶，隶臣皁，皁臣舆，舆臣台。"由斯以观，士对大夫为臣，而对仆为君，仆对士为臣，而对隶为君矣。故严其父母曰家君，尊家长曰君，此庶人亦为君之证也。故秦、汉人相谓为君臣，汉、晋时郡僚对郡将称臣，且行君臣之义焉。而今人与人言，尚尊人为君，自谦为仆焉。盖君臣云者，犹一肆一农之有主伯亚旅云尔。其司事总理之主者君也，其奔走分司百执事之亚旅臣也。总理待各执事，当仁而有礼，各执事待总理，当敬而尽忠，岂非天然至浅之事义，万国同行之公理者哉。岂惟欧、美力行之，其万国前有千古，后有万年，岂能违之哉。藉使总理司事之待百执事，不仁而无礼，百执事之待总理司事，不忠而傲慢，其可行乎？若以是为道，恐一商肆、一工厂、一农场之不能立也。自梁以后，禁属官不得称臣，改称下官，于是臣乃专以对于帝者；今若不以君臣为然，则攻梁武帝可也，以疑孔子则无预也。孔子之作《春秋》也，各有名分，其道圆周，故书君，君无道也，书臣，臣之罪也，莒人弒其君庶其，《公羊》曰："书人以弒者，众弒也。"君无道也，岂止诛臣弒君而已哉。故孟子曰："闻诛一夫纣矣，未闻弒君。"孔子曰："汤、武革命，顺乎天而应乎人。"今之言革命者，实绍述于孔子，若必如宋儒尊君而抑臣，则孔子必以汤、武为篡贼矣。盖孔子之道，溥博如天，并行不背，曲成不遗，乃定执君臣一义以疑圣，岂不妄哉。孔子于《礼》设三统，于《春秋》陈三世，于乱世贬大夫，于升平世斥诸侯，于太平世去天子，故《礼记》孔子曰："大道之行也，某未之逮也，而有志焉。大道之行也，天下为公，选贤与能。"孔子之所志也，但叹未逮其时耳。孔子何所不备，《礼记》又非僻书也，未读全经，仅执一说以疑孔子者，是坐智井者而谓天小无日月，不亦愚乎？不学之妄人，无责乎尔。

法国经千年封建压制之余，学者乃倡始人道之义，博爱平等自由之说，新学者言共和、慕法国者，闻则狂喜之，若以为中国所无也，揭竿树帜，以为新道德焉，以为可易旧道德焉，夫人道之义固美也，《中庸》曰："仁者人也。"孟子释之曰："仁者人也，合而言之道也。"故人与仁合,即谓之道。孔子曰:"道二、仁与不仁而已。"故《中庸》又曰:"道不远人,人之远人,不可以为道。"故以人治人,可而止。又曰:"道不可须臾离也。"则人道之义,乃吾《中庸》、《孟子》之浅说,二千年来,吾国负床之孩,贯角之童,皆所共读而共知之。昔日八股之士,发挥其说,鞭辟其词,无孔不入,际极天人,是时欧人学说未出未发,但患国人不力行耳,不患不知也。乃今得人道二字,奉为舶来之新道德品,而以为中国所无也,真所谓家有文轩,而宝人之敝骊也。夫《中庸》、《孟子》,孔子之学也,非僻书也,而今妄人不学无知,而欲以旧道德为新道德也。人有醉狂者,见妻于途,惊其美而搂之,以为绝世未见也,及归而醒,乃知其为妻也。今之所谓新道德者,无乃醉狂乎?《论语》曰:"仁者爱人,泛爱众。"韩愈《原道》,犹言"博爱之谓仁",《大学》言平天下,曰"絜矩之道",《论语》子贡曰:"我不欲人之加诸我也,吾亦欲无加诸人。"岂非所谓博爱平等自由而不侵犯人之自由乎?《论语》、《大学》者,吾国贯角之童,负床之孙,皆所共读而共知之。昔日八股之士,发挥其说,鞭辟其义,际极人天,是时欧人学说未出未发,患国人不力行也,乃今得博爱平等自由六字,奉为西来初地之祖诀,以为新道德品,而以为中国所无也,真所谓家有锦衣,而宝人之敝屣也。夫《论语》、《大学》,孔子之学也,非僻书也,而今妄人不学无知,而欲以新道德为旧道德也,贫子早迷于异国,遇父收恤抚养之而不知也,谬以为他富人赠以璎珞也。今之妄人不学无知,奚以异是也。以《论语》、《大学》、《中庸》之未知未读,而妄攻孔子为旧道德,妄攻中国无新道德之人也,妄人也,之说也,瞽说也,岂足较哉。然而竟有惑焉者,举国之人饮狂泉,则以不狂为狂,昔为谬譬之言,今为实事也。嗟夫! 吾四万万同胞,得无误饮狂泉乎,盍醒乎来!

　　夫孔子者,以人为道者也,故公羊家以孔子为与后王共人道之始。盖人有食味被服别声安处之身,而孔子设为五味五色五声宫室之道以处之;人有生我我生同我并生并游并事偕老之身,而孔子设为父子夫妇兄弟朋友君臣之道以处之;内有身有家,外有国有天下,孔子设身家国天下之道以处之;明有天地山川禽兽草木,幽有鬼神,孔子设为天地山川禽兽草木鬼神之道以处之。人有灵气魂知死生运命,孔子于明德养气穷理尽性以至于命,无不有道焉,所谓人道也。上非虚空之航船道,下非蛇鼠之穿穴道,孔子之道,凡为人者,不能不行之道,故曰"何莫行斯道也",故曰"道也者,不可须臾离也"。凡五洲万国,教有异,国有异,而惟为僧出家者,不行孔子夫妇之一道而已,此外乎,凡圆颅方趾号为人者,不能出孔子之道外者也,而今之妄人,乃欲攻孔,是犹狂夫射天斫地,闭目无睹,含血自噀,多见其妄而已。

　　顷自晚清以来,学官改法,谬不读经,至于共和,丁祭不祀,乃至天坛经年旷祭,而有司曰待议院议之,议院者,经半年不成会,五十四案未决议矣,其可待之,俟河之清,礼坏乐崩久矣。且凡新国未制礼,必沿用前王之礼,乃天下之公理也。按葡宪法八十条曰:"凡旧行典例如未经议院删除及与共和政体不碍者,一概照行。"故为神不歆,为教皆绝,道揆堕顿,礼俗凌夷,人心败坏,风俗变革,廉耻扫地,如此而可以为国乎? 故昔之争富贵利达也,贿赂之无耻,机诈之相谋而已;今乃至以手枪相劫制也,以谩骂相诟辱也,以仇恨相杀戮也。昔之贪官污吏也,择肥而噬,积以岁月;今则朝不及夕,席卷而逃。昔之士大夫虽无政无学,然或谨守自好,或以诗文金石古董为娱乐;今则消昼夜于麻雀,合官僚以狎邪,耳不闻道德之经,口不讲政治之学,情类乞丐,行同劫盗,惟有欧衣西食,免冠马车,以为欧、美在兹矣,此复安得谓之国乎? 岂非无教为之乎? 故今欲救人心,美风俗,惟有亟定国教而已;欲定国教,惟有尊孔而已。

　　凡今各国,虽信教自由,而必有其国教独尊焉。波斯以祚乐阿土堆为国教,立教务院,设教大长以尊崇而保护之,而听人民信教之自由。突厥以摩诃末为国教,设教大长而保护之,而听人民信教自由。暹罗以佛教为国教而保护之,而听人民信教自由。俄罗斯则以希腊教为国教,立教务院,设教大长以尊崇保护之,而听人民信教自由。希腊、布加利牙、罗马尼亚、塞维皆以希腊教为国教,而听人民信教自由,然此犹曰欧东国也。西班牙、奥大利之宪法,皆以罗马旧教为国教,虽许信教自由,而其君后必为奉罗马教之人,其学校皆尊其国教。西班牙宪法第十一条,特著政府存养国教之义,以异于待他教,故以罗马正教为国教,其教法及教僧,政府扶持存养之。意大利以罗马教为国教,尚无信教自由之条。此犹曰罗马旧教国也。丹麦、瑞典,其宪法皆以波罗特士教之新派为国教,声明政府保守之,又特别一条,其国王阁员必以信新教之人为之,而丹麦于信教自由,又别为宪法焉。瑞典无信教自由之条,则其郑重于国教可知矣。那威宪法以路德为国教,特著耶稣会徒不得入国,则并不许信教自由矣。即英、德信教,至自由矣,然其王必信波罗特士教,故英王之即位加冕大婚,必行礼于保罗殿,其大学校,若伦敦检布列住恶士佛,学生晨起,亦必礼基督焉。普国亦然,德诸联邦亦然,此犹曰君主国也。若共和国智利之宪法,拒绝各教,而以罗马旧教为其国教,是不许信教自由矣。阿根廷宪法,只保护其以罗马为正教,并无信教自由之条,甚至瑞士信教自由,而有禁耶稣一部之会不得入国,并禁其会员行动于学校及教堂。即美至自由,其宪法及学校,不限定国教,而总统即位,及人民一切誓书,必大僧举基督新约经而嗅之,则亦为国教矣。墨与中南美各共和国,虽听信教自由,而皆以罗马教为国教。盖信教自由者,宽大以听人民之好尚,特立国教者,独尊以明民俗之相宜,义各有为,不相蒙,亦不相累也。佛教入于汉、晋,回教行于隋、唐,吾为信教自由,行之二千年矣。彼德国之争信教自由也,三十年之教争,死人民千八百万,而英、法之焚烧新教,亦以数十万计,然后争得"信教自由"四字,故矜为广大,写之宪法,岂若我行之二千年从容无事乎?盖孔子之道,本于无我,敷教在宽,而听人之信仰,信佛信回,各听人民之志意,儒生学生,亦多兼信,绝无少碍,故景教流行,始于唐世,而明末利马窦、汤若望、熊三拔、艾儒略,远自意大利来,国家既用以司天,士夫亦从其宗教,大学士徐光启、郎中李之藻既为儒臣,亦事耶教,其前例矣。故信教自由,与特尊国教,两不相妨,而各自有益,正与南美、班、奥、丹、瑞、英、德、俄、波、暹、希、布、罗、塞同矣。今政府震于"信教自由"四字,遂魂魄不敢动,若受束缚,几若必自弃孔教而后可者,非独奴性不自立,亦大愚而不考矣。吾国宪法,宜用丹、班之制,以一条为"信教自由",以一条"立孔教为国教",庶几人心有归,风俗有向,道德有定,教化有准,然后政治乃可次第而措施也。

既定孔教为国教,则尊之宜若何?欧、美之尊教也,备极专隆,至以基督配天,扫绝百神,舍弃祠墓,而独奉一尊,甚至于君父之尊亲,亦废跪拜,而但行跪拜之礼于基督天神,盖所以定一尊而致专一也。今吾纵不废百神,奈何偏废天神乎?古今万国,未有不尊天者。孔子曰:"人非天不生。"又曰:"天者,人之曾祖父也。"故古礼重郊,盖大报天而主日也。故曰"明乎郊社之礼,治国犹运诸掌也",故坛庙之祭天,至为尊敬,而历朝以其祖先配享焉。今政改共和,国无君主,自无王者所自出,然而天终不可不祭也,祭之,则神不可无配也。《公羊》曰:"自内出者,无主不行;自外入者,无主不止。"此配享之义所由生也。《孝经》曰:"宗祀文王于明堂,以配

上帝。"王愆期曰："文王者,孔子也。"《公羊》于元年春王正月曰:
"王者孰谓,谓文王也。"何休注谓文王非谥号,法其生不法其死,
与后王共之,人道之始也。盖人道之教主,去野蛮之质进而文之,
孔子也。孔子曰："文王既没,文不在兹乎。"然则生文王,非孔子
而何。天下归往谓之王,非以力服人之霸者所能称也。以文明为
治,故谓之文,故曰"见龙在田,天下文明",非谥也,文教也。王,
主也,昔之所谓文王,即今之所谓教主也。中国数千年皆归往孔
子,而尊为教主,以文王配上帝,即以教主配上帝也,然则非以孔子
配上帝而何也。昔之专制之君主,以其无德无功之祖宗配上帝,今
共和之国民,以神明圣王之孔子配上帝,不犹愈乎? 故宜复崇天
坛,改祈年殿或太和殿为明堂,于冬至祭天坛,上辛祭明堂,以孔子
配上帝,义之至也,礼之崇也,无易之者也。今之妄人,误以宗教为神道,
谓孔子不言神,以为教育、哲学、政治家,不为教主,辟在别篇。孟子曰:"虽有恶
人,斋戒沐浴,可以祀上帝。"然则凡在国民,皆可以祀上帝明矣。
其在天坛明堂,则总统率百官行礼;其在地方乡邑,则各立庙祀天,
而以孔子配之;其学宫因文庙之旧,加上帝于中,而以孔子配可也。
听立奉祀生,宣讲遗经,民无男女,皆于来复日,释菜而敬礼焉。凡
人庙而礼天圣者,必行跪拜礼,以致其极恭尽敬。今之妄人,于祭谒孔
圣亦行鞠躬礼者,其意徒媚师欧、美,以为废跪耳耳。不知欧、美人之废他种跪拜,乃专
施其敬于天主。中国人不敬天,亦不敬教主,不知其留此膝以傲慢何为也。学欧、美而
不知其所由,则只有颠倒猖狂,可笑而已,否则留此膝以媚富贵人耶?

(载于《不忍》第 2 期,1913 年 4 月)

康有为(1858—1927),广东南海人。自幼饱受传统文化
的熏陶,后因不满旧学之远离现实,遂折入佛道,又转向向西

方学习,曾七次上书光绪帝,成为维新变法的著名领导人物。他先后著成《新学伪经考》和《孔子改制考》二书,力图通过改造儒学,为变法确立理论根据。变法失败后流亡国外。1912年组织孔教会,主张定孔教为国教。1917年张勋复辟失败后退出中国政治舞台,遍游各地。著作有《康有为全集》等。

文章指出:"今之言革命者,实绍述于孔子。若必如宋儒尊君而抑臣,则孔子必以汤武为篡贼矣。盖孔子之道溥博如天并行不背,曲成不遗。""凡为人者不能不行之道,故曰'何莫行斯道也',故曰'道也者,不可须臾离也'。凡五洲万国,教有异,国有异,而惟为僧出家者,不行孔子夫妇之一道而已,此外乎凡圆颅方趾号为人者,不能出孔子之道外者也。"指出:"今欲救人心,美风俗,惟有亟定国教而已;欲定国教,惟有尊孔而已。""今共和之国民,以神明圣王之孔子配上帝,不犹愈乎!故宜复崇天坛,改祈年殿或太和殿为明堂,于冬至祭天坛,上辛祭明堂,以孔子配上帝。"

孔 子 平 议

易 白 沙

天下论孔子者,约分两端:一谓今日风俗人心之坏,学问之无进化,谓孔子为之厉阶;一谓欲正人心、端风俗、励学问,非人人崇拜孔子,无以收拾末流。此皆瞽说也。国人为善为恶,当反求之自身,孔子未尝设保险公司,岂能替我负此重大之责。国人不自树立,一一推委孔子,祈祷大成至圣之默祐,是谓惰性;不知孔子无此权力,争相劝进,奉为素王,是谓大愚。

孔子当春秋季世,虽称显学,不过九家之一;主张君权于七十二诸侯,复非世卿,倡均富,扫清阶级制度之弊,为平民所喜悦,故天下丈夫女子,莫不延颈举踵而愿安利之。无地而为君,无官而为长,此种势力,全由学说主张,足动当时上下之听。有与之分庭抗礼同为天下仰望者,墨翟是也。有诋其道不足救国而沮之者,齐之晏婴、楚之子西及陈蔡大夫是也。所以孔子只能谓之显学,不得称以素王。其后弟子众多,尊崇其师贤于尧舜;复得子夏教授西河,为魏文侯师;子贡常相鲁卫,家累千金;孔门学术赖以发扬,然在社会犹一部分之势力而已。至秦始皇摧残学术,愚弄黔首,儒宗亦在坑焚之列。孔子弟子善于革命,鲁诸儒遂持孔氏之礼器,往奔陈涉,此盖以王者受命之符运动陈王,坚其揭竿之志。远孙孔鲋且为陈涉博士,与之俱死。刘季马上得天下,不事诗书,项羽授首,鲁竟不下,荐绅先生大张弦诵之声。汉高祖震于儒家之威,鉴秦始复辙,不敢再溺儒冠,祠孔子以太牢,博其欢心,是为孔子身后第一次享受冷牛肉之大礼。汉武当国,扩充高祖之用心,改良始皇之法术,欲蔽塞天下之聪明才志,不如专崇一说,以灭他说;于是罢黜百家,独尊儒术,利用孔子为傀儡,垄断天下之思想,使失其自由。时则有赵绾、王臧、田蚡、董仲舒、胡母生、高堂生、韩婴、伏生、辕固生、申培公之徒,为之倡筹安会;中国一切风俗、人心、学问,过去未来之责任,堆积孔子之两肩。全国上下,方且日日败坏风俗,斲丧人心,腐朽学问,此三项退化,至两汉以后,当叹观止矣!而曹丕之尊孔实较汉武有加,其诏曰:

> 昔仲尼姿大圣之才,怀帝王之器,当衰周之末,而无受命之运,在乎鲁卫之朝,教化乎洙泗之上,栖栖焉,皇皇焉,欲屈己以存道,贬身以救世,于时王公终莫能用。乃退考五代之礼,修素王之事,因鲁史而制春秋,就太师而正雅颂,俾千载之后,莫不采其文以述作,仰其圣以成谋,咨可谓命世之大圣,亿载之师表者已。……

更以孔羡为宗圣侯,修旧庙,置吏卒,广宫室,以居学者。不知汉高帝、武帝、魏文帝皆傀儡孔子,所谓尊孔,滑稽之尊孔也。典礼愈隆,表扬愈烈,国家之风俗人心学问愈见退落。孔子不可复生,安得严词拒绝此崇礼报功之盛德耶?就社会心理言之,昔之丈夫女子延颈举踵而望者,七十子之徒尊崇发扬者,已属过去之事。国人惟冥行于滑稽尊孔之觳中,八股试帖,俨然衣钵,久而久之,遂成习惯,有人诋此滑稽尊孔者,且群起斥为大逆不道。公羊家接踵,谶说坌起,演成种种神秘奇谈:身在泰山,目能辨吴门之马;饮德能及百觚;手扛国门之关;足蹑郊坰之虎;生则黑帝感召,葬则泗水却流;未来之事,遗于谶书;春秋之笔,绝于获麟;几若天地受其指挥,鬼神为之使令,使人疑孔子为三头六臂之神体!公羊家之邪说,实求合滑稽尊孔者之用心,故历代民贼,遂皆负之而趋矣。乃忧时之士,犹思继续演此滑稽之剧,挽救人心,岂知人心风俗即崩离于此乎!

中国二千余年尊孔之大秘密既揭破无余,然后推论孔子以何因缘被彼野心家所利用,甘作滑稽之傀儡,是不能不归咎孔子之自身矣!试分举之:

一、孔子尊君权,漫无限制,易演成独夫专制之弊。君主独裁,若无范围限制其行动,势将如虎傅翼,择人而食。故中国言君权,设有二种限制:一曰天,一曰法。人君善恶,天为赏罚,虽有强权,不敢肆虐,此墨家之说也。国君行动,以法为轨,君之贤否,无关治乱,法之有无,乃定安危,此法家之说也。前说近于宗教,后说近于法治,皆裁抑君主,使无高出国家之上。孔子之君权论无此二种限制。君犹天也,民不可一日无君,犹不可一日无天("尚书""大传"孔子对子张语);以君象天,名曰天王;又曰:帝者,天称也;又曰:天子者,继天理物,改一统,各得其宜,父天母地,以养万民;皆以君与天为一体,较墨翟以天制君者绝异,所以不能维持天子之道德。言人治不言法治,故是尧非桀;叹人才之难得;论舜治天下由于五臣,武王治天下由于十臣;一人有庆,兆民赖之;"孝经"、"论语"之大义微言,莫不主张人治;荀子言,有治君,无治国,有治人,无治法,即师承孔子人治之义,彰明较著以言之也;较管、商、韩非以法制君,又迥然不同,所以不能监督天子之行动。天子既超乎法律道德之外,势将行动自由,漫无限制,则修身、齐家、治国、平天下诸空论,果假何种势力迫天子以不得不遵?孟子鉴及此弊,阐明君与国之关系,论民为贵,社稷次之,君为轻。于是弃孔子之君治以言法治,谓先王之法,犹五音之六律,方圆之规矩,虽有尧舜,舍法取人,不能平治天下。其言得乎丘民为天子,舜禹践位,亦由民之讴歌,非孔子所敢言也。

一、孔子讲学不许问难,易演成思想专制之弊。诸子并立,各思以说易天下。孔子弟子受外界激刺,对于儒家学术不无怀疑,时起问难。孔子以先觉之圣,不为反复辨析是非,惟峻词拒绝其问。此不仅壅塞后学思想,即儒家自身学术,亦难阐发,盖真理以辩论而明,学术由竞争而进也。宰我昼寝,习于道家之守静也,则斥为朽木;樊迟请学稼圃,习于农家并耕之义也,则诋为小人;子路问鬼神与死,习于墨家明鬼之论也,则以事人与知生拒绝之;宰我以三年之丧为久,此亦习于节葬之说也,则责其不仁。宰我、樊迟、子路之被呵斥,不敢申辩,犹曰此陈述异端邪说也。乃孟懿子问孝,告以无违,孟懿子不达,不敢复问,而请于樊迟;樊迟问仁智,告以爱人知人,樊迟未达,不敢复问,而请于子夏;孔子告曾子,吾道一以贯之,门人未达,不敢直接问孔子,而间接问曾子。师徒受授,几杖森严,至禁弟子发言,因此陈亢疑其故守秘密,询异闻于伯鱼。一门之中,有信仰而无怀疑,有教授而无质问。王充"论衡"曰:"论者皆云孔门之徒,七十子之才,胜今之儒,此言妄也。彼见孔子为师,圣人传道,必授异才,故谓之殊。夫古人之才,今人之才也;今谓之英杰,古以为圣神,故谓七十子历世希有。使当今有孔子之师,则斯世学者,皆颜、闵之徒也;使无孔子,则七十子之徒,今之儒生也。何以验之?以学于孔子,不能极问也。圣人之言,不能尽解,宜难以极之。皋陶陈道帝舜之前,浅略未极,禹问难之,浅言复深,略指复分,盖起问难。此说极而深切,触而著明也。"(见"问孔篇")王充责七十子不能极问,不知孔子不许极问也。少正卯以大夫讲学于鲁,孔子之门,三盈三虚,不去者惟颜回,昔日威严几乎扫地。故为大司寇仅七日即诛少正卯,三日尸于朝,示威弟子,子贡诸人为之皇恐不安。因争教而起杀机,是诚专制之尤者矣! 至于叩原壤之胫,拒孺悲而歌,犹属寻常之事也。

　　一、孔子少绝对之主张,易为人所借口。孔子圣之时者也;可以仕则仕,可以止则止,可以久则久。其立身行道,皆抱定一"时"字。教授门徒,亦因时因地而异。韩昌黎言孔子必用墨子,墨子必用孔子。夫孔墨言行大悖,岂能相用? 盖因孔子讲学无绝对主张:言节用爱众,颇近墨家节用兼爱之说;虽不答鬼神之问,又尝言祭鬼祭神,颇近明鬼之说;虽与道家背驰,亦称不言之教,无为之治;不谈军旅,又言教民即戎;主张省刑,又言重罚;提倡忠君,又言不必死节;不答农圃,又善禹稷躬稼;此讲学之态度极不明了也。门人如子夏、子游、曾子、子张、孟子、荀卿,群相非谤,各以为圣人之言,岂非态度不明之故,酿成弟子之争端耶? 至于生平行事,尤无一定目的。杀身成仁,仅有空论,桓魋一旦见陵,则微服而过宋;穷于陈蔡,十日不食,子路烹豚,褫人衣以沽酒,则不问由来而饮食之;鲁哀迎飨,席不正不坐,割不正不食,沽酒不饮,从大夫之后不敢徒行,视陈宋之时,迥若两人;求如宗教家以身殉道,墨家赴汤蹈火,死不旋踵,商鞅、韩非杀身行学,皆不可得。美其名曰中行,其实滑头主义耳! 骑墙主义耳! 肸肹见召而欲往,南子请见而不拒,此以行道为前提,小德不逾闲,大德出入可也。后世暴君假口于救国保民,污辱天下之名节,皆持是义。

　　一、孔子但重作官,不重谋食,易入民贼牢笼。君子谋道不谋食,学也禄在其中,是为儒门安身立命第一格言。孔门之学在于六经,六经乃先王治国政典,管子谓之六家,君与民所共守也(见"山权数篇")。孔子赞易、删诗书、定礼乐、修春秋,遂有儒家之六艺。孔子尝执此考察列国风俗政教,其言曰:

　　　　入其国,其教可知也;其为人也;温柔敦厚,诗教也;疏通

知远,书教也;广博易良,乐教也;洁净精微,易教也;恭俭庄
敬,礼教也;属辞比事,春秋教也。故诗之失愚,书之失诬,乐
之失奢,易之失贼,礼之失烦,春秋之失乱。其为人也,温柔敦
厚而不愚,则深于诗者矣;疏通知远而不诬,则深于书者矣;广
博易良而不奢,则深于乐者矣;洁净精微而不贼,则深于易者
矣;恭俭庄敬而不烦,则深于礼者矣;属辞比事而不乱,则深于
春秋者矣。

孔子因此,明于列国政教,故陈说六艺,干七十二君。孔子三月无
君,则皇皇如也。出疆必载质,六艺者孔子之质也,亦孔子之政见
书也。孔子尝谓老聃曰:丘治诗、书、礼、乐、易、春秋六经,自以为
久矣,孰知其故矣。以干七十二君,论先王之道,而明周召之迹,一
君无所钩用。甚矣夫人之难说也,道之难明邪!老子曰:幸矣,子
之不遇治世之君也!夫六经先王之陈迹也,岂其所以迹哉(见"庄
子""天运篇")?是孔子虽干说诸侯,一君无所钩用,昔言禄在其
中,已失效验,忧贫之事,其何可免?既不屑偶耕,又不能捆屦织
席,不能执守圉之器以待寇,不能制飞鸢车辖以取食。三千弟子
中,求如子贡之货殖,颜回之躬耕,盖不多见。然子贡常相鲁卫,游
说列邦,不专心于货殖;颜回且说齐君以尧舜黄帝之道,而求显达,
其志亦非安于陋巷箪瓢,鼓琴自娱者矣。儒家生计,全陷入危险之
地,三月无君,又焉得不皇皇耶?夫孔子或志在救民,心存利物,决
非熏心禄饵,竦肩权贵,席不暇暖,尚可为之原恕;惟流弊所趋,必
演成哗世取宠,捐廉弃耻之风俗。李斯鉴于食鼠窃粟,遂恶卑贱而
悲穷困;鲁诸生各得五百斤金,因尊叔孙通为圣人。彼去圣人之世
犹未远也,贪鄙龌龊,已至于此,每况愈下,抑可知矣!

以上四事,仅述野心家利用孔子之缺点,言其学术,犹待下篇。

中国古今学术之概括,有儒者之学,有九家之学,有域外之学。

儒者孔子集其大成。九家者道家、阴阳家、法家、名家、墨家、纵横家、杂家、农家、小说家,各思以学易天下,而不相通。域外之学,则印度之佛,皙人物质及精神之科学,所以发挥增益吾学术者。三者混成,是为国学。印度、欧洲,土宇虽远,国人一治其学,螟蛉之子,祝其类我。佛教之发扬于中国,已有明征;西土文明,吾方萌动,未来之演进,岂有穷期!以东方之古文明,与西土之新思想,行正式结婚礼,神州国学,规模愈宏,愚所祈祷,固不足为今之董仲舒道。何也?今之董仲舒,欲以孔子一家学术代表中国过去未来之文明也。

以孔子统一古之文明,则老、庄、杨、墨、管、晏、申、韩、长沮、桀溺、许行、吴虑,必群起否认,开会反对。以孔子网罗今之文明,则印度、欧洲,一居南海,一居西海,风马牛不相及。闭户时代之董仲舒,用强权手段,罢黜百家,独尊儒术;开关时代之董仲舒,用牢笼手段,附会百家,归宗孔氏;其悖于名实,摧沮学术之进化,则一而已矣。汉武帝以来,二千有余岁,治学术者,除王充、稽叔夜、金正希、李卓吾数君子而外,冠圛履句,多抱孔子万能之思想。谓孔子称西方之人有圣者焉(见"列子""仲尼篇"),乃与佛教精神相往来;"礼运"言大同之世,天下为公,选贤与能,符于世界未来之文化;此种理论,是否合于事实,非愚所敢武断。即令近代文物,孔子皆能前知,发为预言,遂使远方学术,一一纳诸邹鲁荐绅先生之门,汉武帝复生,亦难从事于斯矣。圣哲之心理虽同,神明之嬗进无限。孔子自有可尊崇者在,国人正无须如八股家之作截搭题,以牵引傅会今日学术,徒失儒家之本义耳。

尊孔子者又以古代文明创自孔子,即古文奇字亦出诸仲尼氏之手,沮诵、仓颉,失其功用(近儒廖平之学说)。夫文化由人群公同焕发,睿思幽渺,灵耀精光,非一时一人之力所能备;文字为一切文化之结晶,尤难专功于一人。故西方言希腊、罗马文字者,不详始作之人。中国文字,亦复如是。故学者言文字起源,其说不一:有谓始于庖牺者(许慎"说文解字"序);有谓始于容成氏、大庭氏者(庄子云:当是时也民结绳而用之);有谓始于无怀氏以前者("管子""封禅篇");有谓始于仓颉者("鹖冠子"、"吕氏春秋"皆言之);而荀子则曰好书者众矣,而仓颉独传者一也。此言古人作书者众,不过仓颉集其大成,所以独传。人文孟晋,决非一代一人能奏功效。文字创造,归美仓颉,犹且不可,况仓颉二千年后之孔子乎?周之保氏,教国子以六书,周秦诸子皆受保氏之教,孔子因此精于六书。试举许氏"说文解字"所引孔子之说证列于左:

王　孔子曰:一贯三为王。

士　孔子曰:推一合十为士。

璠　孔子曰:美哉璠与,远而望之,焕若也;近而视之,瑟若也。
　　一则理胜,二则学胜。

羊　孔子曰:牛羊之字,以形举也。

貉　孔子曰:貉之为言恶也。

乌　孔子曰:乌,于呼也。

几　孔子曰:人在下,故诘诎。

犬　孔子曰:视犬之字,如画狗也。

狗　孔子曰:狗,叩也。叩气吠以守。

六书纲要,在形、声、训三者。孔子解字,皆能得其本原。愚谓尊孔子者,与其奉以创造文字之虚名,无宁扬其精深六书之实德。为政之道,先以正名。郑氏注曰:正名,谓正书字也。古者曰名,今世曰字。孔子见时教不行,故欲正其文字之误。文字为一国文明之符号,欲政治修明,必先正其文字。孔子深于文字之学,知其关系人民甚切也。周室衰微,保氏失教,列国并起,文字错乱。实以中国文字,本不统一,一代有一代之文,各国有各国之文,学者不便,莫甚于此。其后大儒李斯相秦,统一文字,以行孔子正名之说。中国文字统一,孔子倡之,而李斯行之,诚不能不拜儒者之嘉赐矣。

古代学术,胚胎既早,流派亦歧,不仅创造文字不必归功孔子,即各家之学,亦无须定尊于一人。孔子之学只能谓为儒家一家之学,必不可称以中国一国之学。盖孔学与国学绝然不同,非孔学之小,实国学范围之大也。朕即国家之思想,不可施于政治,尤不可施于学术。三代文物,炳然大观,岂一人所能统治?以列国之时言之,孔子之学,与诸子之学,门户迥异。读周秦典籍者,类能知之。班固"艺文志"曰:

> 儒家者流,盖出于司徒之官。道家者流,盖出于史官。阴阳家者流,盖出于羲和之官。法家者流,盖出于理官。名家者流,盖出于礼官。墨家者流,盖出于清庙之守。纵横家者流,盖出于行人之官。杂家者流,盖出于议官。农家者流,盖出于农稷之官。小说家者流,盖出于稗官。

各家发源不同,学说主张,因以绝异。儒家游文于六经,干说诸侯,以此为质;而道家则以六经为先王陈迹,不合当世采用;法家亦谓国有礼有乐,有诗有书,必致削亡之祸;墨家则不遵孔子删订之六经,而别立六经。此异于孔子者一也。儒家留意于仁义之际,而道家则曰,大道废,有仁义;绝仁弃义,民复孝慈;又曰,为之仁义以矫之,则并与仁义而窃之;法家则曰,仁者能仁于人,而不能使人仁;义者能爱于人,而不能使人爱;是以知仁义之不足以治天下。此异于孔子者二也。儒家祖述尧舜,宪章文武,非先王之法服不敢服,非先王之法言不敢言;而法家则以为伊尹无变殷,太公无变周,则汤武不王;管仲无易齐,郭偃无更晋,则桓文不霸;墨家亦曰,所谓古者,皆尝新矣;道家亦曰,三皇五帝之礼义法度,不贵同而贵治

（道家以上古之世为至德，而又不重守古，此其说似相矛盾）；保守主义终不能战胜进化主义，故荀子亦不法先王，而法后王。此异于孔子者三也。儒家慎终追远，厚葬久丧；而墨家则主张三月之丧，三寸之椁；道家则以天地为棺椁，以日月为连璧，星辰为珠玑，万物为赍送；蝼蚁何亲？乌鸢何疏？皆言薄葬短丧。此异于孔子者四也。儒家乐天顺命，以法自然，此近于道家之无为，而悖于墨家之非命。墨家之言曰：今用执有命者之言，则上不听治，下不从事。上不听治，则刑政乱；下不从事，则财用不足。又曰：欲天下之富而恶其贫，欲天下之治而恶其乱，执有命者之言不可不非，此天下之大害也。法家亦言自然，其重在势，道家之言自然，其重在理，与儒家言自然重在天者，稍有不同。此异于孔子者五也。儒家分大人之事、小人之事，不注重农圃；而道家农家均贵自食其力，上可以逍遥物外，保全廉耻，不为卿相之禄所诱；下可以仰事俯畜，免于饥寒，不为失业之游民。许行且倡君臣并耕，禁仓廪府库以自养，舒其平等伟大之精神。法家亦重垦令、贵耕稼，恶谈说智能。此异于孔子者六也。儒家不尚物质，重视形而上之道，贱视形而下之器；而兵家重技巧，以为攻战守备之用；墨家长于制器，手不离规矩，刻木为鸢，飞三日而不集；刘三寸之木，以为车辖，而引五十石之重；司空之教，赖以不坠。此异于孔子者七也。以上七事，仅举其大者。各家学术，皆有统系，纲目既殊，支派亦分，不同之点，何可胜道！庄子所谓譬如耳目鼻口，皆有所明，不能相通。当时思想之盛，文教之隆，即由各派分涂，风驰云疾，竞争纷起，应辩相持，故孔子不得称为素王，只能谓之显学。

证以事实，孔子固不得称素王。若论孔子宏愿，则不在素王，而在真王，盖孔子弟子，皆抱有帝王思想也。儒家规模宏远，欲统一当代之学术，更思统一当代之政治。彼之学术，所以运用政治

20世纪儒学研究大系

者,无乎不备。几杖之间,以南面事业推许弟子。"说苑"曰:孔子言雍也可使南面,南面者天子也。"盐铁论"曰:七十子皆诸侯卿相之才,可南面者数人。是孔子弟子,上可为天子诸侯,下可为卿相。孔子亦自言如有用我者,吾其为东周。又言文王既没,文不在兹。此明以文王自任,志在行道,改良政治,非若野心家之囊橐天下。故干说七十二君,而不以为卑;应公山弗扰之召,而不嫌其叛。后人处专制时代,不敢公言南面之志,或尊为素王,或许以王佐,岂非厚诬孔子! 孔子以后,有二大儒,一曰孟子,一曰荀子。孟子言五百年必有王者兴,以其时考之则可矣。又曰,如欲平治天下,当今之世,舍我其谁? 荀子尝自谓德若尧、禹,宜为帝王;遗言余教,足以为天下法式表仪,所存者神,所过者化。可见孟、荀二巨子,均以帝王自负。列国之君,因疑孔子有革命之野心,不敢钩用。观"史记""孔子世家"所载:

> 楚昭王将以书社地七百里封孔子。楚令尹子西曰:王之使使诸侯,有如子贡者乎? 曰无有。王之辅相,有如颜回者乎? 曰无有。王之官尹,有如宰予者乎? 曰无有。且楚之祖封于周,号为子男五十里;今孔丘述三王之法,明周召之业,王若用之,则楚安得世世堂堂方数千里乎? 夫文王在丰,武王在镐,百里之君,卒王天下,今孔丘得据土壤,贤弟子为佐,非楚之福也。昭王乃止。

得百里之地而君之,以王天下,孔子之志。孟子已言之。令尹子西有见于此,遂沮书社之封。儒家革命思想,非徒托诸空言,且行之事实。如田常篡齐,子贡、宰我颇涉谋乱之嫌疑。"史记""弟子列传":宰我为临菑大夫,与田常作乱,以夷其族。"墨子""非儒篇"言,孔子遣子贡之齐,因南郭惠子以见田常。则田常之谋齐,宰我、子贡均为谋主。"庄子""盗跖篇"言,田成子常杀君窃国,而孔受币;"胠箧篇"言,田成子一旦杀齐君而盗其国,并与其圣智之法而盗之。察庄子之言,是孔子亦与闻其事矣。墨子又言其徒属弟子,皆效孔丘。子贡、季路辅孔俚乱乎卫,阳虎乱乎齐,胇肹以中牟叛,漆雕形残。庄子又言子路欲杀卫君,而事不成,身菹于卫东门之上。由诸家所说,子贡、宰我、阳虎、胇肹、漆雕开,皆欲据土壤,以施其治平之学。此处于专制积威之下,不得已而出此。汤武革命,一以七十里,一以百里,天下称道其仁。儒家用心,较汤武尤苦,而诛残贼、救百姓之绩,为汤武所不逮,以列国之君,罪浮于桀纣也。墨翟、庄周不明此义,竟以乱党之名词诬孔门师弟,千载以后,遂无人敢道孔子革命之事。微言大义,湮没不彰。愚诚冒昧,敢为阐发,使国人知独夫民贼利用孔子,实大悖孔子之精神。孔子宏愿,诚欲统一学术,统一政治,不料为独夫民贼作百世之傀儡,惜哉!

(原载《青年杂志》1 卷 6 号和《新青年》2
卷 1 号,1916 年 2 月 15 日和 9 月 1 日)

易白沙(**1886—1921**),湖南长沙人,原名易坤。早年即有反清思想,武昌起义时曾游说皖中诸将援武昌,1913 年参与"二次革命",败后赴日本。1915—1916 年撰文响应启蒙运动,宣传反封建思想,在当时思想界影响颇大。1917—1918年任湖南省立第一师范学校教员、天津南开大学和上海复旦大学教授,1921 年投海而死。著有《诸子无鬼论》、《教育与卫西琴》、《广尚思》等。

作者指出:孔子当时不过是"九家"之一,既主张君权,又"为平民所喜悦",是一普通学派。孔子之所以在汉武帝后被历代野心家所利用，是有以下诸缺点：一、"尊君权,漫无限制,易演成独夫专制之弊";二、"讲学不许问难,易演成思想专制之弊";三、"少绝对之主张,易为人所借口";四、"重做官,不重谋食,易入民贼牢笼"。认为"孔子自有可尊崇者在",这便是他的学术与"儒家革命思想",因"墨翟、庄周不明此义,竟以乱党之名诬孔子师弟,千载以后,遂无人敢道孔子革命之事"。故作此文"使国人知独夫民贼利用孔子,实大悖孔子之精神"。这是对当时封建势力大搞尊孔的抨击,也是新文化运动中公开指名批评孔子的第一枪。

宪法与孔教

陈 独 秀

"孔教"本失灵之偶像,过去之化石,应于民主国宪法,不生问题。只以袁皇帝干涉宪法之恶果,天坛草案,遂于第十九条,附以尊孔之文,敷衍民贼,致遗今日无谓之纷争。然既有纷争矣,则必演为吾国极重大之问题。其故何哉?盖孔教问题不独关系宪法,且为吾人实际生活及伦理思想之根本问题也。

余尝谓"自西洋文明输入吾国,最初促吾人之觉悟者为学术,相形见绌,举国所知矣。其次为政治。年来政象所证明,已有不克守缺抱残之势。继今以往,国人所怀疑莫决者,当为伦理问题。此而不能觉悟,则前此之所谓觉悟者,非彻底之觉悟,盖犹在倘恍迷离之境"(见《吾人最后之觉悟》)。盖伦理问题不解决,则政治学术,皆枝叶问题。纵一时舍旧谋新,而根本思想,未尝变更,不旋踵而仍复旧观者,此自然必然之事也。

孔教之精华曰礼教,为吾国伦理政治之根本。其存废为吾国早当解决之问题,应在国体宪法问题解决之先。今日讨论及此,已觉甚晚。吾国人既已纷纷讨论,予亦不得不附以赘言。

增进自然界之知识,为今日益世觉民之正轨。一切宗教,无裨治化,等诸偶像,吾人可大胆宣言者也。今让一步言之,即云浅化之民,宗教在所不废。然通行吾国各宗教,若佛教教律之精严,教理之高深,岂不可贵?又若基督教尊奉一神,宗教意识之明了,信徒制行之清洁,往往远胜于推尊孔教之士大夫。今蔑视他宗,独尊一孔,岂非侵害宗教信仰之自由乎?所谓宗教信仰自由者,任人信仰何教,自由选择,皆得享受国家同等之待遇,而无所歧视。今有议员王谢家建议,以为倘废祀孔,乃侵害人民信教之自由,其言实不可解。国家未尝祀佛,未尝祀耶,今亦不祀孔,平等待遇,正所谓尊重信教自由,何云侵害?盖王君目无佛耶,只知有孔,未尝梦见信教自由之为何物也。

今再让一步言之。或云佛、耶二教,非吾人固有之精神,孔教乃中华之国粹。然旧教九流,儒居其一耳。阴阳家明历象,法家非人治,名家辨名实,墨家有兼爱节葬非命诸说,制器敢战之风,农家之并耕食力:此皆国粹之优于儒家孔子者也。今效汉武之术,罢黜百家,独尊孔氏,则学术思想之专制,其湮塞人智,为祸之烈,远在政界帝王之上。

今再让一步言之。或谓儒教包举百家,独尊其说,乃足以化民善俗。夫非人是己,宗风所同。使孔教会仅以私人团体,立教于社会,国家固应予以与各教同等之自由。使仅以"孔学会"号召于国中,尤吾人所赞许。西人于前代大哲,率有学会以祀之。今乃专横跋扈,竟欲以四万万人各教信徒共有之国家,独尊祀孔氏,竟欲以四万万人各教信徒共有之宪法,独规定以孔子之道为修身大本。呜呼!以国家之力强迫信教,欧洲宗教战争,殷鉴不远。即谓吾民酷爱和平,不至激成战斗,而实际生活,必发生种种撞扰不宁之现象,例如假令定孔教为国教,则总统选举法,及官吏任用法,必增加异教徒不获当选一条。否则异教徒之为总统官吏者,不祀孔则违法,祀孔则叛教,无一是处。又如学校生徒之信奉佛道耶回各教者,不祀孔则违背校规,祀孔则毁坏其信仰,亦无一是处。去俗化民善之效也远矣。

以何者为教育大本,万国宪法,无此武断专横之规定。而孔子之道适宜于民国教育精神与否,犹属第二问题。盖宪法者,全国人民权利之保证书也,决不可杂以优待一族一教一党一派人之作用。以今世学术思想之发达,无论集硕学若干辈,设会讨论教育大本,究应以何人学说为宗,吾知其未敢轻决而著书宣告于众。况挟堂堂国宪,强全国之从同,以阻思想信仰之自由,其无理取闹,宁非奇谈!

凡兹理由,俱至明浅,稍有识者皆知之,此时贤之尊孔者,所以不以孔教为宗教者有之;以为宗教而不主张假宪法以强人信从者有之。此派之尊孔者,虽无强人同己之恶习,其根本见解,予亦不敢盲从。故今所讨论者,非孔教是否宗教问题,且非但孔教可否定入宪法问题,乃孔教是否适宜于民国教育精神之根本问题也。此根本问题,贯彻于吾国之伦理政治社会制度日常生活者,至深且广,不得不急图解决者也。欲解决此问题,宜单刀直入,肉薄问题之中心。

其中心谓何? 即民国教育精神果为何物,孔子之道又果为何物,二者是否可以相容是也。

西洋所谓法治国者,其最大精神,乃为法律之前,人人平等,绝无尊卑贵贱之殊。虽君主国亦以此为主宪之正轨,民主共和,益无论矣。然则共和国民之教育,其应发挥人权平等之精神,毫无疑义。复次欲知孔子之道,果为何物。此主张尊孔与废孔者,皆应有明了之概念,非可笼统其词以为褒贬也。

今之尊孔者,率分甲乙二派:甲派以三纲五常,为名教之大防,中外古今,莫可逾越,西洋物质文明,固可尊贵,独至孔门礼教,固彼所未逮。此中国特有之文明,不可妄议废弃者也。乙派则以为三纲五常之说,出于纬书,宋儒盛倡之;遂酿成君权万能之末弊,原始孔教,不如是也。持此说之最有条理者,莫如顾实君,谓宋以后之孔教,为君权化之伪孔教;原始孔教,为民间化之真孔教。三纲五常,属于伪孔教范畴,取司马迁之说,以四教,文,行,忠,信。四绝,毋意,毋必,毋固,毋我。三慎,齐,战,疾。为原始之真孔教范畴。以上皆顾实君之说,详见第二号民彝杂志《社会教育及共和国魂之孔教论》。愚则宁是甲而非乙也。

　　三纲五常之名词,虽不见于经,而其学说之实质,非起自两汉、唐、宋以后,则不可争之事实也。**教忠**,忠有二义:一对一切人,一对于君。与孝并言者,必为对君之忠可知。**教孝**,吴稚晖先生,谓孝为古人用爱最挚之一名词,非如南宋以后人之脑子,合忠孝为一谈,一若言孝,而有家庭服从之组织,隐隐寓之于中;又云孝之名即不存,以博爱代之:父与父言博爱,慈矣;子与子言博爱,孝矣(以上见十月九日中华新报说孝)。倘认人类秉有相爱性,何独无情于骨肉?吴先生以爱代孝之说尚矣。惟儒教之言孝,与墨教之言爱,有亲疏等差之不同,此儒墨之鸿沟,孟氏所以斥墨为无父也。吴先生之言,必为墨家所欢迎,而为孔孟所不许。父母死三年,尚无改其道,何论生存时家庭服从之组织?儒教莫要于礼,礼莫重于祭,祭则推本于孝(祭统云:"凡治人之道,莫急于礼。礼有五经,莫重于祭。"又云:"祭者,所以追养继孝也。")。儒以孝为人类治化之大原,何只与忠并列?祭统云:"忠臣以事其君,孝子以事其亲,其本一也。"孝经云:"资于事父以事君而敬同。"又云:"孝莫大于严父。"又云:"父母之道,天性也,君臣之义也。"又云:"要君者无上,非圣人者无法,非孝者无亲,此大乱之道也。"审是,忠孝并为一谈,非始于南宋,乃孔门立教之大则也。吴先生所云,毋乃犹避腐儒非古侮圣之讥也欤?**教从**,郊特牲曰:"妇人,从人者也:幼则父兄,嫁则从夫,夫死从子。"非皆片面之义务,不平等之道德,阶级尊卑之制度,三纲之实质也耶?"不仕无义,长幼之节,不可废也,君臣之义,如之何其废之";"挞之流血,起敬起孝";"妇人者,伏于人者也";"夫不在,敛枕箧簟席襡,器而藏之"。此岂宋以后人尊君尊父尊男尊夫之语耶?纬书,古史也,可以塑经,岂宋后之著作?董仲舒,马融,班固,皆两汉大儒。董造《春秋繁露》,马注《论语》,班辑《白虎通》,皆采用三纲之说。朱子不过沿用旧义,岂可独罪宋儒?

　　愚以为三纲说不徒非宋儒所伪造,且应为孔教之根本教义。

何以言之？儒教之精华曰礼。礼者何？《坊记》曰："夫礼者，所以章疑别微，以为民坊者也，故贵贱有等，衣服有别；"又曰："天无二日，土无二王，家无二主，尊无二上，示民有君臣之别也。"哀公问曰："民之所由生，礼为大：非礼无以节事天地之神也，非礼无以辨君臣上下长幼之位也。"《曲礼》曰："夫礼者，所以定亲疏，决嫌疑，别同异，明是非也；"又曰："君臣上下，父子兄弟，非礼不定。"《礼运》曰："礼者，君之大柄也。"《礼器》曰："礼之近人情者，非其至者也。"《冠义》曰："责成人礼焉者，将责为人子，为人弟，为人臣，为人少者之礼行焉。"是皆礼之精义。晏婴所讥盛容繁饰，登降之礼，趋详之节，累世不能殚其学，当年不能究其礼，此犹属仪文之末。尊卑贵贱之所由分，即三纲之说之所由起也。三纲之义，乃起于礼别尊卑，始于夫妇，终于君臣，共贯同条，不可偏废者也。今人欲偏废君臣，根本已摧，其余二纲，焉能存在？浏阳李女士，主张夫妻平等，以为无伤于君父二纲（见本年第五号《妇女杂志》），是皆不明三纲一贯之根本精神之出于礼教也。

此等别尊卑明贵贱之阶级制度，乃宗法社会封建时代所同然，正不必以此为儒家之罪，更不必讳为原始孔教之所无。愚且以为儒教经汉、宋两代之进化，明定纲常之条目，始成一有完全系统之伦理学说。斯乃孔教之特色，中国独有之文明也。若夫温良恭俭让信义廉耻诸德，乃为世界实践道德家所同遵，未可自矜特异，独标一宗者也。

使今犹在闭关时代，而无西洋独立平等之人权说以相较，必无人能议孔教之非。即今或谓吾华贱族，与晰人殊化，未可强效西鞻，愚亦心以为非而口不能辨。惟明明以共和国民自居，以输入西洋文明自励者，亦于与共和政体西洋文明绝对相反之别尊卑明贵贱之孔教，不欲吐弃，此愚之所大惑也。以议员而尊孔子之道，则其所处之地位，殊欠斟酌；盖律以庶人不议，则代议政体，民选议院,岂孔教之所许?《礼运》所谓天下为公,选贤与能,乃指唐虞之世,君主私相禅授而言。略类袁氏《金匮石室》制度。与今世人民之有选举权,绝不同也。**以宪法而有尊孔条文,则其余条文,无不可废**;盖今之宪法,无非采用欧制,而欧洲法制之精神,无不以平等人权为基础。吾见民国宪法草案百余条,其不与孔子之道相抵触者,盖几希矣,其将何以并存之?

吾人倘以为中国之法,孔子之道,足以组织吾之国家,支配吾之社会,使适于今日竞争世界之生存,则不徒共和宪法为可废,凡十余年来之变法维新,流血革命,设国会,改法律,民国以前所行之大清律,无一条非孔子之道。及一切新政治,新教育,无一非多事,且无一非谬误,应悉废罢,仍守旧法,以免滥费吾人之财力。万一不安本分,妄欲建设西洋式之新国家,组织西洋式之新社会,以求适今世之生存,则根本问题,不可不首先输入西洋式社会国家之基础,所谓平等人权之新信仰,对于与此新社会新国家新信仰不可相容之孔教,不可不有彻底之觉悟,猛勇之决心;否则不塞不流,不止不行!

(《新青年》第 2 卷第 3 号,1916 年 11 月 1 日)

陈独秀(1879—1942),字仲甫,安徽怀宁人。早年留学日本,辛亥革命后曾任安徽都督府秘书长、安徽高等学堂教务主任。1915 年主编《青年》杂志(后改为《新青年》)。1917 年起任北大文科学长,1918 年冬和李大钊创办《每周评论》。自中共"一大"至"五大",均当选为中央局书记、委员长、总书记,1929 年被开除出党。1932 年被捕入狱,1937 年出狱后赴武汉,1938 年隐居四川江津,1942 年病逝。主要著作有《独秀文存》等。

作者明确表示了反对将孔教列入宪法的主张,认为"宪法者,全国人民权利之保证书也,决不可杂以优待一族一教一党一派人之作用"。今蔑视他宗,独尊一孔,岂非侵害宗教信仰之自由乎? 认为孔教之精神曰礼教,为吾国伦理政治之根本。三纲五常之名词,虽不见于经,而其学说之实质,非起自两汉、唐、宋以后,而为孔教之根本教义。指出"此等别尊卑明贵贱之阶级制度,乃宗法社会封建时代所固然,正不必以此为儒家之罪,更不必讳为原始孔教之所无。愚且以为儒教经汉、宋两代之进化,明定纲常之条目,始成一有完全系统之伦理学说"。它"与新社会新国家新信仰不可相容"。

自然的伦理观与孔子

李 大 钊

余既绝对排斥以孔道规定于宪法之主张,乃更进而略述自然的伦理观,以判孔子于中国今日之社会,其价值果何若者。

吾人生于今日之知识世界,唯一自然之真理外,举不足劳吾人之信念,故吾人之伦理观,即基源于此唯一自然之真理也。历稽中国、印度,乃至欧洲之自古传来之种种教宗哲派,要皆以宇宙有一具绝对理性、绝对意思之不可思议的、神秘的大主宰。曰天,曰神,曰上帝,曰绝对,曰实在,曰宇宙本源,曰宇宙本体,曰太极,曰真如,名称虽殊,要皆指此大主宰而言也。由吾人观之,其中虽不无一二叶于学理的解释,而其或本宗教之权威,或立理想之人格,信为伦理之渊源而超乎自然之上,厥说盖非生于今日世界之吾人所足取也。

吾人以为宇宙乃无始无终自然的存在。由宇宙自然之真实本体所生之一切现象,乃循此自然法而自然的、因果的、机械的以渐次发生渐次进化。道德者,宇宙现象之一也。故其发生进化亦必应其自然进化之社会。而自然变迁,断非神秘主宰之惠与物,亦非古昔圣哲之遗留品也。

余谓孔子为数千年前之残骸枯骨,闻者骇然,虽然无骇也。孔子于其生存时代之社会,确足为其社会之中枢,确足为其时代之圣哲,其说亦确足以代表其社会其时代之道德。使孔子而生于今日,或更创一新学说以适应今之社会,亦未可知。而自然的势力之演进,断非吾人推崇孔子之诚心所能抗,使今日返而为孔子之时代之社会也。而孔子又一死而不可使之复生于今日,以应乎今日之社会而变易其说也。则孔子之于今日之吾人,非残骸枯骨而何也?

余谓孔子为历代帝王专制之护符,闻者骇然,虽然无骇也。孔子生于专制之社会,专制之时代,自不能不就当时之政治制度而立说,故其说确足以代表专制社会之道德,亦确足为专制君主所利用资以为护符也。历代君主,莫不尊之祀之,奉为先师,崇为至圣。而孔子云者,遂非复个人之名称,而为保护君主政治之偶像矣。使孔子而生于今日,或且倡民权自由之大义,亦未可知。而无如其人已为残骸枯骨,其学说之精神,已不适于今日之时代精神何也!故余之掊击孔子,非掊击孔子之本身,乃掊击孔子为历代君主所雕塑之偶像的权威也;非掊击孔子,乃掊击专制政治之灵魂也。

盖尝论之,道德者利便于一社会生存之习惯风俗也。古今之社会不同,古今之道德自异。而道德之进化发展,亦泰半由于自然淘汰,几分由于人为淘汰。孔子之道,施于今日之社会为不适于生存,任诸自然之淘汰,其势力迟早必归于消灭。吾人为谋新生活之便利,新道德之进展,企于自然进化之程,少加以人为之力,冀其迅速蜕演,虽冒毁圣非法之名,亦所不恤矣。

(原载《甲寅》月刊,1917 年 2 月 4 日)

李大钊(**1889—1927**),字守常,河北乐亭人。1913 年秋入日本早稻田大学攻读政治法本科。1916 年回国后曾任北京《晨钟报》总编辑,北京大学经济学教授兼图书馆主任和

《新青年》杂志编辑。十月革命后开始接受和传播马克思主义,后成为中国共产党的创始者和主要领导人之一。1927年4月6日被军阀张作霖逮捕,28日在北京就义。其论著主要收入《守常文集》、《李大钊选集》等。

作者认为,古今社会不同,古今道德自异。孔子于其生存时代之社会,确足为其社会之中枢,确足为其时代之圣哲,其说亦确足以代表其社会其时代之道德。但其学说之精神已不适于今日之时代精神,其势力迟早必归于消灭。同时指出"孔子为历代帝王专制之护符","余之掊击孔子","非掊击孔子之本身,乃掊击专制政治之灵魂也"。

家族制度为专制主义之根据论

吴 虞

商君、李斯破坏封建之际,吾国本有由宗法社会转成军国社会之机;顾至于今日,欧洲脱离宗法社会已久,而吾国终颠顿于宗法社会之中而不能前进。推原其故,实家族制度为之梗也。

《钩命决》记孔氏之言曰:"吾志在'春秋',行在'孝经'。"孟子云:"世衰道微,邪说暴行有作,臣弑其君者有之,子弑其父者有之;孔子惧,作《春秋》。故曰,孔子成《春秋》而乱臣贼子惧。"董仲舒云:"孔子明得失、差贵贱,反王道之本。故曰,《春秋》之法,以人随君,以君随天。屈民而伸君,屈君而伸天,《春秋》之大义也。"然孔子之修《春秋》,最为后世君主所利用者,不外诛乱臣贼子、黜诸侯、贬大夫、尊王、攘夷诸大端而已。盖孔氏之志,诚如荀卿《儒效篇》所谓"大儒之用,无过天子三公",宜其言如此。至其所作《孝经》,多君亲并重,尤为荀卿"三本"之说所从出。《开宗明义章》曰:"夫孝,德之本也,教之所由生也。"唐玄宗注云:"言教从孝而生。"其教之最要者曰:"孝,始于事亲,中于事君,终于立身。"玄宗注云:"忠孝道著,乃能扬名荣亲,故曰,终于立身。"《士章》曰:"资于事父以事君而敬同。以孝事君则忠,以敬事长则顺。忠顺不失,以事其上,然后能保其禄位。"《圣治章》曰:"父子之道,天性也,君臣之义也。"《五刑章》曰:"要君者无上,非圣人者无法,非孝者无亲,此大乱之道。"《正义》云:"言人不忠于君,不法于圣,不爱于亲,皆为不孝,大乱之道也。"《广扬名章》曰:"君子之事亲孝,故忠可移于君;事兄悌,故顺可移于长;居家理,故治可移于官。"详考孔子之学说,既认孝为百行之本,故其立教,莫不以孝为起点,所以"教"字从孝。凡人未仕在家,则以事亲为孝;出仕在朝,则以事君为孝。能事亲,事君,乃可谓之为能立身,然后可以扬名于世。由事父推之事君事长,皆能忠顺,则既可扬名,又可保持禄位。居家能孝,则可由无禄位而为官。然孝敬忠顺之事,皆利于尊贵长上,而不利于卑贱,虽奖之以名誉,诱之以禄位,而对于尊贵长上,终不免有极不平等之感。故舜以孝致天下,获二女,而巢父、许由不屑为之;孔氏不废君臣之义,而荷蓧丈人则讥其"四体不勤,五谷不分",视同游民;此又尊贵长上之所深忌畏恶。而专制之学说有时而穷,于是要君非圣者,概目之为不孝,而严重其罪名,以压抑束缚之曰:"五刑之属三千,罪莫大于不孝。"自是以后,虽王陵、嵇绍之徒,且见褒于青史矣。"孝乎惟孝,是亦为政",家与国无分也;"求忠臣必于孝子之门",君与父无异也。推而广之,则如《大戴记》所言:"居处不庄,非孝也;事君不忠,非孝也;莅官不敬,非孝也;朋友无信,非孝也;战阵无勇,非孝也。"盖孝之范围,无所不包,家族制度之与专制政治,遂胶固而不可以分析。而君主专制所以利用家族制度之故,则又以有子之言为最切实。有子曰:"孝弟也者,为人之本。其为人也孝弟而好犯上者,鲜;不好犯上而好作乱者,未之有也。"其于销弭犯上作乱之方法,惟恃孝弟以收其成功。故刘宝楠云:(《论语正义》)"作乱之人,由于好犯上;好犯上,由于不孝不弟。故古者教弟子,就外舍,学小艺焉,履小节焉;束发就大学,学大艺焉,履大节焉;皆令知有孝弟之道。而父之齿随行,兄之齿雁行,朋友不相逾,又令知有事长上处朋友之礼。故孝弟之人,鲜有犯上。若不好犯上而好作乱,知为必无之事,故曰,未之有也。《曾子·立孝篇》云:'是故未有君而忠臣可知者,孝子之谓也;未有长而顺下可知者,弟弟之谓也。故曰,孝子善事君,弟弟善事长。君子一孝一弟,可谓知终矣。'是言孝弟之人,必为忠臣顺下,而不好犯上,不好作乱,可无疑矣。"儒家以孝弟二字为二千年来专制政治与家族制度联结之根干,而不可动摇。故潘维城云:(《论语古注集笺》)"作乱者,《礼记》云:'事君:可贵,可贱,可富,可贫,可生,可杀,而不可使为乱。'郑注:'乱,谓违废事君之礼。'有子此言,盖兼乎《孝经》《春秋》之义。孔子道在《孝经》,取天子、诸侯、卿、大夫、士、庶人最重之事,顺其道而布之天下,封建以固,君臣以严,守其发肤,保其祭祀,无奔亡弑夺之祸,即有子所云孝弟之人不犯上不作乱。使人人不犯上作乱,则天下永治矣。惟不孝不弟,不能如《孝经》之顺道而逆行之,是以子弑父,臣弑君,亡绝奔走,不保宗庙社稷。是以孔子作《春秋》,明王道,制叛乱,明褒贬。《春秋》论之于已事之后,《孝经》明之于未事之先,其间相通之故,则有子此章实通彻本原之论。"其主张孝弟,专为君亲长上而设。但求君亲长上免奔亡弑夺之祸,而绝不问君亲长上所以致奔亡弑夺之故,及保卫尊重臣子卑幼人格之权。夫为人父止于慈,为人子止于孝,似平等矣;然为人子而不孝,则五刑之属三千,罪莫大于不孝;于父之不慈者,固无制裁也。君使臣以礼,臣事君以忠,似平等矣;然为人臣而不忠,则人臣无将,将而必诛;于君之无礼者,固无制裁也。是则儒家之主张,徒令宗法社会牵掣军国社会,使不克完全发达,其流毒诚不减于洪水猛兽矣。

《满清律例》,《十恶》之中,于《大不敬》之下,即列《不孝》,实儒教君父并尊之旨。顾其所列"父母在别籍异财","居父母丧自嫁娶","若作乐释服从吉","闻父母丧匿不举哀"诸条,《新刑律》

皆一扫而空之。此即立宪国文明法律与专制国野蛮法律绝异之点,亦即军国社会与宗法社会绝异之点,而又国家伦理重于家族伦理之异点也。共和之政立,儒教尊卑贵贱不平等之义当然劣败而归于淘汰。顽固锢蔽之士大夫,虽欲守缺抱残,依据"非先王之法服不敢服,非先王之法言不敢言,非先王之德行不敢行"之学理,尽其三年无改之孝,而终有所不能。何也?吾国领事裁判权所以不能收回,实由法律不良之故。法律之所以不良,实以偏重尊贵长上,压抑卑贱,责人以孝敬忠顺,而太不平等之故。今年九月,荷兰海牙和平会修改"万国法典"之期,驻荷公使魏宸组电请将民国已颁未颁之法律从速编订,提交该会,加入"万国法典",以便收回领事裁判权。故使吾国法律不加改正,与立宪国共同之原则违反,则必不能加入,而丧权辱国,独立国所无之领事裁判权,永远不能收回。若欲实行加入,固非儒教之旧义、满清之律例所克奏效,断断然也。

孟德斯鸠曰:"支那立法为政者之所图,有正鹄焉:求其四封宁谧,民物相安而已。然其术无他,必严等衰,必设分位。故其教必辨于最早,而始于最近之家庭。是故支那孝之为义,不自事亲而止;盖资于事亲,而百行作始。彼惟孝敬其所生,而一切有近于所生,如长年、主人、官长、君上者,将皆为孝敬之所存。自支那之礼教言,其相资若甚重者,则莫如谓孝弟为不犯上作乱之本是已。盖其治天下也,所取法者,原无异于一家。向使取父母之权力势分而微之,抑取所以致敬尽孝之繁文而节之,则其因之起于庭闱者,其果将形于君上。盖君上固作民父母者也。"夫孝之义不立,则忠之说无所附,家庭之专制既解,君主之压力亦散;如造穹窿然,去其主石,则主体堕地。

《庄子·盗跖篇》,直斥孔丘为"鲁之巧伪人",谓其"摇唇鼓舌,擅生是非,以迷天下之主,使天下学士,不反其本,妄作孝弟而侥幸于封侯富贵"。大揭其借孝弟以保持禄位之隐衷于天下后世,真一针见血之言。故余谓盗跖之为害在一时,盗丘之遗祸及万世;乡愿之误事仅一隅,国愿之流毒遍天下。

《庄子·天运篇》谓"至仁尚矣,孝固不足以言之"。盖已深悉儒家标举孝弟之真谛,故意极非之。至《商君书·去强篇》直谓"国有礼乐孝弟,必削至亡";《靳令篇》直以礼乐孝弟等于六虱;即宋儒谢上蔡,亦言"孝弟非仁",合于庄子。此岂皆悉属颛蒙而毫无所见者哉? 是故为共和之国民,而不学无术,不求知识于世界,而甘为孔氏一家之孝子顺孙,挟其游獶怒特蠢悍之气,不辨是非;囿于风俗习惯酿成之道德,奋螳臂以与世界共和国不可背叛之原则相抗拒;斯亦徒为蚍蜉蚁子之不自量而已矣!

明李卓吾曰:"二千年以来无议论;非无议论也,以孔夫子之议论为议论,此其所以无议论也。二千年以来无是非;非无是非也,以孔夫子之是非为是非,此其所以无是非也。"而孟轲之辟杨墨,亦曰:"杨氏为我,是无君;墨氏兼爱,是无父。无父无君,是禽兽也。"仍以君父并尊,为儒教立教之大本。夫为我何至于无君? 兼爱何至于无父? 此不合论理之言,学者早已讥之。而今世民主之国,概属无君,岂皆如孟轲所诋为禽兽者乎? 使孟轲生今日,当慨禽兽之充塞于世界,抑将爽然自悔其言之无丝毫价值也?

或曰:子既不主张孔氏孝弟之义,当以何说代之? 应之曰:老子有言,"六亲不和有孝慈。"然则六亲苟和,孝慈无用,余将以"和"字代之。既无分别之见,尤合平等之规,虽蒙"离经叛道"之讥,所不恤矣。

　　　　　　　　　(原载《新青年》2 卷 6 号,1917 年 2 月 1 日)

　　吴虞(**1871—1949**),字又陵,四川新繁人。1906 年留学日本。归国后任成都府中学堂教习。"五四"运动前曾积极参加新文化运动,大胆冲击旧礼教和封建文化,被誉为"打孔家店"的老英雄。"五四"运动后任北京大学教授,晚年在四川大学任教,1949 年死于成都。著作有《吴虞文录》等。

　　该文是一篇有名的反孔非儒的文章。他把孝和家族制度和君主政体连在一起,作了全面的进攻,指出"盖孝之范围,无所不包,家族制度之与专制政治,遂胶固而不可分析"。说明"儒家以孝悌二字为二千年来专制政治联结之根干,而不可动摇"。这在当时的思想界发生了较大的影响。

孔　子

胡　适

第一章　孔子略传

孔丘,字仲尼,鲁国人。生于周灵王二十一年(西历纪元前551),死于周敬王四十一年(西历纪元前479)。他一生的行事,大概中国人也都知道,不消一一的叙述了。他曾见过老子,大概此事在孔子三十四岁之后。说详上章。

孔子本是一个实行的政治家。他曾做过鲁国的司空,又做过司寇,鲁定公十年,孔子以司寇的资格,做定公的傧相,和齐侯会于夹谷,很替鲁国争得些面子。后来因为他的政策不行,所以把官丢了去周游列国。他在国外游了十三年,也不曾遇有行道的机会。到了六十八岁回到鲁国,专做著述的事业。把古代的官书,删成《尚书》,把古今的诗歌,删存三百多篇,还订定了礼书乐书。孔子晚年,最喜《周易》。那时的《周易》不过是六十四条卦辞,和三百八十四条爻辞。孔子把他的心得,做成了六十四条卦象传,三百八十四条爻象传,六十四条象辞。后人又把他的杂说纂辑成书,便是《系辞传》、《文言》。这两种之中,已有许多话是后人胡乱加入的,如《文言》中论四德的一段。此外还有《杂卦》、《序卦》、《说卦》,更靠不住了。除了删诗书定礼乐之外,孔子还作了一部《春秋》。

孔子自己说他是"述而不作"的。所以诗、书、礼、乐都是他删定的,不是自己著作的。就是《易经》的诸传,也是根据原有的《周易》作的,就是《春秋》,也是根据鲁国的史记作的。

此外还有许多书,名为是孔子作的,其实都是后人依托的,例如一部《孝经》,称孔子为"仲尼",称曾参为"曾子",又夹许多"诗云","子曰",可见决不是孔子做的。《孝经钩命决》说的"吾志在《春秋》,行在《孝经》"的话,也是汉人假造的诳语,决不可信。

一部《论语》,虽不是孔子做的,却极可靠,极有用。这书大概是孔门弟子的弟子们所记孔子及孔门诸子的谈话议论。研究孔子学说的人,须用这书和《易传》、《春秋》两书参考互证。此外便不可全信了。

孔子本有志于政治改良,所以他说:

> 苟有用我者,期月而已可也。三年有成。

又说:

> 如有用我者,吾其为东周乎。

后来他见时势不合,没有政治改良的机会。所以专心教育,要想从教育上收效。他深信教育功效最大,所以说"有教无类",又说"性相近也,习相远也"。《史记》说他的弟子有三千之多。这话虽不知真假,但是他教学几十年,周游几十国,他的弟子定必不少。

孔子的性情德行,是不用细述的了。我且引他自己说自己的话:

> 饭疏食,饮水,曲肱而枕之,乐亦在其中矣。不义而富且贵,于我如浮云。

这话虽不大像"食不厌精,脍不厌细","席不正不坐","割不正不食"的人的口气,却很可想见孔子的为人。他又说他自己道:

> 其为人也,发愤忘食,乐以忘忧,不知老之将至云尔。

这是何等精神！《论语》说：

> 子路宿于石门。晨门曰："奚自?"子路曰："自孔氏。"曰：
> "是知其不可而为之者欤?"

"知其不可而为之"七个字，写出一个孳孳恳恳终身不倦的志士。

第二章　孔子的时代

孟子说孔子的时代，是：

> 邪说暴行有作；臣弑其君者有之，子弑其父者有之。

这个时代，既叫做邪说暴行的时代，且看是些什么样的邪说暴行。

第一、"暴行"就是孟子所说的"臣弑其君子弑其父"了。《春秋》二百四十年中，共有弑君三十六次。内中有许多是子弑父的，如楚太子商臣之类。此外还有贵族世卿专权窃国，如齐之田氏、晋之六卿、鲁之三家。还有种种丑行，如鲁之文姜、陈之夏姬、卫之南子弥子瑕，怪不得那时的隐君子要说：

> 滔滔者，天下皆是也，而谁与易之?

第二、"邪说"一层，孟子却不曾细述。我如今且把那时代的"邪说"略举几条。

（一）老子　老子的学说，在当时真可以算得"大逆不道"的"邪说"了。你看他说"民之饥以其上食税之多"，又说"圣人不仁"，又说"民不畏死，奈何以死畏之?"又说"绝仁弃义，民复孝慈；绝圣去知，民利百倍"。这都是最激烈的破坏派的理想。（详见上篇）

（二）少正卯　孔子作司寇，七日便杀了一个"乱政大夫少正卯"。有人问他为什么把少正卯杀了，孔子数了他的三大罪：

> 一、其居处足以撮徒成党。

20世纪儒学研究大系

二、其谈说足以饰邪荧众。

三、其强御足以反是独立。

这三件罪名，译成今文，便是："聚众结社，鼓吹邪说，淆乱是非。"

（三）邓析　孔子同时思想界的革命家，除了老子，便该算邓析。邓析是郑国人，和子产、孔子同时。《左传》鲁定公九年（西历前501），"郑驷歂杀邓析而用其竹刑"。那时子产已死了二十一年（子产死于昭公二十年，西历前522），《吕氏春秋》和《列子》都说邓析是子产杀的，这话恐怕不确。第一，因为子产是极不愿意压制言论自由的。《左传》说：

> 郑人游于乡校以论执政。然明谓子产曰："毁乡校，何如？"子产曰："何为？ 夫人朝夕退而游焉，以议执政之善否。其所善者，吾则行之。其所恶者，吾则改之。是吾师也。若之何毁之？"

可见子产决不是杀邓析的人。第二，子产铸刑书，在西历前536年。驷歂用竹刑，在西历前501年。两件事相差三十余年。可见子产铸的是"金刑"，驷歂用的是"竹刑"，决不是一件事。金刑还是极笨的刑鼎。竹刑是可以传写流通的刑书。

邓析的书都散失了。如今所传的《邓析子》，乃是后人假造的。我看一部《邓析子》，只有开端几句或是邓析的话。那几句是：

> 天于人无厚也。君于民无厚也。……何以言之？ 天不能屏悖厉之气，全夭折之人，使为善之民必寿，此于民无厚也。凡民有穿窬为盗者，有诈伪相迷者，此皆生于不足，起于贫穷，而君必欲执法诛之，此于民无厚也。……

这话和老子"天地不仁"的话相同，也含有激烈的政治思想。

《列子》书说："邓析操两可之说，设无穷之辞。"《吕氏春秋》

说：

　　邓析……与民之有狱者约，大狱一衣，小狱襦袴。民之献衣襦袴而学讼者，不可胜数。以非为是，以是为非，是非无度，而可与不可日变。所欲胜因胜，所欲罪因罪。

又说：

　　郑国多相县以书者。（这就是出报纸的起点。）子产令无县书，邓析致之。子产令无致书，邓析倚之。（县书是把议论张挂在一处叫人观看。致书是送上门去看。倚书是混在他物里夹带去看。）令无穷，而邓析应之亦无穷矣。

又说：

　　洧水甚大，郑之富人有溺者。人得其死者。富人请赎之，其人求金甚多。以告邓析，邓析曰："安之。人必莫之卖矣。"得死者患之，以告邓析。邓析又答之曰："安之。此必无所更买矣。"

这种人物，简直同希腊古代的"哲人"（Sophists）一般。希腊的"哲人"所说的，都有老子那样激烈，所行的也往往有少正卯、邓析那种遭忌的行为。希腊的守旧派，如苏格拉底、柏拉图之流，对于那些"哲人"，非常痛恨。中国古代的守旧派，如孔子之流，对于这种"邪说"自然也非常痛恨。所以孔子做司寇便杀少正卯。孔子说：

　　放郑声，远佞人。郑声淫，佞人殆。

又说：

　　恶紫之夺朱也，恶郑声之乱雅乐也，恶利口之覆邦家者。

他又说：

　　天下有道，则庶人不议。

　　要懂得孔子的学说，必须先懂得孔子的时代，是一个"邪说横行，处士横议"的时代。这个时代的情形既是如此"无道"，自然总

有许多"有心人"对于这种时势生出种种的反动。如今看来,那时代的反动大约有三种:

第一、极端的破坏派　老子的学说,便是这一派,邓析的反对政府,也属于这一派。

第二、极端的厌世派　还有些人看见时势那样腐败,便灰心绝望,隐世埋名,宁愿做极下等的生活,不肯干预世事。这一派人,在孔子的时代,也就不少。所以孔子说:

> 贤者辟世,其次辟地,其次辟色,其次辟言……作者七人矣。

那《论语》上所记"晨门"、"荷蒉"、"丈人"、"长沮桀溺",都是这一派。接舆说:

> 凤兮! 凤兮! 何德之衰! 已而! 已而! 今之从政者殆而!

桀溺对子路说:

> 滔滔者,天下皆是也,而谁以易之? 且而与其从辟人之士也,岂若从辟世之士哉?

第三、积极的救世派　孔子对于以上两派,都是不赞成。他对于那几个避世的隐者,虽很原谅他们的志趣,终不赞成他们的行为。所以他批评伯夷叔齐……柳下惠少连诸人的行为,道:

> 我则异于是,无可无不可。

又他听了长沮桀溺的话,便觉得大失所望,因说道:

> 鸟兽不可与同群。吾非斯人之徒与,而谁与? 天下有道,丘不与易也。

正为"天下无道",所以他才去栖栖皇皇的奔走,要想把无道变成有道。懂得这一层,方才可懂得孔子的学说。

第三章　易

孔子生在这个"邪说暴行"的时代,要想变无道为有道,却从何处下手呢? 他说:

> 臣弑其君,子弑其父,非一朝一夕之故,其所由来者渐矣,由辨之不早辨也。《易》曰,"履霜坚冰至",盖言顺也。《易·文言》

社会国家的变化,都不是"一朝一夕之故",都是渐渐变成的。如今要改良社会国家,不是"头痛医头脚痛医脚"的工夫所能办到的。必须从根本上下手。孔子学说的一切根本,依我看来,都在一部《易经》。我且先讲《易经》的哲学。

《易经》这一部书,古今来多少学者做了几屋子的书,也还讲不明白。我讲《易经》和前人不同。我以为从前一切河图,洛书,谶纬术数,先天太极……种种议论,都是谬说。如今若要懂得《易》的真意,须先把这些谬说扫除干净。

我讲《易》以为一部《易经》,只有三个基本观念:(一)易,(二)象,(三)辞。

第一、易　易便是变易的易。天地万物都不是一成不变的,都是时时刻刻在那里变化的。孔子有一天在一条小河上看那滚滚不绝的河水,不觉叹了一口气说道:

> 逝者如斯夫! 不舍昼夜!

"逝者"便是"过去种种"。程子说:"此道体也。天运而不已,日往则月来,寒往则暑来,水流而不息,物生而无穷,皆与道为体,运乎昼夜,未尝已也。"朱子说:"天地之化,往者过,来者续,无一息之停。"此两说大旨都不错。天地万物,都像这滔滔河水,才到了现在,便早又成了过去,这便是"易"字的意义。

　　一部《易》讲"易"的状态,以为天地万物的变化,都起于一个动字。何以会有"动"呢?这都因为天地之间,本有两种原力:一种是刚性的,叫做"阳",一种是柔性的,叫做"阴"。这刚柔两种原力互相冲突,互相推挤,于是生出种种运动,种种变化。所以说,"刚柔相推而生变化",又说,"一阴一阳之谓道"。孔子大概受了老子的影响,故他说万物变化,完全是自然的,唯物的不是唯神的。孔子受老子的影响,最明显的证据,如《论语》极推崇"无为而治"又如"或曰,以德报怨",亦是老子的学说。

　　在《易经》里,阳与阴两种原力,用"— ――"两种符号作代表。《易·系辞传》说:

　　　　是故易有太极,是生两仪。两仪生四象。四象生八卦。
这是代表万物由极简易的变为极繁杂的公式。此处所说"太极",并不是宋儒说的"太极图"。《说文》说:"极,栋也。"极便是屋顶上的横梁,在《易经》上便是一画的"—"。"仪,匹也。"两仪便是那一对"—""――"。四象便是"▧ ▧ ▧ ▧"。由八卦变为六十四卦,便可代表种种的"天下之至赜",和"天下之至动",却又都从一条小小的横画上生出来。这便是"变化由简而繁"的明例了。

　　易经常把乾坤("—""――")代表"易""简"。有了极易极简的,才有极繁赜的。所以说"乾坤其易之门耶",又说"易简而天下之理得矣"。

　　万物变化,既然都从极简易的源起渐渐变出来,若能知道那简易的远因,便可以推知后来那些复杂的后果,所以《易·系辞传》说:

　　　　德行恒易以知险……德行恒简以知阻。
因为如此,所以能"彰往而察来",所以能"温故而知新"。《论语》上子张问十世以后的事可能前知吗?孔子说,不但十世,百世亦可推知。这都因孔子深信万物变化都是由简而繁,成一条前后不断的直线,所以能由前段推知后段,由前因推到后果。

这便是《易经》的第一个基本观念。

第二、象　《系辞传》说:"易也者象也。"这五个字是一部《易》的关键。这是说一切变迁进化,都只是一个"象"的作用。要知此话怎讲,须先问这象字作何解。《系辞传》说,"象也者像也"。像字是后人所改。古无像字。孟、京、虞、董、姚皆作象,可证。《韩非子》说,"人希见生象也,而案其图以想其生,故诸人之所以意想者,皆谓之象"。《解老》篇。我以为《韩非子》这种说法似乎太牵强了。象字古代大概用"相"字。《说文》,"相省视也。从目从木"。目视物,得物的形象,故相训省视。从此引申,遂把所省视的"对象",也叫作"相"。如《诗·械朴》"金玉其相"之相。后来相人术的相字,还是此义。相字既成专门名词,故普通的形相,遂借用同音的"象"字如僖十五年《左传》"物生而后有象"。引申为象效之意。凡象效之事,与所仿效的原本,都叫做"象"。这一个弯可转得深了。本来是"物生而后有象",象是仿本,物是原本。到了后来,把所仿效的原本叫做象,如画工画虎,所用作模型的虎也是"象",亦称法象。便是把原本叫作"象"了。例如《老子》说:

> 道之为物,惟恍惟惚。惚兮恍兮,其中有象。恍兮惚兮,其中有物。

有人根据王弼注,以为原本当是"恍兮惚兮,其中有物"二句在先,"惚兮恍兮,其中有象"二句应在后。这是"物生而后有象"的说法。却不知道老子偏要说"象生而后有物"。他前文曾说"无物之象"可以作证。老子的意思,大概以为先有一种"无物之象",后来从这些法象上渐渐生出万物来。故先说"其中有象",后说"其中有物"。但这个学说,老子的书里不曾有详细的发挥。孔子接着

20世纪儒学研究大系

这个意思,也主张"象生而后有物"。象是原本的模型,物是仿效这模型而成的。《系辞传》说:

> 在天成象,在地成形,变化见矣。

这和老子先说"有象",后说"有物",同一意思。"易也者,象也;象也者,像也"。正是说易。变化的道理只是一个象效的作用。先有一种法象,然后有仿效这法象而成的物类。

以上说《易经》的象字是法象之意。法象即是模范。孔子以为人类历史上种种文物制度的起源都由于象,都起于仿效种种法象。这些法象,大约可分两种:一种是天然界的种种"现象",如云"天垂象,见吉凶,圣人则之"。一种是物象所引起的"意象",又名"观念"。《系辞传》说:

> 古者庖牺氏之王天下也,仰则观象于天,俯则观法于地,观鸟兽之文与地之宜,近取诸身,远取诸物,于是始作八卦,以通神明之德,以类万物之情。
>
> 作结绳而为网罟,以佃以渔,盖取诸离。(☲)
>
> 庖牺氏没,神农氏作,斫木为耜,揉木为耒……盖取诸益。(☴☳)
>
> 日中为市,致天下之民,聚天下之货,交易而退,各得其所,盖取诸噬嗑。(☲☳)
>
> 神农氏没,黄帝、尧、舜氏作……,垂衣裳而天下治,盖取诸乾坤。
>
> 刳木为舟,剡木为楫,……盖取诸涣。(☴☵)
>
> 服牛乘马,引重致远,……盖取诸随。(☱☳)
>
> 重门击柝,以待暴客,……盖取诸豫。(☳☷)
>
> 断木为杵,掘地为臼,……盖取诸小过(☳☶)
>
> 弦木为弧,剡木为矢,……盖取诸睽。(☲☱)

上古穴居而野处。后世圣人易之以官室，上栋下宇，以待风雨，盖取诸大壮。（☰☰）

古之葬者，厚衣之以薪，葬之中野，不封不树，丧期无数。后之圣人易之以棺椁，盖取诸大过。（☰☰☰）

上古结绳而治。后世圣人易之以书契，百官以治，万民以察，盖取诸夬。（☰☰☰）

这一大段说的有两种象。第一是先有天然界的种种"现象"，然后有庖牺氏观察这些"现象"，起了种种"意象"，都用卦来表出。这些符号，每个或代表一种"现象"，或代表一种"意象"，例如☲是火，☵是水，是两种物象。☲☵是未济（失败），☵☲是既济（成功），是两种意象。

后来的圣人从这些物象意象上，又生出别的新意象来，例如☴☵（涣）代表一个"风行水上"或"木在水上"的意象。后人从这意象上忽然想到一个"船"的意象，因此便造出船来。所以说：

> 刳木为舟，剡木为楫，……盖取诸涣。

又如☳☶（小过）代表一个"上动下静"的意象。后人见了这个观念，忽然想到一种上动下静的物事的意象，因此便造出杵臼来。所以说：

> 断木为杵，掘地为臼，……盖取诸小过。

又如☱☴（大过）代表一个"泽灭木"的意象，后人见了这个意象，忽然发生两个意象。一是怕大水浸没了他的父母的葬地，若不封不树，便认不出来了。一是怕大水把那柴里的死尸要浸烂了。因此便生出"棺椁"的意象来，造作棺椁，以免"泽灭木"的危险。所以说：

> 古之葬者，厚衣之以薪，葬之中野，不封不树，丧期无数。后世圣人易之以棺椁，盖取诸大过。

20世纪儒学研究大系

又如☰☱(夬)代表"泽上于天",是一个大雨的意象。后人见了,忽然生出一个普及博施的意象。因此又想起古代结绳的法子,即不能行远,又不能传后,于是便又生出一个普及博施的"书契"的意象。从这个观念上,才有书契文字的制度。所以说:

上古结绳而治。后世圣人易之以书契,……盖取诸夬。

以上所说古代器物制度的源起,未必件件都合着历史的事实。但是孔子对于"象"的根本学说,依我看来,是极明白无可疑的了。这个根本学说是人类种种的器物制度都起于种种的"意象"。

六十四章《象传》全是这个道理,例如☶☵(蒙)是一个"山下出泉"的意象。山下出泉,是水的源头。后人见了,便生出一个"儿童教育"的意象。所以说"蒙,君子以果行育德"。又如☱☳(随)和☷☳(复)一个代表"雷在泽中",一个代表"雷在地下",都是收声蛰伏的雷。后人见了,因生出一个"休息"的意象。所以由"随"象上,生出夜晚休息的习惯;又造出用牛马引重致远以节省人力的制度。由"复"象上也生出"七日来复","至日闭关,商旅不行,后不省方"的假期制度。又如☴☰(姤)代表"天下有风"的意象,后人因此便想到"天下大行"的意象,于是造出"施命诰四方"的制度。又如☴☷(观)代表"风行地上",和上文的"姤"象差不多。后人从这个意象上,便造出"省方观民设教"的制度。又如☷☶(谦)代表"地中有山",山在地下,是极卑下的意象。后人见了这个意象,便想到人事高下多寡的不均平。于是便发生一种"捊多益寡,称物平施"的观念。又如☶☰(大畜)代表"天在山中"。山中看天,有如井底观天,是一个"识见鄙陋"的意象。后人因此便想到补救陋识的方法,所以说"天在山中,大畜,君子以多识前言往行,以畜其德"。

以上所说,不过是随便乱举几卦作例。但是据这些例看来,已可见孔子的意思,不但说一切器物制度,都是起于种种意象,并且说一切人生道德礼俗，也都是从种种意象上发生出来的。

因为"象"有如此重要，所以说：

> 易有圣人之道四焉，……以制器者尚其象。

> 形而上者谓之道，形而下者谓之器。化而裁之谓之变，推而行之谓之通，举而措之天下之民谓之事业。

又说：

> 是故阖户谓之坤，辟户谓之乾。一阖一辟谓之变，往来不穷谓之通。见乃谓之象，形乃谓之器，制而用之谓之法，利用出入民咸用之谓之神。

那种种开阖往来变化的"现象"，到了人的心目中，便成"意象"。这种种"意象"，有了有形体的仿本，便成种种"器"。制而用之，便成种种"法"。(法是模范标准)举而措之天下之民，便成种种"事业"。到了"利用出入民咸用之"的地位，便成神功妙用了。

"象"的重要既如上文所说，可见"易也者象也"一句，真是一部《易经》的关键。一部易经只是一个"象"字。古今说易的人，不懂此理，却去讲那些"分野"、"爻辰"、"消息"、"太一"、"太极"，……种种极不相干的谬说，所以越讲越不通了。清代汉学家过崇汉学。欲重兴汉诸家《易》学。惠栋、张惠言，尤多钩沈继绝之功。然汉人《易》学实无价值。焦赣、京房、翼奉之徒，皆"方士"也。郑玄、虞翻皆不能脱去汉代"方士"的臭味。王弼注《易》扫尽汉人陋说，实为《易》学一大革命。其注虽不无可议，然高出汉学百倍矣。惠张诸君之不满意于宋之"道士易"是也。其欲复兴汉之"方士易"则非也。

这是《易》的第二个基本观念。

第三、辞 《易经》六十四卦，三百八十四爻，每卦每爻都有一个"象"。但是单靠"象"也还不够。因为：

> 易有四象，适按此处象与辞对称，不当有"四"字。此涉上文而误也。因此一字，遂使诸儒聚讼"四象"是何物，终不能定。若衍此字，则毫不废解矣。所

以示也。系辞焉,所以告也。圣人立象以尽意,设卦以尽情伪,系辞焉以尽其言。

"象"但可表示各种"意象"。若要表示"象"的吉凶动静,须要用"辞"。例如☷☶(谦)但可表示"地中有山"的意象,却不能告人这"象"的吉凶善恶。于是作为卦辞道:

> ☷☶谦亨,君子有终。

这便可指出这一卦的吉凶悔吝了。又如谦卦的第一爻,是一个阴爻,在谦卦的最下层,真可谓谦之又谦,损之又损了。但单靠这一画,也不能知道他的吉凶,所以须有爻辞道:

> 初六,谦谦君子,用涉大川,吉。

这便指出这一爻的吉凶了。

"辞"的作用在于指出卦象或爻象的吉凶。所以说:

> 系辞焉以断其吉凶。

又说:

> 辨吉凶者存乎辞。

辞字从𤔔辛,《说文》云"辞讼也。段依《广韵》作'说也'从𤔔辛,犹理辜也"。朱骏声说,"分争辩讼谓之辞。《后汉·周纾传》'善为辞案条教',注,辞案,犹今案牍也"。辞的本义是争论的"断语"、"判辞"。《易经》的"辞",都含"断"字"辨"字之意。在名学上,象只是"词"(Term),是"概念"(Concept),辞即是"辞",亦称"判断"(Judgment),例如"谦亨"一句,谦是"所谓",亨是"所以谓",合起来成为一辞。用"所以谓"来断定"所谓",故叫做辞。西文 judgment 本义也是讼狱的判辞。

《系辞传》有辞的界说道:

> 是故卦有小大,辞有险易。辞也者,各指其所之。

"之"是趋向。卦辞爻辞都是表示一卦或一爻的趋向如何,或吉或

凶,或亨或否,叫人见了便知趋吉避凶。所以说"辞也者,各指其所之"。又说:

> 圣人有以见天下之赜,而拟诸形容,象其物宜,是故谓之象。圣人有以见天下之动,而观其会通,以行其典礼,系辞焉以断其吉凶,是故谓之爻。爻字似当作辞,下文作辞,可证。极天下之赜者存乎卦,鼓天下之动者存乎辞。

象所表示的是"天下之赜"的形容物宜。辞所表示的,是"天下之动"的会通吉凶。象是静的,辞是动的;象表所"像",辞表何之。

"天下之动"的动,便是"活动",便是"动作"。万物变化,都由于"动",故说:

> 吉凶悔吝者,生乎动者也。

又说:

> 吉凶者,失得之象也。悔吝者,忧虑之象也。
>
> 吉凶者,言乎其失得也。悔吝者,言乎其小疵也。

动而"得",便是吉;动而"失",便是凶;动而有"小疵",便是悔吝。"动"有这样重要,所以须有那些"辞"来表示各种"意象"动作时的种种趋向,使人可以趋吉避凶,趋善去恶。能这样指导,便可鼓舞人生的行为。所以说"鼓天下之动者存乎辞"。又说:

> 天地之大德曰生。圣人之大宝曰位。何以守位曰人。何以聚人曰财。理财正辞禁民为非曰义。

辞的作用,积极一方面,可以"鼓天下之动";消极一方面,可以"禁民为非"。

这是《易经》的第三个基本观念。

这三个观念:(一)易、(二)象、(三)辞,便是《易经》的精华。孔子研究那时的卜筮之易,竟能找出这三个重要的观念,第一,万物的变动不穷,都是由简易的变作繁赜的。第二,人类社会的种种器物制度礼俗,都有一个极简易的源起,这个源起,便是"象"。人类的文明史,只是这些"法象"实现为制度文物的历史。第三,这种种"意象"变动作用时,有种种吉凶悔吝的趋向,都可用"辞"表示出来,使人动作都有仪法标准,使人明知利害,不敢为非。——这就是我的"易论"。我且引一段《系辞传》作这篇的结束:

> 圣人有以见天下之赜,而拟诸形容,象其物宜,是故谓之"象"。圣人有以见天下之动,而观其会通,以行其典礼,系辞焉以断其吉凶,是故谓之爻。爻似当作辞。说见上。言天下之至赜而不可亚也。亚字从荀本。言天下之至动而不可乱也。拟之而后言,仪之而后动。仪旧作议。《释文》云:"陆姚桓元荀柔之作仪。"适按,作仪是也。仪,法也。与上文拟字对文。拟仪以成其变化。

"象"与"辞"都是给我们摹拟仪法的模范。

第四章　正名主义

孔子哲学的根本观念,依我看来,只是上篇所说的三个观念:
第一、一切变迁都是由微变显,由简易变繁赜。所以说:

> 臣弑其君,子弑其父,非一朝一夕之故,其所由来者渐矣。由辨之不早辨也。《易》曰,"履霜坚冰至",盖言顺也。

知道一切变迁都起于极微极细极简易的,故我们研究变迁,应该从这里下手。所以说:

> 夫易,圣人之所以极深而研几也。韩注:"极未形之理曰深,适动微之会曰几。"唯深也,故能通天下之志;唯几也,故能成天下之务。

"深"是隐藏未现的。"几"字《易·系辞》说得最好:

> 几者动之微,吉凶之先见者也。旧无凶字,义不可通。今按孔颖

达《正义》云："诸本或有凶字者,其定本则无也。"是唐时尚有有凶字之本。今据增。

孔子哲学的根本观念,只是要"知几",要"见几",要"防微杜渐"。大凡人生哲学,(即伦理学)论人生行为的善恶,约分两大派。一派注重"居心",注重"动机"。一派注重行为的效果影响。孔子的人生哲学,属于"动机"一派。

第二、人类的一切器物制度礼法,都起于种种"象"。换言之,"象"便是一切制度文物的"几"。这个观念,极为重要。因为"象"的应用,在心理和人生哲学一方面就是"意",就是"居心"。孟子所谓"以仁存心,以礼存心"之存心。就是俗话说的"念头"。在实际一方面,就是"名",就是一切"名字"。郑玄说,古曰名,今曰字。"象"的学说,于孔子的哲学上,有三层效果:(一)因为象是事物的"动机",故孔子的人生哲学,极注重行为的"居心"和"动机"。(二)因为"象"在实际上,即是名号名字,故孔子的政治哲学主张一种"正名"主义。(三)因为象有仿效模范的意思,故孔子的教育哲学和政治哲学,又注重标准的榜样行为,注重正己以正人,注重以德化人。

第三、积名成"辞",可以表示意象动作的趋向,可以指出动作行为的吉凶利害,因此可以作为人生动作的向导。故说,

　　理财正辞,禁民为非,曰义。

"正辞"与"正名"只是一事。孔子主张"正名""正辞",只是一方面要鼓天下之动,一方面要禁民为非。

以上所说,是孔子哲学的重要大旨。如今且先说"正名主义"。

正名主义,乃是孔子学说的中心问题。这个问题的重要,见于《论语·子路》篇:

子路曰:"卫君待子而为政,子将奚先?"

子曰:"必也正名乎!"马融注,正百事之名。

子路曰:"有是哉,子之迂也!奚其正?"

子曰:"野哉由也!君子于其所不知,盖阙如也。名不正,则言不顺。言不顺,则事不成。事不成,则礼乐不兴。礼乐不兴,则刑罚不中。刑罚不中,则民无所措手足。故君子名之必可言也,言之必可行也。君子于其言,无所苟而已矣。"

请看名不正的害处,竟可致礼乐不兴,刑罚不中,百姓无所措手足。这是何等重大的问题!如今且把这一段仔细研究一番:

怎么说"名不正则言不顺"呢?"言"是"名"组合成的,名字的意义若没有正当的标准,便连话都说不通了。孔子说:

觚不觚,觚哉?觚哉?

"觚"是有角之形。《汉书·律历志》"成六觚",苏林曰,"六觚,六角也"。又《效祀志》"八觚宣通,象八方",师古曰,"觚,角也"。班固《西都赋》"上觚棱而栖金爵"注云,"觚,八觚。有隅者也"。可证。故有角的酒器,叫做"觚"。后来把觚字用泛了,凡酒器可盛三升的,都叫做"觚",不问它有角无角。所以孔子说,"现在觚没有角了,这也是觚吗?这也是觚吗"?不是觚的都叫做"觚",这就是言不顺。且再举一例。孔子说:

政者,正也。子率以正,孰敢不正?

政字从正,本有正意。现今那些昏君贪官的政府,也居然叫做"政",这也是"言不顺"了。

这种现象,是一种学识思想界昏乱"无政府"的怪现象。语言文字(名)是代表思想的符号。语言文字没有正确的意义,还用什么来做是非真假的标准呢?没有角的东西可叫做"觚",一班暴君污吏可叫做"政",怪不得少正卯、邓析一般人,要"以非为是,以是为非,是非无度,而可与不可日变"用《吕氏春秋语》了。

孔子当日眼见那些"邪说暴行",说见本篇第二章。以为天下的病根在于思想界没有公认的是非真伪的标准。所以他说:

> 天下有道,则庶人不议。

他的中心问题只是要建设一种公认的是非真伪的标准,建设下手的方法便是"正名"。这是儒家公有的中心问题,试引荀卿的话为证:

> 今圣王没,名守慢,奇辞起,名实乱,是非之形不明,则虽守法之吏,诵数之儒,亦皆乱也。……异形离心交喻,异物名实互纽;贵贱不明,同异不别。如是,则志必有不喻之患,而事必有困废之祸。《荀子·正名》篇。详解见第十一篇第三章。

不正名则"志必有不喻之患,而事必有困废之祸"。这两句可作孔子"名不正则言不顺,言不顺则事不成"两句的正确注脚。

怎么说"事不成则礼乐不兴,礼乐不兴则刑罚不中"呢? 这是说是非真伪善恶,若没有公认的标准,则一切别的种种标准如礼乐刑罚之类,都不能成立。正如荀卿说的"名守慢,奇辞起,名实乱,是非之形不明,则虽守法之吏,诵数之儒,亦皆乱也"。

"正名"的宗旨,只要建设是非善恶的标准,已如上文所说。这是孔门政治哲学的根本理想。《论语》说:

> 齐景公问政于孔子,孔子对曰:"君君臣臣,父父子子。"公曰:"善哉! 信如君不君,臣不臣,父不父,子不子,虽有粟,吾得而食诸?"

"君君臣臣父父子子",也只是正名主义。正名的宗旨,不但要使瓠的是"瓠",方的是"方",还须要使君真是君,臣真是臣,父真是父,子真是子。不君的君,不臣的臣,不子的子,和不瓠的瓠,有角的圆,是同样的错谬。

如今且看孔子的正名主义如何实行。孟子说:

世衰道微，邪说暴行有作。臣弑其君者有之，子弑其父者有之。孔子惧，作《春秋》。《春秋》，天子之事也。是故孔子曰："知我者，其惟《春秋》乎！罪我者，其惟《春秋》乎！"

又说：

昔者禹抑洪水而天下平。周公兼夷狄，驱孟兽，而百姓宁。孔子成《春秋》，而乱臣贼子惧。

一部《春秋》便是孔子实行正名的方法。《春秋》这部书，一定是有深意"大义"的，所以孟子如此说法。孟子又说：

王者之迹熄而诗亡，诗亡，然后《春秋》作。晋之《乘》，楚之《梼杌》，鲁之《春秋》，一也。其事则齐桓晋文，其文则史。孔子曰："其义则丘窃取之矣。"

《庄子·天下》篇也说，"春秋以道名分"。这都是论《春秋》最早的话，该可相信。若《春秋》没有什么"微言大义"，单是一部史书，那真不如"断烂朝报"了。孔子不是一个全无意识的人，似乎不至于做出这样极不可读的史书。

论《春秋》的真意，应该研究《公羊传》和《穀梁传》，晚出的《左传》最没有用。我不主张"今文"，也不主张"古文"，单就《春秋》而论，似乎应该如此主张。

《春秋》正名的方法，可分三层说：

第一、正名字　《春秋》的第一个方法，是要订正一切名字的意义。这是言语学、文法学的事业。今举一例。《春秋》说：

僖公十有六年，春王正月，戊申朔，陨石于宋，五。

是月，六鹢退飞，过宋都。

（《公羊传》）曷为先言"陨"而后言"石"？陨石记闻。闻其磌然，视之则"石"，察之则"五"。"是月"者何？仅逮是月也。……曷为先言"六"而后言"鹢"？六鹢退飞，记见也。视之则"六",察之则"鹢",徐而察之,则退飞。……

（《穀梁传》）"陨石于宋,五"。先"陨"而后"石",何也?
"陨"而后"石"也。于宋四境之内曰"宋"。后数,散辞也。
耳治也。"是月也,六鹢退飞,过宋都"。"是月也",决不日而
月也。"六鹢退飞过宋都",先数,聚辞也,目治也。……君子
之于物,无所苟而已。石鹢且犹尽其辞,而况于人乎? 故五石
六鹢之辞不设,则王道不亢矣。

（董仲舒《春秋繁露·深察名号》篇）《春秋》辨物之理以
正其名,名物如其真,不失秋毫之末。故名陨石则后其"五",
言退鹢则先其"六"。圣人之谨于正名如此。"君子于其言,
无所苟而已矣"。五石六鹢之辞是也。

"《春秋》辨物之理以正其名,名物如其真",这是正名的第一义。
古书辨文法上词性之区别,莫如《公羊》、《穀梁》两传。《公羊传》
讲词性更精。不但名词,如车马曰赗,货财曰赙,衣服曰襚之类。动词,如春
曰苗,秋曰搜,冬曰狩,春曰祠,夏曰礿,秋曰尝,冬曰烝,直来曰来,大归曰来归等。分
别得详细,并且把状词、如既者何,尽也。介词、如及者何,累也。连词如遂
者何,生事也;乃者何,难之也,之类。之类,都仔细研究文法上的作用。所
以我说《春秋》的第一义,是文法学言语学的事业。

第二、定名分　上一条是"别同异",这一条是"辨上下"。那
时的周天子久已不算什么东西。楚吴都已称王,此外各国,也多拓
地灭国,各自称雄。孔子眼见那纷争无主的现象,回想那封建制度
最盛时代,井井有条的阶级社会,真有去古日远的感慨。所以《论
语》说:

孔子谓季氏八佾舞于庭,是可忍也,孰不可忍也!

读这两句,可见他老人家气得胡子发抖的神气!《论语》又说:

三家者,以《雍》彻。子曰,"相维辟公,天子穆穆",奚取

于三家之堂？

孔子虽明知一时做不到那"天下有道,礼乐征伐自天子出"的制度,他却处处要保存那纸上的封建阶级。所以《春秋》于吴楚之君,只称"子",齐晋只称"侯",宋虽弱小,却称"公"。践土之会,明是晋文公把周天子叫来,《春秋》却说是"天王狩于河阳"。周天子的号令,久不行了,《春秋》每年仍旧大书"春王正月"。这都是"正名分"的微旨。《论语》说:

> 子贡欲去告朔之饩羊,子曰:"赐也,尔爱其羊,我爱其礼。"

这便是《春秋》大书"春王正月"一类的用意。

第三、寓褒贬 《春秋》的方法,最重要的,在于把褒贬的判断寄托在记事之中。司马迁《史记·自序》,引董仲舒的话道:

> 夫《春秋》上明三王之道,下辨人事之纪,别嫌疑,明是非,定犹豫,善善恶恶,贤贤贱不肖,……王道之大者也。

善善恶恶,贤贤贱不肖,便是褒贬之意。上章说"辞"字本有判断之意,故"正辞"可以"禁民为非"。《春秋》的"书法",只是要人看见了生畏惧之心,因此趋善去恶。即如《春秋》书弑君三十六次,中间很有个分别,都寓有"记者"褒贬的判断。如下举的例:

> （例一）隐四年三月戊申卫州吁弑其君完。
>
> （例二）隐四年九月卫人杀州吁于濮。
>
> （例三）桓二年春王正月戊申宋督弑其君与夷及其大夫孔父。
>
> （例四）文元年冬十月丁未楚世子商臣弑其君頵。（公穀皆作髡）
>
> （例五）文十六年宋人弑其君杵臼。
>
> （例六）文十八年冬莒弑其君庶其。
>
> （例七）宣二年秋九月乙丑晋赵盾弑其君夷皋。
>
> （例八）成十八年春王正月庚申晋弑其君州蒲。

即举此八例,可以代表《春秋》书弑君的义例。(例一)与(例三、四、七)同是书明弑者之名,却有个分别。(例一)是指州吁有罪。(例三)带着褒奖与君同死的大夫。(例四)写"世子商臣"以见不但是弑君,又是弑父,又是世子弑父。(例七)虽与(例一)同式,但弑君的人,并不是赵盾,乃是赵穿。因为赵盾不讨贼,故把弑君之罪责他。这四条是称臣弑君之例。(例二、五、六、八)都是称君不称弑者之例,却也有个分别。(例二)称"卫人",又不称州吁为君,是讨贼的意思,故不称弑,只称杀。又明说"于濮"。濮是陈地,不是卫地,这是说卫人力不能讨贼,却要借助于外国人。(例五)也称"宋人",是责备被弑的君有该死之罪,但他究竟是正式的君主,故称"其君"。(例六)与(例八)都是称"国"弑君之例。称"人"还只说"有些人",称"国"便含有"全国"的意思。故称国弑君,那被弑之君,一定是罪大恶极的了。(例六)是太子仆弑君,又是弑父。据《左传》。因为死者罪该死,故不著太子仆弑君弑父之罪。(例八)是栾书、中行偃使程滑去弑君的。因为君罪恶太甚,故不罪弑君的人,却说这是国民的公意。

这种褒贬的评判,如果真能始终一致,本也很有价值。为什么呢?因为这种书法,不单是要使"乱臣贼子"知所畏惧,并且教人知道君罪该死,弑君不为罪;父罪该死,弑父不为罪。如上所举的例六是。这是何等精神!只可惜《春秋》一书,有许多自相矛盾的书法。如鲁国几次弑君,却不敢直书。于是后人便生出许多"为尊者讳,为亲者讳,为贤者讳"等等文过的话,便把《春秋》的书法弄得没有价值了。这种矛盾之处,或者不是孔子的原文,后来被"权门"干涉,方才改了的。我想当日孔子那样称赞晋国的董狐,宣二年《左传》。岂有破坏自己的书法?但我这话,也没有旁的证据,只可算一种假设的猜想罢了。

总论　《春秋》的三种方法——正名字,定名分,寓褒贬——都是孔子实行"正名"、"正辞"的方法。这种学说,初看去觉得是很幼稚的。但是我们要知道这种学说,在中国学术思想上,有绝大的影响。我且把这些效果,略说一二,作为孔子正名主义的评判。

(1)语言文字上的影响　孔子的"君子于其言,无所苟而已矣"一句话,实是一切训诂书的根本观念。故《公羊》《穀梁》,都含有字典气味。董仲舒的书更多声音通假的训诂。如名训"鸣以出命",号训谓,训效,民训瞑,性训生之类。也有从字形上着想的训诂。如说王字为三画而连其中。《说文解字》引之。大概孔子的正名说,无形之中,含有提倡训诂书的影响。

(2)名学上的影响　自从孔子提出"正名"的问题之后,古代哲学家都受了这种学说的影响。以后如荀子的"正名论",看第十一篇第三章。法家的"正名论",看第十二篇,不用说了。即如墨子的名学,看第六篇第三四章。便是正名论的反响。杨朱的"名无实,实无名",看第七篇。也是这种学说的反动。我们简直可以说孔子的正名主义,实是中国名学的始祖。正如希腊苏格拉底的"概念说",是希腊名学的始祖。参观上篇老子论名一节。

(3)历史上的影响　中国的历史学几千年来,很受了《春秋》的影响。试读司马迁《史记·自序》及司马光《资治通鉴》论"初命三晋为诸侯"一段,及朱熹《通鉴纲目》的正统书法各段,便可知《春秋》的势力了。《春秋》那部书,只可当作孔门二名主义的参考书看,却不可当作一部模范的史书看。后来的史家把《春秋》当作作史的模范,便大错了。为什么呢?因为历史的宗旨在于"说真话,记实事"。《春秋》的宗旨,不在记实事,只在写个人心中对于实事的评判。明是赵穿弑君,却说是赵盾弑君。明是晋文公召周天子,却说"天王狩于河阳"。这都是个人的私见,不是历史的实事。后来的史家,崇拜《春秋》太过了,所以他们作史,不去讨论史料的真伪,只顾讲那"书法"和"正统"种种谬说。《春秋》的余毒就使中国只有主观的历史,没有物观的历史。

第五章 一以贯之

《论语》说孔子对子贡道:

> 赐也,汝以予为多学,而识之者与?
>
> 对曰:然,非与?
>
> 曰:非也,予一以贯之。(十五)

何晏注这一章最好。他说:

> 善有元,事有会。天下殊涂而同归,百虑而一致。知其元,则众善举矣。故不待学而一知之。

何晏所引,乃《易·系辞传》之文。原文是:

> 子曰:天下何思何虑? 天下同归而殊涂,一致而百虑。天下何思何虑?

韩康伯注这一条,也说:

> 苟识其要,不在博求,一以贯之,不虑而尽矣。

《论语》又说:

> 子曰:参乎,吾道一以贯之。
>
> 曾子曰:唯。
>
> 子出,门人问曰:何谓也?
>
> 曾子曰:夫子之道,忠恕而已矣。(四)

"一以贯之"四个字,当以何晏所说为是。孔子认定宇宙间天地万物,虽然头绪纷繁,却有系统条理可寻。所以"天下之至赜",和"天下之至动",都有一个"会通"的条理,可用"象"与"辞"表示出来。"同归而殊涂,一致而百虑",也只是说这个条理系统。寻得出这个条理系统,便可用来综贯那纷烦复杂的事物。正名主义的目的,在于"正名以正百物",也只是这个道理。一个"人"字,可包一切人;一个"父"字,可包一切做父的。这便是繁中的至简,难中的至易。所以孔门论知识,不要人多学而识之。孔子明说"多闻,择其善者而从之,多见而识之",不过是"知之次也"。(七)可见真知识,在于能寻出事物的条理系统,即在于能"一以贯之"。贯字本义为穿,为通,为统。"一以贯之"即是后来荀子所说的"以一知万","以一持万"。这是孔子的哲学方法。一切"知几"说,"正名"主义,都是这个道理。

自从曾子把"一以贯之"解作"忠恕",后人误解曾子的意义,以为忠恕乃是关于人生哲学的问题,所以把"一以贯之"也解作"尽己之心,推己及人"。这就错了。"忠恕"两字,本有更广的意义。《大戴礼·三朝记》说:

> 知忠必知中,知中必知恕,知恕必知外。……内思毕心一作必曰知中,中以应实曰知恕,内恕外度曰知外。

章太炎作《订孔下》,论忠恕为孔子的根本方法,说:

> 心能推度曰恕,周以察物曰忠。故夫闻一以知十,举一隅而以三隅反者,恕之事也。……周以察物,举其征符,而辨其骨理者,忠之事也。……"身观焉",忠也。"方不障",恕也。
> 《章氏丛书·检论三》。"身观焉,方不障",见《墨子·经说下》。说详本书第八篇第二章。

太炎这话发前人所未发。他所据的《三朝记》虽不是周末的书,但总可算得一部古书。恕字本训"如"。《苍颉篇》。《声类》说"以心度物曰恕"。恕即是推论(Inference),推论总以类似为根据。如《中庸》说:

伐柯伐柯,其则不远。执柯以伐柯,睨而视之,犹以为远。
这是因手里的斧柄与要砍的斧柄同类,故可由这个推到那个。闻
一知十,举一反三,都是用类似之点,作推论的根据。怒字训
"如",即含此意。忠字太炎解作亲身观察的知识,《墨子·经说下》"身
观焉,亲也"。《周语》说"考中度衷为忠",又说"中能应外,忠也"。
中能应外为忠,与《三朝记》的"中以应实,曰知恕"同意。可见忠
恕两字意义本相近,不易分别。《中庸》有一章上文说"忠恕违道
不远",是忠恕两字并举。下文紧接"施诸己而不愿,亦勿施于
人";下文又说"所求乎子以事父"一大段,说的都只是一个"恕"
字。此可见"忠恕"两字,与"恕"字同意,分知识为"亲知"即经验与
"说知"即推论,乃是后来墨家的学说。太炎用来解释忠恕两字,恐
怕有点不妥。我的意思,以为孔子说的"一以贯之",和曾子说的
"忠恕",只是要寻出事物的条理统系,用来推论,要使人闻一知
十、举一反三。这是孔门的方法论,不单是推己及人的人生哲学。

　　孔子的知识论,因为注重推论,故注意思虑。《论语》说:

　　　　学而不思则罔,思而不学则殆。(二)

学与思两者缺一不可。有学无思,只可记得许多没有头绪条理的
物事,算不得知识。有思无学,便没有思的材料,只可胡思乱想,也
算不得知识。但两者之中,学是思的预备,故更为重要。有学无
思,虽然不好,但比有思无学害还少些。所以孔子说,多闻多见,还
可算得是"知之次也"。又说:

　　　　吾尝终日不食,终夜不寝,以思。无益,不如学也。(十五)

孔子把学与思两事看得一样重,初看去似乎无弊。所以竟有人把
"学而不思则罔,思而不学则殆"两句,来比康德的"感觉无思想是
瞎的,思想无感觉是空的"。但是孔子的"学"与康德所说的"感
觉"略有不同。孔子的"学"并不是耳目的经验。看他说"多闻,多

见而识之",识,通志。"好古敏以求之","信而好古","博学于文",
那一句说的是实地的观察经验？墨家分知识为三种：一是亲身的
经验,二是推论的知识,三是传受的知识。说详第八篇第二章。孔子的
"学"只是读书,只是文字上传授来的学问。所以他的弟子中,那
几个有豪气的,都不满意于这种学说。那最爽快的子路驳孔子道：

> 有民人焉,有社稷焉,何必读书,然后为学？(十一)

这句话孔子不能驳回,只得骂他一声"佞者"罢了。还有那"堂堂
乎"的子张也说：

> 士见危授命,见得思义,祭思敬,丧思哀,其可已矣。(十
九)

这就是后来陆九渊一派重"尊德性"而轻"道问学"的议论了。

所以我说孔子论知识注重"一以贯之",注重推论,本来很好。
只可惜他把"学"字看作读书的学问,后来中国几千年的教育,都
受这种学说的影响,造成一国的"书生"废物,这便是他的流弊了。

以上说孔子的知识方法。

"忠恕"虽不完全属于人生哲学,却也可算得是孔门人生哲学
的根本方法。《论语》上子贡问可有一句话可以终身行得的吗？
孔子答道：

> 其恕乎,己所不欲,勿施于人。(十五)

这就是《大学》的絜矩之道：

> 所恶于上,毋以使下;所恶于下,毋以事上;所恶于前,毋
> 以先后;所恶于后,毋以从前;所恶于右,毋以交于左;所恶于
> 左,毋以交于右;此之谓絜矩之道。

这就是《中庸》的忠恕：

> 忠恕违道不远。施诸己而不愿,亦勿施于人。君子之道
> 四,丘未能一焉:所求乎子以事父,未能也;所求乎臣以事君,

未能也；所求乎弟以事兄，未能也；所求乎朋友，先施之，未能
也。

这就是孟子说的"善推其所为"。

老吾老，以及人之老。幼吾幼，以及人之幼。……古之人
所以大过人者，无他焉，善推其所为而已矣。(一)

这几条都只说了一个"恕"字。恕字在名学上是推论，在人生哲学
一方面，也只是一个"推"字。我与人同是人，故"己所不欲，勿施
于人"；故"所恶于上，毋以使下"；故"所求乎子以事父"，故"老吾
老，以及人之老"。只要认定我与人同属的类，——只要认得我与
人的共相，——便自然会推己及人。这是人生哲学上的"一以贯
之"。

上文所说"恕"字只是要认得我与人的"共相"。这个"共相"
即是"名"所表示。孔子的人生哲学，是和他的正名主义有密切关
系的。古书上说，楚王失了一把宝弓，左右的人请去寻它。楚王
说："楚人失了，楚人得了，何必去寻呢？"孔子听人说这话，叹息
道："何不说'人失了，人得了？'何必说'楚人'呢？"这个故事很有
道理。凡注重"名"的名学，每每先求那最大的名。"楚人"不如
"人"的大，故孔子要楚王爱"人"。故"恕"字《说文》训仁。训仁之
字，古文作忎。后乃与训如之恕字混耳。《论语》记仲弓问仁，孔子答语有
"己所不欲，勿施于人"一句。可见仁与恕的关系。孔门说仁虽是
爱人，《论语》十三，《说文》仁，亲也。却和后来墨家说的"兼爱"不相同。
墨家的爱，是"无差等"的爱。孔门的爱，是"有差等"的爱。故说
"亲亲之杀"。看儒家丧服的制度，从三年之丧，一级一级的降到
亲尽无服，这便是"亲亲之杀"。这都由于两家的根本观念不同。
墨家重在"兼而爱之"的兼字，儒家重在"推恩足以保四海"的推
字，故同说爱人，而性质截然不同。

仁字不但是爱人，还有一个更广的义。今试举《论语》论仁的几条为例：

> 颜渊问仁，子曰："克己复礼为仁。"……颜渊曰："请问其目。"子曰："非礼勿视，非礼勿听，非礼勿言，非礼勿动。"

> 仲弓问仁，子曰："出门如见大宾，使民如承大祭。己所不欲，勿施于人。在邦无怨，在家无怨。"

> 司马牛问仁，子曰："仁者其言也讱。"（以上十二）

> 樊迟问仁，子曰："居处恭，执事敬，与人忠。"（十三）

以上四条，都不止于爱人。细看这几条，可知仁即是做人的道理。克己复礼；出门如见大宾，使民如承大祭；居处恭，执事敬，与人忠；都只是如何做人的道理，故都可说是仁。《中庸》说，"仁者，人也"。《孟子》说，"仁也者，人也"。七下孔子的名学注重名的本义，要把理想中标准的本义来改正现在失了原意的事物。例如"政者正也"之类。"仁者人也"，只是说仁是理想的人道，做一个人，须要能尽人道。能尽人道，即是仁。后人如朱熹之流，说"仁者，无私心而合天理之谓"，乃是宋儒的臆说，不是孔子的本意。蔡子民《中国伦理学史》说孔子所说的"仁"，乃是"统摄诸德，完成人格之名"。这话甚是。《论语》记子路问成人，孔子答道：

> 若臧武仲之知，公绰之不欲，卞庄子之勇，冉求之艺，文之以礼乐，亦可以为成人矣。（十四）

成人即是尽人道，即是"完成人格"，即是仁。

孔子又提出"君子"一个名词，作为人生的模范。"君子"本义为"君之子"，乃是阶级社会中贵族一部分的通称。古代"君子"与"小人"对称，君子指士以上的上等社会，小人指士以下的小百姓。试看《国风》《小雅》所用"君子"，与后世小说书中所称"公子"、"相公"有何分别？后来封建制度渐渐破坏，"君子""小人"的区别，也渐渐由社会阶级的区别，变为个人品格的区别。孔子所说君子，乃是人格高尚的人，乃是有道德，至少能尽一部分人道的人。

故说：

> 君子而不仁者有矣。夫未有小人而仁者也。(十四)

这是说君子虽未必能完全尽人道，但是小人决不是尽人道的人。又说：

> 君子道者三，我无能焉：仁者不忧，知者不惑，勇者不惧。
> (十四)

> 司马牛问君子，子曰：君子不忧不惧。……内省不疚，夫
> 何忧何惧？(十二)

> 子路问君子，子曰：修己以敬，……修己以安人，……修己
> 以安百姓。(十四)

凡此皆可见君子是一种模范的人格。孔子的根本方法，上章已说过，在于指出一种理想的模范，作为个人及社会的标准。使人“拟之而后言，仪之而后动”。他平日所说“君子”，便是人生品行的标准。

上文所说人须尽人道。由此理推去，可说做父须要尽父道，做儿子须要尽子道，做君须要尽君道，做臣须要尽臣道。故《论语》说：

> 齐景公问政于孔子，孔子对曰：“君君臣臣，父父子子。”
> 公曰：“善哉！信如君不君，臣不臣，父不父，子不子，虽有粟，
> 吾得而食诸？”(十二)

又《易经》家人卦说：

> 家人有严君焉，父母之谓也。父父子子，兄兄弟弟，夫夫
> 妇妇，而家道正。正家而天下定矣。

这是孔子正名主义的应用。君君臣臣，父父子子，便是使家庭社会国家的种种阶级，种种关系，都能“顾名思义”做到理想的标准地步。这个标准地步，就是“大学”上说的“止于至善”。《大学》说：

　　　　为人君，止于仁；为人臣，止于敬，为人子，止于孝；为人
　　　　父，止于慈；与国人交，止于信。

这是伦常的人生哲学。"伦"字，《说文》云："辈也，一曰道也。"
《曲礼》注："伦，犹类也。"《论语》"言中伦"，包注："道也，理也。"
孟子注："伦，序也。"人与人之间，有种种天然的，或人为的交互关
系。如父子，如兄弟，是天然的关系。如夫妻，如朋友，是人造的关
系。每种关系便是一"伦"。每一伦有一种标准的情谊行为。如
父子之恩，如朋友之信，这便是那一伦的"伦理"。儒家的人生哲
学，认定个人不能单独存在，一切行为都是人与人交互关系的行
为，都是伦理的行为。故《中庸》说：

　　　　天下之达道五，曰：君臣也，父子也，夫妇也，昆弟也，朋友
　　　　之交也。五者，天下之达道也。

"达道"是人所共由的路。参看《论语》十八，子路从而后一章。因为儒家
认定人生总离不了这五条达道，总逃不出这五个大伦，故儒家的
人生哲学，只要讲明如何处置这些伦常的道理，只要提出种种伦常的
标准伦理。如《左传》所举的六顺：君义，臣行，父慈，子孝，兄爱，
弟敬。如《礼运》所举的十义：父慈，子孝，兄良，弟悌，夫义，妇听，
长惠，幼顺，君仁，臣忠。如《孟子》所举的五伦：父子有亲，君臣有
义，夫妇有别，长幼有序，朋友有信。故儒家的人生哲学，是伦理的
人生哲学。后来孟子说墨子兼爱，是无父；杨子为我，是无君。无
父无君，即是禽兽。孟子的意思，其实只是说墨家和杨氏老庄各家近
于杨氏。的人生哲学，或是极端大同主义，或是极端个人主义，都是
非伦理的人生哲学。我讲哲学，不用"伦理学"三个字，却称"人生
哲学"，也只是因为"伦理学"只可用于儒家的人生哲学，而不可用
于别家。

　　孔子的人生哲学，不但注重模范的伦理，又还注重行为的动

机。《论语》说：

> 视其所以，观其所由，察其所安，人焉廋哉？人焉廋哉？
> （二）

这一章乃是孔子人生哲学很重要的学说，可惜旧注家多不曾懂得这一章的真义。"以"字，何晏解作"用"，说"言视其所行用"，极无道理。朱熹解作"为"，说"为善者为君子，为恶者为小人"，也无道理。"以"字当作"因"字解。《邶风》"何其久也，必有以也"。《左传》昭十三年"我之不共，鲁故之以"，又《老子》"众人皆有以"。此诸"以"字，皆作因为解。凡"所以"二字连用，"以"字总作因为解。孔子说观察人的行为，须从三方面下手。第一，看他因为什么要如此做；第二，看他怎么样做，用的什么方法；第三，看这种行为，在做的人身心上发生何种习惯，何种品行。朱熹说第二步为"意之所从来"，是把第二步看作第一步了。说第三步道，"安，所乐也。所由虽善，而心之所乐者，不在于是，则亦伪耳，岂能久而不变哉"。却很不错。第一步是行为的动机。第二步是行为的方法。第三步是行为所发生的品行。这种三面都到的行为论，是极妥善无弊的。只可惜孔子有时把第一步的动机看得很重，所以后来的儒家，便偏向动机一方面，把第二步第三步都抛弃不顾了。孔子论动机的话，如下举诸例：

> 今之孝者，是谓能养。至于犬马，皆能有养。不敬，何以别乎？（二）
> 人而不仁，如礼何？人而不仁，如乐何？（二）
> 苟志于仁矣，无恶也。（四）

动机不善，一切孝悌礼乐都只是虚文，没有道德的价值。这话本来不错，即墨子也不能不认"意"的重要，看《耕柱篇》第四节。但孔子生平，痛恨那班聚敛之臣，斗筲之人的谋利政策，故把义利两桩分得太分明了。他说：

> 放于利而行,多怨。(四)
>
> 君子喻于义,小人喻于利。(四)

但他却并不是主张"正其谊不谋其利"的人。《论语》说:

> 子适卫,冉有仆。子曰:"庶矣哉!"冉有曰:"既庶矣,又
> 何加焉?"子曰:"富之。"曰:"既富矣,又何加焉?"曰:"教
> 之。"(十四)

这岂不是"仓廪实而后知礼节,衣食足而后知荣辱"的政策吗?可见他所反对的利,乃是个人自营的私利。不过他不曾把利字说得明白,《论语》又有"子罕言利"的话,又把义利分作两个绝对相反的物事,故容易被后人误解了。

但我以为与其说孔子的人生哲学注重动机,不如说他注重养成道德的品行。后来的儒家只为不能明白这个区别,所以有极端动机的道德论。孔子论行为,分动机、方法、品行三层,已如上文所说。动机与品行都是行为的"内容"。我们论道德,大概分内容和外表两部。譬如我做了一件好事,若单是为了这事结果的利益,或是为了名誉,或是怕惧刑罚笑骂,方才做去,那都是"外表"的道德。若是因为我觉得理该去做,不得不去做,那便是属于"内容"的道德。内容的道德论,又可分两种。一种偏重动机,认定"天理",如宋儒中之主张天理人欲论者,或认定"道德的律令",如康德有绝对无限的尊严,善的理该去做,恶的理该不去做。一种注重道德的习惯品行,习惯已成,即是品行。^{习惯 Habit 品行 Character。}有了道德习惯的人,见了善自然去做,见了恶自然不去做。例如良善人家的子弟,受了良善的家庭教育,养成了道德的习惯,自然会行善去恶,不用勉强。

孔子的人生哲学,依我看来,可算得是注重道德习惯一方面的。他论人性道:

性相近也,习相远也,惟上智与下愚不移。(十七)
"习"即是上文所说的习惯。孔子说:

吾未见好德如好色者也。(九)

已矣乎! 吾未见好德如好色者也! (十五)

这两章意同而辞小异,可见这是孔子常说的话。他说不曾见好德
如好色的人,可见他不信好德之心是天然有的。好德之心虽不是
天然生就的,却可以培养得成。培养得纯熟了,自然流露。便如好
色之心一般,毫无勉强。《大学》上说的"如恶恶臭,如好好色",便
是道德习惯已成时的状态。孔子说:

知之者,不如好之者。好之者,不如乐之者。(六)

人能好德恶不善,如好好色,如恶恶臭,便是到了"好之"的地位。
道德习惯变成了个人的品行,动容周旋无不合理,如孔子自己说的
"从心所欲,不逾矩",那便是已到"乐之"的地位了。

这种道德的习惯,不是用强迫手段可以造成的。顺是用种种
教育涵养的工夫方能造得成。孔子的正名主义,只是要寓褒贬,别
善恶,使人见了善名,自然生爱;见了恶名,自然生恶。人生无论何
时何地,都离不了名。故正名是极大的德育利器。参看《荀子·正名
篇》及《尹文子·大道篇》此外,孔子又极注重礼乐。他说:

兴于诗,立于礼,成于乐。(八)

不学诗,无以言,……不学礼,无以立。(十六)

诗,可以兴,可以观,可以群,可以怨,……人而不为《周
南》、《召南》,其犹正墙面而立也欤。(十七)

恭而无礼则劳。有子曰,恭近于礼,远耻辱也。慎而无礼则葸。
勇而无礼则乱。直而无礼则绞。(八)

诗与礼乐都是陶融身心,养成道德习惯的利器。故孔子论政治,也
主张用"礼让为国"。又主张使弦歌之声,遍于国中。此外孔子又

极注重模范人格的感化。《论语》说：

> 季康子问政于孔子曰："如杀无道，以就有道，何如？"孔子对曰："子为政，焉用杀；子欲善，而民善矣。君子之德风，小人之德草，草上之风必偃。"(十三)

> 为政以德，譬如北辰，居其所而众星共之。(二)

因此他最反对用刑治国。他说：

> 道之以政，齐之以刑，民免而无耻。道之以德，齐之以礼，有耻且格。(二)

(《中国哲学史大纲》(卷上)，商务印书馆1919年2月版，这里选自《中国现代学术经典·胡适卷》，河北教育出版社1996年)

胡适(1891—1962)，原名洪骍，嗣穈，字希疆，安徽绩溪人。1906年考入中国公学，1910年考中庚子赔款留学生，赴美康乃尔大学农学院，后转文学院学哲学。1915年入哥伦比亚大学研究院，师从哲学家杜威。1917年回国任北大教授，加入《新青年》编辑部。抗战初期出任国防参议会参议员，1938年任驻美大使，战后任北大校长，1929年去美，后去台湾。1954年任台"光复大陆设计委员会"副主任委员。1957年任台湾"中央研究院"院长，1962年在酒会上突发性心脏病去逝。论著主要有《胡适作品选集》等。

作者认为：中国的哲学史，从老子孔子开始。孔子是中国古代的守旧派，也是积极的救世派，想把天下无道变成有道。《易经》是孔子学说的根本，认为天地万物都时刻在变化，这完全是唯物的，不是唯神的看法。正名是孔子学说的中心问题,宗旨是使君者是君,臣者是臣。孔子的哲学方法是"一以贯之",认定宇宙间天地万物有系统条理可寻。曾子把其解释为忠恕。忠恕是孔门的方法论,又是人生哲学的根本方法:我与人同是人,便自然会推己及人。这也就是仁的意思。仁即做人的道理。孔子说的君子,是指人格高尚、有道德至少能尽一部分人道的人。

东西文化及其哲学(节选)

梁 漱 溟

孔子对于生之赞美

　　我们先说孔子的人生哲学出于这种形而上学之初一步,就是以生活为对,为好的态度。这种形而上学本来就是讲"宇宙之生"的,所以说"生生之谓易"。由此孔子赞美欣赏"生"的话很多,像是"天地之大德曰生";"天何言哉,四时行焉,百物生焉,天何言哉";"致中和天地位焉,万物育焉";"唯天下至诚为能尽其性,能尽其性则能尽人之性,能尽人之性则能尽物之性,能尽物之性则可以赞天地之化育,可以赞天地之化育则可以与天地参矣";"天地变化,圣人效之";"大哉圣人之道,洋洋乎发育万物,峻极于天";如此之类总是赞叹不置。这一个"生"字是最重要的观念,知道这个就可以知道所有孔家的话。孔家没有别的,就是要顺着自然道理,顶活泼顶流畅的去生发。他以为宇宙总是向前生发的,万物欲生,即任其生,不加造作必能与宇宙契合,使全宇宙充满了生意春气。于是我们可以断言孔家与佛家是不同而且整整相反对的了。好多人都爱把两家拉扯到一起讲。自古就有什么儒释同源等论,直到现在还有这等议论。你看这种发育万物的圣人道理,岂是佛家所愿意的吗? 他不是以万物发育为妄的吗? 他不是要不沦在生死的吗？他所提出的"无生"不是与儒家最根本的"生"是恰好反对的吗？所以我心目中代表儒家道理的是"生"，代表佛家道理的是"无生"。中国人性好调和，所以讲学问总爱将两个相反的东西拉扯附会。又因为佛家传到中国来渐失本来面目，在唐以后盛行的禅宗，差不多可以说为印度原来没有的，他既经中国民族性的变化，从中国人手里出来，而那宋明学家又曾受他的启发，所以两方更容易相混。即使禅学宋明学相类，也不得为佛家孔家之相类，而况他们初不相类呢！大家总有一个错误，在这边看见一句话，在那边看见一句话，觉得两下很相像，就说他们道理可以相通，意思就是契合了。其实一家思想都是一个整的东西，他那一句话皆于其整的上面有其意思，离开整系统则失其意味。若剖析零碎则质点固无不同者，如果不是合成整的，则各人面目其何从见？所以部分的相似是不算数的。我中国人又头脑笼统，绝少辨察明利的人，从来讨论这两家异同问题的，多是取资禅家的话，愈没有明确的见解；只有吴检斋先生作过一篇《王学杂论》是从唯识上来批评的，很能够一扫游词浮论，把两家的根本分别之处得到了。他说："王说生生不息之根，正穷生死蕴，恒转如流，异生所以在缠，智者期于证断，而彼辈方以流行无间为道体之本然，此中庸至诚无息之说所为近于天磨，而彼宗所执之性非无垢净识明矣。"这话是不错的，儒家所奉为道体的，正是佛家所排斥不要的，大家不可以不注意。

孔子之不认定的态度

其次我们看孔子从那形而上学一定先得到其无表示的道理。大家认识了——的象———一表示——就以为他果然如此，不晓得他是浮寄于两相反的势力之上而无根的。根本无表示，大家只晓得那表示,而不晓得这表示乃是无表示上面的一个假象。一个表示都是一个不调和,但所有表示却无不成立于调和之上,所以所有一切,同时都调和,同时都不调和,不认定其表面之所示现为实。寻常人之所以不能不认表示而不理会无表示者,因为他是要求表示的,得到表示好去打量计算的。所以孔子有一个很重要的态度就是一切不认定。《易经》上说:"易之为书也不可远,为道也屡迁,变动不居,周流六虚,上下无常,刚柔相易,不可为典要,唯变所适";《论语》上就明白指出所持的态度说:"子绝四,毋意,毋必,毋固,毋我";又说"我则异于是,无可无不可"。又不但对于其实不如何的而认定其如何,是错,并且一认定,一计算,在我就失中而倾欹于外了。平常人都是求一条客观呆定的道理而秉持之,孔子全不这样。制定这个是善那个是恶,这个为是那个为非,这实是大错! 我们觉得宋明学家算是能把孔子的人生重新提出的,大体上没有十分的不对,所有的不对,只在认定外面而成了极端的态度和固执(明人稍好一点)。他们把一个道理认成天经地义,像孔子那"无可无不可"的话不敢出口。认定一条道理顺着往下去推就成了极端,就不合乎中。事实像是圆的,若认定一点,拿理智往下去推,则为一条直线,不能圆,结果就是走不通。譬如以爱人爱物这个道理顺着往下推去,必至流于墨子兼爱基督博爱的派头;再推就到了佛教的慈悲不杀;再推不但不杀动物也要不杀害植物才对;乃至一石一木也要不毁坏他才对;那么,那个路你怎么走呢? 你如果不能做到最后尽头一步,那么,你的推理何以无端中途不往下推? 你要晓得不但后来不能推,从头原不应判定一理而推也! 所以孔子主张"亲亲而仁民,仁民而爱物"。在我的直觉上对于亲族是情厚些,就厚些;对于旁人略差些,就差些;对于生物又差些,就又差些;对于木石更差了,就更差些。你若判定情厚,多爱为定理而以理智往下推寻，把他作成客观道理而秉持之，反倒成了形式；没有真情，谬戾可笑，何如完全听凭直觉！然而一般人总要推寻定理，若照他那意思看，孔家所谓"钓而不纲，弋不射宿"，"君子远庖厨"未免不通：既要钓何如纲，既不纲也就莫钓；既要弋就射宿，既不射宿也就莫弋；既不忍食肉就不要杀生，既杀生又何必远庖厨。一般人是要讲理的，孔子是不讲理的；一般人是求其通的，孔子则简直不通！然而结果一般人之通却成不通，而孔子之不通则通之至。盖孔子总任他的直觉，倒没有自己打架，而一般人念念讲理，事实上只讲一半，要用理智推理，结果仍得凭直觉。我们的行为动作，实际上都是直觉支配我们的，理智支配他不动；一边自己要用理智，一边自己实不听他，临时直觉叫我们往哪边去，我们就往哪边去。这种自己矛盾打架，不过人自己不觉罢了，其实是无时无刻不这样的，留心细省就知道了。调和折衷是宇宙的法则，你不遵守，其实已竟无时不遵守了。极端的事，一偏的事，哪里是极端？哪里是一偏？他对于真的极端还是折衷，他对于真的一偏还是调和。其实无论何人自认为彻底往下推的，也都是不讲理——就是说没有一人不是不往下推的。所以一般人心里总是有许多道理、见解、主张的，而孔子则无成心，他是空洞无丝毫主张的。他因此就无常师，就述而不作。孔子的这种不认定，有似佛家的"不着有"，但全非一事，不过孔子这种空洞无主张，只是述而不作，则与佛陀一般一样。我只看见世上仅此两人是此态度，外此无有已；我只看见他两人仅此一点相同，外此无有已。盖愈是看得周全，愈是看得通，也必愈无主张；惟其那只见一隅的，东一点，西一点，倒有很多主张。既不认定，既无主张，那么，我们何所适从呢？认定、主张就偏，那么我们折衷好吗？极端不对，那么，我们调和对罢？也不对，也不好，因为你又认定折衷，调和去走了。然则叫我们怎么样呢？

孔子之一任直觉

于是我们再来看孔子从那形而上学所得的另一道理。他对这个问题就是告诉你最好不要操心。你根本错误就在找个道理打量计算着去走。若是打量计算着去走,就调和也不对,不调和也不对,无论怎样都不对;你不打算计量着去走,就通通对了。人自然会走对的路,原不须你操心打量的。遇事他便当下随感而应,这随感而应,通是对的,要于外求对,是没有的。我们人的生活便是流行之体,他自然走他那最对,最妥帖最适当的路。他那遇事而感而应,就是个变化,这个变化自要得中,自要调和,所以其所应无不恰好。所以儒家说:"天命之谓性,率性之谓道。"只要你率性就好了,所以就又说这是夫妇之愚可以与知与能的。这个知和能,也就是孟子所说的不虑而知的良知,不学而能的良能,在今日我们谓之直觉。这种求对求善的本能、直觉,是人人都有的;故孟子说:"人皆有不忍人之心……所以谓人皆有不忍人之心者;今人乍见孺子将入于井,皆有怵惕恻隐之心,非所以内交于孺子之父母也,非所以要誉于乡党朋友也,非恶其声而然也。"又说:"恻隐之心人皆有之,羞恶之心人皆有之,恭敬之心人皆有之,是非之心人皆有之。恻隐之心仁也;羞恶之心义也;恭敬之心礼也;是非之心智也;仁义礼智非由外铄我也,我固有之也。"这种好善的直觉同好美的直觉是一个直觉,非二;好德,好色,是一个好,非二,所以孟子说:"口之于味也有同嗜焉,耳之于声也有同听焉,目之于色也有同美焉。至于心独无所同然乎?心之所同然者何也?谓礼也,义也,圣人先得我心之所同然耳;故礼义之悦我心,犹刍豢之悦我口。"这种直觉人所本有,并且原非常敏锐,除非有了杂染习惯的时节。你怎样能复他本然敏锐，他就可以活动自如，不失规矩。

孔子所谓仁是什么？

此敏锐的直觉，就是孔子所谓仁。胡适之先生在《中国哲学史大纲》上说："仁就是理想的人道，尽人道即是仁，蔡子民《中国伦理学史》说，孔子所说的仁乃是'统摄诸德完成人格之名'。这话甚是；《论语》记子路问成人，孔子答道：'若臧武仲之知，公绰之不欲，卞庄子之勇，冉求之艺，文之以礼乐，亦可以为人矣；'成人即是尽人道，即是完成人格，即是仁。"我亦不能说"统摄诸德完成人格"是不仁，胡君的话我亦无从非议。但是这样笼统空荡荡的说法，虽然表面上无可非议，然他的价值也只可到无可非议而止，并不能让我们心里明白，我们听了仍旧莫名其妙。这因为他根本就不明白孔子的道理。所以他就不能说出使我们明白。他若明白时就晓得这个"仁"是跃然可见确乎可指的。胡先生又说："后人如朱熹之流说'仁者无私心而合天理之谓'乃是宋儒的臆说，不是孔子的本意。"不晓得胡先生有什么真知灼见，说这样一笔抹煞的话！朱子实不如今人的逞臆见，他的话全从那一个根本点出来，与孔子本意一丝不差，只要一讲清楚就明白了。我们现在先来讲明仁即是敏锐直解的话。你看《论语》上宰我问三年丧似太久，孔子对他讲："食夫稻，衣夫锦，于汝安乎？"他说"安"。孔子就说："汝安则为之。君子之居丧食旨不甘，闻乐不乐，居处不安，故不为也。今汝安则为之。"宰我出去，孔子就叹息道："予之不仁也！"这个"仁"就完全要在那"安"字上求之。宰我他于这桩事心安，孔子就说他不仁，那么，不安就是仁喽。所谓安，不是情感薄直觉钝吗？而所谓不安，不是情感厚直觉敏锐是什么？像所谓恻隐、羞恶之心,其为直觉是很明的;为什么对于一桩事情,有人就恻隐,有人就不恻隐,有人就羞恶,有人就不羞恶? 不过都是一个安然不觉,一个就觉得不安的分别罢了。这个安不安,不又是直觉锐钝的分别吗? 儒家完全要听凭直觉,所以唯一重要的就在直觉敏锐明利;而唯一怕的就在直觉迟钝麻痹。所有的恶,都由于直觉麻痹,更无别的原故,所以孔子教人就是"求仁"。人类所有的一切诸德,本无不出自此直觉,即无不出自孔子所谓"仁",所以一个"仁"就将种种美德都可代表了。而对于"仁"的说法,可以种种不一,此孔子答弟子问"仁"各个不同之所由来也。大家见他没有一定的说法,就以为是一个空荡荡理想的好名称了。我们再来解释朱子的话:大家要看这个不安是哪里来的? 不安者要求安的表示也,要求得一平衡也,要求得一调和也。直觉敏锐且强的人其要求安,要求平衡,要求调和就强,而得发诸行为,如其所求而安,于是旁人就说他是仁人,认其行为为美德,其实他不过顺着自然流行求中的法则走而已。《易经》上说:"一阴一阳之谓道,继之者善也,成之者性也。仁者见之谓之仁,知者见之谓之知,百姓日用而不知,故君子之道鲜矣。"道在调和求中,你能继此而走就是善,却是成此善者,固由本性然也。仁就在这一点上,知也在这一点上,你怎样说他都好,寻常人人都在这里头度他的生活,而自己不晓得。这自然流行日用不知的法则就是"天理",完全听凭直觉,活动自如,他自能不失规矩,就谓之"合天理";于这个之外自己要打量计算,就通通谓之"私心"、"私欲"。王心斋说的好:"天理者,天然自有之理也,才欲安排如何,便是人欲。"大家要晓得,天理不是认定的一个客观道理,如臣当忠、子当孝之类;是我自己生命自然变化流行之理,私心人欲不一定是声、色、名、利的欲望之类,是理智的一切打量、计较、安排,不由直觉去随感而应。孔家本是赞美生活的,所有饮食男女本能的情欲,都出于自然流行,并不排斥。若能顺理得中,生机活泼,更非常之好的;所怕理智出来分别一个物我,而打量、计较,以致直觉退位,成了不仁。所以朱子以"无私心""合天理"释"仁",原从儒家根本的那形而上学而来,实在大有来历,胡先生不曾懂得,就指为臆说了。我们再来讲讲这个"仁"。"仁"就是本能、情感、直觉,是已竟说过的了。在直觉、情感作用盛的时候,理智就退伏;理智起了的时候,总是直觉、情感平下去;所以二者很有相违的倾向。孔子说:"刚毅木讷近仁,"又说"巧言令色鲜矣仁",我们都可以看出这"仁"与"不仁"的分别:一个是通身充满了真实情感,而理智少畅达的样子;一个是(险)〔脸〕上嘴头露出了理智的慧巧伶俐,而情感不真实的样子。大约理智是给人作一个计算的工具,而计算实始于为我,所以理智虽然是无私的,静观的,并非坏的,却每随占有冲动而来。因这妨碍情感和连带自私之两点,所以孔家很排斥理智。但仁虽然是情感,却情感不足以言仁。仁是一个很难形容的心理状态,我且说为极有活气而稳静平衡的一个状态,似乎可以分为两条件:

(一)寂——像是顶平静而默默生息的样子;

(二)感——最敏锐而易感且很强。

能使人所行的都对,都恰好,全仗直觉敏锐,而最能发生敏锐直觉的则仁也。仁是体,而敏锐易感则其用;若以仁兼赅体用,则寂其体而感其用。若单以情感言仁,则只说到用,而且未必是恰好的用,故言仁者不可不知寂之义。这个寂与印度思想全不相涉,浅言之,不过是为心乱则直觉钝,而敏锐直觉都生于心静时也。平常说的教那人半夜里扪心自问,正为半夜里心静,有点内愧,就可以发露不安起来。孟子说的很明白:"虽存乎人者岂无仁义之心哉?其所以放其良心者亦犹斧斤之于木也,旦旦而伐之,可以为美乎?

其日夜之所息,平旦之气其好恶与人相近也几希;则其旦昼之所为有梏亡之矣。梏之反覆则其夜气不足以存,夜气不足以存,则其违禽兽不远矣。"宋明人都有点讲静坐,大家只看形迹,总指为受佛老的影响而不是孔家原样,其实冤屈了他。陈白沙所谓"静中养出端倪"实在很对的。而聂双江在王门中不避同学朋友的攻击,一力主张"归寂以通天下之感",尤为确有所见。虽阳明已故,无从取决,然罗念庵独识其意。在古代孔家怎样修养,现在无从晓得,然而孔家全副的东西都归结重在此点,则其必以全力从事于此,盖可知也。胡适之先生说:"最早的那些儒家只注重实际的伦理和政治,只注重礼乐仪节,不讲究心理的内观。到了大学、中庸时代,才从外务的儒学,进入内观的儒学。"这话未必是。你不看孔子说的:"回也其心三月不违仁,其余则日月至焉而已矣;"那"仁"不是明指一种内心生活吗?只要能像孔子说的"君子无终食之间违仁,造次必于是,颠沛必于是",就都好了,并不要一样一样去学着作那种种道德善行,盖其根本在此。若说以前孔子时为外务的儒学恐其不然。不过这种内心修养实不像道家佛家于生活正路外有什么别的意思;他只要一个"生活的恰好","生活的恰好"不在拘定客观一理去循守而在自然的无不中节。拘定必不恰好,而最大的尤在妨碍生机,不合天理。他相信恰好的生活在最自然,最合宇宙自己的变化——他谓之"天理流行"。在这自然变化中,时时是一个"中",时时是一个"调和"——由"中"而变化,变化又得一"中",如是流行不息。孔家想照这样去生活,所以就先得"有未发之中而后发无不中节"了。"仁"与"中"异名同实,都是指那心理的平衡状态。中即平衡、归寂,即以求平衡,惟其平衡则有不合此平衡者就不安,而求其安,于是又得一平衡。此不安在直觉,既已说过,而我们所说敏锐直觉即双江所谓通天下之感也。世人有一种俗见，以为仁就是慈惠，这固然不能说不是仁，但仁之重要意味则为宋明家所最喜说而我们所最难懂的"无欲"。从前我总觉以此为仁，似不合理，是宋儒偏处。其实或者有弊，却不尽错，是有所得的。其意即以欲念兴，直觉即钝，无欲非以枯寂为事，还是求感通，要感通就先须平静。平静是体，感通是用，用在体上。欲念多动一分，直觉就多钝一分；乱动的时候，直觉就钝得到了极点，这个人就要不得了。因此宋儒无欲确是有故的，并非出于严酷的制裁，倒是顺其自然，把力量松开，使其自然的自己去流行。后人多误解宋人意思，而宋人亦实不免支离偏激，以至孔家本旨遂无人晓得，此可惜也！修养不过复其本，然此本即不修养，在一般人也并不失，故曰"百姓日用而不知"；仁初非甚高不可攀企之物也。然而仁又高不可穷，故虽颜子之贤，只能三月不违，其余只能日月至，而人以诸弟子之仁否为问，孔子皆不许其仁；乃至孔子亦自云："若圣与仁则吾岂敢？"曾子说："士不可以不弘毅，仁以为己任不亦重乎？死而后已不亦远乎？"可见仁是顶大的工程，所有的事没有大过他的了；而儒家教人亦惟要作此一事，一事而无不事矣。

孔家性善的理

我们再来看孔家性善的道理。孔子虽然没有明白说出性善，而荀子又有性恶的话，然从孔子所本的形而上学看去其结果必如是。那《易经》上继之者善，成之者性，百姓日用而不知的话，原已明白；如我们前面讲仁的话内，也已将此理叙明。胡适之先生说："孔子的人生哲学依我看来可算得是注重道德习惯一方面的。"又引孔子未见好德如好色的话而说："可见他（指孔子）不信好德之心是天然有的；好德之心虽不是天然生就的，却可以培养得成，培养得纯熟了自然流露;《大学》上说的:'如恶恶臭,如好好色,'便是道德习惯已成时的状态。"他这话危险的很! 人类社会如果不假这种善的本能,试问是怎样成功的? 胡先生不但不解孔子的道理而臆说,并且也不留意近来关于这个的意见之变迁,才说这样话(此变迁详第五章)。要晓得孔子的"性相近也,习相远也",其性近就是说人的心理原差不多,这差不多的心理就是善,孟子所谓人心之所同然者是也。本来都是好恶与人同的,只有后来习惯渐偏,才乖违,才支离杂乱,俱不得其正了。所以最好始终不失其本然,最怕是成了习惯——不论大家所谓好习惯坏习惯,一有习惯就偏,固所排斥,而尤怕一有习惯就成了定型,直觉全钝了。大家认为好习惯的也未必好,因为根本不能认定。就假设为好习惯,然而从习惯里出来的只是一种形式,不算美德。美德要真自内发的直觉而来才算。非完全自由活动则直觉不能敏锐而强有力,故一入习惯就呆定麻痹。而根本把道德摧残了。而况习惯是害人的东西,用习惯只能对付那一种时势局面,新的问题一来就对付不了,而顽循旧习,危险不堪! 若直觉敏锐则无所不能对付。一个是活动自如,日新不已;一个是拘碍流行,淹滞生机。害莫大于滞生机,故习惯为孔家所必排。胡先生以注重道德习惯来讲孔子人生哲学,我们是不能承认的。

孔子之不计较利害的态度

我们再来讲孔子的惟一重要的态度,就是不计较利害。这是儒家最显著与人不同的态度,直到后来不失,并且演成中国人的风尚,为中国文化之特异彩色的。这个道理仍不外由前边那些意思来,所谓违仁,失中,伤害生机等是也。胡适之先生又不晓得孔子这个态度,他以为孔子的"放于利而行多怨";"君子喻于义,小人喻于利";不过是孔子恨那般谋利政策,所以把义利两桩说得太分明了。他又引孔子对冉有所说"庶矣,富之"的话,而认孔子并不主张"正其谊不谋其利"说:"……可见他所反对的利,乃是个人自营的私利,不过他不曾把利字说的明白,《论语》又有夫子罕言利的话,又把义利分作两个绝对相反的物事,故容易被后人误解了。"但胡先生虽于讲孔子时不曾认清孔子的态度,却到讲墨子的时候,又无意中找出来了。他看见《墨子·公孟篇》上说:"子墨子问于儒者曰:'何故为乐?'曰:'乐以为乐也。'子墨子曰:'子未我应也,今我问曰:"何故为室?"曰:"冬避寒焉,夏避暑焉,室以为男女之别也。"则子告我为室矣。今我问曰:"何故为乐?"曰:"乐以为乐也。"是犹曰:"何故为室?"曰:"室以为室。"'"他就说:"儒家只说一个'什么',墨子则说一个'为什么',提出一个极高的理想的标准,如人生哲学高悬一个止于至善的目的,其细目'为人君,止于仁;为人臣,止于敬;为人父,止于慈;为人子,止于孝;与国人交,止于信。'全不问为什么为人子的要孝?为什么为人臣的要敬?只说理想中的父子君臣朋友是该如此如此的。"他从此推论儒墨的区别道:

> 儒家只注意行为的动机,不注意行为的效果。推到了极端,便成董仲舒所说的"正其谊不谋其利,明其道不计其功"。只说这事应该如此做,不问为什么应该如此做。墨子的方法,恰与此相反。墨子处处要问一个"为什么"。例如造一所房子,先要问为什么要造房子。知道了"为什么",方才可以知道"怎样做"。知道房子的用处是"冬避寒焉,夏避暑焉,室为男女之别",方才可以知道怎样构造布置,始能避风雨寒暑,始能分别男女内外。人生一切行为都如此……墨子以为

无论何种事物、制度、学说、观念，都有一个"为什么"。换言之，事事物物都有一个用处。知道那事物的用处，方才可以知道他的是非善恶。为什么呢？因为事事物物既是为应用的，若不能应用，便失了那事物的原意了，便应该改良了。例如墨子讲"兼爱"便说："用而不可，虽我亦将非之。且焉有善而不可用者？"这是说能应"用"的便是"善"的；善的便是能应"用"的。譬如我说这笔"好"，为什么"好"呢？因为能中写，所以"好"。又如我说这会场"好"，为什么好呢？因为他能最合开会讲演的用，所以"好"。这便是墨子的"应用主义"。应用主义又可叫做"实利主义"。儒家说"义也者，宜也"。宜即是"应该"。凡是应该如此做的，便是"义"。墨家说"义利也"。便进一层说，说凡事如此做去便可有利的即是"义"的。因为如此做才有利，所以"应该"如此做。义所以为"宜"，正因其为"利"。

他在这以下又讲明墨子的应用主义如何不要看浅解错。他对于墨子的态度觉得很合脾胃，因他自己是讲实验主义的。他于是对于孔子的态度就不得其解，觉无甚意味。大约这个态度问题不单是孔墨的不同，并且是中国西洋的不同所在——孔子代表中国，而墨子则西洋适例。我们于这里要细说一说。当我们作生活的中间，常常分一个目的手段：譬如避寒、避暑、男女之别这是目的；造房子，这是手段。如是类推，大半皆这样。这是我们生活中的工具——理智——为其分配、打量之便利，而假为分别的；若当作真的分别，那么就错误而且危险了。什么错误危险？就是将整个的人生生活打成两断截；把这一截完全附属于那一截，而自身无其意味。如我们原来生活是一个整的，时时处处都有意味；若一分，则当造房中那段生活就全成了住房时那一段生活的附属，而自身无复意味。若处处持这样态度，那么就把时时的生活都化成手段——例如化住房为食息之手段，化食息为生殖之手段——而全一人生生活都倾敧在外了。不以生活之意味在生活，而把生活算作为别的事而生活了。其实生活是无所为的，不但全整人生无所为，就是那一时一时的生活亦非为别一时生活而生活的。平常人盖多有这种错分别——尤以聪明多欲人为甚——以致生活趣味枯干，追究人生的意义、目的、价值等等，甚而情志动摇，溃裂横决。孔子非复常人，所见全不如此而且教人莫如此；墨子犹是常人，所见遂不出此，而且变本加厉。墨子事事都问一个"为什么"，事事都求其用处。其理智计较算帐用到极处；就把葬也节了，因为他没用处；把丧也短了，因为他有害处；把乐也不要了，因为他不知其何所为。这彻底的理智把直觉、情趣斩杀得干干净净；其实我们生活中处处受直觉的支配，实在说不上来"为什么"的。你一笑、一哭，都有一个"为什么"，都有一个"用处"吗？这都是随感而应的直觉而已。那孝也不过是儿女对其父母所有的一直觉而已，胡先生一定要责孔家说出"为什么"，这实在难得很！我们人的行为动作实在多无所为，而且最好是无所为。"无所为而为"是儒家最注重用力去主张去教人的。或者后儒也有偏处，然而要知其根本所从来则不致误解了。我们已经说过孔家是要作仁的生活了，最与仁相违的生活就是算帐的生活。所谓不仁的人，不是别的，就是算帐的人。仁只是生趣盎然，才一算帐则生趣丧矣！即此生趣，是爱人敬人种种美行所油然而发者；生趣丧，情绪恶，则贪诈、暴戾种种劣行由此其兴。算计不必为恶，然算计实唯一妨害仁的，妨害仁的更无其他；不算帐未必善，然仁的心理却不致妨害。美恶行都是发于外之用，不必着重去看；要着重他根本所在的体，则仁与不仁两种不同之心理是也。要着重这两种心理则算计以为生活不算计以为生活不可不审也！这是说明孔家不计较利害之由于违仁的一个意思。计算始于认定前面，认定已失中，进而算计更失中；甚至像前面所说：计算到极处则整个人生都倾歆于外。孔家为保持其中又不能不排斥计算。旁人之生活时不免动摇，以其重心在外；而孔家情志安定都为其生活之重心在内故也。这是说明孔家不计较利害由于失中的一个意思。违仁失中都是伤害生机。不但像墨子那样办法使人完全成了机械，要窒息而死，稍加计算，心理就不活泼有趣，就不合自然；孔家是要自然活泼去流行的，所以排斥计算。这是说明孔家不计较利害由于伤害生机的一个意思。大约儒家所谓王霸之辨，就在一个非功利的，一个是功利的。而在王道有不尚刑罚之一义，在霸术则以法家为之代表，这也是一个可注意的地方。孔子有言："道之以政，齐之以刑，民免而无耻；道之以德，齐之以礼，有耻且格；"盖刑罚实利用众人趋利避害之计较的心理而成立者，此必至率天下而为不仁之人，大悖孔子之意，所以要反对的。王道虽不行，然中国究鲜功利之习，此中国化之彩色。西洋虽以功利为尚，与墨子为一态度，而同时又尚艺术，其态度适得一调剂，故墨子之道不数十年而绝，而西洋终有今日。（附注，艺术用直觉而富情趣，其态度为不计较的。）

礼运大同说之可疑

　　说到此处我想起一件事来。我在民国五年夏天的时候，曾把孔家经籍都翻一遍，直觉颇得其意，按之于书，似无不合；只有《礼运》大同一篇话看着刺眼，觉得大不对。他说什么大同小康，分别这个不如那个好，言之津津有味，实在太鄙！这还是认定外面有所希望计较的态度，决不合孔子之意。所有孔子的话，我们都可以贯串为一线，只有这里就冲突了。不过我也疏于考证，无法证明他是假的，只怀疑在心而已。后来才看见吴虞先生给陈仲甫先生一封信说及此事：

> 前著儒家大同之义本于老子说。今又得三证：吕东莱与朱元晦书曰："蜡宾之叹，自昔前辈共疑之，以为非孔子语。盖不独亲其亲，子其子，而以尧舜禹汤为小康，其真是老聃墨翟之论。"东莱以为老聃之论，直不认为孔子语。一证也。《朱子语类》云："礼运言三王不及上古事，人皆谓其说似庄老。先生曰，礼运之说有理，三王自是不及上古。又问礼运似与老子同，曰不是圣人书。胡明仲云：礼运是子游作，乐记是子贡作，计子游亦不至如此之浅。"朱元晦认礼运非孔子书，且非子游作；而或以为庄老，或以为与老子同。二证也。李邦直礼论云："礼运虽有夫子之言，然其冠篇言大道与三代之治，其语尤杂而不伦。其言曰：大道之行也，天下为公：人不独亲其亲，子其子而谓之大同。又大道既隐，天下为家：各亲其亲，各子其子，如是而谓之薄俗。又，礼仪以为纪，以正君臣，以笃父子，以睦兄弟，以和夫妇，如是而谓之起兵作谋贼乱之本。以禹汤文武周公之治而谓之小康。郑氏称之，又以老子之言为证。故不道小康之说。果夫子之遗言，是圣人之道有二也。"李氏此论见《圣宋文选》，其意以为圣人所以持万世与天地长久不变者，君臣父子而已，不认大同。三证也。

吴先生和他所举诸家的话，其意思不必与我们同，然大家虽各有各的看法，都是觉得这个东西不对是同的。这篇东西其气味太与孔家不对，殆无可辩。晚世所谓今文家者如康长素之流，其思想乃全在此。他所作的《大同书》替未来世界作种种打算，去想象一个美满的境界；他们一班人奉为至宝，艳称不胜，我只觉其鄙而已矣！他们根本不曾得到孔家意思，满腹贪羡之私情，而见解与墨子、西洋同其浅薄。所以全不留意孔子是怎样大与释迦、墨子、耶稣不同，而一例称道，搅乱一团；而西洋思想进来，脾胃投合，所以能首先承受，竞谈富强，直到后来还提倡什么物质救国论，数十年来冒孔子之名，而将孔子精神丧失干净！其弟子陈焕章办孔教会，我们一看所谓孔教者，直使人莫名其妙。而尤使我心里难过的，则其所为建筑教堂募捐启；细细开列：捐二十万的，怎样铸全身铜像；捐十万的，怎样铸半身铜像；捐五万的，怎样建碑；捐几千的怎样；捐几百的怎样；煞费计算之精心，引逗世人计量我出多少钱买多大的名好呢？我看了只有呕吐，说不上话来。哀哉！人之不仁也！

孔子生活之乐

我们再看孔子从这种不打量计算的态度是得到怎样一个生活。我们可以说他这个生活是乐的，是绝对乐的生活。旁人生活多半是不乐的；就是乐，也是相对的。何谓相对的乐？他这个乐是系于物的，非绝关系的，所以为相对；他这个乐是与苦对待的，所以为相对。若绝关系而超对待，斯为绝对之乐。平常人走计算的路，总要由手段取得目的，于是必有所取得而后乐，取不得就苦了。其乐全系于其目的物，而藉待于外；所以说是关系的而非绝对的。又其乐去苦来，苦去乐来，显为相对待的；所以说是对待的而非绝对的。孔子则不然。他原不认定计算而致情志系于外，所以他毫无所谓得失的；而生趣盎然，天机活泼，无入而不自得，决没有哪一刻是他心里不高兴的时候，所以他这种乐不是一种关系的乐，而是自得的乐，是绝对的乐。所谓烦恼这个东西在他是踪影皆无，而心里无时不乐。你看他说："仁者不忧，知者不惑，勇者不惧；"智是惑的反面，勇是惧的反面，这是大家晓得的；你还要晓得仁是忧的反面！你几时懂得这乐，几时懂得这个仁。宋明人常说："寻孔颜乐处，"那是不差的。他只是顺天理而无私欲，所以乐，所以无苦而只有乐。所有的忧苦烦恼——忧国忧民都在内——通是私欲。私欲不是别的，就是认定前面而计虑。没有哪件事情值得计虑——不但名利，乃至国家世界。秋毫泰山原无分别，分别秋毫泰山，是不懂孔子形而上学的。《大学》上说："心有所忿懥，则不得其正；有所恐惧，则不得其正；有所好乐，则不得其正，有所忧患，则不得其正。"胡适之先生看见不得其解，以为这岂不成了木石了？其实不是不许忿懥，只是不许有所忿懥；不是不许恐惧，只是不许有所恐惧；不是不许好乐，只是不许有所好乐，不是不许忧患，只是不许有所忧患：随感而应则无所不可，系情于物则无一而可；所谓得其正者，不倾欹于外也。念念计虑，系情于物，即便有乐，其乐不真，若孔子则啼笑不必异人，只是过而不留，中心通畅，则何时不可以谓之乐乎？《论语》上说："君子坦荡荡、小人常戚戚，"美哉乎，坦荡也！孔家因为有意打量安排，便碍流行之理而挂于物，所以要立意作桩事情，就是善的也不对。所以《论语》上叙诸弟子侍坐，孔子问他们各人要怎样：一个便说要这样，一个便说要那样，都是要有所作为的，孔子都不甚许可；只有曾点说："莫春者，春服既成，冠者五六人，童子六七人，浴乎沂，风乎舞雩，咏而归；"孔子喟然叹道："吾与点也。"那么，孔子就不要作为了吗？不是的。他很勇猛的作事，只是不出于打量罢了。所以他自己说："其为人也，发愤忘食，乐以忘忧，不知老之将至，"旁人就说他是"知其不可而为之者"。据我所见，宋明学者虽都想求孔子的人生，亦各有所得；然惟晚明泰州王氏父子心斋先生东崖先生为最合我意。心斋先生以乐为教，而作事出处甚有圣人的样子；皆可注意处也。

　　我们这时候就连带说到天命一层。天命是孔子和儒家所常常说的,如所谓"五十而知天命","不知命无以为君子","乐天知命故不忧","道之将行也欤? 命也;道之将废也欤? 命也"。虽然有孔子罕言命的话,其故盖别有在;而命实孔子说话中很着重的。所谓天命原很难讲,大概说去就是指那造化流行而言。这个宇宙大的流行,他的来路非常之远;惟其远,其力量亦非常之大,一直贯注下来,成功这个局面,很难转的。除了我当下这一动是未定的,其余周围种种方面情形都在我之外而属于已成。这周围已成的局面都可以叫做机会,或机缘——不拘他对于我这一动为顺为逆。这最多而有力的机会变化方向,殆足以决定我那一动的能否发出,接续表现成功,故曰有命;初不如平常人所谓命定者。乐天者,乐夫天机而动;知命者即是乐天,而无立意强求之私也;无私故不忧。墨家非命,而孔家知命,其对待之根本在用理智与用直觉之不同。在墨子以理智计算,则非非命不能鼓天下之动;然如此之动不能长久不疲,有时而堕矣! 孔家一任直觉,不待鼓而活动不息;其动原非诱于外,则不管得失成败利钝,而无时或倦。所谓知其不可而为之,在以理智计算者知其不可则不为矣;知其不可而为之,直觉使然也。此时不虑其不动,而转恐任情所至,有失乎中,故又不可以不知命也。知命而仍旧奋发,其奋发为自然的不容已,完全不管得失成败,永远活泼,不厌不倦,盖悉得力于刚。刚者无私欲之谓,私欲本即阴滞,而私欲不遂活力馁竭,颓丧疲倦有必然者,无私欲本即阳发,又不以所遇而生阻,内源充畅,挺拔有力,亦必然者。《易》所谓"天行健,君子以自强不息";又孟子说浩然之气:"其为气也至大至刚,以直养而无害,则塞于天地之间;"皆表其刚健的态度。故孔子说知命在他原无弊病,而人之以此怠于作为者,斯由计算态度而然,孔子不任其咎也。

孔子之宗教

孔子的道理大概是这样了,我们看他怎样作法可以使社会上人都得一个仁的生活呢? 在这个地方孔子差不多有他的一副宗教。我们不要把宗教看成古怪东西,他只是一种情志生活。人类生活的三方面,精神一面总算很重,而精神生活中情志又重于知识;情志所表现的两种生活就是宗教与艺术,而宗教力量又常大于艺术。不过一般宗教所有的一二条件,在孔子又不具有,本不宜唤作宗教;因为我们见他与其他大宗教对于人生有同样伟大作用,所以姑且这样说。我们可以把他分作两条:一是孝弟的提倡,一是礼乐的实施;二者合起来就是他的宗教。孝弟实在是孔教唯一重要的提倡。他这也没有别的意思,不过他要让人作他那种富情感的生活,自然要从情感发端的地方下手罢了。人当孩提时最初有情自然是对他父母,和他的哥哥姊姊;这时候的一点情,是长大以后一切用情的源泉;绝不能对于他父母家人无情而反先同旁的人有情。《论语》上“孝弟也者其为仁之本欤”一句话,已把孔家的意思说出。只须培养得这一点孝弟的本能,则其对于社会、世界、人类,都不必教他什么规矩,自然没有不好的了。要想使社会没有那种暴慢乖戾之气,人人有一种温情的态度,自不能不先从家庭做起,所以说:“君子笃于亲,则民兴于仁。”《孝经》那书虽然不像真的,却是“夫孝,德之本也,教之所由生也”则固不错。儒家对于丧葬的注重,在墨子看去,以为对于死人何必瞎费许多事,不知这都大有道理,所谓“慎终追远,民德归厚矣”。节葬短丧所省者都是看得见的利益,而人情一薄,其害不可计量,墨子固不见也。父母在可以尽孝,父母死则送死为大事;既死之后则又有祭祀,使这种宗教的作用还是不断；于是有祭礼，为礼之最重大者。那么，我们其次来说礼乐。礼乐是孔教惟一重要的作法，礼乐一亡，就没有孔教了。墨子两眼只看外面物质，孔子两眼只看人的情感。因为孔子着重之点完全在此，他不得不就这上头想法子。虽然提倡孝弟亦其一端，而只是这样提倡，是没有效的。我们人原是受本能、直觉的支配，你只同他絮絮聒聒说许多好话，对他的情感冲动没给一种根本的变化，不但无益，恐怕生厌，更不得了。那唯一奇效的神方就是礼乐，礼乐不是别的，是专门作用于情感的；他从"直觉"作用于我们的真生命。要晓得感觉与我们内里的生命是无干的，相干的是附于感觉的直觉；理智与我们内里的生命是无干的，相干的是附于理智的直觉。我们内里的生命与外面通气的，只是这直觉的窗户。一切色、声、香、味、触、法，所附直觉皆能有大力量作用于我们。譬如我们闻某一种香味，即刻可以使浮动之心，入于静谧，又换某一种香味，又即刻可以使人心荡；乃至饮食滋味，也可有很多影响，平和的是一样，刺激的又是一样；而声觉变化之多，作用之大，尤为其最。一切宗教家都晓得利用直觉施设他的宗教，即不妨说各教皆有其礼乐。但孔子的礼乐，却是特异于一切他人之礼乐，因为他有其特殊的形而上学为之张本。他不但使人富于情感，尤特别使人情感调和得中。你看《乐记》上说的多么好，教你读了心里都是和乐悦美的！有如："夫民有血气心知之性，而无哀乐之常，应感起物而动，然后心术形焉。是故微志噍杀之音作，而民思忧；啴谐慢易繁文简节之音作，而民康乐；粗厉猛起奋末广贲之音作，而民刚毅，廉直劲正庄诚之音作，而民肃敬；宽裕肉好顺成和动之音作，而民慈爱；流辟邪散狄成涤滥之音作，而民淫乱；是故先生本之情性，稽之度数，制之礼义，合生气之和，道五常之行；使之阳而不散，阴而不密，刚气不怒，柔气不慑，四畅交于中而发作于外，皆安其位而不相夺也。"又："……故乐行而伦清,耳目聪明,血气和平,移附易俗,天下皆宁。"又："礼乐不可斯须去身:致乐以治心,则易直子谅之心油然生矣;易直子谅之心生;则乐;乐则安;安则久;久则天;天则神:天则不言而信,神则不怒而威,致乐以治心者也。致礼以治躬,则庄敬;庄敬则严威。心中斯须不和不乐,而鄙诈之心入之矣;外貌斯须不庄不敬,而易慢之心入之矣。……故曰致礼乐之道,举而错之天下无难矣。"这几段话皆其最美的,而到了那没有斯须不和不乐的地步,便是孔子的"中"与"仁"了。若在别人的礼乐,盖未有不陷于偏激者矣。而在礼之中又特别着重于祭礼,亦其特异之点;所谓"治人之道莫急于礼,礼有五经,莫重于祭";"君子之教也必由其本,顺之至也,祭其是欤? 故曰祭者教之本也已"是也。大约情欲要分界限是没有的,然大概可以说情感是对已过与现在;欲望是对现在与未来;所以启诱情感,要在追念往事;提倡欲望,便在希慕未来。祭礼之所以重,无非永人念旧之情。《祭统》篇:"夫祭者非物自外至者也,自中出于心也",表示启诱情感,何等真切!《祭义》篇:"斋之日,思其居处,思其笑语,思其志意,思其所乐,思其所嗜。斋三日,乃见其所为斋者。祭之日,入室,僾然必有见乎其位;周还出户,肃然必有闻乎其容声;出户而听,忾然必有闻乎其叹息之声。"又表示念旧何等真切! 他把别的宗教之拜神变成祭祖,这样郑重的做去,使轻浮虚飘的人生,凭空添了千钧的重量,意味绵绵,维系得十分牢韧! 凡宗教效用,他无不具有,而一般宗教荒谬不通种种毛病,他都没有,此其高明过人远矣。

　　我曾以孔家是否宗教问屠孝实先生——他是讲宗教哲学的;他说似乎不算宗教。我的意见也是如此,并且还须知道孔子实在是很反对宗教的。宗教多少必带出世意味,由此倾向总要有许多古怪神秘；而孔子由他的道理非反对这出世意味、古怪地方不可。孔子第一不要人胡思乱想，而一般宗教皆是胡思乱想。宗教总要问什么人生以前怎样，人死以后怎样，世界以外怎样……思前虑后，在孔子通通谓之出位之思；与孔子那仁的生活——只认当下的直觉生活，大大不合。所以子路以鬼神生死为问，孔子说"未能事人焉能事鬼……未知生焉知死"；这是孔子的态度，不可不注意。人必情志不宁而后计虑及此；情志不宁总由私欲，而殷殷计虑又是私欲（惟佛教不然，参看前叙佛教动机便知）；种种荒渺之谈由是而兴，虽有所信奉，赖以即安，则又态度倾欹不得其正。《论语》说："子不语怪力乱神"，《中庸》说："子曰：'索隐行怪后世有述焉，吾弗为之矣'"，其排斥之情，不既明耶？其实还不但如此，大约孔子是极平实的一个人，于高深玄远之理似都不肯说的。所以《论语》上一则曰"子罕言利与命与仁"，再则曰"夫子之言性与天道不可得而闻也"。罕言利是不肯言利；罕言命与仁，以及性与天道不可得闻，不是不去说，只是平实切近的说法——如对于诸弟子所说的仁——而不及其幽玄处。荀子去孔子未远，而言性恶，又说，"惟圣人不求知天"，似皆可为孔子不甚谈的证据。后来宋明人竞言性命之学不为无失，而世人更有扯入神秘古怪一团者，则尤为乖谬！

　　与此相连有中庸之一义，我们略加说明以为讲孔家之结束。这与开头所叙不认定的态度也是相连的，因为都是对外面看的一个回省。我们在以前专发挥孔子尚直觉之一义。这也应有一个补订——非常重要的补订。譬如纯任直觉则——所得俱是表示，初无无表示之义；无表示之义，盖离开当下之表示，有一回省而后得之者；此离开当下而回省者，是有意识的，理智的活动。孔子差不多常常如此，不直接任一个直觉，而为一往一返的两个直觉；此一返为回省时附于理智的直觉。又如好恶皆为一个直觉,若直接任这一个直觉而走下去,很容易偏,有时且非常危险,于是最好自己有一个回省,回省时仍不外诉之直觉,这样便有个救济。《大学》所谓"毋自欺",实为孔家方法所在,但此处不及细讲;又如孔子之作礼乐,其非任听情感,而为回省的用理智调理情感,既甚明了。然孔子尚有最著明说出用理智之处,则此中庸之说是也。你看他说:"道之不行也,我知之矣,贤者过之,不肖者不及也;道之不明也,我知之矣,智者过之,愚者不及也;"又说舜执其两端而用中;又说"极高明而道中庸";这明明于直觉的自然求中之外,更以理智有一种拣择的求中。双、调和、平衡、中,都是孔家的根本思想;所以他的办法始终着眼在这上头,他不走单的路,而走双的路;单就怕偏了,双则得一调和平衡。这双的路可以表示如下:

(一)似可说是由乎内的,一任直觉的,直对前境的,自然流行而求中的,只是一往的;

(二)似可说是兼顾外的,兼用理智的,离开前境的,有所拣择而求中的,一往一返的。

像墨家的兼爱,佛家的慈悲,殆皆任情所至,不知自返,都是所谓贤者过之;而不肖者的纵欲不返,也都是一任直觉的。所以必不可只走前一路,致因性之所偏而益偏;而要以"格物"、"慎独"、"毋自欺"为之先为之本,即是第二路;《中庸》上说过慎独,才说到中和者此也。更须时时有一个执两用中,极高明而道中庸的意思,照看外边以自省,免致为"贤者之过"。《中庸》之说,实专对贤者与高明人而发者也。此走第二路之尤为显著者矣。亦唯如此走双路而后合乎他的根本道理;看似与前冲突而其实不然。胡适之先生以为孔子不见得不言利,这我们也有相当的承认;盖孔子虽一面有其根本态度而作起事来固无所不可,所谓中行是也。"不认定"与

"道中庸"皆为照看外边时所持的态度,宋明大儒似均不分清此双条的路,而尤忽于照看外边,于是种种流弊毛病,遂由此生;容到后面去说。

以上都是叙孔子的人生哲学;此可为中国文明最重要之一部,却非即中国人所适用之文化。中国人所适用之文化,就历史上看来,数千年间,盖鲜能采用孔子意思者。所谓礼乐不兴,则孔子的人生固已无从安措,而况并出来提倡孔子人生者亦不数见乎!然即由其所遗的糟粕形式与呆板训条以成之文化,维系数千年以迄于今,加赐予吾人者,固已大矣。我们试来看中国的文化。

中国文化自很古时候到后来,自然也有几个重要的变动——如封建郡县之变,然而总可以说自始至终没有大变。这前后差不多的文化,似乎中间以孔子作个枢纽:孔子以前的中国文化差不多都收在孔子手里,孔子以后的中国文化又差不多都由孔子那里出来。孔子的六艺:诗、书、易、礼、乐、春秋——后谓之六经——都是古帝王经世出治之迹。原来古代设官,官各有史,天子也是一官,也有其史,就是太史;张孟劬先生在他所作的《史微》上说,中国一切文化学术都出于这些史,如孔子六艺和诸子百家道术,便是由太史,和其他各官之史而来的;我颇相信。学术总先是经验积起来的,各官分掌各事,各有其经验,其史便是保存经验所得的地方。据张先生说:孔子本是儒家,出于司徒之官,却是把太史的东西又都拿了过来,于是前圣的遗文都归孔氏了。诸子百家都是六艺之支与流裔,六艺在孔子,则孔子不是与诸子平列的,而是孔子为全为主,诸子为分为宾。周秦之际,诸子争鸣,各思以其道易天下;这时候中国文化也许开一不因袭古代的新局面。却是汉兴而孔家定于一尊,诸子的思想仍都没有打动中国人的心而变更局面。这因为诸子都只各就一事去讲,并没有全整的人生思想;其中道家虽有

的,却又与孔家同一个源头——太史——不大扞格;墨家虽有的,
又过偏而站不住;所以结果还弄成儒家的天下。这似乎孔家的文
化要实施了,但其实不然。一则我们认定的孔家在其人生思想方
面;六经并非孔子创作,皆古代传留下来之陈迹,若用孔子之精神
贯注起来便通是活的,否则都是死物;而当时传经者实不得孔子精
神。他们汉人治经只算研究古物,于孔子的人生生活并不着意,只
有外面的研究而没有内心的研究。据汪容甫考订汉时所传之经,
其来路几乎都出于荀卿。荀卿虽为儒家,但得于外面者多,得于内
心者少,他之说性恶,于儒家为独异,此固由孔子不谈性与天道,所
以他不妨与孟子两样;但实由其未得孔子根本意思,而其所传在礼
——外面——所致也。所谓“礼主其减,乐主其盈”,大概礼是起
于肃静收敛人的暴慢浮动种种不好脾气;而乐则主于启发导诱人
的美善心理;传礼的自容易看人的不好一面。你看荀卿说性恶的
原故,不外举些好利之心,耳目之欲,若不以礼去节制,就不能好,
即可见矣。其实我们看好利之心,耳目之欲,并不足为成立性恶论
之根据,好利之心,耳目之欲,是我们本来生活,无所谓善,无所谓
恶;待好礼以自节乃为善,其不好礼以自节者乃为恶;今吾人固好
礼,而能制礼以自节矣,则何由断其为恶乎?从孔子那形而上学而
来之人生观察,彻头彻尾有性善的意思在内;纵然孔子不言,而荀
卿苟得孔子之意者,亦必不为性恶之言矣。汉人传荀卿之经,孔子
人生思想之不发达固宜;而所谓通经者所得悉糟粕而已。即此糟
粕形式,在那时也不能都用。其政治非王非霸,而思想中又见黄老
之活动:实在是一个混合的文化。当时的人生与其谓为孔家的,宁
谓多黄老之意味,此不但两汉为然,中国教千年以儒家治天下,而
实际上人生一般态度皆有黄老气。本来孔家道家其最后根本皆在
易理,不过孔家则讲《周易》,道家则远本《归藏》,都是相仿佛的一

套形而上学。其所差似只在一个阴柔为坤静之道，一个阳刚为乾动之道；而中国人总是偏阴这一面的。两汉孔家思想既未实现，再往下到三国魏晋，愈看见其时人思想之浅薄而无着落。却是这时与孔家不同的人生态度，也得公然显著的表示出来；不像以前蒙着孔家面目沉闷不动。我们看魏晋人所发表的文艺著作都是看得出来的；其思想之烦闷已极，人生问题大为活动，如《列子·杨朱篇》的放纵思想可以代表一斑。（好多人考订《列子》是此时人假作的，大约不错。）似乎一面是老庄与输入的佛家启发打动他们的影响很大；一面是形式的儒家愈到后来愈干干净净剩一点形式，他们人人心里空漠无主；所以才现出这样。假使这时有个懂得孔子思想的人，一定出来讲话，然而我们看简直没有人提及。但此思想烦乱实为好现象，盖此烦乱都是要求人生思想得一个解决的表现，从此乃能产生后来的宋人之学。此魏晋迄南北朝都可以说是孔子思想不但不实现，并且将其形式冲破了的时代，到唐时佛家甚盛，禅宗遍天下。以佛家态度与孔子如彼其异，而不见生一种抵抗，可见孔家思想，澌灭殆绝。虽有一个韩退之，略事争持，而自以为可以上继孔孟，其实直不算数的。他的人生思想实并未得一解决，看他文集里《读墨子》一篇，有什么"孔子必用墨子，墨子必用孔子"的话，可见他心里毫无所得。而诗集中有七古一篇云：

忽忽乎余未知生之为乐也，愿脱去而无因。安得长翮大翼如云生我身，乘风振奋出六合，绝浮尘。死生哀乐两相弃，是非得失付闲人。

这哪里有点儒家的样子！若稍能得力于儒家，何至说这种话！然自退之而外更无人矣。以拥护孔子之人尚且如此，可见其时孔家的精神，简直没有人理会了。五代乱世更无可说，经过此非常沉寂时代，到了宋朝慢慢产生所谓宋学。宋学虽不必为孔学，然我们总可以说,宋人对于孔家的人生确是想法去寻的,所寻得者且不论他是与不是,即此想法去寻,也已经是千年来未有的创举了!况且我们看去,他们对于孔子的人生生活,还颇能寻得出几分呢!在旁人从形迹上看他们。总喜说不是孔子本来的东西,而参取道家佛家的思想为多。例如宋学要以周濂溪开头,而周濂溪之太极图,据他们考证,即受自释老者。《宋元学案》黄晦木《太极图辨》云:"考河上公本图名无极图,魏伯阳得之以著《参同契》;钟离权得之以授吕洞宾;洞宾后与陈图南同隐华山,而以授陈,陈刻之华山石壁;陈又得先天图于麻衣道者,皆以授种放;种放以授穆修,与僧寿涯;修以先天图授李挺之;挺之以授邵天叟;天叟以授子尧夫;修以无极图授周子;周子又得先天地之偈于寿涯。"这似乎证据确凿,很难为讳,其实我看即使如此也不甚要紧。因为孔子的人生出于那一套形而上学是很明的;此种形而上学原不可以呆讲,且与道家的形而上学本就相似相通,在道家或孔家均不得独自据为己有;即使其果受自道家,正亦不妨由是而生出孔家的人生思想。不但受自与孔家一个源头之道家不足为异;即使与孔老俱不相干而能有见于此道——此种形而上学——也未尝不可产出孔子的人生。此种形而上学的道理与此种人生的道理,是天下之公物。岂能禁人之探讨,又岂能不许人之探讨有得者与古人有合耶!如西洋古希腊之黑列克立塔斯(Heraclitus)其道理颇有与孔家接近处,我们试考所以能如此者,不外由其讲变化的形而上学与此相通故耳。若实际果同,断不容以东西形迹之隔而不许其同。大家不于实际上——生活上——求宋学孔学之差异,而只沾沾于其形迹;何其浅薄错谬!宋初诸家殆莫不先有其讲变化的形而上学者;周濂溪,邵康节,固然;而前乎此者范魏公,人称其泛通六经,尤长于《易》;司马温公则作《潜虚》,人各有其学,殊未必同:但所研究对象——变化

——同,即为此种人生哲学开辟出来之机矣。又或批评他们与佛家有关系,陆象山、杨慈湖被嫌尤重;这也是拘泥形迹的看法。当时受佛的影响只是引起反动,并非正面有所承受。其语录的话有甚似禅家者,亦只是社会风气使然。所说内容仍不相干。然亦竟有徘徊儒释者,此则又有别的原故在。盖佛教为印度民族之产物,与中国之民族性甚多不合;故佛教入中国之后殆无不经过中国人之变化。除唯识为印度之旧,余若禅宗、净土、华严、天台,殆悉为中国产。禅宗号称不立语言文字,机锋话头无所凭准,故形迹上与他家更少扦格;又则宋学虽慕孔家,却是所走亦复入偏,于是竟使绝相反对之孔子释迦后来流裔上迷混难辨;此当时徘徊儒释者所以纷纷也。故宋学即使有近禅学,不必执为参和佛家;而况宋学禅学真实内容初非一事,所近似者仍在外面一点形式耳。但宋学虽未参取佛老,却是亦不甚得孔家之旨;据我所见,其失似在忽于照看外边而专从事于内里生活;而其从事内里生活,又取途穷理于外,于是乃更失矣。将来作孔家哲学时将专论之,此不多说。元代似只宋人之遗,无甚特色。及明代而阳明先生兴,始祛穷理于外之弊,而归本直觉——他叫良知。然犹忽于照看外边;所谓格物者实属于照看外边一面,如阳明所说,虽救朱子之失,自己亦未为得。阳明之门尽多高明之士,而泰州一脉尤觉气象非凡;孔家的人生态度,颇可见矣。如我之意,诚于此一派补其照看外边一路,其庶几乎!明末出了不少大人物如梨洲、船山……诸先生乃至其它殉难抗清的许多志士,其精神无论如何不能说不是由于此种人生态度的提倡。到清代实只有讲经的一派,这未始于孔学无好处,然孔家的人生无人讲究,则不能否认。讲经家两眼都是向外,又只就着书本作古物看,内里生活原自抛却,书上思想便也不管。惟一戴东原乃谈人生——人说他谈性理,我不喜欢用性理的名词,在孔子只有所谓人生无所谓性理,性理乃宋人之言,孔子所不甚谈者。戴氏之思想对于宋人为反抗,我们承认确是纠正宋人支离偏激之失。其以仁、义、礼、智不离乎血气心知,于孔孟之怀盖无不欣合。自宋以来,种种偏激之思想,固执之教条,辗转相传而益厉,所加于社会人生的无理压迫,盖已多矣;有此反动,实为好现象。所以我们对于戴氏亦认为一种孔家人生的萌动,惜乎其竟不引起影响也。此后讲经家中有所谓今文家者出,到康长素、梁任公益呈特彩。盖于治经家向无人生态度可见者,而到了他们却表出一种人生态度。他们这种人生态度自己也很模糊,不知其不合孔子;而假借孔经,将孔子精神丧失干净,欢迎了反乎孔子的人生态度思想进来。他们把孔子、墨子、释迦、耶稣、西洋道理,乱讲一气;结果始终没有认清哪个是哪个! 然非其杂引搅扰之功,亦不能使中国人数千年来成了人生态度混乱的时代,不有此活动混乱的时代,亦不能开此后之新局——如我所测,或者中国人三数年间其不能不求得一新人生路向耶!

试说从来的中国人生活

孔子的人生,既未实现,于是我们要看中国人生大概是怎样呢? 大概言之,却都还是我们所谓人生第二路向。盖其间虽有印度态度输入,却未引起中国人生的变动,而转为中国民族性所化,及最近变法维新以后虽西洋态度输入而为时甚暂,均可不计外;大体上中国人生无论是孔是老,非孔非老,要皆属于第二路者。试从生活三方面略说一说:

（一）物质生活方面　中国人虽不能像孔子所谓"自得",却是很少向前要求有所取得的意思。他很安分知足,享受他眼前所有的那一点,而不作新的奢望,所以其物质生活始终是简单朴素,没有那种发明创造。此在其结果之不好的一面看,则为物质文明之不发达,乃至有时且受自然界之压迫——如水旱种种天灾。盖此种知足的、容忍的态度,在人类初期文化——前所谓第一项问题(见第三章)还未曾解决时,实在不甚相宜,因为在此时是先要图生存的,当然不能不抗天行;又且物质上的不进步并不单是一个物质的不进步,一切的文物制度也都因此不得开发出来。此其弊害,诚不胜说。然在其结果之好的一方面看,则吾人虽有此许多失败,而却有莫大之大幸。因为从此种态度即不会产生西洋近世的经济状况。西洋近百年来的经济变迁,表面非常富丽,而骨子里其人苦痛甚深;中国人就没有受著(西洋人所受的苦痛,后面去说)。虽然中国人的车不如西洋人的车,中国人的船不如西洋人的船……中国人的一切起居享用都不如西洋人,而中国人在物质上所享受的幸福,实在倒比西洋人多。盖我们的幸福乐趣,在我们能享受的一面,而不在所享受的东西上——穿锦绣的未必便愉快,穿破布的或许很乐;中国人以其与自然融洽游乐的态度,有一点就享受一点,而西洋人风驰电掣的向前追求,以致精神沦丧苦闷,所得虽多,实在未曾从容享受。

(二)社会生活方面　孔子的伦理,实寓有他所谓絜矩之道在内,父慈、子孝、兄友、弟恭,总使两方面调和而相济,并不是专压迫一方面的——若偏敧一方就与他从形而上学来的根本道理不合,却是结果必不能如孔子之意,全成了一方面的压迫。这一半由于古代相传的礼法。自然难免此种倾向。而此种礼法因孔家承受古代文明之故,与孔家融混而不能分。儒家地位既常藉此种礼法以为维持,而此种礼法亦藉儒家而得维系长久不倒；一半由中国人总是持容让的态度，对自然如此，对人亦然，绝无西洋对待抗争的态度；所以使古代的制度始终没有改革。似乎宋以前这种束缚压迫还不十分利害，宋以后所谓礼教名教者又变本加厉，此亦不能为之曲讳。数千年以来使吾人不能从种种在上的威权解放出来而得自由；个性不得伸展，社会性亦不得发达，这是我们人生上一个最大的不及西洋之处。然虽在这一面有如此之失败不利，却是自他一面看去又很有胜利。我们前曾说过西洋人是先有我的观念，才要求本性权利，才得到个性伸展的。但从此各个人间的彼此界限要划得很清，开口就是权利义务、法律关系，谁同谁都是要算帐，甚至于父子夫妇之间也都如此；这样生活实在不合理，实在太苦。中国人态度恰好与此相反：西洋人是要用理智的，中国人是要用直觉的——情感的；西洋人是有我的，中国人是不要我的。在母亲之于儿子，则其情若有儿子而无自己；在儿子之于母亲，则其情若有母亲而无自己；兄之于弟，弟之于兄，朋友之相与，都是为人可以不计自己的，屈己以从人的。他不分什么人我界限，不讲什么权利义务，所谓孝弟礼让之训，处处尚情而无我。虽因孔子的精神理想没有实现，而只是些古代礼法，呆板教条以致偏敧一方，黑暗冤抑，苦痛不少，然而家庭里，社会上，处处都能得到一种情趣，不是冷漠、敌对、算帐的样子，于人生的活气有不少的培养，不能不算一种优长与胜利。

　　（三）精神生活方面　人多以为中国人在这一面是可以比西洋人见长的地方，其实大大不然；中国人在这一面实在是失败的。中国人的那般人与自然浑融的样子，和那从容享乐的物质生活态度，的确是对的，是可贵的，比较西洋人要算一个真胜利。中国人的那般人与人浑融的样子,和那淳厚礼让的社会生活态度,的确是对,可贵的,比较西洋人也要算一个真胜利。至于精神生活乃无可数:情志一边的宗教,本土所有,只是出于低等动机的所谓祸福长生之念而已,殊无西洋宗教那种伟大尚爱的精神;文学如诗歌、赋、戏曲,虽多聪明精巧之处,总觉也少伟大的气概,深厚的思想和真情;艺术如音乐、绘画,我不甚懂,私臆以为或有非常可贵之处,然似只为偶然一现之文明而非普遍流行之文化。知识一边的科学,简直没有;哲学亦少所讲求,即有甚可贵者,然多数人并不作这种生涯;社会一般所有,只是些糊涂浅拙的思想。所以从种种看去,这一面的生活,中国人并没有做到好处。只有孔子的那种精神生活,似宗教非宗教,非艺术亦艺术,与西洋晚近生命派的哲学有些相似,或者是个作到好处的;惜乎除中间有些萌动外,没有能够流行到一般社会上!

中国的文化大概如此,既非西洋,亦非印度,而自成其为第二路向。不过在这条路向中,数千年中国人的生活,除孔家外都没有走到其恰好的线上。所谓第二路向固是不向前不向后,然并非没有自己积极的精神,而只为容忍与敷衍者。中国人殆不免于容忍敷衍而已,惟孔子的态度全然不是什么容忍敷衍,他是无入不自得。惟其自得而后第二条路乃有其积极的面目。亦惟此自得是第二条的唯一的恰好路线。我们说第二条路是意欲自为调和持中,一切容让忍耐敷衍也算自为调和,但惟自得乃真调和耳。

我们走这条路是怎样走上去的呢? 关于此层我所得甚少,不如西洋与印度那样显而易见。有人说中国人的态度由于地理的关系,他那一片平原大陆与西洋印度的形势各不相同;这种客观的关系自亦有的。又民族的性质也有关系,不过都不十分清楚,我也没有十分去用心考求。我有一个私意：一个社会实在受此社会中之天才的影响最大，天才所表出之成功虽必有假于外，而天才创造之能力实在无假于外。中国之文化全出于古初的几个非常天才之创造，中国从前所谓"古圣人"，都只是那时的非常天才。文化的创造没有不是由于天才的，但我总觉得中国古时的天才比西洋古时的天才天分高些，即此便是中国文化所由产生的原故。我总觉得墨子太笨，我总觉得西洋人太笨，而中国自黄帝至周公孔子几个人太聪明。如果只有平常的天才，那么，道理可以一点一点的接续逐渐发明，其文明可以为积累的进步不已；若开头是个非常大天才，其思想太玄深而致密，后来的天才不能出其上，就不能另外有所发明，而盘旋于其范围之中。西洋是前一个样子，中国是后一个样子。你看西洋文化不是积累起来的而中国文化不是一成不变的吗？所以一成不变的原故，根本在中国古圣人由其观察宇宙所得的深密思想，开头便领着大家去走人生第二路向，到老子孔子更有其一盘哲学为这路向作根据，从此以后无论多少聪明人转来转去总出不了他的圈；而人生路向不变，文化遂定规成了这等样子不能再变。又且周公孔子替我们预备的太周到妥帖，愈周到妥帖，愈维持的日子久，便倒不能进步了。如其不周到妥帖，则非调换一个不可，所掉换的维持一时，又非掉换一个不可，那么就进步了。所谓孔子太周到妥帖的，不是别的，就是他那调和的精神；从这精神出来的东西是最能长久不倒的，却由此就耽误了中国人。中国文化只是由于出了非常的天才，没有什么别的原故。

（上海商务印书馆 1930 年版）

梁漱溟（1893—1988），原名焕鼎，字寿铭、萧吾、漱溟。

广西桂林人。1918年受蔡元培之聘,任北京大学讲师,后又为教授。1924年到山东菏泽办高中,又创办山东乡村建设研究院,推行乡建运动。1940年参加发起中国民主同盟。1946年参加重庆政治协商会议,新中国成立后,出任中国政协委员。著述主要有《东西文化及其哲学》、《乡村建设理论》、《东方学术概论》、《印度哲学概论》等,今编有八卷本《梁漱溟全集》。

作者论述了孔子的人生哲学之后指出,中国文化全出于自黄帝至周公孔子古初的几个非常天才之创造,"数千年来中国人的生活,除孔家外都没有走到其恰好的线上"。孔子替我们预备的周到妥贴的,"就是他那调和的精神;从这精神出来的东西是最能长久不倒的"。

孙文主义之哲学的基础（节选）

戴 季 陶

讲到这一点，我就想把中国古代两个最伟大的思想家，作一个比较的批评，来结束我这一篇讲演。同时可以在这一个比较批评上面，看出中国二千多年来，所以文化衰颓的原因。这两个伟大的思想家是什么人呢？一个是孔子，一个就是老子。大家都晓得，自汉以来，孔子的思想，完全是统一中国的基本势力。自从欧洲文化输入中国以来，中国的思想界，起了一个很大的变化，这一个大的变化，每次都是把孔子作为反对的目标。在革命的思想里面，总是极端反对孔子的势力占大多数。在反革命的思想里面，虽不尽是标榜尊崇孔子，但是至少总对孔子不加反对。就这一点，我们看出，只有中山先生这一个伟大的革命领袖，他不单不是反对孔子的人，并且他自己说："他的思想，是中国的正统思想，是直接继承孔子的思想来发扬光大的。"这岂不是一个很奇异的现象么。我以为看明了尊崇孔子的人都是反革命的，才可以看得出中国国民文化所以堕落的原因，看明了反孔子思想的都是革命的，也就可以看出中国革命思想，所以不能成熟不能恢复国民的创造力的原故。中山先生说："中国国民的自信力消失了。"照现在这一个思想界的情形，正是证明中国国民自信力消失的真象。在一般反革命的顽固保守的人，他们固然不晓得文化的意义是什么，也不晓得孔子的思想的本体是什么,而在一般革命的青年,虽然从科学的知识里面了解了多少文化的意义。但是并不忠实地用哲学方法来观察中国的文化,和中国固有思想的价值,一味认中国的文化都是反革命的而加以排除,于是在思想上面革命与反革命的分别几乎变成中国的与非中国的区别。这是我所认为很痛心的,我们是中国人,我们现在要改革的是中国。如果中国的一切,真是毫无价值。中国的文化,在世界文化史上,毫无存在的意义。中国的民族,也没有创造文化的能力,那么中国人只好束手待毙就算完了,还要做什么革命呢?我们所以要革命的原故,第一是有革命的需要,第二也是自己承认有革命的能力,而革命能力之所从出,一定由于固有民族能力的发展,是以"所作"的虽然不同,而"能作"的基础是一样的,如果连中国人的能作性也完全否认了,这就无异是说中国民族没有存在于世界的权利一样。中山先生的思想就不是如此,他是绝对承认中国人有创造文化的能力,有组织国家的能力,有组织社会的能力,中国在历史上的贡献已经成为世界现代文化的基础。中国人要能够恢复这一个创造文化的精神,然后才可以尽量的接受现代的欧洲文化,把欧洲文化,供我的需要,完成中国国家和社会的建设。同时发展中国民族创造世界文化的能力,以中国固有的世界大同的精神,完成世界大同的事业。所以先生在所作方面,以求知的精神,尽量吸收近代的科学知识,应用科学的方法,并且认为"后来居上"是科学建设的原则,中国虽然是一个科学落后的国家,只要把求知的精神恢复起来,对于现代的科学文明,迎头赶上去,一定是后来居上。不但是可以和欧美的文明国民,并驾齐驱,并且还可以超过他们之上,恢复世界文化中心的地位。所以先生对于中国固有的文化,在创造的能力上,是很能认识他的真价值。而对于腐败了的中国民族习惯和思想,则尽量的排斥。更从思想的内容上看,就是把中国以发展民生为目的的正统思想,完全继承起来发扬光大。而对于破坏中国社会道德和国家道德的个人主义的思想则攻击不遗余力。我们要能够把中国过去两千多年来思想界的倾向看得明白,然后才能够了解中山先生所以成为孔子以后第一个继往开来的大圣的意义。

我们在讲明孔子与老子的思想之先,先要就文化的意义讲一讲。文化决不是奇怪的东西,也决不在虚无缥缈的空想上面,人类这一种动物,具备了两手两足和灵敏的头脑以来,用发明和工作的能力,利用自然界的事物,供给人类食衣住行乐五样享受。这就叫作文化。离开了发明,没有文化可言。离开了工作,也生不出文化的成绩。至于社会国家的组织,便是要把人类食衣住行乐五样享受,按着人类老幼男女智愚强弱的关系,应乎当时的环境,安排适宜,使百千万亿的人,男男女女,老老小小,强的弱的,都得着相当的享受。古人叫作伦常。离开了食衣住行乐五样的享受,不会发生伦常。离开了发明和工作,也没有人类今日所享受的食衣住行乐。再追进一步,离开人类能发明和能工作的能力,更不会有发明和工作的事实。离却人类生存的需要,也就没有发明和工作的价值。人类不是单独存在的,离了人与人的关系,没有人生。有人生就有人与人的相互关系。所以一切国家和社会的文化,都是以人类的生存为目的,以"共同生活"的组织为人类生存的手段,详言之,就是人民的生活,社会的生存,国民的生计,群众的生命,便是文化的目的。所以离却民生,没有文化。离了民生,没有道德。从这一个意义,观察中国的历史,便可以晓得上古时代,我们所讴美赞美,尊为圣人的,就是最能发明工具和工作方法的人。发明用火的,发明构木为巢的,发明网罟的,发明种植的,发明织造的,发明医药的,发明刀斧弓矢的,发明文字的,都是上古所尊崇的圣人。

尤其是文字的发明,使一切文化的成绩,具备传久致远的性质,利益人类,更多而且大。所以后代的人,特别对于发明文字的圣人,尤其尊崇到极端,视为一切文明的鼻祖,至于我们的民族,由单纯血统的部落靠着文化的结合,成为一个大的文化民族。地域和人口,逐渐扩张。文化的内容,也逐渐充实,于是国家的形体,渐渐具备,到尧舜以前的时代,许多圣哲,已经努力在国家制度和社会制度的整理,尧舜集其大成,成为一个伟大的国家文化。此后三代千数百年的当中,除了大禹以治水功绩见称而外,成汤伊尹文武周公,都是以从事于国家制度和社会制度的整理,受人民的尊崇。孔子更把古代的文化,用科学的方法,从理论上整理起来,成为一种学术的文化。他所以述而不作的原故,因为他不在制作的地位。"作"字的范围,是专指议礼制度考文而言,这三件大事,一是社会制度,二是国家制度,三是学术文化的工具,这三样都是具体的事实,必要有制作的权力,制作出来才能行得通。至于在理论的方面,并不在述而不作范围之内。后人以为孔子的述而不作,是把一切思想都包含在内,这本来是一种误解,但是也可以因此晓得,政治及社会的理论,绝不能超乎这三件大事之外,孔子虽没有做改制的工夫,然而他却组织了一个民生的哲学,他这一个民生哲学的理论,就是二千数百年后创造中华民国的孙中山先生所继承的理论。孔子的理论是什么呢?我们可以从两部书看见他的系统。一部是中庸,是他的原理论。一部是大学,是他的方法论。他在大学上面,说明大学的系统,是在格物致知诚意正心修身齐家治国平天下,可以晓得孔子对于一切事物,是以客观的认识为基础的主知主义。意心身家国天下,是格致的体,是所格之物。诚正修齐治平,是格致的用,是所致的知。再就修齐治平来看,我们可以晓得,孔子的思想,注意全在民生,就他所说的性质来说,可以叫他作"社会连带责任主义"。单就修齐治平的关系说,他有三重的连带责任,试把列举出来。

一、个人对家和家对个人,个人对国国对个人,个人对世界世界对个人。

二、家对国国对家。家对世界世界对家。

三、国对世界。世界对国。

在这三重的连带责任上面,显出一切民生的意义。只为个人利益而不顾家国天下的利益。只顾一家的利益,而不顾国与天下的利益和只顾一国的利益,而不顾天下的利益。这一种自私自利的行为,都是反乎人类共存的真义的。所以孔子说:"大道之行也,天下为公。"更就孔子的基本原理来说,就是"天下之达道五,所以行之者三,智仁勇三者,天下之达德也。所以行之者一也"。天下之达道五,这是就当时的社会组织说。所以行之者三。所以行之者一,是就行道的能力来说的。社会的组织变了,天下之道便不同。社会组织虽然变了,而行道的人,依然是人类,人类求生的目的,依然不变的。所以所作只管不同,只管随着时代的需要来变迁,但是能作的本性,却只有发扬光大,而没有根本的变动。所以到了二千多年后的今天,中山先生就现代世界的国家组织社会组织,从建国的理论和实际上,把天下的达道五,改作了天下的达道三,恢复起中国民族创造文化的能力。建设出继往开来的新国家新社会。用革命的工夫,把埋没了几千年的社会连带责任主义,在三民主义的青天白日旗下,重新发扬光大起来。大学之道在新民,汤之盘铭日日新,周虽旧邦,其命维新。以自强不息的诚意,建造出人类所共有的中庸正道。衰弱了几千年的中国民族,方才由这国民革命的运动里,生出一个新生命来。

孔子的主义是如此的,何以自汉朝以来,完全统一在孔子的思想之下的中国,会衰颓腐败至于如此呢?我们且先把老子的思想讲一讲,再把历史的事实详细看清楚,就可以了然中国的衰颓,是否孔子的责任了。老子的思想,是出于史官。他所讲的,是君人南面之术,这是研究中国思想史的人,都可以晓得的。他的思想的特征,就是把个人的精神和宇宙的精神混为一气,把个人和世界来对立起来,除我的个体之外就是世界,世界之内就是我的个体。更不承认有第二个组织介乎其中。把一切人类的关系,社会的组织,国家的组织,一概抹杀。把一切维持社会国家关系的道德责任,完全否认得干干净净,建设出一个纯个人主义的世界。但是这一种极端的个人主义,在人与人相处的世界里面,如何可以行得通呢?所以他才又发明一个以忍耐退守清净无为为宗旨的道德。以将欲取之必固与之,将欲弱之必固强之的,将欲废之必固与之的阴贼险狠的手段。作维持个人利益,窃取社会供养的手段。他的最后目的,是在个人的永久享乐福寿康宁。作皇帝的人,贵为天子,富有四海,最大的欲望,不过是永久保持他的享乐。但是要达到这一个目的,节欲却是万不能已的。所以老子的个人节欲主义正是他个人主义的最高潮。后来他的思想,一面派生出个人浪漫享乐的庄周,一面派生出残酷寡恩的申韩。秦皇统一了六国后,国家主义,被始皇的专制打灭干净。于是老子个人主义的思想,更乘势猖獗起来。直到汉代,狡猾的帝王,表面上竖起尊孔的招牌,而内容却完全用老子的将取必与的方法,把孔子以智仁勇为基础的社会连带责任主义,打得粉碎。百家的思想,既完全压抑了下去,格致的主知主义,自然失了效用。绝对的尊孔,事实上就是老子愚民政策最巧妙的手段。且看没有一个尊孔的帝王,自己不迷信黄老,就可以晓得他们尊孔的目的所在了。自是而后,科学文化发展的可能性,既被以放任为专制极点的老子政策和普遍的个人主义,压伏干净。于是全国国民,无智愚贤不肖,都在四个趋向的当中,一个是离世独立的虚无主义,一个是权谋术数的纵横主义,一个是迷信运命神鬼的宿命主义,一个是烧炼采补的纵欲主义。这四个趋向,不是渊源于老子的个人主义,便是以老子的个人主义为依归。而且我们所宗的老子,只是把个人主义的颓败性,尽量发挥出来。并不是在学术思想的内容上,和老子有什么关系。后来再加上印度传来的佛教,以绝灭为解脱,更把人类社会的活动能力,和向上精神,消灭净尽。两千余年来,大家挂起尊孔的招牌,其实何尝是孔子的信徒,原来都是中了个人主义流毒的游魂浪鬼。在社会组织上,科学既没有进步,以发明和工作为中心的文化,再也发达不起来。农业制度下面生出的宗法社会,既没有科学的文化,扩张物质的效用。他的本身,当然变更不了。一般人民,已经被老子和佛教灭却了活动力和责任心。一方面却又脱不了现实的责任。而且宗法社会的束缚,再把他一重又一重的缠起来。于是一切社会进化,便完全停止了,民族身体和精神也消失了。这样一个大的民族,不能强盛,反为衰弱。并且中古以后,在文学上,在美术上,在农村的组织,都市的建筑,国家的组织上,无一样有进步,有发明,都是受了老子式的专制政治和个人主义思想的害。同是一样的人,中国的文化,发达在欧洲之先。欧洲能够产生近代科学的文明,而中国不能够产生近代的科学文明。欧洲在封建制度打破后一天进步一天,而中国在封建制度打破后不单没有丝毫的进步,反而退步到不成样子,都是这个原故。由孔子和老子两家思想在中国国家的关系上比较看来,我们便以晓得,阻碍中国国家势力发展民族文化进步的,并非以发达民生为目的,以智仁勇为道德基础的社会连带责任主义的孔子的政治思想。而是以极端放任为手段极端专制为目的的老子个人主义的政治思想。我们并且要晓得,孔子的政治思想,并不是他的特创,只是把尧舜以来至于文武周公的建国经纶,用学术的方法,整理起来付与一个伦理哲学的性质。这一思想,正是孙先生所说"极精微开展的理论"。在三千代有余年的当中,中国的文化,所以成为世界文化史上最有价值的文化,完全是在这一个理论支配之下发展起来。如果说中国汉代以后的衰微,是孔子思想的罪过,这正是把历史事实完全抹杀了的盲论。所以我们可以完全承认,中山先生这一个继承中国正统思想复兴中国固有道德文化的觉悟,的确是二千年来中国文化创造史上的异彩。二千年来许多咬文嚼字的腐儒,一切似是而非的尊孔的论辩,争道统的混战,在中山先生创国的青天白日朗照之下,完全失了存在的意义。他们那些没有建国经纶的空谈性理,没有实际效用的偷闲文学,那才真是失了创造文化能力的中国人的供状。离却发明和工作,没有文化的发生。离却食衣住行育乐的民生享受,没有文化的本体。离却社会的连带责任,没有文化的组织。离却智仁勇的德性和贯彻智仁勇德性的至诚,没有创造文化的能力。中山先生所以为中国正统思想的继承者的意义在此,所以为新国民文化的创造者的意义也是在此。中国是有五千年文化历史的古国,但是中国国民的文化创造力,却是消失了二千年。中山先生的诞生,是中国国民文化创造史的新纪元,中华民国的创立,就是新国民文化创造的证据。要真实地认识国民革命的意义,先要把中山先生在中国文化史的地位认清楚。

(上海民智书局 1927 年排印本)

戴季陶(**1891—1949**),名传贤,字季陶。原籍浙江吴兴,生于四川广汉。1905 年赴日本入师范学校,1907 年入东京日本大学法科。1909 年回国,次年到上海,因鼓吹反清革命被追捕而亡命日本,后又转赴南洋槟榔屿,任《光华报》编辑,加入同盟会。辛亥革命后回上海,历任孙中山机要秘书,广州军政府法制委员会委员长、《星期评论》主笔、《建设》杂志编委,创办中央通州社,先后任考试院院长、特种外交委员会委员长、中央执委会常委、中央政治会议委员等职。1949 年 2 月在广州自杀。论著被收入《戴季陶先生文存》。

　　文章把孔子三民主义化,三民主义儒学化。认为孔子"把古代的文化,用科学的方法,从理论上整理起来,成为一种学术的文化"。"孔子虽没有做改制的工夫,然而他却组织了一个民生哲学"。这个理论,就是孙中山先生所继承的理论。孔子的理论系统,主要包括在《中庸》、《大学》两部书中。

孔 子

柳 诒 徵

孔子者,中国文化之中心也。无孔子则无中国文化。自孔子以前数千年之文化,赖孔子而传;自孔子以后数千年之文化,赖孔子而开。即使自今以后,吾国国民同化于世界各国之新文化,然过去时代之与孔子之关系,要为历史上不可磨灭之事实。故虽老子与孔子同生于春秋之时,同为中国之大哲,而其影响于全国国民,则老犹远逊于孔,其他诸子,更不可以并论。观夏德(F. Hirth)《支那古代史》(The Ancient History of China)①,所引德人加摆伦资(G. von der Gabelentz)之言②,则知孔子之地位矣。

《孔子与其学说》(加摆伦资)(Confucius und Seine Lehre):"吾人欲测定史的人物之伟大之程度,其适当之法,即观其人物所及于人民者感化之大小、存续之长短及强弱之程度三者之如何是也。以此方法测定孔子,彼实不可不谓为人类中最大人物之一人。盖经过二千年以上之岁月,至于今日,使全人类三分之一于道德的、社会的及政治的生活之点,全然存

① 1908 年美国哥伦比亚大学出版。

② 加氏所著书名见下,兹所引之一段见《支那古代史》第 242 页。

续于孔子之精神感化之下也。"①

孔子之生年月日,说者不一。

　　《春秋公羊传》襄公二十有一年:"十有一月,庚子,孔子生。"《春秋穀梁传》襄公二十有一年:"冬十月,庚子,孔子生。"《世本》:"鲁襄公二十二年冬十月,庚子,孔子生。"《史记·十二诸侯年表》:"鲁襄公二十二年,孔子生。"《先圣生卒年月日考》(孔广牧):"谨案先圣之生,年从《史记》,月从《穀梁》,日从《公羊》、《穀梁》。年从《史记》者,凡《世本》所述春秋卿大夫世系,悉与《左传》合;龙门撰《史记》,于先圣生年,根据《世本》为说,诚以其可信也。月从《穀梁》者,以《穀梁》与《世本》同故。日从《公羊》、《穀梁》者,以《经义骈枝》据《周历》、《三统历》及古《四分历》推得也。"

　　《义经骈枝》(成蓉镜):"世传孔子生于鲁襄公二十二年十月庚子,为今之八月二十七日,然以古历步之,实八月二十八日。"

要其生卒灼然可见。

　　《春秋》哀公十六年续经:"夏四月己丑,孔丘卒。"《经义骈枝》(成蓉镜):"孔子卒日,集古今诸历步之,十六年四月己卯朔,十一日己丑。"

　　孔广牧《先圣生卒年月日考》:"先圣卒于鲁哀公十六年,由是岁上溯之襄公二十二年,实七十三岁;他书谓为年七十四者,盖从襄公二十一年起算,失之。"

────────────────

　　①　加氏之书,系德国 Leipzig VF. A. Blockhaus 书店出版。兹所引之一段见原书第四第五页。又 China Review 第27卷第63页。有英文译本可参照。

非若老子、释迦之生死无从稽考也。谶纬诸书,多言孔子生有异征,

　　《论语撰考谶》:"叔梁纥与征在祷于尼山,感黑龙精以生仲尼。"

死有遗谶。

　　《易纬通卦验》:"孔子表洛书,摘亡辟,曰:'亡秦者,胡也;丘以推秦,白精也。'"

春秋家又谓孔子受命制作,

　　《公羊》哀公十四年注:获麟之后,天下血书鲁端门曰:"趋作法,孔圣没,周姬亡,彗东出,秦政起,胡破术,书记散,孔不绝。"子夏明日往视之,血书飞为赤乌,化为白书,署曰"演孔图"。

自号"素王"。

　　《六艺论》(郑玄):"孔子既西狩获麟,自号'素王',为后世受命之君制明王之法。"

　　《春秋序》(贾逵):"孔子览史记,就是非之说,立素王之法。"

皆视孔子为神奇不经之人,迄今日而称述其说者不衰。欲比孔子于耶稣、穆罕默德,以孔教为标帜,是皆不知孔子者也。孔子不假宗教以惑世,而卓然立人之极,故为生民以来所未有。

　　《孟子·公孙丑》述有若之言曰:"圣人之于民,亦类也。出于其类,拔乎其萃,自生民以来,未有盛于孔子也。"

学者欲知孔子,当自人事求之,不可神奇其说也。

　　孔子之学,有得之于家庭者,

　　《左传》昭公七年,孟僖子曰:"孔丘,圣人之后也,而灭于宋。其祖弗父何以有宋而授厉公。及正考父,佐戴、武、宣,三

命兹益共，故其鼎铭云：‘一命而偻，再命而伛，三命而俯，循墙而走，亦莫余敢侮。饘于是，鬻于是，以餬余口。’其共也如是。臧孙纥有言曰：‘圣人有明德者，若不当世，其后必有达人。’今其将在孔丘乎！”

有得之于社会者，

《史记·孔子世家》："孔子为儿，嬉戏，常陈俎豆，设礼容。""鲁南宫敬叔言于鲁君曰：‘请与孔子适周。’鲁君与之一乘车，两马，一竖子俱，适周问礼，盖见老子云。""孔子学鼓琴师襄子，十日不进。师襄子曰：‘可以益矣。’孔子曰：‘丘已习其曲矣，未得其数也。’有间，曰：‘已习其数，可以益矣。’孔子曰：‘丘未得其志也。’有间，曰：‘已习其志，可以益矣。’孔子曰：‘丘未得其为人也。’有间，曰：‘有所穆然深思焉，有所怡然高望而远志焉。’曰：‘丘得其为人，黯然而黑，几然而长，眼如望羊，心如王四国，非文王其谁能为此也！’师襄子辟席再拜，曰：‘师盖云《文王操》也。’"

《仲尼弟子列传》："孔子之所严事：于周，则老子；于卫，蘧伯玉；于齐，晏平仲；于楚，老莱子；于郑，子产；于鲁，孟公绰。数称臧文仲、柳下惠、铜鞮伯华、介山子然，孔子皆后之，不并世。"

盖其时虽曰"世衰道微"，然必家庭社会犹有前代礼教学说流传，其国土之风气，有特殊于他国者①。其游踪所至，多得贤士大夫之益②，然后可以鼓舞奋发，而出一命世之大哲。不可徒谓春秋之时，社会纷乱，政法黑暗，民生痛苦，邪说横行，始因此等反应产生

---

①　如鲁秉周礼之类。

②　如子贡谓"君子居是邦，事其大夫之贤者，友其仁者"之类。

圣哲之思想也。然家庭之遗传,社会之影响,虽亦有关于孔子,而孔子之所以成为孔子者,仍在其自身之好学。故其自言曰:"吾十有五而志于学,三十而立,四十而不惑,五十而知天命,六十而耳顺,七十而从心所欲不踰矩。""十室之邑,必有忠信如丘者焉,不如丘之好学也。"忠信之资,初不足以过人,惟好学为所自信。自十五至七十,无一息不学,知行之功,与年俱进,是则非平生师友所可几矣。前乎孔子者,虽有傅说始终典学之语,然未尝有言之亲切详备如孔子者,则虽谓吾民知学自孔子始,可也。

孔子自言其学之程序,且述其学之功效,然只自明其身心所造之境地,未尝及于身外。由此可知孔子为学之目的,在先成己而后成物。其成己之法,在充满其心性之本能,至于从心所欲不踰矩之境,而一切牖世觉民之方,乃从此中自然发现于外。既非徒受外界之反感,愤激悲悯,欲学一种方法或主义以救世;亦非徒慕古人,欲蹈袭其陈迹,冀自树于功名。至于垂老无成,乃托教学著书,以期留名后世,及与当世讲学者,争持门户,独立一派别也。《论语》及《大学》、《中庸》所言,十九皆明此义;不知孔子所学为何事,第以褊狭骛外之心测孔子,宁能窥见其涯涘哉!

孔子所学,首重者曰成己,曰成人,曰克己,曰修身,曰尽己。其语殆不可以偻举,惟其以此为重,故不暇及于外,而怨天尤人之意,自无自而生。

《论语·宪问》:"不怨天,不尤人,下学而上达,知我者其天乎!"《中庸》:"正己而不求于人,则无怨。上无怨天,下不尤人。"

其遇虽穷,其心自乐,人世名利,视之淡然。

《论语·述而》:"饭疏食饮水,曲肱而枕之,乐亦在其中矣。不义而富且贵,于我如浮云。"

自孔子立此标准,于是人生正义之价值,乃超越于经济势力之上。服其教者,力争人格,则不为经济势力所屈,此孔子之学之最有功于人类者也。人之生活,固不能不依乎经济,然社会组织不善,则经济势力往往足以锢蔽人之心理,使之屈伏而丧失其人格。其强悍者,蓄积怨尤,则公为暴行,而生破坏改革之举。今世之弊,皆坐此耳。孔子以为人生最大之义务,在努力增进其人格,而不在外来之富贵利禄,即使境遇极穷,人莫我知,而我胸中浩然,自有坦坦荡荡之乐。无所歆羡,自亦无所怨尤,而坚强不屈之精神,乃足历万古而不可磨灭。儒教真义,惟此而已。虽然,孔子之学,亦非徒为自了汉,不计身外之事也。成己必成物,立己必立人。

《中庸》:"诚者,非自成己而已也,所以成物也。成己,仁也;成物,知也。性之德也,合外内之道也。"《论语·雍也》:"夫仁者,己欲立而立人,己欲达而达人。"

故修身之后即推之于家国天下,其于道国为政、理财、治赋之法,无一不讲求,而蕲致用于世。《论语》所记孔门师弟问答之语,时时以为政为言,即群众之经济亦必使之富足。

《论语·子路》:"子适卫,冉有仆,子曰:'庶矣哉。'冉有曰:'既庶矣,又何加焉?'曰:'富之。'曰:'既富矣,又何加焉?'曰:'教之。'"《颜渊篇》:"子贡问政。子曰:'足食,足兵,民信之矣。'"

此则本末兼赅,有体有用,非若二氏之专言虚寂,遗弃一切也。孔子生于周,故其政见多主用周法,然用之亦有分别,观《论语》之言自见。

《论语·卫灵公》:"颜渊问为邦。子曰:行夏之时,乘殷之辂,服周之冕。"《子罕篇》:"子曰:麻冕,礼也。今也纯,俭,吾从众。"

陆桴亭《思辨录》谓孔子从周,后儒宜讲当代之制:"孔子动称周家法度,虽周公制作之善,亦从周故也。予每怪后儒学孔子,亦动称周家法度,而于昭代之制,则废而不讲,亦不善学孔子者矣。"其实孔子之所主张,亦不尽周法,即世俗所通行而协于人情者,亦无不可从也。

孔子之学,固不以著述重,然其著述之功,关系绝钜。史称其时礼乐废,诗书缺,传自孔氏,始可得述。

《史记·孔子世家》:"孔子之时,周室微而礼乐废,《诗》、《书》缺。追迹三代之礼,序《书传》,上纪唐、虞之际,下至秦缪,编次其事。曰:'夏礼吾能言之,杞不足征也。殷礼吾能言之,宋不足征也。足,则吾能征之矣。'观殷、夏所损益,曰:'后虽百世可知也,以一文一质。周监二代,郁郁乎文哉。吾从周。'故《书传》、《礼记》自孔氏。孔子语鲁太师:'乐其可知也。始作翕如,综之纯如,皦如,绎如也,以成。''吾自卫反鲁,然后乐正,《雅》、《颂》各得其所。'古者诗三千余篇,及至孔子,去其重,取可施于礼义,上采契、后稷,中述殷、周之盛,至幽、厉之缺,始于衽席,故曰'《关雎》之乱,以为《风》始、《鹿鸣》为《小雅》始,《文王》为《大雅》始,《清庙》为《颂》始'。三百五篇孔子皆弦歌之,以求合韶、武、雅、颂之音,礼乐自此可得而述。"

盖其时如老子者,不以书籍所传言语为重。

《史记·老子传》:"老子曰:'子所言者,其人与骨皆已朽矣,独其言在耳。'"

世复多不说学者,使任其放佚,则浸衰浸微,古代之文化复何从考见乎!《诗》、《书》、《礼》、《乐》皆述,《易》、《春秋》则述而兼作。

《汉书·儒林传》:"孔子晚而好《易》,读之,韦编三绝,而为之传。"①

《史记·儒林传》："西狩获麟，曰：'吾道穷矣。'故因史记作《春秋》。"

世谓孔子"述而不作"者，盖未读《十翼》及《春秋》也。《孟子》即称"孔子作《春秋》"，《公羊》明载未修春秋之原文②，惟杜预称《春秋》多用旧史，然亦谓有刊正处③。孔子传《易》修史，而合之《诗》、《书》、《礼》、《乐》，号为"六艺"，亦名为"经"。

《史记·孔子世家》："孔子以《诗》、《书》、《礼》、《乐》教弟子，盖三千焉，身通六艺者七十有二人。"

其为教亦各有得失，孔子尝详言之。

《礼记·经解》："孔子曰：入其国，其教可知也。其为人也，温柔敦厚，《诗》教也；疏通知远，《书》教也；广博易良，《乐》教也；絜静精微，《易》教也；恭俭庄敬，《礼》教也；属辞比事，《春秋》教也。故《诗》之失愚，《书》之失诬，《乐》之失奢，《易》之失贼，《礼》之失烦，《春秋》之失乱。其为人也，温柔敦厚而不愚，则深于《诗》者也；疏通知远而不诬，则深于《书》者也；广博易良而不奢，则深於《乐》者也；絜静精微而不贼，则深于《易》者也；恭俭庄敬而不烦，则深于《礼》者也；属辞比事而不乱，则深于《春秋》者也。"

孔子于《易》，由阴阳奇偶之对待，阐明太极之一元。

---

①　"读"者，卦爻之词，孔子所述也；"传"者，十翼之文，孔子所作也。

②　庄公七年，曷为谓之如雨？不修《春秋》曰："雨不及地尺而复。"君子修之曰："星陨如雨。"

③　杜预《春秋左氏传序》："仲尼因鲁史策书成文，考其真伪，而志其典礼。上以遵周公之遗制，下以明将来之法；其教之所存，文之所害，则刊而正之，以示劝戒。其余则皆即用旧史，史有文质，辞有详略，不必改也。"

《系辞》:"易有太极,是生两仪,两仪生四象,四象生八卦,八卦定吉凶,吉凶生大业。"

谓神无方,易无体,而道在阴阳之相对。

《系辞》:"神无方而易无礼,一阴一阳之谓道。"

其于形而上之原理,与老子所见正等。《易》之神妙,正赖孔子发明。(按《论语》称"子不语怪、力、乱、神"。而《易·系辞》屡言神,如"阴阳不测之谓神,蓍之德园而神","神以知来","是兴神物以前民用","圣人以此斋戒,以神明其德夫","鼓之舞之以尽神"之类。)而世乃谓孔子系《易》,专重人伦日用之事。

某氏论《易》曰:"近人谓伏羲画卦,乃纯包天地万物、万事万象、有形无形,诸凡共同之大原理而言,即纯属哲理的著作。以今之新名词言之,即曰纯正哲学。文王加彖、象各辞,始由图画而附文字说明,然已由抽象的哲理,而喻以具体的事物。故可谓文王解《易》,即由纯正哲学引入于伦理学范围。以今之新名词言之,即曰伦理哲学。孔子作《文言》、《系辞》,则更将《易》象移以解释人生种种善恶行为之报应,专在策人为君子,勿为小人。故孔子解《易》,实专以伦理的眼光看《易》象,并非以宇宙人生、万象森罗之哲理眼光看《易》象。若以今之新名词言之。《易》经中孔子所明,第可曰伦理学,或曰伦理的解释,孔子圣人,决非不解《易》象之哲理。第孔子一生志向,专以对人宣明伦理一门,作入世法,至孔子之真实本领,哲理一门之出世法,始终未欲与世人道之,此正是孔子之高大处。故至今儒家所知之孔子,第知孔子本领之半而已。"

奚足以知孔子之用心哉!孔子所言神明之德,必须洗心斋戒,退藏于密,而后可见。非腾口说、骋文辞所能指示也。至于孔子讲

《易》以明人伦曰用之道者,则有二义焉,曰"中",曰"时"。

如释《乾》之《九二》曰"龙德而正中",《九三》、《九四》皆曰"重刚而不中",《坤六五》曰"君子黄中通理",《同人》曰"中正而应",《大有》曰"大中而上下应之"之类,皆以明"中"也。释《蒙》曰"蒙亨,以亨行,时中也"。《蹇》曰"蹇之时用大矣哉"!《益》曰"凡益之道与时偕行"之类,皆以明"时"也。

"中"以方位言,"时"以后先言,必合此二者而义乃全。且其几至微,稍过不及,即非所谓《中》;人心之执著胶滞,皆为未喻此义也。自尧、舜以来,以"中"为立国之道,孔子祖述其说,而又加以"时"义。故孟子谓"孔子为圣之时者"也。其实,"中"之一字,已足赅括一切,加以"时"字,则所以衡其中否者益密耳。此语至平常,而又至难,原其初,须得喜怒哀乐未发前之气象。

《中庸》:"喜怒哀乐之未发,谓之中。"

推其极,则可以位天地,育万物。

《中庸》:"致中和,天地位焉,万物育焉。"

故孔子于中道系之曰"庸",而极言其不可能,

《论语·雍也》:"中庸之为德也,其至矣乎,民鲜久矣。"

《中庸》:"子曰:'中庸其至矣乎!民鲜能久矣。'""天下国家可均也,爵禄可辞也,白刃可蹈也,中庸不可能也。"

贤智则过,愚不肖则不及,强为貌似,则又成为乡原,三者皆病,乃取其微偏者而救正焉。

《论语·子路》:"子曰:不得中行而与之,必也狂狷乎!狂者进取,狷者有所不为也。"

世人徒执后世乡原之儒者以病孔子,不知孔子固于此反复明辩,不容伪儒之矫饰也。论德之本曰"中",论道之用曰"恕",《周书》始

言"恕"。

《逸周书·程典篇》:"慎德必躬恕,恕以明德。"

而未详言其法,至孔子始推演之,以为终身可行之道。

《论语·卫灵公》:"子贡问曰:'有一言而可以终身行之者乎?'子曰:'其恕乎!己所不欲,勿施于人。'"

对于子臣弟友、上下左右,一以恕待之。

《中庸》:"子曰:'君子之道四,丘未能一焉:所求乎子,以事父未能也;所求乎臣,以事君未能也;所求乎弟,以事兄未能也;所求乎朋友,先施之未能也。'"《大学》:"所恶于上,毋以使下;所恶于下,毋以事上;所恶于前,毋以先后;所恶于后,毋以从前;所恶于右,毋以交于左;所恶于左,毋以交于右。此之谓絜矩之道。"

盖人类之相处,最难各得其平。处处以责人之心责己,则平心静气。于人毫无怨望,而人之对我亦必出于和平,充其功效,岂惟一人可行于世,使举世行之,则举世之战争、奋斗、猜疑、欺诈,种种不德皆可蠲除,而全体之人类,咸相安而遂其生矣。曾子之告其门人,谓忠恕则一贯。

《论语·里仁》:"子曰:'参乎,吾道一以贯之。'曾子曰:'唯。'子出,门人问曰:'何谓也?'曾子曰:'夫子之道,忠恕而已矣。'"

盖孔子所知所行,无不本于此,故以"而已矣"三字决之,明忠恕之外,无他道也。为人谋而不忠,亦由待人不恕。故曾子论一贯,犹兼言忠恕;孔子论终身可行之道,惟举一恕字,以恕可以赅忠也。忠恕之事,属行不属知,子贡问行,而孔子答以施;行与施皆指事为,非指一人独居讲学也。从来学者解释恕字,未有以为属于知识者,近人好为异论,乃以恕为推知。

《订孔下》(章炳麟)："心能推度曰恕,周以察物曰忠。故夫闻一以知十,举一隅而以三隅反者,恕之事也。夫彼是之辨,正处、正色、正味之位,其侯度诚未可壹也。守恕者,善比类。诚令比类可以遍知者,是絜矩可以审方圆,物情之纷,非若方圆可以量度也。故用矩者困,而务比类者疑。周以察物,举其征符,而辨其骨理者,忠之事也。故疏通知远者恕,文理密察者忠。身观焉,忠也;方不障,恕也。上者寂焉不动,感而遂通天下之故,无有远近幽深,遂知来物,中之方人用法,察迩言也。下者至于原本山川,极命草木,合契比律,审曲面埶,莫不依是。《三朝记》:哀公欲学《小辨》,孔子对以力、忠、信。云:'知忠必知中,知中必知恕,知恕必知外。内思毕心曰知中,中以应实曰知恕,内恕外度曰知外。'此言以忠恕为学,则无所不辨也。周以察物,疑其碎矣。物虽小别,非无会通。内思必心者,由异而观其同也。"

夫闻一知十,举一反三,属于知识。己所不欲,勿施于人,属于行为。二者各有分际,不可混为一谈。《大戴记·小辨篇》虽言忠有九知,然其上文明言行为:

"明忠信之备而又能行之,则可立待也。君朝而行忠信,百官承事,忠满于中而发于外,刑于民而放于四海,天下其孰能患之?""丘言之,君发之于朝,行之于国,一国之人莫不知,何一之强避?丘闻之,忠有九知。知忠必知中,知中必知恕,知恕必知外,知外必知德,知德必知政,知政必知官,知官必知事,知事必知患,知患必知备。若动而无备,患而不知,死亡而不知,安与知忠信!内思毕心曰知中,中以应实曰知恕,内恕外度曰知外,外内参意曰知德,德以柔政曰知政,正义辨方曰知官,官治物则曰知事,事戒不虞曰知备,毋患曰乐,乐义曰终。"

所谓明忠信之备者,知也;而又能行之者,行也。朝而行忠信,发之于朝,行之于国者,皆行也。徒明忠信而不行,得谓之忠信乎?知中、知恕、知外、知德、知政、知官、知事、知患、知备九者,皆须实行,故曰"动而无备,患而弗知,安与知忠信"?试思备患恃知乎?抑持行乎?章氏偏重知识,匪惟误解《论语》,抑亦误解《戴记》,断章取意,贻误后人,匪浅鲜也。

孔子论治之书,以《春秋》为主,而《春秋》之学,为最难讲,当时门弟子已不能赞一辞。

> 《史记·孔子世家》:"至于为《春秋》,笔则笔,削则削,子夏之徒,不能赞一辞。弟子受《春秋》,孔子曰:'后世知丘者以《春秋》,而罪丘者亦以《春秋》。'"

孟子则推其惧乱贼之功:

> 《孟子·滕文公》:"孔子成《春秋》,而乱臣贼子惧。"

庄子则称其为先王之志:

> 《庄子·齐物论》:"《春秋》经世,先王之志,圣人议而不辩。"

班固则谓口受弟子,弟子退而异言。

> 《汉书·艺文志》:"仲尼与左丘明观其史记,据行事,仍人道,因兴以立功,就败以成罚,假日月以定历数,藉朝聘以正礼乐。有所褒讳贬损,不可书见,口授弟子,弟子退而异言。丘明恐弟子各安其意,以失其真,故论本事而作传,明夫子不以空言说经也。《春秋》所贬损大人当世君臣,有威权势力,其事皆形于传,是以隐其书而不宣,所以免时难也。及末世口说流行,故有《公羊》、《穀梁》、《邹》、《夹》之《传》。"

自汉以来,《三传》传而《邹》、《夹》不传。

《汉书·艺文志》:"四家之中,《公羊》、《榖梁》立于学官,邹氏无师,夹氏未有书。"于是说《春秋》者,各依传以为说,讫无定论。

《春秋榖梁传序》(范宁):"《春秋》之传有三,而为《经》之旨则一。臧否不同,褒贬殊致。盖九流分而微言隐,异端作而大义乖。《左传》以鬻拳兵谏为爱君,文公纳币为用礼。《榖梁》以卫辄拒父为尊祖,不纳子纠为内恶。《公羊》以祭仲废君为行权,妾母称夫人为合正。以兵谏为爱君,是人主可得而胁也。以纳币为用礼,是居丧可得而婚也。以拒父为尊祖,是为子可得而叛也,以不纳子纠为内恶,是仇仇可得而容也。以废君为行权,是神器可得而窥也;以妾母为夫人,是嫡庶可得而齐也。若此之类,伤教害义,不可强通者也。凡传以通经为主,经以必当为理。夫至当无二。而三传殊说,庸得不弃其所滞,择善而从乎!既不俱当,则固容俱失;若至言幽绝,择善靡从,庸得不并舍以求宗,据理以通经乎!……而汉兴以来,瑰望硕儒,各信所习,是非纷错,准裁靡定,故有父子异同之论,石渠分争之说。废兴由于好恶,盛衰继之辩讷,斯盖非通方之至理,诚君子之所叹息也!"

大抵孔子当时属辞比事,自有其详细解释。今所存之经文,特其辞之大纲。而其详细解释者,不可得见。《三传》所传,各有其微言大义,亦有各安其意以成口说者,不能尽以为得孔子之意,亦不能尽以为非孔子之意也。

《春秋》之义,在正名分,寓褒贬,其影响所及,有非他书可比者。观皮锡瑞之《春秋通论》可见:

"或曰:孟子言孔子成《春秋》而乱臣贼子惧。何以《春秋》之后,乱臣贼子不绝于世?然则孔子作《春秋》之功安在?

孟子之言，殆不足信乎？曰：孔子成《春秋》，不能使后世无乱臣贼子，而能使乱臣贼子不能全无所惧。自《春秋》大义昭著，人人有一《春秋》之义在其胸中，皆知乱臣贼子人人得而诛之，虽极凶悖之徒，亦有魂梦不安之隐；虽极饰辞巧说，以为涂人耳目之计，而耳目仍不能涂，邪说虽横，不足以蔽《春秋》大义。乱贼既惧当时义士声罪致讨，又惧后世史官据事直书，如王莽者，多方掩饰，穷极诈伪，以盖其篡弑者也。如曹丕、司马炎者，妄托禅让，褒封先代，篡而未敢弑者也；如萧衍者，已行篡弑，旋知愧憾，深悔为人所误者也；如朱温者，公行篡弑，犹畏人言，归罪于人以自解者也。他如王敦、桓温谋篡多年，而至死不敢；曹操、司马懿及身不篡，而留待子孙。凡此等固由人有天良，未尽泯灭，亦由《春秋》之义深入人心。故或迟之久而后发；或迟之又久而卒不敢发；即或冒然一逞，犯天下之不韪，终不能坦怀而自安。如萧衍见吴均作史，书其助萧道成篡逆，遂怒而摈吴均；燕王棣使方孝孺草诏，孝孺大书'燕贼篡位'，遂怒而族灭孝孺。其怒也，即其惧也，盖虽不惧国法，而不能不惧公论也。"

盖《春秋》之义，亦至难言，后世所执者，仅得其半，而尤严于乱臣。若以《左传凡例》论，则君臣相对，《春秋》未尝不责无道之君。

《左传》宣公四年："凡弑君称君，君无道也；称臣，臣之罪也。"杜预《释例》曰："天生民而树之君，使司牧之，群物所以系命。若高亢自肆，群下绝望，情义圯隔，是谓路人，非君臣人。人心苟离，则位号虽有，无以自固。故《传例》曰：'弑君称君，君无道，称臣，臣之罪。'称君者，唯书君命，而称国人以弑，众之所共绝也。"

孔子对齐景公以君臣并言：

《论语·颜渊》："齐景公问政于孔子。孔子对曰：'君君，臣臣，父父，子子。'公曰：'善哉！信如君不君、臣不臣、父不父、子不子，虽有粟，吾得而食诸？'"

又以忠、礼并举：

《论语·八佾》："君使臣以礼，臣事君以忠。"

初非专责人臣也。又凡《春秋》褒贬之志，止以当时之事为断，而言外尚有微恉。如公羊家张三世之说，则借事明义，正以寓其理想，亦非专于事实也。

《公羊传》隐公元年："解诂曰：'于所传闻之世，见治起于衰乱之中，用心尚麄觕，故内其国而外诸夏，先详内而后治外。于所闻之世，见治升平，内诸夏而外夷狄。至所见之世，著治太平，夷狄进至于爵，天下远近小大若一。'"

何氏之说，虽止一家之言，然与《礼记·礼运》之言大同者颇合，

"孔子曰：大道之行也，天下为公，选贤与能，讲信修睦。故人不独亲其亲，不独子其子，使老有所终，壮有所用，幼有所长，矜、寡、孤、独、废、疾者，皆有所养；男有分，女有归，货恶其弃于地也，不必藏于己；力恶其不出于身也，不必为己。是故谋闭而不兴，盗窃乱贼而不作，故外户而不闭，是谓大同。今大道既隐，天下为家，各亲其亲，各子其子，货力为己。大人世及以为礼，……以贤勇知，以功为己，故谋用是作，用兵由此起。"

《礼运》正论历史事实，故由大同降而小康；《春秋》悬想文明世界，故由升平而至太平。顺逆虽殊，其为孔子所怀抱之宗旨一也。若专限于事实，则禄去公室，政逮大夫，陪臣执国命，每况愈下，尚何升平、太平可言哉！

孔子理想之广大，随在可见。《论语》及《易》之言教育，皆其

不分族类,不分疆域之证也。

> 《论语·卫灵公》:"子曰:有教无类。"《易·临卦》:"象曰:君子以教思无穷,容保民无疆。"

而《中庸》之言化育,则尤进于是:

> 《中庸》:"唯天下至诚,为能尽其性;能尽其性,则能尽人之性;能尽人之性,则能尽物之性;能尽物之性,则可以赞天地之化育;可以赞天地之化育,则可以与天地参矣。"

教育之功,至于尽物性,参天地,则不独为一时一世之人群谋矣。极钜之效,由极简之法而生。所谓宇宙内事,皆性分内事也。吾国古代圣人之思想,常思以人力造天地,其功既见于此数千年之大国,而其义犹未罄万一,后人准此而行,则所谓范围天地,曲成万物者,无不可以实现,正不必以国家人类为界;而区区于知识技能,以为教育之大事者抑又不足深论矣!

古代学校,各有祀典。

> 《礼记·文王世子》:"凡学,春官释奠于其先师,秋冬亦如之。""凡始立学者,必释奠于先圣先师。"郑玄曰:"先圣周公若孔子。"

郑氏举孔子为例,盖就汉以后而言,汉以前未祀孔子也。历代帝王之祀孔子者,自汉高祖始。

> 《史记·孔子世家》:"高皇帝过鲁,以太牢祠焉。"
>
> 《汉书·高帝纪》:"十二年十一月,行自淮南,还。过鲁,以太牢祠孔子。"

而学校祀孔,自明帝始。

> 《后汉书·礼仪志》:"永平二年,……养三老五更于辟雍;郡、县、道行乡饮酒礼于学校,皆祀圣师周公、孔子。"

然孔子与周公并祀,非特祀也。唐、宋以降,渐次尊崇,礼等帝王,制亦数易。

　　《文献通考》:"唐制,国子学立周公、孔子庙各一所,四时
致祭。其释奠之礼,初以周公为先圣,孔子配享。贞观二年,
停祭周公,升孔子为先圣,以颜回配。开元二十年,追谥'文
宣王',改西坐像为南面。诏曰:'昔周公南面,夫子西坐,今
位既有殊,岂宜依旧?'其两京国子监及天下诸州,夫子南面
坐,十哲等东西行列侍。"

　　《续通考》:"宋太宗追谥孔子曰'先圣文宣王',真宗时改
谥'至圣',元武宗加封'大成至圣文宣王',明世宗嘉靖九年,
改称'至圣先师',易塑像为木主。"

盖自汉以来,虽已举国崇奉孔子之教,而立庙奉祀,近于宗教性质
者,乃由人心渐演渐深,踵事增华之故。初非孔子欲创立一教,亦
非仅一二帝王或学者,假孔子之教以愚民也。

　　孔子后裔,代有封号。

　　汉曰"褒成君",魏曰"宗圣侯",晋宋曰"奉圣侯",后魏
曰"崇圣大夫",唐初曰"褒圣侯",开元中改"文宣公"①。

至宋始封孔子后为"衍圣公":

　　《续通考》:"宋仁宗至和二年,封孔子之后为'衍圣
公'。"

迄今犹存其名,此亦无足深异。然自西周至今,奕叶相传,七十余
世,谱牒统系,灼然无疑,则世所仅见也。自明以后,府县学皆祀孔
子,外国如琉球、日本,亦立文庙,行释奠礼,高丽自宋时即祀文宣
王,此虽不足为孔子重,而其为东方文化之祖,则举世所共信也。
太史公立《孔子世家》而称"至圣",有以哉!

――――――――――――

　　①　均见《文献通考》。

20世纪儒学研究大系

《史记·孔子世家》:"天下君王至于贤人众矣,当时则荣,没则已焉。孔子布衣,传十余世,学者宗之。自天子王侯,中国言六艺者,折中于夫子,可谓至圣矣!"

（节选自《中国文化史》,撰于 1919—1922年,1925—1928 年《学衡》杂志分期发表。这里选自东方出版中心 1988 年版）

柳诒徵（1880—1956）,字翼谋,晚号劬堂,江苏镇江人。1903 年赴日本考察教育。回国后创办小学堂,并从事商业学堂的实业教育。1908 年起,历任两江师范学堂、南京高等师范学堂、浙江大学、贵州大学、中央大学文史教授,并任南京国学图书馆馆长。1948 年为中央研究院院士,并任考试院委员、国史馆纂修。1949 年后为上海市文管会委员。一生著述甚多,除《中国文化史》外,还有《历代史略》、《中国教育史》、《中国商业史》、《东亚各国史》、《国史要义》等。

作者认为孔子是中国文化之中心,"无孔子则无中国文化"。自孔子以前数千年之文化,赖孔子而传,自孔子以后数千年之文化,赖孔子而开。即使自今以后,吾国国民同化于世界各国之新文化,然过去时代与孔子关系,要为历史上不可磨灭之事实。与老子及其他诸子不可以并论。

《春秋》与孔子

钱 玄 同

（一）

颉刚先生：

先生对于《春秋》一经的意见，颇愿闻教一二。弟以为此书只有两个绝对相反的说法可以成立：

（一）认它是孔二先生的大著，其中蕴藏着许多"微言大义"及"非常异义可怪之论"，当依《公羊传》及《春秋繁露》去解释它（自然《公羊》及《繁露》的话决不能句句相信，但总是走这一条路公讲）。这样，它绝对不是历史。

（二）认它是历史。那么，便是一部鲁国的"断烂朝报"，不但无所谓"微言大义"等等，并且是没有组织，没有体例，不成东西的史料而已。这样，便决不是孔二先生做的孟子书中"孔子作《春秋》"之说，只能认为与他所述尧、禹、汤、伊尹、百里奚的事实一样，不信任它是真事。孔丘的著作究竟是怎么样的，我们虽不能知道，但以他老人家那样的学问才具，似乎不至于做出这样一部不成东西的历史来。

我近年来是主张后一说的。但又以为如其相信"孔子作《春秋》"之说，则惟有依前一说那样进还有些意思。

玄同

一九二五，三，十六

（二）

玄同先生：

对于《春秋》一经的意见，我和先生相同。其故因——

（1）《论语》中无孔子作《春秋》事，亦无孔子对于"西狩获麟"的叹息的话。

（2）获麟以后定为"续经"，没有凭据。《春秋》本至"孔丘卒"，儒者因如此则不成为孔子所作，故拣了一段怪异的事——获麟——而截止，只为此前为孔子所作，孔子所以作《春秋》是为了"感麟"；此后便为后人所续。

（3）如果处处有微言大义，则不应存"夏五"、"郭公"这阙文。存阙文是史家之事。

（4）《春秋》为鲁史所书，亦当有例。故从《春秋》中推出些例来，不足为奇。

（5）《春秋》中称名无定，次序失伦。（举例见《六经奥论》卷四"例"条）如果出于一人之手，不应如是紊乱。何况孔子的思想是有条理的，更何至于此。可见其出于历世相承的史官之手。

（6）孟子以前无言孔子作《春秋》的。孟子的话本是最不可信的。

至《春秋》何以说为孔子所作，这步骤我作以下的假定以说明之：

（1）《春秋》为鲁史官所记的朝报。这些朝报因年代的久远，当然有阙文；又因史官的学识幼稚，当然有许多疏漏的地方。

(2)孔子劝人读书,但当时实无多书可读,《诗》、《书》为列国所共有的,《易》与《春秋》为鲁国所独有的(依《左传》所记),均为七十子后学者所读之书。

(3)《春秋》当然不至"孔丘卒"而止,但因儒者的尊重孔子,故传习之本到这一条就截住了。如此,仿佛《春秋》是儒家所专有的经典了。

(4)《春秋》成为儒家专有的经典之后,他们尚不满意,一定要说为孔子所作。于是又在"西狩获麟"截住,而说其因"伤麟感道穷"而作《春秋》。

(5)自有此说,于是孟子等遂在《春秋》内求王道,公羊氏等遂在《春秋》内求微言大义。经他们的附会和深文周纳,而《春秋》遂真成了一部"素王"手笔的经典。

以上的话未知先生以为如何?匆促写此,浅陋得很,请指正。

颉刚敬上
十四,三,二十一

(三)

颉刚先生:

本年三月里您回我的信,谈对于《春秋》的意见,大体我都很佩服,只有两点,我跟您所见不同,写在下面请教:

(1)获麟以后的"续经",并非鲁史之旧,乃是刘歆他们伪造的。《左传》是真书,但它本是《国语》的一部分,并非《春秋》的传,康长素的《伪经考》与先师崔觯甫先生的《史记探源》、《春秋复始》中,都说《汉书·艺文志》有《新国语》五十四篇,这是"原本《国语》",刘歆把其中与《春秋》有关的事改成"《春秋左氏传》",

那不要的仍旧留作《国语》，遂成"今本《国语》"。这话我看是很对的：

> 《左传》记周事颇略，故《周语》所存《春秋》时代的周事尚详（但同于《左传》的已有好几条）。

> 《左传》记鲁事最详，而残余之《鲁语》，所记多半是琐事，薄薄的两卷中，关于公父、文伯的记载竟有八条之多。

> 《左传》记齐桓公霸业最略，"管仲相桓公，霸诸侯，一匡天下"的事迹竟全无记载，而《齐语》则记此事。

> 《晋语》中同于《左传》者最多，而关于霸业之荦荦大端记载甚略，《左传》则甚详。

> 《郑语》皆《春秋》以前事。

> 《楚语》同于《左传》者亦多，关于大端的记载亦甚略。

> 《吴语》专记夫差伐越而卒致亡国事，《左传》对于此事的记载又是异常简略，与齐桓霸业相同。

> 《越语》专记越灭吴之经过，《左传》全无。

综上所记，此详则彼略，彼详则此略，显然是将一书瓜分为二。至于彼此同记一事者，往往大体相同，而文辞则《国语》中有许多琐屑的记载与支蔓的议论，《左传》大都没有，这更显出删改的痕迹来了。刘歆把《国语》的一部分改为《春秋》的传，意在抵制《公羊传》。《汉书·刘歆传》说，"歆治《左氏》，引传文以解经"，这就是他给《春秋》跟《国语》的一部分做媒人的证据。所以《左传》中的"《春秋》经"，实在比《公羊传》中的还要靠不住。那几条"续经"，我以为是他们假造了来破坏《公羊传》所云"何以终乎哀十四年？曰：备矣"这句话的。（以上的话，似乎做了"今文家"的话匣子，其实不然。我现在对于"今文家"解"经"，全不相信，我而且认为"经"这样东西压根儿就是没有的，"经"既没有，则所谓"微言大义"也者自然是"皮之不存,毛将焉附?"了。但关于汉代今古文之争上这重公案,则至今承认康、崔之说,以为是刘歆他们闹的鬼。所以对于今之《左传》,认为它里面所记事实远较《公羊传》为可信,因为它是晚周人做的历史,而《公羊传》则是"口说流行",至汉时始著竹帛者;至对于《左传》之"五十凡"及所论书法等等,则认为比《公羊传》所论微言大义更为不古,更不足信。)

(2)《春秋》乃是一种极幼稚的历史,"断烂朝报"跟"流水账簿"两个比喻,实在确当之至。它本来讲不上什么"例"。您说"《春秋》为鲁史所书,亦当有例",我窃以为不然。其实对于历史而言例,是从刘知几他们起的;不但极幼稚的《春秋》无例可言,即很进步的《史记》、《汉书》等亦无例可言。章实斋说"迁书体圆用神,班氏体方用智",哪有这回事!不过司马迁做文章贵自然,班固做文章尚矜炼罢了。讲到"称名无定",更不算什么一回事。比《春秋》进步得多的"《左传》"称名更无定,《史记》也是这样;《汉书》较守规矩了,但还称田千秋为"车千秋"。关于这一点,倒未必是古人的坏处,只是后人爱"作茧自缚"罢了。(我的偏见,以为凡讲什么文章公式义例的,都是吃饱饭,没事干,闲扯淡。)

玄同
一九二五,九,二十二

(《北京大学国学门周刊》第 1 期,1925 年 10 月)

钱玄同(1887—1939),原名夏,字德潜、中季。浙江湖州人。1906 年随兄赴日留学,就读于东京早稻田大学,翌年加入同盟会。1916 年起任北京高师和北大教授,是《新青年》编辑部成员和主要撰稿人。1922 年起与顾颉刚等发起疑古和辨伪的思潮。

　　该文为钱玄同与顾颉刚就《春秋》问题的切蹉。钱氏认为,《春秋》是一部鲁国的史书,决不是孔子所作。顾氏回信同意,并加以论证《春秋》非孔子所作的理由及何以说为孔子所作的原因。钱氏基本同意顾之意见,唯有两点不同:一是认为获麟后的"续经"并非鲁史之旧,乃是刘歆们伪造的;二是认为《春秋》是一种极幼稚的历史,无例可言。

春秋时代的孔子和汉代的孔子

顾 颉 刚

颉刚案,此文为演讲前所作之底稿,临时因时间不足,改换题目,删减若干,故与《民钟报》所载略有参差。十九年一月二十三日记。

今天讲演这个题目,似乎是很可笑的,孔子只有一个,为什么会变做两个呢? 唉,孔子哪里止两个,各时代有各时代的孔子,即在一个时代中也有种种不同的孔子呢(例如战国时的孟子和荀子所说的,宋代的朱熹和陆九渊所说的)。各时代的人,他们心中怎样想,便怎样说,孔子的人格也就跟着他们变个不歇。害得一般人永远摸不清头路,不知道孔子的真面目究竟是怎样的。

我数年来,心中常有一个问题要求解决,这个问题的"孔子何以成为圣人?"这个问题给信仰孔教的人看来是不成问题的,因为他们知道孔子的本质是圣人,不必别人帮助他成功。但我们研究历史的人不能这样,我们对于一件事情,要知道他的原因,要知道他的结果。孔子的本质固然可以说是圣人,但何以孔子以前不用圣人的名来称后世所承认的几个古帝王(如尧、舜、禹、汤、文、武、周公)? 又何以孔子以后再没有圣人出来? 在这上面看,可见圣人的出生不是偶然的,必须在孔子这个时候,就是春秋之末。

孔子以前没有圣人吗? 不然,孔子以前的圣人多得很。但孔子以前的圣人不即是孔子时及孔子以后的圣人。我们可以从古书里寻出一点材料。

我们先看《诗经》。《诗经》的《大雅》、《小雅》都是西周后期的诗。《小雅·正月篇》说："召彼故老,讯之占梦,具曰予圣。"这是说故老和占梦者都把自己看做圣人。又《十月之交篇》是骂卿士皇父的,其中说"皇父孔圣",孔,甚也。这是说皇父自以为甚圣。又《小旻篇》说:"国虽靡止,或圣或否。"这是说国虽不定,然而做官的人也有圣的,也有不圣的。《小宛篇》说:"人之齐圣,饮酒温克,彼昏不知,一醉日富。"这是说,齐(肃)圣的人喝了酒,还能够保持温文的样子,那种昏乱不知的人,就一天比一天的醉得利害了。在这些材料里看,圣似乎只有聪明的意思,并没有道德怎样好的意思。在西周时无论哪个人都可以自居于圣人,正和现在无论哪个人都可以自居于聪明人一样。北京地方有一句话,叫做"您圣明",意思是"你是明白人",就是这个意思。

最显明的,是《大雅》中的两首诗。《抑篇》说"其维哲人,告之话言,顺德之行。其维愚人,覆谓我僭。"哲,知也。这是说有知识的人,告了他话,他就可以顺了德而行;没有知识的人,若告了他,他就要反说我错了。《桑柔篇》说"维此圣人,瞻言百里。维彼愚人,覆狂以喜。"这是说圣人所看见的所说的可以烛照得很远,愚人不知祸患将临,反要狂而喜了。《抑篇》以哲人与愚人对举,《桑柔篇》又以圣人与愚人对举。可见圣人和哲人的意义相同。哲也是只有聪明的意思,并没有道德好的意思。《大雅·瞻卬篇》说"哲夫成城,哲妇倾城,懿厥哲妇,为枭为鸱。"那时人是不要女子有知识的,所以说聪明的男子造成了城,给聪明的女子推倒了;聪明的女子乃是恶鸟。圣哲只是本能的敏捷,不是德行的美满,说的非常明白。

再看《尚书》。《多方》说"惟圣罔念作狂,惟狂克念作圣。"这是说圣人没有了念虑就要变作狂人(这狂人便是"覆狂以喜"的愚人),狂人能够动念也就变了圣人。可见圣人和狂人只是有念与无念的分别。《秦誓》说有容量的人是"人之有技,若己有之;人之彦圣,其心好之"。这是说对于有技艺的人看作自己有的一般,对于彦圣的人心里边便喜欢他。彦圣与有技并举,而且这种人是很容易碰见的,可见圣人不是"旷世而不一见"的人。《洪范》里以"貌、言、视、听、思"列为五事,而曰"思曰睿,睿作圣"。貌、言、视、听、思是个个人有的,只要把"思"用得好,就可以睿,就可以作圣。下边列休徵咎徵,以圣列休徵,与蒙的咎徵对举。蒙,愚昧也;在它对面的当然是聪敏。

圣人只是聪明人,是极普通的称呼,为什么后来会得变做"神化无方"的不可捉摸的人呢!这里面有复杂的原因,我且简单的说一点。

我们读《论语》,便可捉住它的中心问题——造成君子。一部《论语》,提出君子的有七八十条,但说到圣人的不过五条。把这七八十条提出君子的话归纳起来,可以得到几条主要的观念:(一)有礼貌(恭、敬),(二)有感情(仁、惠),(三)有理智(知、学),(四)有做人的宗旨(义、勇)。这实在是切实的人格陶冶。但君子一名也是由别种意义变化来的。《先进篇》说:"先进于礼乐,野人也;后进于礼乐,君子也。如用之,则吾从先进。"照这条看,似乎孔子不赞成君子;其实这个君子便是君子一名的原始的意义。君子,是国君之子,是一国中的贵族,与"公子""王孙"等同义。因为是贵族,所以君子可以与野人(平民)对举。但后来意义变了,凡是有贵族的优美的风度和德行的都可称为君子,于是这君子便成了陶冶人格的目标。凡《论语》中所载,都是向着这方面走的。

《论语》中的圣人,比了《诗》、《书》中的圣人确是改变了意义了。孔子说:"圣人,吾不得而见之矣,得见君子者斯可矣。"子夏道:"君子之道,孰先传焉,孰后倦焉;譬诸草木,区以别矣;……有始有卒者,其维圣人乎!"可见他们确以圣人置于君子之上。君子既是陶冶人格的目标,而圣人又在其上,可见圣人成了理想中的最高的人格,不是普通人能够达到的。子贡问道:"如能博施于民而能济众,何如?可谓仁乎?"子曰:"何事于仁,必也圣乎?尧、舜其犹病诸!"孔子又道:"若圣与仁则吾岂敢;抑为之不厌,诲人不倦,则可谓云尔已矣。"在这两条上而看,可见圣在仁上,虽以尧、舜这样伟大的人物,而对于博施济众的这种圣人的事情还感受困难,可见圣人的高不可攀。

但《论语》中有一条似乎还沿着《诗》、《书》中的圣人的原义。太宰问于子贡曰:"夫子圣者与?何其多能也?"子贡曰:"固天纵之将圣,又多能也。"子闻之曰:"太宰知我乎!吾少也贱,故多能鄙事。君子多乎哉,不多也。"在这三个人的说话中,孔子是自居于君子,谦言君子不必多能。子贡说天要把他做成一个圣人,多能不过是些余事。太宰的话则以多能为圣人的标征,因为他看见孔子多能,所以疑心他是一个圣人。这三种话是三个意思,毫不连接。以多能为圣,似乎奇怪,其实也平常。试看周公,孟子是把他列为三圣之一的,但《尚书·金縢篇》,他自称"且多材多艺,能事鬼神",《论语》上又说:"周公之材之美",可见材美的人也是可以做到圣人的。和《诗》、《书》的话合看,可见一个人只要有知有才就具备了圣人的条件。但这是古义,我们不必再讲。

我们所要知道的,何以子贡会说"固天纵之将圣"一句话?我们知道,天是空的,所谓"天纵之将圣"实即是"人纵之将圣"。春秋、战国间,因为交通的便利,土地的开发,社会的文化和人民的知识渐渐地高了起来。但因为邦国很多,终年征战,国内阶级又不少,(《左传》昭十年,楚芊尹无宇云:"人有十等……王臣公,公臣大夫,大夫臣士,士臣皂,皂臣舆,舆臣隶,隶臣僚,僚臣仆,仆臣台")人民苦痛得很。自从春秋末期以至战国末期,这三百余年之中,他们长有统一天下的要求,有划除阶级的要求。因为要求统一,所以有禹的分画九州,有尧的协和万邦之说。因为要求平等,所以有尧、舜禅让,墨子尚贤之说。孟子要求以王政定天下,又好说"舜发于畎亩之中"等故事,即是代表这两种要求。春秋末期人民的苦痛固然没有像战国时那样利害,但仅封人已说:"天下之无道也久矣,天将以夫子为木铎。"可见那时苦于天下无道,大家希望有一个杰出的人来收拾时局。孔子是一个有才干的人,有宗旨的人,有热诚的人,所以人望所归,大家希望他成为一个圣人,好施行他的教化来救济天下。在孔子成名以前原已有过许多民众的中心人物,如宋国的子罕,郑国的子产,晋国的叔向,齐国的晏婴,卫国的蘧伯玉都是。但是他们一生做官,没有余力来教诲门弟子。惟有孔子,因为他一生不曾大得志,他收的门弟子很多,他的思想有人替他宣传,所以他的人格格外伟大。自从孔子没后,他的弟子再收弟子,蔚成一种极大的势力,号为儒家。自春秋末到秦、汉,儒家之外有势力的只有一个墨家。儒家以孔子为圣人,墨家以墨子为圣人(《庄子》上说墨者"以巨子为圣人",巨子即墨家中之首领)。

　　孔子被许多人推做圣人,这是他自己料想不到的。我们读《论语》,便可知道他修养的意味极重,政治的意味很少。不像孟子,他终日汲汲要行王政,要救民于水火之中。这是时代的关系,我们是很了解的。但那时的人哪能这样,他们以为孔子也是像孟子这般的。恰巧有一部儒家所传习的鲁史记《春秋》,说是孔子所作，于是就在这一部书上推求孔子的政治见解。在《论语》上，我们绝没有看见《春秋》二字。在《左传》上，我们也没有看见孔子作春秋的事。但《孟子》上却说："世衰道微，邪说暴行有作，臣弑其君者有之，子弑其父者有之。孔子惧，作《春秋》。《春秋》，天子之事也。"后人更从他的话上阐发，于是说哀公十四年西狩获麟，就是孔子受天命，他受了命，自号素王，于是作《春秋》，变周制，自作新王。他是不肯直言的，私把这番意思告给弟子，唤作"微言"。弟子口头相传，到汉始写出，即是《公羊传》。这种话可靠不可靠，我们现在不必去讨论，我们只要知道古代的儒者对于孔子曾经有过这一种揣测罢了。

我们知道，孔子是一个很切实的人。他对子路说："知之为知之，不知为不知。"他所不说的有四种："怪、力、乱、神。"又说："我有知乎哉，无知也。"又说："学如不及，犹恐失之。"又说："吾尝终日不食，终夜以思，无益，不如学也。"又说："未知生，焉知死。"在这种地方，都可见他是一个最诚实的学者，不说一句玄妙的话，他决不是一个宗教家。他自己既不能轻信宗教（"敬鬼神而远之"，"祭如在，祭神如神在"），作一个宗教的信徒，又不肯自己创立一种宗教来吸收信徒。他只是自己切实的求知识，更劝人切实的求知识。但是以君子自待的孔子固然可以持这样的态度，而以圣人待他的一般人却不能如此。他们总觉得圣人是特异的人，应当什么都知道，不能说"无知"；应当多说宇宙间的神秘现象，不能说生死和鬼神之事是不愿讲的。因此，当时对于他的传说就有两方面的发展，一方面是前知，一方面是博物。《左传》上说鲁国的桓、僖庙灾，孔子在陈，闻鲁火，说道："其桓、僖乎？"《国语》上说季桓子穿井获羊；骗孔子道，吾穿井而得狗；孔子答道，以我推来，是土怪羵羊。吴伐越，获大骨，去问他，他又说这是禹致群神于会稽之山，防风氏后至,禹杀之,其骨节专车。这种话都是和《论语》上的孔子绝不相同的。推其所以致此之故,实在是当时一般人对于圣人的见解本是如此。《庄子·胠箧篇》道:"跖之徒问于跖曰:'盗亦有道乎?'跖曰:'何适而无有道耶!夫妄意室中之藏,圣也。入先,勇也。出后,义也。知可否,知也。分均,仁也。'"这几句话里,以圣与知分立,可见圣与知的意义不同。妄意室中之藏,即是未卜先知之术。以未卜先知为圣,可见民众对于圣人的信仰的真谛。孔子既是圣人,孔子也应当未卜先知。

这还是战国时的话呢。到了汉朝,真是闹得不成样子了。我们只要把纬书翻出一看,真是笑歪了嘴。他们说,孔子母徵在游于大泽之陂,睡,梦黑帝使请己。往,梦交,语曰:"汝乳必于空桑之中。"觉则若感,生丘于空桑。他们说他的头像屋宇之反,中低而四方高。身长九尺六寸,人皆称他为长人。他的胸前有"制作定,世符运"六字之文。他坐如蹲龙,立如牵羊;海口,牛唇,虎掌,龟脊,辅喉,骈齿,面如蒙倛。他们说孔子生之夜,有二苍龙自天而下,有二神女擎赤雾于空中以沐徵在。先是有五老列于庭,则五星之精。有麟吐玉书于阙里人家云:"水精之子,继商、周而素王出,故苍龙绕室,五星降庭。"徵在知其为异,乃以绣绂系麟角而去。至鲁哀公十四年,鲁人鉏商田于大泽,得麟以示夫子,夫子知命之终,乃抱麟解绂而去,涕泗焉。他们说孔子作《春秋》,制《孝经》,既成,使七十二弟子向北辰磬折而立,使曾子抱《河、洛书》北向。孔子斋戒,簪缥笔,衣绛单衣,向北辰而拜,告备于天曰:"《孝经》四卷,《春秋》、《河、洛》凡八十一卷,谨已备。"天乃洪郁起白雾摩地,赤虹自上下,化为黄玉,长三尺,上有刻文。孔子跪受而读之曰:"宝文出,刘季握。卯金刀,在轸北。字禾子,天下服。"拿这种话和《论语》上的话一比,真要使人心痛,痛的是孔子受了委屈了,他们把一个不语怪力乱神的孔子浸入怪力乱神的酱缸里去了。

但是，我们要知道，孔子若不受他们的委屈，给他们作弄，孔教的一个名词是不会有的。经他们这样的造作了谣言，于是孔子便真成了黑帝之子，真成了孔教的教主。到现在，你去随便问一个乡下人，"文字是什么人造的？""是孔夫子。""书籍是什么人做的？""是孔夫子。""礼仪是什么人定的？""也是孔夫子。"这便是孔教的势力。倘使永远从《论语》中去看孔子，民众所需要于孔子的乃一无所有，孔子决不会得到纤毫的势力。

但是，孔教是一个没有完工的宗教。何以说没有完工？这和汉朝的经学很有关系。西汉的经学本来就是宗教：董仲舒是《春秋》大师，而他会求雨止雨。翼奉是《诗经》大师，而他会用时辰卜来客的邪正。王莽之时，假借符命以图篡位，图谶大盛。有一人名哀章，作铜匮为两检，署其一曰"天帝行玺金匮图"，其一署曰"赤帝行玺邦传予黄帝金策书"，书言王莽为真天子。图书皆书莽大臣八人，又取令名王兴、王盛，章因自窜姓名，凡为十一人，皆署官爵为辅佐。他衣了黄衣，持匮到高庙。明天，王莽到高庙，拜受金匮神禅，下书曰："皇天上帝隆显大佑，符契图文，金匮策书，神明诰告，属予以天下兆民。予甚祗畏，敢不钦受！"遂即真天子位，定国号曰新。哀章封为国将，美新公。因为这种事做得太多了，又太显明了，所以一般的民众有了觉悟，每每相戏道："独无天帝除书乎？"向来这种话集中于孔子，倒很可加增人民的信仰；到这时成了日常的事情，于是大家不由得怀疑起来。恰巧这时经学方面有一个新派——古文家——起来，于是这一个派里就绝对不收进神话的材料，只顺着经书的文字释义，把经书看成了历史。经这样一干，孔教的大本营就覆灭了。宗教一面的材料没有寄顿之处，只得改拉了老子做教主，成就了道教。有了道教，于是民众的信仰一齐流了进去,孔子就纯粹地成了士大夫们的先师了。

我们在这一讲里,可以知道:春秋时的孔子是君子,战国的孔子是圣人,西汉时的孔子是教主,东汉后的孔子又成了圣人,到现在又快要成君子了。孔子成为君子并不是薄待他,这是他的真相,这是他自己愿意做的。我们要崇拜的,要纪念的,是这个真相的孔子!

1926 年 10 月 3 日在厦门大学演讲;原载 1926 年 10 月 23 日——11 月 6 日《厦大周刊》160—163 期;1927 年 11 月 29 日中山大学《语言历史学研究所周刊》第 2 集第 5 期。选自《顾颉刚选集》天津人民出版社 1988 年版)

顾颉刚（1892—1980）江苏苏州人。1920 年北大本科哲学门毕业,后曾任教于北京、厦门、中山、燕京等大学,并任北平研究院历史门主任,齐鲁大学国学研究所主任,主编《中山大学语言历史研究所周刊》、《燕京学报》等。新中国成立后任中科院历史所研究员、全国政协委员、人大代表。论著除所编《古史辨》外,尚有《汉代学术史略》等。

作者认为,各时代有各时代的孔子,即在一个时代中也有种种不同的孔子。各时代的人,他们心中怎样想,便怎样说,孔子的人格也就跟着变化。认为"孔教是一个没有完工的宗教"。"春秋时的孔子是君子,战国时的孔子是圣人,西汉时的孔子是教主,东汉后的孔子又成了圣人,到现在又快要成君子了"。"君子"也是孔子的真相,我们要纪念的"是这个真相的孔子!"

孔子的政治学说及其演化

周 谷 城

上 孔子的政治学说

一、概述 孔子姓孔,名丘,字仲尼,鲁国人。生于周灵王二十一年(即公历纪元前 551 年),死于周敬王四十一年(即公历纪元前 479 年)。孔子曾为鲁之司寇。后以政策不行,弃官周游列国,冀能得君行道。在外游历,几十三年。卒以道不果行,乃复返鲁国。此时乃专心从事著述:删《诗》、《书》,订《礼乐》,系《周易》,作《春秋》、《孝经》等等。其学说之关于宇宙论者,多见于《易·系辞》。关于伦理及政治者多见于《论语》及《孝经》。《春秋》一书,则完全为表现其正名主张之唯一书籍。孔子之人格、情性,与老子绝异。老子看透社会恶化之原因,一心只想回复道之世界,回复自然之世界,于政治方面、道德方面所有之主张、所用之方法,完全为消极的。孔子于世道人情亦看得极透,但彼赋性特殊,一心只知救世,终彼一生,席不暇暖,所有精力,完全用于救人救世之中,生存一天,便努力一天,几乎不知老之将至。老子、孔子,人格情性既如此不同,故其学说虽同产于乱世,彼此却极端相反:一则向消极方面发展,一则向积极方面发展。一则注重无为,一则注重有为。今述孔子之学说于次。其与老子不同之点,读者自不难看出也。

二、孔子的人生哲学之基本观念　老子哲学的基本观念为道。道之一辞,可以通用于宇宙人生两方面。孔子哲学的基本观念,用于宇宙论者为"易",用于人生论者为"仁"。虽然二者固非绝对不同,亦非绝对不可通用;但吾人加以细察之时,总觉"易"与"仁"的区别最显。今只述孔子之政治思想,则"易"可存而不论。专从人生论上之"仁"加以研究可也。"仁"之为义,极难捉摸,故后之解释者,亦纷纷不一。孟子曰:"仁也者人也。"所谓"仁"即是作人之道。董仲舒曰:"……以仁安人,以义正我;故仁之为言人也,义之为言我也。"此处"仁"与义对举,"仁"为安人之具。故"仁"之为义,即是安人。程明道曰:"仁者浑然与物同体,义、礼、智、信皆仁也。"义、礼、智、信皆为"仁"中之事。有"仁"之人,便能与物同体,不分内外。若是,则"仁"为极广大,能包函一切美德之谓。朱子曰:"……语心之德,……一言以蔽之,则曰仁而已矣。"又曰:"……人之为心,其德亦有四:曰仁、义、礼、智,而仁无不包。"此说以"仁"为心之德,以"仁"为能包函义、礼、智,与明道之说略相近。近人蔡子民谓孔子之"仁"为总摄诸德,完成人格之称。梁漱溟则以西哲"直觉"一辞训"仁"字。此二说俱极近真,但仍不完全。若总摄诸德,完成人格之称为"仁",则是先有诸德,后乃被以"仁"之名为其总称,似与事实不符。细察孔子之说,一切德性皆从"仁"生。"仁"似为能生诸德之实物,并非概括诸德之空名。梁氏以直觉训"仁",最足以讲明孔子之学,但仍嫌太狭。直觉固可训为"仁","仁"决不单是"直觉"。"仁"之范围与"直觉"之范围,实大得多,二者决不能一致。吾人欲明"仁"之真义,仍当于孔子书中求之。

　　《论语》中述孔子与其弟子论仁之处极多。颜渊问仁,子曰:"克己复礼为仁。"渊又问仁之细目,子曰:"非礼勿视,非礼勿听,非礼勿言,非礼勿动。"仲弓问仁,子曰:"出门如见大宾,使民如承大祭,己所不欲,勿施于人,在邦无怨,在家无怨。"樊迟问仁,子曰:"爱人。"子张问仁,孔子答以能行恭、宽、信、敏、惠五者于天下即是仁。司马牛问仁,子曰:"仁者其言也讱。"樊迟问仁,子曰:"居处恭,执事敬,与人忠。"子贡问仁,子曰:"工欲善其事,必先利其器。居是邦也,事其大夫之贤者,友其士之仁者。"孔子又常自曰:"刚毅木讷近仁。"又曰:"苟志于仁矣,无恶也。"又曰:"惟仁者能好人,能恶人。"细察各种说话,仁之为义真是不易捉摸。吾且归纳各条之意,定其义曰"仁者能生一切善行之心理的趋势及由此趋势产生之一切善行之合体也。"此语虽不敢说已尽仁之全体,但大致不差。此语上截为动的,能生的;下截为静的,所生的。吾常谓仁有动静二面,单说一面,即不完全。梁漱溟之所谓"直觉"仁之动的方面也。蔡孑民之所谓"诸德"仁之静的方面也。必合而言之,乃为仁之全体。吾且试依此语以解释上面所引诸句。譬如克己复礼,善行也;能克己,能复礼,心理的趋势也,二者能合成一片;此趋势产出此善行,斯谓之仁矣。凡非礼者,勿视,勿听,勿言,勿动;善行也。能勿视,能勿听,能勿言,能勿动,心理的趋势也。二者合成一片,此趋势产此善行,斯谓之仁矣。其他各句,均可照此解释。故仁字之义,依我所述,尚属不差。

三、仁之两面 仁之意义,略如上述。但仁之一字,本为人生哲学上之观念。故其适用之范围,不外人己两方。孔子之仁,因遂显出两个方面。此两面者,一曰忠,二曰恕。所谓尽己之谓忠,推己及人之谓恕是也。孔子曰:"吾十有五而志于学,三十而立,四十而不惑,五十而知天命,六十而耳顺,七十而从心所欲不逾矩。"由志于学以至于能立,由能立以至于不惑,由不惑以至于知天命,由知天命以至耳顺,以至于从心所欲不逾矩,皆忠之事也,皆尽己之谓也。《大学》曰："所恶于上，毋以使下；所恶于下，毋以事上；所恶于前，毋以先后；所恶于后，毋以从前；所恶于右，毋以加于左；所恶于左，毋以加于右。"《论语》上孔子告仲弓："己所不欲，勿施于人。"意与此相同，此即恕之事也，即推己及人之谓也。《论语》曰："夫仁者，己欲立而立人；己欲达而达人。"己立己达，尽己之谓也，忠之事也。立人达人，推己及人之谓也，恕之事也。又曰："学而不厌，诲人不倦。"学不厌，尽己之事也，忠。诲不倦，推己及人之事也，恕也。忠恕二字，千头万绪，究其实际，却只是尽其在我与推己及人二义，皆只是仁之两面。

四、孔子之政治主张　老子深明社会之恶化由于离道愈远，故其政治主张即在回复道体的自然之境。孔子则以为社会政治之混乱，由于一切不正。政治之目的即在矫不正以即于正。故曰："政者正也。"何谓不正？孔子以为太平之世，社会上一切制度皆有一定之范围，不容混乱；皆有一定之意义不可或失；人与人之间，各有一定之身分，不可逾越；皆有一定之职责，不容放弃。反是即为不正。孔子之时，一切反是，故一切不正。彼曰："礼云礼云，玉帛云乎哉？乐云乐云，钟鼓云乎哉？"礼有礼之真义，今则空存玉帛以资点缀，是不正也。乐有乐之真义，今则空存钟鼓以资点缀，是不正也。又曰："天下有道，则礼乐征伐自天子出。天下无道，则礼乐征伐自诸侯出。自诸侯出，盖十世希不失矣。自大夫出，五世希不失矣。陪臣执国命，三世希不失矣。"礼乐征伐，为何等事？出自诸侯，成何体统？故少有至十世不失败者。倘出自大夫，则少有能至五世不失败者。陪臣何人？岂可以执国命？倘执国命，则僭妄，殆不堪过问矣；少有能至三世不失败者。礼乐征伐，若出自诸侯，或出自大夫，以及陪臣执国命等，皆不正之甚者也，故其结果皆糟。又君臣父子之间，关系本有一定。各人之身分以及各人应尽之责,皆有不可不守之域。孔子之时,礼坏乐崩,一切纲纪,荡然无存。各人之身分职责,概置不顾。为君者不成其为君。为臣者不成其为臣。为父者不成其为父。为子者不成其为子。春秋二百四十年间,弑逆之事几达三十六次,其糟为何如! 总而言之,孔子之时,政治社会均已糟到不堪言之时代矣。以言夫制度,则不成其为制度;以言夫人,则不成其为人。原来政治之安全,社会之次序,全恃乎人与制两者互相协调。今两者都要不得,都已不正,世乱自不堪过问矣。有仁心者忍坐视乎? 故孔子之政治主张,最著者即在矫不正使即于正。但矫不正以即于正,究非易事,非仁者莫办,非好人不行。孔子因即积极的采行好人政治。所谓好人,究竟有何种用处? 非以其能推己及人乎? 非以其能正己而正物乎? 故孔子之主张用好人,目的即在感化。细审孔子之意,矫不正以即于正,好人政治,感化政策,实为三个重要之点。老子用无为作手段,使不自然者还于自然。孔子则用好人行感化政策,使不正者皆归于正,此其大不同之点也。

五、孔子之矫正主义 世乱至于极点,一切不正。孔子欲矫而正之,果从何处矫起? 从何处正起? 第一即在正名。子路对孔子曰:"卫君待子而为政,子将奚先?"子曰:"必也正名乎!"子路曰:"有是哉子之迂也,奚其正?"子曰:"野哉,由也! 君子于其所不知,盖阙如也。名不正,则言不顺;言不顺则事不成;事不成则礼乐不兴;礼乐不兴,则刑罚不中;刑罚不中,则民无所措手足。故名之必可言也,言之必可行也,君子于其言,无所苟而已矣。"名倘不正,其害足以使民无所措手足;其重要可知矣。正名之目的,在使名与实相符合,入于言而言顺;施诸事而可行。故曰:"名之必可言也,言之必可行也。"第二在正人。齐景公问政于孔子。孔子对曰:"君君,臣臣,父父,子子。"公曰:"善哉,信如君不君,臣不臣,父不父，子不子；虽有粟，吾得而食诸？"当时君、臣、父、子皆已不成其为君、臣、父、子矣。孔子欲矫而正之，使君真是君，臣真是臣，父真是父，子真是子，故云。第三正制度。孔子之时，一切制度皆已不成制度。孔子忧之，处处想设法矫正。无法矫正，辄三叹不已。一次有人问管仲知礼否，彼曰："邦君树塞门，管氏亦树塞门。邦君为两君之好，有反坫，管氏亦有反坫。管氏而知礼，孰不知礼？"树塞门，用反坫，只有邦君有此特权。管氏也用，便僭妄矣。鲁季氏舞八佾于庭，彼叹曰："是可忍也，孰不可忍也！"孔子大部分精神都用在正之一字。正名义，正身分，正制度以及正是非，正善恶，正上下等等，无一不是彼之精神所寄处。《春秋》一书，全是表现此种精神者。所谓"志在春秋"是也。

六、好人政治　社会混乱之时，一切不正。只有好人当国便可矫而正之。故好人在政治上最为重要。孔子称美舜禹曰："巍巍乎舜禹之有天下也，而不与焉。"美尧之为君曰："大哉尧之为君也。巍巍乎唯天为大，唯尧则之。荡荡乎民无能名焉。巍巍乎，其有成功也，焕乎其有文章。"又以周公为理想中的好人。常叹："不复梦见周公。"哀公问："何为则民服？"孔子对曰："举直错诸枉，则民服；举枉错诸直，则民不服。"为政者若举直者置于不直者之上，则民服。反之，若举不直者置于直者之上，则民不服。一次樊迟问知，子曰："知人。"樊迟未达，子曰："举直错诸枉，能使枉者直。"意即谓举直者置于不直者之上，则能使不直者变为直者。樊迟不解此理。退而请教子夏。子夏曰："富哉言乎！舜有天下，选于众，举皋陶，不仁者远矣。汤有天下，选于众，举伊尹，不仁者远矣。"为政者能举用好人，则不仁之人便远引而逃。好人在政治上之重要，可想见矣。任用好人，自是千对万对之真理，且亦古今中外所同然，在政治上已成极普通之常识，并不足以当学理之称。社会进步之后,单有好人,尚不够用;须有好法,以为施政之轨范。孔子以后之所谓法家,即力矫任人不任法之弊者。

七、感化政策　好人之所以配任政事,即因其能感化人。换言之,即因其为好人。所谓好人,必是仁者。必能忠,必能恕。能忠,故能尽其在己者;能恕,故能推己及人。此种人材担当国政,民焉有不受感化而日即于善者。《为政》篇述孔子之言曰:"为政以德。譬如北辰,居其所而众星共之。"北极常在定所,为众星所拱向。为政者倘能以德化人,则万民自然尊仰,如众星之共北辰然。故曰:"其身正,不令而行。其身不正,虽令不从。"人有问孔子者曰:"子奚不为政?"子曰:"书云,孝乎! 惟孝,友于兄弟,施于有政,是亦为政;奚其为为政。"友于兄弟,个人之事也。施于有政,便是政事,则完全感化之效也。季康子问:"使民敬,忠,以劝如之何?"子曰:"临之以庄则敬,孝慈则忠,举善而教不能则劝。"临之以庄,孝慈,举善而教不能,皆个人之事也;而民则敬,则忠,则劝,是则感化之效也。"君子笃于亲,则民兴于仁。"笃于亲,个人之事也。兴于仁,则感化之效也。子曰:"苟正其身矣,于从政乎何有? 不能正其身,如正人何?"已身正,则从政甚易。已身不正,则不能正人。好人之所以配任政事,而坏人不配者,其分别即在此。

好人任政之时,能以德化人。倘万民之性,完全一致;则有一化于善,余应同化于善。若是则天下完全太平矣。实际上不能如此者,以人之性有差别,能受感化之程度有浅深。故政治方法,有时不能不有所变更。今且述孔子之人性观于次。

八、孔子之人性观　孔子对于人性之观察,极为透澈。人类一切长处以及一切短处,彼均看透。故彼教授生徒,能因材施教,待人处事,能从心理方面着眼,事事准乎人情。其论人性之语,虽不成条贯,但散见于各书中者,均极有可观。彼曰:"人之过也,各于其党。观过斯知人矣。"又曰："唯女子与小人为难养也。"又曰："刚毅木讷近仁。"是等说话，皆观察人性最深之语。其最透澈之语，常为后人所引用者有曰："性相近也，习相远也。唯上智与下愚不移。"人性问题，孔子以后，论者纷纷。实则都不如孔说之妥当。孔子论性，最大长处在能持多元观。不断定人性为绝对的善，或绝对的恶。虽然世上固有绝对的善人，变有绝对的恶人。但此两极之间，尚有无数阶段。此理近人吴稚晖发挥得极透①。吾人任取一百人为标准。假定第一人为最善者，第百人为最恶者，则第二至第二十五为善者，第七十五至九十九为恶者。二十六至五十，为易于为善难于为恶者。五十一至七十四为易于为恶难于为善者。吴氏之分法较此为详，其大意如此。虽甚滑稽，然极近真。最善者与善者可称为上智。最恶者与恶者可称为下愚。此两者皆下易为习俗所动摇。所谓上智下愚不移也。其余易于为善难于为恶者，倘日为恶习所染，斯为恶人。易于为恶难于为善者，倘日为善染所化，亦可变为善人。此所谓性相近习相远也。孔子施教论政，多本其性近习远之主张。又因人性有上智下愚之分，孔子又提出君子与小人代表此两极端之人物。

九、君子与小人　孔子之时，正是小人道长，君子道消之时。孔子观察人性，知人类中有极善者，有极恶者，于是用君子小人两观念来代表此两极端。司马牛问君子，子曰："君子不忧不惧。……内省不疚，夫何忧何惧。"……内省不疚，是尽己之谓，便是忠，便是仁，故只有君子为能。子路问君子，子曰："修己以敬，……修己以安人，……修己以安百姓。"修己以敬，亦是尽己之谓，亦即是忠。安人，安百姓，便是推己及人之谓，便是恕。忠与恕，乃

---

①　见《二百兆贫民大问题之解决法》。

仁之两面,前曾述及。只有君子能此。孔子论君子,不是置重忠字,便是置重恕字,或二者兼重。彼曰:"君子谋道不谋食。"又曰:"君子不重则不威。"又曰:"君子无所争。"又曰:"君子有九思:视思明,听思聪,色思温,貌思恭,言思忠,事思敬,疑思问,忿思难,见得思议。"此九种思,无一不是尽己之谓,无一不是忠字之功夫。修己以安人,修己以安百姓,则是忠而兼恕之功夫。若夫小人,则绝不足以语此。孔子论君子与小人之别曰:"君子而不仁者有矣乎,未有小人而仁者也。"又曰:"君子成人之美,不成人之恶。小人反是。"反是则是不成人之美而成人之恶。又曰:"君子和而不同,小人同而不和。"又曰:"君子易事而难说也……小人难事而易说也。"又曰:"君子泰而不骄,小人骄而不泰。"又曰:"君子周而不比,小人比不周。"由此种种,可知君子小人乃绝对相反之人物。《易·系辞》论小人有曰:"小人不耻不仁,不畏不义,不见利不劝,不威不惩。小惩而大诫,此小人之福也。"准此而谈,所谓小人,殆已坏极。小惩大诫,且为小人之福,读之令人寒心。

十、孔子之阶级思想 人类既有上智下愚之分,又有君子小人之别,便已足为阶级思想之根据。西哲亚里士多德论奴隶制度存在之理由,即本乎此。不过孔子之阶级思想其来源尚不止此,归纳而观,约有三点:一、当时之封建制度;二、彼自己所提倡之孝;三、人性之差别。在封建制度之下,阶级森然,天子、诸侯、公卿、大夫、士、庶人之地位,丝毫不容紊乱。孔子生于古封建时代,故视阶级为当然,不惜竭力拥护。"践土之会,明是齐桓公把周天子叫来,《春秋》却说是'天王狩于河阳。'周天子的号令,久不行了,《春秋》每年仍旧大书'春王正月'"。何为书"天王狩于河阳?"何为书"春王正月"? 为欲保存阶级制也;为欲维持天子诸侯名义上之地位也。孝与阶级,关系亦极显明。《孝经》曰:"天地之性,人为

贵。人之行莫大于孝。"又曰:"父子之道天性也,君臣之义也。"孝
为人之大行,又出于天性。君臣之义,且基于此,则其与阶级之关
系可知矣。又曰:"夫孝始于事亲,中于事君,终于立身。"亲子关
系,本为天然。立孝自亲始,固无不可;若君臣关系,既非天然,又
无一定,而必曰孝中于事君者,未必不是孔子假孝以拥护阶级之
意。若人性之差别,更是阶级制之天然的区分。《易·系辞》曰:
"君子知微知彰,知柔知刚,万夫之望。"君子本为上智;能知微知
彰,知柔知刚,则万夫仰望,自是必然之事。欲其君临天下,居于治
者阶级,尚复成何问题? 小人本为下愚,小惩大诫,且为彼之福,则
置彼于被治阶级,更加不成问题矣。

十一、德、礼、政、刑 人性既有差别,则治人之道,便因之不
同。孔子观察人性最为透彻,前已述及,故其为治,便因而分出许
多等级。《论语·为政》篇曰:"道之以政,齐之以刑,民免而无耻。
道之以德,齐之以礼,有耻且格。"政、刑、德、礼皆是道民齐民之
术,功用甚同,特其性质有差别耳。其所以有差别者,亦只因人性
本有差别。有可以德礼道之齐之者,则用德礼。用德礼无效者,则
不得不用政刑。盖有许多人只能免而无耻,有许多人能有耻且格,
决不能强之使一。《礼·乐记》曰:"礼以道其志,乐以和其声,政
以一其行,刑以防其奸。礼乐刑政,其极一也;所以同民心而出治
道也。"与《论语》所说,只有一德字不同。所以同民心之同,并非
强之使一,乃欲千差万别之人,各安其分,同居一社会之内,不相陵
轧之谓。孔子以后之儒者,有所谓"礼不下庶人,刑不上大夫"之
语,更足以证明人性不同,治道不能不有差别之义。

十二、结论 孔子之学说,在政治方面无何种价值。除提倡道
德一项以外,他无可取。彼乃天然之教育家,善说道德。政治乃具
体之事,非彼之空言所能改良。但正因彼之言是空的,对于后世,

便发生惊人之影响。与独裁君主,方便尤多。盖独裁君主制,能维持不倒者,全赖两种法宝:一曰武力,二曰道德。武力只可用于开创时代。若道德则为守成时代维持君位之唯一利器。孔子之说,虽无甚精彩,然能维持寿命如此之久,发生效力如此之大者,只因其与独裁君主,有此种关联。他家学说不能完全见诸实事者,或因说理艰深,为常人所不能懂,或因陈义过高在事实上为不能行。独孔子是一中材之人,本着一生经验,开口道德,闭口道德,便大为世人所欢迎。独裁君主利用其说以维持地位。高兴时,作一二善事,以欺小民;不高兴时,仍可横行无忌。故孔子之说,就表面看,全是为民,而其结果,恰恰利于君主。名是为民,故人民爱之。利于君主,故君主爱之。延至今日,势力犹存,非偶然也。

下　孔子学识的具体化

孔子之说,原有忠恕两面,原有尽其在我及推己及人之两面。在政治方面,则本着此旨,持矫正主义(即矫不正者使归于正详见上章),用好人,行善政,以期达到救人之目的。但孔子所说,过于抽象,不易捉摸。且多因时因地因人而发,殊无一定方式。仔细探求,固有系统;粗涉过去,要领殊不易得。所谓尽其在我,究尽至何处为止?所谓推己及人,究推至何处为止?所谓矫正主义,究以何为实行之术?凡此种种,直到彼之弟子,乃渐演成定形。关于尽其在我及推己及人者,于《大学》中述之最详。关于实行矫正主义之术者,所谓"礼"之一字,实足以代表之。今特述其大概于次。

大学之道

何谓大学之道?《大学》曰:"大学之道,在明明德,在新民,在止于至善。"此中凡有三义:(一)明明德,(二)新民,(三)止于至善。人有生成之明德,当设法以明之,不让其有所昏蔽,此即明明德,此即尽其在我之意。至于人民,本极真实,但易为俗所染,变成麻木不仁,当设法使之日新,此即新民,此即推己及人之谓。倘二者均办到好处,则是人己两利。至治之极,无过于此;非止于至善而何?

大学之道,其义如此。至其下手工夫,则分两面。一则由自身向里推;其步骤为(1)修身,(2)正心,(3)诚意,(4)致知,(5)格物。故曰:"欲修其身者,先正其心;欲正其心者,先诚其意;欲诚其意者,先致其知;致知在格物。"此为忠之工夫,此为尽其在我之工夫。其他一则由自身向外推;其步骤为(1)修身,(2)齐家,(3)治国,(4)平天下。故曰:"古之欲明明德于天下者,先治其国;欲治其国者,先齐其家;欲齐其家者,先修其身。"此为恕之功夫,此为推己及人之工夫。此两面皆以修身为基本。治国,平天下,须从修身始。致知格物,亦须从修身始。故曰:"自天子以至于庶人,壹是皆以修身为本。"

工夫既到,则所欲达之目的,概能达到。欲修身,则身修;欲格物,则物格;欲平天下,则天下平。故曰:"物格而后知致;知致而后意诚;意诚而后心正;心正而后身修;身修而后家齐,家齐而后国治;国治而后天下平。"由物格以至天下平,是人己两利之理想境界,是至善之境。世界到此,便无余事矣。故曰:"止于至善。"

大学之道的意义、工夫、结果,大概如此。此种道理,在中国势力极大。中国学人所最推崇的儒家政治学说,即是此理。因为此种道理说来本极好听,内外兼赅,理想一贯,其结果又可以使天下平。学说之优,孰有过于此者?不过吾人以政治学眼光视之,此说亦殊无价值。第一,因其所涉非政治问题。治国平天下等等,虽是政治的字眼,实则与政治学无大关系。政治学所论者,不在乎要治国,要平天下;而在乎如何治国,如何平天下。不在乎空说国治,空说天下平;而在乎如何而后国能治,如何而后天下能平。今此所说关于治国平天下者,仍只是正心诚意等等。正心诚意,纯然一道德问题,纯然一心性问题;与政治问题有何关系?第二,此种道德问题,或心性问题,纵能完全解决,则所谓人者,好至极处,亦不过圣人而已。圣人出而治国或平天下,亦必有具体方术。无具体方术,而欲国治天下平,舍感化以外无他道。但感化在政治上,只能望其有效,决不能断其必然发生大效。总而言之,大学之道,说来,条理系统分明,行来殆无丝毫效果。呜呼!此儒家学说之所以为儒家学说也乎!

礼

礼之一字,孔子亦常说及曰:"礼云礼云,玉帛云乎哉!"又曰:"能以礼让为国乎,何有?不能以礼让为国,如礼何?"对颜渊曰:"非礼勿视,非礼勿听,非礼勿言,非礼勿动。"其他论礼之处,不胜枚举。不过皆为因人而发,意义太泛,不易捉摸。至其弟子,则渐成形体矣。吾人且不论礼之本身的价值如何。但此种由无定而有定之变迁,不能不算为进化。兹且约略述之。

一、礼之根本意义　礼字之义,极其难明。章炳麟曰:"礼者法度之通名。大别则官制、刑罚、仪式是也。"①胡适之谓礼字之进化,凡历三时期。第一,最初的本义是宗教的仪节。第二,礼是一切习惯风俗所承认的规矩。第三,礼是合于义理可以做行为模范的规矩②。此三时期,未必厘然不紊。与其谓为三个时期,无宁谓为三个意义。比较言之,章氏之说,较为简括。但仍与礼之根本意义不符。礼之根本意义如何?乐记曰:"礼也者,理之不可易者也。"何谓不可易?盖出于天地之自然,非出于人力矫作之谓。故曰:"礼者天地之序也。"又曰:"大礼与天地同节。"又曰:"礼者天地之别了。"③夫礼既为天地之序,又与天地同节,又为天地之别,则其不可移易,乃是天然,非缘人定,此不易之理;施诸人事,则演成无数不同之法则。章炳麟之所谓官制、刑罚、仪式;胡适之之所谓合于义理,可以做行为模范的规矩等等皆是。不易之理,乃礼之里面,礼之精髓;不同之法则,乃礼之表面,礼之节文。二者有时或不符合。但人类的努力,总在使不符合者符合;万不能符合者,便取消之。《礼运》上所谓:"协诸义而协,则礼虽先王未之有,可以义起也。"意义与此相反,道理与此全同。礼以协于义为主,以合于不易之理为主。于义不协,于理不合,虽有,亦当取消。于义为协,于理为合,虽无,亦大可以创造。礼之意义,约略如此。

二、礼之功用　礼之功用,最大者为节制人情。《礼运》曰:"人情者圣王之田也,修礼以耕之。"又曰:"圣人耐以天下为一家,以中国为一人者,非意之也。必知其情,辟于其义,明于其利,达于其患,然后能为之。何谓人情?喜、怒、哀、乐、爱、恶、欲,七者弗学

---

① 《检论·礼隆杀论》。
② 《中国哲学史大纲》第 137 页。
③ 《礼记》。

而能。何谓人义？父慈，子孝，兄良，弟悌，夫义，妇听，长惠，幼顺，君仁，臣忠；十者谓之人义。讲信修睦，谓之人利。争夺相杀，谓之人患。故圣人之所以治人七情，修十义，讲信修睦，尚慈让，去争夺，舍礼何以治之？"此一段话，说礼之节制人欲，最为清楚。礼之第二种功用，为规定人与人之关系。《坊记》曰："夫礼者所以章疑别微，以为民坊也。故贵贱有等，衣服有别，朝廷有位，则民有所让。"哀公问曰："民之所由生礼为大。非礼无以节事天地之神也。非礼无以辨君臣上下长幼之位也。非礼无以别男女父子兄弟之亲，昏姻疏数之交也。"由此看来，一切人与人之关系，均赖礼为之规定。礼之功用，千头万绪，断非三数句语所能说尽。此处勉强括为两种。亦只为说明方便计尔。总而言之，礼之于人不可须臾或离。故曰："礼之于人也，犹酒之有蘖也。"酒无蘖，则不成其为酒。人若无礼，则个人、家庭、社会、国家，均将不能存在。故曰："坏国，丧家，亡人，必先去其礼。"①

礼在政治上之地位极高。与现代之所谓法相当。法有节制人情者，有规定人与人之关系者，有规定政治之机关者。礼亦如是。不过法之拘束力较大，礼之拘束力较小而已。

孔子之矫正主义以及正人之术，原无一定。至此乃形成一种有定之礼，形成一种与法律相当之物。吾人若不论其对于吾人所生之影响如何，唯就其本身立论，亦不可谓非进步也。

（发表于 1927 年 9 月《民铎》第 9 卷第 1 号，选自《周谷城论文选集》人民出版社 1983 年版）

---

① 《礼运》。

周谷城（1898—1996） 湖南益阳人，北京高等师范学校英语部毕业。1921年后任长沙第一师范学校英文教员。1927年后在上海商务印书馆《教育杂志》、《东方杂志》等撰稿、评书。1930年后任中山大学、暨南大学和复旦大学教授兼教务长，历任上海市人民政府委员，市人大常委会副主任、市政协副主席、中国农工民主党上海市委主委、中国农工民主党中央主席、全国政协常委、人大常委会副委员长、全国人大教科文卫委员会主任委员等。在中国历史、中国古代文化、中外文化比较等诸多领域中均有建树。

作者认为，孔子之学，原有忠恕两面，原有尽其在我及推己及人之两面。在政治方面，则本着此旨，持矫正主义，用好人，行善政，以期达到救人之目的。但孔子所说，过于抽象，不易捉摸，且多因时因地因人而发，殊无一定方式。直到彼之弟子，乃演成定形。关于尽其在我及推己及人，《大学》中述之最详。关于实行矫正主义之术，则是"礼"。

孔子在中国历史中之地位

冯 友 兰

廖平说：

"六经，孔子一人之书；学校，素王特立之政；所谓道冠百王，师表万世者也。刘歆以前，皆主此说，故移书以六经皆出于孔子，后来欲攻博士，故牵涉周公，以敌孔子，遂以'礼''乐'归之周公，'诗''书'归之帝王，'春秋'因于史文，'易传'，仅注前圣。以一人之作，分隶帝王周公，如此是六艺不过如选文选诗。或并删正之说，亦欲驳之，则孔子碌碌无所建树矣。盖师说浸亡，学者以己律人，亦欲将孔子说成一教授老儒，不过选本多，门徒众。……"（《知圣篇》）

康有为说：

"孔子为教主，为神明圣王，配天地，育万物，无人无事无义，不范围于孔子大道中，乃所以为生民未有之大成至圣也。……汉以来皆以孔子为先圣也。唐贞观乃以周公为先圣，黜孔子为先师。孔子以圣被黜，可谓极背谬矣。然如旧说，'诗'，'书'，'礼'，'乐'，'易'，皆周公作；孔子仅在删赞之列。孔子之仅为先师而不为先圣，比于伏生，申公，岂不宜哉？然……六经皆孔子所作也。汉以前之说，莫不然也。学者知六经为孔子所作，然后孔子之为大圣，为教主，范围万世而独称尊者，乃可明也。知孔子为教主，六经

为孔子所作,然后知孔子拨乱世致太平之功,凡有血气者,皆日被其殊功大德,而不可忘也。"(《孔子改制考》卷十》

这是清末"今文家"的学说。孔子本来已经是一般人所承认的先圣先师,本来已经是一部分汉儒所承认的素王。清末"今文家"犹以为未足,乃于先圣,先师,素王之外,又为上一"教主"的尊号。孔子的地位,于是为最高;其风头亦于是出得最足。

然而"日中则昃,月盈则亏",孔子的厄运,也就于是渐渐开始;他的地位,也就于是一天低落一天。在以前,孔子是教主素王,制作六经之说,虽未必为尽人所承认,但他是先圣先师,曾删"诗""书",正"礼""乐"赞"易",作"春秋",则否认者极少。但现在多数人的意见,则不但以为孔子未曾制作六经,且"并删正之说,亦欲驳之"。于是孔子乃似"碌碌无所建树矣"。廖季平所反对之意见,正现在多数人所持者。由素王教主之地位,一降而为"教授老儒","比于伏生,申公",真孔子之厄运也。

本篇的主要意思,在于证明孔子果然未曾制作或删正六经;即令有所删正,也不过如"教授老儒"之"选文选诗";他一生果然不过是一个"选本多,门徒众"的"教授老儒";但他却并不因此而即是"碌碌无所建树";后人之以先圣先师等尊号与他加上,亦并非无理由。

关于孔子未曾制作或删正六经的证据,前人及时人已经举过许多;现在只须附加几个。"易"及"春秋",依传说乃孔子毕生精力之所聚。一个是他特别"作"的;一个是他特别"赞"的。他作"春秋"以上继文,武,周公;他赞"易",作《彖》,《象》,《文言》,《系辞》等,"以通神明之德,以类万物之情"。现在只说这两部书是否果为孔子所"作"所"赞"。

据孟子说,孔子作"春秋"之目的及功用,在使"乱臣贼子惧"。

然《左传》宣公二年,(西历纪元前六〇七)赵穿弑晋灵公,

> "太史书曰:'赵盾弑其君',以示于朝。宣子曰:'不然。'
> 曰:'子为正卿,亡不越竟,反不讨贼,非子而谁?'……孔子
> 曰:'董狐,古之良史也;书法不隐。'"

又左传襄公二十五年,(西历纪元前五四八)崔杼弑齐庄公,

> "太史书曰:'崔杼弑其君。'崔子杀之。其弟嗣书而死者
> 二人。其弟又书,乃舍之。南史氏闻太史尽死,执简以往,闻
> 既书矣,乃还。"

据此则至少春秋时晋齐二国太史之史笔,皆能使"乱臣贼子惧"。
不独"春秋"为然,赵穿弑晋灵公,而董狐却书"赵盾弑其君",则所
谓"诛心"及"君亲无将,将则必诛"等"大义",董狐的"晋乘"中,
本来亦有,"春秋"不能据为专利品。孟子说:

> "晋之乘,楚之梼杌,鲁之春秋,一也。其事则齐桓晋文,
> 其文则史,其义则丘窃取之矣。"(《孟子·离娄》)

"其义"不止是"春秋"之义,实亦是"乘"及"梼杌"之义,观于董狐
史笔,亦可概见。孔子只"取"其义,而非"作"其义。孟子此说,与
他的孔子"作春秋"之说不合,而却似近于事实。

但亦或因鲁是周公之后,"礼义之邦",所以鲁之"春秋",对于
此等书法,格外认真,所以韩宣子聘鲁"观书于太史氏,见易象与
鲁春秋,曰:'周礼尽在鲁矣'"。(《左传》昭公二年,西历纪元前
五四〇)他特注意于"鲁春秋",或者"鲁春秋"果有比"晋之乘"
"楚之梼杌"较特别的地方。所以在孔子以前,就有人以"春秋"为
教人的教科书。楚庄王(西历纪元前六一三至五九一)使士亹傅
太子箴;士亹问于申叔时,叔时曰:

> "教之'春秋'而为之耸善而抑恶焉,以戒劝其心。教之
> '世'而为之昭明德而废幽昏焉,以休惧其动。教之'诗'而为

之导广显德,以耀明其志。教之'礼'使知上下之则。教之'乐'以疏其秽而镇其浮。教之'令'使访物官。教之'语'使明其德而知先王之务用明德于民也。教之'故志'使知废兴者而戒惧焉。教之'训典'使知族类,行比义焉。"(《国语·楚语上》)

可见"春秋"早已成教人的一种课本。不过这些都在孔子成年以前,所以也都与孔子无干。

"春秋"之"耸善抑恶"诛乱臣贼子,孔子完全赞成;这却是实在情形。《论语》上说:

"陈成子弑简公,孔子沐浴而朝,告于哀公曰:'陈恒弑其君,请讨之。'公曰:'告夫三子。'孔子曰:'以吾从大夫之后。不敢不告也。'"(《宪问》)

观此可知孔子以乱臣贼子之当讨,为天经地义。他当然赞成晋董狐齐太史之史笔,当然赞成"春秋"的观点。孔子主张"正名",是论语上说过的。不过按之事实,似乎不是孔子因主张"正名"而作"春秋",如传说所说,似乎是孔子取"春秋"等书之义而主张"正名",孟子所说"其义则丘窃取"者是也。不过孔子能从"晋乘""鲁春秋"等里面,归纳出一个"正名"之抽象的原理,这也就是他的大贡献了。

"易"之彖象文言系辞等,是否果系孔子所作,此问题,我们但将彖象等里面的哲学思想,与论语里面的比较,便可解决。

我们且看《论语》中所说孔子对于天之观念:

"子曰:'获罪于天,无所祷也。'"(《八佾》)

"夫子曰:'予所否者,天厌之! 天厌之!'"(《雍也》)

"子曰:'天生德于予,桓魋其如予何!'"(《述而》)

"子曰:'文王既殁,文不在兹乎? 天之将丧斯文也,后死者不得与于斯文也。天之未丧斯文也,匡人其如予何!'"
(《子罕》)

"子曰:'吾谁欺,欺天乎?'"(《子罕》)

"子曰:'噫!天丧予!天丧予!'"(《先进》)

"孔子曰:'君子有三畏:畏天命,畏大人,畏圣人之言。'"
(《季氏》)

据此可知论语中孔子所说之天,完全系一有意志的上帝,一个"主
宰之天"。

但"主宰之天"在《易》《彖》《象》等中,没有地位。我们再看
"易"中所说之天:

"大哉乾元,万物资始,乃统天。云行雨施,品物流行。
大明终始,六位时成,时乘六龙以御天。乾道变化,各正性
命。"(《乾·彖》)

"天地以顺动,故日月不过而四时不忒。"(《豫·彖》)

"反复其道,七日来复,天行也;复其见天地之心乎。"(《复·
彖》)

"天地感而万物化生。"(《咸·彖》)

"天地之道,恒久而不已也。"(《恒·彖》)

"天行健,君子以自强不息。"(《乾·象》)

"大哉乾乎,刚健中正,纯粹精也;六爻发挥,旁通情也,
时乘六龙,以御天也,云行雨施,天下平也。"(《乾·文言》)

天尊地卑,乾坤定矣。卑高以陈,贵贱位矣。动静有常,
刚柔断矣。方以类聚,物以群分,吉凶生矣。在天成象,在地
成形,变化见矣。是故刚柔相摩,八卦相荡。鼓之以雷霆,润
之以风雨。日月运行,一寒一暑。乾道成男,坤道成女。乾知
大始,坤作成物。乾以易知,坤以简能。……"(《系辞》)

这些话究竟是什么意思,我们暂不必管。不过我们读了以后,我们即觉在这些话中,有一种自然主义的哲学;在这些话中,决没有一个能受"祷",能受"欺",能"厌"人,能"丧斯文"之"主宰之天"。这些话里面的天或乾,不过是一种宇宙力量,至多也不过是一个"义理之天"。

一个人的思想,本来可以变动,但一个人决不能同时对于宇宙及人生真持两种极端相反的见解。如果我们承认《论语》上的话是孔子所说,又承认《易》《彖》《象》等是孔子所作,则我们即将孔子陷于一个矛盾的地位。因为上所引《论语》中的话,不一定都是孔子早年说的;我们也不能拿一个人早年晚年之思想不同以作解释。

或者可以说《论语》中所说,乃孔子对门弟子之言,是其学说之粗浅方面,乃"下学"之事,《易》《彖》《象》等中所说,乃孔子学说之精深方面,乃"上达"之事,群弟子所不得知者。所以子贡说:"夫子之文章,可得而闻也;其言性与天道,不可得而闻也。"(《论语·公冶长》)但《论语》中所载,孔子所说"天之将丧斯文","天生德于予"之言,并非对弟子讲学,而乃直述其内心之信仰。若孔子本无此信仰,而故为此说以饰智惊愚,则是王莽欺世的手段,恐非讲忠恕之孔子所出。且顾亭林已云:

> "延平先生答问曰:'夫子之道,不难乎日用之间。自其尽己而言,则谓之忠;自其及物而言,则谓之恕。……曾子答门人之问,正是发其心尔,岂有二耶? 若以为夫子一以贯之之旨甚精微,非门人所可告,姑以忠恕答之,恐圣人之心,不若是其支也。'"(《日知录》卷七)

又云:

> "子曰:'二三子以我为隐乎? 吾无隐乎尔。吾无行而不

与二三子者是丘也。'谓'夫子之言性与天道不可得而闻',是疑其有隐者也。不知夫子之文章,无非夫子之言性与天道;所谓吾无行而不与二三子者是丘也。"(同上)

孔子所讲,本只及日用伦常之事。观"易"《文言》等中,凡冠有"子曰"之言,百分之九十九皆是讲道德的,更可知矣。至其对于宇宙,他大概完全接受传统的见解。盖孔子只以人事为重,此外皆不注意研究也。所以他说:

"未能事人,焉能事鬼?……未知生,焉知死?"(《论语·先进》)

根据以上所说,及别人所已经说过的证据,我以为孔子果然未曾制作或删正六经或六艺。

不过后人为什么以六艺为特别与孔子有密切的关系?这是由于孔子以六艺教学生之故。以六艺教人,并不必始于孔子,据上所引《国语》,士亹教楚太子之功课表中,也即"有诗"、"礼"、"乐"、"春秋"、"故志"等。《左传》《国语》中所载当时人物应答之辞,都常引"诗""书";他们交接用"礼",卜筮用"易",可见当时至少一部分的贵族人物,都读过这些书,受过这等教育。不过孔子却是以六艺教一般人之第一人。这一点下文再提。现在我们只说,孔子之讲学,与其后别家不同。别家如道、墨等,皆注重其自家之一家言,如《庄子·天下》篇说,墨家弟子诵《墨经》。但孔子则是一个教育家。他讲学的目的,在于养成"人",养成为国家服务的人,并不在于养成某一家的学者。所以他教学生读各种的书,学各种功课。所以颜渊说:"博我以文,约我以礼。"(《论语·子罕》)《庄子·天下》篇讲及儒家,即说:"'诗'以道志,'书'以道事,'礼'以道行,'乐'以道和,'易'以道阴阳,'春秋'以道名分。"这六种正是儒家教人的六种功课。

惟其如此,所以孔子的学生之成就,亦不一律。《论语》上说:"德行:颜渊闵子骞;政事:冉有季路;言语:宰我子贡;文学:子游子夏。"(《先进》)又如子路之"可使治赋";冉有之"可使为宰";公西华之"可使与宾客言";皆能为"千乘之国"办事。(《论语·公冶长》)可见孔子教学生,完全要教他成"人",不是要教他做一家的学者。

孔子以以前已有的成书教人,教之之时,如廖季平所谓"选诗选文",或亦有之。教之之时,随时讲解,或亦有之。如《论语》:"'不恒其德,或承之羞。'子曰:'不占而已矣。'"(《子路》)《易·系辞》中对于诸卦爻辞之引申解释之冠以"子曰"者,虽非必果系孔子所说,但孔子讲学时可以对"易"有类此之解释。如以此等"选诗选文",此等随时讲解,为"删正六经",为"赞易",则孔子实可有"删正"及"赞"之事,不过这等"删正"及"赞"实没有什么了不得的意义而已。后来儒家因仍旧贯,仍继续用六艺教人,恰又因别家只讲自家新学说,不讲旧书,因之六艺遂似专为儒家所有,为孔子所制作,而删正(如果有删正)亦即似有重大意义矣。

《汉书·艺文志》以为诸子皆六艺之"支与流裔"。《庄子·天下篇》似亦同此见解。这话亦并非毫无理由,因为所谓六艺本来是当时人的共同知识。自各家专讲其自己之新学说后,而六艺乃似为儒家之专有品,其实原本是大家共有之物也。但以为各家之学说,皆六艺中所已有,则不对耳。

总之孔子是一个教育家。"述而不作,信而好古",(《论语·述而》)"学之不厌,诲人不倦"(同上),正是他为他自己下的考语。

这样说起来,孔子只是一个"教授老儒";但他却并不是"碌碌无所建树",并不即"比于伏生,申公"。下文的主要意思就是要证

明三点:

(一)孔子是中国第一个使学术民众化的,以教育为职业的"教授老儒";他开战国讲学游说之风;他创立,至少亦发扬光大,中国之非农非工非商非官僚之士之阶级。

(二)孔子的行为,与希腊之"智者"相仿佛。

(三)孔子的行为及其在中国历史上的影响,与苏格拉底的行为及其在西洋历史上的影响相仿佛。

上文已经说过,士𫸩教楚太子的功课表中,已有"诗"、"礼"、"乐"、"春秋"、"故志"等。但此等教育,并不是一般人所能受。不但当时的平民未必有机会受这等完全教育,即当时的贵族也不见得尽人皆有受此等完全教育之机会。韩宣子系晋世卿,然于到鲁办外交的时候,"观太史氏书"始得"见'易象'与'鲁春秋'"(《左传》昭二年)。季札也到鲁方能听各国之诗与乐(《左传》襄公二十九年)。可见"易""春秋""乐""诗"等,都是很名贵的典籍学问了。

孔子却抱定一个"有教无类"(《论语·卫灵公》)的宗旨,"自行束脩以上,吾未尝无诲焉"(《论语·述而》)。如此大招学生,不问身家,凡缴学费者即收,一律教以各种功课,教读各种名贵的典籍。这是何等的一个大解放!故以六艺教人或不始于孔子;但以六艺教一般人使六艺民众化则实始于孔子。

我说孔子是第一个以六艺教一般人者,因在孔子以前,在较可靠的书内,我们没有听说有什么人曾经大规模的召许多学生而教育之。更没有听说有什么人"有教无类"的号召学生。在孔子同时,据说有个少正卯,"其居处足以撮徒成党,其谈说足以饰褒荣众,其强御足以反是独立"(《孔子家语》)。据说少正卯也曾大招学生,"孔子门人三盈三虚,惟颜渊不去"(《新论》)。庄子说:"鲁有兀者王骀,从之游者与仲尼相若。"(《德充符》)不过孔子诛少正卯事,昔人已谓是假的,少正卯之果有无其人,亦不可知。庄子寓言十九,王骀之"与孔子中分鲁",更不足信。故大规模招学生而教育之者,孔子是第一人。以后则各家蜂起,竞聚生徒,然此风气实孔子开之。

孔子又继续不断的游说干君,带领学生,各处招摇。此等举动,前亦未闻,而以后则成为风气;此风气亦孔子开之。

再说孔子以前未闻有不农不工不商不仕,而只以讲学为职业,因以谋生之人。古时除了贵族世代以做官为生者外,我们亦尝听说有起于微贱之人物。此等人物,在未仕时,皆或为农或为工或为商,以维持其生活。孟子说:

"舜发于畎亩之中;傅说举于版筑之间;胶鬲举于鱼盐之中;管夷吾举于士;孙叔敖举于海;百里奚举于市。"(《告子》)

孟子的话,虽未必尽可信,但孔子以前,不仕而又别不事生产者,实未闻有人。左传中说冀缺未仕时,亦是以农为业(《僖公》三十三年,西历纪元前六二七)。孔子早年,据孟子说,亦尝为贫而仕,"尝为委吏矣","尝为乘田矣"(《万章下》)。但自"从大夫之后",大收学生以来,即纯以讲学为职业,为谋生之道。不但他自己不治生产,他远不愿教弟子治生产。樊迟"请学稼","请学圃",孔子说:"小人哉,樊须也。"(《论语·子路》)子贡经商,孔子说:"赐不受命,而货殖焉;亿则屡中。"(《论语·先进》)他这种不治生产的办法,颇为其时人所诟病。据《论语》所说,荷蓧丈人骂孔子:"四体不勤,五谷不分。"(《微子》)此外晏婴亦说:

"夫儒者滑稽而不可轨法;倨傲自顺,不可以为下;崇丧遂哀,破产厚葬,不可以为俗;游说乞贷,不可以为国。"(《史记·孔子世家》)

《庄子》亦载盗跖骂孔子云：

> "尔作言造语，妄称文武……多辞缪说，不耕而食，不织
> 而衣，摇唇鼓舌，擅生是非，以迷天下之主，使天下学士，不反
> 其本，妄作孝弟而徼幸于封侯富贵者也。"（《盗跖》）

这些批评未必果是晏婴盗跖所说，《庄子》里面的话，尤不可靠，但
这些批评却是当时可能有的。

战国时之有学问而不仕者，亦尚有自食其力之人。如许行
"与其徒数十人，皆衣褐，捆屦，织席，以为食"（《孟子·滕文
公》）。陈仲子"身织屦，妻辟纑"（同上）以自养。但孟子则不以
为然。孟子自己是"后车数十乘，从者数百人，以传食于诸侯"；此
其弟子彭更即以为"泰"（同上），他人当更有批评矣。孟子又述子
思受养的情形，说：

> "缪公之于子思也，亟问亟馈鼎肉。子思不悦于卒也，摽
> 使者出诸大门之外，北面稽首再拜而不受。曰：'今而后知君
> 之犬马畜伋。'……曰：'敢问国君欲养君子，如何斯可谓养
> 矣？'曰：'以君命将之，再拜稽首而受。其后廪人继粟，庖人
> 继肉，不以君命将之。子思以为鼎肉使己仆仆尔亟拜也，非养
> 君子之道也。'"（《万章下》）

观此可知儒家的一种风气。惟其风气如此，于是后来即有一种非
农，非工，非商，非官僚之"士"，不治生产而专待人之养己。这种
士之阶级，孔子以前，似乎也没有。以前所谓士，多系大夫士之士，
或系男子军士之称，非后世所谓士农工商之士也。

《管子》书中《乘马第五》有《士农工商》一节；《国语·齐语》
亦述管仲语云：

> "四民者勿使杂处，杂处则其言哤，其事易。……昔圣王
> 之处士也，使就闲燕，处农就官府，处商就市井，处农就田野。

……是故士之子恒为士。……工之子恒为工。……商之子恒
为商。……农之子恒为农。野处而不昵，其秀民之能为士者，
必足赖也。有司见而不以告，其罪五。……工商之乡六，士乡
十五。……君有此士也三万人，以方行于天下。"

这也是管仲的话。一卷齐语，只有管仲相桓公，霸诸侯一段事。似
乎这段与《管子》书中所说，是同一来源。即令《管子》不是假的，
这两个证据，也只算一个。就上引管仲一段话而言，其中也有前后
不一致的地方。既曰士农工商各以世及，而又说农"野处而不昵，
其秀民之能为士者，必足赖也"；"有司"又须"以告"。"有此士也
三万人"之士，似乎又以士为军士。韦昭于"士乡十五"下注云：
"此士，军士也。十五乡合三万人，是谓三军。"若军士非即士农工
商之士，则岂非有"五民"吗？此外又有一个反证，《左传》宣公十
二年（西历纪元前五九七）随武子论楚国云：

"昔岁入陈，今兹入郑，民不罢劳，君无怨讟，政有经矣。
荆尸而举，商农工贾，不败其业，而卒乘辑睦。"

若士农工商，已是当时普通所谓"四民"，为什么随武子不说士农
工商"不败其业"，而说"商农工贾"呢？孔颖达正义云：

"齐语云：'……处士就闲燕，……'彼四民谓士农工商。
此数亦四，无士而有贾者，此武子意言举兵动众，四者不败其
业。发兵则士从征，不容复就闲燕。"

"发兵则士从征"，可见孔颖达亦以《齐语》所说士为非以后所谓士
农工商之士。

《管子》系伪书，其中所说，当系孔子以后情形。我所以以为，
在孔子以前，似乎没有以后所谓士农工商之士阶级。这种阶级，只
能作两种事情，即做官与讲学。直到现在，各学校的毕业生，无论
是农业学校或工业学校，还只有当教员做官两条谋生之路，这所

谓：

"仕而优则学；学而优则仕。"(《论语·子张》)

孔子即是此阶级之创立者，至少亦是其发扬光大者。

这种阶级为后来法家所痛恶。韩非子说：

"博习辩智如孔墨，孔墨不耕耨，则国何得焉？修孝寡欲如曾史，曾史不战攻，则国家何利焉？"(《韩非子·八说》)

"儒以文乱法，侠以武犯禁。……今修文学习言谈，则无耕之劳而有富之实，无战之危而有贵之尊，则人孰不为也？"(《韩非子·五蠹》)

孔子与希腊"智者"，其行动颇相仿佛。他们都是打破以前习惯，开始正式招学生而教育之者。"智者"向学生收学费以维持其生活：此层亦大为当时所诟病。孔子说："自行束脩以上，吾未尝无诲焉。"他虽未必收定额学费，但如"贽"之类，是一定收的。孔子虽可靠国君之养，未必专靠弟子的学费维持生活，但其弟子之多，未尝不是其有受养资格之一。所以我上文说，孔子以讲学为职业，因以维持生活。这并不损害孔子的价值；因为生活总是要维持的。

孔子还有一点与"智者"最相似，"智者"都是博学多能的人，能教学生以各种功课，而主要目的，在使学生有作政治活动之能力。孔子亦博学多能，所以

"达巷党人曰：'大哉孔子，博学而无所成名。'"(《论语·子罕》)

"太宰问于子贡：'夫子圣者与，何其多能也？'子贡曰：'固天纵之将圣，又多能也。'"(同上)

孔子教人亦有各种功课，即所谓六艺是也。至于政治活动，亦为孔子所注意，其弟子可在"千乘之国""治赋"，"为宰"。季康子问仲

由,赐,求,"何使从政也与?"孔子说"由也果","赐也达","求也艺","于从政乎何有?"(《论语·雍也》)这即如现在政府各机关之向各学校校长要人,而校长即加考语荐其毕业生一样。

孔子颇似苏格拉底。苏格拉底本亦是一"智者"。其不同在他不向学生收学费,不卖知识。他对于宇宙问题,无有兴趣,对于神之问题,接受传统的见解。孔子亦如此,如上文所说。苏格拉底自以为负有神圣的使命,以觉醒其国人为己任。孔子亦然,所以有"天生德于予","天之未丧斯文,匡人其如予何"之言。苏格拉底以归纳法求定义(亚力士多德说),以定义为吾人行为之标准。孔子亦讲,"正名",以"名"为吾人行为之标准。苏格拉底注重人之道德的性质。孔子亦视人之完全人格,较其"从政"之能力,尤为重。故对于子路,冉有,公西华,虽许其能在"千乘之国""治赋","为宰","与宾客言",而独不许其为"仁"(《论语·公冶长》)。苏格拉底自己不著书,而后来著书者多假其名(如柏拉图之《对话》)。孔子亦不著书,而后来各书中"子曰"极多。苏格拉底死后,其宗派经柏拉图,亚力士多德之发挥光大,遂为西洋哲学之正统。孔子之宗派,亦经孟子荀子之发挥光大,遂为中国哲学之正统。

即孔子为中国苏格拉底之一端,即已占甚高之地位。况孔子又为使学术普遍化之第一人,为士之阶级之创立者,至少亦系其发扬光大者;其建树之大,又超过苏格拉底。谓孔子不制作或删正六艺即为"碌碌无所建树"者,是谓古之发明帆船者不算发明,必发明潜艇飞机,始为有所建树也。

孔子为士之阶级之创造者,至少亦系其发扬光大者,而中国历代政权,向在士之手中,故尊孔子为先师先圣。此犹木匠之拜鲁班,酒家之奉葛仙也。

（原载《燕京学报》第 2 期）

　　冯友兰（1895—1990），字芝生，河南唐河人，1915 年考入北京大学哲学系，1919 年以公费留学入美国哥伦比亚大学研究院攻读哲学，后获博士学位，1923 年回国。曾先后在中州大学、广州大学、燕京大学等任教，后历任清华大学教授兼系主任、清华大学秘书长、文学院院长、校务会议代主席等。抗战期间任西南联大教授兼文学院院长等。1952 年起任北大哲学系教授、中国科学院学部委员。曾任全国政协委员、常委、人大代表。

　　本文的中心思想，在于证明孔子未曾制作或删正六经；即会有所删正，也不过如教授老儒之"选文选诗"，但他却并不是碌碌无所建树。他是中国第一个使学术民众化，以教育为职业的"教授老儒"，开战国讲学游说之风；他创立，至少亦发扬光大中国之非农非商非官僚之士之阶级。他的行为与希腊之"智者"相仿佛，与苏格拉底的行为及其在西洋历史上的影响相仿佛。

20世纪儒学研究大系

孔　子

嵇　文　甫

(1) 孔子与贵族社会

孔子是从上古社会到汉以后社会的一个枢纽,是封建社会的圣人,是日就没落的贵族们的救星。

当这位圣人出世的时侯,中国上古由贵族所统治的典型的封建社会已逐渐崩解了。随着商品经济的发展,一般王侯贵族们,由于物质上的诱惑,需要日益增加,用度日益浩繁。于是内则横征暴敛,外则侵略兼并。在普遍的贫困与不断的战乱中,日度其骄奢淫逸的生活。法度破坏,道德堕落,愚蠢昏骏,不学无术。于是贵族社会,在其本身上,已成岌岌不可终日之势了。"弑君三十六,亡国五十一"。"栾、郤、胥、原、狐、续、庆、伯,降在皂隶"。这种穷途末日的景象,当时贵族中之有思想者,早已触目惊心,不胜其危惧。如叔向、晏婴、季札、子产,都是当时的名流。他们彼此互相警告,若大难之将至。从他们缠绵悱恻友谊深重的谈话中,我们自感到一种零落萧飒的情调。其甚者如士蒍,至于祈死。这是何等酸苦的滋味!就在这个当儿,他们的圣人——孔子——出世了。

孔子是商朝的后裔。他的远祖:弗父何有让国的美德,正考父"三命兹益恭",都是有光史册的人物。直到他的父亲叔梁纥,亦还做过郰大夫。不过当孔子很小的时候,他的父亲就死了,孤贫的滋味是尝过的。所以说,"吾少也贱"。但壮年以后,声望渐著,地位渐高。既掌过鲁国的政权,又游历列国,往来于许多名公巨卿间。虽不算什么阔人,却毕竟和凡民不同。"以吾从大夫之后,不可徒行也"。他很能维持住上流人的身分。试看《乡党》篇所记他那饮食衣服言动起居,处处都有讲究,活画出来一位派头十足的绅士。他生活在那样"世衰道微"的时代,眼看着贵族社会日就没落,所以发愤要继承文武周公,把古代文化复兴起来。他很自负地说:

> 文王既没,文不在兹乎? 天之将丧斯文也,后死者不得于与斯文也。天之未丧斯文也,匡人其如予何?

> 如有用我者,吾其为东周乎。

他自以为负有神圣的使命,而当时的人也把他看作救世主。如《论语》仪封人说:

> 天下之无道也久矣,天将以夫子为木铎。

又《左传》昭七年孟僖子说:

> 礼人之干也,无礼无以立。吾闻将有达者,曰孔丘。……

孟僖子的话,很像一种预言。当时一班贵族,于无可奈何之中,早期望有圣人出世。如仪封人所说,天生孔子,就是特意使他来唤醒世人,变无道为有道的。孔子果然也就有些本领。他于当时的贵族文化,陶养极深。他能把传统的思想制度,神明变化地活用起来。他对于当时的社会情状,自然是不胜世道日下之感,如他说:

> 吾犹及史之阙文也。有马者借人乘之。今亡矣夫!

> 古者民有三疾,今也或是之亡也。古之狂也肆,今之狂也荡;古之矜也廉,今之矜也忿戾;古之愚也直,今之愚也诈而已

矣！

总而言之,在他眼中,什么都不如从前了。然而他并不死守陈迹,他主张:

> 行夏之时,乘殷之辂,服周之冕,乐则韶舞。

他又说:

> 殷因于夏礼,所损益可知也;周因于殷礼,所损益可知也。

可见他对于古代文化,并非囫囵吞下去,他斟酌去取之间是极费匠心的。——

> 麻冕,礼也;今也纯,俭,吾从众。

"事之无害于义者,从俗可也。"不坐摩托汽车而一定要骑驴,也未免有点固执。然而——

> 拜下,礼也;今拜乎上,泰也;虽违众,吾从下。

这样名分所关的大节目,却是丝毫迁就不得的。他一方面守经,一方面达权;既要复古,又不背时。他把许多传统的思想制度,加以新解释,赋以新意义,改头换面,使于新时代中仍有存在的地位(下节详说)。他并不是极端的守旧派,而是修正派,而修正恰就是最巧妙的守旧。他那鬼斧神工圣心独运的地方,真使"游夏不能赞一辞"。然而大圣人的手腕,终抵不住时代的趋势,当时贵族社会已必然的要没落,他不得不让那代表新兴自由地主思想的法家者流先来试一试了。待法家遭遇秦末的失败,新兴的统治阶级逐渐遮掩起自由地主的本色,而趋于贵族化,于是孔子学说方得着昌盛的机会,而古代贵族文化亦得以变相的要永久留传于汉以后的社会中。"屈于一时,伸于百代"。孔子真不愧为贵族社会的万世师表呵!(孔子学说的贵族色彩下文还要说明)

（2）人文社会的理想

　　孔子不是实利主义者（如法家墨家甚至道家），不是军国主义者（如法家），不是自然主义者（如道家），不是鬼治主义者（如墨家），而是人文主义者。他所理想的社会是人文社会。人文主义是和上面几种主义相反的，人文社会是仁的社会，礼的社会。而仁的社会，礼的社会，却只是理想化的封建社会，兹逐层说明如下：

　　何以说孔子不是实利主义者呢？因为他贵义而贱利，因为他"知其不可而为之"。他固然还没有像孟子和董子那样纯粹显明的动机论，他固然"临事而惧，好谋而成"，颇有些老谋深算，他固然极口称赞管仲的霸功；但他毕竟都是站在大义上讲话，尽人道所当然，和墨、道、法诸家真正去计算实际利害者，有毫发千里之辨。"无适也，无莫也，义之与比"。从人生大义上看来，当生便生，当死便死，当计算便计算，当不计算便不计算。别家讲义也是讲利，他讲利也是讲义。"同行异情"，须体认出他全神所注处才是。

　　何以说孔子不是军国主义者呢？因为他尚文德而不尚武力，泛爱人群而不专注意一个国家。如"远人不服，则修文德以来之"，及"鸟兽不可与同群，吾非斯人之徒与而谁与"诸语，如论楚人失弓那段故事，都足见他襟怀之广漠。他固然对于"能执干戈以卫社稷"的人也极致推崇，但仅仅消极的自卫，还说不上军国主义。

　　何以说孔子不是自然主义者呢？因为他看重人为的文化，要做文化人，而不做自然人，他说："周监于二代，郁郁乎文哉！吾从周。"他称赞帝尧，"焕乎其有文章"。这明明显显的是尚文。他固然说："先进于礼乐，野人也；后进于礼乐，君子也。如用之，则吾从先进。"而汉儒且说他作《春秋》，去周之文，从商之质。但这都可说是针对周末文弊而发,若老庄返真还朴之说,他终是不赞成的。他和仲弓论子桑伯子"居敬行简""居简行简"之说,及子贡"虎豹之鞟犹犬羊之鞟"一段话,极可玩味。

何以说孔子不是鬼治主义者呢?因为他专重人事而不谈鬼神。他虽然不主张无鬼论,却亦不主张有鬼论。他把鬼神问题存而不论,而只教人"务民之义"。如"未能事人,焉能事鬼","祭如在,祭神如神在",诸语,都是从人本主义的观点上立论。他是极重祭祀的。但他对于祭祀的理论,完全脱掉原始社会迷信的意味,而只认为人道所当然。如蜡之祭,下及昆虫土木,明明是拜物教的遗迹,但他另予以一种新意义,说什么"使之必报之",什么"仁之至,义之尽也"。只问当祭不当祭,不管能享不能享,这层道理是和墨家绝不相同的。

总之,孔子不崇尚武力,不计算实利,不返归自然,不迷信鬼神,而只讲人道所当然,人心所不容已也;所以说他是人文主义者,他所理想的社会是人文社会。

但人文社会的内容究竟是怎样?说在仁,说在礼。

仁是孔子学说的一个中心观念。《论语》中论仁者凡五十有八章,仁字之见于《论语》者凡百有五(阮元说)。其重要可想。但仁是什么?孔子并没有给他下过一个概括的抽象的定义,他只是随人随事,指点出这是仁,那是不仁。后来宋明诸儒讲得完密了,但仁字的原始意味,恐怕没有那么高妙。我觉得孔子所谓仁,不过指着一种恻恻不容已的心情而言。《中庸》上说:"肫肫其仁。"用"肫肫"二字形容仁,最为亲切有味。这一种肫肫恻恻的仁的心情,并不是什么绝德畸行,在相当的经济条件下是可以出现的。孔子说:

里仁为美,择不处仁,焉得智。

他要择仁里而处之,不处仁里,就算不智。是他认当时现实社会中就有许多仁里了。他又说:

> 如有王者,必世而后仁。

是明明以仁的社会为其理想了。只要一里之人,就肫肫恻恻,忠厚老实,那就算仁里。只要全社会都充满这肫肫恻恻,忠厚老实的风味,也就算是仁的社会。不过这样讲仁字,似乎浅一点。我们还要知道,仁是感情和理智融合的一种状态。于恳恻不容己中,自具多少曲折节奏。所谓"发乎情,止乎礼义",这才得"性情之正",这也才算是仁。"真情径行",孔子是不赞成的。这里就牵涉到礼字。孔子主张"为国以礼","齐之以礼"。而他所谓礼,又一本于仁。如云:"人而不仁,如礼何?人而不仁,如乐何?""克己复礼为仁。"可见仁与礼关系之密切。张横渠说:"礼义三百,威仪三千,无一事而非仁也。"这话极有意味。礼是仁的表现,仁的象征,并不是从外面随便捏造的。大概在孔子的理想社会中,人人都得其性情之正,君君、臣臣、父父、子子,人道灿然明备。满街都是"仁人",满街都是"君子"。这不是最美满的人文社会吗?

然而这样的人文社会,明明带有贵族的色彩。贵族是封建社会的统治者。当封建社会的盛时,真有如《汉书·货殖传》所说:

> 自天子,公侯,卿,大夫,士,至于皂隶,抱关,击柝者,其爵禄奉养,宫室,车服,棺椁,祭祀,死生之制,各有差品。小不得僭大,贱不得逾贵。夫然,故上下序,而民志定。

这正是孔子所想慕的。当时社会中两大阶级各有其本分,如《左传》上刘康公说:

"君子勤礼,小人尽力。勤礼莫如致敬,尽力莫如敦笃。敬在养神,笃在守业。"庶民自从事于生产、贵族自从事于礼仪。老老实实,在有典有则的社会秩序中,过其安静和睦的生活,也可以算是仁而有礼了。但自商品经济发展以后,旧社会秩序日趋混乱。亲亲贵贵身分等级的观念,渐为做买卖打算盘的心理所战胜。这种仁而有礼的景象,遂日去日远。孔子于此大发其思古之幽情,正是当时衰落的贵族们思想之反映呵。

(3)正名主义

孔子欲变无道为有道,实现其人文社会的理想,其最主要的手段,在于正名。

《论语》:

> 子路曰:"卫君待子而为政,子将奚先"? 子曰:"必也正名乎。"……名不正则言不顺,言不顺则事不成,事不成则礼乐不兴,礼乐不兴则刑罚不中,刑罚不中则民无所措手足。……

他为什么把正名看得这样重要呢? 因为封建社会,最讲名分,而春秋时代,这种名分却逐渐混乱了。诸侯可僭王号,大夫可舞八佾。变礼易制,物皆失其故常。所以孔子曾慨叹道:

> 觚,不觚,觚哉! 觚哉!(《论语》)

觚不成其为觚了。君也不君,臣也不臣,父也不父,子也不子了。欲整饬纷乱的时局,使君臣父子,事事物物,皆复其常则,自不得不在正名上下功夫。但是怎样正名呢? 这似乎要寻其妙用于《春秋》。

《春秋》本是鲁史旧文,究竟孔子曾经怎样加以笔削,这很难说,不过用以说明孔子的正名主义,倒是极有意味的,有人说《春秋》是"断烂朝报",这话没有说得更好了。"朝报"就是现在的"政府公报"。我们看"政府公报",也有很可奇异的地方。第一,公报注重法定的名称。譬如张作霖他的部下或对他很恭敬的人,总称他为"张大帅"。平常报纸上,也都称"张作霖",或简称"老张","奉张"。但是政府公报上总一成不变的称他为"镇威上将军张作霖",数年前也都是依法定的官号称他为"奉天督军张作霖",或"东三省巡阅使张作霖"。第二,公报注重事实的形式。譬如奉、鲁军攻下南口,明明是受张作霖、张宗昌们的命令,但是北京政府偏要发个命令奖励前敌将士,好像这班将士攻下南口是出于中央政府之命令的。譬如各省督军,没有一个不是自己霸占地盘的,但是政府偏要等他们事实上霸占完毕之后,发一道命令:"特任某某为某省军务督办。"第三,公报有一定的程式。北京政府事实上早无异军阀的部属,但是大总统对吴佩孚、张作霖总还是用"令",他们对大总统总还是用"呈"。余如各种官吏间的来往公文,无论其事实上的势力如何,那种法定的程式、如"令"、"呈"、"咨",总是不变。

所以我们如果翻开这十几年的"中华民国政府公报"来看看,中央政府的权力好像并没有减损:没有一个官吏不是中央任命的,没有一次战争不是政府下令讨伐的。可见公报的效用是在维持一时代政治的形式:无论事实如何变幻政制的系统总还可以在公报上看得出来。

孔子所谓"窃取主义",就在这一点。例如当时各国君主都已经僭称"公",楚甚至称"王",但鲁史上(想各国史记也都如此)则始终保存周室原来的爵位。如"宋公","齐侯","秦伯","楚子"等法定的名号。当时的周,事实上不过三四等的国家,但是鲁史上总还认她作最高的主权者,每年必首书她所颁的公历,如春王正月之类。各国的事变也都依王朝命令的形式而记载。例如曲沃灭晋,周天子然后"命曲沃伯以一军为晋侯":这无异张宗昌逐了熊炳琦,自己做了山东督军,政府乃发命令"督理山东军务善后事宜熊炳琦着即免职,特任张宗昌为山东军务善后督办"。又如天王的行动,大概均依制以"巡狩"的名义告于各国,所以僖公二八年晋文公召王,鲁史上也仅书赴告的形式"天王狩于河阳",好像周天子还是威风凛凛的样子。余如各国君臣的相杀,鲁史上也都依制度上的名分,称下杀上为"弑",称上杀下为"杀"。

孔子读史到了这种地方,一定是得意的了不得。他以为周家的制度原来是这样严密的,现在天下的大乱,莫非是事实上大家不遵守这种制度。所以他想拿制度的形式来恢复制度的实际。他是迷信名分的。他以为如果把名分表彰出来,那放肆的君主及乱臣贼子一定会顾名思义而有所反省。他以为周天子如果依他的名分,恢复他的最高权力,那国际战争的惨祸就可以免除了;各国君臣如果都依他们的名分,固守他们的职位,一切国内的篡弑争夺也都可以免除了。(自"春秋是断烂朝报"至此处全系从梅思平所著《春秋时代的政治》和《孔子的政治思想》节录的,全文见《古史辨》第二册)这样看来,一部《春秋》竟成了孔子的理想国,一切王章旧典,都可以在这里求到。真所谓"文武之政,布在方策",只用举而措之就得了,这可以说是用一部政府公报治天下,真巧妙得有趣!

(4)德化主义

人文社会那样美满,正名方法那样巧妙,但欲其实行而有效,又全在人君的德化。《论语》:

> 政者,正也。子帅以正,孰敢不正?
>
> 子欲善,而民善矣。君子之德风,小人之德草,草上之风必偃。
>
> 其身正,不令而行;其身不正,虽令不从。为政以德,譬如

北辰,居其所而众星拱之。

只要执政者自身的德行好,自然就四方风动,化行俗美。所谓"尧舜帅天下以仁而民从之,桀纣帅天下以暴而民从之"。德化之效,捷于影响,真有一种不可思议的魔力。孔子的政治思想在根本上是使人人都得其性情之正,这自然只能由执政者以身作则,慢慢的诱导感化,一时的法令是不能奏效的。所以孔子比较德治与法治的优劣道:

道之以政,齐之以刑,民免而无耻。道之以德,齐之以礼,有耻且格。

他以为刑法只能在表面上使人苟免于恶,并不能把恶人变成善人。欲根本的把恶人变成善人,只有用德和礼去感化。他这种见解也有他的社会背景。我们知道原始的封建社会,还极富于血统的意味。一个国像一个大家族。在这里面,伦理即是法律,道德即是政治。所以孔子说:

《书》云孝乎?"惟孝友于兄弟,施于有政"。是亦为政,奚其为为政?

由此可知孔子对于国与家、政治与伦理,实在没有分清。这完全是封建社会实际生活的反映。

(5)余 论

A、孔子的经济政策:一个是节用,但他的节用以礼为度,而不像墨子的极端尚俭;一个是均产,但实在说来,他所主张的只是一种带赈济性质的政策,并不算真正的均产("均无贫","君子周急不济富")。

B、孔子不注意生产事业,而把生产事业完全交给小民。如樊迟请学稼,他就说:"小人哉樊须也。上好礼则民莫敢不敬,上好义则民莫敢不服,上好信则民莫敢不用情。夫如是,则四方之民襁负其子而至矣,焉用稼。""君子"只管学礼义,生产事业自有"小人"任之。这一段话最表现他的贵族色彩。

C、孔子极重华夷之辨。但他并不在血统上着眼,而只在文化上着眼。华是文明民族,夷是野蛮民族。蛮夷猾夏,不仅是一个民族兴亡的问题,并且是人类文化升降的问题。所以他说"微管仲,吾其被发左衽矣"。他称赞管仲,正以其有保障人类文化之功。"华夷"之辨和"君子小人"之辨意味很相似。他对于文化问题的兴趣,比对于生活问题的兴趣更为浓厚。

D、孔子还没有把国家和社会两个观点分清,因此,家、国、天下,混在一气。其所谓国,既不是现代所谓国,其所谓天下,也不是现代所谓世界。所以要把国家主义或世界主义的名称给他加上去,应极慎重。

（选自《先秦诸子政治社会思想述要》,
《嵇文甫文集》,河南人民出版社1985年版）

嵇文甫(1875—1963),原名嵇明,字文甫,河南汲县人。1918年毕业于北大哲学系。1926年入莫斯科中山大学学习。回国后在清华大学、北京大学、燕京大学、北京女子师范大学、中国大学、民国学院执教。1948年进入解放区。新中国成立后,历任河南大学校长,河南省政府副主席、副省长,中国科学院哲学社会科学部委员、郑州大学校长,全国政协委员、人大代表。1959年加入中共。对先秦诸子、宋明理学有较深的研究。主要著作有《先秦诸子政治社会思想述要》、《先秦诸子与古代社会》、《中国社会史》等。

20世纪儒学研究大系

文章认为,孔子是封建社会的圣人,是贵族社会的万世师表。孔子不是实利主义者,不是军国主义者,不是自然主义者,不是鬼治主义者,而是人文主义者。人文社会是仁的社会,礼的社会,它只是理想化的封建社会。孔子为实现人文社会的理想,最主要手段在于正名,而欲其实行而有效,又全在人君的德化。孔子的经济政策,一个是节用,一个是均产,不注意生产事业,极重华夷之辨,没有把国家和社会两个观点分清。

现代的中国怎样要孔子

张 东 荪

一

此文原题为"从孔子说到中西文化的异同与民族复兴的方向"。似乎太长了,所以改为今题。

照原题便可看见我所要讨论的有三点:即(一)孔子的思想;(二)中西文化的异同;(三)此后民族复兴的径途。但详述孔子思想不是一个短文所容许。因此对于孔子只好说其要点。而我的注重点依然在于由中西文化的比较而得指出民族复兴的路向。所以本篇乃我个人对于时代性的意见,并非一篇讨论专门学术的文章。

以上是在开始所欲声明的。

二

政府当局忽然尊孔起来了。然而很不巧! 正值日本人亦在那里尊礼;满洲国亦正在尊孔。于是惹起了反响。虽然在表面上都是尊孔的言论,而青年界依然是反孔的心理。就中反响的代表作,可推胡适之先生在《独立评论》上那篇文章。胡先生的话,诚不无过火:把纳妾与缠足都写在孔子的账上。至于赞成方面,胡先生所

引的《大公报》社论亦可以算一个代表。我的意思既与反对派大
异，又与赞同派不相同。

我以为中国历史上最不幸的人就是孔子。因为他被后人所推
崇，所以是被后人利用。亦可以说自孔子死后，凡是推崇孔子的都
是要利用孔子的。利用孔子的人们做了无数的罪恶，却不被人发
见，只是一概写在孔子的账上。于是利用孔子的人愈推崇孔子，而
旁的人便愈痛恨孔子。所以我说孔子在中国历史上是一个最埋没
了真相的人。因为推崇他的未必真知他；而痛恨他的亦是误解他。
直到今天还在这里闹这个甲骂乙捧的争执，我实在不能不替孔子
呼冤了。这就是我所以不同于反对与赞成两派的缘故。

三

假定我们把孔子本人与后世推崇孔子之故分开来论，则我敢
说孔子的思想置诸西方哲学内，例如柏拉图、亚里士多德等，丝毫
无逊色。并且孔子的思想在人类思想界内确是一个特别的。西方
思想素以方面繁多内容丰富见长。然而却竟没有一派能和孔子一
样。凡孔子之所长，西方思想都寻不着相当的以为代替。可见孔
子的价值不仅是在东方，实是在于全人类。近来西方颇有人羡艳
东方思想，想来或亦就是因此。

总之，我们若果把后世对于孔子的推崇（实即利用）一概不
论，则必可看见孔子本身是人类中一个大思想家，至少可与柏拉
图、亚里士多德相鼎足而立。

我们既承认孔子的真价，则对于后世所以误解他的缘故，亦可
以有法说明。须知一种文明当其疲蔽的时候百弊丛生，便有人生
出破坏的思想。例如希腊之有诡辩派便是一流的破坏的思想。中

国在春秋时代,政治与社会都有解纽之势。老子一流的破坏思想自应运而生。希腊的诡辩派激起了苏格拉底与柏拉图,老子一派的无为论当然引起孔子的反动。然而须知苏格拉底与孔子都是维持派,因为维持是对破坏而言的。不有破坏派不会引起维持派。然而我们从后世来看,便知破坏派的功用不过在于引起维持派。所以在文化上的功劳,维持派是大于破坏派。苏格拉底与柏拉图的功绩远在于毕达哥拉斯以上。孔子当然亦是如此。不过又须知破坏的思想容易被不得势的人们利用;而维持的思想却容易被得势的人们利用。所以孔子被人们利用数千年就是因为他对于文化取维持的态度。西方的柏拉图与亚里士多德为宗教所利用亦有千年以上的历史。可见这种情形本极寻常。现在还不作分别观而来骂孔子,却未免太鲜学者的态度了。

四

　　至于孔子本身的思想,我们苟细加研究,便知道是不容易利用的。所以汉儒讲章句;宋儒把佛理引进去;清儒讲考据;这都足以证明对于孔子本身的道理只好避而不讲。据我看来,孔子的真正主张只是一个政治理论。他有一个理想的社会,并所以达到这个境界的步骤。似乎他主张以自己为出发点,人人都从自己出发。好像一个石子投于湖面上。先是一个小圈儿,后来变为一个大圈儿,再后更发为一个较大的圈儿,一个一个的圈儿连续扩大,但都是从一个中心点推广出来的。所谓正心诚意、修身齐家、治国平天下,便是这些一层一层的圈儿。

　　治国虽在齐家之次,却亦是由正心而出发的。所以治国平天下与正心诚意修身直是一件事,不过范围逐渐扩张罢了。就反面来说,可以说断没有不修身而能齐家的;断没有不诚意而能治国的;断没有不正心而能平天下的。梁任公先生名此为德治主义。《论语》上有"为政以德"等语可以参证。不过德还是个人所私有的,不能即成为社会秩序。于是孔子于此便又主张礼。礼是可以培养德的。礼是公同的。梁任公先生又名此为礼治主义。凡梁先生所讲,我不愿重述。我愿只补足一句:就是这种礼治主义与德治主义既不是西方的民主政治,却亦决不是东方的专制政治。可以说,孔子的思想近于乌托邦,在实际上并未实现过。孔子的最大缺点是在于他不讲政治制度与只讲政治精神。他的德治主义与礼治主义,由我们看来,似乎在君主政体上面可以实行,在民主政体上也可以实行。

他大概亦就是因为这个缘故,只反对君主的暴政,而不反对君主制度。后世所以能利用他,大概亦就是因为他不讲制度。

须知制度是固定的,精神便没有制度那样显而易见。所以卢梭的民约论不容易为人用。而孔子则容易被人利用。这亦是东方与西方在思想上态度不同的缘故。

五

我以为西方思想总是讲办法用办法以表现宗旨。而东方却总觉得办法无可无不可,只须宗旨不错。我对于这一点固然承认是与东方的人性有关,然而却以为在古代未必如此极端。孔子很注重于学,他以学教人,不过他所教授弟子的学其内容是什么,现已无法详知。相传以礼、乐、射、御、书、数为六艺。如果在孔子的时代是以这样六艺为学,则可见当时确是学与术并重。

汉儒改为诗书礼乐易春秋,于是性质乃偏于一方面去了。我以为这个关系很大。就是孔子的德治主义在精神上是对的,而问题乃在于如何实现。换言之,即以修身为本,这是不错的;不过修身以后要齐家,则必有齐家之法;要治国必有治国之术。所修养是一方面,而方法(即治术)又是一方面。决不能以其一而代替其他。孔子的大失败就在于缺少后一方面。而余疑心这个失败不在孔子自身,而在于传孔子道理的门徒。

修养是对自己的,而办法是对事物的。二者不可偏废。譬如一个人看见其父母生病,其心中虽焦急,却自己不懂医,不能治。可见治病必须靠术。但医生而无道德,专门骗钱,亦是不行的。东方人把居心看得太轻,以至于引起现在的一个反动。近二三十年来差不多讲维新无不是讲办法。这乃是西方思想传入中国来的一个大变化。但我以为这些年中国变来变去未见进步亦正由于只讲办法而忘了必要的另一方面。

六

现在我们且谈一谈中西文化的异同。就社会组织与经济状态来讲,诚然只有古今的纵式区别:即欧美是现代,而中国是古代。但就思想而言,则确有东西的不同。不能以古今来概括之。因为东西双方的思想同发源于古代,而二者思想却不相同。西方思想的根源,一个是希腊,一个是希伯莱。其后发展起来,便成为一个是科学,一个是宗教。而我们中国却只有一个人生哲学,把政治经济法律等都浑然包括在内。换言之,那只有一个做人问题。一切都从做人来出发。这便是梁漱溟先生所谓重心在内,就是以自己这个人为中心。既不像西方的宗教,以上帝为主,自己是上帝的所属,亦不像西方的科学,以物界为主,把自己认为自然界之一分子。

所以西方无论宗教与科学,而总是重心在外——即在于自己以外的神或自然界。孔子不然,他既不拿自然法来套在人的头上,又不以神来汲取人的归依。所以这样的东方思想确是在人类中放一异彩,开一新方面。在思想方面,我们决不能说只有古今而无中外。

七

倘若论中外思想的优劣比较,我以为中国近来一切祸患未尝不是由于太把自己看得一钱不值了。这二三十年来,欧化东渐,人们往往只看见他人的长处,同时又只看见自己的短处。凡社会上所崇拜的人大抵是痛骂本国文化的人。一个民族对于自己固有文化这样看不起,便自然而然失去了自信心。多少年的思想与教育可以说都是助长这个自卑的潮流,其实我们固然必须知道自己的短处,但同时亦不妨承认自己亦有些长处。我在以前向来主张中国宜充分吸收西方文化,但近来细看实际情形,乃恍然知道一个民族所以能吸收外族的文化必定其自身具有很强的消化力。这便和吃东西一样。倘使一个人胃力很弱,你只劝人多吃,仍是不中用的。以前我们主张竭力输入西方文化便是忘了自己的消化能力。现在广东方面还有人主张甚应全盘西化论。要把西方文化整个儿输进来。我以为论者于此恐怕有些误会。须知今天的问题不是中西文化好坏比较问题,乃是中国如何以汲取西方文化的问题,亦就是一个人吃了东西如何消化的问题。你只劝人多吃是不相干的,因为吃了未必能消化,而反会生病。所以我以为一个民族若自己没有对于外族文化侵入的反应力,断乎不能吸收外族的文化。其结果不外为外族所征服而已。须知所谓吸取西方文化乃是说中国人以西方的文明而立国。倘使中国变为殖民地纵使人民都欧化了,这亦不得称为吸取西方文化。可见欧化不难,欧化而一如欧人之卓然立于世界则大难而特难了。我敢告全盘西化论者:这不是好坏的问题,乃是能不能的问题。以一个民族扬弃其固有文化而完全采取他族文化,在历史上虽不是没有,然而亦决不能像要怎样就怎样的那么容易。

八

因此我主张必须恢复主体的健全,然后方可吸取他人的文化。所谓主体即指重心在内而言。倘使重心在外便不知有我。于是不仅在个人为失了自主性,且在一个民族,亦是失了自主性。一个民族失了自主性,决不能采取他族的文明,而只有为他族所征服而已。两种不同的文化的接触有各种式样。有的是吸取了他族文化而自己更发扬起来。有的却是从此征服了下去,不能自振。前者可名之曰吸收;后者只是征服罢了。我们现在所要讨论的是前者而不是后者。所以必须要恢复中国人对于西洋文化的反应力。倘无自主性,便没有反应力,其结果只是西方文化的注入而已。注入不已,便走入征服一途。乃求得前者而反得着后者了。这就好像吃东西必须先有健全的胃口。倘使胃无消化则吃下去的亦必无用处。近年来默察中国的情形,实在有些令人悲观,觉得对于西方文化不但不能消化,直并承受的能力亦渐渐衰退了。其原因不在西方文化之不适于中国,乃只在中国人已缺少了吸取他族文化的"主体"的资格。须知西方文化一方面固然是西方的特产;而他方面却表示世界文化的通性。不但中国,恐怕任何民族都得要采取西方文化的主要部分。所以今天决不能讨论中国要近代化或欧化与否的问题,因为只有一个如何欧化的问题。我对于这个问题的答案是:一方面输入西方文化,同时其他方面必须恢复固有的文化。我认为这两方面不但不相冲突,并且是相辅佐的。因为中国固有的文化可以儒家思想为代表,他只是讲做人的道理。并且这种人生哲学即从西方眼光看来,仍不失为很有价值的。在西方思想中很难寻到与他相等的。所以这一方面非但不应该打倒,并且应该提倡——至于如何提倡详见下文。现在有些人们因为看见中国的每况愈下,因而将咎于欧化,于是提倡复古。我的意思和他们正相反。我以为复古不能代替西化。因为复古与欧化二者不是对立的与相反的,换言之,即二者不是不并立的。有许多方面,例如政治经济等,是非用欧洲的方法不行。其实中国对于这些方面向来就没有办法。可见凡是采取欧化的方面都是中国本来缺少办法的方面。至于做人,中国本来最多讲求,不妨保留其精华。所以我以为保存国粹与从事欧化乃是根本上不相冲突的,而一切争论都是因为有些人们把这个不相冲突的误会为两相冲突的了。

九

于是可以谈到民族的复兴的途径了。要不外乎在一方面从做人下手,恢复中国人的自主性,如此才能有吸收外族文化的主体资格,而其他方面依然须尽量采纳西方文化。现在的问题在于如何造成民族性。张君劢先生从历史上举出中国和泰西各国不同的所在。中国有固有的文化,便是有其民族性。无奈中国人现在不相信其文化。所以中国的民族性是由有而到于无。泰西各国不然。他们以民族的国家为最高,把所有教育文化风俗都染上这个色彩。所以他们的民族性是由无而到有。换言之,即民族国家主义的产物。中国以后要竞立于世界各国之林,当然除了走上民族国家主义这一条路是别无办法的。但须知凡民族国家主义无不实贵其国的自己文化。中国的固有文化既不能和西方文化媲美,则如何能唤起人民对于旧文化的爱护心呢,所以问题就在于此。我们可以说:中国的民族性是未受过民族国家主义陶冶的;而西方各国的民族性却是经过这种陶冶而出的。二者的区别在此。今后要解决这个问题亦得着眼于此。就是我们必须发见固有的文化有些地方不但不与西人的文明相冲突,并且可以并存而相辅。换言之,假使我们对于固有的旧文化不能使其再发生新芽;而只是把外来的新种移植进来,则中国的民族性便无法养成。所以我的见解和时流很少相同。我以为“整理国故”所负的使命实在很大。而可怜一班整理国故的人们完全见不及此。他们把国故当作欧洲学者研究埃及文字与巴比伦宗教一样看待。简直把中国文化当作已亡了数千年的古董来看。所谓国学直是考古学。外国人研究中国学术取这样的态度原不足怪,最可笑的是中国人因为外国人如此,所以亦必来仿效一下,而美其名曰科学方法。我愿说一句过激的话:就是先打倒目下流行的整理国故的态度,然后方可有真正的整理。有了真正的整理方可言有所谓国故。不然全是古董。我们今天救死不遑,哪里有闲暇去玩古董呢!

十

我以为这样整理国故不能望之于只了解旧学的人。因为我们必须以民族国家主义为标准来估量一切,当然要属望于新学有根基的了。但有一个必要条件,就是:必须对于中国文化从有价值的方面去看。像现在一班流行的态度,认中国的东西件件都不如人,这是不行的。关于这一点,张君劢先生曾把中西思想的异同列举了出来过。好像他以为中国总是偏于对自己;外国总是偏于对物。以我观之,可以说中国总是偏于以自己为对象,以自己为起点,来研究如何修养,如何做人,如何处世。外国则注重于研究外物是什么,怎样去利用他,克服他。这两方面其实并没有冲突的必要。张君劢先生主张给科学以相当范围,同时承认人生问题不在科学以内。他的思想可以说始终是想从中国固有的文化中创出一个新理学(我以为可以说是新儒家),同时又从西方文化中尽量吸取其科学(自然科学与社会科学)。就我个人论,我对于这样的态度在大体上是赞成的。不过所引为忧虑的,就在于迄至今天为止,还很要有人真向着这个方向去走。其所以如此的缘故,乃在于中国思想既是对自己的,则从事于此的人自必须躬行实践。现在人们把学问总当作纸片上的工夫,所以论孔子的文章愈多,而孔子的真义愈失。如此尊孔,我亦反对尊孔。我以为今后孔子要在现代的中国发生一些效用,必须把孔子贯入人们的血管里才行。倘只是腾在口头,则孔子依然是个死东西。所以尊孔不能使孔子复活,惟有体会孔子的精神,口头虽不提孔子而血管中充满了孔子,方可算用孔子来复兴民族。不然,孔子早已死了,不但不能复活,并且近于无聊。所以今后的关键只在于四万万人中究竟能有几个是真把孔子贯入血管中去的。倘这样的人多起来了,我敢说中国的民族复兴必定有望。否则全是空谈。这便是我和时流意见不同的所在了。

(选自《正风》半月刊第 1 卷第 2 期,1934 年 12 月)

张东荪(**1886—1973**),原名万田,字东荪,浙江杭州人,1904 年入东京帝国大学哲学系。民国初期著名的政论家,研究系重要成员之一。参与五四时期新旧思潮和随后的关于科学与玄学以及唯物辩证法的论战。后曾出席国民参政会及政治协商会议,新中国成立后任中央人民政府委员,政务院文化教育委员会委员。1952 年失去公民权,1968—1973 年被监禁于北京秦城监狱,直至病逝。主要著作有:《科学与哲学》、《新哲学论丛》、《认识论》、《当代哲学》、《知识与文化》、《思想与社会》、《理性与民主》和《民主主义与社会主义》等。

　　作者的观点既不同意尊孔也不同意反孔,认为"孔子本身是人类中一个大思想家,至少可与柏拉图、亚里士多德相鼎足而立",后来"凡是推崇孔子的都是要利用孔子的"。孔子的真心主张是一个政治理论,是正心诚意、修身齐家、治国平天下,最大缺点是不讲政治制度与只讲政治精神。

在现代中国的孔夫子

鲁　迅

　　新近的上海的报纸,报告着因为日本的汤岛①,孔子的圣庙落成了,湖南省主席何键将军就寄赠了一幅向来珍藏的孔子的画像。老实说,中国的一般的人民,关于孔子是怎样的相貌,倒几乎是毫无所知的,自古以来,虽然每一县一定有圣庙,即文庙,但那里面大抵并没有圣像,凡是绘画,或者雕塑应该崇敬的人物时,一般是以大于常人为原则的,但一到最应崇敬的人物,例如孔夫子那样的圣人,却好像连形象也成为亵渎,反不如没有的好。这也不是没有道理的。孔夫子没有留下照相来,自然不能明白真正的相貌,文献中虽然偶有记载,但是胡说白道也说不定。若是从新雕塑的话,则除了任凭雕塑者的空想而外,毫无办法,更加放心不下。于是儒者们也终于只好采取"全部,或全无"的勃兰特式②的态度了。

　　然而倘是画像,却也会间或遇见的。我曾经见过三次:一次是《孔子家语》里的插画;一次是梁启超氏亡命日本时,作为横滨出

　　① 汤岛:东京的街名。1935年4月重新建成的孔庙叫"汤岛圣堂"。下文"御茶之水"也是地名,孔庙即在其附近。

　　② "全部,或全无"的勃兰特式:"全部,或全无。"意思是:"要就全有,要就全没有。"这是易卜生的《勃兰特》诗剧中主人公勃兰特的话。

版的《清议报》①上的卷头画,从日本倒输入中国来的;还有一次是刻在汉朝墓石上的孔子见老子的画像。说起从这些图画上所得的孔夫子的模样的印象来,则这位先生是一位很瘦的老头子,身穿大袖口的长袍子,腰带上插着一把剑,或者腋下挟着一枝杖,然而从来不笑,非常威风凛凛的。假使在他的旁边侍坐,那就一定得把腰骨挺的笔直,经过两三点钟,就骨节酸痛,倘是平常人,大约总不免急于逃走的了。

　　后来我曾到山东旅行。在为道路的不平所苦的时候,忽然想到了我们的孔夫子。一想起那具有俨然道貌的圣人,先前便是坐着简陋的车子,颠颠簸簸,在这些地方奔忙的事来,颇有滑稽之感。这种感想,自然是不好的,要而言之,颇近于不敬,倘是孔子之徒,恐怕是决不应该发生的。但在那时候,怀着我似的不规矩的心情的青年,可是多得很。

　　我出世的时候是清朝的末年,孔夫子已经有了"大成至圣文宣王"这一个阔得可怕的头衔,不消说,正是圣道支配了全国的时代。政府对于读书的人们,使读一定的书,即《四书》和《五经》;使遵守一定的注释;使写一定的文章,即所谓"八股文";并且使发一定的议论。然而这些千篇一律的儒者们,倘是四方的大地,那是很知道的,但一到圆形的地球,却什么也不知道,于是和《四书》上并无记载的法兰西和英吉利打仗而失败了。不知道为了觉得与其拜着孔夫子而死,倒不如保存自己们之为得计呢,还是为了什么,总而言之,这回是拚命尊孔的政府和官僚先就动摇起来,用官帑②大

_____

　　①　《清议报》:1898年(清光绪24年)戊戌政变后,梁启超(1873—1929)逃亡日本,在横滨办了这个刊物。1898年12月创刊,1901年12月停刊。
　　②　官帑:国库里的钱,意即由政府出钱。

翻起洋鬼子的书籍来了。属于科学上的古典之作的,则有侯失勒的《谈天》,雷侠儿的《地学浅释》,代那的《金石识别》①,到现在也还作为那时的遗物,间或躺在旧书铺子里。

然而一定有反动。清末之所谓儒者的结晶,也是代表的大学士徐桐②氏出现了。他不但连算学也斥为洋鬼子的学问;他虽然承认世界上有法兰西和英吉利这些国度,但西班牙和葡萄牙的存在,是决不相信的,他主张这是法国和英国常常来讨利益,连自己也不好意思了,所以随便胡诌出来的国名。他又是1900年的有名的义和团的幕后的发动者,也是指挥者。但是义和团完全失败,徐桐氏也自杀了。政府就又以为外国的政治法律和学问技术颇有可取之处了。我的渴望到日本去留学,也就在那时候。达了目的,入学的地方,是嘉纳先生③所设立的东京的弘文学院;在这里,三泽

----

① 侯失勒(Frederick William Herschel,1738—1822),通译赫歇耳,恒星天文学的创始人。生于德国,后迁英国。他发现了天王星及其两颗卫星和土星的两颗卫星。《谈天》中译本于1859年出版。雷侠儿(Charles Lyell,1797—1875),通译赖耳,英国自然科学家,地质学家。《地学浅释》中译本于1871年出版。代那(James Dwight Dana,1813—1895),通译丹纳,美国地质学家,矿物学家。《金石识别》中译本于1871年出版。

② 徐桐(1819—1900),清光绪间官至大学士,反对变法维新,不愿了解外情。遇到外国人,以扇掩面,表示不屑一顾,坚持盲目排外。为了维护清朝的统治,1900年利用义和团力量,围攻外国使馆。八国联军攻入北京时自缢死。

③ 嘉纳先生:即嘉纳治五郎(1860—1938),原是东京高等师范学校校长。1900年后,中国大批青年学生东渡留学,日本当局派嘉纳负责管理中国留学生的教育工作。1903年,他决定创设专为教育中国学生学习日语及基本课程的弘文学院,聘请大久保高明为学监,三泽力太郎、山内繁雄及松本龟次郎等担任教职。鲁秋瑾等都是这个学院的学生。

力太郎先生教我水是养气和轻气所合成①,山内繁雄先生教我贝壳里的什么地方其名为"外套"。这是有一天的事情。学监大久保先生集合起大家来,说:因为你们都是孔子之徒,今天到御茶之水的孔庙里去行礼罢! 我大吃了一惊。现在还记得那时心里想,正因为绝望于孔夫子和他的之徒,所以到日本来的,然而又是拜么? 一时觉得很奇怪。而且发生这种感觉的,我想决不止我一个人。

但是,孔夫子在本国的不遇,也并不是始于 20 世纪的。孟子批评他为"圣之时者也",倘翻成现代语,除了"摩登圣人"实在也没有别的法。为他自己计,这固然是没有危险的尊号,但也不是十分值得欢迎的头衔。不过在实际上,却也许并不这样子。孔夫子的做定了"摩登圣人"是死了以后的事,活着的时候却是颇吃苦头的。跑来跑去,虽然曾经贵为鲁国的警视总监②,而又立刻下野,失业了;并且为权臣所轻蔑,为野人所嘲弄,甚至于为暴民所包围,饿扁了肚子,弟子虽然收了三千名,中用的却只有七十二,然而真可以相信的又只有一个人。有一天,孔夫子愤慨道:"道不行,乘桴浮于海,从我者,其由③与?"从这消极的打算上,就可以窥见那消息。然而连这一位由,后来也因为和敌人战斗,被击断了冠缨④,但真不愧为由呀,到这时候也还不忘记从夫子听来的教训,

① 养气和轻气:养气今作氧(O),轻气今作氢(H),都是化学元素,合成为水(H_2O)。

② 警视总监:日本警察最高长官的称呼。孔子担任过鲁国的司寇,主管刑狱,大致相当于日本的这个官职。

③ 由:即子路(前542—前480),鲁国卞(今山东泗水)人。仲氏,名子由,一字季路,是孔子的学生,以直爽勇敢著称。

④ 冠缨:系在颔下的冠带。

说道"君子死,冠不免",一面系着冠缨,一面被人砍成肉酱了。连唯一可信的弟子也已经失掉,孔子自然是非常悲痛的,据说他一听到这信息,就吩咐去倒掉厨房里的肉酱云。

孔夫子到死了以后,我以为可以说是运气比较的好一点。因为他不会噜苏了,种种的权势者便用种种的白粉给他来化妆,一直抬到吓人的高度。但比起后来输入的释迦牟尼来,却实在可怜得很。诚然,每一县固然都有圣庙即文庙,可是一副寂寞的冷落的样子,一般的庶民,是决不去参拜的,要去,则是佛寺,或者是神庙。若向老百姓们问孔夫子是什么人,他们自然回答是圣人,然而这不过是权势者的留声机。他们也敬惜字纸,然而这是因为倘不敬惜字纸,会遭雷殛的迷信的缘故;南京的夫子庙固然是热闹的地方,然而这是因为另有各种玩耍和茶店的缘故。虽说孔子作《春秋》而乱臣贼子惧,然而现在的人们,却几乎谁也不知道一个笔伐了的乱臣贼子的名字。说到乱臣贼子,大概以为是曹操,但那并非圣人所教,却是写了小说和剧本的无名作家所教的。

总而言之,孔夫子之在中国,是权势者们捧起来的,是那些权势者或想做权势者们的圣人,和一般的民众并无什么关系。然而对于圣庙,那些权势者也不过一时的热心,因为尊孔的时候已经怀着别样的目的,所以目的一达,这器具就无用,如果不达呢,那可更加无用了。在三四十年以前,凡以有企图获得权势的人,就是希望做官的人,都是读《四书》和《五经》,做"八股",别一些人就将这些书籍和文章,统名之为"敲门砖"。这就是说,文官考试一及第,这些东西也就同时被忘却,恰如敲门时所用的砖头一样,门一开,这砖头也就被抛掉了。孔子这人,其实是自从死了以后,也总是当着"敲门砖"的差使的。

一看最近的例子,就更加明白。从20世纪的开始以来,孔夫子的运气是很坏的,但到袁世凯时代,却又被从新记得,不但恢复了祭典,还新做了古怪的祭服,使奉祀的人们穿起来。跟着这事而出现的便是帝制。然而那一道门终于没有敲开,袁氏在门外死掉了。余剩的是北洋军阀,当觉得渐近末路时,也用它来敲过另外的幸福之门。盘据着江苏和浙江,在路上随便砍杀百姓的孙传芳将军,一面复兴了投壶之礼;钻进山东,连自己也数不清金钱和兵丁和姨太太的数目了的张宗昌①将军,则重刻了《十三经》,而且把圣道看作可以由肉体关系来传染的花柳病一样的东西,拿一个孔子后裔的谁来做了自己的女婿。然而幸福之门,却仍然对谁也没有开。

这三个人,都把孔夫子当作砖头用,但是时代不同了,所以都明明白白的失败了。岂但自己失败而已呢,还带累孔子也更加陷入了悲境。他们都是连字也不大认识的人物,然而偏要大谈什么《十三经》之类,所以使人们觉得滑稽;言行也太不一致了,就更加令人讨厌。即已厌恶和尚,恨及袈裟,而孔夫子之被利用为或一目的的器具,也从新看得格外清楚起来,于是要打倒他的欲望,也就越加旺盛。所以把孔子装饰得十分尊严时,就一定有找他缺点的论文和作品出现。即使是孔夫子,缺点总也有的,在平时谁也不理会,因为圣人也是人,本是可以原谅的。然而如果圣人之徒出来胡说一通,以为圣人是这样,是那样,所以你也非这样不可的话,人们可就禁不住要笑起来了。五六年前,曾经因为公演了《子见南子》这剧本,引起过问题②,在那个剧本里,有孔夫子登场,以圣人而

---

①　张宗昌(1881—1932),北洋奉系军阀,山东掖县人。曾任山东督军,胡作非为,绰号叫"狗肉将军"。

②　《子见南子》:林语堂作的独幕剧。1929年山东曲阜第二师范学生演出此剧,当地孔氏家族以"公然侮辱宗祖孔子"为借口,提出控告。鲁迅写有《关于〈子见南子〉》一文,收载《集外集拾遗补编》。

论,固然不免略有欠稳重和呆头呆脑的地方,然而作为一个人,倒是可爱的好人物。但是圣裔们非常愤慨,把问题一直闹到官厅里去了。因为公演的地点,恰巧是孔夫子的故乡,在那地方,圣裔们繁殖得非常多,成着使释迦牟尼和苏格拉第①都自愧弗如的特权阶级。然而,那也许又正是使那里的非圣裔的青年们,不禁特地要演《子见南子》的原因罢。

中国的一般的民众,尤其是所谓愚民,虽称孔子为圣人,却不觉得他是圣人;对于他,是恭谨的,却不亲密。但我想,能像中国的愚民那样,懂得孔夫子的,恐怕世界上是再也没有的了。不错,孔夫子曾经计划过出色的治国的方法,但那都是为了治民众者,即权势者设想的方法,为民众本身的,却一点也没有。这就是"礼不下庶人"。成为权势者们的圣人,终于变了"敲门砖",实在也叫不得冤枉。和民众并无关系,是不能说的,但倘说毫无亲密之处,我以为怕要算是非常客气的说法了。不去亲近那毫不亲密的圣人,正是当然的事,什么时候都可以,试去穿了破衣,赤着脚,走上大成殿②去看看罢,恐怕会像误进上海的上等影戏院或者头等电车一样,立刻要受斥逐的③。谁都知道这是大人老爷们的物事,虽是"愚民"却还没有愚到这步田地的。

（发表于日本《改造》月刊 1935 年 6 月号,这里选自《鲁迅全集》6,人民文学出版社 1981 年版）

----

①　释迦牟尼(约前565—前486),古印度迦毗罗卫国净饭王的儿子,佛教的创始人。苏格拉底(前469—前399),古希腊的哲学家。

②　大成殿:孔庙的正殿,因为孔子叫"大成至圣先师"的原故。

③　上海在帝国主义统治的租界时代,电影院和电车都分等级,上等影戏院和头等电车,只有洋人和"高等华人"才能进去。

鲁迅（**1881—1936**）原名周树人，字豫才。浙江绍兴人。1902 年赴日学医，后弃医从文。1909 年回国，在杭州、绍兴等地任教。辛亥革命后，曾任南京临时政府和北京政府教育部部员、佥事，并在北大、女子师范大学等讲演。1927 年在广州中山大学任教，四一二政变后辞职回上海。1930 年起先后参加中国左翼作家联盟、中国自由运动大同盟、中国民权保障同盟等组织。其著作今已编为《鲁迅全集》。

作者认为，"孔夫子曾经计划出色的治国方法，但那都是为了治民众的，即权势者设想的方法，为民众本身的，却一点也没有"。指出，孔子生前的遭遇并不好，只是到了死后，"种种权势者们使用种种的白粉给他化妆，一直抬到吓人的高度"，"成了权势者们的圣人，终于成了敲门砖"。

20 世纪儒学研究大系

孔丘的封建制度维持论

吕 振 羽

一 孔丘的社会身分和其身分的观念

孔子自己曾说:"吾少也贱。"(《论语》)《史记·孔子世家》亦称:"孔子贫且贱。"但他的先世却是宋的贵族。《左》桓二年传说,"宋督攻孔氏,杀孔父。"《孔子世家》亦说:"孔子生鲁昌平陬邑,其先宋人也。"且说鲁大夫孟釐子诚其嗣懿子曰:"孔丘圣人之后,灭于宋,其祖弗父何始有宋而嗣,让厉公。"似此,他却是一个没落贵族的家世。据孟子说,在他的少年时,"尝为委吏矣,曰:会计当而已矣;尝为乘田矣,曰,牛羊茁壮长而已矣。"《世家》亦说:"孔子贫且贱,及长尝为委吏,料量平,尝为司职吏而畜蕃息。"因而他的自身的出身,又系属于封建统治层的"士"的阶层中。据《家语》说:孔子曾为鲁司寇;《世家》说:"由是为司空。"盖在其年三十以前。《论语》也说:"颜渊死,颜路请子之车以为之椁。子曰:材不材,亦各贤其子也。鲤也死,有棺而无椁;吾不徒行以为之椁,以吾从大夫之后,不可徒行也。"《仲尼弟子列传》亦有同一记载。是孔子后来,在鲁国已跻于贵族的地位。从而有人说:"孔丘是平民阶级的学者",便不符事实。

因而在孔子的思想体系中,便划出一道很深的"身分制度"的鸿沟,而分为"君子"和"小人"的两个对立的壁垒。在当时的坐食者们看来,根本上便认为从事生产劳动,是一种卑贱可耻的事情,是被治者的"小人"份内所作的。因而"樊迟问稼",子曰:"吾不如老农。""请问为圃",子曰:"吾不如老圃。"樊迟出,子曰:"小人哉! 樊须也。"荷蓧丈人批评他说:"四体不勤,五谷不分,孰为夫子?"(《论语》)他自己又说:"富而可求也,虽执鞭之事,吾亦为之。如不可求,从吾所好。"(同上)是在孔子的根本观念中,不啻以劳动为耻辱,认为那只是"小人"的份内事。但是君子又该做些什么呢? 在他看来,"君子"只是特别为"治人"而设的一个阶级。如他说:

"君子学道则爱人,小人学道则易使也。"

"士"何事?"在国必达,在家必达。"(《论语》)

子张问:"士何如斯可谓之达矣?"孔子曰:"何哉? 尔所谓达者。"子张对曰:"在国必达,在家必闻。"孔子曰:"是闻也,非达也。夫达者质直而好义,察言而观色,虑己以下人,在国及家必达。"(《仲尼弟子列传》)

"君子笃于亲,则民兴于仁。"

"君子疾没世而名不称焉。"

"百工居肆以成其事,君子学以致其道。"(《论语》)

在他的教育方针上,也只在培植一些离开生产劳动的"治人者"。樊迟不了解夫子这个宗旨,才自讨没趣。试考察他所最得意的那些门徒,究竟是一些怎样的人才吧。例如他自己曾说,"雍也可使南面";"千室之邑,百乘之家,求也可使治其赋也";"仲由居千乘之国,可使治其赋也。"而"一以贯之"的曾参,却缘不达时务,还不免落得一个"参也鲁"的评语。从这观点出发,他之所谓"儒",也便有"君子儒"和"小人儒"的分别了。(汝为君子儒,毋为小人

儒)

从而在他看来,"君子"是应该离开生产劳动专去履行"治人"的责任,"小人"便应该"劳力"去"治于人"(治人者和治于人者为孟轲所惯用的术语),而且在他们之间,是有一种不可逾越的天生的品质上的悬殊的呵!《论语》说:

"君子有勇而无义则乱,小人有勇而无义则盗。"(《仲尼弟子列传》"有"作"好")君子固穷,小人穷斯滥矣。

"君子喻于义,小人喻于利。"

"色厉而内荏,譬诸小人;其犹穿窬之盗也欤?"

"君子上达,小人下达。"(疏:君子达于德义,小人达于财利)

"君子坦荡荡,小人常戚戚。"

"君子之德风,小人之德草。草上之风必偃。"

"君子而不仁者有之矣,未有小人而仁者也。"

"惟女子与小人为难养也,近之则不逊,远之则怨。"(以上《论语》)

"小人不耻不仁,不畏不义,不见利不劝,不威不惩。"(《易·系辞》下引)

在他看来,"小人"和"君子"在品质上是有如此之悬殊的。在"君子"的群中,自然有坏人存在其间(?);但在"小人"之中却绝对找不出"达于德""喻于义"而能有操守有修养的"仁者"来的。他们是生成的劣质——在孔子看来,"小人","女子","盗"同是劣质的——是天造地设要"君子"去统治他们的。所以因为仲弓的父是贱人,而仲弓却成了他的"高足",使得他不胜惊异地说:"犁牛之子骍且角,虽欲勿用,山川其舍诸。"(《论语》)

他不了解社会各种人们的意识的歧异是基于其各自的社会地

位的异歧,反误归结于"君子"和"小人"之质的不同。在另一方面,这却把人类意识的社会性完全抹煞了。

二　作为孔丘思想出发点的"仁"

在孔子的思想体系中,并没有考虑到宇宙本体论的问题。因为他是一个政治家,所以其学说只从政治问题的解决上出发,只提论到"人生哲学"的问题上;同时因为他系出身于没落贵族的家庭,所以他只肯从主观观念论上去说教,而抹煞客观的存在。但是他也没有提论到人的精神是独自的存在与发展的,还是受着何种外的存在的支配的问题。他只是直观的认人有一个"先天的""秉彝"的"仁"(自然他认为又自有"君子"和"小人"之先天的分别的)。不过在这里,照《中庸》给他所作的注释,"仁也者,人也"来看,他之所谓"仁",却只是以"人"为条件的先天的秉赋;然而为什么"小人"又不能"仁"呢? 这却构成孔子自己的理论上的一个矛盾。在这矛盾的交叉点上,后来便演化为孟轲的性善论和荀卿的性恶论——自然,这都是有其社会历史的原因的。同时却正在这种矛盾点上,表现着孔子在哲学上的"独断论"。

孔子自己也曾极力想逃避这种理论上的矛盾,所以他认为"仁"虽属是"人"的先天秉赋,但仍是要克己修养的培持,否则依然会消逝的。其培持"仁"的为学方法,照《大学》给他的注释是:格物→致知→诚意→正心;修养的方法是:知止→定→静→安→虑→得。故此他又非常注意学问,且主张博学。他自己说:"吾十有五而志于学;三十而立,四十而不惑,五十而知天命,六十而耳顺,七十而从心所欲,不逾矩。""假我数年,卒(《齐论》作五年)以学易。"不过学的中心,便在培养一个"仁"。所以他说:"赐也。汝以予为博学而多能乎？予'一'以贯之。"(《论语》)从而他进一步说，认为"君子"的人只要肯专心求"仁"，那却是很容易达到的，"仁远乎哉？我欲仁，斯仁至矣。""为仁由己，而由人乎哉？""有能一日用其力于仁矣乎？我未见力不足者；盖有之矣，我未之见也。"(同上)所以他又认"为学"虽在求"仁"，但"仁"却不自"外"求的。他从这里，从"学问"上绕个弯子，便又回到纯粹观念论的领域中去了。

然而他之所谓"仁"，究竟是什么？照他自己的解释，也很不一致。兹略揭数例如次：

颜渊问"仁"。子曰："克己复礼。一日克己复礼，天下归仁焉。……"颜渊曰："请问其目？"子曰："非礼勿视，非礼勿听，非礼勿言，非礼勿动。"

子贡曰："有一言可以终身行之者乎？"子曰："其恕乎！己所不欲，勿施于人。"

樊迟问"仁"。子曰："居处恭，执事敬，与人忠，虽之夷狄，不可弃也。"

樊迟问"仁"。子曰："爱人。"

仲弓问"仁"。子曰："出门如见大宾，使民如承大祭。己所不欲，勿施于人。"

子张问"仁"。子曰："能行五者于天下为仁矣：恭，宽，信，敏，惠。恭则不侮，宽则得众，信则人任，敏则有功，惠则足以使人。"

"仁者其言也切。为之难，言之得无切乎？"

"仁者先难而后获，可谓仁矣。"

"刚，毅，木，讷近仁。"

"志士仁人，无求生以害人，有杀身以成仁。"(以上《论

语》)

依此,他自己对于"仁"的解释,也很模糊。但是因为《论语》有如
次的几句话:"子曰:'参乎。吾道一以贯之。'曾子曰:'唯。'子出,
门人问曰:'何谓也?'曾子曰:'夫子之道,忠恕而已矣。'"在他处
亦常提及"己所不欲,勿施于人"的话。因之多数的学者,便都认
为"忠恕"是孔子的"仁"的解释。不过他又曾说过:

> "忠恕违道不远,施诸己而不愿,亦勿施于人。君子之道
> 四,丘未能一焉;所求乎子以事父未能也,所求乎臣以事君未
> 能也,所求乎弟以事兄未能也,所求乎朋友,先施之未能也。"

是则所谓忠恕,仍不过是孔子之所谓"仁"的第二义。似此,"仁"
的内容便应该是忠,孝,悌,信吧?然而在别处又说:"君子道者
三,我无能焉;仁者不忧,知者不惑,勇者不惧。"而且在这里,他之
所谓"知"和"勇"是否在仁以外呢?他说:"知及之,仁不能守之,
虽得之,必失之。""未知,焉得仁?""君子有勇而无义则乱。""由
也,好勇过我,无所取材。"是则"知"和"勇"对"仁"来说,仍不免
是第二义的。从"仁"的相反的方面说:"巧言令色,鲜矣仁。""人
而不仁如礼何!人而不仁如乐何!""礼云礼云!玉帛云乎哉?乐
云乐云,钟鼓云乎哉?"依此去解释,"仁"又有"仁者诚也"或"真"
的意义。又说:"不仁者,不可以久处约,不可以长处乐。"

从"仁"的作用来说,"一日克己复礼,天下归仁焉。""君子笃
于亲,则民兴于仁。""君子之德风,小人之德草,草上之风必偃。"
"夫仁者,己欲立而立人,己欲达而达人。能近取譬,可谓仁之方
也矣。"依此,"仁"不啻是"治人者"的一个无上的"法宝"。

因而他之所谓"仁",只是一个无美不备,"施之四海而皆准"
的他理想中的"圣人"的"心传"——虽属是先验的独自存在着的
东西。因而他认为只要大家都肯去作"仁"的"修养"和实践,则一

切社会内部的矛盾,便都能从个人内心的修养上去消灭于无形
——下犯上哪,臣弑君哪,子弑父哪,邻国相侵哪……易言之,君
臣,父子,兄弟,夫妇,朋友的"反目"哪,便都不会发生,("孝悌也
者,其为仁之本与!""其为人也孝悌,而好犯上作乱者鲜矣。")乐
利幸福的社会,便自然会出现。

因而"仁"不啻是他的理论体系中的核心,其表现到政治上伦
理上……也都是从此核心的作用去发动的。犹之果实的"核仁"。
不过因为其观念的模糊,所以佛家说他在哲学思想上,只达到其
"第六识";诚然,到两宋的"理学家"才依此而达到佛家之所谓"第
八识"即"阿赖耶"的境界——在观念论的哲学上。

三　孔丘时代的政治问题和其对策

初期封建制度发展到春秋末期,由于内在的矛盾的发展,而表
现为其从来未有的各种混乱现象,如孟轲所谓:"世衰道微……臣
弑其君者有之,子弑其父者有之。孔子惧,作《春秋》。"(《孟子》)
齐景公所谓:"信如君不君,臣不臣,父不父,子不子。"(《论语》)
总纳当时社会的情形,在孔子的脑子里,不啻浮现着如次的几个问
题:一、等级名分的棼乱;二、诸侯相互的侵伐与兼并;三、宗法制度
的破坏;四、农民和封建主间的矛盾的发展和封建统治者地位的动
摇。在封建领主出身的孔子看来,当然不会了解这均属封建主义
之内在矛盾发展的必然结果,不肯从社会发展之自身的运动上去
把握,而只肯从抽象的心理学的范畴上去觅取观念论的解释。而
且更从其没落的贵族之自身的地位利益出发,对于西周的社会,不
但寄予不少的回忆,而且在他看来,那才是最高理想的制度。这在
其如次的几句话中能充分的流露着。

"殷因于夏礼,所损益,可知也;周因于殷礼,所损益,可知也。"

"周监于二代,郁郁乎文哉,吾从周。"(《论语》)

这样不啻把他自己固定于封建制度之维护的立场上,且自认为文武周公之惟一继承者。因而他说:

"天之将丧斯文也,后死者不得与于斯文也;天之未丧斯文也,匡人其如予何?"

"文王既殁,文不在兹乎?"

"文武之道,未堕于地,在人。"(同上)

另一方面,封建主义发展到春秋末期,社会经济的文化发展,已达到一个相当高度,这给予社会上层的意识形态的东西以较高度的发展之基础的物质条件。这样,使孔子得以创造封建统治者的哲学的政治的理论体系,而把从来的思想上的遗产都一一继承过来,予以体系化。且从而与以多多少少的理想化的成分。我们的"夫子"之成为数千年的思想领域中之最高支配者,原因更不难明白。

因而孔子对当时所遭遇的政治问题,便拿出一个"正名主义"来,作为安定封建秩序的武器;更拿出一个"礼治主义"来,作为强化等级制的政治的手段。对于当时所存在着的社会问题,便拿出那由他而把它在理论上具体化的"伦理"的社会原理来,去充实且扩大宗法制度的内容,作为奠定社会基础的精神统治的武器。他的"伦理"的人生哲学和其"正名主义"的政治哲学之相互的作用和关联,在"仁"的下面被统一起来,恰如宗法制度和等级制度之在封建主义的体制内被统一起来一样。

20世纪儒学研究大系

四　"正名"主义与"礼治"

在孔子看来，认为名分——等级制的梦乱，最高领主——周天子政治权威的旁落，地方"诸侯"的衰弱和"大夫"的骄横，"诸侯"僭越"天子"，"大夫"僭越"诸侯"……"庶人"任意而"议政"，不但是一种反常的事情，且属政治上的最大危机。他指述当时的这种情形说："《诗》云：'相维辟雍，天子穆穆，奚取于三家之堂?'""三家者以雍彻。""季氏八佾舞于庭。"（按八佾为鲁侯祭周公的仪节）"邦君树塞门，管氏（仲）亦树塞门；邦君为两君之好有反坫，管氏亦有反坫。"（均《论语》）其意正如《左》成二年传所谓"唯名与器不可以假人"。因而对前者愤怒不平的说，"是可忍也！孰不可忍也！"对后者，他所推崇过的管仲①，至此也不免失望地说："管仲之器小哉！"盖以为像这种逾越非分的乱"君臣之义"的事情，和乱"长幼之节"有同一的严重性，都是"乱大伦"的②。然而那却不但齐鲁如此，而是当时普遍的现象。从而他对当时的政治作一个总合的批评道。

"天下有道，则礼乐征伐自天子出；天下无道，则礼乐征伐自诸侯出。自诸侯出，盖十世希不失矣；自大夫出，五世希不失矣；陪臣执国命，三世希不失矣。天下有道，则政不在大夫；天下有道，则庶人不议。"

---

① 孔子曾说："桓公霸诸侯，一匡天下，民到于今受其赐，管仲之力也。微管仲，吾其披发左衽矣。如其仁！如其仁！"（《论语》）
② "不仕无义，长幼之节，不可废也；君臣之义，如之何废之？欲絜其身而乱大伦。君子之仕也，行其义也。"（《论语》）

> "禄之去公室,五世矣,政逮于大夫,四世矣。故三桓之
> 子孙微矣!"(《论语》)

因而他认为挽救当时的危机,首先便当恢复最高领主——天子的
权威,制止诸侯,大夫,陪臣各级领主之僭越与擅夺,使之各退守自
己的名分,才能恢复到"天下有道"的政治。但又怎样去实现这种
理想呢? 他便认为只有"正名",把等级名分重新确定,这不啻是
一切政治设施的前提。从而他理想中的封建制度,便不难实现。
所以《论语》说:

> "子路曰:'卫君待子而为政,奚先?'子曰:'必也正名
> 乎!'子路曰:'有是哉? 子之迂也。奚其正?'子曰:'野哉由
> 也! 君子于其所不知,盖阙如也,名不正,则言不顺;言不顺,
> 则事不成;事不成,则礼乐不兴;礼乐不兴,则刑罚不中;刑罚
> 不中,则民无所措手足。故君子名之必可言也,言之必可行
> 也。'"

不过这是要从领主们各自的"正身"为起点的,譬如天子要恢复其
权威,便当先正其自己固有的名分;诸侯亦然,大夫要想常保其地
位,不使庶人来"议政",便当退守到其自有的名分上去。但这又
怎样能保证其实现呢? 那便只有靠各人从"仁"的修养上而得出
的观念的转变。"夫子"在这里,自是不免蹈了空。然这在他看
来,在解决当时统治者内部的政治问题上,是有无上之功用的。他
说:"其身正,不令而行,其身不正,虽令不从。""苟正其身矣,于从
政乎何有? 不能正其身,如正人何?""季康子问政于孔子,孔子对
曰:'政者正也,子帅以正,孰敢不正?'"(《论语》)

他在重新确定等级名分的主张下,然后对那班僭越不守名分
者,便由"天子"去主持讨伐。但在这等级名分没有恢复前,他又
主张对那不守名分的领主们,为维持名分,便是大家都可以去加以

讨伐的。所以：

> 陈恒弑其君。请讨之。

> 公山弗扰以费畔（畔季氏）召，子欲往。子路不说。……子曰："夫召我者，而岂徒哉？ 如有用我者，吾其为东周乎？"

> 佛肸召。子欲往，子路曰："昔者由也闻诸夫子曰：亲于其身而不善者，君子不入也。佛肸以中牟畔（畔晋赵简子），子之往也，如之何？"子曰："然。有是言也，不曰坚乎？ 磨而不磷，不曰白乎？ 涅而不缁，吾岂匏瓜也哉？ 焉能系而不食？"（《论语》）

依此可以看出，在他的政治主张中，等级名分的恢复是先于一切的。在其拥护等级名分制度的政治运动中，并主张不择手段，在这里也说得很明白了。

等级名分的尺度是什么呢？ 那便是所谓"礼"。《左传》所载师服语云："名以制义，义以出礼，礼以体政，政以正民。""礼"不啻是等级制的具体内容。故"礼"又有"天子""礼"，"诸侯""礼"，"大夫""礼"，"士""礼"的等级的分别；"礼"只是"不下庶人"。此即《左》庄十八年传之所谓"名位不同，礼亦异数"。第一方面，在朝、聘、会、盟、征、伐上，也是以礼作尺度的。《王制》云：

> 诸侯之于天子也，比年一小聘，三年一大聘，五年一朝，天子五年一巡守。

> 山川神祇有不举者为不敬，不敬者君削以地……宗庙有不顺者为不孝，不孝者君黜以爵；变礼易乐者为不从，不从者君流；革制度衣服者为畔，畔者君讨；有功德于民者，加地进律。

《王制》虽系战国以后之伪作，然《左》庄二十三年传也说得明白："夫礼，所以整民也。故'会'以训上下之则，制财用之节；'朝'以正班节之义,帅长幼之序;'征','伐'以讨其不然。"

"礼"又以什么为标准而制定呢?那便是师服所谓"名以制义,义以出礼"。《左》僖二十八年传所谓:"礼以行义。"又怎样去维护"礼"呢?《左》僖二十八年传继续说:"信以守礼。"

是"礼"显然为一种制度。

然孔子之所谓"礼",在《论语》中有如次之诸条:

"克己复礼,一日克己复礼,天下归仁焉。"

"上好礼,则民莫敢不敬;上好敬,则民莫敢不服。"

"非礼勿视,非礼勿听,非礼勿言,非礼勿动。"

"人而不仁如礼何,人而不仁如乐何!"

"礼云礼云!玉帛云乎哉!乐云乐云!钟鼓云乎哉?"

"能以礼让为国乎,何有?不能以礼让为国,如礼何?"

"道之以德,齐之以礼,有耻且格。"

"礼,与其奢也,宁俭;与其丧也,宁戚。"

"鲤!学礼乎?不学礼,无以立。"

"生事之以礼,死葬之以礼,祭之以礼。"

"夏礼吾能言之,杞不足征也;殷礼吾能言之,宋不足征也。文献不足故也。足则吾能征之矣。"

是"礼"不但是政治的骨干,是一种仪文,而且是一种制度,在等级制构成的各阶层中各有其自己之分际的一种尺度——从"名以制义,义以出礼"的。这便是"礼制"的由来。

礼在当时,必然有其一种具体的规定。《周礼》、《仪礼》、《礼记》三书系后人所作是无疑的(我正在另文考证)。故其所述种种,自西周以至春秋是否如实存在,还是一个论争纷纭的问题。惟就《孝经》所载孔子自家"三代出妻"的事实看,则关于"女子七出"的条文,至少其原则已存在于孔子的当时。《孝经》自亦后人伪作,然在宗孔的儒教徒的作品中流露着这种传说,要不失其有几分真实性。因而"三礼"所述的内容,至少有其部分的系依据春秋时代的社会背景。

五 "伦理"的社会观

孔子的"伦理"哲学,和其政治哲学同样,同是以"仁"为核心出发的。并同样由于当时浮现到他眼前的现象——臣弑君,子弑父,弟弑兄,同僚相侵伐,农奴反抗领主,家长不能约束家族成员……等现象使他提出解决的要求。他(孔子)只是从其一定社会立场出发;但并不知道,那在封建社会自己运动的矛盾的发展中,都有其必然性的。因而他不知从动的观点上去把握,也依样是从维持旧制度的观点上去追求补救策。

他的"伦理"观,是以"孝"为中心的。所谓"孝悌也者,其为仁之本与?"(《论语》)但这于农奴和领主,下和上之间有何直接的政治意义上的联系呢?他说:"其为人也孝悌,而好犯上作乱者鲜矣。"(同上)所以他之所谓"孝"是要从狭义(孝父母)而达到广义的(忠)内容的。宗法制度便充任了这两者之联系的桥梁。曾子曰:"慎终追远,民德归厚矣。"(《论语》)所谓"慎终追远",不啻是宗法制度的精髓。宗法上之所谓"大宗""不宗"的派演和构成,便是"慎终追远"的原则之演绎。宗法上,必须是"大夫",才能成立"大宗"。这便是把个人在家族中的地位和在政治上的地位连成一片。而且"大宗"的成立,在原初的原则上为诸侯之"别子","大宗"陪同嗣君得祭诸侯;但原则虽如此,非与诸侯同姓的"大夫",自亦依样成立其"大宗",他们对"先君"的祭祀关系,也只得和前者一样。这样,"宗法"的组织,便完全成了附属于政治组织的一种社会机构。其原因当然由于"大夫"所领有的食邑,原则上是诸侯所赐予的;而"大宗"和"小宗"的派演,亦恰在反映其土地的承袭制度。另一方面,基于封建土地关系上,"事父"的意义还要解释到"事君"的意义上去。《论语》说:"迩之事父,远之事君。""子夏曰:……事父母能竭其力,事君能致其身。"故此能归结到"民德归厚矣"。

所以"齐景公问政于孔子。孔子对曰:'君君、臣臣、父父、子子。'"可知孔子的伦理观,是以"忠""孝"作中心而砌成的。"忠"是等级的政治制度的中心原理,"孝"是宗法的社会制度的中心原理。易言之,前者是适应于政治的特殊机构,后者是适应于经济的生产构成上而成立的。虽然,孔子也常把政治哲学和"伦理"哲学的概念混合不分,例如他说:"惟孝友于兄弟,施于有政,是亦为政,奚其为为政。"(同前)然这也正是古代哲学的特色。并和封建主义下的政治概念完全适应着的。其次的一伦便是"兄弟"的"友",又次的一伦为"朋友"的"信",更次的所谓夫妇的一伦,我们在《论语》中始终还找不出说明来。并且在孔子的学说中,妇女并没有完全人格的地位。"兄弟"和"朋友"的两伦,也是从属于"君臣""父子"那两伦的。在他看来,前者在其社会性上是次于后者的。例如孔子说:"惟孝友于兄弟。""弟子入则孝,出则悌,谨而信,泛爱众,而亲仁。"(《论语》)

事君的"忠",事父的"孝",处兄弟的"悌",处朋友的"信"。孔子虽不曾作过系统的说明,但从其语录中的零细的说明考察,便不难看见其根本的见解。兹略举《论语》中的记载如次:

> 其为人也"孝""悌",而好"犯上"者鲜矣!不好"犯上",而好"作乱"者,未之有也。君子务本,本立而道生。"孝""悌"也者,其为人之本欤?

今之"孝"者,是谓能养,至于犬马,皆能有养,不"敬",何以"别"乎?

孟武伯问"孝",子曰:"父母惟其疾之忧。"

孟孙问"孝"于我,我对曰:"无违"。樊迟曰:"何谓也?"子曰:"生事之以礼,死葬之以礼,祭之以礼。"

父在观其志,父没观其行,三年无改于父之道,可谓"孝"矣。

弟子入则"孝",出则"悌",谨而"信",泛爱众,而亲仁。

一朝之忿,忘其身以及其亲,非惑与?

父母在,不远游,游必有方。

父为子隐,子为父隐。

君子笃于亲,则民兴于仁;故旧不遗,则民不偷。

主"忠""信",无"友"不如己者。

子曰:"事君尽礼,人以为谄也。"定公问:"君使臣,臣事君,如之何?"孔子对曰:"君使臣以'礼',臣事君以'忠'。"

子游曰:"事君数,斯辱矣;朋友数,斯疏矣。"

弑父与君,亦不从也。

子贡问"友"。子曰:"忠,信而善道之;不可则止,毋自辱也。"

曾子曰:"君子以文会友,以友辅仁。"

颜渊季路侍。子曰:"盍各言尔志?"子路曰:"愿车马,衣轻裘,与朋友共,敝之而无恨。……愿闻子之志。"子曰:"老者安之,朋友'信'之,少者怀之。"

与朋友交,而不"信"乎?

子夏曰:"贤贤易色,事父母能竭其力,事君能致其身,与朋友交,言而有信。"

人而无信,不知其可也?

子夏曰:"君子敬而无失,与人恭而有礼,四海之内,皆兄弟也。"

有时孝弟相连,有时忠孝相连。这正表示古代哲学之理论体系的欠完密。

然而在当时全社会之各种各样的构成分子,在其相互的社会关系上,在孔子看来,不外是君臣,父子,兄弟,朋友……等关系。他对这些关系,不从社会经济之生产关系的构成上去理解,只肯从观念上去理解。这不但由于其社会地位在拘限着。而且正因如此,孔子才取得在中国思想领域中的数千年的支配地位。

他认为在这种伦理的社会观的原理支配下,存在于当时的人与人间的社会关系的破绽,便完全可以弥补起来了;他所拥护的封建主义的社会也便能够"万古长存"了。"犯上","作乱"的现象再不致出现,农奴逃亡……的事情也不致发生。后来的一般腐儒,却并不了解"夫子"的学说在政治方面有"如此这般"的积极性,只当作独自的处世修养的教条去理解者,那无疑是歪曲了。

六 "德"与"刑"

他以"礼"和"正名"作为维护封建的等级政治制的基本原理,从这样去奠定等级制的政治机构。但是对于被统治者,又怎样去进行其统治呢?在前面说过,他认为"小人"从根本的品质上就是恶劣的,较统治层的人民是低下一等的。同时他也和其他封建统治阶级的分子一样,认为"小人"是没有完全人格的。因而他主张对于他们,根本上便是"民可使由之,不可使知之"的"愚民政策"。但是"治于人者"的觉醒,却不是由统治者之"可""不可"能够支配的,因而他又主张对他们施以软性的教化。这种软性教育的原理,第一便是"命",其次便是所谓"德"。

自然,"命"在他的思想体系中,曾被广泛的解释,作为其对实现存在的等级制度之解释的自然的基础。用"安命"的原理作为教大家去各安守其等级地位的说教的教条。所以他说:

"不知命,无以为君子也。"

"吾……六十而知天命。"

"丘之铸久矣!"

"亡之命也乎?"

"君子有三畏,畏天命,畏大人,畏圣人之言。"

"子夏曰:死生有命,富贵在天。"

一方面,他又正在这里表现其自然主义的色彩。但在另一方面,不管他的"安命"的说教如何,却无补于"治于人者"之实际生活上的饥饿之苦。他们仍然是:

"小人不知天命,而不畏也,狎大人,侮圣人之言。"

这班该死的"小人"(农民)!他们不但不遵信安命的说教,而且公然把"圣人"对他们所说的当作"无事"一样看待,而且还要来狎弄"圣人"。

其次是一个软性教育的宗旨,便是用"德"。

"为政以德,譬如北辰,居其所,而众星拱之。"

"道之以德,齐之以礼,有耻且格。"

"君子之德风,小人之德草,草上之风必偃。"(以上《论语》)

"孔子曰:礼云礼云,贵绝恶于未萌,而起敬于微眇,使民日徙善远罪而不自知也。"(《大戴礼记·察礼篇》《小戴礼记·经解篇》)

在这种软性教育政策失去效力的时候,他便主张彻底的用刑罚去惩治;不过在他看来,刑罚虽是"治人者"统治"小人"的必要的武器,但却不能专靠刑罚去维持"治人者"地位的久远,所以那只能作为补软性教育之不足的手段去使用。所以他说:

> "道之以政,齐之以刑,民免而无耻;道之以德,齐之以礼,有耻且格。"

不过他之所谓刑罚,却是以"礼乐"去作它的标准的。例如他说:"礼权不兴,则刑罚不中,刑罚不中,则民无所措手足。"因此他主张刑罚要有一个标准,不主张当时那班无标准的对"治于人者"滥用刑罚的领主们的作为。

(节选自《孔丘派哲学思想的发展——由孔丘到荀卿》,《中山文化教育馆季刊》第 2 卷第 3 期,1935 年 11 月)

吕振羽(1900—1980),湖南武冈人。1926 年参加北伐战争。1928 年后赴北平,编辑《村治月刊》、《新东方》杂志等。1942 年后任刘少奇的政治、学习秘书。新中国成立后历任东北人民政府文化教育委员会副主任委员、东北人民大学校长、党委书记、全国人大代表、政协委员、中国科学院哲学社会科学部委员等。是中国早期马克思主义历史科学的开拓者之一,其主要著作有《史前期中国社会研究》、《中国政治史》、《中国历史》、《中国历史选集》等。出版有《吕振羽史论选集》。

文章认为,孔丘出身于没落贵族家庭,虽少贫且贱,但后来已跻身于贵族社会。孔丘思想的出发点是"仁",它既是其政治哲学的核心,也是其伦理哲学的核心。他对当时的政治问题,便拿出一个"正名主义"来作为安定封建秩序的武器,更拿出一个"礼治主义"来作为强化等级制度的政治手段。对于被统治者,则主张"德"与"刑",在软性教育失去效力时,而用刑罚去惩治。

儒教与现代中国

宋 庆 龄

目前,中国国内关于孔子学说是否能应用到现代生活的讨论很多。在过去二十年中,许多学者、政论家和政治家,企图复活孔子的学说,因为他们相信在这些兵荒马乱、内忧外患的年代里,儒教能够像它在中国早期历史中好多次那样地巩固、加强并统一中华民族。但是另外有许多学者和教育家却认为:假若现代中国要生存下去的话,我们就必须把每本教科书中的儒教思想肃清。

三年以前,国内开始了一个名叫"新生活"的运动,这个运动是带了儒教气味的。这使得我们在实际上有很大的必要寻觅对儒教正确的认识。因此,让我们回顾一下孔子活着的时代、中国古代圣贤的时代吧。在公元前 5 至 7 世纪,正是老子和孔子这两位中国最有名的圣贤讲学的时候,两个人都拥有很多的门徒和学生。首先我们必须研究一下他们的学说是否为当时社会所需要。

当这些圣贤活着的时代,在古代中国到处发生了极大的混乱。封建的诸侯列国互相猜忌,经常互相斗争,为争夺霸权而战,以致一切人与人之间的基本关系都发生动摇。许多封建集团在战争中灭亡了,其他的诸侯列国则势均力敌,长期对峙。今天,一部分封建诸侯得势了;明天,他们又被放逐或被处死了。广大人民群众所受到的压迫与剥削有增无已。他们不仅要作强迫劳动,而且在他们所遭遇的种种苦难之上，还要加上兵役的重担。当时政府最重要的职责就是维持灌溉、开凿运河、防止洪水和修堤筑坝。可是由于战争、贪官污吏和社会紊乱，国家却搁起这些最重要的工作不管，以致人民日益穷困，痛苦不堪，到处是哀怨和悲愁。这是一个流血、洪水、瘟疫和饥荒的时期，不仅封建诸侯之间发生战乱，农民也起来暴动，封建诸侯则对这些暴动加以镇压。因此，我们看到在公元前5至7世纪这个时代，就存在着阶级斗争。在那时候，中国产生了两个哲学家，老子和孔子；他们对中国人民的生活和思想直到今天还有影响。

老子对国家以及封建地主充满了仇恨。他的学说有很多地方与后世的无政府主义相似。他喊出了农民反抗压迫的呼声。在他的著作中，我们看到他痛恨统治阶级和帝王——痛恨他们的战争和军队踩蹦庄稼，毁坏堤坝，抢夺农民的粮食和牲畜，强迫儿子与丈夫离乡背井去当兵为地主的利益打仗。老子教导人们说，兵器纵然能使人获胜，也是不吉利的工具。可是，今天我们中国人却应当说："凡有助于保卫我们民族独立的武器，都是吉利的。"群众恨国家、恨政府、恨帝王，老子说出了他们的仇恨。如果根本没有政府，老百姓倒会觉得满足。这种对国家漠不关心的观念很清楚地在我们古代的诗歌与民谣中表现出来。下面引的一首歌就是一个例子，它大约是三千多年前的作品：

日出而作，日入而息；凿井而饮，耕田而食。帝力于我何有哉？

然而，老子并不是革命的。他并不号召人民与当时的罪恶斗争，并克服它们，却提倡消极抵抗、与世无争和清净无为之道。这些起源于老子学说的思想，以后便成为麻醉被压迫的中国民众的一种宗教——道教。

老子原来的学说并不是为统治阶级、地主或是显贵所豢养的士大夫服务的。他们需要另一种哲学来表达他们对国家的观念。虽然当时所急需的是安定秩序,孔子却出来用他的学说模糊这种需要。

作为一个改良家,孔子扮演了一个伟大的历史角色。他为封建社会创造了礼教。为了加强这种封建秩序,他根据历史的传统创立了他的学说。关于尧舜这两个半神话化的模范帝王的故事,恐怕就是孔子自己或他的门徒杜撰的,至今还没有一个人能证明尧舜是否真正存在。但是以这些神话为根据,孔子和他的门徒们发挥了封建秩序的观念。他们宣称人民不能自己管理自己。人民必须由贤明的官吏统治。他们教导说,服从是一切人类社会的一般原则。妻子必须服从丈夫,子女必须服从父母,每个人都必须服从统治者和帝王。为了使人民服从,孔子创造了一整套礼仪来加强封建秩序。他替父权辩护。在实行儒道的国家中,主权就建筑在家庭中的父权之上;家长制的家庭是封建统治的细胞和下层结构。

在孔子所讲的"五常"中,有四项是与家族有关的:父子、夫妇、兄弟和朋友。我想在孔子学说中如此强调家族关系,是与古代中国的经济条件相适应的。封建中国的大家族是国家经济结构的基础。家族所需要的物品,全能自给自足,每一个家族成员都有义务工作,维持家族。家族是一个经济单位。虽然这种家族制度存在于数千年前,但它的强大影响今天还继续存在着。中国人所以家族观念深而国家观念浅,与孔子的学说大有关系。孔子强调对家族的义务,而很少提到对国家和整个民族的义务。

孔子学说是彻头彻尾地封建的、专制的。社会被划分成两个阶级:统治阶级——地主与被统治阶级——农民,在两者之间的是士大夫。我们可以从《礼记》中找到这种典型的说法："礼不下庶人，刑不上大夫。"

　　两千多年来，对孔子的学说有种种不同的解释，也有许多揣测。在中国历史上有几个时代，儒教被禁止，孔子的书籍被焚毁。然而尽管如此，儒教仍然延续下来，并且统治着中国人的思想。既然儒教是封建主义的哲学，无疑地，只要一天封建制度存在，就一天需要孔子之道。但是，孔子的伦理体系已经堕落成为纯粹的繁文缛节，同时，他的学说束缚了学者们的智能，限制了学问的范围，并且使大众陷于愚昧。

　　孔子是保守的。就像我们所看到的，他把他的学说完全建立在传统的基础上。孔子的保守主义自然就阻碍了中国的科学与社会秩序的发展。孔子所讲的是一些老道理。他与革命毫不相干。他反对社会秩序的任何改变。在现代仍然有中国知识分子热心提倡儒教的复活，真是奇怪！要历史倒退回去的各种努力不但没有效果，而且阻碍人类的进步和发展。我们不应该恢复不合时代的儒教，对于我们极为重要的是把农村经济与城市生活中的各种封建主义的残余加以肃清。我们必须清洗中国人的头脑，把它从那个阻碍我们文化发展的儒家思想的蛛网中解放出来。恢复儒教是完全反动的一件事，所谓安定社会只是一个幌子。

　　历史告诉我们，这位老圣人是很有理性的，是鄙视迷信的。他的著作不曾提到过神。但是在科学昌明的今天，我们却看到竟有人把他当成了神。如果他知道了他的后世子孙把他奉之为神，这位老圣人在坟墓中也一定会恐惧不安的。

　　我们现在的社会组织正在急剧地变化、改造以及重建。新的社会秩序自然需要新的意识、新的道德标准和新的关系。许多人的思想发生了混乱。中国正在发生的许多大变化，带来了种种问题,要解决这些问题不是很容易的事。儒教不能帮助解决这些问题,它已经完全失去了实际价值。只有那些头脑反动的人,才要想法恢复它。孔子只会活在我们的史书当中,并且因为他在中国文化上所起的一定作用而占了很多重要的篇幅。

但是儒教的思想意识所统治的时期,比其他哲学体系都更长久。在这样悠久的年代中,它深深地渗透了中国知识分子的头脑。我们必须认清,在我们的艺术、文学、社会科学和道德领域里面,儒教的影响是怎样地根深蒂固。我们必须尽最大的力量,把这些思想意识从我们的生活与思想的每一个角落里根除出去。

中国今天需要另一种思想意识。人民生活中经济及技术的新发展和新情况,都需要新的思想意识。先总理孙中山已经指出了中国的需要。虽然他没有详细发挥他的理论,但是他已经给了我们一些总的方针和原则。实行孙中山遗教,是今天最重要的工作。如果孙中山遗教已经在各地实行,那末我们十年来所面对的许多困难和问题,都已经被克服了。孙中山已经把他的理论综合为三民主义:民族主义、民权主义和民生主义。这些主义适合于目前中国的情况。正如孔子的儒教代表着专制、压迫和人民的痛苦,孙中山主义就代表着民主和人民的幸福。

我们欣幸在过去一年中看到了中国民族精神的显著成长。中国的民族主义正以抗日运动的形式成长着。但是,如果认为中国的民族主义是反对日本人民或其他外国人民的,那就错了。在我们的全部历史中,中国人民一直是爱好和平的,现在他们更没有征服别的国家的思想或欲望。中国的民族主义是要抵抗侵略我们国家的日本军阀。无疑地,中国不仅能保卫现有的国土,而且一定能收复所有的失地。

保卫绥远的胜利就是中国民族主义发展的最有意义的证明。

为了使爱国主义的火焰继续增长,绥远抗战的事迹必须予以宣扬,使中国的每个工人和农民都知道。我们的诗人、小说家、作家、画家和演员们必须宣扬中国人民争取民族解放的英勇斗争,歌颂那些抵御外侮、保卫祖国的民族英雄。社会和政府必须优抚受伤战士和烈士家属。对于那些为人民为国家而残废归来的人,国家应尽责加以照顾。

我们要有军事的头脑,要竭力改正我国人民对于为拯救祖国而战的战士们的看法。在那些混乱的时期里,中国人民深受自己的军队的祸害;特别是在过去十年中,军队被雇来从事内战——打自己的人民,自然我们对兵士的态度不会好。人民痛恨这些军队,因为这些军队从事劫掠,屠杀工农,毁坏他们的家园,给他们留下了不幸与灾祸。但当内战已经停止,军队受命保卫国家独立时,人民对兵士的态度自然会改变的。

"好铁不打钉,好男不当兵。"这种有毒的口号曾经灌输到我们的头脑里。现在我们必须粉碎这个口号。当日本军阀正威胁我们国家独立的时候,在群众中必须实行军事教育。只有群众起来保卫国家的独立,中国才能得救。保卫国家是我们今天必须学习的最重要的艺术。让我们来学习使用机关枪,组织空防与其他军事艺术。像自我牺牲这种军事美德,应该予以歌颂,爱国主义必须予以歌颂。

以为没有群众运动的支持,就能把国家从日本的侵略中解救出来,这是愚蠢的想法。孙中山说过,革命若要成功,必须有工人农民参加政府。国民党必须帮助促进工农运动,邀请工人农民入党,然后才能建立一个真正的反对日本帝国主义的统一战线。国民党上届的全会决定于今年十一月召开国民会议。但是选举制度是怎样的呢?帮助人民参加国民会议的事一件还没有做。显然,这次会议只会有国民党官吏和官僚参加了。这是违反孙中山的民权主义的。我们必须立刻改变选举制度，实行普选，这样才能使群众参加。这是非常必要的事。

虽然内战已经停止，但是关于与共产党和解的事却尚未得到任何官方消息。我们回忆一下孙中山所说的关于共产党的话，是有好处的。他说："我们对于共产主义，不但不能说是和民生主义相冲突，并且是一个好朋友。主张民生主义的人，应该要细心去研究的。共产主义既是民生主义的好朋友，为什么国民党党员要去反对共产党呢？"在1924年，当国共合作问题正进行讨论时，我问孙中山为什么需要共产党加入国民党。他回答说："国民党正在堕落中死亡，因此要救活它就需要新血液。"他所说的"堕落"是什么意思？他指的是：国民党党员缺乏革命精神、士气与勇气，大家忘记了建立国民党的目的是为了革命，因此产生了个人利益开始支配党员行动这种不幸的后果。对于他周围所见的一切感到厌恶和失望，他不止一次向我说："国民党里有中国最优秀的人，也有最卑鄙的人。最优秀的人为了党的理想与目的而参加党，最卑鄙的人为了党是升官的踏脚石而加入我们这一边。假如我们不能清除这些寄生虫，国民党又有什么用处呢？"纵然在今天，孙中山的话还是多么真实！

十年反共战争使我们浪费了大批生命以及大量物资、精力与金钱，并使我们忘记了抵抗日本侵略，保卫祖国。现在虽然晚了，但改正这个大错误，晚一些总比永远不改要好。过去五千年来，中国受专制之害太长久了。让我们终于民主起来，创立一个民有民治民享的政府吧！从这一观点出发，我们必须把那些儒教思想意识的残余毒素从我们的头脑、教科书和我们的内心清除出去。

但是为了提高民族意识并真正实行民主政治，我们就必须大踏步地实行民生主义。孙中山说："民生就是社会一切活动中的原动力。因为民生不遂,所以社会的文明不能发达,经济的组织不能改良,道德退步,种种不平的事情像阶级战争和对工人的残酷行为以及其他形式的压迫,都要发生,都是由于民生不遂的问题没有解决。所以社会中的各种变态都是果,民生问题才是因。"

国民党当政的这些年中,我们还没有做过任何事来改善群众的生活。农民生活贫困;许多省份在内战中受到重大灾害。我们必须牢记,农业是中国的主要作业,全国出口总值的百分之九十属于农业,然而今天我们的农业却同孔子时代一样地落后。结果,我们失掉了茶叶、丝和棉的宝贵市场。为了改进农民生活,我们必须组织全国性的运动,来改善和提高农业生产中的近代技术。

但在"新生活运动"中找不到任何新东西,它也没有给人民任何东西。因此,我建议用另一种运动来代替这个学究式的运动,那就是,一种通过生产技术的改进以改善人民生活的伟大运动。这是一种革命的人生观,而不是儒教,因为革命的目的就是提高人类和群众的物质享受;假若这一个目的没有达到,那就等于没有革命。

主要是,我们中国拥有使人民获得美满生活的一切必需因素。在世界上,我们有全世界最悠久的历史。欧洲尚未开化时,我们已达到了文化的高级阶段。我们俭朴而勤劳的人民,在长久的历史中受到许多外来侵略的蹂躏,但是我们生存下来了。中华民族伟大的生命力克服了最坏的环境与条件。我们人民吃苦耐劳,从寒带到热带,在各种气候的地带劳动着。我们不但能生存下来,并且更生息繁衍。毫无疑问,我们会克服目前的危机,成功地击退所有外来的侵略,并且像孙中山在他的遗嘱中所指示我们的一样推进革命。为了要达到这一目的,我们不需要儒教。我们需要团结。

我们需要停止一切内争,准备收复失地。我们需要向欧洲、美洲、特别是苏联的工业与农业的成就学习。这样,我们就能满怀信心,向光辉的未来迈步前进。

（发表于纽约《亚细亚》杂志1937年4月号）

　　宋庆龄（1893—1981）,海南省文昌人,出生于上海。1908年入美国佐治亚州梅肯市的卫理公会威斯里安女子大学学习。1913年毕业获学士学位回国后,任孙中山秘书,1915年与孙结婚,协助其工作。1927年后赴苏联和欧洲,九一八事变后回国,发起组织中国民权保障同盟。1936年任全国各界救国联合会委员。抗战开始后迁居香港,开展募捐活动。抗战胜利后组织中国福利基金会,1948年出任中国国民党革命委员会名誉主席,1949年参加新政协。中华人民共和国成立后历任中央人民政府副主席、中国福利会会长、全国妇联主席、全国人大常委会委员、中华人民共和国副主席、名誉主席等。主要著作有《为新中国奋斗》、《新中国向前进》等,出版有《宋庆龄选集》等。

　　作者认为,"作为一个改良家,孔子扮演了一个伟大的历史角色。他为封建社会创造了礼教。为了加强这种封建秩序,他根据历史的传统创立了他的学说"。"孔子学说是彻头彻尾的封建的、专制的","只要一天封建制度存在,就一天需要孔子之道"。但是孔子的伦理体系已经堕落成为纯粹的繁文缛节,同时他的学说束缚了学者们的智能,并使大众陷于愚昧。孔子的保守主义阻碍了中国的科学与社会秩序的发展,儒教"已经完全失去了实际价值。只有那些头脑反动的人,才要想法恢复它"。"我们必须尽最大的力量,把这些思想意识从我们的生活与思想的每一个角落里根除出去"。

孔子的哲学思想（节选）

陈 伯 达

孔子说:"名不正,则言不顺;言不顺,则事不成;事不成,则礼乐不兴;礼乐不兴,则刑罚不中;刑罚不中,则民无所措手足。"和老子一样,孔子也没有完整地提出名实问题,然而在这里,却正流露了孔子关于名实关系之见解。在孔子看来,名是第一,"事"(事物)是被名所决定,而不是名被"事"所决定。名实的关系在这里是被倒置的。孔子把真实的世界变成概念的世界,而且把概念的世界看成不变的世界。可是孔子的概念世界,不是别的,却正是自己真实世界的反映,而这种真实世界,就正如孔子对齐景公所答的:"君君,臣臣;父父,子子。"(对于君要待之如君,对于臣要待之如臣;对于父要待之如父,对于子要待之如子。)这种真实世界不是别的,就是封建秩序的世界;孔子的正名,就是在于根据这封建秩序所规定的,作为规定一切事物的准则。孔子把"正名"看成建立和巩固真实封建秩序的基础;其实相反,真正的封建秩序乃是孔子"正名"的基础,"正名"对于肯定和巩固封建秩序的作用,乃是在这真实基础上所起的反作用。

本来,我们没有否认"正名"对于"成事",是有其一定的能动作用。"正名"能给人们在一定时机上,为一定事业而奋斗的方向和目标。就这点上来说,孔子是有其真理的一方面。孔子注意主观的能动性,是有其一定的积极意义的。然而,如上所述的,孔子是没有把这点放在真理恰当的地方,乃是把这点片面地夸大了。孔子把真理的各方面之一从真实的世界脱离出来,结果就成为无生气的、极抽象的东西,同时也把真实的世界倒置为概念的世界。

孔子所建立的概念世界,概括来说,就是封建社会中"忠"与"孝"的两个概念。"忠"是包括上述的"君君、臣臣"这方面,而"孝"则是包括上述的"父父、子子"这方面,所谓"迩之事父"便是"孝",所谓"远之事君"便是"忠",这也就是:在家尽"孝",在君尽"忠"。家庭是封建社会的基本细胞,家庭中父与子的关系,成了社会中君与臣关系之基础。因此,"忠"与"孝"在封建社会中便成了有机的一体,孝就是忠的缩影,忠也就是孝的放大。把"忠"和"孝"当成对于个人的服役,而且这种服役是要无条件的,盲从的——这是封建社会中"忠"与"孝"的狭隘性,这种狭隘性且成为人类精神的奴役。人们要把"忠""孝"变成自觉的和合理的新美德,正如须把"忠""孝"从这种封建的服役盲从于个人的狭隘性方面解放出来;而这样,就必须把那被孔子所颠倒的名实关系再颠倒过来,也就是说,把"忠""孝"的一定德性看成是一定社会关系的产物,为一定社会存在所决定,而忠孝首先就是应当从属和服役于人民及民族的,才最具有积极的意义。

子贡说:"夫子之文章,可得而闻也;夫子之言性与天道,不可得而闻也。"所谓"不可得而闻"的孔子之道是什么呢?《论语》有如下的一段记载:"子曰:参乎,吾道一以贯之。曾子曰:唯。子出。门人问曰:何谓也?曾子曰:夫子之道,忠恕而已矣。"关于"忠恕",朱注解释道:"尽己之为忠,推己之为恕。……或曰:中心为忠,如心为恕,于义亦通。"又程子说曰:"以己及物,仁也,推己及物,恕也。"从这里,我们很可以了解,孔子所谓"忠恕",其意义就是"推己及物"，就是认为：内在的推度乃是人们认识外界的准则；人们的认识是由内心出发的，是把内在变为外界。胡适说得好："'一以贯之'，就是后来荀子所说的'以一知万'，'以一持万'。"以"一"来概括万千事物，以内界来概括外界，这是唯心论哲学的本色。孔子在这里是把这本色发挥了。

"仁"在孔子学说中，就是"忠恕"的别名。孔子对子贡解释"恕"为"己所不欲，勿施于人"，又对仲弓解释"仁"为"己所不欲，勿施于人"。这样，可见孔子是把"仁"和"恕"一样看待的（关于"仁"，孟子后来又更加以说明："仁，人心也。"所以，在儒家看来，仁就是内心）。所谓"己所不欲，勿施于人"，在实质上，是根据自己来决定别人，在哲学上，也就是把内心来决定外界。从来人们都把"己所不欲，勿施于人"，看成极高的美德，其实还是限于一面；极高的美德，极高的"忠恕之道"，应该还进而是"己所不欲，勿施于人"；关于"己所不欲，勿施于人"，则应该成为这"人所不欲，勿施于人"，在这里如要具体地来说，那就有如：人们不愿被剥削，就不应把剥削加给他。这都就是根据别人（或社会人群）的利益来范围自己，而在哲学上说来，这就是认为内在为外界所决定；这样，我们就把儒家所代表的封建社会美德转变为极高的人类美德，而且在哲学却是由唯心论转变到唯物论。毫无疑问的，真正的"忠恕之道"，真正的"仁"，应该是这样转化的，应该是这样博大的，应该是"人所不欲，勿施于人"，应该是唯物论的，而孔子所了解的，却还是狭小的，却是没有脱出人剥削人的泥坑，是唯心论的。

…………

孔子在认识论上曾有关于"质"的发现。孔子说："过犹不及。"这就是说：一定的"质"就是含有一定的"量"的，是包含在一定的"量"之中，"过"了一定的"量"，或者"不及"一定的"量"，就都是不含于一定的"质"。这"质"用孔子的话来说,就是所谓"中庸"。孔子说:"中庸为德也,其至矣乎! 民鲜久矣!"关于这所谓"过犹不及"之"质"的发现,这是孔子在中国哲学史上一个很大的功绩。《中庸》书上记有孔子以下的话:"舜其大知也与! 舜好问,而好察迩言,隐恶而扬善,执其两端,用其中于民……。"这里所谓"两端",指的应是"过"与"不及";"过"是偏向的一端,"不及"又是偏向的另一端。所谓"执其两端,用其中于民",指的就是:一定的"质",是有其一定的"量"的界限;对于一定的"质",要恰当地估量(执)其一定的"量"的界限,而取其"中",不要"过"(不要向"过"的偏向之端偏向),也不要"不及"(不要向"不及"的偏向之端偏向)①。在《中庸》书上,我们又见到孔子以下的话:"回(指颜回)之为人也,择乎中庸,得一善则拳拳服膺,而弗失之矣。"所谓"择乎中庸,得一善",指的就是:从一定的"景"中,无"过"无"不及",这就获得其一定的"善",获取其一定的"质"。孔子说:"如有周公之才之美,使骄月吝,其余不足观也已。"这里所谓"骄"就是"过",所谓"吝"就是"不及";周公之才之美的却到好处,却如其"质",就是:一方面不"骄",另一方面不"吝",也就是不向任何一个偏向之端偏向。孔子说:"质胜文则野,文胜质则史,文质彬彬,然后君子。"这里所谓"文质彬彬",也是关于"中庸"的一种说明,而且这里也正含有不甚清楚的、关于"文"与"质"之对立的统一的辩证观念。

诚然,孔子关于"质"的观念,是建立在唯心论的基础上的。孔子对"质"的规定,主要的是从主观上出发的,是把中庸看成主观的"善"的观念的东西,而不是把"质"(中庸)看成客观事物的

---

① 参考朱熹注:"于善之中又执其两端,两道度以取中,然后用之。"

东西,不是把"质"(中庸)的观念看成是从客观存在的事物中提取而来。正确地理解"质"的真理(表现一定事物相对安定的"质"的真理),却是需要把孔子唯心论的倒置观点再倒置过来的。不但如此,如我们所说的,"质"是指那一定的相对安定性的事物,但孔子却是把这点夸大了,孔子把一定的"质"看成不变的神圣,孔子看不见某一定的"质"可以变为另一定的"质",孔子看不见经历史的发展,某一种"中庸"会被另一种"中庸"所代替。《中庸》记载孔子说:"天下国家,可均也;爵禄,可辞也;白刃,可蹈也;中庸,不可能也。"这样,孔门不但把"中庸"看成不变的神圣,而且也把"中庸"看成不可企及的神圣。"中庸"被神秘化了。

在《中庸》中,又记有孔子如下的话:"君子和而不流,强哉矫;中立而不依,强哉矫;国有道,不变塞焉,强哉矫;国无道,至死不变,强哉矫。"不偏不倚,至死不变,而为一定的历史事业贯彻奋斗,这是表现了"中庸"之道的积极作用方面,这是表现了人间的刚毅、节操和正气。但另一方面,如把"中庸"只看成是主观的东西,如否认"中庸"的历史发展及其变化(如孔子及其门徒所表现了的),这却会把现实的"中庸之道"变成神秘主义,变成僵死的独断,变成折衷主义,变成人们智慧发展的阻碍,变成拥护旧制度的蒙蔽,换句话说,却变成偏向;同时,这种"中庸"主义者却也就会失去真正"强哉矫"的立场,而或者表现为专横和残暴,或者表现为依附,盲从,谄媚,和随波逐流,表现为如孔子所自述的"无可无不可"。事实上,孔子及儒家们的所谓"中庸",是以那种把封建制度看成永远不偏陂和永远不变动的社会立场出发的,这样,结果就使他们自己所发现的"中庸之道"变成了不"中庸",表现为偏向,表现为私袒,而儒家的主观的"时中"却成为随波逐流和趋炎附势的别名,这一切正如在事实上我们所看到了的。

不偏不倚,至死不变——这在哲学上所谓"中庸",而在为自己的一定的历史立场而奋斗的德行上,在一定条件下,就表现为"强矫"的精神,而这精神本来就正是我们民族伟大的德性之一。孔子说:"朝闻道,夕死可矣。""志士仁人,无求生以害仁,有杀身以成仁。""见利思义,见危授命……亦可为成人矣。""刚毅木讷近仁。"孔子的弟子曾子更说:"可以托六尺之孤,可以寄百里之命,临大节而不可夺也,君子人与,君子人也。""士不可以不宏毅,任重而道远;仁以为己任,不亦重乎? 死而不已,不亦乎?"子张也说:"士见危致命。"这些都正是表现了我们民族这种"强矫"的伟大的德性,而这种伟大的德性,对于立身行事,就要见其大者远者;例如,孔子就是曾经从大的和远的方面来论管仲的,他说:"管仲相桓公,霸诸侯,一匡天下,民到于今受其赐,微管仲,吾其被发左衽矣。岂若匹夫匹妇之为谅也,自经于沟渎,而莫之知也。"孔子曾很完满地提到人类三种伟大的德性:"仁者不忧,知者不惑,勇者不惧。"孔子认为知、仁、勇三种德性,才是完全的人格,而事实上这三种德性的养成,就是在于人能对于一定的历史事业,一定的历史真性,完全是有其历史上的大限制的。如我们所知道的孔子的"知",不是从客观事物出发的,不是根据于客观事实的理解的,是主观的,是任意的,是独断的,至于孔子的行为,则是主张"焉用稼"的,只是"人大夫之后"的,是为支配者服役的,所以,他的"仁"是不及"庶人"的。孔子曾说:"君子而不仁者有矣夫,未有小人而仁者也。"可见他认为"仁"只是属于少数特权者(君子)所特有,而"小人"(指被支配者)是被关在"仁"的门外的。在这里,孔子却是划了"君子"与"小人"(也即支配者与被支配者)的一个不可逾越的界限。所以,孔子的所谓"仁",并不是如胡适简单地所谓"即是做人的道理",而只是支配者对被支配者的道理,而只是表现被支配者应该如何服侍支配者的道理。如孔子所说的："刑罚不中，则民无所措手足。"他的所谓"刑罚"，正是支配阶级所专为加之被支配的"民"而设的。孔子主张"贫而无怨"，就是说：被榨取的人们不应哀怨的，不应反抗的。这些也就可以看出：孔子的所谓"仁"，只是仁于支配者一阶级，而不是仁于一般被压迫的人民的。他们所谓"勇"，如在一切事实所表现了的，也是勇于守卫封建制度，勇于为君，勇于谋禄求官，勇于陷害"巽端"（巽己），勇于压迫人民，而不是勇于反抗压迫与榨取，不是勇于为人民服务。惟其是如此，二千余年中国一切暴君民贼都就拿孔子的各种教条，变成麻醉人民的鸦片。事实上，这种封建人物所推崇的"知、仁、勇"三德性，是只有经过改造，而和大众相结合，经过一定历史的洗礼，而成为人民反抗黑暗、反抗压迫、反抗榨取的战斗的精神武器，才能成为人类最优美的德性。这也就是说：必须把孔子对于知、仁、勇的颠倒立场，为支配者服役的唯心论的颠倒立场，再行颠倒过来，成为和人民大众相结合、为人民大众服役的唯物论的合理历史立场，知、仁、勇才能成为人类最优美的德性。

（载于《解放》第 69 期，1939 年）

　　陈伯达（**1904—1989**），原名尚友，笔名伯达，福建惠安县人。1927 年入莫斯科中山大学，后加入"支部派"。返国后在北平研究马列主义，1933 年起在北平一面任教，一面从事中国共产党的文化活动。1937 年至延安，1945 年中共七大上被选为候补中委，1949 年后历任中宣部长，政务院文教委员会副主任、科学院副院长及哲学社会科学学部委员、八大中央委员、政治局候补委员等职。作为林彪集团的主要成员，1973

年8月在中共十大上被开除出党,撤销党内外职务。1980年底被特别法庭依法判刑。主要论著有:《三民主义概论》、《叶青"哲学"批判》、《评〈中国之命运〉》、《在文化阵线上》、《真理的追求》、《孔子的哲学思想》、《老子的哲学思想》、《墨子哲学思想》等。

文章认为,孔子关于名实关系的见解,"名"是第一,"事"是被"名"所决定,名实的关系是倒置的,把真实的世界倒置为概念世界。孔子所建立的概念世界,就是封建社会中"忠"与"孝"两个概念。孔子所谓"忠恕",其意义就是"推己及物",内在的推度乃是人们认识外界的准则,以内界来概括外界,这是唯心论哲学的本色。"仁"在孔子学说中就是忠恕的别名,"己所不欲,勿施于人",在实质上是根据自己来决定别人,在哲学上,也就是把内心来决定外界,是唯心论的。孔子关于"质"的规定,主要是从主观出发的,把中庸看成主观的"善"的东西,看成不变的不可企及的神圣。在为自己的一定的历史立场而奋斗的德上,孔子认为知、仁、勇三种德性才是完全的人格,而孔子的"知"是主观的任意的独断的,孔子的仁是不及"庶人"的,所谓勇,也是勇于守卫封建制度。

中国古代哲学史纲（节选）

赵 纪 彬

第五章　孔子哲学及其学派

第一节　孔子的经验论——关于
宗教神话的怀疑主义

　　孔子是儒教的创始者,他的思想,经过了历代的儒教学者的篡改伪托,不但对于中国的社会和政治,发生了亘古未有的最大的支配力量,即对于法国德国及日本,也发生了很大的影响。但是,我们要知道,儒教决不是由孔子组织起来的思想体系;儒教作为官僚支配的意识形态而出现于中国的思想领域,并取得压倒一切的统治地位,乃是前汉武帝(纪元前140年)以后的事情。所以我们讲孔子哲学,不但要将它和后世儒教学者的思想分开,即在孔子本人与其正统弟子之间,也须要划分清楚的界限。但是,另方面,我们也决不是忽视儒教思想发展史的逻辑的内在关联,反而只有如此,才能对于儒教哲学获得科学的认识。本节的论述范围,是由孔子经过子思到孟子为止,也就是由孔子的经验论＝不彻底的唯物论到子思孟子的唯心论的转化过程。以下我们先研究孔子的哲学。

　　孔子是继老子而起的著名哲学家,他本人及其学徒,都承认与老子的思想有相当关系。我们现在研究孔子哲学唯一可靠的资料,只有《论语》;《论语》虽是孔子的弟子所编纂,但其编纂的态度,颇为忠实而朴质,故《论语》在孔子哲学上的价值,比较《道德经》在老子哲学上价值为高。我们在《论语》中所见到的孔子哲学,和老子哲学比较起来,有下列几点特征:第一、孔子虽也反对氏族制社会的意识形态=宗教神话,但不像老子那样肯定宇宙本体的本质,而只是站在人本主义的立场,避而不谈,大体上与其说是唯物论,不如说是经验论,较为妥当;第二、在反氏族制社会意识形态的斗争上,非常富于妥协主义、折衷主义的色彩;第三、哲学的思维,不但比老子远为贫弱,缺乏变革的性质,而且人生哲学的支配,也比老子更加严重。在许多场合,如果我们不能突破文字上的限制,如果不能在人生哲学的政治论道德论的背后,发现其方法论的性格,几乎会看不出其与哲学有关,如像黑格尔等人不承认孔子为哲学者的见解,即起源于此。

孔子反对殷周以来的宗教神话的传统思想,在《论语》中有下列各处:

(1)子贡曰:夫子之文章可得而闻也;夫子之言性与天道,不可得而闻也。(《公冶长》篇)

(2)子疾病,子路请祷。子曰:有诸? 子路对曰:有之,诔曰:"祷尔于上下神祇。"曰:丘之祷也久矣。(《述而》篇)

(3)子不语:怪、力、乱、神。(《述而》篇)

(4)季路问事鬼神。子曰:未能事人,焉能事鬼?! 曰:敢问死? 曰:未知生,焉知死?! (《先进》篇)

孔子虽不谈鬼神,却肯定着祭祀。在《论语》中有下列各处:

(1)子曰:非其鬼而祭之,谄也。(《为政》篇)

(2)子曰:禘自既灌而往者,吾不欲观之矣。(《八佾》篇)

（3）祭如在，祭神如神在。子曰：吾不与祭，如不祭。（《八佾》篇）

只要我们注意到"祭如在，祭神如神在"的两个"如"字，便可知孔子的祭的动机，在求祭者心理上的满足，并不是因为被祭者的鬼神真正存在。所以孔子主张，并不是承继殷周以来的鬼治主义，而是与其所谓"孝""礼""仁"等德治主义的思想，有密切关系的。《礼记·檀弓》篇所说："惟祭祀之礼，主人自尽焉尔，岂知神之所飨？!"正是这个意思。孔子这种对祭祀的见解，大体言之，仍是无神论的。这一点到荀子哲学中，才和唯物论的宇宙观结合起来，而趋于彻底化。

然而，另一方面，孔子却又相信着"天"或"天命"。例如：

（1）伯牛有疾，子问之。自牖执其手，曰：亡之，命矣夫。（《雍也》篇）

（2）子见南子，子路不说。夫子矢之曰：予所否者，天厌之！天厌之！（《雍也》篇）

（3）子畏于匡。曰：文王既没，文不在兹乎？天之将丧斯文也，后死者不得与于斯文也；天之未丧斯文也，匡人其如予何？!（《子罕》篇）

（4）获罪于天，无所祷也。（《八佾》篇）

（5）吾谁欺？欺天乎？（《子罕》篇）

（6）唯天为大，唯尧则之。（《泰伯》篇）

（7）天生德于予，桓魋其如予何？（《述而》篇）

（8）颜渊死，子哭之恸。曰：天丧予！天丧予！（《先进》篇）

（9）不怨天，不尤人，下学而上达，知我者，其天乎。（《宪问》篇）

（10）君子有三畏：畏天命，畏大人，畏圣人之言。（《季氏》篇）

（11）不知命，无以为君子也。（《尧曰》篇）

我们知道，孔子所谓"天"或"天命"，纵非殷周时代的人格化的至上神，但也决不是纯粹的自然范畴，而多少还带有着神秘性质。这一点，我们从《论语》的《乡党》篇中，即"迅雷风烈必变"一语中，更可了然。所以孔子对于氏族制社会的意识形态——宗教神话的态度，大体上和周公相同，均未能坚定地站在唯物论——无神论的立场，贯彻其战斗的态度，而尚处于一面否定一面信仰的消极的怀疑阶段。这种矛盾，和孔子在氏族社会残滓与奴隶制社会的新兴贵族的斗争中的妥协折衷的实践态度，实有密切的关系。

我们在第一篇第三章第二节中曾说：西周时代因天的宗教神话信仰动摇，遂建立了"德"的思想，本人定胜天的精神，以济天道之穷，而以周公为其代表的思想家。周公这种精神，孔子是非常钦佩的。所以他说：

周监于二代，郁郁乎文哉，吾从周。（《八佾》篇）

对于周公更极表景仰，如：

甚矣吾衰也，久矣吾不复梦见周公！（《述而》篇）

如有周公之才之美，使骄且吝，其余不足观也已。（《泰伯》篇）

孔子承继周公的哲学思想，本是汉代的定论，如《淮南子·要略训》篇有云："孔子修成康之道，述周公之训。"《史记·太史公自序》亦云："周公卒五百岁而有孔子。"但是，由周公到孔子的发展，也与当时的奴隶制度的发展相对应，天的宗教思想渐趋稀薄，而德治主义的色彩，则更加昂扬，这一点，我们试取《周书》的《康诰》等篇与《论语》的内容比较观之，即可明白。

第二节　孔子哲学中政治论、伦理学、逻辑学的三位一体

孔子哲学的特征,在于人生哲学的思想支配了一切。因此,他几乎未尝站在世界之全体的科学的认识,世界之根本原理的把握的立场,来强调哲学思维的独立性;即上述关于天道的思想,也是在政治论、道德论掩蔽下的范畴,所以孔子根本是具有着处世哲学者性格的哲学家。他的道德论、政治论的根本观念,在于"一"或"仁"。例如:

　　子曰:参乎! 吾道一以贯之。(《里仁》篇)

　　子曰:赐也,汝以予为多学而识之者与? 对曰:然,非与?曰:非也! 予一以贯之。(《卫灵公》篇)

但是孔子所谓"一",决不是脱离人类意识而独立的客观范畴,乃是成为德治主义中心的"仁"的同义语。而所谓"仁",实际上就是君臣父子兄弟夫妇朋友等政治=伦理关系的根本原理。这原理的内容,总起来说,就是推己及人的忠恕之道:其消极方面,是"己所不欲,勿施于人";其积极方面,是"己欲立而立人,己欲达而达人"。尝见联语有云:"凡求乎父子兄弟尽其在我,所恶于前后左右勿以施人",正是"仁"的真解。"仁"的政治意义,在于调和奴隶制社会的阶级矛盾;在于利用氏族共同体内父家长制意识形态,使之与封建的身分制相结合,企图由奴隶制和平地过渡到中央集权的封建专制主义。所以他认为孝悌为"仁"的根本,而对于远古的圣人之言行,也不惜托古改制。总之,孔子的政治论与道德论,是互有关联的;在当时虽然缺乏斗争性,而本质上则是温和的改良的奴隶制社会的修正者,封建制萌芽的卫护者。孔子的哲学,所以自前汉至清末二千年来,始终获得封建的统治者的信奉,其理由实

在于此。

但是,另一方面,我们也要知道孔子所谓"仁"的逻辑意义。孔子是经验论者,但孔子的经验论,实际上乃是局限于实践理性＝道德范围内的概念。他从道德出发,不但演绎出封建制的合理化,而且也使伦理上的推己及人转化成逻辑上的演绎法。在《论语》中例证颇多,如:

> 温故而知新,可以为师矣。(《为政》篇)

> 回也闻一以知十,赐也闻一以知二。(《公冶长》篇)

> 不愤不启,不悱不发,举一隅不以三隅反,则不复也。(《述而》篇)

> 子曰:赐也始可与言诗已矣,告诸往而知来者。(《述而》篇)

> 夫仁者:己欲立而立人,己欲达而达人,能近取譬,可谓仁之方也已。(《雍也》篇)

此所谓"温故知新","闻一知十","举一反三","告往知来","能近取譬"等等,都是逻辑学上的演绎法。章太炎先生早已看到此点,所以他对于"一以贯之"的忠恕(仁),曾这样来解释:

> 忠者,周以察物;恕者,心能推物。故夫闻一以知十,举一隅而以三隅反者,恕之事也。周以察物,举其征符,而辨骨理者,忠之事也。

此外,其所谓"正名",也是一面为政治＝伦理的范畴,而同时也含有逻辑学的演绎法的意义。据此,我们可知,孔子所谓"仁",本质上是其政治论、道德论,而同时也是其逻辑学。在这里,我们第一就发现了演绎法是中央集权的封建专制主义的必然产物;第二,也可看出孔子的卫护封建萌芽的实践态度,是其逻辑学演绎法建立的基础。国人研究孔子哲学者,多不明此点。例如十五年前,胡适之与梁漱溟二先生关于"仁"的争论,胡先生依章太炎的意见,认之为逻辑学的范畴,而梁先生则力主其为纯伦理学的范畴,实际上乃是由于双方均未能理解政治论、道德论、逻辑学在孔子哲学中的三位一体性所致。

总而言之,孔子哲学是中途半端的经验论,在关于宗教神话问题上,固有其比较前进的见解,而在人生哲学方面,则又包含着浓厚的唯心论要素。孔子哲学的特征,就在于内部命题的相互矛盾,而这种矛盾,正是春秋时代后期奴隶制社会矛盾的反映。他的学派,在其死后便发生了分裂;所以韩非子曾说:"自孔子之死也,有子张之儒,有子思之儒,有颜氏之儒,有孟氏之儒,有漆雕氏之儒,有仲良氏之儒,有孙氏之儒,有乐正氏之儒。"(《显学》篇)其分裂的详情,此地不来考证。大体言之,孔子哲学中的积极部分——唯物论要素,由荀子所承继所发展,并综合古代哲学的全部成果,而完成了唯物论的哲学体系——几乎是中国古代哲学发展的顶点;其唯心论的要素,则由子思、孟子所承继而加以体系化,并奠定了中国唯心论哲学的理论基础。

(1939年生活书店版,这里选自《赵纪彬文集》,河南人民出版社1985年版)

赵纪彬(1905—1982),河南内黄人。1926年加入中国共产党,曾任濮阳县委宣传部长、河北省宣传部长、东北大学、山东大学教授。建国后历任山东大学校务委员会副主任兼文学院院长,平原省政协副主席兼秘书长,河南第二师院院长,平原省政协副主席兼秘书长,河南第二师院院长兼党委书记,中共中央党校哲学教研室教授、顾问。长期从事中国思想史、哲学史研究,主要著作有《中国哲学史纲要》、《中国哲学思想》、《哲学要论》等。

作者认为,讲孔子哲学,不但要将它和后世儒教学者思想分开,即在孔子本人与其正统弟子之间也须分清楚界限。研究孔子哲学唯一可靠的资料只有《论语》。孔子是经验论者,他对宗教神话取怀疑主义,"固有其比较前进的见解"。孔子哲学的特征,在于人生哲学的思想支配一切。他的道德论、政治论的根本观念在于"一"或"仁"。在当时虽然缺乏斗争性,而本质上则是温和的改良的奴隶社会的修正者,封建制萌芽的卫护者。孔子所谓"仁",本质上是其政治论、道德论,而同时也是其逻辑学。国人研究孔子哲学,多不明此点。

孔 子 天 人 论

傅 斯 年

孔子一生大致当春秋最后三分之一,则春秋时代之政治社会变动自必反映于孔子思想之中。孔子生平无著述(作《春秋》赞《周易》之说,皆不可信)。其言语行事在后世杂说百出,今日大体可持为据者,仅《论语》、《檀弓》两书耳。《檀弓》所记多属于宗教范围,故今日测探孔子之天人论应但以《论语》为证矣。试绎《论语》之义,诚觉孔子之于天人论在春秋时代为进步论者,其言与上文所引《左传》所载之新说嘉话相同,而其保持正统遗训亦极有力量。然则孔子并非特异之学派,而是春秋晚期开明进步论者之最大代表耳。孔子之宗教以商为统,孔子之政治以周为宗。以周为宗,故曰“如有用我者,吾其为东周乎”?其所谓“为东周”者,正以齐桓管仲为其具体典范。故如为孔子之政治论作一名号,应曰霸道。特此所谓霸道,远非孟子所界说者耳。

孔子之言性与天道,一如其政治论之为过渡的,转变的。《论语》记孔子言性与天道者不详,此似非《论语》取材有所简略,盖孔子实不详言也。子夏曰:“夫子之文章可得而闻也,夫子之言性与天道不可得而闻也已。”(据倭本增“已”字。)《论语》又曰:“子罕言利,与命,与仁。”(宋儒或以为与命与仁之与字应作动字解,犹言许命许仁也。此说文法上实不可通。与之为连续词毫无可疑。

《晋语》言:"杀晋君,与逐出之,与以归之,与复之,孰利?"此同时书中语法可征者也。)今统计《论语》诸章,诚哉其罕言,然亦非全不言也。列举如下:

子曰:"……五十而知天命。"(《为政》)

子曰:"不知命,无以为君子也。"(《尧曰》)

子曰:"君子有三畏,畏天命,畏大人,畏圣人之言。小人不知天命而不畏也,狎大人,侮圣人之言。"(《季氏》)

子曰:"道之将行也与,命也。道之将废也与,命也。公伯寮其如命何?"(《宪问》)

子曰:"天生德于予,桓魋其如予何?"(《述而》)

子畏于匡,曰:"文王既殁,文不在兹乎? 天之将丧斯文也,后死者不得于斯文也。天之未丧斯文也,匡人其如予何?"(《子罕》)

子曰:"凤鸟不至,河不出图,吾已矣夫!"(《子罕》)

颜渊死,子曰:"噫! 天丧予,天丧予!"(《先进》)

伯牛有疾,子问之,自牖执其手,曰:"亡之,命也夫! 斯人也而有斯疾也,斯人也而有斯疾也!(《雍也》)

子疾病,子路请祷。子曰:"有诸?"子路对曰:"有之。诔曰:'祷尔于上下神祇。'"子曰:"丘之祷久矣。"(《述而》)

子夏曰:"商闻之矣(此当是闻之孔子,故并引),'死生有命,富贵在天。'"(《颜渊》)

子曰:"莫我知也夫!"子贡曰:"何为其莫知子也?"子曰:"不怨天,不尤人,下学而上达。知我者,其天乎?"(《宪问》)

子曰:"予欲无言。"子贡曰:"子如不言,则小子何述焉?"子曰:"天何言哉? 四时行焉,百物生焉。天何言哉?"(《阳货》)

子不语怪、力、乱、神。(《述而》)

理会以上所引,知孔子之天道观有三事可得言者:

其一事曰,孔子之天命观念,一如西周之传说,春秋之世俗,非有新界说在其中也。孔子所谓天命,指天之意志,决定人事之成败吉凶祸福者,其命定论之彩色不少。方其壮年,以为天生德于予,庶几其为东周也。及岁过中年,所如辄不合,乃深感天下事有不可以人力必成者,乃以知天命为君子之德。颜回、司马牛早逝,则归之于命;公伯寮、桓魋见谋,则归之于命;凤鸟不至,而西狩获麟,遂叹道之穷矣。在后人名之曰时,曰会合,在今人名之曰机会者,在孔子时尚不用此等自然名词;仍本之传统,名之曰天命。孔子之所谓天命,正与金文周诰之天令(或作天命)为同一名词;虽彼重言命之降,此重言命之不降,其所指固一物,即吉凶祸福成败也。

其二事曰,孔子之言天道,虽命定论之彩色不少,要非完全之命定论,而为命定论与命正论之调合。故曰,"一日克己复礼,天下归仁焉"。又曰,"知我者其天乎"!夫得失不系乎善恶而天命为前定者,极端命定论之说也。善则必得天眷,不善则必遭天殃,极端命正论之说也。后说孔子以为盖不尽信,前说孔子以为盖无可取,其归宿必至于俟命论。所谓俟命论者,谓修德以俟天命也。凡事求其在我,而不责其成败于天,故曰"不怨天"。尽人事而听天命焉,故曰"丘之祷久矣"。此义孟子发挥之甚为明切,其辞曰,"修身以俟之";又曰,"顺受其正";又曰,"尽其道而死者,正命也。"此为儒家天人论之核心。阮芸台言之已详,今不具论。

其三事曰,孔子之言天道,盖在若隐若显之间,故罕言之,若有所避焉,此与孔子之宗教立场相应,正是脱离宗教之道德论之初步也。夫罕言天道,是《论语》所记,子贡所叹。或问禘之说,孔子应之曰:"不知也,知其说则于天下犹运之掌。"是其于天也,犹极虔敬而尊崇,盖以天道为礼之本,政事为礼之用。然而不愿谆谆言之者,言之详则有时失之诬,言之详则人事之分量微,此皆孔子所不欲也。与其详言而事实无征,何如虔敬以寄托心志?故孔子之不详言,不可归之记录有阙,实有意如此耳。子不语"怪、力、乱、神",然而"祭如在,祭神如神在"。又曰:"吾不与祭,如不祭。"其宗教之立场如此,其道德论之立场亦复一贯。孔子之道德观念,其最前假定仍为天道,并非自然论,亦未纯是全神论(Pantheism)。惟孔子并不盘桓于宗教思想中,虽默然奉天以为大本,其详言之者,乃在他事不在此也。

如上所言,其第一事为古昔之达名,其二、三两事亦当时贤智之通识。孔子诚是春秋时代之人,至少在天道论上未有以超越时代也。在彼时取此立场固可得暂时之和谐,然此立场果能稳定乎?时代既已急转,思想主宰既已动摇,一发之势不可复遏,则此半路之立场非可止之地。故墨子对此施其攻击,言天之明明,言命之昧昧,而孟子亦在儒家路线上更进一步,舍默尔而息之态,为深切著明之辞。孔子能将春秋时代之矛盾成一调和,却不能使此调和固定也。

孔子之天论立于中途之上,孔子之人论亦复如是。古者以为人生而异,族类不同而异,等差不同而异,是为特别论之人性说。后世之孟子以为人心有其同然,圣人先得人心之同然者也,是为普遍论之人性说。孔子则介乎二者之间。今引《论语》中孔子论人之生质诸事。

子曰:"性相近也,习相远也。"(《阳货》)

子曰:"惟上智与下愚不移。"(《阳货》)

子曰:"中人以上可以语上也,中人以下不可以语上也。"(《雍也》)

　　孔子曰:"生而知之者上也,学而知之者次也,困而学之
又其次也。困而不学,民斯为下矣。"(《季氏》)

　　子曰:"民可使由之,不可使知之。"(《泰伯》)

　　子曰:"惟女子与小人为难养也。近之则不逊,远之则
怨。"(《阳货》)

孔子以为人之生也相近,因习染而相远,足征其走上普遍论的人性
说已远矣,然犹未至其极也。故设上智下愚之例外,生而知、学而
知、困而学之等差。犹以为氓氓众生,所生之凭借下,不足以语于
智慧;女子小人未有中上之素修,乃为难养。此其与孟子之性善论
迥不侔矣。

　　在人论上,遵孔子之道路以演进者,是荀卿而非孟子。孔子以
为人之生也,大体不远,而等差亦见,故必济之以学,然后归于一
路。孔子认为尽人皆须有此外工夫,否则虽有良才,无以成器,虽
颜回亦不是例外,故以克己复礼教之。此决非如孟子所谓"万物
皆备于我,反身而诚,乐莫大焉"者也。引《论语》如下:

　　子曰:"我非生而知之者,好古敏以求之者也。"(《述
而》)

　　子曰:"……好仁不好学,其蔽也愚。好知不好学,其蔽
也荡。好信不好学,其蔽也贼。好直不好学,其蔽也绞。好
勇不好学,其蔽也乱。好刚不好学,其蔽也狂。"(《阳货》)

　　孔子对曰:"有颜回者好学,不迁怒,不贰过。"(《雍也》)

　　颜渊问仁。子曰:"克己复礼为仁。一日克己复礼,天下
归仁焉。为仁由己,而由人乎哉?"颜渊曰:"请问其目。"子
曰:"非礼勿视,非礼勿听,非礼勿言,非礼勿动。"(《颜渊》)

　　颜渊喟然叹曰:"……夫子循循然善诱人,博我以文,约
我以礼。"(《子罕》)

子贡问曰:"孔文子,何以谓之文也?"子曰:"敏而好学,不耻下问,是以谓之文也。"(《公冶长》)

孔子以为人之生也不齐,必学而后志于道。荀子以为人之生也恶,必学而后据于德。其人论虽有中性与极端之差,其济之之术则无异矣。兹将孔、孟、荀三氏之人性说以图明之。

	类别	工夫
孔子材差说	孟子性善说	以扩充内禀成之。
		以力学济之。
	荀子性恶说	以力学矫之。

后人以尊德性、道问学分朱陆,其实此分辩颇适用于孟子、荀卿。若孔子,与其谓为尊德性,勿宁谓之为道问学耳。

孔子之地位,在一切事上为承先启后者,天人论其一焉。

（选自《性命古训辨证》,《中国现代学术经典·傅斯年卷》,河北教育出版社 1996 年版）

傅斯年（1896—1950）,字孟真,生于山东聊城。1913 年考入北京大学预科,三年后升入北京大学中国文学系。1918 年创办《新潮》杂志,五四运动时被推举为北大学生代表之一,并任当日游行总指挥。1919 年末赴英国留学,1923 年到德国柏林大学哲学研究院进修,1927 年回国后受聘于中山大学,任文学院院长及历史系主任,随即在该校创办语言历史研究所。一年后又参与创立了中央研究院历史语言研究所,并任所长。抗战爆发后参加庐山谈话会及国防参议会,随后又任国民参政会参政员。1949 年冬随史语所迁台,1949 年初任台湾大学校长。其论著被收入《傅斯年全集》。

　　作者认为,测探孔子天人论应以《论语》为证。孔子是
"春秋晚期开明进步论者之最大代表"。孔子之天命观念,一
如西周之传说,春秋之世俗,非有新界说在其中;虽命定彩色
不少,要非完全之命定论,而为命定论与命正论之调和;孔子
之言天道,盖在若隐若显之间,正是脱离宗教之道德论之初
步。在人论上,孔子以为人之生也,大体不远,而等差亦见,故
必济之以学,然后归于一路。

中国通史简编（节选）

范 文 澜

第一节　孔　子

中国文化的起源，向来从夏商说起，也就是从私有财产制度确立的时候说起。不过夏商两代，尤其是盘庚以前，可信史料太缺乏，无法论证当时的真相，只能在先秦传说里，约略推见些稀疏的影子。

夏代社会已有阶级，但是原始公社制度还保存很大的成分。孔子说，夏人尊天命，事鬼敬神，赋税政令比较宽，刑罚威势比较轻，人民蠢愚朴野，对统治者没有什么怨恨。殷代奴隶占有制度发展了，统治阶级尊天命，敬鬼神，借重天命鬼神的威权，掠夺财富，对被统治者施行严厉的刑罚，不讲什么道理和恩义，所以社会"荡而不静，胜而无耻"。换句话说，是阶级斗争非常剧烈。周代开始了封建制度，周公制礼治民，规定尊卑亲疏贵贱长幼男女君臣父子等等无数差别。每一等人有他一定的义务和权利。尊贵人权利大，义务小。卑贱人义务大，权利小。

夏商周政教不同，决非如儒家所说"三代之道，若循环，终而复始"，实际上是社会向前发展的不同现象。

春秋后期，贵族领主的土地所有制，向着地主的土地所有制变革。这一变革的过程,经过战国时代,完成于秦之统一。这种制度与阶级的激剧变化,在当时思想上的反映,有主张保守的一派,梦想恢复周公时代的领主制;这一派的代表人物为孔子。战国时代,地主势力较春秋时强大,传儒家之学的孟、荀,都放弃尊周的主张,特别是荀子,要求秦朝式的统一。有主张打破贵族领主制,尽量使地主得到发展的;这一派思想的代表人物为商鞅、韩非。没落了的贵族领主,因为陷入绝望地位,所以情绪消极,主张极端的复古守旧;这一派思想的代表是老子。上述各派之外,还有许多思想派别,其中最显著的,是主张劳苦庶民利益的墨子。

孔子赞美尧舜(原始公社社会),认为是大同之世,太平的社会。同时对现实社会,希望造成固定的、巩固的、不变动的封建制度,就是说想恢复周公时代的制度。

孔子名丘、字仲尼,鲁国曲阜人。先世是宋贵族,曾祖父逃难到鲁国。父叔梁纥,曾做鲁陬邑(山东泗水县东南)宰。宋是殷朝的后代,鲁是周公的旧封,春秋时代,宋鲁是文化国,给孔子学术上很大的影响。

孔子生于鲁襄公二十二年(前551年),卒于哀公十六年(前479年),年七十二岁。这正当春秋后半期,公室卑弱,大夫争权,所谓臣弑其君,子弑其父,表示出旧制度不能维持现社会的时代。当时士大夫间,流行着"善之代不善,天命也","社稷无常奉,君臣无常位,自古已然",带些革命性质的理论。这在旧统治者看来,是多么危险的思想。孔子立在复古的观点上,严格批评犯上作乱的乱臣贼子,但对鲁国的乱臣贼子,却替他们讳莫如深,说是为尊者讳,为贤者讳,为亲者讳。

士处在社会中间阶层,看不起老农老圃,当然不愿意吃苦劳动,但贵族阶层里,又没有士的地位,很少机会取得大官。因此他们憎恶世卿把持,要求登进贤才,唯一希望是做官食禄,最好得做国君的宰相。周公相成王,是他们理想的幸运。如果做不到,替世卿当家臣也可以。孔子正是这个阶层的代表。

想维持旧统治者的地位,可是正在摇摇欲坠;想反对世卿大臣,可是他们仍有实际权力;想做大官,可是被贵族压抑;想安贫贱,可是委曲了治国平天下的大学问。士的生活是烦恼矛盾的。信天命而不信鬼神,正是这种矛盾生活的反映。因为天是至尊无上,独断独行,高深莫测的东西,"天何言哉,四时行焉,百物生焉,天何言哉"。天定下的命,谁能反对呢?鬼神应该福善祸淫,事实却不然,所以鬼神是不可信的。孔子所谓天命就是君主专制,鬼神就是卿大夫,卿大夫不得分君主的威权,不得有独立的地位,犹之有了天,不必再信鬼神,犹之君主有权,不必向卿大夫要官做。

据说,孔子五十岁才知天命。他没有被桓司马杀死,说是有天命,冉伯牛病死,也说有天命。这样,统治者未被推倒,当然是天命未改,应该"仍旧贯,何必改作"。等到统治者既被推倒,那是天命已改,可以拿"仍旧贯"的理论去拥护新受命者。照春秋经大义说来,魏文侯是篡逆之臣,文侯的老师,却是传春秋经大义的卜子夏,这也许就是孔子天命论的实践。

天命是固定不变的,所以道德政治等等都是固定不变的。政治的根本是礼乐,亲亲、尊尊、长长、男女有别,是礼乐的真义。那些疏者卑者幼者女人等被压迫被轻贱是合理的。道德的根本是仁义。仁就是爱,义是等次。爱有等次,对父母谓之孝,对君主谓之忠。人臣事君之礼是"不显谏,三谏而不听则逃之"。人子事亲之礼是"三谏而不听,则号泣而随之"。春秋战国时代,诸侯并立,士不必拘束在一个国家做官,所以君臣关系,固然比不上父子,也不像秦汉统一以后"君天也,天可逃乎"那样严厉。

　　孔子教人立身处世的大道理,可说是中庸主义和家族主义。处世以中庸为主,庸言庸行,寡悔寡尤,就是不要说固执的话,不要做特异的事,免得招祸受辱。天下有道,出来做官,无道,快点隐藏,和不分是非,惟利是图的"乡原"(伪君子),区别就在这里。立身以家族为主。孝为仁之本,身体肤发受之父母,不敢毁伤,自然不会犯上,更不会作乱。

　　历史证明统治者在未得政权,已得政权,以及政权将要崩溃的时候,对孔子的态度是不同的。汉高帝,侮辱儒生,夺下他们的帽子撒尿,这是何等的无赖行为。后来做了皇帝,用太牢(牛羊猪)祭孔子。金兵攻破曲阜,指着孔子像骂道:"夷狄之有君,不如诸夏之无也",是你说的么? 一把火烧毁孔子庙。后来统治中原,赶快修庙尊孔。宋徽宗大封孔子弟子做什么公什么侯什么伯,连仅见姓名的人物,如公夏首封钜平侯,公坚定封梁父侯。不多几年,北宋灭亡,徽宗当降虏,被金人封做昏德公。统治阶级不从改善政治着手,却一味大尊圣人,正是说明自己政权的动摇和危险。

　　中国是长期的封建社会,所以孔子学说的影响也是长期的。他是历史上伟大的教育家政治家,教育方面的成功比政治要大得多。他那种"学而不厌,诲人不倦,不知老之将至"的精神,是应该学习的。他那种繁富的学说,在一定的批判之下,加以选择继承发扬,是非常必需的。他有些概念,只要改换阶级内容,也还适用。至于失去时代意义的理论,腐朽没落的统治阶级,最喜欢拿来利用,企图阻挠新兴的力量,企图挽救崩溃的危局,不过这种企图,无例外的会得到失望。

20世纪儒学研究大系

第二节　儒家及其所传经典

孔子一派的学者,称为儒家。他们学习的书籍称为六经,六经就是《周易》、《尚书》、《诗》、《礼》、《乐》、《春秋》。

孔子死了以后,弟子们想推选一个像教主身份的人继承孔子,有些人推选有若,被曾参反对,没有做成,弟子们也就离散了。离散以后,他们自以为得孔子的真传,聚徒讲学,互相菲薄,成立许多派别。这种分裂现象,说明儒家不能有统一的思想。因为士依靠统治阶级才能生活。统治阶级好恶不同,必需有多样的方式迎合他们,如果议论行动是统一的,活动范围势必缩小,也就不容易成为显学了。

墨子攻击儒家,还可以说是学派不同,未必可信。荀子自己是儒者,他所痛斥的贱儒,并不比墨子说的好一点,可见一般的儒者是卑鄙无耻的。

齐王田辟疆问儒者匡倩说,儒者赌博么？匡倩说,不赌博。因为赌博以枭为贵,杀枭才能胜利,杀枭是不合理的,所以不赌博。又问儒者射鸟么？匡倩说,不射鸟。因为鸟在上,射者在下,下害上,是不合理的,所以不射鸟。又问儒者弹瑟么？匡倩说,不弹瑟。因为瑟小弦发大声,大弦发小声,大小贵贱变乱位次,是不合理的,所以不弹瑟。田辟疆听了喜欢道,很好。这匡倩真是典型的贱儒。

保存古代文化,流传后世的,不是匡倩那样的儒者,而是朴素的传经之儒。

殷周两代用竹简(竹制片子)写字,史官就是拿竹简记事的人。周朝有记言记事的史官,国君和贵族们说话做事以及典章制度都写下来,子孙世代相传,成为专门的学问。春秋时代,史官的学问,逐渐流传到民间,孔子从各方面学习了专门知识,再加整理选择的功夫,订定所谓六经,教授弟子们。从此儒家得到"继往开来"的地位,传统的中国文化和儒家发生不可分离的联系。

六经的内容,大抵是这样:

《周易》——是卜筮用的书。有六十四卦,每卦有六画,一画叫做一爻。《易经》原有的文辞,全是神秘难懂的话。孔子讲授《易经》,弟子们记载下来,叫做《易传》。其实《易传》杂凑而成,不一定全出孔子之口。《易传》里很有近乎辩证法的见解,认为宇宙间一切事物都是流动变化不固定的。可是它又认为有一种不变的本质存在,就是天一定在上,地一定在下,在上者一定尊,在下者一定卑,绝对不能变动的,这种思想应用到人事方面,制度名号器械正朔等等可变,亲亲尊尊长长男女有别(礼的真义)不可变。换句话说,就是在不破坏封建制度大前提下,枝节问题是可以变动改革的。这是孔子的哲学,也是一切儒家的哲学。

《尚书》——是政治方面重要言论的记载。主要是西周初年周公说的几篇话。

《诗》——是西周东周的诗歌,可以考见当时的社会情状。因为容易记忆,所以几乎全数保存下来。从文字意义说,《诗》三百篇,是中国文学的源泉。

《礼》——有《周礼》《仪礼》《礼记》三部。都是记载制度礼节的文辞。孔子教弟子学礼,大概是学仪礼。

《乐》——乐经早亡失,不能知道它的内容。

《春秋》——春秋原来是一种编年史,各国都有,所以墨子说见过百国春秋。孔子根据鲁国《春秋》,亲手写定这一部历史,宗旨在严格辨明君臣父子上下尊卑的神圣不可侵犯的等次名分。汉以后儒者发挥春秋大义,在拥护统治者意义上,的确起了很大的作用,解释《春秋经》有左氏、公羊、榖梁三家,称为春秋三传。

六经以外,记载孔子言语的《论语》也很重要。

这几部主要经典,流传到现在,已经二千多年,经学本身起了无数变化和派别,每一变化和派别,都是适应当时政治上的需要而发生的。所以不了解经学,很不容易了解中国文化的根柢。

(1941—1942 延安新华书店初版,这
里选自河北教育出版社 2000 年版)

范文澜(1893—1969),字仲沄,浙江绍兴人。1914 年考入北京大学文本科国门学,1925 年后在南开大学、北京大学、女子师范大学、中国大学、朝阳大学任教。1946 年赴延安,任马列学院历史研究主任、中央研究院院长兼历史研究室主任。建国后任中科院哲学社会科学部委员、中国科学院近代史研究所所长、全国史学会副会长。主要论著有《中国通史简编》、《历史考略》、《群经概论》、《文心雕龙注》等,出版有《范文澜历史论文选集》。

作者认为孔子生活在领主没落、地主阶级兴起,但还不成熟的时代。孔子思想是当时士阶层思想的结晶。士是统治阶级的最下一层,其思想保守性多于进步性,妥协性大于反抗性。所以孔子学说全部贯注着"中立而不倚"的中庸思想。孔子不谈论神怪,也不明确否认神怪。孔子学说的主要内容是礼乐与仁义。"道之以德,齐之以礼"是孔子的最高政治思想。他主张举贤才,慎刑罚,薄赋敛,重教化,大一统。孔子是历史上伟大的教育家和政治家,教育方面的成功比政治要大

得多。他那种繁富的学说,在一定的批判下加以选择继承发扬是非常必要的。

孔子与心教

钱　穆

　　人生最大问题是"死"的问题。凡所谓人生哲学人生观等,质言之,都不过要解决此死的问题而已。若此问题不解决,试问人生数十寒暑,如电光石火,瞬息即逝。其价值安在?其意义又安在?

　　人皆有死,而人人心里皆有一个共同的倾向,共同的要求,即为如何而能不死、不朽与永生是也。此种要求,不独人类有之,即其它动物亦莫不有之。人类为满足此种要求而有宗教。宗教信人有灵魂,可以脱离肉体而存在。现实人生限于肉体,空幻不实,变化无常。灵魂生活不限于肉体与现世,他乃贯串去来今三世,永恒不灭,真常不变。不过,这种说法有两个缺点:(一)与科学冲突;(二)忽略了现实。

　　人生的另一个问题是"我"的问题。无我则人生问题无着落。所以人生问题也可说是"我生的问题"。但是原于我见而使人类都不免有自封自限自私自利的习性,因而人我之间不能不有激荡,不能不相冲突,由此招致社会之不安。人类为防止此种不安,而有正义自由与法律。自由属诸各人自己的范围,正义则为人我自由之界限,法律则为维持正义限制自由而设,在正义界限以内,人各享其自由,若有逾越,则受法律之裁制。西方社会的现世安宁,即借此正义自由与法律的观念而维持。所以他们即在父子夫妇兄弟朋友之间,亦有很明显的界限。但是我们禁不住要问:若人生唯有此等正义自由与法律,则人与人间全成隔膜,全成敌体,试问人生价值又何在,其意义又何在,再以何者来安慰此孤零破碎漠不相关的人生呢?

西方人在这一点上还是乞灵于宗教。他们用宗教灵魂出世之说来慰藉现世孤零的人心,他们把人生不朽的要求引到别一世界(天国)去。因此之故,他们特重牧师与教堂。而在现世里则以法律来维持秩序,处理纷争,因此他们又特重律师与法堂。我们可以这样说,他们的人生是两个世界的。来世的人生是宗教的,现世的人生是法律的。二者相互为用,他们的政治社会以及一切文明,都支撑在此上。

中国人则与此不同,中国社会不看重律师与牧师,亦不看重法堂与教堂。但中国人又何以能解决生死的问题,以及人我的问题的呢?欲知此事,当明孔子学说。

中国人也要不朽,但中国的"不朽观念"和西方人的不同。《左传》里载叔孙豹之言,谓不朽有三:立德立功与立言是也。我们细看,这三种不朽都属于现世的,可以说是现世的不朽,而非来世的不朽。人生的不朽,仍在这个社会里,而不在这个社会外。因此中国人可以不信灵魂而仍有其不朽。我之不朽,既仍在这个社会里,则社会与我按实非二,儒家思想里面仁的境界即由此建立。在仁的境界内,自私自利之心自不复有,而我的问题亦牵连解决。人生并不是一个个隔膜敌对的小我,各自独立,则人生自不必以小我自由为终极。不讲小我自由,便不必争论那个为自由划界的正义。既不争论那个为你我自由划界的正义,则维持此正义判决此争论的法律自更不为中国观念所重。扩充至极,则中国社会可以不要法律不要宗教,而另有其支撑点。中国社会之支撑点,在内为仁而在外则为礼。

西方人的不朽为灵魂,故重上帝与天堂。中国人的不朽即在人群之中,故重现世与人群。两者相较,中国人的不朽观念实较西方人的为更著实亦更高超,实在不能不说是更进步的观念。从事宗教生活者必须求知上帝的意旨,求三不朽现世生命者必须求知人群的意志。中国人的上帝即是人类大群。人能解脱小我的隔膜与封蔽,而通晓人类大群的意志者,其心的境界即谓之仁。孟子说,仁人心也,正指这一种心的境界而言。西方人所谓心,与灵魂离为两物,心只为小我肉体之一机能。中国观念反是,中国人以心即仁,中国人看心,虽为肉体之一机能,而其境界可以超乎肉体。西方人认超肉体者只有灵魂,中国人看心则包容西方人灵魂观念之一部分,而与西方人之所谓灵魂者自不同。中国人看心可以超乎肉体而为两心之相通。如孝,即亲子间两心相通之一种境界也。子心能通知父心即为孝。耶稣《圣经》中说"你依上帝的心来爱你的父母与兄弟",可见西方人只认自己的心可与上帝相通,却不认人我之间的心可以直接相通。人我之心直接相通,此乃中国观念,此即儒家所谓仁。

若以生物进化之观点论之,自无生物进而为有生物,自植物又进而为动物,又自动物进而为人。人与其它动物之差别点,即在人有人心。人心能超出个体之隔膜与封蔽而相通,此乃中国人观念;西方人则认人兽之别在有灵魂与无灵魂。西方人看心为肉体的,人兽相似,无大差别。因此近世西方宗教观念渐渐淡薄,便认人与禽兽同一境界,同属自然。像中国人观念下之人心更高境界,为西方人所不易接受。至于西方宗教上之灵魂观念,则又为中国观念所不了。因此可说,中国的人生观念是"人心"本位的。此所谓人心,非仅指肉体的心,肉体的心凡动物皆有之而不能相通,故动物仅自知痛痒而哀乐不相关,相互间无同情。西方科学里的心理学,即以这类的心态为研究题材,当然不能得人心之真实境界。此因西方人把人心之一部分功能划归灵魂,而又认灵魂只与上帝相通,人与人之间,则须经过上帝的意旨之一转手,而不能直接相通,因此其对人心的认识实嫌不够。中国人之所谓心,则并不封蔽在各各小我自体之内,而实存于人人之间,哀乐相关,痛痒相切,首论此者则为孔子。

我们可以说,孔子讲人生,是直指人心的。由人心显而为世道,这是中国人传统的人生哲学,亦可说是中国人的宗教。当知科学知识虽可愈后愈进步,而人生基本教训则不必尽然,因人生大本大原只有这些了,并可以历万世而不变也。中国古人也有上帝神鬼之信仰,直到孔子,才把此等旧说尽行舍弃。以后的人,但讲"人心世道"而不谈上帝,这实是中国的大进步。所谓人心,应著重人字上看。所谓世道,应著重世字上看。西方人看人心只如兽心,耶教教义认为人皆有罪,一切唯有听从上帝的意旨,以上帝之心为心。西方人既看不起人心,宜其看不起世道,而另要讲出世之道。迨到西方人回过头来,舍却灵魂而单言人心,又因为不看重人心与兽心之分别,故而陷世道于重大罪恶中。

我们可以说西方的宗教为上帝教;中国的宗教则为"人心教"或"良心教"。西方人做事每依靠上帝,中国人则凭诸良心。西方人以上帝的意旨为出发点,中国人则以人类的良心为出发点。西方人必须有教堂,教堂为训练人心与上帝接触相通之场所。中国人不必有教堂,而亦必须有一训练人心使其与大群接触相通之场所,此场所便为家庭。中国人乃在家庭里培养其良心,如父慈子孝兄友弟恭等是也。故中国人的家庭,实即中国人的教堂。

孔子认为培养良心最直捷的方法,莫过于教子孝弟。故曰孝弟也者,其为仁之本与。再由孝弟扩充,由我之心而通人类大群之心,去其隔膜封蔽,而达于至公大通之谓圣。心之相通,必自孝始,因此中国宗教亦可说是孝的宗教。孝之外貌有礼,其内心则为仁。由此推扩则为整个的人心与世道。因此既有孔子,中国便可不需再有宗教。

孔子之后有墨子,墨子思想颇近宗教。"兼爱"则如耶稣之博爱,"天志""明鬼"都是宗教的理论。然而墨子有一最大缺点,他没有教堂以为训练人心上通天鬼之场所。他既没有宗教的组织和形式,所以只可说他是一个未成熟的宗教。孔子则不然,他不从来世讲永生,孔子即避免了先民素朴的天鬼旧观念之束缚。子路问死,他说"未知生,焉知死"。他直捷以人生问题来解决人死问题,与其他宗教以人死问题来解决人生问题者绝不同。他看祭祀不过是一种心灵的活动,亦可说是一种心灵的训练与实习。故他说"祭如在,祭神如神在,我不与祭如不祭"。他只看重人心的境界,不再在人心以上补一个天鬼的存在,他实在是超宗教的、进步的。惟孔子虽超宗教,而又有家庭为训练人心之场所。墨子不能超宗教,而又无他的教堂为训练人心以供人神之接触而相通。这是孔墨相异的一点,亦即孔学之所以兴,与墨学之所以废的大本原所在。

今再剀切言之,孔子的教训,实在已把握了人生的基本大原,如孟子所谓先得吾心之固然是也。人生进于禽生与兽生,已不限于肉体的生命,而别有心的生命。所谓人生,即在人类大群心之相互照映中。若只限于六尺之躯之衣食作息,此则与禽生兽生复何区别。故我的人生即存在于人类大群的公心中。所谓人生之不朽与永生,亦当在心的生命方面求之。其人之生命,能常留在人类大群的公心中而永不消失,即是其人之不朽。肉体生命固无不朽,而离却人类大群之公心,亦无不朽可言。故知真实人生,应在大群人类之公心中觅取,决非自知自觉自封自蔽之小我私心便克代表人生之意义。因此必达到他人心中有我,始为我生之证。若他人心中无我,则我于何生。照孔学论之,人生即在仁体中。人生之不朽,应在此仁体中不朽。人生之意义,即人的心在他人的心中存在之谓。永远存在于他人的心里,则其人即可谓不朽。孔子至今还存在人的心中,所以孔子至今还是不朽,还是生存于世。只因"人心之所同然"为孔子所先得,所以孔子能生存在人的心中历久不灭。只因有孔子的心教存于中国,所以中国能无需法律宗教的维系,而社会可以屹立不摇。此后的中国乃至全世界,实有盛唱孔子心教之必要。

(原载《思想与时代》第 21 期,1943 年 4 月 1 日)

　　钱穆(1895—1990),原名思𫓹,字宾四,江苏无锡人。历任燕京大学、北京大学、清华大学、北平师范大学教授。抗战期间先后在西南联大、华西大学、四川大学任教,并曾主持齐鲁大学国学研究所,主编《齐鲁学报》。抗战胜利后任昆明五华学院文史研究所所长、无锡江南大学文学院院长兼历史系主任。1949 年去香港,创办亚洲文商夜校,1950 年更名新亚书院。1964 年新亚书院并入香港中文大学,遂辞去新亚书院院长之职。1967 年移居台北,任中国文化书院(今文化大学)博士生班首任班主任、"中央研究院"院士,故宫博物院特聘研究员。

　　作者认为,西方的人生是两个世界的,来世的人生是宗教,现世的人生是法律的,二者相互为用,他们的政治社会及一切文明，都支撑在此上。而中国的人生观念是"人心"本位。中国古代有上帝神鬼之信仰，直到孔子，才把此等旧学尽行舍弃，以后的人，但讲"人心世道"而不谈上帝，这实是中国的大进步。西方的宗教为上帝教，中国的宗教则为"人心教"或"良心教"。孔子认为培养良心最直捷的方法，莫过于教子孝弟。孝之外貌有礼，其内心为仁，由此推扩到为整个人心与世道。因此既有孔子，中国便不需再有宗教。只因有孔子的心教生于中国，所以中国能无需法律宗教的维系，而社会可以屹立不摇。

孔　子

萧　公　权

第一节　孔子之身世及时代

孔子名丘,字仲尼。据旧籍所载,其先孔父嘉以公族为宋司马。曾祖防叔避难奔鲁,为防大夫①。父叔梁纥为鄹大夫②。凡此虽未必尽确,而孔子为殷遗民贵族之后则无可疑。然孔子早年丧父,幼而贫贱③。其所受教育如何,已无法详考。太宰称其多能,达巷传其博学④,《史记》载其"为儿嬉戏常陈俎豆",而当时亦有"知礼"之誉⑤。《论语》又记孔子"钓而不网,弋不射宿"。拒孺悲以瑟歌,反鲁国而"乐正"。至其弟子所受之《诗》、《书》六艺,政

---

① 孙星衍《孔子集语事谱上》引《诗·商颂序》疏引《世本》谓宋湣公生弗甫何,弗甫何生宋父,宋父生正考父,正考父生孔父嘉,为宋司马。华督杀之而绝其世。其子木金父降为士。木金父生祁父,祁父生防叔,为华氏所逼奔鲁,为防大夫,故曰防叔。

② 同书引《潜夫论·志氏姓》谓"宋父生世子,世子生正考父"。又谓叔梁纥"为鄹大夫"。馀略同《世本》。

③ 《论语·子罕第九》,孔子自谓"吾少也贱,故多能鄙事"。

④ 《孔子世家》。

⑤ 《论语·八佾第三》,"子入太庙,每事问。或曰:孰谓鄹人之子知礼乎?"可见孔子有知礼之名而或疑之也。

治、文学①诸端,亦必为孔子之所娴习。吾人当注意,孔子虽自谓
"多能鄙事",而其所学者殆皆当时士大夫持身用世之术,外此者
所不屑为。故樊迟请学稼圃,孔子讥为小人②。荷蓧丈人复以"四
体不勤,五谷不分"讥夫子。盖春秋时代农工为平民之业,士大夫
不事生产,殆略似欧洲古希腊之贵族。故孔子少虽贫贱,其所治则
"君子之学"。且既为宋公族鲁大夫之后裔,则此君子之学所由成
就,不仅有得于家族之薰陶,并以门阀之故,得广闻博览之便利。
孔子自称能言夏殷之礼,之杞宋而知文献不足③。由孔子得观书
于杞宋。可推想其得观书于周鲁。孔子又明言其"及史之阙
文"④,则韩宣子之所观⑤,或亦孔子所曾入目。此外如入庙观器,
适周问礼⑥,皆足示其治学之勤,子贡谓"夫子焉不学,而亦何常师
之有"⑦,最能道孔子求学之实况。

孔子一生之事迹,不外从政、教学与编书三端。其政治生活较
为短促。最初盖曾为贫而仕,任委吏乘田⑧。后宰中都,进为司

---

① 分见《论语·述而第七》、《阳货第十七》、《子罕第九》、《先进第十一》等章。

② 同书《子路第十三》。

③ 同书《八佾第三》。

④ 同书《卫灵公第十五》。

⑤ 《左传》昭公二年(晋使韩宣子赴周观礼时为前 539 年)。

⑥ 《史记·孔子世家》,《荀子·宥坐》,《淮南子·道应训》,《说苑·敬慎》。

⑦ 《论语·子张第十九》。

⑧ 《孟子·万章下》。《史记》世家作"为季氏史"及"司职吏"。

寇①,遂预于大夫之列。任司寇时曾相定公会齐侯于夹谷,以言折景公,并议堕三都,以图削孟、叔、季三家之势。及齐人馈女乐,君不致膰肉,孔子自知不能复见用,遂去鲁适卫。此后更无从政之事。

孔子从事教学,发端似颇早。孔子自称"三十而立"。《左传》昭公二十年(前521)载孔子止琴张吊宗鲁,时孔子年正三十。开始授徒②或在此时。其弟子之贤者约七十人。其中出身贫贱者,似占大多数。如"颜子居陋巷,死有棺无椁。曾子耘瓜,其母亲织。闵子骞着芦衣,为父推车。仲弓父贱人。子贡货殖。子路食藜藿,负米,冠雄鸡,佩豭豚。有子为卒。原思居穷阎,敝衣冠。樊迟请学稼圃。公冶长在缧绁。子张鲁之鄙家。虽不尽信,要之可见。其以贵族来学者,鲁惟南宫敬叔③,宋为司马牛,他无闻焉"④。盖"有教无类"⑤,孔子弟子固不必悉守"不徒行"之礼,保持士大夫之姿态。然七十子之门第虽卑,而所学则多为仕进之术,故颜问为邦,雍可南面。政事既设专科,师弟尤多以政事相问对。其至子路谓"有人民焉,有社稷焉。何必读书,然后为学"。孔子

---

① 《孟子·告子下》谓"孔子为鲁司寇,不用。从而祭,燔肉不至,不税冕而行"。《史记》言由司职吏为中都宰,进为司空,再进为大司寇,摄行相事:马骕《绎史》辨之,谓司空为三卿之一,三桓世为之。司寇为大夫,侯国不称大,江水《乡党图》考辨摄相乃相礼。鲁相乃三卿,而季氏执政。孟子之言似较近实。

② 《论语·学而第一》。钱穆《先秦诸子系年考辨》页三。

③ 《左传》昭公七年载孟僖子将死(死于二十四年)嘱其子懿子及南宫敬叔从孔子学。

④ 钱穆同书页七七。按孔子为殷遗民贵族之后,其弟子之中或亦不乏殷后,惟可确考者仅颛孙师。《礼记·檀弓》载"子张之丧,公明仪为志焉,褚幕丹质,蚁结四隅,殷士也"。

⑤ 《论语·卫灵公第十五》。

无以折之,而仅曰:"恶乎佞者。"①孔门学风,于此可以想见。

孔子著述之事,古今学者异说纷纭。吾人不必讨论。孔子盖好古敏求,得观公家藏书,乃复加以整理,发明意义,而以之传授于后学。《史记》谓"孔子以《诗》、《书》、礼、乐教弟子",此则事之可信者。抑又有进者,孔门教材之来源,并不限于官书。孔子不仅广采众说,且亦自有创见。孔子适周问礼,入太庙每事问。卫公孙朝问仲尼焉学,子贡对以"文武之道未坠于地,在人。贤者识其大者,不贤者识其小者,莫不有文武之道。夫子焉不学,而亦何常师之有"。此足见孔子不仅取材于书史。子贡谓"夫子之言性与天道,不可得而闻"。孔子谓"二三子以我为隐"②。此足见孔子之教时越出《诗》、《书》文字之外。综孔子一生之事迹观之,其最大之成就不在拨乱反正,而在设教授徒。章炳麟称"孔子于中国为保民开化之宗",其论至当。章氏以为"《周官》所定乡学,事尽六艺。然大礼犹不下庶人。当时政典,掌在天府,其事迹略具于《诗》、《书》。师氏以教国子,而齐民不与焉。是故编户小氓,欲观旧事,则固闭而无所从受。故传称宦学事师,宦于大夫,明不为贵臣仆隶,则无由识其余绪。自孔子观书柱下,述而不作,删定六书,布之民间,然后人知典常,家识图史"。又谓"春秋以往,官多世卿。其自渔钓贩牛而兴者乃适遇王伯之君,乘时间起。平世绝矣。斯岂草野之无贤才。由其不习政书,致远恐泥,不足与世卿竞爽。其一二登用者率不过技艺之官,草隶之事也。自孔子布文籍,又养徒三千,与之驰骋七十二国。辨其人民,知其土训,识其政宜。门人余裔,起而干摩,与执政争明。哲人既萎,曾未百年,六国兴而世

---

① 《论语·先进第十一》。
② 《论语·公冶长第五》、《述而第七》。

卿废。民苟怀术,皆有卿相之资。由是阶级荡平,寒素上遂。至于今不废"①。孔子之贡献,此殆为最扼要之说明。

故就孔子之行事论,其最大之成就为根据旧闻,树立一士君子仕进致用之学术,复以此学术授之平民,而培养一以知识德能为主之新统治阶级。然其所以能如此者,虽由其本人之敏求天纵,半亦由时代之影响。苟非时机成熟,虽有至理名言,其谁能领悟而接受? 孔子生于鲁襄公二十二年,卒于哀公十六年,正当春秋之末叶,由封建天下转入专制天下过渡时代之初期。周礼已废而未泯,阶级方坏而犹著。孔子身受旧社会之薰陶,又于旧制度中发现新意义,即欲以其所发现者为改善及复兴旧秩序之具。然当时之公族世卿既未必能用其言,遂传其术于平民,使其学成者出仕公卿,取得致用之机会。当时必有平民之子弟欲自拔于畎亩市井之中而未得其途者,得孔子之施教,自踊跃以赴之。故孔子学术之主要内容为政理与治术。其行道之方法为教学,其目的则为从政。其学术大体取材于旧贵族之典常图史,其设教之对象则大致为贫贱之子弟。章氏所称仲尼荡平阶级之作用,非抑旧贵族而使下侪于皂隶,实乃提升平民而令上跻于贵族也。就此论之,孔子固不失为旧制度之忠臣,亦同时为平民之益友。孔门弟子多出身微贱,此为一重要之原因。

然以《诗》、《书》、六艺传人以为仕进之具,虽由孔子而盛,其事则不始自孔子。章炳麟谓"儒有三科"。"达名为儒。儒者术士也"。"类名为儒。儒者知礼、乐、射、御、书、数"。"私名为儒"、

① 《太炎文录初编》卷二,驳建立孔教议。师氏以六艺六仪教国子,见《周礼·地官·司徒》。

"宗师仲尼"①,故儒名不自孔立,其道至孔始大。孔子有"君子儒"、"小人儒"之区分②。孔子未明言二者之所以相异。然观其斥樊迟问稼为小人,则可推知君子不应图衣食。观其讥弟子之为家臣③,则可推知君子当谨出处。盖君子在孔子思想中为品性之名,亦为身份之号。德位兼备,乃为君子之极则。孔门之教,意在以德取位。儒而小人④,斯大背设教之宗旨。就此而言,孔子之目的有二:一曰化德位两缺之小人为有德无位之君子,二曰致有德无位之君子为德位兼备之君子。其理想略似柏拉图之"哲君"⑤。所可惜者,孔子陈义虽高,而弟子之能力行者极少。七十子之中有得于"德行"之教者多为高蹈之隐君子。有得于"言语政事"之教者不免干禄躁进,取位鲜出家臣邑宰,尚不如孔子曾至大夫之列。推其失败之故最显著者为历史环境之限制。盖当孔子之时公族虽

---

①　《国故论衡》下《原儒》。

②　《论语·雍也第六》。

③　《史记·仲尼弟子列传》"孔子曰:天下无行,多为家臣,仕于都。唯季次未尝仕"。

④　《墨子·非儒》,"夫□□□□,夏乞麦禾。五谷既收,大丧是随,子姓皆从,得厌饮食。毕治数丧,足以至□矣。因之家晬(财)以为□,恃人之野以为尊,富人有丧,乃大说喜曰:此衣食之端也"。《荀子·儒效》"逢衣浅带,解果其冠。略法先王而足乱世术。(中略)呼先王以欺愚者而求衣食焉。得委积足以掩其口则扬扬如也。随其长子,事其便僻,举其上客,偠然若终身之虏而不敢有他志。是俗儒也已"。《孟子·尽心下》载孟子之滕,馆人疑从者窃屦,亦足见儒之见轻于世。

⑤　Plato: "*Republic*" 4736: "*Until, then, philosophers are kings, or the kings and princes of this world have the spirit and power of philosophy, and political greatness and wisdom meet in one······Cities will never cease from ill······*"

微,而鲁国政权已移入大夫陪臣之手①。欲其破格授位,诚非易事。观孔子自身屡遭谗沮②,则其中消息已可窥知。况世卿虽衰,阶级观念依然存在。以力田学稼之细民而置身卿相,或未必为世俗所安。必至风气大变之后,"君子儒"之地位始渐提高。子夏子思为国君师友,孟子薄齐卿而致仕,孔子之理想乃部分实现。然此重士之风气,实为以大夫僭国之魏文侯所开。子夏亲受孔子"勿为小人儒"之诫,而竟受其尊养,显已有违夫子之教。其弟子李克复为之尽地力,更蹈"辅桀"之嫌疑。此后以平民致卿相者则"每下愈况",不特非君子儒,乃多为善战明法、合纵连横之非儒。此皆由于世风之变,已超过孔子最初设教之范围,仁义之言,不能适应七雄之局势也。故就荡平阶级之功言,孔子不啻陈涉、吴广之发难,而首享其成者反为商、韩、苏、张"异端""邪说"之流亚。抑又有进者,孔子意在拔平民以上跻贵族,其思想又由"先王"之道陶融以成,故认定封建政治与宗法社会乃其实行成功之必要条件。于是一生言行颇致力于明权位,抑僭侈,重人伦诸端。如私家强盛则谋堕三都,简公遭弑则请讨陈恒。其他类此者不一而足。然而"逝者如斯",史无停晷。孔子所欲改善保持之封建天下,卒迅速崩溃以去,则君子儒不能与游说功利之士争胜,亦势所必至也。上述之推论如尚无大误,则孔子之政治理想虽对封建天下之季世而发,实未尝得一全部实行之机会。其"君子儒"之理想,至为高尚美大。然而上不能令其弟子进于公臣,下又以屈节私家为耻。僭

① 《论语·季氏第十六》"孔子曰禄之去公室五世矣。政逮于大夫四世矣。故夫三桓之子孙微矣"。集注曰:"鲁自文公薨,公子遂杀子赤,立宣公而君失其政,历成、襄、昭、定凡五公,逮,及也。自季武子始专国政,历悼、平、桓、子凡四世,而为家臣阳虎所执。"参本书第一章注⑧。
② 孔子于齐、鲁、卫、楚均遭谗。《史记·孔子世家》。

国执政之大夫陪臣，事实上促成门阀阶级之破坏，有助于布衣卿相之出现①，而孔子裁抑之。尊降柄移之天子国君，早已不能为行道之主体，而孔子拥护之。此种“知其不可而为之”之精神②，乃仲尼所以伟大，亦其所以失败。盖“素王”之立功，实远逊其德言之成绩。若以现代术语明之，则孔子乃伟大之政治思想家而失败之政治改进者。其所以贤于尧舜者正以其无尧舜所已得之位，而立尧舜所未有之学也。专制时代之君臣，虽推尊孔子，表章儒术，其实断章取义，别具私心，存其仁义之言辞，略其封建之背景，忘其平阶级之宗旨，遗其君子儒之教义。“儒臣”之仕进者岂但明目张胆，效法子张之干禄，或竟不免术近穿窬，为“呼先王以欺愚者而求衣食”之“俗儒”。其能为“雅儒”之不诬不欺者已属难能之上选。孔子欲化小人儒以为君子儒，后世乃每“并与仁义而窃之”，借君子之名以遂其小人之实。两汉以后之儒，谓为荀学③，尚不免有过誉之处矣④。

---

① 魏文侯及齐威王均大夫僭国（威王乃始僭国田和之孙），文侯礼贤，驰誉诸侯，开养士之风。吴起、李克皆得见用。威王立稷下宫，招致学士，人材尤盛，为战国时代学术之中心（按徐幹《中论·亡国》篇谓“齐桓公立稷下之宫”，则为田和之子）。此后则申不害相韩昭侯（景侯以大夫僭国，五世至昭侯），惠施、张仪用事于魏（惠王），苏秦“佩六国相印”，布衣卿相之风乃大盛。

② 《论语·宪问第十四》，石门晨门称孔子语。

③ 谭嗣同《仁学》下。

④ 孔子事迹见《史记·孔子世家》及《孔子家语》。然近代学者以为多谬误不可信。年谱有郑环、江永、蔡孔新、夏洪基等所编。崔述《洙泗考信录》于旧说多所校订。此外尚多，不备举。

第二节　从周与正名

孔子从周,前章已略述及。此实为其政治思想之起点,故不可不再加较详之论述。孔子谓"吾说夏礼,杞不足征也,吾学殷礼,有宋存焉。吾学周礼,今用之,吾从周"。又谓"周监于二代,郁郁乎文哉! 吾从周"①。此外如哀公问政,则举文武之方策,自叹其衰,则以不梦周公为征兆②。故孔子奉周政为矩范,似无可疑。然孔子既为"殷人",其思想中岂无"殷礼"之成分,而遂纯用周礼乎? 据今日不完全之文献以推论,吾人以为孔子政治思想之中,凡涉及制度之处,殆甚少殷礼之成分。其荡平阶级之教化,或以解放遗民为动机。过此则难于想象矣。其理由有三:(一)殷之文化,或甚浅演。近代学者或断其尚在石器时代③,或谓已应用青铜④。其质度必尚质朴,与儒家之理想不合。(二)即使殷商之文化颇高,周因殷礼,则孔子从周,只间接采用殷礼,并非兼采二种不同之制度而调和之。盖殷亡至是已六百余年。不仅复国无望,遗民殆亦多趋同化。吾人可以下列数事征之。宋为微子旧封,奉殷之祀,宜其保持殷礼。然据《史记·宋微子世家》所载,微子启传弟微仲,微仲传子稽,稽传丁公申,丁公申传湣公共,共传弟炀公熙。"湣""惠"皆为死后之谥。此后则有厉、釐、惠、哀诸公。故宋开国四

---

① 分见《中庸》第二十八章及《论语·八佾第三》。

② 分见《中庸》第二十章及《论语·述而第七》。门弟子之言亦与孔子自道者相合。如子贡论夫子所学以文武之道为言。见本书第一章注⑫。

③ 见本书绪论注㊲。

④ 马衡《中国之铜器时代》,郭沫若《中国古代社会研究》。

传,即已采用周道之谥法①,岂非同化之一例?《史记·鲁伯禽世家》又载"鲁公伯禽之初受封之鲁,三年而后报政。周公曰:何迟也? 伯禽曰:变其俗,革其礼,三年然后除之"。足见鲁曾致力于周化殷民,与齐太公"礼从其俗为"之放任政策不同。孔子谓"齐一变至于鲁,鲁一变至于道"②。旧注谓齐伯国余习,故不及鲁。其实齐之殷民余习较深,周化程度较浅,故去道亦较远也。盖周礼在鲁,世所共喻。周道既伤于幽厉,孔子更舍鲁而莫适③。孔子生于此周文化中心之旧国,其祖若父殆均仕为大夫,孔子本人即已显然周化。醉心周礼,事极自然。(三)孔子于殷之礼俗,取舍从违不一,然其所从者似皆个人与社会生活之末节,与政治无直接之重要关系。如《礼记·儒行》称孔子对哀公问儒服曰:"丘少居鲁,衣逢掖之衣,长居宋,冠章甫之冠。"《檀弓》谓"殷练而祔,周卒哭而祔。孔子善殷"。《论语·卫灵公》载颜渊问为邦,孔子告以乘殷之辂。此从殷之例也④。康叔封于卫,周公命以《酒诰》,足见酗酒为殷民之恶习。《论语·子罕》载孔子自谓"不为酒困",《乡党》亦谓酒不及乱。《礼记·表记》谓"殷人尊神"。观殷虚甲骨,更可

① 《礼记·檀弓》"死谥,周道也"。

② 《论语·雍也第六》。参《左传》定公四年本书第一章注⑰引,又《论语·子路第十三》,孔子曰:"鲁卫之政兄弟也",上引《左传》于分述伯禽封鲁、康叔封卫之后,谓"皆启以商政,疆以周索"(杜注,索,法也)。孔子之意殆指二国之政皆因殷而化于周,非仅指二叔为兄弟也。

③ 《礼记·礼运》。"孔子曰:於乎哀哉,吾观周道,幽厉伤之,吾舍鲁何适矣? 鲁之郊禘,非礼也,周公其衰矣"。

④ 《礼记·檀弓》。"周人以殷人之棺椁葬长殇,以夏后氏之墼周葬中殇下殇,以有虞氏之瓦棺葬无服之殇"。"夏后氏用明器(中略),殷人用祭器(中略),周人兼用之"。足见周制本杂采夏商。孔子所谓周监二代,信而有征也。

知殷人之有巫风。《论语·先进》载孔子以"未能事人,焉能事鬼"对子路问鬼神,而《墨子·非儒》亦以不信鬼神为言。《檀弓》载"殷既封而吊,周反哭而吊"。孔子曰:"殷已悫,吾从周。"此背殷之例也。凡此从违均不足据以断定孔子采取殷之政制①。

吾人若进而推论孔子思想之环境,则制度从周,更有其必然之理由。孔子虽自知其为殷人,而身既仕鲁,已承认周人之政权。如不从周,岂能举文武之政悉废置而改作?况周因殷礼,郁郁乎文。典章文物不必与殷相反,而更粲然大备。杞宋之文献不足,孔子即欲制度复古,而殷礼无征,亦难资以号召。当时已无殷之"顽民",其谁从仲尼以抗周而革命乎?孔子尝谓"愚而好自用,贱而好自专,生乎今之世,反古之道,如此者灾及其身者也"②。此正足以说明孔子之政治态度为周之顺民,而其政制之主张为守旧。后来儒术之见重于专制帝王,此殆为一重要之原因。

孔子政治思想之出发点为从周,其实行之具体主张则为"正名"。以今语释之,正名者按盛周封建天下之制度,而调整君臣上下之权利与义务之谓。盖孔子生当周衰之后,封建政治与宗法社会均已崩坏,目睹天下秩序紊乱,推究其因,不得不归咎于周礼之废弃。故一生言行每致意于尊周室,敬主君,折贵族之奢僭,抑臣下之篡窃。责人不贷,律己亦严。略举数例,如《春秋》书"王正月",《论语·季氏》谓"天下有道则礼乐征伐自天子出"。《乡党》记孔子在朝之恭谨,《子罕》载孔子叹无臣之有臣。季氏八佾③,则

① 胡适《说儒》谓相礼乃殷遗民之职业,孔子化殷儒之柔顺为孔儒之宏毅,颇具特见。惜未申论孔子之政治立场。

② 《中庸》第二十八章。

③ 《论语》分见《八佾第三》及《子路第十三》。书中他例尚多,可检阅。

斥为"不可忍"。冉子退朝则辨其非有"政"。诸如此类,不可悉引,可以见正名非孔子偶然之主张。故子路问为政之先,孔子答以"必也正名",而齐景公问政,又告以"君君、臣臣、父父、子子"①。推孔子之意,殆以为君臣父子苟能顾名思义,各依其在社会中之名位而尽其所应尽之事,用其所当用之物,则秩序井然,而后百废可举,万民相安。若觚已不觚②,则国将不国。然则正名者诚一切政治之必需条件也。

正名必藉具体制度以为标准。孔子所据之标准,即盛周之制度。就狭义之政制言,则为文武之"方策";依文武之政以正名,故曰"宪章文武"。就广义之制度言,则为"周礼";依周公之典章以正名,故曰"吾学周礼"。而孔子所谓礼者固不限于冠婚丧祭,仪文节式之末。盖礼既为社会全部之制度,"克己复礼"则"天下归仁"矣。孔子正名之术若行,则政逮大夫者返于公室,国君征伐者听于天王。春秋之衰乱,可以复归于成康之太平。战国可以不兴,始皇莫由混一。就此以论,则"孔子政治思想在晚周之地位,略近苏格拉底门人埃索格拉底之于雅典。埃索格拉底虽无精深博大之思想足与孔子相较,然其主张恢复梭伦所缔造之祖先旧制则有似

---

① 《论语》分见《子路》及《颜渊第十二》。景公闻孔子之对,发叹曰:"善哉!信如君不君,臣不臣,父不父,子不子,虽有粟,吾得而食诸?"

② 同书《雍也第六》。"子曰:觚不觚,觚哉觚哉"。集注"觚,棱也。或曰酒器,或曰木简,皆器之有棱者也"。又引"程子曰:觚而失其形制,则非觚也。(中略)故君而失君之道,则不为君。臣而失其职,则为虚位"。六经中明正名复礼之旨者尚多。如《礼运》一,自"鲁之郊禘非礼也"至篇末"是谓疵国",亦极明显,可参考。

孔子从周之论"①。而孔子思想与封建天下关系之密切,亦从可窥见矣②。

第三节　仁

从周正名为孔子政治思想之起点,亦为其政治制度之主张。孔子之学,如止于此,则仲尼不过一封建之后卫,周化之顺民,忠实之守旧党,未必遂能取得"贤于尧舜"之地位。盖孔子从周而不以"方策"自限。承认时君之政权,而非以现状为满足。孔子于周制之中发明深远之意义及目的,于是时王之礼,遂有超越时代环境而理想化之趋势。此发明之中心,厥为"仁"之观念。梁启超谓"儒家言道言政,皆植本于仁"(语见《先秦政治思想史》),诚为的论。

仁之含义颇为复杂。单就《论语》所引孔子之言观之,其内容已不一致③。吾人于此,不必详论,若就其与政治思想有关系之方面言之,则孔子所谓仁,乃推自爱之心以爱人之谓。故樊迟问仁,子曰:"爱人。"仲弓问仁,子曰:"己所不欲,勿施于人。"④子贡问

---

①　拙编《中国政治思想史参考资料》绪论一。*Isocrates*(436—338 *B. C.*):"*Areopagiticus*"παʹγ ριοṣπόʹιγεια(Arcestral Polity);Narker:"*Greek Political Theory*,"PP. 101ff.

②　汉何休辈谓孔子"新周故宋,以春秋当新王"。又谓《春秋》有"三世"之义,以"所见之世"(昭、定、哀)"著治太平",清康有为等引申之,谓孔子为万世制宪。凡此均与"从周"之旨不合。然似系公羊家改制托古之论,未必有事实上之根据。本书作者于《评吴康春秋政治学说》(《清华学报》八卷一期)时已略辨之。本章于述"大同小康"时再当讨论。

③　蔡元培谓仁乃"统摄诸德,完成人格之名"(《中国伦理学史》)。此最足表示其含义之复杂。

④　《论语·颜渊第十二》。

仁,子曰:"夫仁者,己欲立而立人,己欲达而达人。能近取譬,可谓仁之方也已。"①然仁之成就,始于主观之情感,终于客观之行动。全部之社会及政治生活,自孔子视之,实为表现仁行之场地。仁者先培养其主观之仁心②,复按其能力所逮由近及远以推广其客观之仁行。始于在家之孝弟③,终于博施济众,天下归仁④。《大学》所谓"身修而后家齐,家齐而后国治,国治而后天下平"者,正足以说明仁心仁行发展扩充之程序。故就修养言,仁为私人道德。就实践言,仁又为社会伦理与政治原则。孔子言仁,实已治道德、人伦、政治于一炉,致人、己、家、国于一贯。物我有远近先后之分,无内外轻重之别。若持孔子之仁学以与欧洲学说相较,则其旨既异于集合主义之重团体而轻小我,亦非如个人主义之伸小我而抑国家。二者皆认小我与大我对立,孔子则泯除畛域,贯通人己。抑又有进者,封建天下元后与诸侯并立,寓一统于分割。宗法社会宗子即为世卿,混家事于国政。二者得仁之学说以为根据,遂失其原有不平等不美善之缺点,而转为一种高尚之理想制度。汉唐以后,儒者每称颂封建天下之政治。其实彼所称者非事实上之封建而为孔子仁道化理想化之封建也。

---

① 《论语·雍也第六》。参《大学传》十章"絜矩之道"。

② 孔子弟子中颜渊之成就最大。故曰"回也其心三月不违仁。其余则日月至焉而已"。《雍也第六》。

③ 《论语·学而第一》,"孝弟也者,其为仁之本与?"

④ 《雍也第六》,"子贡曰:如有博施于民而能济众,何如?可谓仁乎?子曰:何事于仁?必也圣乎。尧舜其犹病诸"。《集注》引程子曰:"博施济众,乃圣人之功用。"又曰:"夫博施者岂非圣人之所欲?然必五十乃衣帛,七十乃食肉。圣人之心非不欲少者亦衣帛食肉也,顾其养有所不瞻尔。此病其施之不博也。济众者岂非圣人之所欲?然治不过九洲。圣人非不欲四海之外亦兼济也,顾其治有所不及尔。此病其济之不众也。"

　　孔子仁学之可能来源，不外（一）姬周之今学，（二）殷商以前之古学，及（三）孔子之创说。据现存之文献测之，首例一端之成分较少，后二者之成分较多。今存比较可信之古籍记载周政者，鲜为仁义之言。如《诗》雅、颂称周先王之德，绝无仁字。《尚书》"今文"诸篇亦不言仁；"古文"篇中间或有之，而亦不过三五见①。若就《周书》、《周礼》等观之，则周人所注重而擅长者为官制、礼乐、刑法、农业、教育诸事。封建天下之典章文物，至周始粲然大备。凡此不必尽出新创，而系统之完密则超越前代。其对古代政治制度之贡献不啻为中国之罗马矣。夏商以前，记载尤缺，固亦鲜见仁义之说，足为今日之征据。然殷商政治崇尚宽简，则古人有此传说。《尚书·舜典》谓殷之先祖契为舜司徒，"敬敷五教，在宽"；《微子之命》亦谓"乃祖成汤""抚民以宽"。《史记·殷本纪》载汤出见野张网四面，乃去其三面之故事。其祝词曰："欲左，左。欲右，右。不用命，乃入吾网。"此虽或出附会，亦足以见古有殷政宽大之传说。周人以用炮烙诸刑，归罪于纣。子贡已称"纣之不善，

━━━━━━━━━━━━━

　　①　如《诗·大雅·生民》称后稷兴农，《公刘》殖民，《绵》古公亶父立室家，《皇矣》文王伐密，《灵台》作台，《文王有声》伐崇，宅镐京，均不及仁义。《尚书·周书》"古文"言仁者，《泰誓中》"虽有周亲不如仁人"之二三例而已。又《周书》"今文"记周之政事者，多注重于平服殷民，立政明罚诸端。如《洪范》（政纲）、《大诰》（伐武庚）、《康诰》（命卫康叔明刑）、《酒诰》（命康叔禁群饮）、《多士》（训殷士）、《多方》（灭奄告多方）、《立政》（公制官人），凡此亦不言仁。梁启超《儒家哲学》页一九已先为此说。阮元《揅经室一集》，九，《孟子论仁论》："仁字不见于《尚书》虞夏、商书，《诗》雅颂，《易》卦爻词之中。惟《周礼·大司徒》'六德，智、仁、圣、义、忠和'，为仁字初见最古者。"

不如是之甚"①。微子论纣之失政,更谓纲纪不立,其弊在宽②。足见纣之暴虐,或为周人之加罪而"语增"。宋楚之战,襄公以"亡国之余",而坚持"君子不重伤,不禽二毛"之主张,大败于泓而不悔③。后人讥其行仁义而败,殆犹有亡殷之遗风④。孔子既为殷遗之后,且又好古敏求,于殷政宽厚之传说,亦必深晓。周政尚文,制度虽备,而究不能久远维持,至春秋而有瓦解之势,孔子或深睹徒法不能自行之理,又有取于周制之完密而思有以补救之。故于殷政宽简之中,发明一仁爱之原则,乃以合之周礼,而成一体用兼具之系统,于是从周之主张始得一深远之意义,而孔子全部政治思想之最后归宿与目的,亦于是成立。此最后目的之仁,既由孔子述其所自得于殷道者而创设,故仁言始盛于孔门。

　　孔子如于殷政得仁道之端,则何以不直述之以为"殷先哲王"之言乎? 其可能之原因有二:(一)孔子明言,生今反古,灾及其身。对时君而宣扬故国,即使殷亡已久,无复忌讳,而"亡国大夫"之论恐未必见信于世。故孔子之言,凡超出周礼范围者,每托之尧舜及禹,而鲜及契汤。(二)仲尼祖述尧舜,宪章文武。尧舜之政制,虽或失传,尧舜之政理或有存于口说简载者。他不可知,其宽简朴质更甚于殷,则可断言。故孔子称尧则曰:"唯天为大,唯尧

---

①　《论语·子张第十九》。

②　《商书·微子》"微子若曰(中略):殷罔不大小,好草窃奸宄。师士非度。凡有辜罪,乃罔恒获。小民方兴,相为敌仇"。又"父师若曰:王子,天毒降灾荒殷邦,方兴沉酗于酒"。又《诗·大雅·荡》引文王数殷商之罪七端,不及严刑重法,亦可参。

③　《左传》僖公二十二年。《史记·宋微子世家》略同。

④　殷民族殆较周民族为质钝忠厚。古籍所引愚人之故事,如守株待兔,揠苗助长之类,多出宋人,或以此欤?

则之。荡荡乎民无能名焉。"其称舜则曰："无为而治者,其舜也与? 夫何为哉? 恭己正南面而已矣。"①此其为道正足以矫正周人礼烦政苛之倾向。故宪章文武者,守其缜密之制度,祖述尧舜者,取其宽大之精神也。如吾人之推论尚无大误,则孔子从周,可谓守旧,而其言仁,可谓复古,若用公羊家之名词,则谓之"改制托古",亦无不可。

第四节　德礼政刑

孔子政治思想之主旨,略如上节所述。主旨既明,吾人可进论孔子之治术。简括言之,孔子所举之治术有三:曰养、曰教、曰治。养教之工具为"德""礼",治之工具为"政""刑"。德礼为主,政刑为助,而教化又为孔子所最重之中心政策。

孔子以养民为要务,盖亦仁爱思想之一种表现。故博施济众,孔子认为圣人之业。而古今从政者之优劣,亦视其能养民与否而定。如孔子称"子产有君子之道四",而"养民也惠"为其一端。斥冉求以"非吾徒也",正由其为季氏聚敛以病民②。此皆意义明显,无待深论。至于养民之途径,孔子所言,亦颇简易,殆不出裕民生、轻赋税、惜力役、节财用之数事③。惟吾人当注意,孔子之论养民,以民生裕足为目的。进乎此者,如战国时代之富强政策,则非其所

---

① 分见《论语·泰伯第八》及《卫灵公第十五》。

② 分见《论语·公冶长第五》及《先进第十一》。

③ 同书《子路第十三》,"子适卫,冉有仆,子曰:庶矣哉! 冉有曰:既庶矣,又何加焉? 曰:富之。"《学而第一》:"子曰:道千乘之国,敬事而信,节用而爱人,使民以时。"《大学》:"生财有大道。生之者众,食之者寡,为之者疾,用之者舒,则财恒足矣。"

能想像或许可。盖孔子所主张者人民之自足而非财富之扩充。其财政之见解,略似希腊之亚里斯多德①。且裕足之标准,自孔子观之似不在生产之绝对数量,而在分配之相对平均。孔子尝谓"有国有家者不患贫而患不均,不患寡而患不安。盖均无贫,和无寡,安无倾"②。其精神亦与"尽地力"一类之政策迥相殊异。

养民为国家必要之政策,而非最高之政策。盖国家之目的不仅在人民有充裕之衣食,而在其有美善之品性与行为。故孔子论卫国之民则谓既富而教,对子贡问政则主去食存信③。至其于教化一端则反复申详,言之至审。推孔子注重教化之原因,殆根源于其仁学。仁者己欲立而立人,己欲达而达人。修身立德之功既竟于我,势不能不进而成人之美,使天下之人由近逮远,皆相同化,而止善归仁。由此论之,则教化不只为治术之一端,实孔子所立政策之主干。

教化之方法有二:一曰以身作则,二曰以道诲人。孔子尤重视前者。盖政事尽于行仁,而行仁以从政者之修身为起点,前节已经说明。若不仁而在高位,则政治失其起点。纵有作为,恐不免治丝愈棼,徒劳无益。季康子问政于孔子,孔子对曰:"政者正也。子率以正,孰敢不正?"孔子又尝谓"苟正其身矣,于从政乎何有? 不能正其身,如正人何?"又谓"上好礼则民莫敢不敬,上好义则民莫敢不服,上好信则民莫敢不用情"。孔子更设譬以明其旨曰:"君

---

① Aristotle:"*Politics*,"bk. I,Passim。
② 《论语·季氏十六》。
③ 《论语·颜渊第十二》,"子贡问政。子曰:足食足兵,民信之矣。子贡曰:必不得已而去,于斯三者何先? 曰:去兵。子贡曰:必不得已而去,于斯二者何先? 曰:去食。自古皆有死,民无信不立"。

子之德风,小人之德草。草上之风必偃。"①故自孔子视之,修身以正人,实为事至简,收效至速,成功至伟之治术。苟能用之,则"不令而行","无为而治"②。政平刑措,指日可期③。天下归仁之理想,于此可以实现。至于《诗》、《书》、《礼》、乐,孝弟忠信之教,其效虽不若修身之深远,而亦为孔子之所雅言。盖孔子平日所以授弟子者,其中大半殆皆化民成俗之术。如子游为武城宰,邑有弦歌④,此为最显著之一例。抑吾人当注意者,孔子之教化政策,以培养个人之品格为目的,而不注重智识与技能。乃至射御诸术,亦所以陶融人格,而非健全身体或图谋生计之训练。此为孔子仁本政治之必然趋势,无足惊异。

综上所述观之,足知孔子思想中之"政",不仅与近代学者所论者不同,且与古希腊柏拉图之说亦有区别。近代论政治之功用者不外治人与治事之二端。孔子则持"政者正也"之主张,认定政治之主要工作乃在化人,非以治人,更非治事。故政治与教育同功,君长与师傅共职。国家虽另有庠、序、学、校之教育机关,而政治社会之本身实不异一培养人格之伟大组织。《尚书·泰誓》谓"天佑下民,作之君,作之师",颇足表现此种倾向。柏拉图亦以道

---

① 分见《论语·颜渊第十二》及《子路第十三》。以身作则之旨,已见于《诗》,如《小雅·角弓》"尔之教矣,民胥效矣"。《大雅·抑》"有觉德行,四国顺之"。

② 同书,《子路第十三》,"子曰:其身正,不令而行。其身不正,虽令不从"。《卫灵公第十五》,"子曰:无为而治者,其舜也与? 夫何为哉? 恭己正南面而已矣"。

③ 同书,《子路第十三》,"子曰:苟有用我者,期月而已可也。三年有成。"又曰:"善人为邦百年亦可以胜残去杀矣。"又曰:"如有王者,必世而后仁。"

④ 《论语·阳货第十七》。

德为国家之最高境界,其"哲君"之理想,亦近于孔子政教贯通,君师合一之主张。然柏拉图之哲君为一尚智之哲人①,孔子之君师为一尚德之仁者。君师以德化人,哲君以智治国。其为人与操术俱不相同。

孔子治术之三为政刑。此则不属道德与教育之范围,而为狭义之政治。简言之,孔子所谓政刑,即一切典章法令之所包,文武方策之所举,《周礼》之所载,以制度为体而以治人治事为用之官能也。孔子既信教化之功可收无为之效,又何取于有为之政刑乎?盖孔子虽有天下归仁之理想,而亦深明人类天赋不齐之事实。故或生而知之,或困而不学。中人可以语上,而上智与下愚不移②。天下之民不能率教而同化者殆不在少数。即此一端论之,已足见国家不可废法令刑赏之事。然而政刑之用有限,仅足以辅教化之不逮。孔子故每言政刑辄露不足之意。如对季康子问政则谓"焉用杀";论德讼则曰:"必使无讼。"至于孔子谓"道之以政,齐之以刑,民免而无耻。道之以德,齐之以礼,有耻且格"③,则陈义更为明显。由此可见孔子之治术倾向于扩大教化之效用,缩小政刑之范围。其对道德之态度至为积极,而对政治之态度殆略近于消极④。吾人如进求其故,似可

---

① 哲君于政事乐舞外,须习天文、算术、辩证、哲理诸科,见《国家论》卷六。

② 《论语·雍也第六》及《季氏第十六》。

③ 同书《颜渊第十二》及《为政第二》。

④ 孔子于此略似裴恩。裴恩区分社会与政治生活,谓"社会乃吾人欲望之产品,而政府则起于吾人之险恶。社会与政府均促进吾人之幸福。然前者积极,由联合吾人之亲爱,后者消极,由限制吾人之恶行。(中略)一为恩人,一为罚主"。又谓"无论其处何境地,社会乃一幸福,而政府即在最优之境域中,亦只为一必需之祸患"。《常识》卷一页九六。浦薛凤《西洋近代政治思潮》页四六五。Thomas Paine（1757—1809）: "*Common Sense*" 1776。

于历史背景中窥见一二。上文第三节中吾人曾谓孔子言仁,或受
殷政宽大之暗示。据此以推论之,则孔子之轻视政刑,殆为其对周
政之一种改进。周政尚文,制度完密。然尚文之弊,易趋于徒重形
式。孔子尝谓"礼云礼云,玉帛云乎哉! 乐云乐云,钟鼓云乎哉!"
又谓"人而不仁,如礼何? 人而不仁,如乐何?"①殆即对此而发。
且文胜之弊,不免"法令滋彰",而周政颇有此种倾向。《周礼》六
官,定制綦详。大司寇县法象魏,事近任法②。观《礼记》《仪礼》
所记之节文,诚有礼烦之感。读《尚书·大诰》、《多士》、《多方》、
《康诰》、《酒诰》诸篇,更觉周人开国气象之中,肃杀之威多于宽厚
之德。今日纪载阙失,周人统治殷民之详情已不可考。然以征服
者压制亡国遗民之通例推之,则周初曾实行"刑新国,用重典"之
政策,事属可能,无论周人之目的正大与否,而自殷民视之,其所用
"以力服人"之手段则纯为苛政,不能心服。于是怀想故国,自觉
其温厚可亲。温厚与否,事固未可知,而殷政宽大之传说必由此以
起。孔子虽无背周从殷之意,然其主张重德礼之教化,轻政刑之督
责,殆亦受此历史背景之影响也。遵奉时君之制度,缩减其应用之
范围,增加其道德之意义,而寓改进于守旧之中,孔子治术之纲领,
盖已略尽于此。

---

　　①　《论语·阳货第十七》及《八佾第三》。又孔子对子夏问《诗》,告以
"绘事后素",而许子夏"礼后"之说,亦矫正文弊之意。参《礼记·表记》"周
人尊礼尚施,事鬼敬神而远之,近人而忠焉。其赏罚用爵列,亲而不尊。其民
之敝,利而巧,文而不惭,贼而蔽"。
　　②　见《周礼·大司寇》。《尚书·酒诰》谓"厥或诰曰:群饮,汝勿佚,尽
执拘以归于周。予其杀"。以死刑禁殷民群饮之习惯,殆亦刑新国用重典之
一例。

第五节 君   子

吾人如谓"仁治"为孔子改进周政之第一大端,则"人治"为其第二要义,而其所屡言之"君子"即人治思想之结晶也。

君子一名,见于《诗》、《书》,固非孔子所创。其见于《周书》者五六次,见于《国风》、二《雅》者百五十余次,足证其为周代流行之名称。惟《诗》、《书》"君子"殆悉指社会之地位而不指个人之品性,即或间指品性,亦兼地位言之,离地位而专指品性者绝未之见①。孔子言君子,就《论语》所记观之,则有纯指地位者,有纯指品性者,有兼指地位与品性者。如孔子谓"君子而不仁者有矣夫,未有小人而仁者也"。又谓"君子有勇而无义则为乱,小人有勇而无义则为盗"②。凡此所谓"君子"显为在位之士大夫,而"小人"

----

① 《尚书·商书》中无君子之称。《周书》中凡六见。《泰誓》"西土君子";《族獒》"狎侮君子,罔以尽人心。狎侮小人,罔以尽人力";《酒诰》"庶士有正,越庶伯君子";《召诰》"王之仇民,百君子越友民";《无逸》"君子所其无逸。先知稼穑之艰难,乃逸,则知小人之依";《周官》"有官君子":皆纯指地位。《诗》三颂均不用君子字。国风二雅言君子多纯指地位。如《小雅·采薇》"驾彼四牡,四牡骙骙。君子所依,小人所腓";《集注》"依乘也",程子曰"腓随也";《南山有台》"乐只君子,民之父母";《斯干》"君子攸宁","乃生男子(中略),室家君王";《巧言》"奕奕寝庙,君子作之"。其兼指品位者,如《小雅·湛露》"显允君子","岂弟君子";《鼓钟》"淑人君子,其德不回";《角弓》"君子有微猷";《大雅·卷阿》"岂弟君子,四方为则";君子为有位者之通称。故上可以称天子(《大雅·假乐》"假乐君子,显显令德。宜民宜人,受禄于天");下可以称臣下(《大雅·云汉》"大夫君子");而其位或在"庶士"之上也。

② 分见《宪问第十四》及《阳货第十七》。

则田野市井之细民,纯就社会地位言,与个人之品性无涉。孔子尝谓"君子疾没世而名不称焉"。又谓"君子固穷,小人穷斯滥矣"①。此皆纯就个人品性言,非指社会之地位。其兼二者而言之者,如"子谓子产有君子之道四焉。其行己也恭,其事上也敬,其养民也惠,其使民也义"。又如"子路问君子,子曰:修己以敬。曰如斯而已乎? 曰:修己以安人。曰如斯而已乎? 曰:修己以安百姓。修己以安百姓,尧舜其犹病诸"②。据吾人之推想,孔子所言君子之第一义完全因袭《诗》、《书》,其第二义殆出自创,其第三义则袭旧文而略变其旨。旧义倾向于就位以修德,孔子则侧重修德以取位。故南宫适问于孔子曰:"羿善射,奡荡舟,俱不得死然。禹稷躬耕而有天下。"③孔子深喜其得以德取位之意而以"君子""尚德"许之也。

　　孔子屡言君子,其用意似有二端。一以救宗法世卿之衰,二以补周政尚文之弊,而两者间实有连带之关系。在春秋之时,封建宗法之制已就衰败。宗子世卿已不能专擅国政。权势重于门阀,实力可压族姓。况君子可以不仁,贵族每多淫侈。势替之由,半属自取。门阀之统治阶级渐趋消失,则政权应操诸何人,必因传统之标准已归无效,而成为严重之问题。如一听角力斗智者之"逐鹿",必至秩序荡然,纷絮无已。孔子殆有见于此,故设为以德致位之教,传弟子以治平之术,使得登庸行道,代世卿而执政。故孔子之理想君子,德成位高,非宗子之徒资贵荫,更非权臣之仅凭实力。前者合法而未

---

①　均见《论语·卫灵公十五》。

②　分见《公冶长第五》及《宪问第十四》。

③　见《宪问第十四》。《集注》云:"适之意盖以羿、奡比当世之有权力者,而以禹、稷比孔子也。"甚确。按孔子极不满于当时之政治家。故子贡问:"今之从政者何如? 子曰:斗筲之人,何足算也。"见《子路十三》。

必合理,后者则兼背理法。孔子所言之君子取位虽不必合于宗法,而其德性则为一合理之标准。吾人如谓孔子于此欲为封建天下重新创造其统治阶级,似非大误。抑又有进者,孔子虽事实上已承认宗法之失败,而并未明白加以攻击。且孔子所认为失败者亦只宗法之阶级制度,至于家国一体之根本原则,则仍服膺勿失①。孔子所以袭用"君子"之旧名者,似欲在不显明违反传统制度之范围内,实行其改进政治之主张。以宗法身份之旧名,寓修德取位之新意。譬若移花接木,其操术至妙而用心良苦。所可惜者,世卿固鲜有德,仁人更难得位。季氏富于周公,颜回贫死陋巷。天子不为明扬,"仲尼不有天下"②。孔子之新统治阶级终身未能出现。"君子德位兼全之最高理想乃降而为用行舍藏之持身原则"(参看《论语》)。蘧伯玉"邦有道则仕,邦无道则可卷而怀之"③。孔子亦称之为"君子",则与子产所以称"君子"者大异其趣矣。

吾人于此可附论孔子思想中个人与政治之关系。宋以后之儒者每以臣下致忠君国为绝对之义务,而谓其说本原于孔子。吾人加以覆按,即可知其非孔子之教。孔子论君臣关系之精义尽于"以道事君,不可则止"之一语④。盖"君子"以爱人之心,行仁者

---

①　见本章第三节。又《论语·为政第二》,"或谓孔子曰:子奚不为政?子曰:《书》云:'孝乎,唯孝,友于兄弟,施于有政。'是亦为政,奚其为为政?"意亦明显。

②　《孟子·万章上》:"匹夫而有天下者,德必若尧舜,而又有天子荐之者。故仲尼不有天下。"参阅本章第一节述孔子设教之目的。

③　分见《论语·述而第七》及《卫灵公第十五》。

④　《论语·先进第十一》:"季子然问:仲由、冉求,可谓大臣与? 子曰(中略):所谓大臣者,以道事君,不可则止。今由与求也,可谓具臣矣。曰:然则从之者与? 子曰:弑父与君,亦不从也。"

之政。此为要君取位之真正目的。合于此而不仕,则为废"君臣之义"。不合于此而躁进,则为"干禄",为"志于穀"。二者皆孔子所不取。故孔子讥荷蓧丈人为洁身乱伦,而复叹仕为家臣者之无耻。孔子自谓其"无可无不可"①,正足见孔子不拘执于必仕必隐,而一以能"行道"与否为出处之标准。出处既以行道为标准,是个人对于君国之本身无绝对之义务,而"君臣大义无所逃于天地间"(庄子讥孔子语)之语为非确矣。孔子一生虽尽力于得君求售,因此间或受人之揶揄②,然此不过欲求行道于万一可逢之机会,非自贬于小人之儒。观其对避世高蹈之流多加称许③,而对不义之仕绝无恕辞,则可知孔子真意之所在。不仅此也。孔子谓臣下不受君主之乱命,是否认绝对服从之义务也。孔子去鲁而求仕于卫,是未立不事二君之"名节"也。后人以专制天下之眼光论封建天下之孔子,宜其张冠李戴,厚诬古人矣。

　　孔子屡言"君子"之第二目的为救周政尚文之弊。此即其"人治"思想之直接表现。周政有法令滋彰之倾向,上节已略明之。夫以周礼之美备,行之数百年而卒不免于君微政衰,则国家不能徒赖完善之制度以为治,诚为至明显而不可逃避之结论。孔子深观古学,通习周礼,于此盛衰之故,自当灼见明知。矧孔子所立"仁治"之教,固必以个人之心不违仁为政治之起点。《大学》著孔门之言谓"自天子以至于庶人,壹是皆以修身为本"。足见"人治"思

_____

　　① 《论语·微子第十八》。参《泰伯第八》,子曰:"天下有道则见,无道则隐。邦有道,贫且贱焉,耻也。邦无道,富且贵焉,耻也。"又《季氏第十六》,子曰:"隐居以求其志,行义以达其道,吾闻其语矣,未见其人也。"

　　② 如楚狂、荷蓧、长沮、桀溺等。《史记·孔子世家》,郑人谓孔子"累累若丧家之狗"。

　　③ 如《论语·微子第十八》所举微子、伯夷、叔齐等人。

想实与"仁治"思想有不容分离之关系。

　　孔子人治思想最明白之陈述见于《中庸》第二十章之首段，"哀公问政，子曰：文武之政，布在方策。其人存则其政举，其人亡则其政息。人道敏政，地道敏树。夫政也者，蒲卢也。故为政在人，取人以身，修身以道，修道以仁"。其言至显，无待诠析。然吾人应注意，孔子虽谓为政在人，非即谓为政不必有制。孔子欲救周政之弊，非欲并方策而毁弃之。综观其政治思想之全体，"从周"与尚仁之两层主张，相互为用，不可偏废。吾人相信孔子于周制之"郁郁乎文"实中心赞美，而其从周之说亦出于至诚，非以欺世惑俗。惟其爱惜周道之伤，故亟图以人治救方策之弊。故孔子之注重"君子"，非以人治代替法治，乃寓人治于法治之中，二者如辅车之相依，如心身之共运①。后人以人治与法治对举，视为不相容之二术，则是谓孔子有舍制度而专任人伦道德之意，非确论也。

第六节　大同、小康与三世

　　孔子政治思想之要点，略如以上五节之所述。然尚有公羊家所主"大同"与"三世"之二义，未经言及。附论于此，以殿本章。

　　大同小康之言，见于《礼记·礼运》，"仲尼与于蜡宾"，事毕兴叹，对言偃之问。其略曰："大道之行也，天下为公。选贤与能，讲信修睦，故人不独亲其亲，不独子其子。使老有所终，壮有所用，幼有所长，矜寡孤独废疾者皆有所养。男有分，女有归。货恶其弃于地也，不必藏于己。力恶其不出于身也，不必为己。是故谋闭而不兴，盗窃乱贼而不作。故外户而不闭，是谓大同。今大道既隐，天

---

　　① 此理荀卿言之至悉，下章当详述之。

下为家。各亲其亲,各子其子。货力为己,大人世及以为礼,城郭沟池以为固,礼义以为纪。以正君臣,以笃父子,以睦兄弟,以和夫妇。以设制度,以立田里。以贤勇智,以功为己。故谋用是作而兵由此起。禹、汤、文、武、成王、周公由此其选也。(中略)是谓小康。"①按《礼运》一篇,自宋以来即有疑之者。如宋黄震谓"篇首匠意,微似老子"。清姚际恒认为乃周秦间老庄之徒所撰。陆奎勋更断定其为戴氏附会孔子、迎合汉初崇尚黄老风气之伪书②。姚氏又按其内容,谓不独亲其亲,子其子乃墨子之道。近人钱穆君据《史记》子游少孔子四十五岁③,更参取江永、崔述诸说,推定孔子为司寇与蜡宾时,子游(即言偃)年不过六岁,不足以语大同小康之义④。凡此所论,并非纯属无稽。故《礼运》可疑,不当取作孔学之代表,殆已成为定案。然大同之义,高尚优美,虽越出孔子雅言之范围,尚不与儒学之宗旨相反背。例如称天下为公,斥世及为礼,殆即引申以德取位之教。不独亲其亲,子其子,殆脱化于泛爱之言。大同似仁道之别名,小康近从周之大意。彼此虽有程度之差,而内容无品质之别。吾人如放弃疑古之谨慎态度,承认大同为孔子之理想,或不至于蹈严重之错误。

至于春秋"三世",则不可与此并论。其说兴于汉代,而董仲舒(前179—前104)及何休(129—182)为其代表。董氏"三统"、

---

① 亦见《家语》,文与此小异。

② 《续礼记集说》引《黄氏日钞》、《古今伪书考》及《戴记绪言》。

③ 《仲尼弟子列传》,按《史记·孔子世家》及此传并不载蜡宾事。如《礼运》果为汉人伪托,或竟在史迁之后欤?

④ 《先秦诸子系年考辨》页六六。

"五行"之为阴阳家言①，显而易晓，无待深辨。何休三世之说②，经近世公羊家之推演，则较为复杂。何氏谓孔子"于所传闻之世，见治起于衰乱之中"，"于所闻之世，见治升平"，"至所见之世，著治太平"。清康有为乃以《春秋》之升平当《礼运》③之小康，而谓家天下者莫如文王，以文明胜野蛮，拨乱升平之君主也。公天下者莫如"尧舜，选贤能以禅让，太平大同之民主也"④。康氏又谓"孟子之义由子游、子思而传自孔子"。然民贵君轻乃"孔子升平之说耳。孔子尚有太平之道，群龙无首，以为天下至治并君而无之，岂止轻哉？"⑤是又以无政府为太平大同，而"尧舜其犹病诸"，势不得不降为小康升平矣。康氏复推广其说，谓"一世之中有三世，故可推为九世，又可推为八十一世，以至于无穷"⑥。孔子既立"新周，故宋，以春秋当新王"，"非常异义可怪之论"，而又"通三统""张三世"，以为无量世修正宪法之备⑦。故自康氏视之，吾人述孔子之政治思想，不本之《公羊春秋》⑧，而认其与封建天下有密切之

---

① 《春秋繁露·三代改制质文》。

② 《春秋公羊解诂》隐公元年"公子益师卒"。

③ 《康南海文钞·礼运注》。

④ 《孟子微》，"康文公为世子"条。

⑤ 《孟子微序》，康氏于"民为贵"条，又谓"此孟子立民主之制，太平法也"。

⑥ 同书，"君子之于物也"条。

⑦ 《刊布春秋笔削大义微言考题词》。此本诸何休《解诂》哀公十四年孔子"豫知无穷"之语。

⑧ 康氏谓《论语》乃曾子"一家之说，非孔门之全"。《论语注序》。然康氏亦重视《大学》《中庸》，谓"内圣外王，条理毕具，言简而意赅者，求之孔氏之遗书，其惟《大学》乎？"又谓"孔子之教论莫精于子思《中庸》一篇"。见《大学注序》及《中庸注序》。

关系,诚不免有轻蔑圣人之嫌矣。

吾人欲明公羊家言三世之不足信,可于何休之自相矛盾一端见之,何氏于定公六年谓"春秋定、哀之间文致太平,欲见王者之治定,无所复为讥,唯有二名,故讥之"。殊不知前乎此者何氏于定公元年已谓《春秋》讥"定公有王无正月,不务公室,丧失国宝";又谓"定公喜于得位,而不念父黜逐之耻"矣。后乎此者,何氏于哀公七年谓《春秋》讥鲁国"侮夺邾娄无已,复入获之",于哀公十二年又讥"哀公外慕强吴,空尽国储"矣。凡此所讥,其重要皆远过二名。而谓二名以外,无所复讥,其谁能置信? 又如《公羊传》称"定、哀多微辞",董仲舒解之,谓世愈近则言愈谨,为安身之义。何氏亦谓"孔子畏时君,上以讳尊隆恩,下以辟害容身"[1]。然则《春秋》定、哀之笔削大义为"文致太平"乎? 抑"邦无道,危行言逊乎"? 此又矛盾之说也。以今人之眼光观之,公羊家之称"微言",迹近欺人,其言太平则意在阿世,故哀公十四年西狩获麟,《公羊传》谓孔子泣涕,曰:"吾道穷矣。"何休乃大放厥辞,谓夫子素按图录,知庶姓刘季当代周。见薪采者获麟,知为其出。何者? 麟者木精,薪采者庶人燃火之意。此赤帝将代周居其位,故麟为薪采者所执。西狩获之者,从东方王于西也。东卯,西金象也。言获者,兵戈文也。言"汉姓卯金刀,以兵得天下"。《公羊传》论《春秋》之旨,在"拨乱世,反诸正"。何休乃谓血书化白,为《演孔图》,"中有作图制法之状。孔子仰推天命,俯察时变,却观未来,豫知无穷。

---

① 　分见《春秋繁露·楚庄王》及《公羊解诂》定公元年。《春秋》尊周不王鲁之意,可参《公羊传》隐公元年"春王正月"及"祭伯来",五年"考仲子之宫",庄公六年"卫侯朔入于卫",僖公十三年"大室屋坏",三十一年四卜郊,宣公元年赵穿侵柳,昭公四年楚执庆封,二十三年"天王居于狄泉",二十五年昭公将杀季氏,及本章下文注所引。

知汉当继大乱之后,故作拨乱之法以授之"。于是孔子化为妖道,《春秋》纯为汉作。如此论学,诚不如无书矣。何休之说既破,则康有为辈更勿庸置议。盖舍旧籍之明文,立微言以骋臆说,则牵强附会,尽可成章,谓孔子为保皇党、革命党、虚无党,均无不可,惟不足以为谨严之学术而已。

孟子谓"孔子成《春秋》而乱臣贼子惧",庄子称《春秋》以道名分"①,是皆以《春秋》为孔子"正名"思想之所寄托,最能得其实情。盖孔子欲因鲁史之文,以存周礼,抑僭忒。故诸侯已称王公而《春秋》书其本爵②,周室早已衰微,而经文致其尊敬③。他如臣子弑君,大夫擅国,亦皆明著贬辞④。凡此"道名分"之义,《左传》尚少发明,公羊、《榖梁》则言之至晰。而《公羊传》于尊周之旨,反复申详,尤与孔子"礼乐征伐自天子出"之言相表里。如桓公五年经书"秋,蔡人卫人陈人从王伐郑"。左氏仅记其事。《榖梁》谓为周讳伐同姓之国。《公羊》则曰"其言从王伐郑何?从王,正也"。又如成公元年,经书"秋,王师败绩于贸戎"。左氏第记其事,《榖梁》谓不言战,莫之敢敌也。《公羊》亦谓"王者无敌,莫敢当也"。又如昭公十三年经书"蔡侯卢归于蔡,陈侯吴归于陈"。《左传》谓"礼也"。《榖梁》谓"不与楚灭也"。《公羊》则谓"此皆灭国也。

---

①　《滕文公下》及《天下》。

②　如《论语》已称桓公,而《春秋》书为"齐侯"。楚于鲁桓公元年称王,而《春秋》书为"楚子"。

③　如僖公二十六年晋文公召襄王而书曰:"天王狩于河阳。"

④　如隐公四年公子翚以预弑隐公而削"公子"之称。襄公十六年鲁会诸侯于溴梁而书"大夫盟"。此外可参作者所编《中国政治思想史参考资料》,附录二,(五)。按宋苏轼《东坡续集》卷八有《春秋变周之文论》辨《公羊》不黜周,何休乃《公羊》罪人,可参。

其言归何？不与诸侯专封也"。此外如隐公元年之著"大一统"，
"王者无外"，昭公二十三年之"著有天子"，此皆于封建政治衰乱
之后，欲以正名之书法，维持周礼之形式。"子贡欲去告朔之饩
羊。子曰：'赐也，尔爱其羊，我爱其礼。'"①吾人若屏除成见，就
《公羊传》之本文以观之，则可知《春秋》之大义，亦孔子"爱礼"主
张之一种表现，而一切"非常异义可怪之论"，既不见于三传，尤非
经文所有，殆悉出于汉人之依托杜撰耳。抑又有进者，孔子成《春
秋》，欲正名以矫实，非于王纲解纽之事实视若无睹，或予以否认。
孔子殆知周礼之不能尽复于一旦，故每求其次，凡对封建制度有利
之行为，虽不合于最高标准，亦加以相对之许可。于是诸侯称霸，
大夫执国，亦得蒙"实与"之辞。如僖公二年经书"春王正月，城楚
丘"。《公羊》解之曰："曷为不言桓公城之？不与诸侯专封也。曷
为不与？实与而文不与。文曷为不与？诸侯之义不得专封。（中
略）其曰实与之何？上无天子，下无方伯，天下诸侯有相灭亡者，
力能救之，则救之可也。"又如宣公十一年经书"冬十月楚人杀陈
夏征舒"。《公羊》曰："其称人何？贬。曷为贬？不与外讨也。
（中略）曷为不与？实与而文不与。文曷为不与？诸侯之义不得
专讨也。（中略）其曰实与之何？上无天子，下无方伯，天下诸侯
有为无道者，臣弑君，子弑父，力能讨之则讨之可也。"②《公羊》所
发明之意与《论语》孔子称许桓公请讨陈恒之言若合符节。康有
为认《春秋》得孔学之全豹，《论语》则只见其一斑。自吾人视之，

---

① 《论语·八佾第三》。

② 宣公元年晋士伯因宋仲几不肯城成周，《公羊》谓大夫专执，"实与
而文不与"。《穀梁传》于同类之事，称之曰："变之正。"如僖公五年齐桓公盟
诸侯于首戴，襄公二十九年诸大夫城杞，昭公三十二年诸大夫城周，皆其例。

《论语》遍及仁恕忠信,礼乐政刑诸要义,《春秋》则仅阐发正名之一端。孰偏孰全,岂待深察?康氏此说盖适与事实相反背。故从彼之说则扬大同,抑小康,拥《公羊春秋》以攻群经诸传,持微言异义以压古籍明文。取吾人之解释,则孔子之道一贯,群书之义可通,所必废者董、何之曲学,康氏之托古而已。

公羊家之言既不足据,则吾人当承认孔子之政治思想具有显明之时间性。其思想既以封建天下宗法社会之历史环境为根据,则其内容虽不为此环境所囿,而亦不能与之相离。离晚周之历史背景而言孔子之政治思想,恐不免如韩非所谓俱道尧舜,庄子所谓彼一是非,于尚论古人之工作,未必果有裨益。

何休《解诂》尚有《春秋》于升平世"内诸夏而外夷狄",于太平世"夷狄进至于爵,天下远近大小若一"之说。此则较有依据,非出虚构。按区分民族,不外种类与文化之两大标准。中国古籍中涉及民族之处,多着眼于文化之殊别。其就种类以分夷夏者不过有《左传》"非我族类,其心必异"及《周语》"血气不治,若禽兽焉"之少数例证。孔子之论夷夏,则已废弃种类之标准而就文化以为区别。就《论语》以考之,似孔子有四种不同之意见。子贡问管仲非仁者与。孔子答以"微管仲,吾其被发左衽矣"。此明示夷狄不如中国而外之也。"子欲居九夷。或曰:陋,如之何?子曰:君子居之,何陋之有?"此隐寓夷狄可以同化之意也。"樊迟问仁。子曰:居处恭,执事敬,与人忠,虽之夷狄不可弃也"。"子张问行。子曰:言忠信,行笃敬,虽蛮貊之邦行矣"。此认夷夏虽殊方而同理也。"子曰:夷狄之有君不如诸夏之亡也"[1]。此谓夷狄之行偶

---

[1] 分见《论语·宪问十四》、《子罕九》、《子路十三》、《卫灵公十五》、《八佾三》。

或优于中国也。《春秋》之言夷狄，大体与此相印证。其内夏外夷之旨见于二传者如隐公七年之戎伐凡伯，庄公十年之荆败蔡师，僖公二十一年之楚执宋公，二十七年之楚人围宋，成公十五年之会吴于钟离，皆以夷狄犯中国而致贬辞也①。《公羊》于僖公四年召陵之盟谓"喜楚服也。（中略）夷狄也而病中国。（中略）桓公救中国而攘夷狄，卒怗荆。以此为王者之事也"。其意尤与"微管仲吾其被发左衽"相近。至于用夏变夷与中国失道之旨见于二传者则如定公四年吴子救蔡。《公羊》曰："吴何以称子？夷狄也，而忧中国。"②又如哀公十三年鲁会晋吴。《穀梁》曰："黄池之会，吴子进乎哉？遂子矣。吴，夷狄之国也，祝发文身，欲因鲁之礼，因晋之权，而请冠，端而袭，其藉于成周以尊天王。吴进矣。"此"夷狄进至于爵"，同化中国之说也。隐公七年戎伐凡伯。《穀梁》谓"戎者卫也。戎卫者为其伐天子之使贬而戎之也"。此孔子所谓夷狄有君，不如诸夏之亡也。若定公四年吴入楚。《公羊》、《穀梁》均谓吴人入楚肆淫，反于夷狄之道，故去其爵而"狄之"。又若昭公二十三年戊辰，吴败顿胡、沈、蔡、陈、许之师。《公羊》曰："此偏战也。曷为以诈战之辞言之③？不与夷狄之主中国也。然则曷为不使中国主之？中国亦新夷狄也。"此又足征夷夏之分，系于所行之事。苟行事先后不同，则夷夏亦无定界矣。吾人当注意，孔子以文化判夷夏，其意在用夏变夷。夷夏既因文化之升降而无定界，则均已失其种族之意义而成为文化之名词。故孔子所谓"夷狄"，其含

---

①　《公羊》于会吴于钟离曰："春秋内其国而外诸夏，内诸夏而外夷狄。王者欲一乎天下，曷为以外内之辞言之？言自近者始也。"

②　《穀梁》释吴书"子"之故曰："吴信中国而攘夷狄，吴进矣。"

③　注，"诈战者日，偏战者月"。

义略似近世所谓"野蛮人",而非与"虾夷""马来"等同例。其所谓诸夏亦略如今日所谓"文明国",而不指"黄帝子孙"或"中华民族"。吾人之解释如不误,则严格言之,孔子思想中未尝有近代之民族观念。

吾人如求其故,似可于孔子思想之本身及其历史之背景中得之。中国古代之种族及文化,在较早期中,殆已发生混合之现象。列国之中颇有以中国而入于蛮夷,或沦于夷夏之间而复归于中国者。吴、越、秦、楚皆其著例①。晋国"夏政戎索",民则怀姓,地为夏虚②,亦显有混合文化之背景。至于周文化之本身,亦颇因袭夏殷之旧礼。夏殷较浅演,周则更完备。周初之政治家似曾企图以其"监于二代"之制度同化多方之遗民,而得有部分之成功。夫言种类,则九州之民,同为黄肤黑发,既交杂而难分,论文化则文野高低之程度远近相殊,尚显然而可辨。于是夷夏之别,遂渐趋向于以文化为标准,而纯按同化程度之浅深以为定。故楚武王以黄帝之后而自称蛮夷,舜、文王以东西夷之人而行乎中国③。此皆由于弃种类而言文化之所致。孔子之夷夏观即产生于此历史环境之下。吾人若舍时代背景而论孔子思想之内容,则其仁者爱人,博施济众

　　① 《史记·吴太伯世家》:周太王之子太伯仲雍奔荆蛮,"文身断发自号句吴"。《越王勾践世家》:勾践禹之后裔,封于会稽,"文身断发披草莱而邑焉"。《楚世家》:楚黄帝之孙颛顼之后。殷之末世,"或在中国,或在夷狄"。楚武王三十五年伐随犹曰:"我蛮夷也。"《秦本纪》:秦颛顼之裔居西陲,"或在中国,或在夷狄"。《魏世家》:毕公高姬姓封于毕,其后绝为庶人,"或在中国,或在夷狄"。古籍载夷夏通婚事亦有其例。
　　② 《左传》定公四年。三家之中赵与秦同祖先,魏见①,似均混合夷夏。韩则姬姓,或较纯。《史记·韩世家》。
　　③ 《孟子·离娄下》。

之学说亦有破除种界之可能趋势。"君子修己以敬",然后"亲亲而仁民,仁民而爱物"①。物犹所爱,何况夷狄之同属人类?故"协和万邦""蛮夷率服"②之理想,殆亦为孔子之所许可。惟夷夏有远近之殊,行仁有先后之序。《公羊》谓《春秋》以外内之辞言夷夏,明王者一乎天下,"自近者始",诚能得孔子之本意,较何休为更朴质近真矣③。

（选自《中国现代学术经典·萧公权卷》,河北教育出版社 1999 年版）

　　萧公权(1897—1981),原名笃平,自号迹园,笔名君衡,江西泰和人,1918 年考入清华学校高等科三年级,后赴美密苏里大学新闻学院肆业,卒业后转学康奈尔大学,1926 年获博士学位后回国。先后执教于南开大学、东北大学、燕京大学、清华大学。抗战期间先后任教于成都四川大学与内迁之光华大学,战后暂住南京,被选为中央研究院第一届院士。1949 年赴台,执教于台湾大学,寻即赴美。遗著辑成《萧公权全集》计九册。

　　作者认为,孔子为殷遗民贵族之后,是"伟大之政治思想

---

　①　同书《尽心上》。

　②　《尚书·尧典》及《舜典》。

　③　按《春秋》正名,前后有四种态度:(一)严守"礼乐征伐自天子出"之原则,对一切非礼乱分之事皆加贬词。(二)对于"礼乐征伐自诸侯出"之霸政加以有限度之奖许。(三)大夫专政能行霸政之精神,以维持封建秩序者,亦加以允许。(四)夷狄能从中国,行霸政之精神者,进之于爵。此亦孔子思想与封建天下关系密切之一例。

家而失败之政治改进者"。从周正名为孔子政治思想之起点,亦为政治制度之主张。孔子政治思想之主旨为仁,"乃推自爱之心以爱人之谓"。孔子治术有三:养、教、治。养教之工具为"德"、"礼",治之工具为"政"、"刑",德礼为主,政刑为助,而教化又为孔子所最重之中心政策。"仁治"为孔子改进周政之第一大端,"人治"为其第二要义,而其所屡言之"君子",即人治思想之结晶。孔子注重君子,非以人治代替法治,乃寓人治于法治之中。

孔子的思想体系

郭 沫 若

　　孔子的基本立场既是顺应着当时的社会变革的潮流的,因而他的思想和言论也就可以获得清算的标准。大体上他是站在代表人民利益的方面的,他很想积极地利用文化的力量来增进人民的幸福。对于过去的文化于部分地整理接受之外,也部分地批判改造,企图建立一个新的体系以为新来的封建社会的韧带。廖季平、康有为所倡导的"托古改制"的说法确实是道破了当时的事实。

　　一个"仁"字最被强调,这可以说是他的思想体系的核心。

　　"仁"字是春秋时代的新名词,我们在春秋以前的真正古书里面找不出这个字,在金文和甲骨文里也找不出这个字。这个字不必是孔子所创造,但他特别强调了它是事实。仁的内函究竟是怎样呢? 虽然没有一个明确的界说,我们且在《论语》里面去找寻一些可供归纳的资料吧。

　　一、"樊迟问仁,子曰'爱人'。"(《颜渊》)

　　二、"子贡曰:'如有博施于民而能济众,何如? 可谓仁乎?'子曰:'何事于仁? 必也圣乎,尧舜其犹病诸。夫仁者,己欲立而立人,己欲达而达人,能近取譬,可谓仁之方也已。'"(《雍也》)

　　三、"子张问仁于孔子。孔子曰:'……恭、宽、信、敏、惠。恭

20世纪儒学研究大系

则不侮,宽则得众,信则人任焉,敏则有功,惠则足以使人。'"(《阳货》)

四、"颜渊问仁。子曰:'克己复礼为仁。……非礼勿视,非礼勿听,非礼勿言,非礼勿动。'"(《颜渊》)

五、"司马牛问仁。子曰:'仁者其言也讱。……为之难,言之得无讱乎?'"(同上)

六、"刚毅木讷近仁。"(《子路》)

七、"巧言令色鲜矣仁。"(《学而》,又见《阳货》)

八、"志士仁人无求生以害仁,有杀身以成仁。"(《卫灵公》)

九、"仁者先难而后获。"(《雍也》)

从这些辞句里面可以看出仁的含义是克己而为人的一种利他的行为。简单一句话,就是"仁者爱人"。但古时候所用的"人"字并没有我们现在所用的这样广泛。"人"是人民大众,"爱人"为仁,也就是"亲亲而仁民"的"仁民"的意思了。"巧言令色"是对付上层的媚态,媚上必傲下,故他说"鲜矣仁"。"巧言令色"之反即为"刚毅木讷",对于上层能如此,对于下层也不过如此,所以他说"近仁"。因此我们如更具体一点说,他的"仁道"实在是为大众的行为。

他要人们除掉一切自私自利的心机,而养成为大众献身的牺牲精神。视听言动都要合乎礼。(就是"复礼",复者返也。)礼是什么?是一个时代里所由以维持社会生活的各种规范,这是每个人应该遵守的东西。各个人要在这些规范之下,不放纵自己去侵犯众人,更进宁是牺牲自己以增进众人的幸福。要这样社会才能够保持安宁而且进展。要想自己站得稳吧,也要让大家站得稳;要想自己成功吧,也要让大家成功。这是相当高度的人道主义,要想办到这样的确不大容易,所以说"为之难"。他也这样叹息过:"我还没有看见过从心坎里喜欢仁的人，也没有看见过从心坎里恨不仁的人。……只要有人能够有一天把自己的力量用在仁的身上，我还不相信有什么力量不够的事情。从心坎里欢喜仁的人，从心坎里恨不仁的人或许有的吧，但我还没有看见过。"这也许是他有所愤激的时候说的话吧：因为在他的门徒们里面有一位颜渊，便是"其心三月不违仁"的人。三个月不改变仁者的心肠或许还短了一点，"其他的人便只是偶而仁一下而已"。孔子的理想，是要："无终食之间违仁，造次必于是，颠沛必于是。"尽管是怎样的流离困苦，变起仓卒，都不应该有一顿饭的时刻离开了为大众献身的心。这是要自己去求的，自己去做的，并不是高喊人道主义而希望别人给我些什么恩惠。这也并不在远处，就在自己的身边，也就在自己的身上。

"为仁由己，而由人乎哉！"（《论语·颜渊》）

"仁远乎哉？我欲仁，斯仁至矣。"（《论语·述而》）

"伯夷、叔齐……求仁而得仁。"（同上）

仁既是牺牲自己以为大众服务的精神，这应该是所谓至善，所以说"苟志于仁矣，无恶也"，——只要你存心牺牲自己以维护大众，那就干什么事情都是好的。你既存心牺牲自己，不惜"杀身成仁"，那还有什么可怕的呢？又还有什么不能够敢作敢为的呢？在这些场合就是先生在前也不能和他推让，他不做，我也要做。所以他说："仁者不忧"，"仁者必有勇"，"当仁不让于师"。

但是仁是有等次的，说得太难了，谁也不肯做，故教人以"能近取譬"。或者教人去和仁人一道慢慢地濡染，这就叫作"亲仁"，也就是所谓"里仁为美"。人对于自己的父母谁都会爱的，对于自己的儿女也谁都会爱的。但这不够，不能就说是仁，还得逐渐推广起来，要"老吾老以及人之老，幼吾幼以及人之幼"。假使推广到

"博施于民而能济众",你是确确实实有东西给民众而把他们救了,那可以说是仁的极致,他便称之为"圣"了。他认为尧、舜便是比较接近于这种理想的人格。

孔子曾说"吾道一以贯之",但他自己不曾说出这所谓"一"究竟是什么。曾子给他解释为"忠恕",是不是孔子的原意无从判定。但照比较可信的孔子的一些言论看来,这所谓"一"应该就是仁了。不过如把"忠恕"作为仁的内函来看,也是可以说得过去的。这两个字和"恭宽信敏惠"也没有什么抵触。恭与信就是忠,是克己复礼的事。宽与惠就是恕,是推己及人的事。敏是有勇不让,行之无倦的事。

这种由内及外,由己及人的人道主义的过程,应该就是孔子所操持着的一贯之道。他在别的场合论到君子上来的时候,是说"修己以敬","修己以安人","修己以安百姓",所说的就是这一贯的主张了。"修己以敬"是"克己复礼";"以安人"是"己欲立而立人,己欲达而达人";"以安百姓"是"博施于民而能济众"。故尔他说"修己以安百姓,尧、舜其犹病诸",也和"博施于民而能济众,尧、舜其犹病诸",是一样的意思了。

这种所谓仁道,很显然的是顺应着奴隶解放的潮流的。这也就是人的发现。每一个人要把自己当成人,也要把别人当成人,事实是先要把别人当成人,然后自己才能成为人。不管你是在上者也好,在下者也好,都是一样。但要做到这一步,做到这一步的极致,很要紧的还是要学。人是有能学的本质的,不仅在道义上应该去学仁,就是在技艺上也应该去学要怎样才可以达到仁的目的。立人立己,达人达己,不是专凭愿望便可以成功的事情。因而他又强调学。《论语》一开头的第一句便是:"学而时习之,不亦说乎!"

究竟学些什么呢?礼乐射御书数的六艺应该都在所学的范围

之内,而他所尤其注重的似乎就是历史,看他自己说他"述而不作,信而好古",又说"好古敏以求之",可见他是特别注重接受古代的遗产。看他把一些古代的人物如尧、舜、禹、汤、文、武尤其周公,充分地理想化了,每每在他们的烟幕之下表现自己的主张,即所谓"托古改制"。他之注重历史似乎也有一片苦心。

除这"好古"之外,还有一种求学的法门便是"好问"。"就有道而正焉","不耻下问",便是这一法门的指示。故尔他说:"不曰如之何如之何者,吾末如之何也已矣。"而他自己是"入太庙每事问","三人行必有我师"的。大概在一定的范围内,什么事都可以学,什么人都可以问。这一定的范围赋有道德的属性和政治的属性,这差不多是先秦诸子的通有现象,严格地说来,先秦诸子可以说都是一些政治思想家。为什么有这样的通性呢? 那是因为为士的阶层所制约着的原故,士根本就是一些候补官吏。所谓"学而优则仕","学古入官",倒不限于儒者,就是墨法名道诸家都是一样。"士者所以为辅相承(丞)嗣(司)者也"(《尚贤》上),这是墨子的士观。"士生乎鄙野,推选则禄焉"(《齐策》),这是道家颜斶的士观。可知学为士就是学为官,不是学为农,学为工,学为商。工农商之能成其为学,又是资本主义社会成立以后的事了。但在这学为官的范围内,"夫子"倒的确是"焉不学,而亦何尝师之有"的。

在这个范围以外那就成问题了。樊迟请学稼,他说"吾不如老农";请学为圃,他说"吾不如老圃"。农为他所不曾学,也为士所不必学,故接着他还斥责樊迟为"小人"。他说:"上好礼则民莫敢不敬;上好义则民莫敢不服;上好信则民莫敢不用情。夫如是则四方之民襁负其子而至矣,焉用稼?"问农没有答出,却来这么一套不相干的政治理论,显然樊迟的问是逸出了士学的范围的了。

墨子也和这是一样,他说过:"一农之耕分诸天下,不能人得一升粟;……一妇之织分诸天下,不能人得尺布;……不若诵先王之道而求其说,通圣人之言而察其辞。……虽不耕而食饥,不织而衣寒,功贤于耕而食之,织而衣之者。"(《鲁问篇》)这是当时为士者的通识。和这不同的就只有一些避世之士和后起的一部分道家而已。但那出发点是超现实的独善主义,我们是须得注意的。

工艺似乎学过。孔子自己说:"吾少也贱,故多能鄙事。君子多乎哉,不多也。"又说:"吾不试,故艺。"(试是浅尝之意)这些艺能,大约不是指射御之类吧,射御是君子所必学的,不能视为鄙事或贱艺。

商是不曾学过的,也是为士者所不应该学的。子贡会经商,他说他"不受命而货殖",而他自己是"罕言利",又说"喻于利"的是小人。

他是文士,关于军事也没有学。卫灵公问阵,他说:"俎豆之事则尝闻之矣,军旅之事未之学也。"接着便赶起车子跑了。不过他也并不如旧式注家所拟议的那样看不起军旅之事。为政之道,他既主张先"足食足兵",又还说过,"以不教民战是谓弃之","善人教民七年亦可以即戎"那类的话。军事的学习虽也是士的分内事,只是他对于这方面没有充分地研究过而已。

他为人为学倒很能实事求是,主张"知之为知之,不知为不知",主张"多闻阙疑,……多见阙殆"——可疑的,靠不着的,不肯乱说。又说"多闻择其善者而从之,多见而识之,知之次(次第)也",可见他是很能够注重客观观察的。"吾尝终日不食,终夜不寝,以思,无益,不如学也"。这个经验之谈很有价值,可见他是反对瞑想那种唯心的思维方法的。但他也并不泯却主观,一味的成为机械。"学而不思则罔,思而不学则殆",必须主观与客观交互印证,以织出一条为人为己的道理,然后他才满足。

　　然而时代限制了他,他肯定人类中有"生而知之"的天才,他说:"生而知之者上也,学而知之者次也,困而学之又其次也,困而不学,民(盲)斯为下矣。"又说:"上智与下愚不移。"不移的下愚,我们能够承认其存在,如早发性痴呆症,那的确是没有办法的。生而知之的上智,却完全是莫须有的幻想。不过,好在他自己还不曾自认是生而知之的人。他自己的述怀是:"我非生而知之者,好古敏以求之者也。"故他所强调的还是"学而知之,困而学之"的步骤。他自己的敏求是到了"发愤忘食,乐以忘忧,不知老之将至"的程度的;他教人好学也要"食无求饱,居无求安,敏于事而慎于言,就有道而正焉";又说,"士志于道而耻恶衣恶食者未足与议也"。他的十五志学,三十而立,四十不惑,五十知天命,六十耳顺,七十从心所欲不逾矩的那个简略自传,也表示着他一生都在困学敏求当中过活。

　　他注重历史,因而也注重根据。"怪力、乱神"之类的东西他是不谈的。要考证夏礼和殷礼,他嫌在夏后的杞国和殷后的宋国都无可征考,因为"文献不足"。儒家的典籍当中,《诗经》大约是由他开始搜集的吧。他已经屡次说到"《诗》三百"的话上来,又曾提到《雅》和《颂》。这一部最早的古诗总集里面,夏诗自不用说,就连殷诗也一篇都没有,《商颂》是宋襄公时正考父所作的东西。《书经》的情形稍微不同。这部书虽然也在他所"雅言"之例,但他很少征引。大约在他当时并不曾搜集到好多篇章吧。他把《诗经》看得特别重要,看来似乎是他所使用的极重要的一部教材。"兴于诗,立于礼,成于乐","诗可以兴,可以观,可以群,可以怨","不学诗无以言,不学礼无以立",可见他是特别注重诗教,也就是情操教育了。学诗不仅可以增广知识,"多识于鸟兽草木之名",

而且可以从政，可以做外交官，据说都能因此而做得恰到好处。这大约是由于诗里有民间疾苦，有各国风习，有史事殷鉴，也有政治哲理的原故吧。把好多优美的古诗替我们保留了下来，单只这一点，应该也可以说是孔子的功绩。

诗与乐是联带着的，孔子也特别注重音乐。他自己喜欢弹琴，喜欢鼓瑟，喜欢唱歌。"与人歌而善，必使反之而后和之"，可见他学唱歌是怎样的用心。"在齐闻《韶》三月不知肉味"，可见他对于音乐又是怎样的陶醉。他把音乐不仅视为自我修养和对于门人弟子的情操教育的工具，而且把它的功用扩大起来，成为了治国平天下的要政。这是"与民偕乐"的意思，便是把奴隶时代的贵族们所专擅的东西，要推广开来使人民也能共同享受。这一点不仅表示了这位先驱者充分地了解得艺术价值，而且也显豁地表示了他所代表着的时代精神。不过时代也依然限制了他。他所重视的乐是古代的传统，也就是古乐。他说："《韶》尽美矣又尽善也，《武》尽美矣未尽善也。"《韶》虽不必是舜乐，《武》也不必作于周武王，但总之都是古乐。当时和这古乐对峙的已经有新音乐起来，便是所谓"郑声"，这新音乐却为他所不喜欢，他斥之为"淫"。郑声和《韶》、《武》，我们都听不见了，无从来加以覆勘，但据我们的历史经验，大凡一种新音乐总比旧音乐的调子高，而且在乐理、乐器、乐技上也照例是进步的，故尔所谓"郑声淫"的"淫"应该是过高的意思，决不是如像《毛毛雨》之类的那种所谓靡靡之音，倒是可以断言的。

礼，不用说也是学的极重要的对象。礼，大言之，便是一朝一代的典章制度；小言之，是一族一姓的良风美俗。这是从时代的积累所递传下来的人文进化的轨迹。故有所谓夏礼、殷礼、周礼。但所谓夏礼、殷礼都已文献无征，"无征不信"，故他所重视的是"郁郁乎文哉"的周礼。他特别崇拜周公，以久"不复梦见周公"为他衰老了的征候而叹息。其实乱做梦倒是衰弱的征候，他的晚年之所以"不复梦见周公"，倒足以证明他已经超过了周公的水准了。周公在周初固然是一位杰出的人物，特别在政治上，但所有一切的周礼相传为周公所制作的，事实上多是出于孔子及其门徒们的篡集与假托。

礼是后来的字，在金文里面我们偶尔看见有用豊字的，从字的结构上来说，是在一个器皿里面盛两串玉具以奉事于神，《盘庚篇》里面所说的"具乃贝玉"，就是这个意思。大概礼之起起于祀神，故其字后来从示，其后扩展而为对人，更其后扩展而为吉、凶、军、宾、嘉的各种仪制。这都是时代进展的成果。愈望后走，礼制便愈见浩繁，这是人文进化的必然趋势，不是一个人的力量可以把它呼唤得起来，也不是一个人的力量把它叱咤得回去的。周公在周初时曾经有过一段接受殷礼而加以斟酌损益的功劳，那是不可抹杀的事实，但在孔子当时的所谓周礼又已经比周公时代更进步了。虽然或者说为更趋形式化了要妥当一些，但在形式上也总是更加进步了的。田制、器制、军制、官制，一切都在随着时代改变，没有理由能说总合这一切的礼制全是一成不变的东西。孔子在春秋末年强调礼制，可以从两点来批判他，一层在礼的形式中吹进了一番新的精神，二层是把"不下庶人"的东西下到庶人来了，至少在精神方面。"礼云礼云，玉帛云乎哉！乐云乐云，钟鼓云乎哉！"他并没有专重钟鼓玉帛等礼乐之外形。"人而不仁如礼何！人而不仁如乐何！"他是把仁道的新精神灌注在旧形式里面去了。

"礼与其奢也宁俭，丧与其易（治）也宁戚。"（《论语·八佾》）

"能以礼让为国乎，何有？不能以礼让为国，如礼何？"

（《论语·里仁》）

　　"先进于礼乐，野人也；后进于礼乐，君子也。如用之，则
吾从先进。"（《论语·先进》）

这些是表现着他的进步精神。野人就是农夫，他们所行的礼和乐
虽然是非常素朴，然而是极端精诚。把精神灌注上去，把形式普及
下来，重文兼重质，使得文质彬彬，不野不史（"质胜文则野，文胜
质则史"），那倒是他所怀抱的理想。这应该也就是他的礼乐并重
的根据吧。礼偏于文，乐近于质，他把这两者交织起来，以作为人
类政治生活的韧带，这层是他的政治哲理的一个特色，我们是不能
否认的。"礼乐不兴则刑罚不中，刑罚不中则民无所措手足"，他
是把人文主义推重到了极端了。

　　不过就在礼这一方面，时代也依然限制了他。他在形式上特
别注重古礼，就和他在乐的方面注重《韶》、《武》而要"放郑声"的
一样，有好些当时的世俗新礼，他就看不惯。他主张："行夏之时，
乘殷之辂，服周之冕。""行夏之时"，在农业生产上大抵有它的必
要。"殷辂"是否特别舒服，"周冕"是否特别美观，我们就无从判
定了。据我从卜辞里面的发现，知道殷王所乘的猎车是驾两匹马
的，比起周人的驷马来怕不怎么舒服吧。关于冕制，似乎他也还能
够从权，且看他说："麻冕礼也，今也纯（丝），俭，吾从众。"但这"从
众"的精神可惜他没有可能贯彻到底。他有时候却又不肯"从
众"。"拜下礼也，今拜乎上，泰也，虽违众，吾从下"。这就表示得
很鲜明，他一只脚跨在时代的前头，一只脚又是吊在时代的后面
的。"拜下"是拜于堂下，受拜者坐于堂上，拜者"入门立中廷北
向"而拜，这种仪式，我们在西周的金文里可以找到无数例，这是
奴隶制下的礼节。等时代起了变革，阶层上下甚至生出了对流，于
是拜者与受拜者便至分庭抗礼，这也正是时代使然。众人都上堂

拜,而孔二先生偏要"违众从下",很明显地是在开倒车。从此可以见得他对于礼,一方面在复古,一方面也在维新。所谓"斟酌损益"的事情无疑是有的,尽管他在说"述而不作",但如三年之丧便是他所作出来的东西,是不是杰作是另外一个问题,他自己的门徒宰予就已经怀疑过不是杰作了。

在主观方面强调学,在客观方面便强调教。教与学本来是士的两翼,他是士的大师当然不能离开学与教。他有有名的庶、富、教的三步骤论,是他到卫国去的时候,冉有替他御车,他在车上看见卫国的老百姓很多,便赞叹了一声:"庶矣哉!"——人真多呀。冉有就问:"庶了又怎么办?"他答道:"富之!"——要使他们丰衣足食。冉有又问:"已经丰衣足食了,又怎么办?"他又回答道:"教之!"——好生展开文化方面的工作去教育他们。究竟教些什么呢? 可惜他没有说。不过他是承认老百姓该受教的,这和奴隶时代只有贵胄子弟才能有受教育的权利,已经完全不同。他是仁道的宣传者,所学的是那一套,所教的也当然就是那一套。文行忠信是他的四教,他的门徒是分为四科的:德行、言语、政事、文学。四教和四科大概是可以扣合的吧,总不外是诗书礼乐和所以行诗书礼乐的精神条件。他本人确实是一位很好的教育家,他的教育方法并不是机械式的,他能够"因材施教"。他也不分贫富,不择对象,他是"有教无类"。当然,也并不是毫无条件,只要有"十小条干牛肉"(束脩)送去,他就可以教你了——"自行束脩以上,吾未尝无诲焉"。这也是教书匠的买卖不得不然,假如连"十小条干牛肉"都没有,你叫教书匠靠吃什么过活呢?

为政总要教民,这是一个基本原则。"以不教民战,是谓弃之","善人教民七年亦可以即戎","举善而教不能,则劝"。这和后起的道家法家的愚民政策是根本不同的,这点我们应该要把握着。因而"民可使由之,不可使知之"的那两句话,近人多引为孔子主张愚民政策的证据的,却是值得商讨了。一个人的思想言论本来是有发展性的,不得其晚年定论,无从判断一个人的思想上的归宿。周、秦诸子的书中都有时常自相矛盾的地方,我们苦于无法知道那些言论之孰先孰后。孔子是号为"圣之时"的,是能因时而变的人。庄子也说过:"孔子行年六十而六十化,始时所是,卒而非之,未知今之所谓是之非五十九年非也"(《寓言》)。他的晚年定论我们实在也无从知道。《论语》这部书是孔门二三流弟子或再传弟子的纂辑,发言的先后次第尤其混淆了,不能不说是一件遗憾。但要说"民可使由之,不可使知之"为愚民政策,不仅和他"教民"的基本原则不符,而在文字本身的解释上也是有问题的。"可"和"不可"本有两重意义,一是应该不应该;二是能够不能够。假如原意是应该不应该,那便是愚民政策。假如仅是能够不能够,那只是一个事实问题。人民在奴隶制时代没有受教育的机会,故对于普通的事都只能照样做而不能明其所以然,高级的事理自不用说了。原语的涵义,无疑是指后者,也就是"百姓日用而不知"的意思。旧时的注家也多采取这种解释。这是比较妥当的。孟子有几句话也恰好是这两句话的解释:"行之而不著焉,习矣而不察焉,终身由之而不知其道者众也。"(《孟子·尽心上》)就因为有这样的事实,故对于人民便发生出两种政治态度:一种是以不能知为正好,便是闭塞民智,另一种是要使他们能够知才行,便是开发民智。孔子的态度无疑是属于后者。

孔子在大体上是一位注重实际的主张人文主义的人,他不大驰骋幻想,凡事想脚踏实地去做。他生在那么变化剧烈的时代,旧名与新实不符,新名亦未能建立,故他对子路问政主张先要"正名",谓:"名不正则言不顺,言不顺而事不成,事不成则礼乐不兴,礼乐不兴则刑罚不中,刑罚不中则民无所措手足。"所正的"名"既与"言"为类,正是后起的名辩之名,而不限于所谓名分。故"正名"也就如我们现在小之要釐定学名译名,大之要统一语言文字或企图拼音化那样,在一个社会制度大变革的时代的确是很重要的事。可惜他的关于如何去"正名"的步骤却丝毫也没有留下。

他生在大变革的时代,国内国外兼并无常,争乱时有,故尔他回答子贡问政,便主张"足食足兵";他并不是空口讲礼乐的空想家,而在礼成乐作之前是要有一番基本工作的。"如有王者,必世而后仁",要三十年之后才有仁政出现,则三十年间的基本工作,照逻辑上说来,也尽不妨有些地方类似乎不仁。"善人为邦百年,亦可以胜残去杀",他誉为"诚哉是言",不知道是他的前辈的那一位所说的话,这仁政成功的期间可说得更久远,要费三个三十年以上了。这些年限并不一定有数学般的准确,但足以证明他并不是不顾实际的绥靖主义者。尽管他在说"道(导)之以德,齐之以礼,有耻且格",但也没有忘记"道之以政,齐之以刑,民免(勉)而无耻(没有可耻的事)"的。

他的从政者的步骤,有"尊五美,屏四恶"的信条。五美中的一美"因民之所利而利之"是最值得重视的。四恶的"不教而杀谓之虐,不戒视成谓之暴,慢令致期谓之贼,犹之与人也,出纳之吝,谓之有司"(有司二字疑有误),也的确都是值得屏弃的恶政。因之它们的反面便是要先教先戒,信守法令,惠与不吝了。该给人民的,不能不给人民,只要是为人民谋幸福的,不能吝嗇而不与。虽然也主张"节用","道(导)千乘之国,敬事而信,节用而爱人,使民以时",但这节用是有条件的,但是以爱人为条件。这只是在消极方面限制为政者的奢侈,而非节省必要的政治施设使人民不得康乐。故"有国有家者不患寡而患不均,不患贫而患不安"。不过在实际上他是患贫也患不安,患寡也患不均的,看他积极地主张"庶矣……富之,富矣……教之",而强调"足食足兵,民信之矣",也就可以明了了。

离开实际的政治之外,还有一种理论的主张,便是"祖述尧、舜"。尧、舜的存在,除掉《尚书》里面所谓《虞书》、《夏书》之外,是很渺茫的。在可靠的殷、周文献里面没有提到他们,在甲骨文和金文里面也没有提到。甲骨文里面有"高祖夒",经王国维考证,认为是殷人的祖先帝喾,但从《山海经》、《国语》等所保存的神话传说上看来,帝喾和帝舜并不是两人,而且他们都是神。孔子是特别称道尧、舜的,但孔门之外,如墨家、法家、道家、阴阳家,甚至如南方的《楚辞》都一样称道尧、舜,虽然批判的态度不尽相同。尧、舜的故事很显然是古代的神话,是先民口传的真正的传说,在春秋时被著诸竹帛,因而也就逐渐被信史化了。

孔子的称道尧、舜,单就《论语》来说,有下列数项:

"大哉尧之为君也,巍巍乎唯天为大,唯尧则之。荡荡乎,民无能名焉。巍巍乎其有成功也,焕乎其有文章。"(《泰伯》)

"巍巍乎,舜、禹之有天下而不与焉。"(同上)

"无为而治者其舜也与? 夫何为哉? 恭己正南面而已矣。"(《卫灵公》)

虽然很简单,但毫无疑问是把禅让传说包含着的。他之所以称道尧、舜,事实上也就是讴歌禅让,讴歌选贤与能了。

尧、舜禅让虽是传说,但也有确实的史影,那就是原始公社时的族长传承的反映。《礼运篇》称之为"天下为公"的时代,充分地把这个阶段乌托邦化了,因而成为中国历史上的黄金时期。这动机,是值得我们讨论的。明显的是对于奴隶制时代的君主继承权,即父子相承的家天下制,表示不满,故生出了对于古代原始公社的憧憬,作为理想。假使能够办得到,最好是恢复古代的禅让,让贤者与能者来处理天下的事情。假使办不到,那么退一步,也要如"舜、禹之有天下而不与焉","恭己正南面",做天子的人不要管事,让贤者能者来管事。这动机,在当时是有充分的进步性的,无疑,孔子便是他的发动者。

认清了孔子的讴歌禅让,也才能够正视他的"君君、臣臣、父父、子子"的那个提示。那是说君要如尧、舜那样的君,臣要如舜、禹那样的臣,父也要如尧、舜那样的父(不以天下传子),子也要如舜、禹那样的子("幹父之蛊")。齐景公不懂得他的深意,照着传统的奴隶社会的观念讲下去,便为:"信如君不君,臣不臣,父不父,子不子,虽有粟吾得而食诸?"只顾到自己要饭吃,没有顾到老百姓也要吃饭,但这责任不能归孔子来负。

孔子倒是否认地上的王权的。这与其说是他的特出的主张,无宁是社会的如实的反映。当时的王权事实上是式微了,就是各国的诸侯事实上已多为卿大夫所挟制,而卿大夫又逐渐为陪臣所凌驾,大奴隶主时代的权威已经是被社会否认了。孔子想制作一个"东周",并不是想把西周整个复兴,而是想实现他的乌托邦——唐、虞盛世。

地上的王权既被否认,天上的神权当然也被否认。中国自奴隶社会成立以来,地上王的影子投射到天上,成为唯一神的上帝,率领百神群鬼,统治着全宇宙。但到西周末年,随着奴隶制的动摇,上帝也就动摇了起来。《诗经》中没落贵族们埋怨上帝的诗不计其数。春秋年间,王者既有若无,实若虚,上帝也是有若无,实若虚的。妖由人兴,卜筮不灵了。一般执政者对于上帝,是在习惯上奉行故事地承认着,而内心的认识可用子产的一句话来统括,便是："天道远,人道迩,非所及也。"①天尽他去天吧,我却要尽我的人事。

孔子对于天的看法反映了这种社会的动态。无疑地,他是把天或上帝否认了的,只看他说"天何言哉? 四时行焉,百物生焉,天何言哉?"②他所称道的天已和有意想行识的人格神上帝完全不同。故在他心目中的天只是一种自然或自然界中流行着的理法。有的朋友认为这种看法太看深了,那么我们请从反对学派的批评来看,便可以知道实在一点也不深。墨子所批评的"儒之道足以丧天下者四政",第一政是："儒以天为不明,以鬼为不神,天鬼不说。"③这所说的不正是孔子的态度吗?

"子不语怪力乱神。"(《论语·述而》)

"子路问事鬼神,子曰:'未能事人,焉能事鬼?''敢问死。'曰:'未知生,焉知死?'"(《论语·先进》)

但无论怎么说,至少孔子总得是一位怀疑派。不幸他的实际家或政治家的趣味太浓厚,尽管否认或怀疑鬼神,而他在形式上依然是敬远着它们。这是他的所谓智者的办法,"敬鬼神而远之,可谓知(智)矣"。但所谓"知"无疑并不是纯粹的理智,而是世俗的聪明。

实际上比孔子更深的已经有老聃存在。他不仅否认了上帝,并建立了一种本体说来代替了上帝。他是孔子的先辈,而且曾经做过孔子的先生,这是先秦诸子所一致承认着的。孔子自己也说

---

① 《左传》昭公十八年。

② 《庄子·知北游篇》有一节话,是这几句话的扩张:"天地有大美而不言,四时有明法而不议,万物有成理而不说。圣人者原天地之美而达万物之理,是故至人无为,大圣不作,观于天地之谓也。"——作者注

③ 《墨子·公孟》。

"窃比于我老彭"，老就是老聃了。有的朋友因《道德经》晚出，遂并怀疑老聃的存在，或以为由思想发展的程序上看来，老聃的本体说是不应该发生在孔子之先。这些都仅是形式逻辑的推论而已。在春秋时代普遍地对于上帝怀疑，而在纷争兼并之中又屡有"一匡天下"的那种希望，正是产生老子本体说的绝好的园地。只是他的学说没有群众基础，不仅没有宰制到思想界，就连孔子也没有怎么接受它而已。老子的学说经过间歇之后，直到环渊、庄周又才得到充分的发展，并不是不可能的事。何况庄周之前还有宋钘、彭蒙、彭蒙之师，以及杨朱等人存在呢？

　　孔子既否认鬼神，但有一个类似矛盾的现象，他却承认"命"。他把命强调得相当厉害，差不多和他所主张的仁，站在同等的地位。"子罕言利，与命与仁"——他很少谈利，但称道命，称道仁。他既说"仁者不忧"，又说"知命不忧"。既说"君子无终食之间违仁"，又说"不知命无以为君子"。命与仁在他的思想中俨然有同等的斤两。命又称为天命。"君子有三畏：畏天命，畏大人，畏圣人之言"。他自己是"五十而知天命"。看来很像是一片神秘的宿命论（fatalism）。但问题是他所说的命究竟是什么。他既否认或怀疑人格神的存在，那么他所说的命不能被解释为神定的运命。他的行为是"学而不厌，诲人不倦"，"发愤忘食，乐以忘忧，不知老之将至"的；为政的理想是"先之劳之"而益以"无倦"；一切都是主张身体力行，颇有积极进取的精神，也不像一位宿命论者。故我们对于他所说的命不能解释为神所预定的宿命，而应该是自然界中的一种必然性。这种必然性有点类似于前定，是人力所无可如何的，故他说："道之将行也与，命也；道之将废也与，命也。公伯寮其如命何？"而对于这种必然性的制御，则是尽其在我，子夏所转述的这几句话："死生有命，富贵在天；君子敬而无失，与人恭而有礼;四海之内皆兄弟也",也就是这个意思。不因为人必有死而贪生怕死,也不因为富贵可羡慕而妄求富贵,故敬以自处,恭以待人,爱人如弟兄骨肉,尽其在我,听其自然。《庄子·秋水篇》引孔子语:"知穷之有命,知通之有时,临大难而不惧者,圣人之勇也。"这或许是假托,但假托得恰合乎孔子的真意。这便是孔子的天命观,分明是一种必然论(necessitarianism),和宿命论是有区别的。

在孔子的整个思想体系上我们可以看出,他在主观的努力上是抱定一个仁,而在客观的世运中是认定一个命。在主观的努力与客观的世运相调适的时候,他是主张顺应的。在主观的努力与客观的世运不相调适的时候,他是主张固守自己的。

"笃信好学,守死善道。"(《论语·泰伯》)

"志士仁人无求生以害仁,有杀身以成仁。"(《论语·卫灵公》)

"不义而富且贵,于我如浮云。"(《论语·述而》)

"君子义以为质,礼以行之,逊以出之,信以成之。"(《论语·卫灵公》)

"自古皆有死,民无信不立。"(《论语·颜渊》)

他并不是低头于命定的妥协者,看这些辞句也就可以明了了。他只差这一点没有说明,便是一切都在变,命也在变;人的努力可以扬弃旧命而宰制新命。奴隶制时代的汤武能革命,使奴隶制崩溃了的人民也正在革命。孔子是生在这种革命潮流中的人,事实上他也正在参加着新必然性的控制的。他说他"五十而知天命",或者也就是说他探索了五十年,到这时才自觉到了自然的趋势所赋与他的新使命的吧。

(选自《十批判书》,《郭沫若全集》

历史篇2,人民出版社1982年版)

郭沫若(1892—1978),原名郭开贞,号尚武,"沫若"是其笔名。祖籍福建宁化县,生于四川乐山县。1914年秋考入东京第一高等学校预备班医科,后入九州帝国大学医科,1923年获医学士学位后回国。1927年参加南昌起义并加入中国共产党。1928年流亡日本,抗战爆发后回国,曾先后任《救亡日报》社长、国民政府军事委员会政治部第三厅厅长等职。1947年当选为全国文联主席。中华人民共和国成立后,历任政务院副总理兼文化教育委员会主任、中国科学院院长,人大副委员长、政协副主席等职。主要著述收入《郭沫若全集》38卷。

作者认为,孔子的基本立场是"顺着当时的社会变革潮流的",孔子思想体系的核心是"仁","仁"的含义是一种克己而为人的利他行为,养成为大众献身的牺牲精神。所操作的是一贯之道,是由己及人的人道主义;主张为人为学实事求是,"知之为知之,不知为不知"。孔子否定传统的鬼神,否定"天"或"上帝"。否定地上的王权,心目中的"天",只是一种自然或自然界流行着的理法,所说的"命"是自然界的一种必然性。孔子的整个思想体系,在主观的努力上追求"仁",在客观世运中认定"命"。

20世纪儒学研究大系

孔 学 平 议

张 岱 年

孔子在中国历史中有其独特的位置,他是中国传统教育的开创者,他又是汉代以后约二千年间正统思想的最高宗师。他对于中国文化,对于中国一般人的意识,有深刻而广被的影响。

今日对于传统思想,应持批判的态度。今日谈思想,应整理并批判过去传统思想,应介绍并抉择西洋近代思想,更应面对现实,提出新问题,拟议新答案。传统思想对于中华民族的文化与生活,有其功绩,有其罪过。在今日揭示传统思想之有害的因素,使其不再为害;显扬其有益的因素,令其再进一步,是十分必要的。对于传统哲学之最早的宗师之一的孔子的思想,自亦应当如此。中国社会的演化,有二千年的停滞,这固然有其物质的原因,然而传统思想尤其儒家哲学之倾于保守,阻碍变革,而不能奖进创造,也是一个重要的原因。在今日,实应当打破传统思想之束缚,大胆迈入思想的新时代,对于传统思想加以分析、抉择。孔子哲学中有已经陈腐不足称述、应加摈弃的方面,亦有虽旧犹新、将随人类文化之延续而仍有一定意义的方面。在此短文中不能作详尽的阐述,姑说其彰彰大者。略如下述。

先说陈腐应加以否定的方面,最要者有三端。

1. 好古

孔子自称"述而不作,信而好古"。先秦诸子除法家以外,未有不崇古卑今的,这种态度,实最有害。否认历史的进化,以为历史是退步的,其实际的影响便是阻碍了历史的进步,使历史成为停滞、纡缓的了。

2. 卑视工艺

樊迟请学稼、请学圃,孔子说:"吾不如老农"、"吾不如老圃",而认为樊迟"小人哉"!这是不重工艺的态度。其实生产事业乃是文化之根基,工农大众是社会的支柱。农圃的重要实远过于礼乐。

3. 严分尊卑

孔子最重礼。所谓礼,一方面是行动的规范,一方面实乃是维持阶级分别的工具。礼的目的在于巩固当时社会的秩序,调协阶级之间的冲突,而亦在于表示统治阶级的尊严,足以怀柔劳动大众,使统治者在庶民心中有不可侵犯之感。自汉初以来统治阶级深喜儒家,其主要原因之一即在于深喜这个礼。二千年来,随时代之演化,这种尊卑之礼愈来愈严,更久已越过了孔子所讲的限际了。

现在许多人都看到孔子的政治思想是维护统治阶级的利益的。孔子要维护统治制度,而其维护阶级制度方法在于主张阶级调和,要求对于上下都予以相当的约束。《论语》载子游云:"昔者偃也闻诸夫子曰:君子学道则爱人,小人学道则易使也。"此言最为明显。孔子所宣扬之德治或礼治,其主要意思即在于令在上阶级"爱人",对于庶民不做过甚的剥削,而同时又令在下阶级"易使",好好听从命令,不要犯上作乱,如此上下相安于无事。孔子之所以为二千年来社会思想之最高宗师,而一般君主所以虽"阴法"而必"阳儒"者,其原因即在于此。不过这种思想在现在已过时了，今日已到打破阶级制度的时代了，更早已到取消上下之分的时代了。

其次，当略说孔子哲学中比较合理的部分，虽经二千年而为过去腐儒所不解，到今天仍有积极意义的观念。亦姑举三端。

1. 兼重三德

孔子的一贯之道为"仁"。"仁"乃是孔子哲学的中心观念，亦是中国人生哲学之最高理想。然而孔子于"仁"之外实兼重"智""勇"。后来《中庸》以智、仁、勇为三达德，实本于孔子。"仁"是爱之扩大，即同情之推广；"智"是穷研事理，对于真理之追求与认识；"勇"是生命力之充沛，不畏艰难而与环境战斗。人生之大道实乃在于同情、知识、生力之协同发展，缺一便是偏枯。孔门以仁且智为圣。英哲罗素尝说，良好生活即是受爱之启发、受智之指导的生活。兼重仁智，与孔门仁且智之说，虽有古今东西之异，而为说同属一揆。可见真理是不分东西地区的。自宋以来，儒者多专讲"仁"，遗忘了"智"与"勇"，然智勇既不足，所谓仁便亦成空虚的了。中国文化遂有偏枯之病，这是令人痛惜的。

2. 时

孟子以孔子为"圣之时者"。《论语》中虽无关于时的理论，然而有许多足以表示孔子之"时"的态度的话。如云："不降其志，不辱其身，伯夷叔齐与？谓柳下惠少连，降志辱身矣，言中伦，行中虑，其斯而已矣。谓虞仲夷逸，隐居放言，身中清，废中权。我则异于是，无可无不可。"又云："子绝四：毋意，毋必，毋固，毋我。"孔子的行动有最高的一贯原则，至于实际办法则随时取宜，无所固执。当为与不当为，要看时间的条件，应随时势而不同。

3. 生

孔子对于天道，所说甚少，然而偶有片言，却含有深厚的义蕴。

如:"子在川上曰:逝者如斯夫! 不舍昼夜。"这即是认为宇宙万物都是变化的,一切在流转不已之中。又云:"天何言哉? 四时行焉,百物生焉。"特别标出"行"、"生"二字,可谓卓然有见。四时运行不已,百物生生不穷。行与生,正是宇宙间最根本的事实。我们可以说,孔子所见的宇宙是动的宇宙,而不以为静止的。"生"的观念,经孔子提出,从来《易传》更加发扬,遂为中国宇宙论最高观念之一。

此外,孔子关于教育方法的理论,大体上是仍然有价值的,到现在已成为教育学说中的常识了。而孔子个人的生活境界实已达到了极高的境界,今日观之,犹足珍视。孔子的生活态度是"发愤忘食,乐以忘忧","学而不厌,诲人不倦"。这种乐观奋勉的态度,实乃人生的最好的态度。后来道家好讲"与天为一","万物一体",其境界并非较孔子为高,不过加上一层幻想罢了。

今日治学,最应有客观的态度与批评的精神。现在崇拜孔子者仍所在多有,而高呼打倒孔子者亦不乏人。实则尊孔早已过腐,而简单的否定亦已不足。对于曾经对中国文化有深远影响的孔子,实应根据历史的事实作比较正确的分析。

（选自《张岱年哲学文选》上,中国广播电视出版社 1999 年版）

张岱年,原籍河北献县,1933 年毕业于北京师范大学,1946 年任清华大学副教授,1951 年任教授。1962 年起任北京大学哲学系教授,1981 年起任博士后导师,1985 年起任清华大学思想文化研究所所长。曾任哲学史学会会长、名誉会长,中华孔子研究所所长、中国孔子基金会副会长。主要论著有:《中国哲学大纲》、《求真集》、《文化与哲学》、《张岱年文集》6卷、《张岱年全集》共8卷。

作者认为孔子哲学中有已经陈腐不足称述、应该摈弃的方面,亦有虽旧犹新,将随人类文化之延续而仍有一定意义的方面。今日治学,最应有客观的态度与批评的精神。认为尊孔早已过腐,而简单的否定亦已不足,应根据事实作比较正确的分析。

对于孔学的我见

岑 仲 勉

《论语》说,"子绝四,毋意,毋必,毋固,毋我","固"是固执,"我"是挟持成见,但本篇标题的"我",只是个人的"我"。如果学者们对于孔学的剖析,确有新的见解,能令人诚服地接受,我个人的管见,是随时可以改变的。

三十多年来已经发表过的孔学评判,数目总不算少,只因篇幅有限,本文除提出笔者的意见之外,大都以《求真》各期所曾发表的言论为对象,无暇作全盘的检讨,固然有若干问题,已可包括在里面。

一　晚近孔学被打击的动因　孔学未尝实行

我国伏处在二千余年的专制压迫之下,忽而改建民主,那就好像脱去羁勒的奔马,任情放纵,要抓着任一些和从前不良制度密切相关的事物,施行其推翻手段,来泄自己一口气,(例如法国革命潮达到最高峰的时候,向来习用称呼的 Monsieur,还嫌带着贵族气味,要把它废弃,改称"公民"。)这是革命时代过程所不能避免的。说到专制的淫威,最应受攻击的当然是君主,惟是我国历代的君主,除去不堪一击的不计,其余如秦始、汉武、唐太、成吉思汗和朱洪武等等,旧史上几已各有定评,而且个别的攻击,不易令人发生一个概括的观念。恰巧遇着那位孔老夫子,二千年来几于不断地享受着列朝统治阶级的供奉,拥有至圣大成先师或其相类的荣衔,从西汉打到清末,从上层打到下层,从学者打到无知阶级,大家都无疑地相信着我国历来是遵奉孔子的遗教;那末,要对专制时代作总清算,舍孔子外,再没有更好的目标了。

孔子的宝座是应该推翻的,如果我国君主专制的流毒,完全由孔学造成的话。但事情是如此简单的吗?"自汉武帝以后,号称儒术一尊,实际上后来的儒术已经变了像,已经打过折扣了","汉宣帝说,汉家自有法度,杂王霸道用之,儒术何尝独尊呢"[①],由此看去,专制的流毒,不应专责孔子。何况孔门学说,随春秋、战国的历史演变而演变,孟子的主义,是孟子自己的事,至多只能说这是孔门思想在一个不同的历史阶段上之一种新的发展,但绝不能将此新发展的思想,写在孔子本人的帐上去[②],更见得"孔学"的范围,应该有一个严密的界限,时代愈后的见解,常常愈不能代表真正的孔学。换句话说,普遍认为继承"孔学"之战国、两汉、南北宋的儒家的思想,只当划入战国、汉、宋的儒家上头去,不能与原来真正的"孔学",混作一起。孔子被统治阶级崇拜了二千年,是他梦想不到的,我们不要"迁怒"。

孔子说"性相近也,习相远也",而孟子言性善,荀子言性恶,这可见孔门的思想,到战国时已相当演变。又不独思想演变,即《论语》里面字义的解释,也一再发现其错误。

"子张学干禄",何注,"禄,位也",朱注,"禄,仕者之奉也",

---

① 《求真》杂志六期嵇文甫氏文。
② 撮引《求真》六期欧伯氏文。

试检毛《诗》廿八个"禄"字,均作"禄,福也"解,"俸禄"只是第二义。即就《论语》本身说,"三年学不至于谷"(《泰伯》),"邦有道谷,邦无道谷"(《宪问》),朱注均说"谷,禄也",则俸禄的"禄"常称作谷。反之,如"禄之去公室五世矣"(《季氏》),"天禄永终"(尧曰引。朱注均不专为禄字作解),如解作俸禄,文义难通,但解作福禄或"幸运",则文义甚明。还有"君子谋道不谋食,耕也馁在其中矣,学也禄在其中矣,君子忧道不忧贫"(《卫灵》),亦只合解作"禄食"(见《吕览》怀宠注),不应解作"俸禄",因为"禄""馁"对举,许多人的食,也不见得从俸禄得来。孔子教人要"谋道""忧道",何尝教人"以学谋取禄位",如果教人"以学谋取禄位",又何须斥责子张,由此知"干禄"犹言"求取幸运或机会"。孔子说,"如果说话少错误,做事少后悔,幸运也就包涵在里面("言寡尤,行寡悔,禄在其中矣。"),意义甚为明显;但若说俸禄也包涵在里面,未免牛头不搭马嘴,这是儒家不了解"孔学的"一个例子。

又如"子疾病,子路使门人为臣"(《子罕》),朱注,"夫子时已去位,无家臣",所说自不错。下文接着孔子道,"无臣而为有臣,吾谁欺,欺天乎",朱注解作"故言我之不当有家臣,人皆知之,不可欺也",那便大错特错了。有家臣、无家臣,是事实上问题,当有家臣、不当有家臣,是礼制的问题。孔子生病的时候,只是事实上已无家臣,并不是依礼制不得有家臣,这一点可明显地从孔子屡次说及"以吾从大夫之后,不可徒行"(《先进》),"以吾从大夫之后,不敢不告"(《宪问》)反映出来。况且孔子又接着说,"予与其死于臣之手也,无宁死于二三子之手乎",有家臣如果是违背礼制,孔子自必严词拒绝,何至作"与其"的比较话头。唯其实际无家臣而子路强使门徒冒充,所以孔子责成子路的"行诈",否则孔子应直斥子路越礼犯分了,这是宋儒误解的又一个例子。

"自行束脩以上,吾未尝无诲焉"(《述而》),邢昺说,"案《书》《传》言束脩者多矣,皆谓十脡脯也",后人多采用他的解释,郭沫若氏以为"这是教书匠的买卖,不得不然"①。但《乡党篇》"沽酒市脯不食",用"脯"字不用"脩"字,这是一可疑。字书里面都未见"行送也"的解法,而且"自送"和"自"字,尤为"蛇足",难道是要别人替他送吗,何、邢、朱三家都不解"自行",当因为有点不可通,这是二可疑。干肉不是当日制定的"通货",老师的贽礼,尽可送粟、送雁、送酒、送布、……种种日用必需的物事,何以偏偏指定送干肉,这是三可疑。李贤《后汉书·延笃传》注,"束脩谓束带修饰",又引郑玄《论语注》,"束脩谓年十五以上",刘宝楠的《论语正义》检出后汉金石及《后汉书》纪传"用束脩"字样的共十一例,都不解作脩脯,皮锡瑞氏《汉碑引经考》六,《更补祢衡颜子碑》"在束脩之齿"一条,作郑注"年十五以上"的确证,这是四可疑。有人又引《曲礼》上正义"束脩、十脡脯也",替邢昺等辩护,岂不知古籍里面同词异解的例子,实在不少。据我所见,"自修"是普通用语,"束脩"应是一个"连词",不必分开逐字求解。全文的意思,就是"能自己检束或比检束更进步('以上')的人,我未有不教他的",这样说法,孔子直是一个极热心传教的。"饭疏食,饮水,曲肱而枕","发愤忘食,乐以忘忧"(《述而》),绝不至为个人舒适问题而"罢教",他的人格高尚,和邢昺、朱熹所解,真有"天渊之别"了。不能明白古书的意义,反要来乱骂古人,我说考据方法万不可废②,这又是一个极显明的例子。

---

① 《十批判书》八五页。
② 北平图书馆《图书季刊》新五卷四期,二九——三〇页拙著《考据举例》。

显浅的事理,后世儒家尚且弄得不明不白,对于孔子的微言大义,未能心领神会,切实奉行,那更不消多提了。简直地说,孔子的重要主张,在历朝尊孔声中,并未尝实地奉行过,而奉行的都是变相的"儒学",专制流毒,其过在"儒家",不在孔子。革新运动的人们,处我国学术新旧交替青黄不接的当中,于"孔学"真相,未暇和过去历史重新作详细的检讨比较,那是无可讳言的,所以他们拿着"孔学"来作目标去进攻,让专制流毒的真正泉源躲闪在背后,那就有点白费力了。

上项见解,有点似像郭氏所说"孟子、荀子都已经不是纯粹的儒家",又"二千年来的中国学术界,……孔家店仅存了一个招牌"①,但因彼此出发点不同,我未敢引来作证。

郭氏又说"道(家)也仅是印度教的拙劣的翻版"②,可算是"一语破的"。其实"真人"和后来的"真人"或神仙,只有"质"略不同,不必解作"真正的人"③。老学既不足道,那末,东方文化的特色,就只剩着"孔学";我国最现实的学说(参下文),也就是"孔学"。现在我国科学落后,都因为汉代以来,不肯注重现实,不能注重现实,又完全因为"孔学"老早失传;人们如果不作出世观的话,光这一点,已是"孔学"的无上价值。若说孔子到现在已没有新的评价,未免轻视学术,无怪乎被人指摘了。

---

① 　拙著《考据举例》一三九又一六〇页。
② 　同上九六页。
③ 　同上一七二页。

二　孔学的范围与资料

依照前节说法,为严格区别起见,"孔学"与"后世的儒家",就应画分作两项讨论。现在《易经》、《礼记》的"子曰",学者们多不相信是代表孔子,那末,记载孔子学说比较可靠的,只有一部《论语》,可是问题又来了。崔述的《洙泗考信》两录,指出《论语》某部分可信,某部分不可信,某部分界乎疑似之间,如果逐条提出讨论,必很难得到大众公认的结果,是"孔学"的检讨,将无从谈起。但崔述那两本书,本身已满充着矛盾①,我的意见,以为快刀斩乱麻,孔子学说,当专以《论语》里面标有"子曰"、"子谓"或"孔子曰"的为限;至如孔子弟子的说话,也应剔出,因为弟子的意见,往往和他们老师不尽相同,《论语》早记下好几条了。

蔡尚思氏说:"现存的《老子》一书,一定经过后人修改补充,出现当较晚,不然,何致一本小书内,也会很多自相矛盾?"但其中更许"他们的思想不很彻底"(《求真》六期),老子如此,孔子也未必完全例外。比如"大义灭亲"(《左传》隐四年),是"儒家"的信条,而《论语》偏偏载"叶公语孔子曰,'吾党有直躬者,其父攘羊,而子证之',孔子曰,'吾党之直者异于是,父为子隐,子为父隐,直在其中矣'"(《子路》),似带着感情冲动的口气。再拿别一章"孰谓微生高直,或乞醯焉,乞诸其邻而与之"(《公冶》),来比观一下,向别人讨醋借给朋友不算直,替父亲或儿子遮瞒偷羊算是直,那真主张不能一贯了。

近人对老、孔代表某派,各有各的见地,但任一种的说法,也似

① 见三十二年拙著《评崔述洙泗考信两录》,——孔学三期未刊。

非毫无是处，像这样矛盾；固许由"思想不很彻底"所产生，因而有"仁者见仁、知者见知"的区别。如果此种窥测是不错，则各家的异见，未必无调和的余地。

三　士阀？代表统治阶级？

用新的或西方的名词，套在我国上古哲学家派或历史时代的头上，是近年研究作家的一种流行风气；这样有系统的叙述，给予青年人以较概括的观念，当然比往日的散漫记录好得多。但我们先包着一个理想，以为他们每一家必代表当时一个阶级，那是先把大前提固定着，似不合于论理的方法。因为风力、水力、人力、摩擦力等有种种程度差异，舟的进行，遂发生着无数不同的现象，同样社会政治的进化，也是由各种势力所推动，地球上某一角落，当自有其环境影响的特点，并不像无机物化合，总经过一定的历程，由此可见前文所说套上的名词，未必大小适合，且易生"张冠李戴"的毛病。

春秋、战国的诸子百家，近人往往根据他们的学说，来重新推测其代表某一层阶级；但我们首先要问，某一层阶级当某一派学说起源的时候，是否确已形成？《汉书·艺文志》说，道家出于史官，名家出于礼官，墨家出于清庙之守，……原因是西周初期的学术，只有管理祭祀的宗、祝、史一辈人物才懂得，他们的传授，限于亲属和门徒，不会流向民间去。后来天子、诸侯的权力，都逐渐缩小，经济困难，无法供养那一大班人的生活，他们就不能不向四处迁徙，各谋出路，这即孔子所说"礼失而求诸野"。《论语》的"太师挚适齐，亚饭干适楚，三饭缭适蔡，四饭缺适秦，鼓方叔入于河，播鼗武入于汉，少师阳、击磬襄入于海"（《微子》），也是这类记事的断片，旧注以为"记贤人之隐遁",实是误会。在这个时期当中,下级人民逐渐获得解放,生活情况较佳,有余力去寻求知识,那班失职的王官,趁着这个潮流,来解决他们的生活,把自己所有学识,公开传授,求学的人,有平民,也有宗、祝、史除外的贵族,我国二千余年来讲学之幕,就从此揭开了。最近嵇文甫氏也承认学在王官,但他以为周末是社会大转变的时代,在新环境中发生新思想,再加上旧有王官……种种成分,于是构成各派的学说,若说某出于某,完全是就思想论思想,专在形式上打转①,我的管见,觉得他的说法,如果先后略为调换,似更合于事实。历史的错误,常有其错误的原因,《艺文志》所记,当然自秦、汉以前传述下来,"清庙之守"与墨家,表面上本无如何联系,他家亦然,并不是就思想论思想推演出来的。《艺文志》所说,即使非完全不错,我们也不容易相信"芝草无根,醴泉无源"吧?胡适氏反对诸子出于王官,最要的凭证是《淮南要略》②,但淮南子的说法,多是记他们学说成立的时代,《艺文志》的说法,则是追溯他们起源的时代,换句话说,即墨家的雏形学说,本由失职的清庙之守传授出来,到了社会大转变时代,学习那些学说的人,得到新刺激、新观感,其思想渐渐扩展,遂形成一个较有系统的学派。这样说法,可令到古代的传述与现代学者的推测,构成顺利地沟通,不至强捏古人为错误,前文所谓较合于事实,就在这一点。

由此知《论语》所谓"士",是包涵着那一班起来求取知识的平民和若干贵族,并不是原来贵族阶级大夫士的"士"。

罗根泽氏曾撮录《论语》里面论"士"的各条,加以检讨,其结

① 《求真》八期五一页。
② 《古史辨》四册二——三页。

论赞同冯友兰氏"士农工商之士,始自孔子"的说法,且谓"士"字在孔子以前,无解作士农工商之士的,至孔子而"士"字始不能尽用古训来解释,他所谓"士",是道德学问上的一阶级,与从前是地位上的一阶级,绝对不同,所以门弟子每不知如何谓之士而发问①。我对于罗说,可算大致赞同。《论语》里面说士的还有两条,罗氏未引,今并补录出来:

　　　子张问士,何如斯可谓之达矣。(《颜渊》)

　　　居是邦也,事其大夫之贤者,友其士之仁者。(《卫灵》)

　　不厌繁复,我再把归纳起来所得到的结论,一并写出:

　　(1)甲文未发见"士"字,"士"的名词,在东周学术公开及孔子以前不久的时候,别有新义,所以孔门较高级的弟子,如子贡、子路、子张等都还不甚明了,若已形成一个阶层,那就无须乎请问了。唯是冯、罗两家以为"创自孔子"②,我体察情势,却有点不能附和,那正应罗氏说,"战国前无私家著作",我们现在所见到"士"的新义,就以孔子为最古,无怪乎认为创自孔子了。

　　(2)由"如何……可谓"的句法,知当日"士"的区别,还是注重操行,贵族阶级的人,也可得到这项称谓;"使于四方,不辱君命",当然不只限于平民。

　　(3)末一条"士"与"大夫"对举,好像是阶层;但"周有八士"(朱注,"或曰成王时人,或曰宣王时人"),显系后人追称,八士未见得全是平民。

　　总括一句说,孔子时代的"士"并未形成一个固定阶层,当然谈不上"士阀"。然则孔学是代表统治阶级、拥护封建或等级制度

----

① 《古史辨》四册六三页。

② 最近《观察》三期张东荪氏说同。

吗？从某角度来看,这点似乎言之成理,但从整个孔学来看,还是难以成立。理由是:孔子主张"三年之丧,天下之通丧也"(《阳货》),是打破阶级的说法,我在数年前所写"三年之丧的问题"(《东方杂志》四二卷十五号),曾略为揭出,这是第一点。

"越礼犯分"和封建制度绝不相容,但"公山弗扰以费畔,召,子欲往","佛肸召,子欲往,……佛肸以中牟叛"(《阳货》),孔子几于不顾弟子们的反对;行事更比口说要紧,显见得他非完全拥护阶级制度的人物,这是第二点。

禅让是选贤,封建是世袭,试看"大哉尧之为君也","巍巍乎舜、禹之有天下也","禹吾无间然矣","泰伯其可谓至德也已矣,三以天下让"(《泰伯》),孔子对于尧、舜、禹、泰伯,均深致其赞美羡慕(禅让是否事实为别一问题),那能说他完全拥护封建。孔子又两次说到"举直错诸枉"(《为政》、《颜渊》),子夏替他解释道,"舜有天下,选于众,举皋陶,……汤有天下,选于众,举伊尹",这种政策推行的结果,谁也晓得不能维持严格的阶级,这是第三点。

孔子不见得拥护封建,从《论语》里面尚可找出两个反证:

第一、孔子曾做过大夫,死后用"家臣"名义来主持丧事,当是封建礼制的正轨(参下节四),但孔子固宁愿"死于二三子之手"而不愿摆其"家臣"的派头(引见前),是否力求挽回封建颓势的人的态度？而且"尔爱其羊,我爱其礼"(《八佾》),正是一段极好的反面对照的文字。

第二、我曾说,中国上古史至今弄得不明白,使得许多研究发生了误会[①]。西周初期的学术,完全由宗、祝、史一辈所包办,一般

20世纪儒学研究大系

---

① "《禹与夏有无关系的审查意见书》",《东方杂志》第四十三卷第二号。

平民并未享受到教育公开的利益(孟子说"周曰庠",或是东周以后才发生的演变,或是战国时人的虚构理想,不能看作西周初期的制度,并参看前文),"子适卫,冉有仆,子曰,'庶矣哉!'冉有曰,'既庶矣,又何加焉',曰,'富之',曰,'既富矣,又何加焉',曰,'教之'"(《子路》)。提倡教育平民,简直是破坏西周初期封建的礼制,更说不上拥护或挽回颓势了。

李季氏说,"所谓'吾从周',是指从周的文物,并不是什么始终尊崇周天子"(《求真》三期),那话是很对的。我们更须知"吾从周"是比较,非绝对的意思,即是说,周代文化大致比夏、商进步;"行夏之时,乘殷之辂,服周之冕,乐则韶舞"(《卫灵》),又"子谓韶,尽美矣,又尽善也,谓武,尽美矣,未尽善也"(《八佾》),可见大致赞同周代文化之下,仍多不满意的地方。谓从周"就是等于拥护了周的社会基础及其整个的封建制度"[①],未免作过步的推论,而且又何解于赞美尧舜的禅让呢? (见前)

欧氏又称"从周"的"周","当然是指西周,因为在他看来,只有西周是'礼乐征伐自天子出',是'天下有道'的时代"(同上引),后半截的推论,大有商讨余地。所谓"天下有道",是笼括的说法,在孔子心目中,当然包举唐、虞、夏、商若干时期,不应单指西周,而唐、虞、夏、商并无确实的封建遗迹,那能把这句话看作完全拥护封建制度? 再换句话说,"天子"不定指封建时代的"天子",孔子只是说君主专制为"天下有道",封建割据(即"礼乐征伐自诸侯出")为"天下无道",欧氏谓"君主专制的中央集权制,与西周初年军事统治的中央集权制,是本质上不同"(同上引),未免"遁辞"。封建初期之分土,非仗着君主专制,就无从建立,如何能确

---

① 《求真》六期欧文。

证西周初期不是君主专制？又秦始皇的统一，完全靠军事胜利跟着生出来的，"君主专制的中央集权"，试问与军事统治是否完全离立？"子贡曰，文武之道，未坠于地，在人，贤者识其大者，不贤者识其小者，莫不有文武之道焉，夫子焉不学，而亦何常师之有"（《子张》），就是说孔子所学不专于文武，那亦是"礼乐征伐自天子出"非专"以西周初期的情形作蓝本"的旁证。

　　总之，孔子的言论，是随事自由发表意见，未尝专替某一阶级着想，有时且与老学气味相同（如"古之愚也直，今之愚也诈而已矣"，甚近于老子的"为学日益，为道日损"），所以要将孔学看成有系统的学说，必不会做到无瑕可击的地步。

四　郭沫若氏的孔学观

　　这一节是稿成后得读郭氏的《孔墨的批判》，始行插入的。他的大意说：孔子在大体上，是站在代表人民利益的方面，很想积极地利用文化的力量，来增进人民的幸福，他的思想体系的核心是"仁"，"仁"字是春秋时代的新名词，简单说就是"仁者爱人"，属于相当高度的人道主义，他很能实事求是，注重客观观察，反对瞑想那种唯心的思维方法，他强调礼制，在礼的形式中，吹进了一番新的精神，而且把"不下庶人"的东西下到庶人来了，他承认老百姓该受教，和以前不能受教育的权利，完全不同，他曾主张从众，但没有贯彻到底，所以一只脚跨在时代的前头，一只脚又吊在时代的后面（七五——九二页。文内有数点，拙见微幸地与其相合），和近年多数学者们的见解，几于对立（同上四一〇页），但"意简言赅"，确是值得称赞的一篇批评孔学的文章。

　　我所不敢苟同的，是他过信廖平、康有为的"托古改制"，因而相信《周礼》的一部,是孔子假托,这问题太大,本篇自不能讨论。

其次,他根据《墨子·非儒篇》里面关于孔子的七件故事,认孔子是袒护"乱党","乱党"就是当时比较能够代表民意的新兴势力(同上六三——七四页)。七件当中,佛肸一件,我已在前文引及。阳货(郭说,"古者布与虎同音",因疑阳虎是杨布,但"布"是唇音,"虎"是喉音,并不相同)在古书上未有说过他是孔门弟子,自应剔出。漆雕和季孙两件,或事无可考,或文义不明;后者的"决植",如果与《吕氏春秋·慎大篇》,"孔子之劲,能举国门之关",《淮南·道应训》,"孔子劲矧国门之关",又《主术训》,"孔子力招城关",同一意义,十分之九是因叔梁纥(《左传》襄十年,"孟氏之臣秦堇父辇重如役,逼阳人启门,诸侯之士门焉,县门发,郰人纥抉之以出门者","抉""决"音同,字形复相近)而误父作子的(在当时称谓上,叔梁纥固得称"孔子")。何况孔子对季氏,有"孰不可忍"(《八佾》)的恶评,墨子讥他"舍公家而奉季孙",事情恰恰相反,更不能将这疑似的事实,推在孔子的身上。又"季路辅孔悝乱乎卫"一件,郭氏也承认其不仅情形不符,且有点似于鞭尸戮墓,那更不能作证了。

剩了石乞和田常两件,在我的立场,似乎正乐于拉作孔子不拥护阶级制度的旁证,但我们的目的在"求真",不在"树党"。郭氏对于"孔墨的基本立场",主张"所有关于他们的传说或著作,我们都不可轻率地相信,……最好是从反对派所传的故事与学说中,去看出他们相互间的关系,……即使有诬蔑溢恶的地方,而在显明相互间的关系上,是断然正确的",研究历史须注重客观,那是我向来一贯的主张。但涉及某人立场的研究,就要加以变通,因为纯粹的记事和参杂批评的记事,究有点不同,互相仇视的两造,对于敌派,往往尽情诬捏,是古今中外一成的手法,甚而同走一条路径的两派,也常捏别一派为反动,所以墨子即使确是反对乱党的人,也不见得孔子必定帮助乱党(不拥护封建与帮助乱党,立场有异)。石乞的故事,郭氏已知其不确,则从此引出的批评,那能"断章取义",作孔子帮助乱党之证。至田常的故事,和《论语》所记情形,完全不同,郭氏又据《庄子·盗跖篇》,主张"三占从二";但"三占从二"的条件,只可适用于毫无色彩的场合,庄、墨同是孔学的敌派,"从二"就失去它的作用了。郭氏又说同情乱党的人,他的子孙后进要替他掩盖,但何以公山、佛肸两事,又不替他掩盖呢? 所以研究孔子的立场,我还是主张严格取材,像前文第二节所提出的。

末了,郭氏对于"士""臣"两个字的解释,我也再要附加一点意见。郭说:士就是候补官吏,学为士就是学为官①,如果不误,则桀溺所说"岂若从辟世之士"(《微子》),犹言"辟世之官",文义上颇难说得过去。惟郭认士不限于儒者,此点我却极端赞同。

"为臣"(见前)的"臣",郭说"臣是奴隶,在奴隶制时,主人死了,奴隶大多数是要殉葬的,即使不殉葬,总必然有一些特殊的行动",认臣为奴隶,是唐人及近人的误解(另有辨正)。再专就《论语》看,"公叔文子之臣大夫僎"(《宪问》),则大夫称臣,冉有说"吾二臣者"(《季氏》),孔子说"可谓具臣"(《先进》),则宰称臣,这是臣非奴隶的确证。孟子曾说,"仲尼曰,'始作俑者其无后乎',为其象人而用之也","无后"是极恶性的责骂(孟子:"不孝有三,无后为大"),如果孔子对于"从葬木偶人"的"俑",尚如此嫉视,对于殉葬的奴隶,断不止以"行诈"怎么轻松的话来责骂子

---

① 《观察》三期,张东荪氏说,"孔子划出一部分的官来改为士",所见略同;但孔子当日未必有此划分的势力?

路;孔子责人,是有分寸的(郭氏也认仁道是顺应着奴隶解放的潮流)。据我的意见,"死于臣之手",是由家臣主办丧事,同样"死于二三子之手",是由门人主办丧事,如果"死于臣之手"是涉及殉葬,难道"死于二三子之手"亦涉及门人殉葬吗?

五　正名的真义

子路曰,"卫君待子而为政,子将奚先?"子曰,"必也正名乎。"子路曰,"有是哉子之迂也！奚其正?"子曰,"野哉由也,君子于其所不知,盖阙如也。名不正则言不顺,言不顺则事不成,事不成则礼乐不兴,礼乐不兴则刑罚不中,刑罚不中则民无所措手足,故君子名之,必可言也,言之,必可行也,君子于其言,无所苟而已矣。"(《子路》)

马融注,正名"正百事之名",恰得孔子的真意。宋代忠君主义方盛行,因借孔子的招牌以宣传己见,如胡氏注,"卫世子蒯聩耻其母南子之淫乱,欲杀之,不果而出奔,灵公欲立公子郢,郢辞,公卒,夫人立之,又辞,乃立蒯聩之子辄以拒蒯聩,……夫子为政而以正名为先,必将其事之本末,告诸天王,请于方伯,命公子郢而立之"(朱注谓辄祢其祖,大意无异)。此种推想,太过突兀。说者又因孟子有"孔子惧,作《春秋》,《春秋》、天子之事也",以为孔子作《春秋》,即"正名"主义最高的运用;但孔子既痛恶"礼乐征伐自诸侯出",何又自己履行"天子之事",岂不是极度矛盾?"春秋"的名称,《论语》未曾提及,孔子自认"述而不作",何以又特作春秋?(此事近代学者多不相信)然则孟子所说,最少是传闻有误,正应如前引欧文"这是孟子自己的事",孟子与孔学,不是完全一致的。

除上引外,《论语》里面孔子所说的"名"字,尚有四个:(一)

名誉的"名",如"恶乎成名"(《里仁》),"君子疾没世而名不称"(《卫灵》)。(二)名称的"名",如"荡荡乎民无能名"(《泰伯》),"多识于鸟兽草木之名"(《阳货》)。"正名"不能通用(一)解而应适用(二)解,即"正一般名称之名",此可从本文寻出三个确证:(a)孔子的说话,常比较简要坦率,如果专指正父祢之名,何以要兜几个圈子,花了八十三个字,还未吐露其真意?(b)唯其指普通名称,故子路敢直率地认是迂阔。(c)名不正则言不顺,——名之必可言也,显就一般名称立论,不能作歪曲的解释(参郭氏书八六及二一九页)。据我所见,"相维辟公,天子穆穆,奚取于三家之堂"(《八佾》),倒还可作正名的小小注脚,三家之堂,并无"辟公""天子",则"言不顺"了。若认正名是挽救当时封建制度的颓势,恐怕比孔子的话再兜上几个圈子,还谈不到。

郭氏举"君"及"百姓"的例子,说当时"名实相怨",一切都须得调整(同上引二二〇页),他是从理论演绎出来的。但我从金文和书本的比较,早就归纳到,若干事物在战国的名称和金文的名称,——而且极重要的——是截然两套:(一)金属器皿是国家的"重宝",但金文里面所见金属的名称,到战国时完全失掉,而代以新起的一套①。(二)纪日方法,当然是通行民间的一事,但战国以后,也忘记了从前根据什么来纪日,完全换了新的名称(同上四一卷二一号拙著《何谓生霸死霸》)。这种变迁的缘故,在这里未便讨论,大约春秋末期,各地已是弥漫着。总之,研究我国上古哲学,还须从历史方面多用点功,哲学和历史是不能离开的。

欧氏称"礼有类如现代的法",这话是很对的。进一步说,自

---

① 《东方杂志》四一卷六号拙著《周铸青铜器所用金属之种类及名称》。

由遵守的喊做"礼",强制执行的喊做"法",两者间保持着许多共通之点,所以现在俗语还说"礼法"。但"礼"的起原甚古(梵文 rita,有"合理""祭事""风俗"数个意义,汉文"礼"字《切韵》念作 liei 广州 lai,日本 rei,实同出一源。高楠顺《印度哲学宗教史》说,"祭祀与正义相结合的信仰,已起原于印欧时代,试看英语'right','rite'为同一语原,便可明白"),到封建时代,虽许加上些封建特有的"礼",这不过礼的一部,非礼的全体。孔子的"复礼",是身心修养(为仁)的方法,它的节目是"非礼勿视,非礼勿听,非礼勿言,非礼勿动",若把它完全看作用来"挽救当时封建制度的颓势",也是太过牵强。

六 孔学最受攻击的地方

(甲)君臣的字样,最惹左派的厌恶,然"君君臣臣",无异现代所说"各守岗位"。"君使臣以礼,臣事君以忠"(《八佾》),两者对立,更无所偏重。术语常切合环境,这是不必苛求的。

(乙)"樊迟请学稼,子曰,'吾不如老农',请学为圃,子曰,'吾不如老圃',樊迟出,子曰,'小人哉樊须也,……焉用稼'"(《子路》)(同样的更有"耕也馁在其中矣"。),前截可说是保持其"不知为不知"(《为政》),"君子于其所不知,盖阙如也"的态度。后截可说是鼓励樊迟的深造。但南宫适问"禹稷躬稼而有天下"(《宪问》),孔子却称为君子,所以我说孔子常有随事立言的地方,试检问孝、问仁各章,所答绝不相同,亦属此类。

(丙)最不合民主口味的,就是"民可使由之,不可使知之"(《泰伯》),我们也无须像郭氏解作"不能够",来替他辩护。英国议会的政策辩论,比较最公开的,但我们试问唐宁街十号相府对外交决策之真意,是否向议会整个和盘托出,议会有时也开秘密会,何以不令一般人民知道? 苏维埃政府四个五年计划的目的,是否曾向人民宣布明白而不至"对国家和领袖的盲目屈从"①? 波茨坦何以有秘密协定? 经过许久,方才或且并未正式宣布。总括来说,从西元前五百年打到现实的二十世纪,政治不可说不大有进步,但无论右倾或左倾的民主政府,似还脱不了"不可使知之"的作风,那末,孔子的理论,虽然不够民主,要是自今以前的政府"最高明的手段",倒要推他做"政治大家"了。

七 孔学是世界和平及大同的基础

非难孔子的尽管非难,大家遇着希望世界和平时,总免不了要引他的大弟子子夏的"四海之内,皆兄弟也"(《颜渊》),作为一个幌子。这还不算,试将孔子的学说类列起来:

(1)君子周而不比,小人比而不周。(《为政》)
君子和而不同,小人同而不和。(《子路》)
君子矜而不争,群而不党。(《卫灵》)

(2)子贡曰:"我不欲人之加诸我也,吾亦欲无加诸人。"子曰:"赐也,非尔可及也。"(《公冶》)
己所不欲,勿施于人。(《颜渊》、《卫灵》)

(3)伯夷叔齐,不念旧恶,怨是用希。(《公冶》)
以直报怨。(《宪问》)
躬自厚而薄责于人,则远怨矣。(《卫灵》)

如果人们能照上列的三项说法,切实做去,又何至第一次大

① 《求真》七期刘少严氏文。

战,不及三十年又有第二次大战。又何至经过第二次大战,创痕未复,而犹大修军备,互相监视。又何至组成集团,遇事各执己见,不肯相下,而专向他人拼击。又何至一国的安全防线,要延伸到别国领土内去。总之,无论孔学是"反动派"也好,"拥护封建制度"也好,国际间或民族间要做到彼此谅解,世界和平,其基础总须建立在上举孔学三项原则之上,方才有点希望,这是我所敢断言的。

宋朝赵普说,"半部《论语》可以治天下",我常常说不要半部,只拣择几章,由各个人切切实实做去,世界便不难立见和平。

八　附　言

在九月中旬我所写《禹与夏有无关系的审查意见书》里面,就以为学术讨论,应该"恪守《求真》创办宗旨",免去谩骂(那时僻居在川西,只读过《求真》一期)。十月中旬复员,经过重庆,得读《求真》五期,我不觉连想到《论语》所载好几段说话:

君子无所争,必也射乎,揖让而升,下而饮,其争也君子。(《八佾》)

当仁不让于师。(《卫灵》)

射是古代六艺的一项,即今日之学科,在学问上作竞争,乃情理中的事。但竞争自有其范围,"下而饮"就是失败者甘认失败,不作无理的反抗。"当仁不让",更不至"党同伐异",像汉代今文家与古文家之争,宋代洛、蜀两党之争,同派即使有错误,亦必强辞的、歪曲的替他来辩护。

过则勿惮改。(《学而》)

吾未见能见其过而内自讼者也。(《公冶》)

不贰过。(《雍也》)

不善不能改,是吾忧也。(《述而》)

丘也幸,苟有过,人必知之。(同上)

过而不改,是谓过矣。(《卫灵》)

错误未必自己能够知道,自己的错误,又常常不愿意人家知道;惟能觉得人家发见自己的错误,是自己的幸福,且能下决心将其改正,那就是知识的进步。

就有道而正焉,可谓好学也已。(《学而》)

敏而好学,不耻下问。(《公冶》)

三人行,必有我师焉,择其善者而从之,其不善者而改之。(《述而》)

改过犹是消极的工夫,积极的则应采纳他人的意见。大凡同一论点而发生两种不同的见解,只许两种皆非,断不能两种皆是(除非附加补充的话)。惟"愚者千虑,必有一得",故极坏的书说,亦未必无一节可取,如果先存"对人"的成见,就常常"失之子羽"了。

攻乎异端,斯害也已。(《为政》)

御人以口给,屡憎于人。(《公冶》)

涉于学术讨论,如确见对方有误而加以纠正,是学者的本分事,纠正错误,实不是个人得失问题,而是公共是非问题,抉出真理,就与"维持公安"无异。所要注意的,检举时要谨守公正态度,你看孔子之排"异端",只著一个"害"字,句法是如何轻松。尽情丑诋,固然不可,反挖苦的话,(如以为不妙而偏称为"妙"。)亦不宜滥用以加倍挑拨对方的恶感,"御人以口给,屡憎于人",孔子的话,确值得我们玩味。

总结一句,孔子的学说,即使不值得近世学者的信仰,而孔子的平心静气,确是近世的学者所望尘不及。如能师法孔子的态度以批判孔学,或者不至陷于重大错误吧。

这里不妨附带提及的,就是汉语只可说"一枝(管)笔","一本(部)书",不可说"一笔""一书",这是汉语的特点。同样的,可说"一所地方","一所房子","处,所也",因此北平说"好几个地方"或"好几处地方",广州说"好多处地方",李文的"所以无一处地方不错"(四期),无论文言、语体,都可说得通的。

(发表于《东方杂志》第43卷第6号,1947年3月)

岑仲勉(1885—1961),原名汝懋,号铭恕,广东顺德人。1937年任中央研究院历史语言研究所研究员,1948年后任中山大学文学院历史系教授。著作有《两周社会制度问题》、《黄河变迁史》、《隋唐史》、《西突厥史料补阙及考证》、《唐人行第录》等。

作者认为,孔子的重要主张,在历朝尊孔声中,并未尝实地奉行过,而奉行的都是变相的"儒学",专制流毒,其过在"儒家",不在孔子。革新运动的人们拿着"孔子"来作目标进攻,让专制流毒的真正泉源躲在背后,那就有点苍白费力了。严格区分"孔子"和"后世儒家"就应专以《论语》里面标有"子曰"、"子谓"或"孔子曰"为限。认为孔子的言论是随事自由发表意见,未尝专替某一阶级着想。因此作者不同意"孔子代表统治阶级的利益"的观点,也不同意孔子袒护"乱党"(即新兴势力)的观点。认为正名的真义乃"正百事之名",并非是为挽救当时封建制度的颓势。作者对孔子最受攻击的"君君臣臣"、"焉用稼","民可使由之,不可使知之"也作了不同的解释,并认为孔子是世界和平及大同的基础。

孔子与人格世界

唐 君 毅

一 前 言

去年孔子二千五百年圣诞,当时我曾写二文纪念孔子。自己看了非常不满意。转瞬为孔子二千五百零一年圣诞,朋友们又要我写一文,我总不敢下笔。我反省,我何以觉如此其难,何以对许多人讲孔子之文,我看了亦少能满意。我于是了解:我之所以觉得难,是由于想特提出几点孔子学术思想,或孔子对中国社会历史文化之贡献来讲。我对他人所讲孔子之不满意,亦由于一般人,亦常是要以其几点对孔子的意见,以包括整个孔子。这不仅由于孔子思想,与对中国社会文化历史之贡献之伟大,使我们难以抽象的几点意见包括之,而且我们先自孔子之对社会历史文化贡献与学术思想,去了解孔子,亦本非最妥当的办法。

这一种专自孔子对中国社会历史文化之贡献与其学术思想,去了解孔子之态度,尤为数十年之一风气。清末康南海、廖季平与以后之陈焕章诸先生,以孔子为一预言家,世界大同之设计者,一宗教之教主。此说乃远原于纬书及今文学家之孔子观。章太炎先生则反对之,而只以孔子为整理古代典籍之学者,而比之于刘歆。孔子之功绩,依章太炎所言,则在布文籍于社会,与平社会之阶级等。依康、廖氏之言,孔子之大贡献,在预言未来文化。依章氏之言,孔子之贡献,只在传播古代文化。他们当然亦讨论孔子之思想。在康氏、廖氏论孔子之思想,是增益其意义,而加以夸大。章氏之论孔子与儒家思想,则是持之与佛老及西方思想相比较,而加以评论,而恒归到减损贬抑孔子思想之地位之目的。

民国以来西方思想逐渐输入,更使许多人专从孔子之学术思想,孔子对过去中国社会历史文化之影响效用,以论孔子。从学术思想以论孔子者,常提出关于孔子思想之数观念。此数观念,或由归纳孔子之遗教之许多话而得,或姑且假立之,凭之以演绎出孔子之全部思想。如近来治中国思想史者,自五四以来,即多是如此。而从对过去之中国社会之影响效用以论孔子者,则莫盛于民国十六、七年之人,以近代社会史之眼光,分析孔子与中国社会之构造与关系者。由是而有着重分析孔子之社会地位,阶级背景者。但是我现在才真正知道,这二种流行之论孔子之方式,尚非正面之接触孔子。孔子个人之社会地位,如何出身,阶级如何,固与孔子之真价值所在不相干。孔子对中国社会历史文化之贡献,亦只是孔子之影响上的价值。而孔子之思想,如当作一西方哲学思想来看,并用由归纳而得,或据以演绎之几个观念,来了解孔子,都只是一种架空凌虚,而不必相应之了解方式。我们真要了解孔子之真价值当直接由对其人格之崇敬入手。唯透过对其人格之崇敬,乃能真与作为其人格流露之思想,与作为其精神之表现之对中国社会历史文化之贡献,逐渐有相应的了解。

二　古人了解孔子之道

直接自对其人格之崇敬,以了解其思想事业,乃了解古今第一流之大人物,一必由之路。了解耶稣,了解释迦,了解谟罕默德,了解甘地,需要如此。了解孔子,亦需要如此。流俗的论调说,我们一定要先分析出其思想,了解其社会地位,其对人类之贡献,乃能对其人格生出崇拜敬服之心,只是道理的一半。另一半是,你如根本不承认有比我们自己更伟大之人格,而有一向上心,愿意去崇敬一更伟大之人格,并求有如此之人格而崇敬之;则我们无论在现实社会,与历史世界中,均永远不会发现此人格的。人真有如此之心,则对人们数千年所共同崇敬之人格,我们纵全不了解其一切,我们亦一闻其名,念其为过去如许多之人所敬服;我们即油然不能自已,先生一向往畏敬之情。此情即我们最后真能了解之基础。我们如根本上毫无此心,则你对其思想之分析,对其社会地位之了解,对其所贡献于人类者之了解;便亦不能向上提摄起来,凝聚起来,以统会的形成一精神人格之气象,而体现之于你的心;则最后亦只落得无数抽象的观念,你如何能崇敬其人格? 你不能真崇拜敬服人格,你如何能真正的亲切了解其思想与事业之价值?

这一种直接依于对其人格先存畏敬之心,以了解孔子,乃中国以前人,了解孔子之一普遍方式。而是这数十年才丧失了的。这一种丧失,表示中国文化精神之一最大的堕落。此堕落,即由于一般人之精神恒只向外看向下看,不能向内看,向上看。人之精神,向外看则分散,向下看则自满,向内看乃凝聚集中,向上看,乃常觉自己之不足而生畏敬。宋明理学家,常要人看圣贤气象。此全要依一凝聚集中而常觉不足之畏敬之心,人有一凝聚集中而常觉不足之畏敬之心,人即超越自己之小我,而体现一无限的庄严肃穆之情,便能与无限伟大的人格之无限性相应,而体验之。人在体验一无限者时,人的思想与语言,常要归于停息。因为人的思想与语言,总是对对象,加以特殊的规定。而对象之无限性,使我们觉一切特殊的规定,都不能穷竭之时;我们即要停息一般的思想与语言,譬如我们在自然界中,当我们接触一无尽之广漠平野,茫茫大海,或觉山水之无穷的美妙变幻时;我们即停止我们一般的思想与语言,而感一无言之美。我们在一有无限性之伟大人格之前,我们亦将同样停息我们之一般的思想语言。然而此时与在自然界中之感触又不同。在自然界之无限之体验中,我们之心情,是一往平铺的。因为自然之本性,是平铺地开展的。而在一有无限性之精神人格之前,我们之无限之体验,是一往向上的。因为精神之本性,是向上地超升的。表现无限性之精神人格,使我们停息用一般之思想语言,加以规定,而又使我们感到一引我们向上超升之力量;于是我们又可反省我们自身之体验,而另有一种叙述我自身之体验之语言与思想。然而此思想与语言,却非用以规定为客观对象之人格,而只是表露,我对此人格主观的体验,对此人格赐我之以向上超升力量之感激与赞叹。所以以前人讲孔子,都只是叙述他对于孔子精神人格之感受,而不如近人之以几个观念,对孔子加以规定。此种叙述,对孔子精神人格之感受而加以赞叹,最好者莫如亲炙孔子之教的人之所说。孔子之弟子,才气横溢者,莫如子贡。据说他曾有"存鲁,乱齐,破吴,强晋而霸越"之功。此固不必然,但他自有此才。所以当时人亲对子贡说,他贤于仲尼。然而子贡之答复是:"譬之宫墙,赐之墙也及肩,窥见室家之好。夫子之墙数仞,不得其门而入,不见宗庙之美,百官之富,得其门者寡矣。夫子之云,不亦宜乎?"又说"夫子之不可及,犹天之不可阶而升也"。这全只是一片对孔子之精神人格之无限性之赞叹。颜渊对孔子则更说得好。他曾喟然叹曰:"仰之弥高,钻之弥坚。瞻之在前,忽焉在后。夫子循循然善诱人。博我以文,约我以礼,欲罢不能,既竭吾才,如有所立,卓尔。虽欲从之,末由也已。"这亦是一种自叙其感孔子精神人格之无限性后,所生之赞叹。颜渊最了解孔子,孔子亦最称赞他,然而颜渊不曾留下几句话,亦不会发挥孔子之思想。这可说是因他直接融化生息于孔子之精神人格之无限性之中,而一切语言与思想都停息了。孟子又记载,孔子死了,弟子心丧三年期满。"门人治任将归,人揖于子贡,相向而哭,皆失声,然后归"。子贡再回去,"筑室于墙,独居三年,然后归"。后来弟子们一直想念孔子。孔子死了,弟子们崇拜敬服之心,失所寄托,于是要求一愿以事孔子之心来事之人。子夏子游子张,都觉"有若似圣人,欲以所事孔子事之"。这本已是子夏诸人,一种最高之向上心情之表现。但后来曾子不同意。曾子说:"江汉以濯之,秋阳以暴之,皓皓乎不可尚已"。孟子又载有若说,"麒麟之于走兽,凤凰之于飞鸟,泰山之于丘垤,河海之于行潦,类也。圣人之于民,亦类也。出乎其类,拔乎其萃,自生民以来,未有盛于孔子者也"。孔子之人格,感人如是之深,故弟子们只有崇敬与赞叹,而别无可说。这岂是孔子弟子们之智慧不及我们之证?这只是孔子之人格之无限性,为弟子们所直接体验,而融化生息其中,一般向外把握规定之思想言语方式,均只得停用之证。后来还是孟子说出:"观于海者难为水,游于圣人之门者难为言。"才一言道破此中之秘密。

三 本文了解孔子之道

这一种依于一纯粹之崇敬之心,通过此类古人对孔子之赞叹,以了解孔子之态度,在中国过去读书人常是有的。我在二三十年前,读到上段所引文句,亦常觉有一深心之感动。对孔子若有一直接之了解。然而在现在一般社会中人,则很难由此类之话以了解孔子。总觉此类之话太空洞，太把握不住。我现在写了上一段，亦觉不如昔日之感动了。这原因，在这一种无限性之精神，是现代人日益与之疏远的。这一种无限性之精神，是绝对的，无外的，化育涵摄一切，而不露精彩的。现代人一切生活事业，皆在紧张中，奋斗中，对抗中。处处要求显力量，露精彩。一切都要在鲜明的对照中，才看得见。然而孔子之精神，在根底上正是超一切对待的。孔子亦很严正，很刚健，然而此严正与刚健，即在一太和元气中。此时代人，在情调上，实难凑泊得上。所以孔子之无限的精神，在今日实亦难提出。上文所引之话，今人总以为是过去之孔门弟子与后儒，过分崇拜其先师，而说出之话。我们亦难为之辩证，而使人心服。所以我们现在要讲孔子之人格与思想，仍只好将孔子与其他人类崇敬之人格与思想，相对照比较的讲。由对照，以将孔子之人格与思想，似平凡之伟大凸显出来。我们将说明人们崇拜之一切显露精彩之人格，皆如在大地之上矗立之高山峻岭，故人皆可见得。但是程明道先生已一语道破："泰山为高矣，然泰山以上，即不属泰山。"王阳明先生亦说："泰山不如平地大。平地有何可见？"孔子之大，大在他是如平地，如天地。泰山有对照，显得出其大。平地或天地，绝对无外，反至大而显不出其大。然而我们却可自泰山之上不属泰山一语，指明一般人所崇拜之泰山，并不真高真大，以显出天地之大。由此而将不与泰山相对之天地，对照地显示出来。同样，我们可以从对于人们所崇拜之泰山式之人格思想，加以了解透过，而将孔子之人格思想，对照的显示出来。这将是我们在今日昭示孔子之人格与思想，于今日之世界之一条大路。依这条路去，泰山比天地为低小之一点了解了，再落到平地，人便知天地之高大了。荀子说："不登高山，不知天之高也。不临深池，不知地之厚也。"我们现在亦将说，不了解孔子以外之思想与人格而透过之，则其所见之孔子，亦不过平地。平地由你践踏，亦如你之可觉孔子平凡，而轻藐之。但是在思想上翻过博大精深之佛学的宋明儒者，乃真知孔子之不可及。而现代人真能翻过西方之柏拉图，亚里士多德，康德，黑格尔，之庞大系统，亦将真知孔子与宋明思想之伟大。而能了解世界其他伟大人格之形态者，亦将重认识孔子之不可及，如其不然，你一定只是站在泰山之旁，羡慕其高峻，而未尝登泰山，便不能了解泰山之上不属泰山，而属孔子者，在何处也。

所以在下面，我拟简单的从一般人所崇拜之人格，姑举出六个型类，再与孔子比，看其是否不如孔子之"似平凡之伟大"。我们之目的，只在显示如此去了解孔子之人格与思想之路向，而不在作最后的定论。讨论亦不求太细密严格，读者心领神会，百其大体可也。六种人格型如下：

一、纯粹之学者，纯粹之事业家型　如康德、苏格拉底等，此种人物堪崇敬者甚多。

二、天才型　此指文学艺术哲学上之天才。如贝多芬、莎士比亚、歌德、李白等。

三、英雄型　此可谓一种在政治上军事上创业之天才。如刘邦、唐太宗、亚力山大、拿破仑等。

四、豪杰型　屈原、墨子、玄奘、鲁仲连、荆轲、马丁路德等。

五、偏至的贤圣型　如穆罕默德、耶稣、释迦、甘地、武训等。

六、圆满的贤圣型　如孔子及孔子教化下之圣贤等。

此六种人格型中，在后者之价值，不必皆较在前者为高，但可以依次加以解释，以逐渐凑泊到对孔子人格之了解。

四　甲、学者与事业家型

我所谓纯粹之学者型，事业家型，乃指一种尽量用一种人为的工夫，以穷究真理，或成就一理想之事业者。这一种人之为人所佩服，主要由于其一生，只念兹在兹于一种目的，而将全部之精力与智慧，用于此一目的之成就与达到。如康德之一生不离一城市，以一绝对规律的生活，从事学术之研究。斯宾诺萨之磨镜为生，不从政，不当教授。苏格拉底终身与人在街头讲学，可以站在一处深思，一日一夜，不离一步，在死前尚与人从容论学。如牛顿垂老，尚自觉是"在一真理大海边拾蚌壳者"。一切真有一段精神之东西学者，与一切在政治上、经济上、其他社会文化事业上，专心致志于一目标，而死生以之者，无论其成就在外面看来，从客观社会方面说，或大或小，小之知与不知。然而他只要真是竭尽其努力，以贡献于真理之探究，或一合理的理想之实现，在人格价值上，都是同样的高的。而我们一般的道德修养，道德教训之所以自勉而勉人者，亦只到使人成大大小小之学者或尽忠一事业者为止。人们能以此种人为模范，社会国家，便已可蒸蒸日上了。

至于后面几种人格形态之依于天资，与至性至情者，则常非一般道德修养，道德教训，所能培养。要在有真正之天才与觉悟。但人们只要真能欣赏之，了解之，崇敬之，人们在精神生活中，便都可有所充实，而自然受益，而提高人格。若期必人人皆成天才、英雄、豪杰、圣贤，乃势不可能。如作伪而勉强袭取，则假天才、假英雄、假豪杰、假圣贤，又庸人之不如。

五 乙、天才型

爱迪生说天才百分之九十九是汗。歌德说（或谓拿破仑说）天才是勤奋。其实流汗与勤奋，可使人为学者与事业家，而不能使人为天才。所以爱迪生毕竟不是天才。如说歌德是天才，则歌德并不了解他自己。天才当然亦常是勤奋的。但此勤奋，与一切人为的自觉的努力不同。此勤奋，只是表示一内在的灵感会悟，不竭于流出。意大利之郎卜罗梭 Lambroso 之有名的天才论，根据西方文学上、艺术上、哲学上之天才之传记分析，说天才恒与疯狂为邻。此与亚理士多德所谓诗人、疯人、情人，为一类之说；及柏拉图所谓四种疯狂中，包括天才性的对真理与美之直接的沉醉之说，可相印证。疯狂者恒不自觉。文学艺术上哲学上之天才，其灵感与会悟之来临为超自觉。二者有相同处。故西方天才多兼疯狂。此非谓天才必疯狂，只谓天才之灵感与会悟之来临，为超自觉。"文章本天成，妙手偶得之"（杜甫语），"咳唾落九天，随风生珠玉"（李太白语），"如行云流水，都无定迹，行乎其所不得不行，止乎其所不得不止"（苏东坡语），这是天才诗人的心境。贝多芬，在月光之下，灵感一至，马上狂奔回来写。耳聋以后，再听见音乐而作曲。这是天才音乐家的故事。文学艺术上灵感之来，都是超乎自觉的安排。立意要到一环境，如山间海边，恋爱饮酒，去期待灵感之来临，亦无一定之把握。他人代为安排，容或有效。自己安排多，灵感即少。所以在文艺中，诗与音乐，较易见天才，建筑雕刻中则难见。如米西尔朗格罗、罗丹，在雕刻中见天才，便须带浪漫主义作风。浪漫主义是尽量减少安排计划成份的。中国哲学，常是即哲学，即文学，即人生。不重系统。故易见天才。西洋哲学科学中，安排计划成份更多,故特较文艺难见天才。西洋哲学家中显见天才性者,如尼采及柏拉图语录之一部,亦皆带文学性。然以西方纯哲学为标准,皆不必能在哲学中居第一流之地位。在科学家则其天才性,益不易见。诚然一切哲学家科学家之会悟真理,多常有突然而来,言下大悟处。但此常只限于几个综合性原则性观念。然只此数观念,不成系统的哲学科学思想。必须再加以自觉的引伸演绎,才成科学思想哲学思想之系统。此便是人为之安排计划。此人为之安排计划,即将科学家、哲学者之天才性的会悟掩盖。总之,超自觉的灵感与会悟,与自觉的安排计划常相反。灵感与会悟,都是可遇而不可求。求则失之。苏东坡所谓“作诗浑似追亡逋,清景一失后难摹”。追是不能及。一失则如禅宗所谓“两个泥牛斗入海,直到而今无消息”。是否另有使灵感会悟之来,源源不息之精神修养方法? 这我相信可以有。但应用起来,亦无把握。而天才性的诗人、文学家、艺术家,与对若干观念有天才性的发现之哲学家、科学家之出现于世,亦常一现而永不再现,可遇而不可求。所以李白之后更无李白,莎士比亚、歌德以后,亦无莎士比亚与歌德。天才恒表现独一无二的个性,因而是不可学的。唐书家李邕所谓“似我者死”。学李白者定非李白,学莎士比亚者,定非莎士比亚。天才的创作,当其初出现时,是天才的创作。以后人学之,便只是表示庸才之努力。此努力亦极可贵,从道德上说,比天才之多得自然之恩赐者更可贵。但是努力者,仍须推尊天才。比见人才之必须佩服天才。

六　丙、英雄型

我们所谓英雄,乃指一种在人间社会中活动的天才。此常是

表见为一种政治上、军事上创业之人物。但政治上、军事上创业之
人物，不必都是天才。是天才，其格亦有高下，如文学艺术上之天
才，与各种人之格之有高下。牟宗三先生在天才的宇宙与理性的
宇宙中(见《民主评论》第四卷第二期《天才时代之来临》一文)似
即专指此种人物为天才。其所举之例，是刘邦与唐太宗。其对刘
邦持另一异于通俗之看法，而专从其灵活超脱，而不滞于物处，豁
达大度之风姿上说，其气象之足以盖世，光彩之足以照人处说。其
言之尤精者，则在论"最高之天才，乃不成套，无一定之系统者"。
盖人为的工夫，乃追求系统，求成套；求系统，求成套，即安排计划。
天才的英雄，乃是以其生命自身之风姿与光彩，以慑服人。所以
《虬髯客传》云，自负不可一世之虬髯客，见未为帝王时之李世民，
"不衫不履，褐裘而来，神气扬扬，貌以常异，便见之心死"。又云
"精彩惊人，长揖而坐，神气清朗，满座风生。顾盼，炜如也。道士
一见惨然"。又说"天才与天才较，不及便是不及"。此皆鞭辟入
里之话。英雄人物之天才性，乃人所忽略者。通常说英雄只是野
心，此尤未能真自英雄之光采与风姿上看。人之光采与风姿，有自
文化上、道德上之修养来。但在政治上、军事上创业之英雄，常是
少年即纵横驰骋，披靡当世。如刘邦、唐太宗均少年即经营帝业。
项羽为人，牟先生谓其吝而粘滞。但自其兵败乌江，念与子弟八千
人渡江而西，无面见江东父老，自刎而以头赠故人言，则其粘滞，自
与仁厚为邻。其以前一段之暗鸣叱咤，亦自有气足盖世处，而项羽
为霸王才二十七岁。亚力山大之以三十二岁，而征服波斯。拿破
仑二十六岁，即开始其横扫欧洲之事业。都见他们气概，不由修养
来。亚力山大至印度，一望渺茫，无可征服，而怆然涕下，亦显出一
超越之风姿。拿破仑第一次流放逃回，联军将士在一酒绿灯红之
夜，闻道"他是在法兰西了"，即相顾失色，如痴如醉。其声名之魔

力如是,即见其自有震眩一世之军事天才。故歌德一见面则说:"这是一个人",黑格尔见之而视如世界精神之在马上。皆证其自有一慑人之光采与风姿。此种有天才性之英雄人物,其格之高下,依其气概盛之外,运于其光采与风姿中之机,是否常灵。机不灵,则气中有硬质。纯气盘旋,则机必灵。机灵乃豁达大度,真豁达大度,则能以肝胆照人,使风云际会。机灵则能举重若轻,当撒手时,便当撒手。如陈抟原有志王业,闻宋太祖黄袍加身,即撒手入华山为道士。牟先生此文言高祖晚年欲易太子,而知羽翼已成,便放手,亦是此意。此是英雄之第一格,亚力山大到印度不免泪下,拿破仑再困岛上,不能对海忘机,解缆放船,便逊一格。学者文人中,如杜甫所谓"语不惊人死不休",便见其在人力上多用功夫。施耐庵著《水浒序》下一转话,说"语不惊人也便休"。便比一般天才文学家之随灵机鼓动,不能自止,能提起不能放下,尚高一格。中国文学家、艺术家或纯以天机天趣胜,而一无滞拟,如陶渊明、王维、倪云林之诗画,皆在天才文学家中为第一格。庄子之言,皆"无端崖之辞"。"其理不竭,其求不蜕,芒乎,昧乎,未之尽者"。此在天才哲学家中为第一格。皆因其处处能提放自如也。不过天才英雄之各种格,亦不须多说。

　　大率文艺思想中之天才,均表现于对内心之意境——理境——之直觉的想象与慧照——即中国所谓神思——以显生命之光采与风姿。军事、政治之天才,则透过外表之身体之动作,意志之感召力与鼓舞力,以使"凤不及栖,龙不暇伏,谷无幽兰,岭无停菊"。风行草偃,当者披靡:以显其生命之光采与风姿。叔本华论,天才之特征,在无意志力,乃指前一种天才。后一种天才,则正以意志胜,但此意志,必化为有感召鼓舞力之意气,乃见光采风姿。神思胜者,意志恒弱;意气横溢者,神思若不足。故歌德、黑格尔、卡来耳,不免对拿破仑而低首。贝多芬早年,亦曾为拿氏作英雄交响乐;拿破仑亦不能不倾心歌德《少年维特之烦恼》,亚里士多德可以为亚力山大之师;而以思慧胜之张良,不能不佩服意气豁如之沛公。故二种天才,似难分高下,然神思乃个人之事,意气感人,则见生命力之充沛。故英雄性之天才,更易为世人所歌颂。唯二者,皆天地灵气自然之流露,恒可遇而不可求。人生如幻,天才飘忽而来,飘忽而去,人乃叹息其神思之"留落人间者,泰山一毫芒";而不胜"将军一去,大树飘零;壮士不还,寒风萧瑟"之感;不知其在世间之著作事业,皆"泥上偶然留指爪,鸿飞那复计东西"者也。

七 丁、豪杰型

我所谓豪杰型,乃以孟子所谓"奋乎百世之上,百世之下,闻者莫不兴起也"(孟子原文指一种圣人),"待文王而后兴者,凡民也,若乎豪杰之士,虽无文王犹兴"之言为标准。所谓天才与英雄,乃以神思、气概胜,即以才情胜。然豪杰则必须自有一番真性情。才情自英雄之事业或文艺创作见者,皆必溢出而求著于外。性情则真动乎内。天才人物,均必求有所表现,求有所成。歌德说,"不是我作诗,是诗作我"。"诗作我",便不能不作。军事、政治上之英雄,都有命运感。直觉一不可知之命运,趋迫其前进。气机鼓荡,不失败不能罢手。天才英雄,而能提得起放得下,便是大机大用,近乎豪杰之士。但天才英雄中,到此者甚少。停不下,便不是自作主宰。豪杰之士,其豪杰性行为与精神,则自始即能自作主宰。真能自作主宰,亦可兼为英雄。然为英雄者,不必能为豪杰。又豪杰性之行为与精神,通常不先见于其积极的外求有所表现有所成之动机,而见于其能推倒开拓,不顾世俗毁誉得失,而独行其是上。故其行径,常见其出于不安不忍之心。在晦盲否塞之时代,天地闭而贤人隐,独突破屯艰而兴起,是豪杰之精神。积暴淫威之下,刀锯鼎镬之前,不屈不挠,是豪杰之精神。学绝道丧,大地陆沉,抱守先待后之志,悬孤心于天壤,是豪杰之精神。学术文化之风气已弊,而积重难返,乃独排当时之所宗尚,以涤荡一世之心胸,是豪杰之精神。其他一切人——无论名见经传与否,凡有真知灼见,真抱负,而不计得失、毁誉、成败、利钝,独有所不为,或独有所为者。皆表现一豪杰之精神。豪杰者,个人之自作主宰之精神,突破社会与外在之阻碍、压力、闭塞、与机械化、以使社会之客观精神,重露生机;如春雷一动,使天地变化草木蕃者也。天才与英雄,不能不表现自我,故不能免于求人之知之,求人之附和,遂不免功名心。而豪杰之士,则常忘世俗之毁誉得失,初无功名心。而只是一独行其是。此孔孟所谓狂狷。"人知之,亦嚣嚣,人不知,亦嚣嚣"。"踽踽凉凉"而未尝寂寞也。"不忘在沟壑,不忘丧其元",而无所惧也。"自反而不缩,虽千万人吾往矣"。其气概又高于天才与英雄矣。故"举世混浊而我独清,众人皆醉而我独醒",自投于江之屈原之精神,是豪杰精神。当曹操挟天子令诸侯之际,"受任于败兵之际,奉命于危难之间","成败利钝,非所逆睹"之诸葛亮,是豪杰之精神。庄子所谓"真天下之好也,将求之不得也,虽枯槁不舍也"的墨子,是豪杰精神。秦昭王至始皇,开始其"席卷天下,包举宇内,囊括四海,并吞八荒"之事业,他们岂非一世之英雄? 然鲁仲连,谈笑却秦军,义不帝秦,宁蹈东海而死。荆轲提一匕首入不测之强秦"风萧萧兮易水寒,壮士一去兮不复还"。"凌厉越万里,逶迤过千城"。"入兵甲森严之秦庭,图穷匕首见","左手把秦王之袖,右手揕其胸"。张良又得力士,椎秦王于博浪沙。此皆是大豪杰。豪杰心目中无英雄,即见英雄之不及豪杰处。

由是而不满当时所传佛学,乃求法万里,西度流沙之玄奘,是豪杰。"我若见性时,轮刀上阵亦得见之",讲即心即佛之慧能,是豪杰。文起八代之衰,排拂老而"万被戮岂有悔"之韩愈,是豪杰。至于异端横行,而独辟杨墨放淫辞之孟;被禁为伪学之朱子;被谪龙场,而在石棺中,悟得良知,而排当世之"此亦一述朱,彼亦一述朱"之学风之王阳明;与窜身猺洞,以账簿著书,蓄发夜行之王船山,则皆学圣贤而豪杰之行。而西方之人物,如马丁路德批评旧教,查理五世在沃蒙斯(Worms)城主持议会,召路德责问。友人劝他不去,而路德之答复是"沃蒙斯城之魔鬼,多如屋上之瓦,吾必前往"。此亦是豪杰之行也。

豪杰之士,"其人虽已没,千载有余情"。故奋乎百世之上,百世之下,闻者莫不兴起。"千载而一遇,犹旦暮遇之也"。今人喜言个人主义之精神,而不知推尊天下英雄豪杰之士,而只以一般个人之政治上之权利为言,实不足。唯个人无待于外之创造性的自由精神,乃真有无待于外之价值。而豪杰之士有真知灼见,真担当时,以一人之百折不回之心,使千万人为之辟易,乃真表现创造性的自由精神,为天地正气之所寄。斯真堪尊尚已。

八 戊、超越的圣贤型——穆罕默德、耶稣、释迦、甘地、武训

然而豪杰与圣贤较,豪杰又低一格。朱子说:"豪杰不圣贤者有之已,未有圣贤而不豪杰者也。"豪杰皆狂狷。狂狷与"生斯世也,为斯世也,善斯可矣,阉然媚世"之乡愿相反。凡以顺应世俗为第一义者,皆孔子之所谓乡愿。狂狷必行心之所真是,决不陪奉,此便是豪杰精神。然圣贤则有豪杰之精神而又超过之。其超过之点,在豪杰精神,恒由外在之激荡而成。其受外在之激荡,而

与世相抗以兴起，固出自内在之真性情上之响往与担当。然其精神，与世相抗，而超迈于其上以冒起，即使其恒不能无我，而细微之矜持之气，在所不免。圣贤则平下一切矜持之气而忘我，使真性情平铺呈露，由此而显一往平等之理性。只要有同一之真觉悟，圣贤亦为人人所能学，不似天才英雄之为少数人所专利，英雄豪杰之待时势以逼成。此即圣贤之道之至广大，此义须先识取。

圣贤中之两格，首为超越的圣贤。此所谓超越的圣贤，即宗教性之人格，谓为超越者，指重"天"言。而圆满的圣贤，则天人之真合一。宗教性的人格，大皆崇拜上帝，如穆罕默德、耶稣、甘地。或则只肯定一绝对超越人间之境界，如释迦。或则只有一绝对牺牲自我、忘掉自我之宗教精神，如武训。凡圣贤之人格，皆不如学者事业家之恃才具，仗聪明，不如文艺上天才之玩光景，不如英雄性天才之弄精魄，不似豪杰精神之待相抗而后显。他只是纯粹之本色，纯粹之至性至情之流露。人之真至性至情之流露，必多少依于忘我。最高之忘我，绝对忘我之精神，即体现一绝对无限之精神。体现之，而直接承担之为一超越境，即见上帝，见天道，见一绝对超越现实之人世间之境界。这个绝对无限精神之直接体现，在宗教性之人格，或是在穷困拂郁之极，而中夜独坐，呼天自明。或是在深山旷野之中，万缘放下，忽闻天音。或是在观空观化之后，万千烦恼，突然顿断。或是在艰难奋斗之中，忽然决心舍身殉道，牺牲自己之一切。总归于一突然之一顿悟，或蓦见一绝对无限之精神，或显一绝对忘我之志愿，而其格亦不尽相类。穆罕默德之人格，是在宗教性人格中近豪杰者。其与豪杰之不同，在其自觉见了上帝，接触一宇宙性之绝对精神。据说穆罕默德传道，一手持剑，一手持《可兰经》。持剑乃为传上帝之道。黑格尔在其《历史哲学》中说，回教精神之伟大处，即在人只要信了其道，则绝对平等，更不管其他世俗上一切阶级民族之差别,而与犹太教、婆罗门教都不同。此处便见回教真正尊理性而生之宽大。"上帝是一绝对的普遍性简单性之一,而无任何形相"。其宗教狂热乃生于此"抽象之一,无所不包之一"之一种"不遭一切约束,不受任何限制,绝对漠视周围万物之热诚"。因此他要求一切人都信仰之。真理即生命,故抹杀真理之生命,可死于剑下。这是一扫荡世俗之抹杀真理者之豪杰,而亦兼英雄之行径。穆罕默德曾召集徒众,说他能命令山来。但命令并未生效。他马上说"山不来,我们去"。这便是放得下,撒得开,较一般英雄高一等处。唯穆罕默德,虽曾忘我而见上帝,而在其豪杰英雄之行径中,终有我在,释迦自悲悯他人之生老病死苦而出发,而不当王太子,逾城以求道,证得一切法之如幻如化,毕竟是空,以超越一切世间之我执法执。佛家说无量劫已有无数佛,不只释迦为觉者。合真理之一切法皆佛说,则不孤持佛经以迫人信从。便真致广大,而有进于穆氏。耶稣自愿上十字架,而为一切人类赎罪。他自觉的要以其死,作为真理之见证,以昭示上帝之道于人间。更在实际行动上,表现与穆氏之一往肯定自我之相反的精神。耶稣为上帝之意旨而牺牲,即为体现了无限精神,全自其现实自我之有限性解脱,以上归于上帝。其以生命之牺牲,作真理之见证,则使上帝真显示于人间,上帝与世人相招呼。耶稣死,而现实世界裂开一缺口。耶稣之一生,成现实世界之人之精神与上帝之交流之一最具体之象征。但耶稣讲学精神,似无释迦之博大。近代之甘地之宗教精神,则为一方体现上帝之精神,一方从事最实际之政治经济改造之事业,而使上帝之精神,在地上生根。甘地之绝对的谦退,以仁慈感化对方,与耶稣之让人打耳光,在十字架上尚求上帝原恕他们,同一伟大。然而耶稣重在以其死表现此精神,而甘地则以其生前之事业,表现此精神。在"与对方必须在事实上对抗"之民族自救运动中,表现此精神,则其事亦有更难处。甘地亦终被刺而死,在死时,表现对敌人之原恕,又兼以其死表现此精神。至于武训,则虽不必有上帝之信仰,然而他以一乞丐,而念自己之未能求学,即终身行乞,以其所积蓄设学校,以使他人受教,则正表现一宗教性之至诚。此至诚纯出自性情,而非原于学养。宗教性之人格,大皆不由学养知识来。所以穆罕默德原为佣工,耶稣原为木匠,释迦原为王子。只甘地曾当律师,但此职业,与其人格不相干。独武训原为乞丐,而最无知识,乞丐乃一绝对之空无所有者。然在武训,即从其自身原是空无所有之自觉,而绝对忘我,再不求为其自身而有所有,他即直接体现了无限的精神。然而他自身虽已一切不要,但是他知道人们仍要知识,要受教育,于是他依其自身之绝对忘我,以使他人之得受教育,成就其自我而办学校。他为了办学校,完成他人之教育,而向教师与学生拜跪,望他们专心教,专心学。他在此不向神拜跪,而为完成学生自己而向先生向学生拜跪。这些学生、先生们之人格,无一能赶上他。但是他向他们拜跪。他向人格比他卑的人下跪,为的使比他更卑的人上升。这个伟大,在原则上,高过了对与我为敌的人原恕。这是一种同一于上帝之精神。向人下跪,可说是上帝向人们下跪,而不只是上帝之化身为人之子,以为人赎罪。亦不只是如甘地之使上帝之精神,见于政治经济之事业。这是上帝之精神之匍匐至地,以恳求人之上升于天之象征。上帝化身为空无所有之乞丐。莫有父母,莫有妻子,莫有门徒,莫有群众。更重要的是莫有知识,莫有受教育,莫有灵感,莫有才情,不自知为英雄,不自知为豪杰。最重要的是,不自知为圣贤,且亦莫有使命感,而只自知为一乞丐,在一切人之下之乞丐,以恳求人受教育,而完成他自己。这是上帝之最伟大的一表现,人类宗教精神之一种最高的表现。他是为了完成世间人之所要求,而崇拜文化教育之本身。而武训之这种精神,则是从孔子之圣贤教化,对人类教育文化之绝对尊重之教来的。

圣贤之人格之精神之所以伟大,主要见于其绝对忘我,而体现一无限之精神。故一切圣贤,皆注定为一切有向上精神之人所崇拜。穆罕默德、耶稣、释迦、甘地、武训,都是人们了解其人格中有绝对忘我之无限精神时,不能不崇拜者,圣贤不须有人们之所长。然人们之有所长者,在其面前皆自感渺小。耶稣莫有知识,但有知识的保罗必得崇拜耶稣。释迦并不多闻,但其弟子多闻的阿难,最后得道,世间一切有抱负,有灵感,有气魄,有才情,有担当之事业家,天才,英雄,豪杰之人们,在圣贤之前,亦总要自觉渺小,低头礼拜。人们未尝不自知其长处,可以震荡一世,圣贤们或根本莫有。如武训之为乞丐,更是什么亦莫有。但是我们人们所有的一切,对他们都用不上。耶稣、释迦、武训,对于我们人们所要求所有之一切,他们都可不要。于是我们在他们之前,便觉我们之一切所有,由富贵功名,妻室儿女,到我们之一切抱负、灵感、气魄、担当,皆成为"莫有"。我们忘不了我们之"自我",而他们超越了他们之自我,忘掉他们之自我,而入山,而上十字架,而行乞兴学。我们便自知,我们不如他们。他们超越过我们,在精神上涵盖在我们之上。我们在他们之前,我们便不能不自感渺小,自觉自己失去一切家当,成空无所有。而他们则反成为绝对之伟大与充实。这一种伟大充实之感觉,便使一切人们,都得在圣贤们之前低头。你若低头,表示你接触了他们之伟大充实,你自己亦分享了他们之伟大充实,而使你进于伟大充实。你不低头,而自满于你世俗之所有,如富贵功名,如你之抱负、灵感、气魄、才情、与担当,你反真成了自安于渺小。这亦就是崇拜圣贤之人格之精神,是人不能不有的道理。你不崇拜上帝尚可以,然而你不崇拜那真能忘我,而体现绝对无限,而同一于上帝之精神的圣贤人格,却绝对不可以。崇拜人格,亦是一宗教精神。这种宗教精神,可以比只崇拜上帝只崇拜耶稣一人,更伟大之一种宗教精神。此即中国儒家之宗教精神之一端,当然除此以外,儒家之宗教精神,亦包含崇敬天与祖先及历史文化。

九　己、圆满的圣贤型——孔子

我们依崇拜圣贤人格之精神,而崇拜耶稣、释迦、甘地等,表现忘我之绝对无限之精神之圣贤人格。自他们之绝对忘我处说,他们不与一切人相敌对,亦不与世间一切人格相对较。他们都是绝对性的人格。但是他们自身虽不与一切人相敌对,不与一切人格相对较;然而他们所表现之"不与一切敌对之绝对精神"之本身,人们却视之为高高在上。又他们恒只依上帝之启示立教,而又说,上帝在他们与一切人们之上。于是人们觉上帝为绝对之超越境,而他们是救主,是先知,而不是与人们一样的人。实际上,他们既已能绝对忘我,体现绝对无限之精神,则他们不仅见上帝,上帝即当体呈露于他们。上帝能当体呈露于他们,亦能当体呈露于一切人。而此一真理,必须真自觉的加以承认。自觉承认上帝在人之中,天在人之中,上帝是什么? 是一绝对忘我、绝对无限之精神。绝对忘我、绝对无限之精神之积极一面,耶稣名之爱,释迦名之慈悲。而自觉一无限之爱与慈悲,即原在人之中,人之心之中,则爱与慈悲不只是情,而是性。此性即名之为仁。爱与慈悲,只是显于外者。仁则澈费隐,通内外。说无限之爱与慈悲,不能说人人都有。说人有显为无限之爱与慈悲之仁性,具仁性之心,则对人人都可说。知人人有仁性,乃真知上帝之精神,非超越而高高在上,而即在人人现成之心中。"仁远乎哉,我欲仁,斯仁至矣。"这即是孔子之极高明而道中庸之智慧的无尽藏的核心。有此仁是仁,知此仁便是智。知此仁而自觉此仁之为我之性,则无论上帝之精神是否先为我所已体现,皆一念返求而可得。"道也者,不可须臾离也,可离非道也。"上帝超越而不内在,天德与性德为二,则天人裂而离矣。

以上只是顺着上文,转到孔子处说。如直接从孔子学问本身讲,则说爱与慈悲,只是从仁之见乎情而及乎物上说。说仁是能爱与能慈悲之性,常是依情说性,未真能直接明示仁之全貌。说此是上帝,亦引起外在的联想。真正说仁,还是王阳明依《中庸》《孟子》而言,所谓真诚恻怛,最为直接。诚之所注,即是自己而超越自己,忘掉自己。至诚即绝对之超越精神。然此至诚之精神,只是真成就自己,使自己之精神与他人与世界直接贯通,而与以一肯定,一承认,一涵盖而持载之精神,故为超现实而成就现实之精神。恻怛即此诚之状态,而包含爱与慈悲。至诚恻怛,即是性,即是情。即是天,即是人。即是内,即是外。即是乾知,即是坤能。最易知易行。所谓"夫妇之愚,可与知"。然"及其至也,虽圣人有不能尽"。包涵无穷的深远广大与高明。

耶稣、释迦、穆罕默德,超越了世间一切学问家、事业家、天才、英雄、豪杰之境界。于是此一切人生之文化事业,在他们心目中,到他们之前,皆浮云过太虚,如"大江东去,浪淘尽千古风流人物"。在销尽世间之精彩,以归向无限精神之圣者之前,谁能留得下一点精彩?然而这些圣者之销尽世间精彩,把这些圣者之超越神圣烘托出来,此超越神圣本身,对人们又是在显精彩。孔子则连这些精彩,都加以销掉,而一切归于顺适平常。由孔子之圣贤境界,一方可超越一切学问家、事业家、天才、英雄、豪杰之境界。一方亦知一切事业家、学问家、天才、英雄、豪杰之努力，与才情、志愿，无不赖一番真诚在其中，直接间接皆依于性情。于是，对一切人生文化事业，皆加以承认，见一一皆实，而无一是虚；对一切庸人、学问家、事业家、天才、英雄、豪杰、圣者之精神，凡真有价值而不相碍者，皆加以尊重赞许。所谓"万物并育而不相害，道并行而不相悖。小德川流，大德敦化，此天地之所以为大也。"一切宗教的上帝，只创造自然之万物。而中国圣人之道，则以赞天地化育之心，兼持载人文世界，人格世界之一切人生。故曰"大哉圣人之道，洋洋乎发育万物，峻极于天。悠悠大哉，礼仪三百，威仪三千，待其人而后行。"因中国圣人之精神，不仅是超越的涵盖宇宙人生人格与文化，而且是以赞天地化育之心，对此一切加以持载。故不仅有高明一面，且有博厚一面。"高明配天，博厚配地。""崇效天，卑法地"。高明配天，崇效天者，仁智之无所不覆也。博厚配地，卑法地者，礼义自守而尊人，无所不载也。甘地之精神，如由天之贯到地，但中间似缺了个对人文历史之崇敬。武训之精神，卑法地之极致，唯未必能自觉其仁。其对人文教育之崇敬，似缺自觉，便无智。无高明之智慧，则仁亦无收摄处，并展不开。若在孔子，则兼博厚与高明，至卑至谦，而高明亦不可及也。

孔子之真诚恻怛，一面是如天之高明而涵盖一切之超越精神，一面是如地之博厚而承认一切之持载精神。"毋意，毋必，毋固，毋我"，"空空如也"，一切超越忘我之精神，岂能外于是？"默而识之。""天何言哉！四时行焉，百物生焉，天何言哉！"一切超绝言思，与天合德之精神，岂能外是？"老者安之，朋友信之，少者怀之。""鸟兽不可与同群，吾非斯人之徒与而谁与？"一切大慈大悲之精神，岂能外是？"三军可夺帅也，匹夫不可夺志也。""知其不可而为之"，一切豪杰之精神，岂能外是？"桓公九合诸侯，一匡天下。管仲之力也。民到于今受其赐……微管仲,吾其被发左衽矣。"孔子明说管仲之器小,然而此处如此佩服其保存中夏之功业。推崇英雄之精神,又岂非涵于孔子内?"生而知之者,上也"。"我非生而知之者也"。肯定天资天才之精神,岂非涵于孔子内?"三人行,必有我师焉,择其善者而从之。""问礼于老子,问官于郯子,问乐于苌弘,学琴于师襄",郑子产死,孔子闻之而潸焉出涕,曰"古之遗爱也"。尊重学者、事业家之精神,岂非涵于孔子内?"文王既没,文不在兹乎。天之将丧斯文也,后死者不得与于斯文也。天之未丧斯文也,匡人其如予何?"孔子这一种对历史文化之责任感,一切宗教人格之使命感,何以过之?"道不行,乘桴浮于海",孔子即包含屈原。夹谷之会,齐国欺了鲁国,孔子提剑历阶而上,孔子即是荆轲。"席不暇暖","再逐于鲁,伐树于宋,削迹于卫,穷于商周,围于陈蔡",孔子即是墨翟之枯槁不舍。则孔子即是豪杰。孔子围于陈蔡时,数日不火食。子路亦生气。孔子忽自反问,"吾道非与?"要弟子说说理由。最后颜回说,"夫子之道大,天下莫能容。"孔子笑笑相许。孔子想治天下"吾其为东周乎"。乃以圣贤怀抱而作英雄事业。周游列国失败了,即退而与弟子删《诗》、《书》,订《礼》、《乐》。"用之则行,舍之则藏"。非一般英雄之能进而不能退矣。"子在齐闻韶,三月不知肉味。"天才对音乐之沉醉,又岂能上之?曾点之志在"暮春者,春服既成,冠者五六人,童子六七人,浴乎沂,风乎舞雩,泳而归"。而孔子即说"吾与点也"。此见孔子之胸怀洒落,即最高之诗人境界。"学而不厌,信而好古。""吾尝终夜不寝,终日不食以思。"苏格拉底之逢人问学,一日夜不移一步之苦思,亦不过如此。他责子路说,"暴虎凭河,死而无悔者,无不与也。必也临事而惧,好谋而成者也。"此即事业家安排计划之精神也。然而孔子之了解一切人格,而具备一切人格形态之精神,使孔子精神内容,呈无尽丰富,具备多方面之才能。而在孔子之精神中,又将此一切一齐超化,而归于至简。所以太宰怪孔子之多能。子贡当时说了一句,"固天纵之将圣,又多能也。"然而孔子却说:"太宰知我乎,吾少也贱,故多能鄙事。君子多乎哉,不多也。"孔子在他处又说,"尔以我为多学而识之者与?非也,予一以贯之。"孔子只是一个真诚恻怛。真诚恻怛,便能忘我而涵盖一切,谦厚的在下了解一切他人之精神,摄备各种人格之精神;而又超越的浑融之,一贯之,遂总是"空空如也"。在人之前,只是"庸言之信,庸德之谨",或似不能言者。只是一个平常,不见任何颜色,任何精彩。然而其弟子中,则大皆有志圣贤,拨乎流俗之豪杰之士,非狂即狷。所谓"吾党之小子狂简"。狂者上友千古,狷者于当世,有所不为,便是豪杰精神。曾子所谓"士不可不弘毅,任重而道远。仁以为己任,不亦重乎。死而后已,不亦远乎"。"自反而不缩,虽褐宽博,吾不惴焉,自反而缩,虽千万人,吾往矣。"这是何等豪杰气概?子路之豪杰气概,尤处处见于其言行。堂堂乎的子张,"尊贤而容众,嘉善而矜不能。"此即肝胆照人,推心置腹之英雄襟度。子贡才情颖露,近乎天才。文学科之子游子夏,与政事科之冉求,则近乎学者与长于计划之事业家。颜渊嘿然浑化,坐忘丧我,"一箪食,一瓢饮,在陋巷",与现实世界若无交涉;对圣人之学,只有"仰之弥高,钻之弥坚,瞻之在前,忽焉在后"之叹,此则特当宗教性偏至圣贤之超越精神。然而他们都涵育在孔子圣贤教化之内,未尝以天才、英雄、豪杰、宗教性之人格显。

　　孔子之大,大在高明与博厚,释迦、耶稣之教,总只向高明处去,故人只觉其神圣尊严。孔子之大,则大在极高明、而归博厚,以持载一切,肯定一切,承认一切。所以孔子教化各类型的人,亦佩服尊崇各类型之人格。他不仅佩服与他相近的人,而且佩服与他似精神相反的人。孔子祖先是殷人,而佩服文、武、周公与周之文化。伯夷则以武王为以暴易暴,义不食周粟,饿死首阳之山,真豪杰也。而孔子又许之以求仁得仁。楚狂接舆、长沮、桀溺、荷篠丈人,则皆超越现实之隐者,尝讽示孔子,孔子皆心许之,而"欲与之言","使子路往见之",此是何等气度?孔子特佩服尧舜,则正在尧舜之超越的涵盖持载精神。"大哉尧之为君。唯天为大。唯尧则之,君哉舜也。巍巍乎有天下而不与焉。""无为而治者,其舜也与?"推尊尧,以其高明如天,推崇舜之"不与"与无为,乃指其博厚如地,而能选贤与能,承认一切人,持载一切人。夫能教来学,开后代学术,必资乎高明之智慧。能继古人之学术,承往世之文化,必资乎博厚之德量。言高明之教,于释迦、耶稣之超越精神,吾无间然。然他们以高明自许,言"上天下地,唯我独尊""我就是道路。""谁不能离开他之父母妻子,便不能跟我走。"便显出他们在犹太,在印度,是先知先觉,前少所继承,便似差博厚之德量。孔子对后代是先知先觉,故曰至圣先师。而他自觉一生,只是一个好古敏求,只是一个好学。他无长处,一切长处,都是古人与他的,而让德于古人,自居于一后知后觉。"畏天命,畏大人,畏圣人之言"。"三人行,必有我师焉",对子贡说到颜渊,"不如也,吾与汝不如也"。同是一以礼下人之卑法地之精神。所以如果我们说,一切圣贤,都是上帝之化身,则上帝化身为耶稣、穆罕默德等;只显一天德。而其化身为孔子,则由天德中开出地德。天德只成始,地德乃成终。终始条理,金声玉振,而后大成。"天之高也,星辰之远也"。人皆知其尊矣。人孰知地之厚德载物,似至卑而实至尊,即天德之最高表现者乎?孰知孔子之至平常而不见颜色,不见精彩,乃上帝之精光毕露之所在乎。

嗟乎,人类之文化历史,亦已久矣;垂法后世之人物,亦已众矣。或以学术名世,或以功业自显。天才运神思,而锋发韵流;英雄露肝胆,而风云际会。豪杰之士,出乎其类,拔乎其萃,障百川而东之,醒当世之懵懵。皆见人性之庄严,昭生命之壮采。其在世间,喻若云霞之灿烂,亦宇宙之奇观。彼云霞之变幻,如峰峦之在天而挺秀,如龙马之凌虚以飞驰。亦美之至也。然对彼长空万里,茫茫太虚,行云毕竟何依?"生年不满百,常怀千岁忧"。"夕阳无限好,只是近黄昏"。时移运转,皆烟落光沉,徒增永叹。乃有偏至之圣贤,念天地之悠悠,哀人生之长勤。直下破尽我执,承担无限。体上帝之永恒,证虚空之不坏。于是,大地平沉,山河粉碎,天国现前,灵光回露。此宗教精神之所以为伟大。然智者皆叩帝阍而趣涅盘,伊人长往而不返,谁复厚德载物,支持世界?古人云"天不生仲尼,万古如长夜",旨哉斯言。盖彼孔子之德慧,正在知彼云霞之七色,皆日光之分散。彼奇采之所自,乃天色之大明。唯此大明终始而日新,生命壮采表现于人格文化之世界者,乃有所依恃,不息于生生。此终始之大明,即超越的涵盖持载,宇宙人生,人格世界,人文世界之仁体德慧也。于是孔子之精神,乃御六龙而回驾,返落日于中天。融生命之壮采,咸依恃于仁体。任云兴而霞蔚,乐并育于太和。唯此德慧,上友千古,下畏后生。则哲人往而长在,逝者去而实留。德慧具而永恒在斯,大明出而虚空充实。斯悠久以无疆,即至诚而如神。大地不必平沉,山河何须粉碎?皆永恒之大明之所周布矣。现实世界,由此得被肯定有所依,而参赞化育曲成人文,利用厚生之事,皆得而言。此即孔子大明终始,云行雨施,厚德载物,含弘光大之精神,所以为圆满。猗欤,盛德之至也。此即吾人本文所言,孔子弟子,对孔子之精神心悦诚服,而中国后代之无数天才、英雄、豪杰之士,皆不得不推尊孔子之故。夫孔子之精神,即超越的涵盖持载精神,亦即一绝对之真诚恻怛。诚之所至,即涵盖持载之所至,亦即超越有限之自我,以体现无限之精神之所至。而真有孔子之精神,正须随时随地开展心量致其诚敬,以学他人之长。此即中国文化之宗孔子,而过去未尝排斥外来文化,今亦不能故步自封之故。吾人今之推尊孔子,亦非欲人之自限于孔子之遗教中所已言者甚明。然吾人之不自封自限,正是学孔子之人格精神。孔子之人格精神之伟大,诚不可不学也。唯本文因痛今人对孔子之不敬,故行文或有不免露精彩处,便不能与孔子之精神相应。然亦未敢对孔子之精神有所增益而妄说。我们只要真平心把世界其他人物之伟大处,细心识取。再三复程明道所谓"泰山为高矣,然泰山之上更不属泰山"之言,以观其限制,再推进一层,以见孔子精神所包涵,便知孔子之精神,真天地也。但此决非要你只佩服崇拜孔子一人。这又不仅因孔子之教,即要你去佩服一切有价值的人,在一阶段你佩服他人过于孔子,亦孔子之所许;而同时因你未佩服过比孔子之低之其他人,使你向上之精神提引,不亦能真佩服崇拜超一切层级之孔子。今再以《孟子》与《中庸》之言,说明本文之所以作,并总结全文之精神,以致对孔子之敬诚。

　　孟子引子贡曰:"见其礼而知其政,闻其乐而知其德。由百世之后,等(即认识其差等)百世之王,莫之能违也。自生民以来,未有夫子也。"

　　《中庸》曰"仲尼祖述尧舜,宪章文武,上律天时,下袭水土。譬如天地之无不持载,无不覆帱。譬如四时之错行,日月之代明。万物并育而不相害,道并行而不相悖。小德川流,大德敦化。此天地之所以为大也。唯天下至圣,为能聪明睿知,足以有临也。宽裕温柔,足以有容也。发强刚毅,足以有执也。齐庄中正,足以有敬也。文理密察,足以有别也。溥博渊泉,而时出之,溥博如天,渊泉如渊。见而民莫不敬,言而民莫不信,行而民莫不说。是以声名洋溢乎中国,施及蛮貊。舟车所至,人力所通,天之所覆,地之所载,日月所照,霜露所队。凡有血气者,莫不尊亲。故曰配天"。

读者如能将《孟子》、《中庸》之此二段,以诚敬心,反复诵读,则愚之此文,皆贫儿说富,唯堪覆瓿,而本文之精神皆在其中矣。

(发表于《民主评论》1950 年 2 卷 5 期)

唐君毅(1909 年—1978),四川宜宾人,曾就读于中俄大学、北京大学,毕业于中央大学哲学系。曾先后任教于中央大学、华西大学等校。1949 年赴香港,与钱穆、张丕介等创办新亚书院,并兼任教务长、哲学系主任等。1963 年受聘为香港中文大学首任文学院院长和哲学讲座教授。1967 年任新亚研究所长。1974 年退休。为公认的现代新儒家的代表人物之一。主要著作有《道德自我之建立》、《人文精神之重建》、《中国文化之精神价值》、《中国人文精神之发展》等。

文章针对五四运动以来孔子研究中的非孔倾向指出:"要了解孔子之真价值当直接由对其人格之崇敬入手。"接着文章列举了学者事业家型、天才型、英雄型、豪杰型、偏至的圣贤型、圆满的圣贤型六种受人尊敬的人格,用以同孔子对照,认为"孔子的精神,即超越涵盖持载精神,亦即一绝对真诚恻怛。诚之所至,即涵盖持载之所至,亦即超越有限之自我,以体现无限之精神之所至"。得出孔子及孔子教化下的圣贤均属于圆满的圣贤型之人格的结论。

义理学十讲纲要（节选）

张 君 劢

第二章　义理学与宗教异同

吾国处于东亚，以尧舜禹汤文武周公孔子之教义立国，实以学术为基础。至于中国以外之亚洲国家如印度，阿拉伯，犹太皆以宗教立国。印度之印度教佛教，又与回教耶教之性质微有不同，耶教回教为纯信仰之宗教。印度教佛教则一半为教义，一半为信仰。故欲明吾族立国之本，不可不与亚洲其他各国相比较，因而孔子之教义，与亚洲他国之宗教之异同，不可不先加研究。

所谓宗教之要素，不外乎四：（一）信仰，凡为信徒者，应一心向往。一个予人以幸福之主宰，或曰上帝，其传授此教者，为上帝之代表。如耶教称上帝为父，而自居于上帝之子，墨罕末德自称为上帝之代言人，其代主宰立言，而旁人不得与之论难之意，显然可见，所以为信仰也。（二）主宰，耶教以上帝为世界惟一之造物主，不容有他神在旁，故名曰一神，且此一神为世界一切之父，为人身的（Personal）与佛教中真如之为抽象的理想的，迥然不同。（三）仪式，凡为宗教，有教堂跪拜祈祷之仪，以示虔敬信奉之诚。其读圣经即为祈祷中之一部分，与吾国士子读十三经为学问功名之资者，其性质不相类。（四）来生，凡宗教必以来生之说，勉人于为善去恶,如耶教之天堂,佛教之净土是也。此四者,求之于孔子教义中,可谓无一而具,欧美人称孔子之教为宗教,且与道教佛教同列,其不识孔子教义之性质,明矣。

试进而考世界各宗教创造者之生平,其与孔子为人之各殊,更显而易明。

(甲)耶稣　耶稣初生,遇有杀婴之举,曾与其母同赴埃及,年三十受洗礼于圣约翰之手,自称为上帝之子,遁荒四十日,能变水为酒。年卅一说教山上,医病驱魔。年卅二自称为世界之救主,以五块馒头供五千人之食。自许以其身为人类牺牲。年卅三,罗马总督卞乐脱拘捕耶稣钉之于十字架以死。由是以观,耶稣之行谊,与孔子好古敏求,诲人不倦之平淡无奇之生活,可得而相提并论者乎。

(乙)释迦牟尼　释迦佛在世,早于耶稣五百六十年,生于迦毗罗卫国蓝毘尼胜园,父为净饭王,母为摩耶夫人。年二十九,感人类生老病死之苦,弃其王子之尊,宫室之富,入摩竭提林中,遵苦行之旨,以忍受饥寒为入道之门,继而悟饥饿之不合于道,乃恢复日常饮食,静思八年之久,悟大道所在,入鹿野园,第一次说转法轮法,其教义与耶教正相反,不信世界之有造物主,但言其苦空无常,创为八正道说:一曰正信,二曰正意,三曰正言,四曰正行,五曰正命,六曰正精进,七曰正静,八曰正定。更辅之以五戒:一、戒杀,二、戒偷盗,三、戒谎语,四、戒邪淫,五、戒酗酒。此五戒之旨,不异于耶稣之山上说教。其说教时期凡三十余年,年八十涅槃。释迦佛为印度人,长于潜心思索,创为无常无我,因缘和合之说,以空为人生归宿,亦即真如之真相,其与孔子之肯定人生,一刻不离人生,与以人生中君臣父子夫妇朋友为不可移易者大相反矣。

(丙)回教　阿拉伯人原为日月星辰之皈依者,自墨罕末德,

20世纪儒学研究大系

始提倡绝对一神教,墨氏生于公元五七〇年,年六岁父母俱逝,育于叔父之家,早年为御骆驼之行商,奔走于埃及、波斯、叙利亚各地,年廿五,娶富商寡妇卡地杰为妻,悯阿拉伯人之拜偶像与嗜酒与赌博而思有以改造之。平日旅行所至,通犹太与耶稣之教,乃入墨加山中修道,遇天使与之晤谈,其妻告之再入山中待天之昭示,继而自信上帝托之为预言者,乃开始传教,其要义曰唯有"阿拉"独为上帝,墨罕末德为阿拉之预言者,是时年已四十矣。其平和说教,计时十有三年,其一生最后一段则训练军队十万人。尝告罗马皇帝曰:凡从我者,与之和平,其不从我者,我以刀与之相见,此所以有一手执可兰经,一手执刀之说也。其兵力及于阿拉伯全国及其邻近部落。墨氏逝于六三二年,其继起之回教教主,更扩其领土及于波斯与北非洲。回教之信仰方面,类似耶教,然其教律与法典之合一,为耶教所无,其以刀剑为宗教之后盾,为世界宗教之所绝无仅有者。

自以上各教主之言行观之,虽孔子亦当有天生德于予之言。然其思想由于好古敏求,学如不及,博学多识,未闻自称曰上帝之子或上帝之预言者,耶教有末日审判之说,回教亦然。佛教名之曰孽,孔子虽有为善有庆,为恶有殃之言,其意限于伦理范围之内。与宗教中之天堂地狱绝不相类。况乎孔子有未知生焉知死之言。有不语怪力乱神之言,有敬鬼神而远之之言。此孔子对于"不可知之事物"审慎立言之意。乃以译孔子各书著名之来格氏,有大责孔氏之言一段,为国人所不经见。兹译而出之。

"孔子不语怪力乱神,原不应责备。特其对于此等事之无知,乃孔氏之不幸。既无所闻,又无所见,且但知注意于日用之事,故视苦心焦思于不确定之事为无用。

依我观之,孔子非反宗教,乃不知宗教,孔子性情与头脑之冷静,不利于中国人宗教热情之鼓动,其所走途径,或为中古与近代文人学士中无神论之准备。

我所提出一项问题,即孔子是否将古代宗教有变更,我不信孔子对于古代宗教教条,故意有所隐匿,倘使孔子癖性不若是冷静,其论及宗教之处,不至若今日书中之犹移不定,更可进而怀疑孔子是否十分忠实于先代文献。以上云云,非指孔子关于信仰之文有所增损之谓。

孔子云:'我不与祭如不祭'。此习惯定由于死者在死后继续存在之信念而来,既有祭礼,则彼等当信死后之有知,但孔子关于此事,向不明确言之,且有规避之意。

我初无意于主张对死者之祭礼,所以提起此问题者,因孔子既承认有祭礼,何以不明言祭礼出于信仰,而孔子但视之为礼节,则他人可以不诚意责之。"

夫鬼神之事,属于"不可知"者。孔子之不确定,与十九世纪英国哲人斯宾塞氏所谓"不可知",其意正同。欧人发见此界线于两千年后,而孔子已见及于两千年前,此孔子之所以伟大也。

或者曰,孔子非宗教,何以孔子对于中国社会有莫大之威力,吾国何尝不称之为名教乐地,其类似于宗教之处:(一)有圣庙与祭祀。(二)有汉武帝定六经于一尊。他家学说难以比拟。吾以为此由于孔子以文化传统为基础,国人受其益,乃思有以报之尊之。自韩愈后更有道统之说。孔子之后,继之以孟子,孟子之后,继以宋之程朱,虽亦颇似耶稣门徒或教皇之继承。然此皆由于学者与政府之公共评论,初不若罗马教皇之由选举而执行职务,其定六经由于一尊,乃为士子必读之书,且为考卷题目所自出。然孔门之内,初有孟荀之争,汉代有今文古文之争,至宋明有朱陆朱王之争,可见一尊之下,思想自由仍在发展之中,未尝因此而受阻也。

或曰,因孔子之非教主,吾国乃成为一个非创造宗教之国家,因此而有佛教、回教、耶教之侵入。如何改孔教为国教以抵制之,戊戌前后康南海倡言保教,在其戊戌奏稿中有以孔教为国教之条陈,然其门下梁任公则反对之,所著《保教非所以尊孔》一文中,有昔为保教之骁将,而今为其敌人之语,其激昂慷慨之情见乎辞矣。吾以为孔子之教,以六经为基础,其性质为先代文献,其所以教之者曰博学笃志,切问近思,既非上帝之子,又非代上帝立言,宜仍二千余年来之旧,不必因西方之有宗教,而为东施效颦之举也。

况乎吾人今日读欧洲与各国历史矣,因宗教而致战争,为吾国之所无。同国之人因宗教而分裂如印巴者,为吾国之所无。宗教与科学之冲突,为吾国之所无。有神论无神论,在孔子教义之内,无自而生,吾人宜感谢孔子胸襟之阔大,分析之精密,服膺其学不厌,教不倦,道并行而不相悖,万物并育而不相害之宗旨,他国宗教之来,吾人一律接受或研究之。异时或有如佛输入后引起宋明新儒家运动之一日,在受取他人之处之中,仍有自己树立之可能,是视吾族聪明才智之努力如何耳。

第三章　义理学之创始与孔孟

近数十年吾国思想界对孔子学说之推崇,由于汉武表彰六艺罢黜百家之诏书,因此儒家地位特别提高,其他各派如道、墨、名、法皆在摈斥之列,究竟孔孟所以独尊之故,由于帝王之一纸诏书欤? 此吾人今日所当明辨者。

吾以为孔孟学说之所以被推崇:(一)由于其学说能解决社会问题,如君臣父子夫妇朋友之秩序,为社会所必需。(二)孔孟以尧舜禹汤文武在文献中之事实为基础,不若道家之改制,托之于黄帝一人,墨家理想中之人物,托之于大禹一人。(三)道家之任自然,墨家之摩顶放踵,虽有独到之处,而不免于偏激,不若孔孟忠恕之道近于人情。(四)孔子自称曰述而不作,以古代文献六艺传之于人,较老墨之自著一书表彰自己学说者,反易为人所接受,吾以为孔子学说之所以被推崇者,其原因在此。汉武之诏书,乃就汉以前孔子在社会上之地位,从而承认之核定之而已。

试考汉武以前之人物对于孔子之评论:

子贡曰:固天纵之将圣,又多能也。

颜渊曰:仰之弥高,钻之弥坚,瞻之在前,忽焉在后。夫子循循然善诱人,博我以文,约我以礼,欲罢不能,既竭吾才,如有所立,卓尔!虽欲从之,末由也已。

子思于《中庸》之言曰:仲尼祖述尧舜,宪章文武,上律天时,下袭水土,辟如天地之无不持载,无不覆帱;辟如四时之错行,如日月之代明。万物并育而不相害,道并行而不相悖,小德川流,大德敦化,此天地之所以为大也。

或者曰:以上三人,或为孔子门人,或为其子孙,对于其师其祖多显扬之语,乃人情之常。然荀子虽为儒家,自守其立场甚坚,其《解蔽篇》评定各派,独称道孔子之言如下:

墨子蔽于用而不知文,宋子蔽于欲而不知德。

慎子蔽于法而不知贤,申子蔽于势而不知智。

惠子蔽于辞而不知实,庄子蔽于天而不知人。

故由用谓之道尽利矣,由俗谓之道尽嗛矣,由法谓之道尽数矣,由执谓之道尽便矣,由辞谓之道尽论矣,由天谓之道尽因矣,此数具者,皆道之一隅也。夫道者体常而尽变,一隅不足以举之。曲知之人观于道之一隅而未之能识也。故以为足而饰之,内以自乱,外以惑人,上以蔽下,下以蔽上,此蔽塞之祸也。孔子仁智且不蔽,故学乱术足以为行王者也。一家得周道学而用之,不蔽于成积也。故德与周公齐,名与三王并,此不蔽之福也。

或者更有人以为荀子属于儒家,自然袒护孔子,则请读道家《庄子·天下篇》之言。

古之人其备乎,配神明,醇天地,育万物,和天下,泽及百姓,明于本数,系于末度,六通四辟,大小精粗,其运无乎不在,其明而在数度者,旧法世传之史尚多有之,其在于诗书礼乐者,邹鲁之士,缙绅先生多能言之。

庄子称道儒家,可谓至矣。

汉代司马迁于所著《史记》中多评汉武之言,未必随帝王之意旨,亦步亦趋,其于孔子则赞之曰高山仰止,景行行止,虽不能至,心向往之。

由以上诸家对于孔子之评论,然后知孔子之所以为万世师表,有其自身价值之所在。

以上关于孔子。

孟子之生,距孔子百有余年,将中国一部历史,从尧舜说起,归到孔子,其结论之语曰:

去圣人之世,若此其未远也,近圣人之居,若此其甚也,然而无有乎尔,则亦无有乎尔。盖其自谓能识孔子之道,然既不遭值圣人,若伊尹吕望得为汤武之辅佐,因而自叹其道之不行也。孟子自身不遇,与孔子同,然唐之韩愈则称吾国道统之继承,由孔子传之孟轲,轲之死不得其传也。

此道统之重担,置之孟氏两肩之上,自为孟子梦想所不及。

然孟子学说之价值,不待韩愈始加以表彰,汉代赵歧著《孟子题辞解》,已确认孟子在吾国举术思想中之地位,其言曰:

周衰之末,战国纵横,用兵争强,以相侵夺,当世取士,务先权谋以为上贤,先王大道陵迟坠废,异端并起,若杨朱墨翟放荡之言,以干时惑众者非一。孟子悯悼尧舜禹汤文武周孔之业将遂湮微,正涂壅底……于是则慕仲尼周流忧世,遂以儒道游于诸侯,思济斯民。

赵氏题辞中更记载《孟子》七篇之字数,为叙述一书本末之记载中所罕见,兹合赵氏题辞与孙奭注疏之字数统计列之:

(梁)五三三三,(丑)五一二〇,(滕)四五三三,(离)四二八五,(万)五一二〇,(告)五三三五,(书)四一五九,共计三四六八五字。

此《孟子》七篇二百六十一章,三万四千六百八十五字之字数表,古往今来以三万四千余字之一书,支配中国之学术思想至二千余年之久,未有如孟子者也,其详俟下文言之。

赵歧题辞中更叙述《孟子》一书之内容曰:

包罗天地,揆叙万类,仁义道德,性命祸福,粲然靡所不载,帝王公侯遵之,则可以致隆平颂清庙,卿士丈夫蹈之,则可以尊君父立忠信,守志厉操者仪之,则可以崇高节抗浮云,有风人之托物,二雅之正言,可谓直而不倨,曲而不屈,命世亚圣之大才者也。

宋孙奭《孟子正义》序,更有孟子继六经之后之言曰:

夫总群圣之道者,莫大乎六经,绍六经之教者,莫尚乎孟子,自昔仲尼既没,战国初兴,至化陵迟,异端并作,仪衍肆其诡辩,杨墨饰其淫辞,遂致王公纳其谋以纷乱于上,学者循其踵以蔽惑于下,犹浲水怀山时尽昏垫,繁芜塞路,孰可芟夷。惟孟子挺名世之才,秉先觉之志,拔邪树正,高行厉辞,导王化之源以救时弊,开圣人之道以断群疑,其言精而瞻,其旨渊而通,致仲尼之教独尊于千古,非圣贤之伦安能至于此乎。

赵孙两氏序文,可以见不待程朱审定四书,而孟子一书之被人推崇久矣。

以上关于孟子。

本讲前后两段,叙述孔子之价值,自春秋战国已有定评,武帝之诏从而承认之,核定之,至于孟子曾遭明太祖之摧残,未闻有帝王之表扬,其继承道统,仅由一二儒者之推荐,尤得力于赵歧韩愈。

孔孟对于吾国学术思想社会结构之影响,更有论列之必要。

第一、孔子

(甲)孔子不以宗教为立国大本,其长处已详第二章中,使吾国免于宗教战争,且使儒释道回四教得以和平相处。

(乙)孔子在六经中保存文献,留下吾国社会之真面目,视印度人但好哲学,无自古迄今之历史著作者,正相反对。

(丙)孔子有正名之说,具体言之,以君君臣臣父父子子之义,安定社会秩序,其反于正名之行为者,则记之于《春秋》中,称之曰乱臣贼子。

读者诸君勿惑于近年毁弃三纲五常之说,而以为君臣父子之说为不足重轻,……(略)孔子《论语》曾有一段儿子控告父亲之文曰:

叶公语孔子曰:吾党有直躬者,其父攘羊,而子证之。孔子曰:吾党之直者异于是,子为父隐,父为子隐,直在其中矣。

何晏论语为之注曰:子苟有过,父为隐之,则慈也。父苟有过,子为隐之,则孝也。孝慈则忠,忠则直也。故曰直在其中矣。吾以为攘羊案件,自可按法律处理,自有检察官之侦查,不待父子之告诉以明其为正直。疏中江熙更有语曰:"叶公见圣人训动有隐讳,故举直躬,欲以此言毁訾儒教,抗衡中国,夫子答之,辞正而义切,荆蛮之豪丧其夸矣。"……(略)。

(丁)孔子开门授徒,树私人讲学之风,以智力资格,代替贵族世袭之制。

此授徒讲学一端,可以知訾孔子为拥护封建制度之人,乃不值驳之言,至于解"三月无君皇皇如焉"。为急于求官,"瞰亡往拜"为虚伪,滥言而已。

《孟子》一书,七篇之中之主张,其重要者凡五点:(一)称尧舜。(二)道性善。(三)贵王贱霸。(四)拒杨墨。(五)明正气。

称尧舜云云,所以描写一个理想的帝王,使成为政治上之模范,此种想法,与柏拉图《共和国》中之"哲人帝王"同一用意。

性善性恶之论,在战国时代孟荀两家各代表一派,其不易解决,犹之欧洲经验主义与理性主义两派之对立,宋儒继起,继续维持孟子之说,而加以分析,曰本然之性,曰气质之性,至明代王阳明益信良知良能学说,皆受孟氏学说之影响者也。

贵王贱霸之言,孟子为反对张仪苏秦而发,然以力服人之足以治国,深入乎吾国人心,贾长沙之《过秦论》,对于混壹宇宙之秦始皇不特不崇拜,反而批评之曰:"一夫作难而七庙堕,身死人手为天下笑者何也,仁义不施,而攻守之势异也。"云云。非即孟氏王道说之翻版欤?

拒杨墨云云。昔年有评孟子无父无君之言为过甚者,然学说之驳难所以明是非辨邪正,处共产与民主对立之今日,尤以见树立坚强理论壁垒之必要。

至于孟子浩气之语,所以振作吾国人心,拔之于深渊之中,免其坠落于廉耻道丧者,其功愈为伟大,文文山之正气,东林之血渊,非皆得力于孟子之教者乎。

鸣呼,孔子孟子,吾国文化传统之柱石,定二千年来是非邪正标准之人也,其毁之者,吾亦曰借子贡之言以答之曰:何伤于日月。

（选自《张君劢集》，群言出版社1993年版）

　　张君劢（**1887—1968**），原名嘉森，字士林，号立斋，江苏宝山人。1902年中秀才，1906年入日本早稻田大学政治经济科学习，1910年回国后被授为翰林院庶吉士。1913年考入柏林大学学习，1915年秋去伦敦，次年回国。先后任《时事新报》主编、北京大学教授等，1923年发表《人生观》的讲演，引起"科学与玄学论战"。1930年任燕京大学教授，1932年创立中国国家社会党，1946年国社党与海外民主宪政党合作成立中国民主社会党，张为主席。1951年赴印尼、澳大利亚、马来西亚、香港和日本开始第一次环球讲学，大力宣传中国传统儒家的文化和哲学。1949年经澳门去印度后赴美定居，1969年2月逝世于旧金山。主要论著有《人生观之论战》、《明日之中国文化》、《立国之本》、《义理学十讲纲要》、《新儒家思想史》。

　　作者认为，孔孟学说之所以被推崇，是因为"其学说能解决社会问题，如君臣父子夫妇朋友之秩序，为社会所必需"。孔子对于我国学术思想社会结构之影响在于，"不以宗教为立国大本"，"使吾国免于宗教战争，且使儒释道回四教得以和平相处"，"孔子在六经中保存文献，留下吾国社会之真面目"；"孔子有正名之说"，以"安定社会秩序"；"孔子开门授徒，树私人讲学之风"，"代替贵族世袭之制"。

论孔子不代表地主阶级

赵 光 贤

　　孔子是中国历史上的伟大人物,但从马克思列宁主义的观点来总结他的思想和历史地位,这个工作我们的历史学家还没有做。不只如此,对于他的阶级立场、基本思想、历史地位等等,学者们的意见还是很不一致的。为了从不一致中逐渐取得一致,我以为大家把不同的意见提出来,展开争辩是有好处的。

　　《新建设》1954 年 4 月号上有冯友兰、黄子通、马采三位先生的《孔子思想研究》一文,三位先生从孔子的阶级立场来分析孔子的思想,这方法是正确的;但是说"他(孔子)底立场是从领主阶级初步分化出来的地主阶级底立场",这样的论断我以为难于成立。本文即就这个问题提出我的不同看法,其它问题则在和这个问题有关的场合下附带讨论。我的看法不敢说一定对,希望三位先生及读者指教。

一

　　首先我们检讨一下孔子所处的时代。三位先生说:"他生在中国历史上的一个大转变时代。在这个时代,中国社会由封建领主经济转变为封建地主经济;中国由诸侯割据称雄的封建国家转变向专制主义的、中央集权的封建国家。"我以为这样说法不免有些笼统模糊,显然是把"春秋"、"战国"两个不同时期看成一个了。孔子生当春秋的末期,而"中国历史上的大转变时代"实不在春秋而在战国时期。孔子所处的春秋末期只是这个大转变的开端,而不是正在大转变,更不是已转变完了。在这个大转变的开端,由于铁器、耕牛等的使用,因而农业生产力开始提高;手工业和商业逐渐脱离官府而成为独立的行业,因而日见发达;商人开始投资到土地上成为地主;同时由于各国间的战争和领主间政治斗争的剧烈,不少封建贵族没落下来,因而不少依附农民得到解放而取得自由民的地位。这些因素合起来,促成土地的个人私有与自由买卖,同时产生了过去并无土地而现在通过买卖的方式取得土地所有权的地主阶级。但这样情况在春秋末期还不过是开始,地主阶级不过是在形成中。这样转变在战国时期才大大加速起来,而完成于战国末期。三位先生对孔子的时代的认识,显然是把春秋、战国两个时期混而为一。时代背景既没有认清,那末对于当时社会矛盾的分析也自然不能把握得正确。

三位先生说:"在当时社会中的许多阶级矛盾中,最基本的是封建剥削阶级(旧封建领主、新兴地主)与广大农民之间的矛盾,……此外很显著的有旧领主与新兴地主之间的矛盾,有领主、地主与工商业者之间的矛盾,有领主内部的矛盾,有各国领主之间的矛盾。"又说:"本文只就上面所说的两个矛盾——封建社会底基本矛盾及旧领主阶级与新兴地主阶级之间的矛盾——中,来看孔子底阶级立场。"显然三位先生没有把封建社会的基本矛盾与孔子"当时社会中"的主要矛盾加以区别。因为没有找到当时社会的主要矛盾,只从封建社会的基本矛盾与旧领主与新地主之间的矛盾来看孔子的阶级立场,于是乎在把孔子看为"初步从领主阶级分化出来的地主阶级"的代言人之后,孔子就不可避免地变成"有两面性的"和自相矛盾的人物。那就是说,孔子一方面"要维持封建领主制度",或是说,"对于王与诸侯一级的大领主,他是继续拥护的",一方面他又是"一个向封建领主阶级斗争的地主阶级底代言人"。这不只是思想上的矛盾,而且是行动上的矛盾。三位先生既把孔子看成一个自相矛盾的人物,不能自圆其说,因而得出一个"地主阶级即在其开始存在底时候,也是保守的,甚至是反动的"的结论。

　　我以为这样的论断是违反马克思列宁主义的社会发展规律的说法。历史唯物主义告诉我们,一个新的阶级是适应着当时社会生产力的发展而产生的,并向着旧的束缚生产力发展的阶级进攻的,因而它起了推动社会前进的作用。地主阶级和领主阶级虽同属于封建社会中统治阶级的范畴,但它究竟是适应一定生产力而产生的新的阶级,它不可能"即在其开始存在底时候,也是保守的,甚至是反动的"。这一点,斯大林在《苏联社会主义经济问题》一书中已反复申明过,不须多说。春秋末期正是农业生产力开始发展的时期,它要求打破封建领主经济下的对于土地买卖的束缚而尽量发展"地力",地主阶级是在这样的条件下产生的,它在向领主阶级进攻上起了很大的进步作用。等到地主阶级取得领主的地位而代之,掌握住政权,对农民进行更大的剥削,那时才成为反动的。三位先生既认孔子代表新兴地主阶级,而又拥护旧制度,站在当时统治者的立场说话,就不能不得到地主阶级一开始就是反动的结论。归根结底来说,这还是由于对于孔子的时代及其阶级立场没有得到正确的认识的缘故。

　　我对于孔子的看法是:在春秋末叶地主阶级初兴之时,新兴地主阶级和旧领主阶级虽有矛盾,但并未发展为主要矛盾。当时的

20世纪儒学研究大系

主要矛盾是旧贵族领主间的矛盾(这问题暂不讨论),孔子的思想和行事都足以表示,他是没落中的最下层的小领主阶层的代言者。孔子的思想和许多大思想家一样,不免有矛盾,但在维护封建领主们的利益上是始终一贯的,没有矛盾的,他的政治思想是保守的,开倒车的。但这并不等于说,他的思想没有进步性。孔子在古代学术思想史上自有其进步意义,并不因其代表领主阶级而减低其历史地位。但这是另外问题,不在本文的范围之内,恕不多说。

二

三位先生举三件事来证明孔子是站在"从领主阶级初步分化出来的地主阶级的立场"。现在我们讨论一下这三件事是否能证明他的这样的立场。第一件,"在当时有些国家中,先后公布了成文的刑法。这是在人民力量底强大压力之下,统治的领主所作的让步的措施"。鲁昭六年,郑子产铸刑书,晋叔向反对;鲁昭二十九年,晋铸刑鼎,孔子也反对。三位先生以为郑晋二国之公布成文法是领主们"在人民力时底强大压力之下"而作的。我以为这"人民"二字不免过于笼统,究竟"人民"是指什么人呢? 如果是指劳动人民的话,恐怕当时的劳动人民还没有如此强大的力量,迫使统治者作此让步。如指自由民阶级,试看在铸刑书的前两年,《左传》记载:"郑子产作丘赋,国人谤之。""丘赋"的具体内容虽不可知,但顾名思义,不外是在一定的名为"丘"的单位上,征发若干车马或兵士的规定,当然是加重了"国人"(应当指自由民阶级)的负担。所以不但"国人谤之",连另一贵族浑罕也批评他说:"作法于贪,敝将若之何。"但是子产的态度很强硬,竟不顾国人的反对、贵族的批评而坚决执行。子产既不怕国人的反对而作丘赋,为什么怕国人的压力而铸刑书？可见子产的铸刑书不是"在人民力量底强大压力之下"而做的。那么是子产自动地做的吗？也不是，我以为那是在新兴地主阶级的压力之下而做的。因为这时中原各国初兴的地主没有政权，他们在取得土地所有权之后，为了保护其财产私有权，便不能不要求成文法的公布；地主们要求取得在法律前和封建贵族的平等地位，是争取政权的第一步。否则的话，他们便不能不遭受到封建贵族的掠夺。这新兴地主阶级有土地，有财富，他们的力量日渐强大，因而迫使领主贵族尽管不愿意，也不能不表示让步，将成文法公布出来。晋国铸刑书的情况和郑国相同。孔子和叔向一样，反对这成文法。孔子说："民在鼎矣，何以尊贵？贵何业之守？贵贱无序，何以为国？"非常清楚，他是站在封建贵族的立场对新兴地主的要求表示反对。成文法的公布意味着地主阶级的日渐强大与封建领主的日渐削弱，这正是孔子所耽心的领主封建秩序的崩溃的现象之一。这一点说明了孔子的立场和新兴地主阶级的立场是正相反对的。

三位先生举出第二件事。"当时政治上的另一种变革就是在有些国家中，已先后部分地没收封建领主底封邑，改为'县'，由国君直接派县大夫管理。县大夫是官吏，不是世袭的领主。这是后来大一统底郡县制底开始"。实例是："前五一三年，晋国底魏舒'分祁氏之田以为七县，分羊舌氏之田以为三县'，派了十个人作县大夫。其中两个人是因为'有力于王室'，四个人是不能袭封的领主，所谓'余子'，其余四个人是'以贤举'。孔子对于晋国的这一改革表示赞成"。因此说孔子"虽不要完全废除领主制度底'亲亲'，但是要加上'贤贤'"，所以他是站在"地主阶级的立场"。

关于这一个问题，我的理解是这样。我以为春秋末期晋国所设立的"县"虽和以往领主的采邑有些差别，但是不大，而和战国中叶商鞅在秦国所实行的"合全国大小乡邑为县三十一"(《史记·商鞅传》)的"县"大不相同。秦国的县是一个行政单位,县令县丞是中央直接派下去的官吏,政权集中在中央。晋魏舒所设立的"县",本质上还是一个封建采邑。它和以往所不同者只是土地面积比较小,即把祁氏羊舌氏二人的土地分给十个人;还有,作"县大夫"的不限定是封建贵族,有功的和有贤才的也可当选。他们不像是郡县制下的官吏,而是封建领主。《左传》载:"魏子(舒)谓成鱄,'吾与戊也县,人其以我为党乎?'对曰:'何也?……昔武王克商,光有天下,其兄弟之国者十有五人,姬姓之国者四十人,皆举亲也。'"成鱄以武王分封兄弟来比魏舒举其子魏戊为县大夫,可见在成鱄看来两事的性质是相同的。《左传》僖二十五年:"赵衰为原大夫,狐溱为温大夫。""原"和"温"当然是赵衰与狐溱的采邑。魏舒以司马弥牟等十人为县大夫,基本上和赵、狐之为大夫是一样的。成鱄的话可为明证。假如此时晋国的县大夫确是国君直接派去的官吏而不是领主,那么随着地主势力的日见增强,晋国应当走向中央集权的道路。但是事实上,如《左传》所记载的,赵鞅、荀寅、范吉射、赵午等仍是各自据邑称雄,互相攻战,以致演成六卿的专权,终是成为三家的分晋。这将如何去解释呢?三位先生认春秋末期晋国所设的县和战国中叶秦国所设的县为同一的东西,因而也就以孔子之赞成魏舒"近不失亲"、"远不失举"是代表地主阶级利益的"贤贤"主张,这种看法恐怕很有商量的余地。孔子的"举贤才"的主张自然有其进步的意义。他招了很多出身于不同阶层的学生,主张"学而优则仕";他也希望自己和他的学生能够作官。但孔子的主观愿望是不是要求以"举贤才"的办法来向封建领主做斗争呢?当时的客观条件是不是能够使出身于各阶层的贤才都能掌握政权呢?关于前者,我们分析一下孔子的言行,知道孔子的目的不是要向封建领主们斗争；正好相反，他是想要扶持那摇摇欲坠的封建领主的政权。最有力的证据是他主张维持封建制度的礼，孔子所谓君子、贤才是要知礼的，就是必须是支持领主封建铁序的。关于后者，在春秋末期，地主阶级还没有足够的力量来要求政权，封建领主还在把持着政权不放手。当时所谓举贤才不过是如魏舒的"近不失亲，远不失举"；或如随会论楚国："其君之举也，内姓选于亲，外姓选于旧；举不失德，赏不失劳"；(《左传》宣十二年)如楚子囊论晋国："其君类能而使，举不失选。"(《左传》襄九年)选来选去，基本上不出旧领主阶级的圈子，或有不属于领主阶级的，只是偶然的例外。在孔子的时代，封建领主的权力日见下移，内部的斗争更见尖锐，各领主因而要求争取一些贤才，来作为争夺或巩固政权的工具。孔子的举贤才的主张客观上符合于封建领主的要求。三位先生说："这样的主张底最后结果，是封建领主制度底破坏。"我以为封建领主制度的破坏的原因不在举贤才；举贤才的主张只有在领主经济已破坏的条件下，才发生推动或加速破坏封建领主制度的作用，但这是孔子所不及料的。

　　三位先生所举出的当时的第三件大事，是孔子主张"在各领主所统治的区域之间，人民可以互相迁徙"。而"在封建领主经济制度下，农奴是附着于土地，不能随便离开的"。如晏子讲齐国的情况："公弃其民而归于陈氏"，"归之如流水"，这是封建领主经济制度崩溃的表现，而"孔子对于这种现象是取鼓励底态度"，所以孔子是站在地主阶级的立场以反对封建领主制度的。不错，在封建领主经济之下，农奴是附着于土地之上的；但在中国封建社会史上是否出现过完全束缚在土地上的农奴是值得研究的问题，这个问题牵涉到中国封建社会的特点问题，不能在这里谈。抛开这问题不论，自春秋末期以来，随着领主们的逐渐没落，获得解放的依附农民增多,自由民的数量大为增加,这也是事实。孔子主张"来远人"是不是应了解为孔子站在地主阶级立场来鼓励农奴离开土地呢?孔子要求统治者要"为政以德"。更具体些说,要"上好礼","上好义","上好信",自然"四方之民将襁负其子而至矣"。我以为孔子及其后的儒家所主张的"来远人"的"人"是包括各阶级各阶层而言,甚至包括小国的国君等统治阶级中人,并不限定农民。如孔子对冉有、子路的话:"远人不服,则修文德以来之;既来之,则安之。"细思孔子的用意,是不是教冉有、子路帮助季氏去学陈氏之对于齐君呢?我想不是。如果是的,那么孔子为什么主张"天下有道则政不在大夫";难道孔子竟不了解赞成大夫向诸侯争取人民,结果就会政在大夫,乃至"陪臣报国命"吗?即以陈恒弑齐简公一事来说,如三位先生所说:"陈恒对于齐国人民的剥削与压迫,比齐简公轻,是比较得人心的";齐人"归之如流水"。照此说法,孔子既站在地主阶级的立场,主张"来远人",应当是同情陈恒的,但是事实恰好相反,孔子却郑重其事地请鲁君讨陈恒,这将怎样去解释呢?

因此我以为孔子的"来远人"的主张,并不意味着对农民离开土地取鼓励态度,更不能证明孔子是站在新兴地主阶级的立场。

三

假如我们认孔子属于"从领主阶级初步分化出来的地主阶级",必然地会和三位先生一样,陷孔子于自相矛盾之中。三位先生一再强调孔子重礼,主张"正名",说"孔子对于封建领主等级制度并不主张彻底废除,对于王与诸侯一级的大领主,他是继续拥护的",同时又如下文所指出的,强调孔子对于封建领主的斗争性。

那么我们就不能不问：为什么孔子要坚持那维持封建秩序的礼？为什么他要主张"正名"？三位先生说："在当时的剥削阶级与劳动人民的矛盾中，他是站在剥削阶级方面的。这就使他极力维持领主制度下的束缚人民的礼。"从立场上说，这话是对的，孔子是站在剥削阶级方面的；但就礼的本质说，恐怕是错的。当时的礼不是"束缚人民"的工具，而是为了维持封建秩序，要求领主贵族们所共同遵守的规矩制度。所谓"礼不下庶人，刑不上大夫"这句话，很正确地表明了礼与刑的本质。换句话说，在春秋时期，统治阶级所讲的礼是与人民无关的，而统治人民的工具是刑。因此，孔子虽站在剥削阶级立场，却不是为了统治或束缚人民才强调礼的重要。如果说这种初步从领主阶级分化出来的地主阶级"对于过去是留恋的"；"不能忘记已失的特权"，因而要维持封建秩序，那么他只能算是旧阶级的残余或"遗老"，而不是新兴的阶级的代言人。这种人的保守性，妥协性一定是强于斗争性的；可是三位先生又强调其斗争性。这样一来，孔子变成一个完全两面性的人物，既要维持旧制度，又要向它进行斗争，于是乎孔子便不能不进退失据了。

　　三位先生既认孔子是代表新兴地主阶级利益的，就不得不强调其斗争性。三位先生说："他们（地主阶级）没有政权，对于贵族说，他们是贱。他们要得到政权，就必需与领主阶级作斗争。孔子底行动正是这样的阶级要求的表现。他'周游列国'，上说下教，'栖栖遑遑'，就是他底争取政权底实践。"又说："孔子底思想开辟了地主阶级由开始到取得全国政权的斗争的初步门径。"这种看法是不是正确呢？孔子的周游列国是不是为了地主阶级向封建领主进行"斗争"呢？我们只要看一下孔子的言论和行事，便可得到解答。《论语》上记载着孔子的话：

富与贵,人之所欲也,不以其道得之,不处也。(《里仁》)

子谓颜渊曰:"用之则行、舍之则藏,唯我与尔有是夫。"(《述而》)

泰伯其可谓至德也已矣,三以天下让,民无得而称焉。(《泰伯》)

危邦不入,乱邦不居。天下有道则见,无道则隐。邦有道,贫且贱焉,耻也;邦无道,富且贵焉,耻也。(《泰伯》)

君子哉,蘧伯玉。邦有道则仕;邦无道则可卷而怀之。(《卫灵公》)

君子之仕也,行其义也。(《微子》)

这些话说明孔子以"让"为美德,"天下有道"的时候才"出仕",目的在"行其义",并不在争取政权。"天下无道则隐"。春秋末年正是"天下无道"的时候,孔子本来是应当隐的,但是孔子看见领主封建秩序正在崩溃,不是隐的时候,于是周游列国,希望能为诸侯所用。但他并不是不择手段地争取政权,"不以其道得之"是孔子所反对的。阳货讽孔子仕,孔子不仕。孔子曾为鲁司寇,"齐人归女乐,季桓子受之,三日不朝,孔子行"。(《论语·微子》)可见孔子的出仕,自有他的立场主张;违反他的立场主张,他是不迁就的。《论语》里记载"公山弗扰以费畔,召,子欲往"。"佛肸召,子欲往"。好像孔子急于要抓取政权,饥不择食的样子。这两句话,清儒崔述等人已考证过是假的,不能认为孔子急于争取政权的证据。总之,从孔子的言论与行事中,看不出他有很多"斗争"的精神,说他的周游列国是代表地主阶级的争取政权的实践,那末单就这一点来说,孔子和吴起、商鞅等人又有多少区别呢?这种看法恐怕是很不妥当吧。

四

现在要谈一下,孔子的基本思想"仁"与"礼的关系问题。"礼与仁是孔子底思想底两大支柱",三位先生这话是完全正确的,但认它们是"两个阶级矛盾的产物",恐怕还值得考虑。三位先生说:"初步从封建领主分化出来的地主阶级,与原来封建领主阶级的矛盾中,他(孔子)是站在地主阶级方面的。这个阶级,即使在这个时候,对于领主,也有一定程度的要求与斗争。……要求领主阶级'己所不欲,勿施于人'。在这个基础上建立了'仁'德。"不错,地主阶级对领主阶级是有斗争的,但孔子的"仁"的思想,是不是代表地主阶级的思想呢?还大有讨论的余地。在先秦思想中,最能代表地主阶级的莫如法家,但法家则反对仁义这套东西。战国时期地主阶级起来向领主阶级作斗争,那个斗争是很剧烈的,差不多是你死我活的斗争。在春秋末期,即令斗争尚不如此剧烈,说地主阶级向领主阶级要求"己所不欲,勿施于人",是很难理解的。如果那样,那就不是斗争,而是乞怜了。所以在这基础上建立不起来孔子的"仁"德。那末,孔子的"仁"的思想来源是什么呢?"礼"本来是维持封建贵族阶级内部秩序的一种规矩,但是随着时代的前进,"礼"逐渐变成没有"灵魂"的躯壳,如"告朔之饩羊",因此不被领主所重视,于是产生臣弑其君,子弑其父,强吞弱,大并小等等现象。孔子看见这样情况会使整个封建制度陷于崩溃,于是不仅要恢复那支持封建秩序的"礼",而且为了使它发生力量,要把新的"灵魂"注进已死的躯壳里,使它复活起来。这个"灵魂"就是"仁"德。所以他说:"人而不仁如礼何!"他的意思是说:贵族们如果都是不仁的人,"礼"还有什么用处?孔子的话正是针对着当时封建贵族们的病症而提出来的。他要求封建统治者做"仁人""君子",必须具"仁"的条件才可以做统治者。"仁"就是爱人,"仁"就是君子的"德"或"道"。所以他说:"君子学道则爱人","君子无终食之间违仁"。并且勉励"君子"们,仁是不难的,"我欲仁,斯仁至矣"。总之,从积极方面看,孔子的"仁"的思想是复活"礼"的一种手段,也就是要维持正在崩溃中的封建领主制度的学说。从消极方面看,孔子要求封建领主们不要互相争夺,不要如季氏已经"富于周公"了,还要"聚敛"。从这方面来看,孔子的"仁"的思想是站在封建领主统治阶级立场的、缓和阶级矛盾的一种思想。

三位先生一方面说:孔子的"仁"是"新兴的地主阶级在与封建领主进行斗争时所有的意识"。又说:孔子"企图鼓动人底真实情感把当时已经腐朽的礼底空架子充实起来,把垂死的东西复活起来"。这两句话是有矛盾的。孔子既是以"仁"为思想武器,向领主阶级进行斗争,为什么要把"已经腐朽的礼底空架子充实起来,把垂死的东西复活起来"呢?照这样的说法,孔子一方面要反对旧的制度,一方面又拥护它,这是讲不通的。三位先生认为孔子的"仁"与"礼"的内容与形式的关系是"勉强结合底结果"。孔子主张"克己复礼为仁"内容是"非礼勿视,非礼勿听,非礼勿言,非礼勿动"。因此"仁又归结到礼。腐朽的僵化的形式缚死了生动活泼的内容。这是孔子底思想底两面性底不可避免的矛盾"。我觉得这样说法忽视了孔子思想的阶级性的限制。孔子虽然"有教无类",从逻辑上讲,爱人的人应当包括所有的人。"泛爱众而亲仁"(《论语·学而》),言"泛"言"众",当然指广大的人群,但是孔子到底跳不出阶级的限制。他的思想还是从统治者出发的,他的意思是:统治者"君子"应当爱人,这样容易统治被统治者的"小人"。所以他说:"君子而不仁者有矣夫;未有小人而仁者也。"(《论语·宪问》)又说:"君子学道则爱人,小人学道则易使也。"(《论语·阳货》)从统治者领主阶级看来,"仁"的思想正是要巩固"礼",正是要巩固领主们的统治地位。他对颜渊讲的"克己复礼"、"非礼勿视"等一套的话正是证明了这点。从领主阶级的立场来说,"仁"与"礼"是相成的,而不是矛盾的。反之从地主阶级立场来看,仁与礼便是很难"勉强结合"起来了。

孔子虽在主观上要以"仁"的精神来复活垂死的"礼",但我们不能否认,"仁"的思想的发展在客观上起了一定的进步的作用。从当时学术思想逐渐从贵族手里解放出来的情况来看,孔子的"仁"的思想在客观上提高了"人"的地位。我同意三位先生的说法,"它要求人以人底资格承认于'己'之外,还有与'己'相对的'别人'。它要求人互相承认对方有独立的意志,有与自己相同的人格"。在人与人的关系上"仁"的思想的发展客观上起了进步作用。即把"仁"的范围从统治阶级少数人的小圈子而扩大到庶人。这可以说是"人本主义"思想的萌芽,它对于后来儒家如孟子、荀子和墨家都起了一定的进步的影响。

一个伟大的思想家不能离开自己的时代,他的思想脱离不了阶级的烙印,但同时眼光又超出同时代的人,提出新的学说。孔子的仁与礼的思想是在维持垂死的封建秩序的企图下统一起来的,但其影响与意义又不是封建秩序所能限制的。

五

关于孔子的宗教思想,三位先生也说他有"两面性"。一方面,他相信天命,重视丧祭之礼,因为"他要维持原有的宗教底信仰或仪式,以为继续麻醉人民之用"。一方面他又说:"天何言哉?四时行焉,百物生焉,天何言哉?"又怀疑鬼神的存在。因之"作为一个向封建领主阶级斗争的地主阶级底代言人,他就不能相信领主阶级底地位,是天所决定,永远不可变动的。""这就使他在与封建领主作斗争底时候,不受宗教底阻碍。"这样的解释孔子的宗教思想,我觉得不是历史主义的看法。换句话说,就不是把孔子的宗教思相和自春秋初期以来直到战国时期一般思想尤其是宗教思想的发展的趋势联系起来看,而是主观地把他当成一个后代的地主阶级中人,来猜测他的宗教思想。我以为与其说他的相信天命是"麻醉人民"倒不如说是麻醉他自己。为什么?试看他说:

　　　　天生德于予,桓魋其如予何!(《论语·述而》)

　　　　天之未丧斯文也,匡人其如予何!(《子罕》)

　　　　知我者其天乎!(《宪问》)

像这些话是欺人呢? 还是自欺呢? 我以为孔子之相信天命是很自然的。当时的人相信冥冥中有天命,是不奇怪的,正如两汉人相信神仙,六朝人相信佛是一样的。然而孔子的宗教思想比起商人和西周人把上帝视为至高无上,不能不说是进了一步。他的"天"不等于商人的"上帝"。他没有把"天"看成一个全智全能的有意志的主宰,而只是承认冥冥中有一种不可抗拒的力量,在这个力量之下,并不要取消人为的努力。孔子"敬鬼神而远之","祭神如神在"。可见他并不迷信鬼神,只是把丧祭之礼当作维持宗法和封建秩序的手段。自春秋初期以来,随着生产斗争的知识领域的日见扩大,内容日见丰富,宗教思想的发展趋向,除了墨子的"天志"思想以外,一直是向着重人轻天的路线发展着,自会产生孔子的宗教思想,孔子在其间起着一定的进步的作用。倒不必说他是地主阶级的代言人,不相信领主阶级的地位是天定的,永远不可变的,才显出其进步性。

　　总之,从孔子当时社会矛盾,从孔子的言论行事来分析孔子的阶级立场,他是一贯地代表没落中的旧领主阶级,而不是代表新兴地主阶级的。说孔子是"从领主阶级初步分化出来的地主阶级的代言人",掩盖不了他在言论与行事当中的自相矛盾,也就是立场的矛盾。照三位先生的说法,孔子不只立场矛盾,全部思想几乎无处不矛盾,无处不表现两面性。实际上孔子的思想行事始终是一贯的。孔子自说,"吾道一以贯之",并不是自我吹嘘。

　　　　　　　　　　　　　　　(原载《新建设》1956 年 8 月号)

　　赵光贤,原籍江苏奉贤县,生于河北玉田县。1932 年清华大学政治系毕业,1938 年入辅仁大学史学研究院学习,后获硕士学位,留校教西洋上古史,1947 年升副教授。1950—1951 年任辅仁大学副教务长,1952 年升教授。同年高校院系调整,至北京师范大学历史系任教。研究孔子的论著主要有《论孔子不代表地主阶级》、《驳孔子要恢复奴隶制说》、《先秦儒家的几个特点》等。

　　作者认为,从孔子当时的社会矛盾,从孔子的言论行事来分析孔子的阶级立场,他是一贯地代表没落中的领主阶级,而不是代表新兴地主阶级的。在春秋末叶地主阶级初兴之时,新兴地主阶级和旧领主阶级虽有矛盾,但并未发展为主要矛盾,当时的主要矛盾是旧贵族领主之间的矛盾。孔子的思想和许多大思想家一样,不免有矛盾,但在维护封建领主们的利益上是始终一贯的。他的政治思想是保守的,开倒车的。

孔子的思想及其学派

杨 向 奎

（一）孔子的身世

孔子姓孔名丘字仲尼，生于周灵王二十一年（公元前五五一年），死于周敬王四十一年（公元前四七九年）①。他的祖先系宋国的贵族，所以《礼记·檀弓》说："丘也殷人也。"到他的父亲叔梁纥作了鲁国郰邑的大夫，才为鲁国人。虽然孔子的祖先是贵族，到孔子时代已经衰微了，《论语·子罕》记孔子自己的话道："吾少也贱。"《史记·孔子世家》也说："孔子贫且贱。"他是一个没落的贵族，也是一个属于"士"的阶层的人。"士"的原义本指自由农民，吴承仕先生曾经有过考证道：

> 《说文》："士，事也。"……士古以称男子，事谓耕作也。知事为耕作者，《释名·释言语》云："事，倳也，倳，立也，青徐人言立曰倳。"《礼记·郊特牲》云："信事人也。"注："事犹立也。"《汉书·蒯通传》曰："不敢事刃于公之腹者。"李奇注曰："东方人以物臿地中为事。"事字又作菑。《考工记·轮人》

① 关于孔子生年尚有异说，今采《史记》说；卒年本无异说，但《左传》杜注始有不同意见，今仍依春秋说。

云："察其菑爪不蛪。"先郑注云："菑读杂厕之厕，谓建辐也。泰山平原所树立物为菑……。"先郑云："菑谓毂入辐中者也。"……《汉书·沟洫志》注云："菑亦臿也。"……盖耕作始于立苗，所谓臿物地中也。士事菑古音同，男字从力田，依形得义，士则以声得义也。事今为职事事业之义者，人生莫大于食，事莫重于耕，故臿物地中之事引申为一切之事也①。

这种说法是正确的，所以《国语·齐语》即以"士"指农夫。随着社会的发展，自由农民内部起着分化，部分上升者变为贵族的"附庸"，部分被迫下降者变为农奴或者依附农民。当然还有贫苦的自由民存在，那就是所谓小人。小人和农奴有别，经济地位虽然低下，但他们的身份还不是农奴而是"人"。这时领主阶级也在分化着，部分贵族有的变属于"士"的阶层，或者更下降而为小人以至皂隶。总起来说，春秋中叶以后的士，包括脱离生产的自由人，没落的贵族等等。

这已经不属于农民阶级了，他们脱离了生产与劳动，属于"游士"集团，他们一方面周游各国以干禄，同时也执行着一种相礼的职业，这种现象和这种集团的构成当然不始于孔子，但他和他的弟子是属于这个集团的人。他们之中有的是没落贵族，有的就属于自由农民。因为是这么一种脱离生产而周游各地以干禄的人，所以被没有脱离生产的农民所轻视，当他们向正在耕田的长沮桀溺问津的时候，长沮说：

> 是鲁孔丘与？……是知津矣！（《论语·微子》）

桀溺更是对他们挖苦一顿，"耰而不辍！"

后来子路遇到荷蓧丈人，问他是否看到孔夫子，更遭到他的讽

① 见杨树达《积微居小学述林》卷三《释士》。

20世纪儒学研究大系

刺道：

> 四体不勤，五谷不分，孰为夫子！（《论语·微子》）

结果"植其杖而耘"，拿起简单的农具又作起活来。这些全是些隐士，说明当时还有许多自由农民存在，老子也可能是这个阶层出身的人。

按着阶级成分说，孔子属于新的士的阶层；作为一个学术集团或者是职业集团来说，他们是儒。因为他们之间的出身和教养不同，所以分为"君子儒"和"小人儒"两种。"小人儒"的地位寒微，既然脱离农业生产，生活当然困苦，于是不免"陷于饥寒，危于冻馁"，因而也更被别人所瞧不起，墨子所谓，"倍本弃事"是说他们脱离了农业生产，在古代"本"指着农业生产，而"事"也是指着农业说；脱离了生产过着懒散生活，正好是"贪于饮食"而"惰于作务的人"！《荀子》的《儒效篇》也说他们"逢衣浅带，解果其冠。……呼先王以欺愚者，而求衣食焉，得委积足以揜其口，则扬扬如也"。他们全攻击了儒家的相礼职业，认为这是无耻的帮闲。其实前期的儒家，无论"君子""小人"全要从事相礼的职业，除非他们在政治上有了地位。礼是统治者巩固阶级秩序的手段，所以他们是十分重视的。《左传》昭公七年记孟僖子自恨不能相礼，"乃讲学之。苟能礼者，从之"。《左传》又说孟僖子将死时，遗命要他的两个儿子去跟孔子"学礼焉，以定其位"。

孔子正是一个传授礼仪和各种知识的大师，他说：

> 自行束脩以上，吾未尝无诲焉。（《论语·述而》）

儒家作为一个职业集团，由来已久；作为一个学术和教育的集团，应当始于孔子。他博学知礼，又能够"学而不厌，诲人不倦"，在当时的确是一个理想的教育家,所以相传他的弟子有三千人①。

(二)孔子的天道观和道德学说

孔子本身既然是一个没落的贵族,又是一个拥护领主封建秩序的人,在天道观一方面,他接受了宗周封建贵族传下来的正统观念。比如他说:

> 天生德于予。(《论语·述而》)
>
> 获罪于天,无所祷也。(《论语·八佾》)

这仍然是有人格有意志的上帝,但也正如我们前面所说,宗周中叶以后的人在怨天了,所以孔子也说。

> 天丧予,天丧予!(《论语·先进》)
>
> 不怨天,不尤人。(《论语·宪问》)

他虽然在劝勉大家“不怨天”,可是他自己也怨起来而说什么“天丧予”了!天不是绝对权威,地位在动摇着,这也是承袭了宗周的观念。这种观念发展的结果就为泛神论的说法开辟了道路。孔子说过这样的话:

> 天何言哉!四时行焉,百物生焉。天何言哉!(《论语·阳货》)

把天看作一种自然间的力量。由此我们知道孔子虽然接受了宗周时代的天道观,随着社会的发展,孔子对于天的看法究竟有所不同了,泛神论是否定上帝的开端,因之表现在祭祀的观念上,孔子和过去也有所不同,他说:

> 祭如在,祭神如神在。(《论语·八佾》)

---

① 《史记·孔子世家》说:“弟子盖三千焉。”

> 敬鬼神而远之,可谓知矣。(《论语·雍也》)

这对于天不仅是信仰程度的问题,而是怀疑有无的问题了。孔子正处在一个转变的时代,在统治阶级的内部也是一个充满了矛盾的时代,部分的统治阶级在相信着天,没落的贵族就有些动摇,萌芽着的商人地主更相信自己的力量而增加对于天的轻视。孔子处于矛盾时代的矛盾阶层中,表现在天道观中也充满了矛盾,所以墨子对这种现象批评道:

> 执无鬼神而学祭祀,是犹无客而学客礼,无鱼而为鱼罟也。(《公孟》)

这在孔子也是没法自圆其说的。

"天"不可信而有敬德的思想,这是宗周的思想传统,统计《论语》全书的言德各章,皆与孔子关于"天""命"的思想有关。但孔子的道德学说究竟不是宗周的再版,有了新的发展,他重点的提出"仁"的问题。宗周的敬德思想,是要统治者作主观的努力以补"天"的不足,他们以为统治者的人格修养,可以得到上帝的保佑,可以巩固统治。到了春秋中期以后,生产事业更加发展,社会在前进,旧的阶级秩序在动摇着,人与人的关系也复杂起来了。在这时,有些人认为:搞好了人与人的关系,就可以安定阶级秩序,巩固统治者的安全。孔子也是有这种看法的人,于是他提出了"仁"的问题。根据赵纪彬教授的统计,在《论语》中凡有五十八章论"仁","仁"字凡一百有五见[①]。我们在春秋以前的古书内找不出这个字来,在金文甲骨中也找不出这个字来。"仁"字虽不必是孔子的创造,但他特别强调了它是事实。因为是新提出来的命题,什么是"仁",他的弟子们也弄不清楚,以致常来向他求教,孔子的答

---

① 见《古代儒家哲学批判》一二七页。

复是因人因时而异,比如:

> 颜渊问"仁"。子曰:"克己复礼为仁,一日克己复礼,天下归仁焉。为仁由己而由乎人哉。"

> 颜渊曰:"请问其自。"子曰:"非礼勿视,非礼勿听,非礼勿言,非礼勿动"。

> 仲弓问"仁"。子曰:"出门如见大宾,使民如承大祭,己所不欲,勿施于人,在邦无怨,在家无怨。"

> 司马牛问"仁"。子曰:"仁者,其言也讱。"曰,"其言也讱,斯谓之仁已乎?"子曰,"为之难,言之得无讱乎?"(以上《论语·颜渊》)

> 樊迟问"仁"。子曰,"居处恭,执事敬,与人忠,虽之夷狄,不可弃也"。(《论语·子路》)

孔子答复颜渊的话主要是"克己复礼"为仁,答复仲弓的话是"己所不欲,勿施于人"为仁,答复樊迟的话是"居处恭,执事敬,与人忠"为仁。这些总起来,用现在的话来说就是"规规矩矩的作人,很好的对待人"。这是他们的基本道德,生活轨范,一时也不能离开的,所以孔子说:

> 君子无终食之间违仁,造次必于是,颠沛必于是。(《论语·里仁》)

只有仁人才能搞好人和人之间的关系,调节统治者的矛盾才能安定封建社会秩序。这也是为人的原则,掌握住这种原则才能够分辨是非,孔子说:

> 唯仁者能好人,能恶人!(《论语·里仁》)

他又说:

> 人而不仁如礼何? 人而不仁如乐何?(《论语·八佾》)

一个能好人能恶人的人,必定是一个有原则的人,而谈到礼乐也必

须是仁人才能实行,这样"仁"是社会中的最高原则,执行起来是困难的,所以孔子不轻易许人以"仁",比如:

> 孟武伯问:"子路仁乎?"子曰:"不知也。"又问。子曰:"由也,千乘之国可使治其赋也,不知其仁也。""求也何如?"子曰:"求也千室之邑,百乘之家,可使为之宰也,不知其仁也。""赤也何如?"子曰:"赤也束带立于朝,可使与宾客言也,不知其仁也。"

> 子张问曰:"令尹子文三仕为令尹无喜色,三已之,无愠色。旧令尹之政,必以告新令尹,何如?"子曰:"忠矣。"曰:"仁矣乎?""未知,焉得仁"。崔子弑齐君,陈文子有马十乘,弃而违之,至于他邦,则曰:"犹吾大夫崔子也。"违之。之一邦则又曰:"犹吾大夫崔子也,违之。何如?"子曰:"清矣。"曰:"仁矣乎?"曰:"未知,焉得仁。"(《论语·公冶长》)

以上或者是孔子的大弟子有杰出的政治才能,或者是历史上有名的政治家和有声望的人,他们可以有所成就,但不能称为仁人,连颜渊也只能"三月不违仁",其余的也只能"日月至焉而已矣!"(《论语·雍也》)孔子把"仁"和"圣"当作同位语来看,他说:

> 何事于仁,必也圣乎?(《论语·雍也》)

> 若圣与仁,则吾岂敢?(《论语·述而》)

事实上他是有这种抱负的。那末仁圣行为的结果又将如何呢?孔子说:

> 老者安之,朋友信之,少者怀之。(《论语·公冶长》)

这是搞好了人与人的关系,使人们各得其所,也就安定了社会秩序,也就是仁人的行为了。这的确是不容易作到的,连尧舜"其犹病诸"!(《论语·雍也》)

虽然"仁"是为人的最高原则,是难以达到的理想,但那究竟

是人们向往的目标,人们必须达到这种目标才能够说是"成人"了。当子路问什么是"成人"的时候,孔子说:

> "若臧武仲之知,公绰之不欲,卞庄子之勇,冉求之艺,文之以礼乐,亦可以成人矣"。曰,"今之成人者何必然,见利思义,见危授命,久要不忘平生之言,亦可以为成人矣。"(《论语·宪问》)

成人的条件好像平实,其实也是很难作到,有知,有勇,有艺还要"文之以礼乐",才可以"成人"。一个"成人"也就是立起来的人,孔子说:

> 夫仁者己欲立而立人,己欲达而达人!(《论语·雍也》)

一个立起来的人,是一个掌握了原则而能够争取主动的人,但绝不是自私的人,自己成人还要使别人成人,无论是成人是立人的先决条件必须他们活在世上为人,那末假使在生死关头如何来掌握这种原则呢? 孔子说:

> 志士仁人,无求生以害仁,有杀身以成仁。(《论语·卫灵公》)

虽然生存是人的先决条件,但有时求生反来有害于人,必须杀身以成仁。"成仁"也就是"成人"。后来宋儒发挥了这种观点,以为规规矩矩地生长是"仁",并没有违背了孔子的原则。也并不是必得"死"才能够"成仁",在某种条件下不死也可以算作"仁人"比如

> 子路曰:"桓公杀公子纠,召忽死之,管仲不死,曰未仁乎"? 子曰,"桓公九合诸侯,不以兵车,管仲之力也,如其仁,如其仁"!

> 子贡曰:"管仲非仁者与? 桓公杀公子纠,不能死,又相之"。

> 子曰:"管仲相桓公霸诸侯,一匡天下,民到于今受其赐,

微管仲吾其被发左衽矣,岂若匹夫匹妇之为谅也,自经于沟渎而莫之知也"。(《论语·宪问》)

因为孔子把"仁"的条件抬得那末高,所以子路子贡对于管子是否仁人全有不同的意见,这是一个小规模的讨论会,子路提出来被孔子否定,子贡又提出来,但孔子还是坚持他的意见。孔子从政治的观点上来衡量管仲,认为他维持了当时的社会秩序,抵御了外族的侵略,使人民能够安居下来,这是仁人的行为,应当承认他是仁人。

关于孔子论仁的意义,宋儒有了发挥,而清人阮元对于"仁"的意义有较为正确的解释,他说:

> 今综论《论语》论仁诸章,而分证其说于后。仅先为之发其凡曰:元窃谓注解"仁",不必繁称远引,但举曾子利言篇:"人之相与也,譬如舟车然,相济达也。人非人不济,马非马不走,水非水不流。"及中庸篇:"仁者人也。"郑康成注,"读如相人偶之人"。数语足以明之矣。春秋时孔门所谓仁也者,以此一人与彼一人相人偶而尽其敬礼忠恕等事之谓也,"相人偶"者称人之偶之也,凡仁必于身所行者验之而始见,亦必有二人而仁始见,若一人闭户斋居瞑目静坐,虽然有德理在心,终不得指为圣门所谓之仁矣。(《揅经室一集·论语·论仁》)

虽然阮元多以论语以外的材料释"仁",这种解释不近于孔子原义的。段玉裁《说文解字注》,关于"仁"的解释也有类似的意见。这样就对宋明的心学一派"闭户斋居、瞑目静坐",虽然承认他们"有德理在心",也不得称之曰"仁"。所谓"相人偶",也就是"人相偶",也就是人和人相处的关系。

封建社会的道德学说是有阶级性的,那末这"相人偶"的"人",究竟是指那些人说?"人"是人不是"民",是自由的人民,

不是农奴。关于这一点赵纪彬教授的《古代儒家哲学批判》一书内有很好的分析,他说:

> 我们归纳全书(《论语》),发现一件颇为有趣而意义亦相当重大的事实,即"人"与"民"在春秋时代是不可混同的两个阶级;他们在生产关系中有不同的地位,在政治系统中有主奴的区别,其物质的及精神的生活的内容与形式,亦互不相同。(《释人民》)

这是很正确的分析,下面他又说:

> 可知《论语》所说的"人"和"民"相当于一般古代社会的两大阶级:"民"是奴隶,"人"是奴隶所有者。

"人"和"民"在当时不属于一个阶级,是事实,但属于那一阶级,我们的看法还有些不同。"人"还包括着自由"国人","民"应当是依附农民,而"小人"则是自由"国人"之趋于贫困者。那末,孔子之所谓"仁",也就是搞好封建统治阶级的内部问题,使他们彼此相亲,各守礼法。但当时敌对阶级间的矛盾也是尖锐的,这种矛盾如果不克服的话,也就没法维持社会的安宁,在这种场合下,孔子的"仁"的内容,也就不能丢开农民不管,当仲弓问"仁"的时候,孔子说:"出门如见大宾,使民如承大祭。"这就是说"到外面去好像遇到贵人一样,使唤农民好像在行祭礼一样,要小心谨慎着!"这样就是仁人了。

在孔子的时候要搞好人和人的关系,实在不是容易的事,因为那是"乱世",社会上的种种矛盾,没有方法消除。同时这是一种规规矩矩的行为,不能巧取,所以孔子说"刚毅木讷近仁"(《宪问》),对于那些善于取巧的人,只能算作"佞"人,离"仁"的规格太远了,孔子有两次谈到这类人说:

> 巧言令色,鲜矣仁!(《论语·学而》、《阳货》)

"仁"本来是孔子提倡的道德标准,但他为了慎重,为了不使这一概念泛滥起来,他很少提到它,《论语》说:

> 子罕言利与命与仁!(《子罕》)

他不谈"仁",他在实践着"仁"的准则,用他自己的话道:

> 天何言哉,四时行焉,百物生焉,天何言哉!(《论语·卫灵公》)

(三)孔子的政治思想

孔子处在一个宗法封建社会的动荡时代,在这个时代有如下的具体表现:

1. 农民地位的变动;自由农民阶层分化,佃农与雇农的萌芽;某些领主的依附农民,因为领主的没落也有分离。

2. 封建等级名分混乱,所谓"子弑其父,臣弑其君"的现象所在多有。

3. 诸侯间的兼并与征伐频繁。

孔子不了解这是宗法封建社会内在矛盾发展的必然结果,他希望这渐次崩溃的社会秩序能够稳定下来,最好是恢复到西周时的样子,他对于西周的社会制度,不但寄与无限的同情,而且认为那是唯一的合理的制度,所以他说:

> 周监于二代,郁郁乎文哉,吾从周。(《论语·八佾》)

以周和夏殷相比,当然周最为进步,然而把周当作永久的典范,要后代效法它,而且说:

> 其或继周者,虽百世可知也。(《论语·为政》)

这就是唯心论的历史学说了。孔子站在封建领主阶级的立场,提倡着永世不变的学说。他在政治上也怀着莫大的野心,以为通过

他和弟子们的努力，可以在东方造成一个和西周相似的封建国家，
所以曾经说：

> 如有用我者，吾其为东周乎！（《论语·阳货》）

他不但有着政治上的野心，而且有信心，认为自己是应运而生的圣
人，在论语中他有很多这类自许的话，比如：

> 天生德于予，桓魋其如予如！（《论语·述而》）

> 子畏于匡曰："文王既没，文不在兹乎？天之将丧斯文
> 也，后死者不得与于斯文也。天之未丧斯文也，匡人其如予
> 何！（《子罕》）

孔子以为自己是受命于天的圣人，因此他有信心，认为他可以恢复
"文武之道"，所以他经常要梦着周公！假使他来从政，据他说：

> 期月而已可也，三年有成。（《论语·子路》）

当他到了武城，听到弦歌的声音，他

> 莞尔而笑曰，"割鸡焉用牛刀"。（《论语·阳货》）

全表示了他骄傲自大的心理，这和他那种"鞠躬如也"的行为正好
相反；表现在一个人的言行中而有这样的矛盾！但这不是不可理
解的，"鞠躬如也"是他的守礼，他的自负态度，是认为只有通过他
才能够使别人也守礼，而使当时的社会秩序稳定下来。

维持旧的社会秩序不使紊乱，最好是掌握住等级名分的尺度。
什么是尺度的标准？是"礼"。在当时大家不遵守这种标准了，脱
离常轨了，孔子曾经谈到政治方面的紊乱情况道：

> 天下有道，则礼乐征伐自天子出；天下无道，则礼乐征伐
> 自诸侯出。自诸侯出，盖十世希不失矣；自大夫出，五世希不
> 失矣；陪臣执国命，三世希不失矣。天下有道，则政不在大夫；
> 天下有道，则庶人不议。（《论语·季氏》）

> 禄之去公室五世矣，政逮于大夫四世矣，故夫三桓之子孙

微矣。(同上)

这正是诸侯要代替天子,大夫要代替诸侯,陪臣要代替大夫,而庶人也要议政的时代。他认为这是政治上危机,大家不遵守过去的制度,社会要紊乱了。他以为首先要恢复天子的威权,制止诸侯、大夫、陪臣各级贵族的僭越,要各守名分。把等级制度巩固起来,协调贵族间的关系,他认为这是当时政治上的根本问题。《论语》内说:

> 齐景公问政于孔子。孔子对曰:"君君臣臣,父父,子子。"(《颜渊》)

当时在孔子看起来的确是君不君,臣不臣,父不父,子不子的时代,所以孔子叹息着说:

> 觚不觚,觚哉!觚哉!(《论语·雍也》)

名实完全不相符了,这怎么得了,孔子一再主张"正名"。"正名"即所以守礼,正名和守礼全要求实践的行为,而不是一种形式,孔子说:

> 礼云礼云,玉帛云乎哉!乐云乐云,钟鼓云乎哉!(《论语·阳货》)

玉帛钟鼓只是礼乐的形式,更主要的还要看从政的行为如何,他一再强调这一点,比如:

> 季康子问政于孔子。孔子对曰:"政者正也,子帅以正,孰敢不正。"(《论语·颜渊》)

> 子曰:"其身正,不令而行;其身不正,虽令不从!"(《论语·子路》)

> 子曰:"苟正其身矣,于从政乎何有!不能正其身,如正人何!"(同上)

人人能够作守礼的实践,人人能够自正其身,就不会有僭越的事件发生,那末社会上的等级制度可以维持了,这样就是"不令而行"。在统治阶级内部,要求各安名分以缓和其内部的矛盾,对于农民和统治阶级间的矛盾,他如何看法呢? 用什么手段来对付呢? 他说:

> 刑罚不中,则民无所措手足。(《论语·子路》)

可见刑罚是对付农民的,虽然他说:"礼乐不兴,则刑罚不中;刑罚不中,则民无所措手足。"(《子路》)也是指礼乐兴起后,统治阶级内部可以稳定,这样来对付农民,在刑罚上也就没有倚重倚轻的毛病。当然刑罚中也并不是孔子的理想,他希望:

> 必也使无讼乎! (《论语·颜渊》)

"讼"是一种争辩,周礼地官大司徒所谓"凡万民之不服教而有狱讼者,听而断之"。可见这也是农民的争辩。要求无衣无食的农民无讼,不是困难的么? 孔子也知道:

> 贫而无怨难! (《论语·宪问》)

贫而有怨继续下去,不仅是"讼"的问题了,他们要动起来,为了缓和这种矛盾,孔子又提出自己的主张道:

> 有国有家者,不患寡而患不均,不患贫而患不安,盖均无贫,和无寡,安无倾。(《论语·季氏》)

这样自然主张减少对于农民的剥削,使他们能够生活,以便安定社会,巩固当时的阶级秩序;这基本上还是宗周主张"德治"的进一步发展。

孔子的政治主张没有能够实现,社会并没有依着他的志愿发展,于是他感到失望,认为在这方面没有前途了,他慨叹着说:

> 凤鸟不至,河不出图,吾已矣夫! (《论语·子罕》)

（四）孔子的"学"与"教"的学说

孔子是一个学识渊博的人,看当时人对他的称赞道:

> 达巷党人曰:"大哉孔子,博学而无所成名。"(《论语·子罕》)

> 大宰问于子贡曰:"夫子圣者与? 何其多能也。"子贡曰:"固天纵之将圣,又多能也。"(同上)

> 颜渊喟然叹曰:"仰之弥高,钻之弥坚,瞻之在前,忽焉在后。"(同上)

这些话不完全相同,但全道出孔子学问的博大精深,他不是只通一技的专家,当时人看起来他无所不知,无所不能。吴国有什么不能解决的问题,还派人来问他,《国语·鲁语》记载一个故事道:

> 吴伐越,堕会稽,获骨焉,节专车。吴子使来好聘,且问之仲尼曰:"无以吾命宾发币于大夫及仲尼。"仲尼爵之,既彻俎而宴,客执骨而问曰:"敢问骨何为大?"仲尼曰:"丘闻之,昔禹致群神于会稽之山,防风氏后至,禹杀而戮之,其骨节专车,此为大矣。"……

有关于"考古学"上的问题都来问他,足见孔子的声誉。他为什么有这样渊博的学识? 孔子谦逊地说:

> 吾少也贱,故多能鄙事。(《论语·子罕》)

虽然是孔子的谦逊,却是事实,没落的贵族,能够接近人民群众,自然多知道一些人间事。同时他是一个非常好学的人,他自己说:

> 十室之邑必有忠信如丘者焉,不如丘之好学也。(《论语·公冶长》)

> 默而识之,学而不厌,诲人不倦,何有于我哉!(《论语·

述而》)

他自己好学,也希望别人好学,因之他是善于教学的,他也屡次地说:

> 诲人不倦!(《论语·述而》)

无论"学而不厌","诲人不倦"还只是孳孳不辍的精神,什么是他的具体方法呢?他说:

> 学而时习之不亦说乎!(《论语·学而》)

曾子也承袭了这种方法而说:

> 吾日三省吾身:为人谋而不忠乎? 与朋友交而不信乎? 传不习乎?(同上)

赵纪彬教授曾对此加以分析道:

> 就例二来看"传"与"习"对举成文,"传"字或训"所专之业",或训"传之于人";而"习"字则通训为"躬试之事"①。

以下并引用金履祥、焦循等人的说法,更得出结论道:

> 据此,则所谓"习"乃是将已知之事付之实践,而检证其正误之义。必先经实习而后乃传,也是力求不妄传述,对于学者克尽忠信之义②。

这样解释,似乎可以讲通,实则不是孔门原义。"习"不能理解为实践,必得把"已知之事"付之实践,然后传人,不特无此必要,也无可能。"习"只是熟习,熟练的掌握其内容而已。"习"还不是孔门的教学方法,只是学的过程中的一个步骤。《大戴礼·曾子记言篇》说:

> 曾子曰:君子攻其恶,求其过,彊其所不能,去私欲,从事

---

① 见《古代儒家哲学批判》九一页。
② 同上九二页。

于义,可谓学矣。日旦就业,夕而自省思以殁其身,亦可谓守业矣。君子既学之,患其不博也;既博之,患其不习也;既习之,患其无知也;既知之,患其不能行也;既能行之,贵其能让也。君子之学,致此五者而已矣。

又《国语·鲁语》下云:

士朝而受业,昼而讲贯,夕而复习,夜而计过,无憾而后即安。

根据《记言篇》的记载,可知"习"不是"行",虽然学的最终目的是行,但"习"不是行。《鲁语》的话可以作为旁证,说明"习"只是反复咀嚼的意思。实际上"博习"之学,还不足为人师。

《荀子·致士篇》说:

师述有四,而博习不与焉。尊严而惮,可以为师;耆艾而信,可以为师;诵说而不陵不犯,可以为师;知微而论,可以为师。故师术有四,而博习不与焉。

荀子是儒家的嫡传,他说"博习"不足为人师,我们就很难说"传不习乎",是传叶之前先以实践检证其正误。杨树达先生说,"记问博习,强识之事也;温故而知新,通悟之事也。孔子之教,以通悟为上,强识次之。故温故知新可以为师,记问博习无与于师道也"[①]。杨先生的说法是正确的,孔子只是提出,"温故而知新,可以为师矣"(《论语·为政》)。这是一种能够就已有的学识加以发挥的学者,孔子以为"多见而识之,知之次也"(《论语·述而》)。在学的问题上,孔子注重通悟,《论语》记载一个故事可以说明:

子谓子贡曰:"女与回也孰愈?"对曰:"赐也何敢望回,回也闻一以知十,赐也闻一以知二。"子曰:"弗如也,吾与女弗

---

① 《论语疏证》卷二。

如也。"(《公冶长》)

这是"温故知新"的高度发挥,当然不可能人人是颜回,但这无疑是孔子的理想,他又说:

> 不愤不启,不悱不发。举一隅不以三隅反,则不复也。

(《论语·述而》)

他注重启发,注重思考,尤其是在教的问题上,这是一个原则,不能使学者没有思考的余地。《礼记·学记》说:

> 君子之教谕也,开而弗达,开而弗达则思。

"开而弗达"是要我们给学者留有思考的余地,这是我们举的"一隅",也就是《孟子·尽心》下篇所谓:

> 君子引而不发,跃如也。

这才是一种活泼的教育方法,不是一种死板的记问之学的传授。但这种教育容易引导到天才教育的歧途,《礼记·学记》就说:"语之而不知,虽舍之可也。"为什么孔子会有这种主张?是和孔子的认识上的二元论分不开的,赵纪彬教授对此曾经有过正确的分析。孔子曾经说过这样的话:

> 生而知之者,上也;学而知之者,次也;困而学之,又其次也;困而不学,民斯为下矣。(《论语·季氏》)

又说:

> 性相近也,习相远也;唯上智与下愚,不移。(《论语·阳货》)

赵先生认为例一虽只三十四字(按:除去"孔子曰",只三十一字),而实足以代表孔门对于认识主体及认识起源问题最完整的看法。根据这一段话知道他们在认识论中的二元论的立场,"困而不学,民斯为下矣",明白指出愚蠢的"民"没有学的资格,这属于"下愚"的行列,是没法改变的,所以孔子说,"唯上智与下愚不移"。这是把"人"、"民"阶级差别绝对化的结果,"生而知之"当然属于"人"的阶级,就是"学而知之"和"困而学之",也是"人"的阶级内部事,这种人的天性是相近的,但因所"习"不同,而可以相远;教育对他们来说是有效的①。

"民"没有学的资格,因为孔门的教育内容也是属于"人"的,这里面没有"民"的份儿,《论语》内记载一个故事道:

> 樊迟请学稼。子曰:"吾不如老农。"请学为圃。曰,"吾不如老圃"。樊迟出。子曰:"小人哉樊须也。上好礼则民莫敢不敬;上好义则民莫敢不服;上好信则民莫敢不用情。夫如是,则四方之民襁负其子而至矣,焉用稼?"(《子路》)

孔门四科本来没有农圃,樊迟当然是问非其人。我们归纳孔门所学,不外,"诗","礼,"俎豆之事","道","文武之道","文"和"古"等事,这全是属于封建贵族的学问。那末,孔子的教学活动是否毫无进步意义?并不如此。虽然孔子顽固地主张上智与下愚不移,但他在招收门徒的时候,还是说:

> 自行束脩以上,吾未尝无诲焉!(《论语·述而》)

> 有教无类!(《论语·卫灵公》)

这样就使没有受教可能的人也有受教的机会了。"有教无类"的说法,无疑是一种进步的主张,他没有严格阶级和阶层的限制,交学费的全可以读书。这也曾引起一些人的惊讶,《荀子·法行篇》记载南郭惠子问于子贡说:

> 夫子之门何其杂也?

子贡也不能否认这种事实,向他解释道:

> 君子正身以俟,欲来者不距,欲去者不止。且夫良医之门

---

① 参考《古代儒家哲学批判》八二页。

多病人,隐括之侧多枉木,是以杂也。

这些"杂"的门人包括有那些人呢? 可考的如:颜子居陋巷,死时有棺无椁,曾子从事种瓜,其母亲织。闵子骞着芦衣,为其父推车。仲弓父为贱人。子路食藜藿,负米。有子为卒。原思居穷阎,敝衣冠,樊迟请学农圃,公冶长在缧绁。这些虽然未免有传闻失实的地方,总可以看出一些实际情况。

孔子在教学上也是一个主张实践的人,虽然我们不认为"习"是实践,但"行"是实践却无问题,孔子说:

> 弟子入则孝,出则弟,谨而信,汎爱众而亲仁,行有余力,则以学文。(《论语·学而》)

"孝","弟","谨言","爱众","亲仁"全是行,全是实践;这些全作过之后再来学文,也不为晚,那末,还是以实践为主。

子夏也说过:

> 贤贤易色,事父母能竭其力,事君能致其身,与朋友交言而有信,虽曰未学,吾必谓之学矣!(《论语·学而》)

一个能进行道德实践的人,不学也就是学,这种精神是好的,可惜受着阶级的限制,他们之所谓行也多半是贵族的行,他们学的目的也是用以"干禄"! 孔门弟子多为贵族家臣或邑大夫,也是这种教育的结果。

(五)孔门学派

在先秦诸子中儒家是一种显学,是一个大的学派,在这一个大的学派内因为发展方向不同,遂有不同的结果,也就有不同的儒家存在,《韩非子·显学篇》说:

> 世之显学儒墨也。……自孔子之死也,有子张之儒,有子

思之儒,有颜氏之儒,有孟氏之儒,有漆雕氏之儒,有仲良氏之
儒,有孙氏之儒,有乐正氏之儒。……

郭沫若先生曾经有《儒家八派批判》,对于这些儒家作过较为详尽
的研究。我们不打算重复,只是就孔门对后世影响最大的两部经
典,《中庸》和《大学》加以初步分析。《中庸》是子思的作品,《史
记·孔子世家》云:"伯鱼年五十,先孔子卒。伯鱼生伋,字子思,
……作《中庸》。"这一篇书在汉朝收在《小戴礼记》内,到了宋朝乃
分出作为"四书"之一。子思孟子一派的儒家发展孔门的唯心主
义的宇宙观,他们把五行学说唯心化了,在道德学上他们更强调了
唯心主义的学说。除了我们曾经谈到《中庸》的"素隐行怪"包括
有五行学说外,它一开端"天命之谓性",依郑玄注是:

木神则仁,金神则义,火神则礼,水神则智,土神则信。

仁义礼智信也就是木金火水土,这是天道,天命,在某一种情况下
也叫作天时。

孔子曾经提出"仁"来,作为调节人与人之间的关系的一种道
德实践,到子思的时代他更提出诚来作为一种先天的道德准则。
这是本学派在唯心论方面的一种发展,在孔子的仁的范畴内还没
有天道的意义,因为在孔子的思想中还有着上帝存在,子思之所谓
诚,就代替了上帝的职能,它一方面使儒家的思想唯心化,同时也
使人格神的上帝"汎神"化,这样以一种精神的存在,说明宇宙的
演变发展,是唯心主义的宇宙观,但同时也否定了上帝的存在,这
接近了道家的学说,所以《中庸》内也屡次谈"道",如云:

天命之谓性,率性之谓道,修道之谓教。

又:

诚者天之道也,诚之者人之道也。

儒家说"道"始自中庸,它和庄子的不同处,是它认为天道本质是

诚,抛开"诚"不能谈道,抛开"诚"也不能说物,诚就是天道,也是天道的发展法则,《中庸》说:

> 诚者天之道也。

又说:

> 诚者物之终始,不诚无物。

"诚"是渊泉,诚是法则;如果不诚,则将"无物",所以说:

> 至诚无息,不息则久,久则征,征则悠远,悠远则博厚,博厚则高明。博厚所以载物也,高明所以复物也,悠久所以成物也。

这由精神以至物质的演变过程,是思孟学派的唯心主义宇宙观。这种宇宙观的本身虽然没有假借上帝的权威,但这种"不见而章,不动而变,无为而成"的发展法则没法形容,也很难说明,于是它就有许多神秘的色彩,神秘的本身也就是接近了宗教的边缘,看《中庸》说:

> 至诚之道可以前知,国家将兴,必有祯祥,国家将亡,必有妖孽,见乎蓍龟,动乎四体,祸福将至,善必先知之,不善必先知之,故至诚如神。

"至诚如神"正好说明了这种学说的内容,他们抛开上帝,假道于"诚"还是回到宗教的怀抱中,这种学说的发展,到董仲舒以后,就造成"儒教"的正统。子思以后的孟子也喜欢运用"神"的字句,他说:

> 夫君子所过者化,所存者神,上下与天道同流。……
> (《尽心上》)

"祯祥"和"神"的学说全是以后"灾异"学说的前身,而灾异的学说是和阴阳五行的说法分不开的,子思的祯祥妖孽和五行说有一定关联。郭沫若先生的《儒家八派的批判》一文内也正确的分析了思孟的五行说。他说孟子把仁义礼智作为人性之所固有,但缺少了一个"信",恰如四体缺少了一个心,然而这在孟子学说系统上并没有缺少,"信"就是"诚"了,他把天道和仁义礼智相配。"天道"是什么呢?就是"诚",孟子说"诚者天之道也,思诚者人之道也,至诚而不动者未之有也,不诚未有能动者也"。其在《中庸》则是说,"诚者天之道也,诚之者人之道也,诚者不勉而中,不思而得,从容中道,圣人也"。这"从容中道"的圣人,也就是"圣人之于天道"的说明。诚是"中道",也正合乎"土神则信",而土居乎中央的原则。思孟都强调"中道",事实上更把"诚"当成了万物的本体,其所以然的原故不就是因为诚信是位乎五行之中极的吗?故尔在思孟书中虽然没有金木水火土的五行字面,而五行系统的演化确实是存在着的。正因为从这样的理论根据出发,所以《孟子》道"性善"而《中庸》主张"尽性",在他们自己是有其逻辑上的必然的①。

这是重要的分析,通过这些话解决了思孟学派的五行说,也解决了"极高明而道中庸"的逻辑必然。这种学派和邹衍学派的说法结合,和黄老学派的说法结合,变成谶纬学派的前身,也就是西汉儒教的前身,在那里复活了他们抛开的上帝,神秘主义的观念变作具体的偶象。

孔子时代的儒家本来注重人事的说明,尤其注意于统治阶级内部矛盾的解决和安排。春秋结束了,到战国时代人与人的关系变了,统治阶级内部矛盾也改变了性质,孔子所关心的旧的领主阶级已经趋于没落,再没法挽回,低徊于旧的社会秩序的人再没有"君不君"之叹,他们孳生了遁世的思想,羡慕着"隐士"的生活,在

---

① 参考《十批判书》一三三页到一三四页。

这一点上,他们接近老庄学派了。《中庸》说:

> 国无道,其默足以容。

这不是孔子的精神,这和"如有用我者,吾其为东周乎"的精神相
违背。这说明前期儒家的政治见解和世道乖违了,他们感觉到无
能为力,于是他们又说:

> 君子依乎中庸,遁世不见知而不悔,唯圣者能之。

这种思想并没有发展下去,在孟子中我们看不到这种痕迹,他们重
新有了安排,这是儒家的新生命,使它在中国的封建社会内始终占
据着正统的地位。

　　和《中庸》并行的《大学》一书,在中国思想史上更发挥了无比
的作用,无论孟子和荀子以及后来的朱熹和王守仁全接受了它所
提示的方法而有所发挥,因为接受的重点和解释不同以致彼此发
生争论,而有不同的学派产生。《大学》不一定是孟子以前的书,
但它和孟子有一线相通的地方,郭沫若先生以为《大学》以性善说
为出发点,正心诚意都原于性善,如性不善则心意本质不善,何以
素心反为"正",不自欺反为"诚"? 又看它说,"好人之所恶,恶人
之所好,是谓拂人之性,菑必逮夫身"! 如性为不善,则"拂人之
性"正是好事,何以反有灾害? 这样它就排斥了《大学》和荀子学
派的关系①。同时,冯友兰先生则从另一个角度出发,以为《大学》
属于荀学②,认为《荀子》言为学当"止诸至足。曷谓至足? 曰圣
也"(《解蔽篇》)。而《大学》言,"大学之道,……在止于至善"。
又如《荀子》言心术须"虚壹而静"(同上)而《大学》言"正心"。又
《荀子》言"君子养心莫养于诚"(不苟篇),而《大学》言"心诚求

---

①　同上一三六页。

②　见《大学为荀学说》,原《燕京学报》第七期复刊。《古史辩》第四册。

之"，言"诚意"。虽然这些证据郭沫若先生以为有问题，但他那种为学知止的精神实在和《大学》的"知止而后有定相通"，荀子运用了这种方法来反对思孟，因为根据思孟的求知逻辑，可以无所不知，无所不能，他们理想中的孔仲尼是：

> 祖述尧舜，宪章文武，上律天时，下袭水土。辟如天地之无不持载，无不复帱，辟如四时之错行，如日月之代明，万物并育而不相害，道并行而不相悖，小德川流，大德敦化，此天地所以为大也。(《中庸》)

这是全知全能的上帝，而子思孟子认为这是圣人可以达到的境界。荀子反对这种学说，认为我们不可能全知，必须有所止，他说："以可以知人之性，求可以知物之理，而无所疑止之，则没世穷年，不能遍也。"(《解蔽篇》)根据这种理由，他也就反对那种没法究诘的五行说。就此而论，这不能不是思孟学说的反对物。

如何对待"知"的问题，在儒家内部一直存在着争端，发展到宋明的理学以后，致知格物的解释问题，又是程朱和陆王主要的分歧点，这牵涉到对于认识论的根本态度问题，后来的儒家很少能够正确的解决此一问题，以至他们不是主观唯心论就是心物二元论的提倡者。一部经典著作的原意如何是一件事，后人的了解及根据这种了解而发生的作用又是一件事，有朱熹的了解就会有朱熹的思想体系，有王守仁的了解也就会有王守仁的思想体系；他们的了解如何本来和《大学》本意不相干。就《大学》而论《大学》，清代朴学家的解释格物到有可取处。阮元的《大学格物说》，曾经这样说：

> 格有至义，即有止意，履而至止于其地，圣贤实践之道也。……《小尔雅·广诂》曰，"格止也"，知止即知物所当格也。……譬如射然，升阶登堂履物而后射也。《仪礼·乡射礼》

曰，"物长如笴"。郑注云，"物谓射时所立处也，谓之物者，物犹事也"。……盖物字本从勿，勿者，说文州里所建旗趣民事，故称勿勿。周礼卿大夫五物询众庶物，即与事同意。而堂上射者所立之位亦名物者，古人即通会此意以命名也。……故曰格物者至止于事物之谓也。凡家国天下五伦之事，无不当以身亲至其处而履之，以止于至善也。格物与止至善，知止，止于仁敬等事，皆是一义，非有二解也①。

就《大学》原意说格物就是知止，阮元的说法是正确的。如果也把《大学》的原文分作经传，我以为：

> 知止而后有定，定而后能静，静而后能安，安而后能虑，虑而后能得。物有本末，事有终始，知所先后，则近道矣。

应当是格物章的注解。然而乾嘉学派的经学已经不起思想上的作用，这是旧的封建体制趋于总崩溃的前夕，经学再也没有发展的前途，格物说的解释也就止于此地，虽然就《大学》本文说，它可能是正确的，就所发生的作用而论，它却是微乎其微了！

（六）小　结

孔子处在一个变革的时代，社会上充满着矛盾，所以表现在孔子的思想上也充满矛盾，在天道观和道德学说上，他一方面保留了人格神的上帝，同时也有泛神论的思想，这种"执无鬼神而学祭礼"的态度，正好是孔子思想的写真。

天不能信赖了，人间充满着矛盾，如何来安定这将崩溃的阶级秩序，是他最为注意的问题。他认为搞好了人与人之间的关系，就

---

① 见《揅经室一集》卷二《大学格物说》。

可以稳定社会秩序,于是他提出"仁"来,"仁"是规规矩矩地作人,这是他新提出来的道德规范。从此以后,中国儒家始终注意人与人之间关系的处理问题。

他要搞好人与人之间的关系,还是要维持旧的阶级秩序,他念念不忘于西周,所以他说"如有用我者,吾其为东周乎"!

孔子是一个博学多能的人,在中国的教育史上,他是一个不朽的人物,他扩大了知识的传授对象,使官学变成私学。在学习的方法上他也有创见,他注重启发,注重诱导。虽然在认识论上他有着二元论的倾向,他传授内容也多属于贵族的学问,究竟他是一个主张来者不拒的人,他提倡"有教无类",在他的时代,这是破天荒一人!他也注重实践,他主张"行有余力,则以学文"。

因为他有许多弟子,所教的内容又极其广博,所以后来的儒家分裂为许多学派,其中显学当然是思孟和荀卿两家。在孔子之后,当新的学派创立的时候,儒家最主要经典是《大学》《中庸》。《中庸》发挥了唯心主义的宇宙观,而《大学》的作用是在方法论方面。在方法论上尽管你了解不同,而各有作用,思孟学派可以运用五行的规律无所不知,荀卿则认为学无所止,"则没世穷年,不能遍也"。各人的了解可以离题很远,但这却是发展了某一方面的学说,清代乾嘉以后,儒家再没有发展的余地,只剩下文学训诂了,虽然他们弄清了古书原意,然而过去的幽灵,没有什么作用了。

(原载《文史哲》1957 年第 5 期)

杨向奎(1910—2001),河北省丰润县人。曾任甘肃学院教授、西北联大副教授、东北大学教授、山东大学教授兼主任和院长,中国社会科学院历史研究所研究员兼中华孔子研究所顾问等。

该文认为,孔子生活在由宗法封建制逐步转入地主封建社会的时期,"按阶级的成分说,孔子属于新的士阶层"。在政治思想上,他没有提出新的主张,没有任何新兴的气味。"仁"是孔子新提出来的当代规范,目的在于搞好统治阶级内部关系后再来统治人民。孔子博学多能,在学术上是集大成的人物,总结古代学术,发扬光大,传诸后人。在中国教育史上,是个不朽的人物。

论孔子政治思想的进步面

童 书 业

关于孔子政治思想的倾向,学术界的看法,还不一致。有人认为孔子代表贵族阶级,政治思想很落后,是企图开倒车的。也有人认为孔子代表新兴阶级,政治倾向是进步的。还有人认为孔子代表新兴的中间阶层——"士"阶层,政治思想有进步和落后的两面。我个人现在的看法比较接近第三派,就是认为:孔子在理论外表上虽明白主张恢复西周的旧制度,但他的政治实践和某些政治主张发展下去,会走上新路。孔子的革新倾向固然不见得完全自觉,而有些地方似乎是自觉的,他的主张确带有"托古改制"的成分。

本文只阐述孔子政治思想的进步面,以补旧文的不足,我的旧文在孔子的政治思想方面,多偏重它的保守面,应有补充说明。本文的见解有些地方已和过去不同。

要检查一个人的政治倾向,最好是先从他的政治实践下手,因为政治上进步不进步,主要不是看言论外表,而应看实践效果,如果实践效果是进步的,那末政治倾向就应当是进步的。我们且先看一看孔子的政治历史。

孔子出身贵族下层的士,少年时是贫贱的(《论语·子罕》:"吾少也贱";《史记》:"孔子贫且贱"),因此"尝为委吏","尝为乘

田"(《孟子·万章》),做的都是小官。由于他好学,知识广博,渐
有声名,从学于他的人日多,大贵族如孟孙氏也派子弟来从学,于
是孔子地位升高。

据《史记》说:"定公以孔子为中都宰","由中都宰为司空,由
司空为大司寇":这样孔子就做了大夫。然孔子的接近政权,实际
上是由于执政季孙氏的提拔:

> "于季桓子,见行可之仕也。"(《孟子·万章》)(赵注:
> "行可,冀可行道也。")"孔子行乎季孙,三月不违。"(《公羊
> 传》定十二年)

大概季孙氏震于孔子的声名,重用了他,使他做了公臣——大夫。
他的学生子路也做了季孙氏的宰,这样相为表里,孔子就几乎掌握
了鲁国的政权。《史记》说孔子"由大司寇行摄相事",虽不可信
(辨见《崔述洙泗考信录》卷二),但孔子确曾相鲁定公会齐景公于
夹谷,替鲁国争回些面子(见《左传》定十年),可见孔子是有些才
干的。孔子既相当得志,就想实行他的政治主张(孔子于鲁定公
十年相定公会夹谷,其时已为司寇,到十二年,才"行乎季孙,三月
不违"。《公羊》十年传说不可信)。他说:

> "家不藏甲,邑无百雉之城。
>
> "于是帅师堕郈,帅师堕费。"(《公羊传》定十二年)

这就是所谓"张公室,抑私门"的主张的初步实施。郈是叔孙氏的
大邑,费是季孙氏的大邑,都是"三家"的根据地,孔子企图把"三
家"的大城毁去,以削弱"三家"的根本,而扩大鲁君的势力。《左
传》载:

> "仲由为季氏宰,将堕三都,于是叔孙氏堕郈。季氏将堕
> 费,公山不狃、叔孙辄帅费人以袭鲁,公与三子入于季氏之宫,
> 登武子之台,费人攻之,弗克,入及公侧,仲尼命申句须、乐颀

下伐之,费人北,国人追之,败诸姑蔑,二子奔齐,遂堕费。"
(定十二年)

堕费经过一场斗争,季孙氏家臣纠众反抗,攻入国都,在孔子主持下,击败家臣势力,才得堕费。但郈费虽堕,孟孙氏却不愿堕成,孟孙氏的家臣公敛处父对孟孙氏说:"成,孟氏之保障也,无成,是无孟氏也。"在孟孙氏默许下,公敛处父据邑反抗,鲁君领兵围成,竟不能攻下(见《左传》定十二年)。大概便在这时的前后,孔子失去季孙氏的信任,因之离鲁。《论语·宪问篇》载:

> "公伯寮愬子路于季孙,子服景伯以告,曰:夫子固有惑志于公伯寮,吾力犹能肆诸市朝。子曰:道之将行也与,命也;道之将废也与,命也;公伯寮其如命何?"

子路是季孙氏的宰,掌握季孙氏的家政,孔子要实行他的政治主张,须依靠子路的帮助。子路见疑于季孙氏,就是孔子见疑于季孙氏,所以子路被愬,孔子便不得不离鲁了。

孔子和子路所以在这时受季孙氏的信任,以及他们的失败,都是有原因的。原来在孔子出仕前后,"三家"和他们的家臣之间,已发生严重的矛盾。季孙氏的家臣南蒯曾据费邑反抗季氏。另一家臣阳虎,不但把持了季孙氏的家政,而且把持国政,囚禁家主,威胁"三家"和鲁君,连"国人"都害怕他,好容易才把他赶掉。同时叔孙氏的家臣侯犯据郈邑反叛,叔孙氏也费了很大的力量,才把他驱除。家臣的所以有势力,就是因为他们盘据了"三家"的大邑,有土地、人民做资本,借以把持家政,甚至"执国命"。铲除家臣势力的重要手段之一,就是毁去邑城,以免他们盘据。"三家"要与家臣斗争,需要提拔一批士中的新兴人才,作为帮手,这就是孔子、子路们被季孙氏重用的原因。孔子是反对"陪臣执国命"的,在铲除家臣势力一点上,孔子与"三家"一致。所以孔子得在季孙氏们的支持下,实行他"堕三都"的主张(孟孙氏和他家臣间的关系大概要缓和些,所以他独不愿堕成)。但孔子毕竟是与季孙氏们"同床异梦"的,季孙氏希望孔子、子路们为他们效忠,而孔子却要"张公室抑私门",当费邑被堕后,季孙氏和孔子的矛盾便立刻发生,这就是孔子、子路失败的原因。

　　孔子在鲁国的改革,表面上看,是企图恢复西周旧秩序,要鲁君掌握政权,"三家"等贵族服从鲁君。但他的主张如果完全实现,是会走上吴起、商鞅等变法的道路的。因为当时的社会、政治形势,已不可能恢复西周旧制度,一班大贵族决不愿老老实实交出政权,而重新服从国君。要国君真正掌握政权,必须削除贵族的势力,而任用一批新官僚来代替旧贵族,这就是吴起、商鞅等变法的道路。吴起、商鞅等也是执行"张公室、抑私门"的政策的。孔子、子路们都是新兴的士夫阶层中人,新兴的士夫就是后来官僚的前身。孔子企图取得鲁国的政权,实行改革,如果他真正得志,他和他的学生就会成为新官僚,而代替旧贵族。这样,中央集权的政治制度便在鲁国出现了。所以孔子的"张公室、抑私门"主张实现的结果,不是倒退到西周,而是前进到战国。

　　但孔子的"张公室、抑私门"的主张,在春秋末年的鲁国是不可能实现的。首先从社会发展的阶段看,春秋末年还只是从宗法封建制到地主封建制的过渡阶段的开端时期,贵族经济和贵族政治的局面还相当巩固,地主封建制的上层建筑还不可能形成,特别是在保守"周礼"最多的鲁国,新的政治制度更不容易出现。次从鲁国的实际政治情况看,大贵族"三家"的势力根深蒂固,他们掌握了土地、人民和武力,足以控制政权,鲁君毫无实力,怎能抑制私门? 便是孔子,也须依靠季孙氏的信任,才能部分实现他的主张;然依靠大贵族来实行抑制大贵族的政策,这如何能成功? 同时孔子的政治思想,保守面也不小,有许多迂阔的理论,他和吴起、商鞅等毕竟还有不同;在政治才干上,孔子似乎也有不及吴起、商鞅之处。各种条件都使孔子在政治上不得不失败。可是孔子的"张公室、抑私门"的政治主张,确包含有进步的因素,后来的法家多源出儒家,似乎不是偶然的事。

上面从孔子的政治实践中肯定了孔子政治思想的进步倾向,其实孔子政治思想中还有不少的进步成分。孔子在一国中主张"张公室、抑私门",对"天下"主张"礼乐征伐自天子出",而反对"礼乐征伐自诸侯出"(《论语·季氏》)。从表面看,这也是企图回到西周去。其实在西周时代,礼乐征伐并不能全自天子出,天子不过是个势力较大的诸侯,近似春秋的霸主。当周室武力较强的时候,诸侯"宗周",周室的武力稍弱,诸侯便不"宗周";西周也是封建割据的时代,不曾出现真正的中央集权的政治制度。真正实现"礼乐征伐自天子出"的局面,要到秦汉时代。孔子的理想,在他以前不曾实现过,他是在替未来的大一统的封建国家描画图样。又如根据孔子的主观愿望,周天子重新掌握大权,谁来拥护他呢?诸侯们当然不愿。周天子如要统治全中国,必须先削弱诸侯大夫的权力,使割据势力消灭,建立中央集权的官僚机构,才能真正做到"礼乐征伐自天子出"。这在当时决不可能实现,孔子的理论自是空想,但不能说其中不含有进步的因素。后来儒家的"大一统"思想,便萌芽于此。

与中央集权的思想相联系的,是"举贤才"的思想,这也是孔子进步思想比较突出的。《论语·子路》:

"仲弓为季氏宰,问政,子曰:先有司,赦小过,举贤才。曰:焉知贤才而举之?曰:举尔所知,尔所不知,人其舍诸?"

在孔子以前,也有任贤的思想,但那时的任贤主要是从贵族中选举贤才。从非贵族或贵族下层中举贤，要到春秋后期，才逐渐普遍。孔子"举贤才"的思想，是当时社会、政治现实的反映，所谓"贤才"，主要是新兴士夫阶层中人。仲弓本人还只是个大贵族的家宰，他所能举的"贤才"，当然不会是中上贵族阶层中人，应是士、庶人一流人物。当时鲁国政权实际在季氏之手，季氏的家宰，地位虽低，实权却并不小（如子路为季氏宰，就曾主持"堕三都"的大事）。仲弓至多出身于士，以士而掌大权，再提拔士、庶人中人当官吏，很容易形成官僚机构。这是一种新的政治机构，孔子就是这种新政治机构的赞助人。又孔子可能宣传过"禅让"传说（尚有问题，《论语·尧曰篇》不甚可信），这种传说对于当时"举贤才"的运动也是有利的。看孔子说："雍也可使南面。"（《论语·雍也》）仲弓不过是个士和家臣一级人物，而孔子认为可以为君，则孔子所谓"举贤才"，确已比较彻底，下层人物中的贤才，不但可以任官吏，甚至可以为君了。

孔子的"举贤才"思想，又和他的"有教无类"（《论语·卫灵公》）的思想相联系。正因为士、庶人抬头，要求参加政权，需要学问知识，所以教育的范围必须放宽，过去由贵族垄断的学问知识，不但要普及于士阶层，还要下及庶人。孔子适应这种时势潮流，提出"性相近，习相远"（《论语·阳货》）的口号，认为人的天性本来相近，所以人人都可受教育，即所谓"有教无类"。这样就使人都可成为贤才而受选举。这一教育思想和制度的变革，在当时是极其进步的，虽然真正的全民教育在当时绝不可能实现。（孔子对于人民，主张先庶、后富、后教，见《论语·子路篇》。这也是适应当时社会经济的政策。）

贵族政治是比一般的地主政治更残暴的，特别是垂死的贵族政权，格外残暴。当孔子时代中原各国的贵族制度已趋没落，腐朽的贵族加强对人民的剥削压迫,如齐国:"民参其力,二入于公,而衣食其一,公聚朽蠹,而三老冻馁;国之诸市,屦贱踊贵。"(《左传》昭三年)别国的情况,也不会比齐国好多少。在这样情况下,有些向新统治阶级转化的贵族(如齐国的陈氏),减轻些剥削,施些小恩小惠,以收揽民心。贵族中的开明分子,尤其是以下层贵族为核心而组成的新兴士夫阶层中人,也多主张减轻剥削压迫,稍向人民让步,孔子出身贫贱的士,当他未得地位的时候,是比较接近人民的,他应了解些民间的疾苦,所以在他的政治思想中有不少开明的成分。除上面已经讲过的他的进步政治思想外,他还有些原始民主主义的思想。如他主张统治者对人民应当和缓,反对加强剥削、压迫。他曾说:

> "道千乘之国,敬事而信,节用而爱人,使民以时。"(《论语·学而》)

"节用而爱人",就是叫统治者减少浪费,向人民让步,减轻剥削。当时最严重的剥削,还不是赋税,而是力役。因为赋税有一定的数额,而力役则无穷无尽。力役过分,便妨碍农时。在春秋时代,妨碍农时的力役(包括兵役),已很严重,成为主要的剥削,"使民以时",是对症下药的话。《论语》载:

> 季氏富于周公,而求也为之聚敛而附益之。子曰:非吾徒也,小子鸣鼓而攻之可也!"(《先进》)

这是孔子明白反对加强剥削的话。鲁哀公时"用田赋",孔子不赞成说:

> "施取其厚,事举其中,敛从其薄"。(《左传》哀十一年)

这是主张对人民厚施薄敛。《檀弓》载孔子过泰山时曾说:"苛政猛于虎。"这是孔子明白反对残暴政治的话。孔子理想中的政治家是能"修己以安百姓"(《论语·卫灵公》),"博施于民而能济众"(《雍也》)的人,这就是"圣人"。

孔子主张理想的"德化"政治,偏重统治者"修德"、"正己",认为:"为政以德,譬如北辰,居其所而众星共之。"(《论语·为政》)"其身正,不令而行;其身不正,虽令不从。"(《子路》)他反对用"杀",认为"盗"之多是由于统治者的多欲:"苟子之不欲,虽赏之不窃。"(《颜渊》)在孔子这种"德化"思想中,固然含有落后的成分(孔子企图用理想化的宗法家长统治形式来代替新兴的"刑""政"政治),但也含有若干原始民主主义的成分。这是必须分别看待的。

郑子产执政时:"郑人游于乡校,以伦执政",有人劝子产"毁乡校",子产不允,主张从此听取舆论,孔子赞美说:"以是观之,人谓子产不仁,吾不信也。"(《左传》襄三十一年)这也是孔子民主思想的表现。但当子产死时,遗言为政当用"猛",孔子也赞美说:

> "善哉! 政宽则民慢,慢则纠之以猛;猛则民残,残则施之以宽;宽以济猛,猛以济宽,政是以和。……"(《左传》昭二十年)

可见孔子并不完全反对法治,而主张"宽""猛"相济(《论语·子路篇》:"礼乐不兴,则刑罚不中;刑罚不中,则民无所措手足。"也可证明孔子并不主张废刑罚),这比单纯的"德化"思想进了一步了。

在西周时代,神治思想还很严重,到春秋时,许多贵族中的开明人士,已怀疑天道、鬼神,主张人治,这也是政治思想的进步。孔子也说:"务民之义,敬鬼神而远之。"(《论语·雍也》)又说:"未能事人,焉能事鬼?""未知生,焉知死?"(《先进》)子贡说:"夫子之文章,可得而闻也;夫子之言性与天道,不可得而闻也。"(《公冶长》)孔子也是个人治主义者,并不接受西周的神治思想。

上面已从孔子的政治实践、政治理论和对教育、宗教的看法，证明孔子在政治上有进步的一面。举凡后来儒家的"非世卿"、"大一统"、"王道"政策、民主主义等思想，在孔子思想中都已有萌芽。便是后来墨家的"尚贤"、"尚同"思想，法家的中央集权政策，也都可说是导源于孔子的。当然，我们决不否认孔子政治思想有落后的一面，但在后世起作用的，乃是他思想中的进步一面。我们要认识一个思想家的思想实质，主要应从他的言行的客观效果方面观察，而不当只看他的言论表面。生在春秋末年的下层贵族孔子，不可能不称述文武、周公，依托"周道"来发表自己改革社会、政治的见解。他的见解的实质，乃是当时社会、政治现实和他适应这种现实的反映。认清楚了这点，我们就能分别孔子思想中的精华和糟粕，肯定他的好的东西，而批判他的坏的东西。

（原载《文史哲》1961 年第 2 期）

童书业（1908—1968）字丕绳，号庸安。原籍浙江鄞县，清末移居安徽枞阳。依靠勤奋自学成才，曾任光华大学历史系讲师，兼任上海美术专科学校国画系讲师，遥领齐鲁大学国学研究所名誉研究员。抗战胜利后任上海市立博物馆干事和历史部、总务部主任，兼无锡国学专科学校上海分校、光华大学教授。1949 年到山东大学历史系任教，曾任教授兼副主任，山东省科学委员会委员。主要著作有《礼记考》、《虞书疏证》、《春秋史》、《历代东方史纲要》等。

"孔子的革新倾向固然不见得完全自觉，而有些地方似乎是自觉的，他的主张确带有'托古改制'的成分。"文章从孔子的政治实践、政治理论和对教育、宗教的看法，证明孔子在政治上进步的一面。认为"举凡后来儒家的'非世卿'、'大一统'、'王道'政策、民主主义等思想,在孔子思想中都已有萌芽。便是后来墨家的'尚贤'、'尚同'思想,法家的中央集权政策,也都可说是导源于孔子的"。

论孔子思想

杨 荣 国

关于孔子(前551—前479)的思想,我过去的看法是:在当时由种族奴隶制向新的封建制的转化过程中,孔子的思想基本上是维护种族奴隶制的①;现在也还是如此看法。兹就如下的几个方面再作进一步的探讨。

一

首先我们来探讨一下孔子在当时的政治态度,到底是怎样的?

当时因社会的变化,新兴势力的抬头,致某些种族奴隶制国家被迫而不得不进行若干的改革,不得不从礼治而逐渐向法治的道路上走,于是公元前536年,有郑人的铸刑书(《左传·昭公六年》,以下引《左传》只注年号);——这是法治的萌芽。继此之后,公元前513年,又有晋人的铸刑鼎——"著范宣子所为刑书"。对于晋人的铸刑鼎,孔子曾有所表示。他说:晋国应该遵守其先祖唐叔所传下来的法度;——那法度既使民"能尊其贵",而贵又"能守其业",于是"贵贱不愆";但现在要丢弃"此度","而为刑鼎";这

① 见拙作《中国古代思想史》84—112页。

么一来,"民在鼎矣",又"何以尊贵"呢?而贵又"何业之有"?"贵贱无序",又"何以为国"?所以晋国非亡国不可(《昭公二十九年》)。

鲁国的季孙、叔孙和孟孙三家,继公元前562年"三分公室"之后(《襄公十一年》),于公元前537年又"四分公室",他们适应当时新的形势,把公室中分到的奴隶予以解放,田土便采取租佃的方式租给被解放了的耕奴来进行生产(《昭公五年》);——这一来,生产的积极性提高,生产力也就提高了;因之,既有利于军事,又有利于军需。这办法,季氏施行较早,在三分公室时就施行了,所以说"季氏世修其勤",故受到人民的爱戴(《昭公二十五年》)。发展至公元前484年,季孙听了冉求的建议:佃耕田土多少,便出多少军赋——包括人力与物力;这从当时来说,自亦是比较合理的建议;可是季孙打发冉求去访问孔子时,孔子反对!一再强调要"度于礼",不能违反周公的制度。如果"不度于礼",硬要违反周公制度的话;那你自去干,又何必来访问我呢(《哀公十一年》、《国语·鲁语下五》)?但施行的结果,粮足兵足,确比旧制度好,孔子急得没办法,怪了冉求,说冉求变样了,叫门弟子对他"鸣鼓而攻之"(《论语·先进》,以下引《论语》只注篇名)。

当时种族奴隶制国家是城市国家,一个国家只能有一个控制全国经济的城市,不仅多都等于多国,就是都大亦不行,所谓"大都耦国,乱之本也"(《闵公二年》)。可是由于新兴势力的抬头,本来是"家不藏甲,邑无百雉之城"的(《公羊传·定公十二年》),如今是"家藏甲",而"邑有百雉之城"了;如鲁国叔孙便筑有郈都,季孙筑有费都,孟孙筑有成都——这是他们的保障。孔子有见及此,深恐于公室不利,便唆使子路用计发动堕毁,结果除孟孙的成都外,季孙的费都和叔孙的郈都都被堕毁了;且堕毁费都时,孔子还亲自出马,费了不少气力(《定公十二年》)。

齐国的陈恒(即田常,亦即陈——田——成子),由于他"浚修厘子(田厘子乞)之政,以大斗出贷,以小斗收",所以受到人民的爱戴,人民歌颂他:"妪乎采芑,归乎田成子。"但另一面,齐简公则待人民不好,骄奢淫逸,而日"与妇人饮";因之陈恒为了对当时人民负责,于公元前481年把齐简公杀了①——这应当说,是杀得应该,但孔子在鲁国听到这消息,很不高兴,连忙走去告诉鲁哀公,请鲁哀公下讨伐令,并且说:"陈恒弑其君,民之不与者半,以鲁之众,加齐之半,可克也!"(《哀公十四年》)就是从孔子口可以知道,以齐国之大,而有一半人民拥戴陈恒,这就不简单! 可知陈恒确实待人民好,从而说明孔子的请讨伐是没有理由的。

"公山不狃(《论语》作"弗扰")不得意于季氏",当是彼此政见不同,曾经有一回这样的事:阳虎因仲良怀不给玉器——玙璠,便要逐仲良怀,公山不狃则说:"彼为君也,子何怨焉。"——他是为了国君而不给玉器呀,你怎的要逐他呢(《定公五年》)? 可知公山不狃是张公室的,故"欲废三桓之適(嫡也)",因而捉了季桓子,但季桓子因计得脱! 此事不果,公山不狃便于次年——公元前501年"以费畔季氏,使人召孔子,孔子循道弥久,温温无所试",——打算去,并且说:"盖周文武起丰镐而王,今费虽小,倘庶几乎!"又说:"夫召我者,岂徒哉! 如用我,其为东周乎!"②其后虽不曾去,但他要去的意思是很明显的,打算和公山不狃一道从张公室中以挽回种族统治的颓势。

至佛肸之以中牟畔,中牟为晋国范中行氏的所辖邑,佛肸在那

---

① 《史记》卷四十六,《田敬仲完世家》第十六。
② 《史记》卷四十七,《孔子世家》第十七。

里当邑宰,因见范中行氏"反易天明","欲擅晋国,而灭其君"(《哀公二年》),故为维护晋公室起见,久有意畔离范中行氏,今(前490年)见赵简子向范中行氏进攻,夺取中牟,佛肸感到问题更大,于是便以中牟畔。而孔子之所以想应佛肸之召,亦有和佛肸同样的意思,就是如果赵简子进攻得逞,那么,韩赵魏三分晋地之势便成,那还得了么?故拟去协助佛肸以挽回这一颓势。至子路之所以不让孔子去,亦不是其他,而是孔子曾经说过"危邦不入,乱邦不居"的话(《泰伯》),怕孔子去了,弄得不好,反而遭受危险。而在孔子一方面,认为在这紧要关头,我不能老是待着不动,我应该要行我的道,应该要有所作为呀①!又虽然他终于没有去,但他要去的政治态度是很明显的。

以上这许多史实,都是当时社会从种族奴隶制向封建制转化的过程中,所反映在政治上之变化之荦荦大者,是带有若干关键性的,而在这许多关键性的变化当中,孔子的政治态度是很明显,他是在竭力维护当时走向没落的种族奴隶制,从而反对一切适应新的形势的变化与改革,力图参与如何维护种族奴隶制的一切活动。

孔子曾一再表示:在礼制上,周是最完备的,因之"吾从周"(《八佾》)。又说:"如有用我者,吾其为东周乎!"(《阳货》)——要把东周的颓势挽回过来,回复到西周种族统治的局面。同时,他嫉视新兴势力,嫉视新兴势力的所谓越礼的行动。如季氏祭泰山,他认为无资格,叫冉求去制止;季氏用"八佾舞于庭",他气得更厉害,大声疾呼地说,季氏的这种僭越行为,是"是可忍也,孰不可忍也!"(《八佾》)这一切,均说明孔子政治态度是如何的保守。

---

① 《史记》卷四十七,《孔子世家》第十七。又见《论语·阳货》。

二

孔子的中心思想是"仁"。

我过去曾说过:孔子之"仁"的内涵颇多,包摄了孝、悌、忠、恕、礼、智、勇、恭、宽、信、敏、慧;而以孝悌为仁之本,以维护种族统治的所谓"礼治",达到"克己复礼"的目的①。

至孔子之所以倡导"仁",和"仁"之包摄之多,从包摄之多中而以"孝""悌"为仁之本,以期于"复礼";——这,自不是什么偶然的,是有他的渊源所自;明确地说,这是当时守旧派的意识形态;是当时守旧派意识形态之集中的表现。

比如说吧:

早在孔子出生以前,——公元前582年,晋国范文子称楚囚为君子,理由是:楚囚答话,"言称先职",说明他的"不背本"(孝);奏"乐操土风",说明他的"不忘旧";"称太子",表明他的"无私"(克己);而"名其二卿",亦即"尊君"之意等等,——这一切,从思想的规范说:人之"不背本,仁也;不忘旧,信也;无私,忠也;尊君,敏也"。而具有如此的思想规范,它的作用,那便是"仁以接事,信以守之,忠以成之,敏以行之";因之"事虽大必济"(《成公九年》),可以达到巩固种族奴隶制的目的。

公元前566年,晋国韩献子告老,拟以韩穆子为公族大夫,穆子谦让,推荐其弟宣子,并云宣子与晋国贤人田苏游,田苏称美宣子"好仁",说他有"德",而又能"正直为正,正曲为直",——此三者备,自然是"仁"了,所以说"参和为仁"。因之,最好用宣子。这

---

① 见拙作《中国古代思想史》93—107页。

就是说，要使种族统治之能臻于永固，应当是用氏族贵族中之"好仁"的为公族大夫(《襄公七年》)。

按此即是孔子答复"樊迟问仁"，要"举直错诸枉"之所本(《颜渊》)。

又公元前561年，晋国魏绛辞谢晋厉公所"赐乐之半"时这样说道：夫"乐以安德"的，应当是"义以处之，礼以行之，信以守之，仁以厉之"；而后"可以殿邦国，同福禄"(《襄公十一年》)。这就是说，为乐的旨意，在"和其心"，因之应当与"义""礼""信""仁"诸思想规范结合起来，以达到"殿邦国"的目的，故魏绛最后说，《书》所谓"居安思危"，因为"思则有备，有备无患"(《襄公十一年》)。借此警告晋厉公，晋国的政权并不是怎么巩固的，就是为乐，亦应以上述的思想作规范。

又公元前554年，卫国的石买死了，他的儿子石恶，毫无戚容的表现，于是孔成子就说"是谓蘖其本，必不有其宗"(《襄公十九年》)。因为"孝"是"仁"的根本，"不孝"便是拔掉了这根本；——根本一拔，就会有颠覆宗族的危险。

孔子出生后，公元前540年，晋国叔向于称赞鲁叔弓知礼时这样说："忠信，礼之器也；卑让，礼之宗也；辞不忘国，忠信也；先国后己，卑让也。"(《昭公二年》)忠信为礼之器，能忠能信，便是对于礼治的维护；卑让为礼之宗，能卑让故能克己复礼。贵族间都能忠信卑让，自可张公室；公室张而种族统治亦于焉永固。所谓"服于有礼，社稷之卫也"(《僖公三十三年》)，亦即此意。

而孔子所谓"上好礼，则民易使也"(《宪问》)，所谓"上好礼，则民莫敢不敬；上好义，则民莫敢不服；上好信，则民莫敢不用情"(《子路》)；自亦是从体会上述的意旨中而获得的归结。

又公元前537年，晋国女叔齐于批判鲁昭公不知礼时，对

"礼"与"仪"的划分作了分析:认为鲁昭公所知道的,只是仪式,而不是礼;因为"礼,所以守其国,行其政令,无失其民者也";现在鲁国的情况是:"政令在家(在大夫手里),不能取也;有子家羁(庄公玄孙懿伯),弗能用也";且弄得"公室四分,民食于他";懂礼的话,就不会弄到如此地步。所以说鲁昭公所知道的只是些简单的仪式(《昭公五年》)。

其后,公元前517年,郑国子太叔亦谈到"礼"与"仪"的区别,认为所谓揖让周旋只能说是仪式,而不是"礼";因"礼"乃"上下之纪,天地之经纬也,民之所以生也"(《昭公二十五年》),是有它的不可逾越的实际内容,是种族统治的规范。而孔子所谓"礼云,礼云,玉帛云乎哉?"亦即此义。

以上就是孔子的中心思想——"仁"和"仁"之内涵的渊源所自。

而"仁"之总的含义:当时氏族贵族日趋于没落,为了挽救他们的没落,所以说"为仁者,爱亲之谓仁";又由于当时是氏族贵族专政的国家,为了挽救他们日趋于没落的统治,所以又说"为国者,利国之谓仁"(《国语·晋语一》)。至氏族贵族中云所谓叛逆者——"亡人",因不孝于氏族以致叛逆,故"亡人无亲";而"亡人"要回到氏族中来,要"有亲"的话,就要"当信行仁道";所谓"信仁以为亲"(《国语·晋语二》及韦昭注)。

亦由是而知,氏族贵族之言"仁",只在氏族贵族的范围以内,而"民不与焉"(《礼记大传》)。

至孔子的"仁"之包摄之多,自亦是"参和为仁"的旨意。

本此旨意,故孔子要从思想规范的各个方面,参和起来,以完成"仁道";如此所谓"恭则不侮,宽则得众,信则民任焉,敏则有功,惠则足以使人"(《阳货》),以及为人能守孝弟,便不会犯上作乱(《学而》)等等,每一思想规范都是"仁"之一部分,参和起来,便是"仁"之整体,便是完成整个的"仁道"。

"仁"之包摄虽多——虽包摄了思想规范的各个方面,但作为"仁"之基本内核就是"孝""悌",所谓:"孝悌也者,其为仁之本与!"(《学而》)——以之来维护和巩固统治者氏族;《诗》所谓"孝子不匮(不竭也),永锡尔类(族类)"(《诗经·大雅·既醉》、《隐公元年》、《成公二年》);《书》所谓"惟孝,友于兄弟,克施有政"(《为政》、《周书·君陈》);而"克施有政"之具体表现,就是与"孝"密切联系的"忠";所以说"忠,社稷之固也"(《成公二年》)。由是而巩固氏族贵族的统治。

所以作为"仁"之基本内核的"孝""悌",其主旨则在巩固统治者氏族,统治者氏族获得巩固,自然"民德之归厚"而不致犯上作乱(《学而》);不致有"筚门闺窦之人,而皆陵其上"(《襄公十年》)的情况发生。所以早在纪元前660年,晋国狐突,针对当时晋国"乱本成矣"的情势,就曾强调,要以"孝而安民"(《闵公二年》)。以"孝而安民",使种族统治的秩序井然,故说"孝,礼之始也"(《文公二年》),是礼治的最先一着,以之达到维护"刑不上大夫,礼不下庶人"(《礼记·曲礼上》)的"礼治"的目的。而孔子以"孝""悌"为"仁"之本的旨意亦就是如此。

而"孝"之具体表现,除了"生事之以礼,死葬之以礼"外,还要"祭之以礼"(《为政》)。我们知道,对祭祀之特别重视,殷周已然,所谓"祀,国之大事也;而逆之可谓礼乎?"(《文公二年》)——是不能有所违逆而应当郑重其事。不仅如此,就是作其他的事,亦应当和承接大宾,祭祀祖先一般的尊重,所以说"出门如宾,承事如祭",——这是"仁之则也"(《僖公三十三年》)。而"仁之则",亦即以"孝思维则"(《诗经·大雅·下武》),自然被奴役的人民不敢怀叛意而趋向厚道,所谓"祀乎明堂,而民知孝"(《礼记·乐记》),亦就是此意。而孔子之答复仲弓问仁,说"出门如见大宾,使民如承大祭",就是"仁"之具体表现(《颜渊》)。他这话,是当时氏族贵族的意识形态之具体的体验,是他们思想的再版,——这不是很显然的吗?

公元前 530 年,楚灵王在乾溪,和子革谈话,企图向周天子打主意——求周之鼎,实际上,有取周而代之之意。结果被子革讽刺了一顿,弄得楚灵王"馈不食,寝不寐,数日",而"不能自克"。孔子听到楚灵王打主意的消息,便认为这是对于礼治的破坏,说道:"古也有志,克己复礼,仁也。"楚灵王若能"克己复礼","岂其辱于乾溪"(《昭公十二年》)。这说明孔子答复颜渊问仁,说是"克己复礼为仁"(《颜渊》)——这话,原是"古也有志",并非孔子的创作。同时,自也说明"克己复礼""为仁",就是当时种族奴隶制国家的社会道德,是在维护种族统治的所谓"礼治"。而孔子之阐述,亦是在维护这日趋于没落的种族统治,在乎维护这由它(种族奴隶制)所规定的所谓"礼治"。

从以上得知,孔子所倡导的"仁",及"仁"之内涵和为"仁"之目的,不仅是当时统治层中为维护其统治的最为重要的思想规范,同时,从思想渊源说,许多都是"古也有志"的,只是在这种族统治发生危机的当中,为挽救其危机而提的更为突出,促起种族统治者的注意!而孔子从体验中把它益为体系化,而成为著称的"仁"之学说。

孔子的"仁"之包摄之多,但在予"仁"以体系化中,以"仁"为中心,阐明"仁"与"仁"之内涵之间之互相关联而不可或缺:所谓"知及之,仁不能守之,虽得之,必失之;知及之,仁能守之,不庄以莅之,则民不敬;知及之,仁能守之,庄以莅之,动之不以礼,未善也"(《卫灵公》)。它们之间,倘有所缺的话,则不能很好地达到维护种族统治的目的。

另一面,最为重要的,明确规定了"孝""悌"是"仁"之本;它的目的,则在"克己复礼",使"天下归仁焉"(《颜渊》);——本质地说,就是使天下复归于西周的局面。

又同时,他还肯定地说:"如有王者,必世而后仁。"(《子路》)——只要花三十年以努力,即可达到"仁"之目的,而回复了西周的局面。

至"仁"与"正名"的关联:

孔子曾经说过:"名失则愆。"(《哀公十六年》)——如"名不正"的话,则是秩序的紊乱。按这话,亦是当时统治层的普遍意见:所谓"名不可废"(《昭公二十年》);"名之不可不慎也"(《昭公三十一年》)等等。孔子又曾说过:"名以出信。"(《成公二年》)按这话自亦是鲁申繻所谓:"名生为信。"(《桓公六年》)既"名以出信",则信为"仁"之内涵之一。同时当时统治层还这样说:"夫名以制义,义以书礼,礼以体政,政以正民,是以政成而民听,易则生乱。"(《桓公二年》)又说:"动无令名,非知也。"(《定公四年》)按"义"、"礼"、"正"、"知",亦均为"仁"之内涵。而又提出"令名"为"德之舆";"德"又为"国家之基";故有"令名"即"有基",而"有基"则"无怀"(《襄公二十四年》)。由是说来,孔子所倡导的"正名",除反映了是当时统治层的意旨,借以达到巩固其统治外;值得注意的,这就是"仁"的功夫之具体的体现,就是在施行"仁道"。所以孔子说:"名不正,则言不顺;言不顺,则事不成;事不成,则礼乐不兴;礼乐不兴,则刑罚不中;刑罚不中,则民无所措手足。"(《子路》)——就是从"正名"中来维护这日趋于紊乱的"刑不上大夫,礼不下庶人"的统治局面;——如此"正名"以"复礼",使

"天下归仁焉"。

具体的例子：

公元前607年，晋国赵穿杀了晋灵公，可是"太史书曰'赵盾弑其君'以示于朝"；赵盾不服，太史便述说其理由道："子为正卿，亡不越竟（境也），反（返也）不讨贼，非子而谁？"其后孔子听到这事，便说："董狐，古之良史也，书法不隐？"（《宣公二年》）这就是"正名"的表现之一。而这种种表现，亦就是在施行所谓"仁道"。

孔子曾经说过："我欲仁，斯仁至矣。"（《述而》）则所谓"仁"自是主体的产物。而"正名"又是"我欲仁"之具体的表现之一，是以主体的观念来规定客观的存在。于是说来，孔子的"仁"是主观观念论；而"仁"又是孔子的中心思想，亦即说明孔子的思想是主观观念论。

另一面，孔子又曾这样说："君子而不仁者有矣夫，未有小人而仁者也。"（《宪问》）于是说来，前者是"上智"，后者是"下愚"（《阳货》）；前者是"生而知之"，后者是"民斯为下"的"困而不学"（《季氏》）；前者是种族统治者，后者是被奴役的人民；因而，被奴役的人民，固然是瞑然罔觉，不通仁道；但种族统治者则生来就具有"仁道"（少数或个别之不仁的，只是"亡人无亲"，而并非生来不仁；且可"信仁以为亲"），是先验的；亦就是说，他们之"仁"，并非来自后天的客观；而是来自先天的主观，是主观的产物。从这里，亦自看出孔子之"仁"是主观观念论；同时，还表明了孔子的"仁"是种族统治者的专有品，是为他们服务的。

这里有两个问题：

一是孔子说："泛爱众，而亲仁。"（《学而》）——这"众"字的含义。

本来"众"字作为奴隶的含义，西周虽然存在，但已逐渐为

"民"或"庶人"所代替。孔子谈礼制时亦提到过"众",他说:"麻冕,礼也;今也纯(丝),俭,吾从众。拜下,礼也;今拜乎上,泰也,虽违众,吾从下。"(《子罕》)"礼"是"不下庶人"的,这里所提到的"众",显然不是指庶人,而是指当时士大夫阶级。又据《礼记·曲礼》:"大夫死众。"郑玄注云:"众谓君师。"又《曲礼》:"典司五众。"郑玄注云:"众谓群臣也。"而孔子于答复子贡问仁时,曾明白地这样说:"居是邦也,事其大夫之贤者,友其士之仁者。"(《卫灵公》)——这就是为"仁",就是"仁道"。这一段话,自是"泛爱众,而亲仁"的最好的注脚。所以孔子之言"众",当是指士大夫,指士大夫之多数。"泛爱众,而亲仁",意即在士大夫之间泛爱虽多,但可能有如"亡人"般的不仁者,而应当亲近的是仁者。同样,他之所谓"众恶之,必察焉;众好之,必察焉"(《卫灵公》),自是居官之为士大夫所好所恶,自己应当有所省察。

至于"博施于民,而能济众"(《雍也》),前一句很明显,指的是被奴役的人民;后者则不是,"众"不是指一般人民,而指的是卿大夫阶级,如公元前585年晋师侵蔡碰到楚兵时,多数人主张开战,但三卿主张退回,有人对统帅栾书说:"圣人与众同欲,是以济事,……子之佐十一人,其不欲战者三人而已,欲战者可谓众矣。"但栾书却答复说:"善钧从众,夫善,众之主也,三卿为主,可谓众矣,从之不亦可乎?"结果退兵(《成公六年》)。这里"众"就不是指一般人民,而是指三卿;按三卿意见办事,就是"从众"。由此可见,孔子之所谓"济众",自是指要救济那许多遭受患难或被沦落之氏族贵族,而不是一般的人民群众;后者只是施舍之而已!

一是所谓"四海之内,皆兄弟也"(《颜渊》)——这兄弟的范围。

富辰有一段话说得最为明白:他说:"昔周公吊二叔之不咸,

故封建亲戚,以蕃屏周,管蔡郕霍鲁卫毛聃郜雍曹滕毕原酆郇,文之昭也;邘晋应韩,武之穆也;凡蒋邢茅胙祭,周公之胤也;召穆公思周德之不类,故纠合宗族于成周,而作诗曰:常棣之华,鄂不韡韡,凡今之人,莫如兄弟。其四章曰:兄弟阋于墙,外御其侮。如是则兄弟虽有小忿,不废懿亲;今天子不忍小忿,以弃郑亲,其若之何?"(《僖公二十四年》)詹桓伯亦云:"文武成康之建母弟,以藩屏周,亦其废队(坠也)是为。"(《昭公九年》)由是而说明"四海之内"的"兄弟",并不包括被奴役的人民,而是统治者姬姓氏族或与姬姓氏族有血缘关系的其他统治者氏族的成员。所以《礼记大传》上说:"圣人南面而听天下,所以先者五,民不与焉:一曰治亲,二曰报功,三曰举贤,四曰使能,五曰存管。"——五者都只是有关于统治者氏族内部,与被奴役的人民无关。而子夏对司马牛述说孔子的话:"君子敬而无失,与人恭而有礼,四海之内,皆兄弟也,君子何患乎无兄弟也!"(《颜渊》)"礼不下庶人"的,"敬而无失,与人恭而有礼",就是君子范围以内,都是兄弟。益知"四海之内"的"兄弟",显系属统治者氏族范围;如所谓"鲁卫之政,兄弟也"(《子路》)是。

从以上说明孔子所倡导的"仁",并非是人之发现。所发现的只是统治者氏族,统治者氏族中之没落者。

三

关于"天命",孔子这样说:"不知命,无以为君子也。"(《尧曰》)又说:"君子有三畏,畏天命,畏大人,畏圣人之言;小人不知天命而不畏也,狎大人,侮圣人之言。"(《季氏》)

按"天命"为殷周种族统治的官方思想,所谓"天命玄鸟,降而生商"（《诗经·商颂·玄鸟》），"先王有服（事也），恪谨天命"（《尚书·盘庚上》）；所谓"有命自天，命此文王"，（《诗经·大雅·文王》）"天乃大命文王，殪（灭也）戎殷，诞受厥命"（《周书·康诰》）。但发展至西周末，由于社会的变革——种族统治动摇，因而对"天命"的信念亦呈动摇，所谓"天命靡常"（《诗经·大雅·文王》），"天命不彻"（《诗经·小雅·十月之交》）——认为"天命"靠不住，甚至说："下民之孽，匪降自天，噂沓背憎，职竞由人。"（《诗经·小雅·十月之交》）——认识到人民受的罪孽，哪里是什么天命，还不是人为，还不是统治者的残酷压迫所致吗？

到了春秋时代，自是变本加厉，"弃礼违命"（《昭公十二年》）的事是不一而足，"民闻公命，如逃寇雠"（《昭公三年》）的事层见叠出；甚至到了"民各有心，何上之有"（《昭公四年》）的地步。即在统治层，有的亦发出了"天命不佑"（《昭公元年》）的感叹！至所谓有心者——即当时守旧派见到这情势，便从反对"不知命"中而倡导"君能制命为义，臣能承命为信"（《宣公十五年》）。公元前 606 年，楚庄王向周天子打发来劳问的王孙满，"问鼎之大小轻重"，——拟向周天子打主意，王孙满力辟其非地这样说道："周德虽衰，天命未改"，故"鼎之轻重，未可问也"（《宣公三年》）；——就这样止住了楚王，叫他不必有此野心！实质上，这应当说，是社会变革所由反映的政治上的变化，而无关于所谓"天命"，无所谓"天命"之改与未改。

孔子根据当时统治层中守旧派思想的反映，对于"天命"之所以动摇，得出了如下的归结：就是"小人不知天命而不畏也，狎大人，侮圣人之言"。如所谓"筚门闺窦之人，而皆陵其上"（《襄公十年》）；所谓"盗憎主人，民恶其上"（《成公十五年》）；甚至"弑父与君"（《先进》）亦层见叠出；其"不畏天命"而"狎大人"，从孔子看来,是已臻于极致。至于"圣人之言",据皇侃(488—554)疏云:"谓五经典籍,圣人遗文也。"(《论语集解义疏》卷八)当时对圣人典章制度之侮慢,如本来是"先王议事以制","不为刑辟"的,原因就是"惧民之有争心";可是公元前536年,郑人不顾"先王"之"议事以制",而妄为"刑辟"——铸起刑书来,晋国的守旧派——叔向知道了,大为不满,马上写信给郑子产,说这一来"民知有辟,则不忌于上,并有争心";——怎的不依先王的典呢?(《昭公六年》)又如晋国不"守唐叔之所受法度,以经纬其民",于公元前513年"铸刑鼎",孔子知道了,叹息着说:"晋其亡乎,失其度矣。"(《昭公二十九年》)而鲁国季孙亦是如此,于公元前484年,不顾"周公之典"而欲以田赋,孔子认为这亦是"不度于礼",——违反了周公所建立的制度(《哀公十一年》)。所有这一切,对于先王典籍于不顾而任意改弦更张,就是有意与圣人为难,——对圣人言行之侮慢。

就是孔子本人亦曾遭受同样的待遇。他自己虽自谦地说:"若圣与仁,则吾岂敢。"但他的门弟子,早已奉之如日月(《述而》、《子张》),——自然是圣者。可是他就先后遭受了长沮桀溺,荷莜老人(《微子》)以及鲁之叔孙武叔(《子张》)的慢侮与訾毁;——特别是荷莜老人骂他"四体不勤,五谷不分",而来谈什么"长幼之节""君臣之义"——这一套废话呢?所以孔子之说"小人不知天命",以至"侮圣人之言",从另一方面说,也是他身受其感。

按:"子罕言利,与命与仁。"(《子罕》)关锋、林聿时肯定了王淔南、史绳祖的解释,应当是"子罕言利,从命从仁"[①];这是对的!然而我们应当要注意的是:

当时由于"天命"思想的动摇,致对"天命"之倡导,是不易为人心所维系,故"从命"已逐渐向"从仁"方面转化,要为"从仁"所代替。

如:所谓"君命,天也"(《定公四年》);故"君能制命为义",而"臣能承命为信"(《宣公十五年》);所谓"守命共时之谓信"(《僖公七年》);所谓"违命不孝"(《闵公二年》);所谓"君令而不违,臣共而不贰",是"礼之善物",是"先王所禀于天地,以为其民也"(《昭公二十六年》);故不能"弃礼违命"(《昭公十三年》)。而"君能制命为义",说明"命"已由所谓客体精神的东西而主体化,这是一;同时值得注意的,就是把"命"和"义"、"信"、"孝"、"礼"相联系,这说明单言"命"是不行的了,而必须把"命"和"信"、"义"、"孝"、"礼"诸思想规范作密切的结合,明确地说,就是要把"命"和"仁"联系起来,把"从命"说成是"从仁",而"从仁"亦即是"从命",由是而之焉之以"从仁"代"从命",以达到"克己复礼""天下归仁焉"的目的。

按这样的言"从仁"即是"从命",自就是这所谓客体精神(命)之复归于主体观念(仁),而认以直言主体观念(仁)之为喻。

至孔子言"从命"不及言"从仁"之多且详,和他之以"仁"为主旨,所谓"仁以为己任"(《泰伯》),要"用其力于仁",要"志于仁"(《里仁》),其义亦是如此,就是认"从仁"即是"从命"故不多言命。孟子所谓"仁之于父子","义之于君臣","礼之于宾主","知之于贤者"等等,是"命也,有性焉",可是"君子不谓命也"(《孟子·尽心下》),自亦是深体此旨的说法。

所以孔子说:"君子思不出其位。"(《宪问》)又说:"富与贵,是人之所欲也,不以其道得之,不处也;贫与贱,是人之所恶也,不以其道得之,不去也。"(《里仁》)又说:"富而可求也,虽执鞭之士,吾亦为之;如不可求,从吾所好。"(《述而》)等等,这一切就是

"从仁"——作到要"造次必于是,颠沛必于是"而"无终食之间"的违背。如果"去仁"的话,那么,作为君子又"恶乎成名"(《里仁》)呢?由是而知他的"从仁",实又寓有"知命"之意;但不直言这是"知命",而是说这是"仁者安仁"(《里仁》);以求贯彻他之"老于仁"——是以"仁"为其主旨。

他之所以以"仁"为主旨,除了"惟命不于常",且发展至"不知天命而不畏也",故言"从命"是很难维系人心外;"从仁"的话,因"爱亲之谓仁"、"利国之谓仁",倒可以说从巩固统治者氏族中以达到巩固其统治的目的。所以他说:"如有王者,必世而后仁。"

四

富辰于谏周襄王时这样说:"尊贵、明贤、庸勋、长老、爱亲、礼新、亲旧。"倘能如此,"则民莫不审固其心力,以役上令";而于"明贤",他说:"狄,豺狼之德也。"而"郑未失周典,王而蔑之,是不明贤也"①。

晋文公于复国后的布置,除"正名育类"之外;首要的,便是"昭旧族,爱亲戚,明贤良,尊贵宠,赏功劳,事耇老,礼宾旅,友故旧",于是旧族中胥、籍、狐、箕等十一族"实掌近官";而"诸姬之良,掌其中官(内官)",有亲戚关系的"异姓之能,掌其远官"②。

由于周初之封国,是"封建亲戚,以藩屏周"(《僖公二十四年》);故其诸侯之国亦是如此。所以"明贤",主要的是明统治者氏族之贤,其次是明与统治者氏族有亲戚关系的"异姓之能";这

---

① 《国语·周语中》,其事亦见《左传·僖公二十四年》。
② 《国语·晋语四》、《左传·僖公二十四年》有纪载,但不详。

是周典。"周之东迁,晋郑是依;子颓之乱,又郑之缘定"(《国语·周语中》);故郑"未失周典"。晋文公复国后之人事安排,亦是遵照周典。

公元前564年,秦景公预备伐晋,乞师于楚,楚子许之!但子囊认为不可!理由是"晋君类能使之,举不失选,官不易方"(《襄公九年》);——就是晋君能选氏族中之贤良以加强统治。

"昔武王克商,光有天下,其兄弟之国十有五人,姬姓之国者四十人,皆举亲也!其举无他,唯善所在,亲疏一也";晋国魏献子(魏舒)于公元前514年当政后亦是如此,——能举氏族中之贤良者以秉政,孔子听到,便称许他,说他"近不失亲,远不失举,可谓义矣";"其举贾辛",是先赏王室之功,亦是忠于王室之具体表现(《昭公二十八年》)。

由是而知,孔子的"举贤才"(《子路》)和"选于众"(按"众"字前已说明),说这样使得"不仁者远矣"(《颜渊》);——这个,自就是所谓"明贤"——明统治者氏族之贤与有亲戚关系的"异姓之能";如此,故"不仁者远矣",——都能为氏族尽孝悌,以孝悌为本。所以《礼记大传》指出:"举贤""使能"而"民不与焉"——不包括被奴役的人民在内。而只有"君子笃于亲,则民兴于仁;故旧不遗,则民不偷"(《泰伯》);——于是"上下之纪"(《昭公二十五年》)井然,种族统治永固。

当时的情况,由于社会的急激变革,致"公室将卑","宗族枝叶先落",致晋国有栾、郤、胥、原、狐、续、庆、伯、降在皂隶(《昭公三年》);而王室不仅已卑,且"旧官百工(百官)之丧职秩者",更不知多少(《昭公二十二年》);至"三后之姓,于今为庶",这是当时大家所熟知的(《昭公三十二年》)。

晋国却氏未"降在皂隶"以前①，晋文公时代，郤芮因拟弑文公而为秦伯所诱杀(《僖公二十四年》)；故其家曾一度沦落，——其子郤缺在冀地方服农役。之后，因"臼季使过冀"，见郤缺在那里锄土，妻子送饭，夫妇恭敬有礼，"相待如宾"，故臼季便邀"与之归"，告知文公，说郤缺夫妇相敬如宾，这是好的表现！因为"能敬必有德"，"德以治民"，请用郤缺吧！文公说："其父有罪，可乎？"臼季答复："舜之罪也，殛鲧，其举也兴禹；管敬仲，桓之贼也，实相以济。"有什么不可呢？于是文公郤缺为下军大夫(《僖公三十三年》)。

郤缺虽在服农役，但不是当时一般被奴役的农人，而是被沦落的贵族，臼季之举他，见他夫妇相敬如宾，说明他到底是"犹秉周礼"的贵族，是贤才，是仁人，故力主晋文公复用。而孔子之"举贤才"和"选于众"，其义亦在此，——亦在选举氏族贵族中或被沦落的氏族贵族中之贤者能者，就是明贤而不是尚贤。

孔子不是提出要"举逸民"吗？按"逸民"，就是在当时社会推移的过程中而被遗佚了的氏族贵族，如"伯夷、叔齐"和"虞仲"等皆是(《微子》)，其中如虞仲(即仲雍)，他是泰伯之弟，因不得立而与泰伯一同逃至荆蛮者。所以孔子在倡导"举贤才"中，其"举逸民"，自是他的主要所在，有如臼季之举郤缺者。而他之以"仁"为其主旨，其义亦在此，所以他之言"仁"，并非人之发现。

且孔子之"举逸民"，是和"兴灭国，继绝世"一同提的(《尧曰》)。在当时社会变革的过程中，除有贵族之被"降在皂隶"外，所谓"春秋弑君三十六，亡国五十二"，以至世族(按世族亦即官

---

①　按郤氏之亡，见《左传·成公十七年》。其族属之"降在皂隶"，亦当在此时。

族,所谓"官有世功,则有官族"(《隐公八年》)之遭受沦落或绝灭者益不知多少,所谓"周之子孙在汉川者,楚实尽之"(《定公四年》);于此可见——这一切,均说明种族统治之日趋没落中,孔子为维护其统治,所以要"兴灭国,继绝世,举逸民",说这样,才可使"天下之民归心焉",——导致人心,知所归向。这是孔子"明贤"的实质。同时,这种的"明贤",从孔子答复子贡问仁,所谓"事其大夫之贤者,及其士之仁者",就是仁之表现;是则"明贤",亦即是在行"仁道";是"求仁而得仁"(《述而》)的具体表现之一。

五

现在我们看看孔子的反对派——墨子。

"墨子贵兼"(《吕氏春秋·不二篇》),——倡导"爱无差等"(《孟子·滕文公上》);——这是他的思想中心。

由于"墨子贵兼",故反对"君子必古言服,然后仁"(《墨子·公孟》);——其实质就是反对据周典来衡量"仁",作为"仁"之标准①。因之墨子说,"今天下之君子之名仁也,虽禹汤无以易之";但"兼仁与不仁,而使天下之君子取焉,不能知也"(《墨子·贵义》);而其所以"兼仁与不仁"之不能认识,并非"以其名也",而是"以其取也";——由于所取的不一样,如孔子所取的,就是"亲亲有术(杀也),尊贤有等"(《墨子·非儒下》);——如此,便有所偏,便不能如实地认识到"仁与不仁";要能如实地认识到"仁与不仁",应当是以兼易别,应当兼爱。兼爱的话,就应当"勿有亲戚弟兄之所阿"(《墨子·兼爱下》),而不是"亲亲有术";就应当是"有

---

① 《墨子·公孟》墨子批判公孟子:"子法周而未法夏。"

力者疾以助人,有财者勉以分人"和"有道者劝以教人"(《墨子·尚贤下》),而不是"治亲"、"报功"、"举贤"、"使能"和"存爱"而"民不与焉"的;这才是"仁"之具体表现。所以墨子说"兼即仁矣义矣"(《墨子·兼爱下》)。按:墨子这话,在实质上,自是反映了当时进步势力的要求,反映了当时进步势力从反对种族统治中争取政治上、经济上和文化上的权利的具体的体现。同时,自也说明了孔子的"仁"是维护种族统治的,而墨子的"兼爱"是与孔子的"仁"针锋相对。

孔子从命,墨子则非命。

墨子说:"命者,暴王所作,穷人所述,非仁者之言也。"如果要真正行义的话,决不可以不反对(《墨子·非命下》)!按:说"命"为穷人(穷,凶也,意即穷凶极恶之人)所述,所谓"穷人"自是指儒者——孔子。因墨子于驳孟子时曾指出:儒"以命为有",故认"贫富寿夭",都为命定而"不可损益","此足以丧天下"(《墨子·公孟》);是其明证。

墨子又说:"执有命者不仁,故当执有命者之言,不可不明辨。"(《墨子·非命上》)值得注意的,墨子一再把"有命"与"不仁"联系而言;这个,自是因孔子"从命"与"从仁"中而以"从仁"为主旨——即是针对此而发。另一面,墨子的"非命",是与"兼爱"联起来,是为这一"兼爱"的主旨而服务。如要贯彻"兼爱",就不能不"非命",如果种族统治的所谓"礼治",被认为是天经地义,是命定了的话,则"无以易之"(《墨子·兼爱下》);若"无以易之"又怎么样能达到那"勿有亲戚弟兄之所阿",达到那"有力者疾以助人,有财者勉以分人,有道者劝以教人"——这一"兼相爱,交相利"的目的呢? 故应当"非命"!应当使大家认识到"夫岂可以为命哉? 故以为其力也";以"力"才可以"使饥者得食,寒者得衣,劳者得息”，才“以为强必富，不强必贫”；“强必贵，不强必贱；强必荣，不强必辱”（《墨子·非命下》）；同时，促使种族统治者能知道，他们之“亡失国家，倾覆社稷”，并非是“命固失之”，而是自己“罢（疲也）不肖，为政不善”（《墨子·非命上》）；——残酷的压迫剥削所致。

所以墨子为了“贵兼”，贯彻“兼以易别”，就必得“非命”，必得宣示“执有命者不仁”；这说明他的“非命”是为“兼爱”的主旨而服务，和孔子的“知命”之为“仁”的主旨服务是针锋相对。

孔子“明贤”，墨子则“尚贤”。

墨子之尚贤主张很明确：一面反对“其所富，其所贵”，皆“王公大人骨肉之亲，无故富贵，面目美好者也”（《墨子·尚贤下》）；同时，倡导要“不辨贫富贵贱远近亲疏，贤者举而上之，不肖者抑而废之”（《墨子·尚贤中》）；如“虽在农与工肆之人，有能则举之，高予之爵，重予之禄，任之以事，断予之令”（《墨子·尚贤上》），又虽是贵族，如果是“不肖者”，必“抑而废之，贫而贱之，以为徒役”（《墨子·尚贤中》），从而达到“官无常贵，民无终贱”的目的（《墨子·尚贤上》）。

他这话，即是对“明贤”思想的批判，即是对“为仁者，爱亲之谓仁”思想的批判。

同时，这里说明了墨子的“尚贤”和他的“非命”一般的是在贯彻“兼爱”的主旨；从解除旧有思想的束荷中以打破氏族贵族的专政，因而也便利了进步势力的发展。

不论墨子思想中，尚有若干的消极面和不彻底性，但从以上对墨子思想之简明的分析，我们明显地看到，墨子以“兼爱”为中心；“非命”与“尚贤”贯彻了这一“兼爱”的主旨，为“兼爱”而致力；与孔子以“仁”为中心，“知命”与“明贤”贯彻了“仁”的主旨，为“仁”

而致力;两者实是针锋相对!从墨与孔的相敌对中,关于孔子"仁学"思想的实质,自可获得进一层的认识。

孔子思想之与时代相背离,不但在他的反对派墨子针锋相对的批评中见到,且从当时社会发展趋势看,更是明显。如刘向在《战国策》序文中谈到春秋后的社会变化时说:"仲尼既没之后,田氏取齐,六卿分晋,道德大废,上下失序","上无天子,下无方伯"。顾炎武(1617—1682)在考察周末风俗时,亦指出这时之变化,所谓"春秋时犹尊礼重信,而七国则绝不言礼与信矣;春秋时犹尊周王,而七国则绝不言王矣。春秋时犹严祭祀重聘享,而七国则无其事矣,春秋时犹论宗姓氏,而七国则无一言及之矣"(《日知录》卷十三)。而这一切属于"仁"之内涵之观念形态的东西之所以不被尊崇与重视,自亦说明从新兴势力的发展中种族统治之日趋于瓦解。从而说明墨子所给予孔子的批判倒是切合当时社会发展的实际。

六

墨子虽是孔子的反对派,但另一方面也是承认孔子有"当而不可易者",故墨子对他仍有所称述(《墨子·公孟》)。

当然,孔子自有他积极的一面:

孔子于从郯子学礼后这样说道:"天子失官,学在四夷,犹信。"(《昭公十七年》)他这话,说明了由于社会的急激变革,种族统治日趋于崩溃,致原来学在官府——文化官吏掌握了官府的学问是"懂守其数,慎不敢损益",只能"父子相传,以持(奉也)王公"的(《荀子·荣辱》);到此时,他们没落了下来,致学术文化也随之而下来;孔子为殷宋后裔,亦是氏族贵族中之没落者,故自云:

"吾少也贱,故多能鄙事。"(《子罕》)

孔子的门弟子,据说有三千,但不论是否具有此数,但总之是不少,其成绩认为优良的都有七十二人;——以这样多人,对于殷周学术的传播与阐述,致学术文化普遍下移,这是孔子极大的功绩。

同时,他自己钻研古代文献,又极用功,且从钻研与学习中,提出一些好的经验和方法,如:

要"学而时习之"(《学而》);——学了要勤加复习,于是才可从"日知其所亡"中而又"月无忘其所能"(《子张》)。

要作到"学"与"思"的统一,所谓"学而不思则罔,思而不学则殆"(《为政》);——学了要开动脑筋想想,找出其中道理;可是单纯思索又不行,而应该多学,具有丰富的智识。如学"诗",可以"多识鸟兽草木之名"(《阳货》)之类;因是而占有大量的资料;从而对资料的刻苦钻研与深思熟虑,发现其中道理;所谓"多闻,择其善者而从之"(《述而》)。

要说明问题,就要有大量的文献作根据,如他说"夏礼,吾能言之",可是"杞不足征";"殷礼,吾能言之",可是"宋不足征";其"不足征"的原由,就是由于杞宋两国所保存的文献不足;足的话,自可从文献中找到说明——获得透辟的理解(《八佾》)。

至于为学的态度,要诚恳,应当是"知之为知之,不知为不知";这才有所知(《为政》);而不应强不知而为知——以不懂装懂。他自己就是如此;当时有一种这样的情况,就是"盖有不知而作之者";他说"我无是也"(《述而》)。孔子除了自己"学不厌"之外,另一面,他还"诲人不倦"(《述而》);并且在"诲人不倦"的当中,他的方法是因材施教;就是同一问题,针对不同的对象,从各个方面围绕此中心而施行解答;归趋既一致,而又收效大,能解决问题。如他答复门弟子之问仁，就是很明显的例证。

由是而知，孔子的治学与施教，其态度是严肃认真的，方法是实事求是的，至他之所以"学不厌，诲不倦"，所以"博学而笃志，切问而近思"，是因"仁在其中"，寻求他的所谓"仁道"（《子张》）；而寻求"仁道"，又是为了复礼，所谓"博学于文，约之以礼"（《雍也》），以为种族统治服务；——所以他这一学习的内容与目的，自应予以批判外，但是在教与学上，这种态度与方法，还是值得人们学习。

这是他思想中主要的积极的一面。

孔子思想之另一积极面，就是他在政治上思想上虽是维护种族统治——这是基本的，但在种族统治走向崩溃的途中，使他见到了若干历史发展的秘密；如除了"必不得已的"情势下之外，他认为要"足食足兵"，才可导致"民信"（《颜渊》）；因之一再地说"所重民食"（《尧曰》），要"因民之所利而利之"（《尧曰》），要"博施于民"（《雍也》），等等。"足食"之后，再继之以教，所以说"既富矣，又何加焉，曰教之"（《子路》）。这一切都是带有唯物论倾向的言论，是可取的！

又他经常教人要勇于改过，所谓"过则勿惮改"（《子罕》）；他自己亦以此为忧，——深恐"闻义不能徙，不善不能改"（《述而》）；同时，对自己的过失，亦从不加掩饰，曾愉快地说："丘也幸，苟有过，人必知之。"（《述而》）"正"与"错"自有时代的原则标准，孔子的所谓原则标准是与他的时代的发展相背离的，已如上作了批判外，但他的这种勇于改过的精神自是值得人们学习。

又他和自然界接触，自亦使他见到了若干真理，如他在川上，见到川流不息的现象，认识到"逝者如斯夫，不舍昼夜"（《子罕》）；——事物就是这样日夜不停的变化着！至他说："天何言哉,四时行焉,百物生焉,天何言哉?"(《阳货》)——这话虽是他有所感而发,且不甚纯粹,但也总算他对天体的自运获得了一些理解。

以上是孔子思想中的积极面。

至孔子死后,他的思想通过门弟子的传播与阐述,便分成为八派:——所谓"儒分为八":"有子张之儒,有子思之儒,有颜氏之儒,有孟氏之儒,有漆雕氏之儒,有仲良氏之儒,有孙氏(即荀卿)之儒,有乐正氏之儒。"(《韩非子·显学》)但影响最大而又有著作传世者,惟两派:一派是"孟氏之儒",即孟轲,——他是子思的门徒,接受了子思派的思想,一般称之为思孟学派;另一派则为"孙氏之儒",——即荀卿的一派。

孟子的思想,通过子思而承接了孔子思想中整个消极部分。他从肯定孔子论"性相近"是近于善中而倡导性善论,是以"善"为性;以"善"为性,亦即以"仁"为性,这样,便是对"仁"之为先验的主体的产物,作了进一步的肯定,所以说:"仁,人心也。"(《孟子·告子上》)于是只要把这一主体的"仁"发挥出来就很好,而无视外界,无所谓外界事物,所以说"万物皆备于我矣"(《孟子·尽心上》);就这样把孔子的主观唯心论思想发挥到极致。同时,仁义之为亲亲亦作了进一步的阐扬,所谓"仁之实,事亲是也;义之实,从兄是也"(《孟子·离娄上》);所谓"未有仁而遗其亲者也;未有义而后其君也"(《孟子·梁惠王上》);——以之来加强统治者氏族的团结,维护种族统治。而他的所谓"仁政必自经界始"(《孟子·滕文公上》)亦即是此意,亦即在匡正那许多已被破坏了的方块田制,以维护那"无君子莫治野人,无野人莫养君子"(《孟子·滕文公上》)的种族奴隶制局面。

而荀子则从发扬孔子思想的积极部分中,对孔子思想的消极部分,亦作了若干的修正和改造。

荀子的"不为尧存,不为桀亡"的"天行有常"的思想(《荀子·天论》),——除了墨家后学的科学思想所给予的影响外,对孔子的"天何言哉,四时行焉,百物生焉,天何言哉"的看法,作了新的理解,自是很大关键。由于这,他在时代的影响下,对孔子的"天命"思想,亦作了彻底的批判和改造;认为与其"大天而思之,孰与物畜而制之";与其"从天而颂之,孰与制天命而用之"(《荀子·天论》);认为人不仅不应相信有所谓天命的支配;倒过来,人应该相信自己是可以支配天命而为人们所用。人是有力量的!所以人应当相信自己的力量,应当"敬其在己者,而不慕其在天者";这样才可以日进(《荀子·天论》)。他这话,是戡天主义,是人之发现;——反映了新兴的封建势力的要求和鼓舞了奴隶们之争取解放。所以说"涂之人"可以由"贱而贵","胥靡之人"可以由"贫而富"(《荀子·儒效》)。由是而知,真正的人之发现,并非孔子,而是荀子。

同时,我们知道,孔子之倡导"仁",是为了"复礼",——为了回复那日趋于破坏的"刑不上大夫,礼不下庶人"的所谓"礼治";但发展至荀子,由于时代的推进,这一旧的"礼治",是难为人所理喻,因之荀子给予"礼"以改造,而认为:礼者是在于"养人之欲,给人之求",故要"使欲必不穷乎物,物必不屈于欲";这样,"两者相持而长";所以说"礼者养也"。"礼者:断长续短,损有余,益不足,连敬爱之文,而滋成仁义之美。"(《荀子·礼论》)意即礼者是在使人民生活之能获得解决;可是,要解决,就必得"断长续短",必得"损有余,益不足";——使财产获得重新分配;于是才可"使欲必不穷乎物",而"物必不屈于欲";不致有的一无所有,而有的则坐享其成,任意挥霍。

另一面，"虽王公士大夫之子孙，不能属于礼义，则归之庶人"；"虽庶人之子孙"，如果他"积文学，正身行，能属于礼义，则归之卿相大夫"(《荀子·王制》)；——于是上下关系根本改变。在这情势之下，旧"礼治"是所谓"刑不上大夫，礼不下庶人"的，现在则不论何人，凡"以善至者，待之以礼；以不善至者，待之以刑"(《荀子·王制》)；——是为"礼治"的合理化。所以荀子的"礼"是带有极浓厚的"法"的意味。

其实，被荀子改造过的"礼"，实质上就是法，这一点他亦明白提过：如说"礼者，法之大分，类(按《方言》卷七云：齐谓法为类)之纲纪也"(《荀子·劝学》)。又说"故非礼，是无法也"(《荀子·修身》)。说明"礼"与"法"实质上的一致。

由是说来，荀子对于孔子的"礼"以改造，使孔子的"礼"从适应新的封建势力的要求中，而为封建的统治服务。

同样的，孔子的人伦思想与道德规范——如"不可废也"的"长幼之节，君臣之义"(《微子》)等等，随着荀子对于孔子"礼"的改造，而一同从改造中而成为这被改造的"礼"的内涵，与被改造的"礼"相适应。如说"礼者"，"人伦尽矣"(《荀子·儒效》)，又说"礼者，人道之极也"(《荀子·礼论》)，把伦理道德与被改造的"礼"结合起来，认为能尽斯礼就是道德人伦之极致。于是这种种

20世纪儒学研究大系

现实形态之原为种族奴隶制服务的,至是转而为封建制的伦理道
德①。同时,荀子从阐扬孔子思想的积极面中,阐述了孔子的为学
与做人(《荀子·劝学》);对孔子所手订的"《诗》《书》《易》《礼》
《春秋》";通过他的"善为"②而作了广泛的传播③。于是说来,孔
子之成为中国封建制时代的圣人,和荀子的努力,自是分不开的。

　　汪中(1744—1794)说:"盖仲尼既没,六艺之学,其卓然著于
世用者,贾生(贾谊)也";而贾谊固"荀氏再传弟子"④;其使儒术
尊崇于封建制时代之董仲舒,——他治公羊春秋,亦曾"作书美荀
卿"⑤,益知孔子的思想之成为封建制时代的哲学,实为荀子之力。
王先谦(1842—1917)曾说:"荀子论学论治,皆以礼为宗,反复推
详,务明其指趣,为千古修道立教所莫能外。"⑥——他这话当是对
荀子思想深有体会的的论。

　　另一面,待封建势力取得政权以后,为有利于其统治,阐扬孔
子思想之消极部分的孟子思想之被吸取,自是可以理解的,如董仲

---

　　①　《荀子集解》考证上谢墉《荀子笺释序》:"小戴所传《三年问》,全出
《礼论篇》。《乐记·乡饮酒义》所引,俱出《乐论篇》。《聘义》子贡问贵玉贱
珉,亦与《法行篇》大同,大戴所传《礼三本篇》,亦出《礼论篇》,《劝学篇》即
《荀子》首篇,而以《宥坐篇》末见大水一则附之,《哀公问五义》,出《哀公篇》
之首,则知《荀子》所著载在二戴记者尚多,而本书或反缺佚,愚窃尝读其全
书,而知荀子之学之醇正,……洵足冠冕群儒,非一切名法诸家所可同类共观
也。"由此可见为后世封建制服务的"礼",其中自不少是出自荀子。
　　②　《荀子》刘向叙。
　　③　汪中《述学补遗》"荀卿子通论"云:"荀卿之学出于孔氏,大有功于
诸经。"
　　④　汪中《述学》内篇卷三《贾谊新书序》。
　　⑤　《荀子》刘向叙。
　　⑥　《荀子集解》序。

舒一面以荀子思想为其内核,其论人性,认"生之自然之资,谓之性;性者,质也! 诘性之质于善之名"是不中肯的! 且"民之号取之暝也,使性而已善,则何故以暝为号"呢? 故须"待觉教之然后善"①;但同时亦吸取了子思、孟轲的思想,如以相生克之五行而附会于政治是②。至孟子思想之被重视,是唐韩愈以后,宋以来的事;——然宋儒之言性虽主孟氏,如钱大昕(1728—1804)所说,然"必分义理之性与气质之性而二之,而戒学者以变化气质为先,盖已兼取孟荀二义,而所谓变化气质者,实暗用荀子化性之说,是又不可不知也"③。同时荀子所云:"人心譬如槃水,正错而勿动,则湛浊在下,而清明在上,则足以见须眉而察理矣;微风过之,湛浊动乎下,清明乱于上,则不可得本形之正也;心亦如是矣,故导之以理,养之以清。"(《荀子·解蔽》)——自亦是宋儒分别性为义理与气质二者之所本。而荀子所谓"君子养心莫善于诚,致诚则无它事矣"(《荀子·不苟》)。所谓"夫此顺命以慎其独","不诚则不独"(《荀子·不苟》)。凡此皆荀子思想中之消极面,而亦是宋儒言"诚"言"慎独"之所从出。

所以我认为孔子的思想,是通过荀子而在封建制时代起了作用,因而孔子成为封建社会的圣人,他的思想便转而为封建统治服务。

另一方面,亦必须指出:随着中国封建社会的发展,以孔子为圣人则一,但解释所以为孔子的思想则不一,这是由于封建社会发展的各个时期的特点不同,反映在各个时期的封建统治中,对孔子

---

① 《春秋繁露》卷十《深察名号》。
② 《春秋繁露》卷十三《五行相胜》第五十八及《五行相生》第五十九。
③ 《潜研堂文集》卷二十七跋《荀子》。

思想作了不同的要求所致。

(《学术研究》1962 年第 1 期)

杨荣国（**1907—1978**），湖南长沙市人。1938 年加入中国共产党，历任东北大学、桂林师院教授，湖南大学文学院院长兼历史系主任，中山大学历史系古史教研室主任、系主任、校党委常委等。著作主要有《孔墨的思想》、《中国古代思想史》、《简明中国哲学史》等。

作者认为，"在当时由种族奴隶制向新的封建制的转化过程中，孔子的思想基本上是维护种族奴隶制的"。（一）政治态度是"保守的"，反对一切适应新的形势的变化与改革。（二）中心思想是"仁"，这是当时守旧派的意识形态之集中的表现。（三）反对"天命"的动摇，是由于当时社会上对"天命"思想的动摇，"从命"已逐渐向"从仁"方面转化。（四）"明贤"，就是在"种族统治之日趋没落中，孔子为维护其统治，所以要'兴灭国，继绝世，举逸民'"。（五）从墨与孔的相敌对中，更可见"孔子思想与时代相背离"。（六）孔子思想中主要积极的一面是兴私学办教育，其次是"在种族统治走向崩溃的途中，使他见到了若干历史发展的秘密"。

十七八世纪西方哲学家的孔子观

朱 谦 之

东西文化接触曾经给世界文明以强大的推动。东西文化各有其自身的发展特点,但是这并不妨碍它们同时通过其自身的社会经济条件和社会内部的各种阶级斗争而接受了对方的影响。在十七八世纪,中国哲学文化曾经给予欧洲思想界以一定的影响。

一

十八世纪是欧洲封建主义崩溃和资本主义成分产生的时期。为了适应新的生产力发展的需要,在哲学里面逐渐形成那正在上升到统治地位的反宗教反封建的理性万能的学说,即所谓理性时代。在我看来,理性时代的思想来源,一是希腊,一是中国。中国哲学文化、特别是孔子哲学的传播,为其外来条件。

孔子学说的传入欧洲,以十六、十七世纪来华的耶稣会士为媒介。耶稣会士来远东传教以传播科学为手段而以进行殖民主义侵略为目的,但是,在中国当时的特殊情况之下,由于资本主义萌芽初期需要科学技术,所以一时朝野的知识分子同他们殷勤结纳,而不甚信他们的宗教。耶稣会因争取在中国传教,对于中国的祭孔、祭天之礼加以附会曲解,认为并不与神学违背。这便与天主教中其他宗派发生很严重的"礼仪问题"的争论。耶稣会士为了给自己辩护,将中国经典翻译出来寄回本国。关于礼仪问题的争论,从1645至1742年,经百年之久。当时,耶稣会士以外的宗教家,多注意孔子与神学的不同;而在思想家方面,他们则以不同于神学的孔子,作为他们启明运动的旗帜。

初期关于中国的著作,多出于当时葡萄牙、西班牙和意大利等国的传教士。例如,利玛窦译中国《四书》,金尼阁作《基督教远征中国记》,鲁德照作《中华帝国史》,卫匡国作《中国新图》、《中国上古史》。殷铎泽等合著《中国之哲人孔子》,更已经涉及中国哲学了。1685年法国路易十四派遣具有科学知识的耶稣会士来中国,除了课之以传教之外,还课之以作中国研究报告书的义务。他们将考察所得,用书信或论文的形式,编成专书在巴黎发行。其中,竺赫德的《中华帝国全志》四卷,1703—1776年《耶稣会士书简集》二十六卷,1776—1841年《北京耶稣会士中国纪要》十六册,被称为关于中国的三大名著,引起欧洲学者研究中国哲学的极大兴趣。至于专就孔子学说的介绍来说,除了利玛窦、金尼阁译《四书》、《五经》为拉丁文以外,重要的有郭纳爵译《大学》,殷铎泽译《中庸》。特别是耶稣会士编的《中国之哲人孔子》,中文标题为《西文四书解》,附《周易》六十四卦及其意义、《孔子传》,插入孔子画像,上书"国学仲尼,天下先师"。由于这本书,欧洲学者竟把中国、孔子、政治道德三个不同名词联在一起了。此外,为了避免当时严厉的检阅制度,竟有几种是用匿名和无名形式发表的。例如,普庐开的《儒教大观》,作于法国大革命前夜(1784),以中国为标准,提倡新道德与新政治。1788年在伦敦刊行在巴黎发售的一部伪书《孔子自然法》(巴多明译注),利用孔子的性善说,来反驳霍布斯的性恶说。还有一部名为《中国间谍》的伪书,则简直利用中国的名义来提倡革命了。

二

孔子及其学派哲学对欧洲的影响,特别重要的是在法、德两国。十七八世纪欧洲思想界为反对宗教而主张哲学,故对宗教所认为异端的孔子、异端的理学,热烈地加以欢迎和提倡。但是由于法、德的社会经济背景不同,这两国的思想界对于中国哲学的认识也有所不同。大体来说,同在孔子哲学的影响之下,法国的百科全书派把中国哲学当作唯物论和无神论来接受,德国古典哲学则把它当作辩证法和观念论来接受。

现在先从法国说起。十七世纪法国哲学家的思想都是自笛卡儿哲学来的。不过,同在笛卡儿的学派中,一方面有将笛卡儿哲学与正宗的教义相结合的巴斯噶,一方面却有提倡"无神论的社会"的假设的贝尔。巴斯噶反对中国,贝尔则赞美中国。贝尔指出中国思想为无神论,且较斯宾诺莎更为彻底。就中直接继承笛卡儿哲学的麦尔伯兰基虽也攻击中国哲学,却明确认为中国哲学是无神论和唯物论的。他在 1703 年所写《关于神的存在及其本质:中国哲学者与基督教哲学者的对话》一书中,把中国哲学主张的"理"同基督教主张的"神"严格加以分别。他的结论以为中国哲学是无神论,这当然是给当时法国一般知识分子以很大的影响了。

在十八世纪,法国百科全书派轰动一时。这一派将无神论、唯物论、自然主义作为论据,崇拜理性,中国是其来源之一。耶稣会士提倡原始孔教,反对宋儒理学;而百科全书派很多是耶稣会中富有反叛精神的人,却起来拥护此异端之"理",拥护无神论、唯物论与自然主义。固然百科全书派和中国思想接触,不止由于一个媒

介,如孟德斯鸠即取材游客的著作,因而对于中国文化便产生不同
的看法。但是,孟德斯鸠在《法意》第二十四卷十九章也以中国人
为无神论者,以为无神论在中国有许多好处。

　　试以百科全书派为代表,来说明当时法国哲学家的孔子观。
首先是霍尔巴赫,他虽为德国人,但他一生寄居巴黎,为百科全书
派的领袖人物。在1773年所著《社会的体系》一书中,他曾举来
华耶稣会士所写的《中华帝国全志》、《中国现状新志》和《耶稣会
士书简集》等书劝人阅读。他赞美孔子教将政治与道德结合,认
为"在中国,理性对于君主的权力,发生了不可思议的效果,建立
于真理之永久基础上的圣人孔子的道德,却能使中国的征服者,亦
为所征服"。书中援引很多中国的理想政治的例子,结论是"欧洲
政府非学中国不可"。

　　百科全书派的主角狄德罗,他虽不是无条件地赞美中国,但对
孔子哲学却有极高的评价。在百科全书代表项目中,有他所写
《中国哲学》一项。他讲到中国哲学的简史,从战国前孔子一直到
明末,介绍《五经》是中国最初且最神圣的读物,《四书》则为《五
经》的注释,对于宋儒的理学叙述较详,但自叹不易决定它究竟是
有神论、无神论还是多神论。关于孔子哲学,他举出孔子教的根本
概念共有二十四种格言,以为孔教不谈奇迹,不言灵感,纯粹不脱
伦理学政治学的范围。他认为孔子的道德胜似他的形而上学或自
然哲学。他还认为,孔子教义以保存天赋的理性为圣人的特质,以
补充天赋的理性为贤人的特质;德治主义有两个目的,第一是以理
性判别善恶与真伪,第二是修身、齐家、治国、平天下。这种尊重理
性的精神,是狄德罗和他的周围排列着的百科全书家所同声钦佩
的。

　　服尔德是极端赞扬中国文化的欧洲人之一。中国的哲学、道

德、政治、科学,经他一说,都变成尽美尽善了。依他的意思,中国文化是《圣经》以前的且为《圣经》以外的文化,它跟基督教绝然不同,不说灵魂不灭,不说来世生活。孔子自己也不以神或预言者自命,他不讲神秘,只谈道德,即不将真理与迷信混同。因此,若把孔子和基督对比,则基督教全然为虚伪的、迷信的。"我们不能像中国人一样,这真是大不幸"。服尔德反对欧洲对中国传教,以为中国四千年来即已有了最单纯、最好的宗教,即孔教。服尔德赞美孔子的格言"己所不欲,勿施于人",认为这是基督所未曾说到的。基督不过禁人行恶,孔子则劝人行善,如说"以直报怨,以德报德"。因此,孔子实为至圣至贤的哲学家,人类的幸福关系于孔子的一言半句。因为崇拜到了极端,服尔德在他自己的礼堂里,装饰孔子的画像,朝夕礼拜。"子不语怪力乱神"、"有教无类"这类话,尤为他所敬服。他还作一诗,赞美"孔子为真理的解释者",以此暗讥基督教。在《风俗论》中,服尔德说"欧洲的王族同商人在东方所有的发现,只晓得求财富,而哲学家则在那里发现了一个新的道德的与物质的世界"。服尔德是"全盘华化论者"。对于中国的印刷术、陶瓷、养蚕、纺织术、建筑、农业技术等,他认为都有凌驾欧洲之势。关于政治方面,他认为"人类智慧不能提出比中国政治还要优良的政治组织"。关于法律方面,他认为中国非经官厅或御前会议的裁判,虽贱民亦不能处死刑。服尔德还在 1753 年作《中国孤儿剧本》,副题为《五幕孔子的伦理》,宣扬中国道德,以反驳卢骚"文明不是幸福"的中国文化观。

　　百科全书派显然是将中国理想化了,正如法国大革命时流行的歌曲中,唱着"中国是一块可爱的地方,它一定会使你喜欢"。百科全书派之一巴夫尔在《一个哲学家的旅行》中说,"若是中国的法律变为各民族的法律,地球上就成为光华灿烂的世界"。至于重农学派的元祖魁奈,号称"欧洲的孔子",更不消说了。马克思在《资本论》中指出:"魁奈自己以及他的直传弟子,相信他们的封建的招牌。……但实际上,重农主义体系倒是资本主义生产的最早的体系的理解。"重农派以自然法即中国的天理天则代替了上帝的职能,胜利地使政治经济学成为一门科学。例如,《经济表》可称为伟大的科学发明,但是它所根据的是"法国的尚不发达的经济系统,当时在法国,地产起着主要作用的封建制度还没有消灭,所以他们当了封建主义观点的俘虏"(《德意志意识形态》)。马克思所说的封建招牌,我认为就包括了孔子。例如,魁奈的弟子大密拉博,即将《经济表》的伟大业绩,放在完成孔子的遗业上。魁奈所著《格言》,是借用了《论语》的表现法。他向法国各州各都市所发关于经济事实的《质问》,是模仿采风之官巡行天下以采诗的事情。特别是 1767 年他在《中国专制政治论》中即为中国的合法的专制辩护,以为在中国无论古典的经书与民法等法制无不尊重自然法,所以理性的训练特别发达。他在这本书中还提及《孝经》,以为"题为《孝经》的第五种经典,是成于孔子之手的小册,孔子以孝行为义务中的义务,居道德的第一位,但孔子在此书中说要是反于正义和礼仪,则虽为子没有服从父亲的义务,虽阁臣也没有服从君主的义务"。魁奈一派崇拜中国到了极点,以致以为一部《论语》可以打倒希腊的七贤。重农学派尊重中国的结果,致使法王路易十五于 1756 年仿中国习惯举行亲耕"籍田"的仪式。尽管如此,孔子学说在法国,这不算主流,主流是民主思想的传播。正如波提埃在《东方圣经》中所说,"便是最前进的理论,也没有孟子'民为贵,社稷次之,君为轻'的更为激进"。因此,合法专制在当时即受了批判,而直接间接借助于中国的民主思想,却形成大革命的哲学基础之一。

三

　　再就德国来看。德国受中国哲学影响和法国不同。这是因为封建主义经济基础，"在法国是一下子被砸碎的，在德国直到如今还没有被彻底砸碎"①。这反映在意识形态上，法国表现为唯物论和无神论，德国表现为辩证法和观念论；法国所见的孔子是唯物论者、无神论者，德国所见的孔子是辩证法论者、观念论者。先以德国古典哲学的先导莱布尼茨为例。莱布尼茨是承认中国文化大足贡献西方文化发展的第一个人，他在1666年开始写作时即注意中国。1687年《中国之哲人孔子》出版，他很受感动，与人书说及"今年在巴黎发行中国哲学者之王孔子的著述"。1690年他在罗马会见由中国返欧的耶稣会士闵明我，八个月的往来，使他深悉中国情形。1697年他用拉丁文出版了一部《中国最近事情》，卷首云："全人类最伟大的文化和文明，即大陆两极端的二国，欧洲及远东海岸的中国，现在是集合在一起了。"他说，欧洲文化的特长是数学、思辨的科学及军事学，然而一说到实践的哲学，则欧人到底不及中国。"我们从前谁也不曾想到，在这世界上有凌驾我们的民族存在，但是事实上，我们却发现了中国民族了。"然而，给莱布尼茨最大影响的还是《易经》。1703年4月他从耶稣会士白晋得到邵康节的《六十四卦圆图方位图》和《六十四卦次序图》，惊喜之余，以为它们与他在1678年所发明的"二元算术"完全相合。实际上莱布尼茨在此以前，1701年当把二元算术的研究送给巴黎学院时，已不忘附载从《易经》六十四卦来解释这数学。莱布尼茨的二元

---

　　①　恩格斯：《费尔巴哈与德国古典哲学的终结》。

算术虽以形而上学为其基础,但它包含着辩证法的因素。正如列宁说的:"因此,莱布尼茨通过神学而接近了物质和运动的不可分割的(并且是普遍的、绝对的)联系的原则。"(《哲学笔记》)其最有名的代表作《单子论》,也是在1714年受了中国哲学影响才出版的,这就怪不得他那样狂热地提倡中国学的研究了。

莱布尼茨和法国哲学家麦尔伯兰基不同。麦尔伯兰基以中国哲学为无神论,认为中国哲学的"理"和基督教的"神"不同。相反地,莱布尼茨则主张儒家主张的"理"和基督教的"神"完全相同。他在给法国摄政累蒙的一长信里,即对此作了详细的论述。

继莱布尼茨之后,将孔子一派思想用德语遍布于大学知识界而收很大效果的是沃尔弗。1721年7月他在哈尔大学讲演《中国的实践哲学》,这在德国哲学史上可算一桩大事,同时也对欧洲学者了解孔子哲学起了极大的作用。他在这个讲演中极力赞美儒教,稍带着轻视基督教的倾向,因此便给同大学中虔诚派的正统神学派以攻击的口实。他们提出二十七条难点来反对他,并运动政府命令他在四十八小时内离开国境,否则处以绞刑。这么一来,沃尔弗哲学的内容因被压迫反而成为学界争论的中心了。这个争论达二十年之久,而当时青年人物绝大多数都站在沃尔弗一边。其结果,他的哲学更为有名了。本来沃尔弗主张孔子哲学和基督教并不冲突,这只算莱布尼茨学说的引申,然而当时德国政府和当局竟认他的演辞近乎无神论,把他驱逐,这一放逐倒使孔子哲学格外得到意料不到的成功。沃尔弗旋却被聘为马堡大学教授,并为学生所热烈欢迎。及至腓特烈二世登基,由于新王本是他的信徒,他就被召回哈尔大学,并任以宫中顾问之职。沃尔弗离哈尔不过十余年,他的哲学竟为普鲁士各大学所采用,以至于支配那个时代了。

康德的本师舒尔兹是沃尔弗的高足弟子,而康德初期著作处处表现出他所受他们两人的影响。固然康德开始了哲学革命,"他推翻了前世纪末欧洲各大学所采用的莱布尼茨的形而上学体系",但是他保存了莱布尼茨的"二元算术"。在我看来,二元算术即辩证法思维,和《易经》有密切的关系,康德由此引申出"二律背反"。康德以后,费希特和谢林开始了哲学的改造工作,黑格尔完成了新的体系,他们都间接地受到中国哲学的影响。尤其是黑格尔,曾读过十三大本《通鉴纲目》,读过耶稣会教士所搜集的古代中国文献,又读过《玉娇梨》等中国小说的译本。但是,他是一个西方主义者,与过去西方哲学家一味崇拜中国哲学不同。例如,他说孔子关于道德著作"就像所罗门的格言那种方式,虽然很好,但不是科学的"。

四

最后应该指出,在十八世纪的欧洲,无论在法国发生的政治革命和在德国产生的哲学革命,本质上都是站在资产阶级哲学上,反对封建,反对中世纪宗教;不同之点,只是前者倾向于唯物论,后者倾向于观念论。以关于孔子哲学的认识而论,前者以孔子近于唯物论和无神论,后者以孔子近于观念论和辩证法。孔子的评价虽不相同,而无疑同为当时进步思想的来源之一。来华耶稣会士介绍中国哲学原是为自己宗教的教义辩护的,反而给予反宗教论者以一种武器。这当然不是耶稣会士所能预先料到的。尽管孔子是封建思想家,然而他竟能影响到欧洲资产阶级的上升时期。这正如马克思在《路易・波拿巴政变记》中所说:"人们自己创造自己的历史,……并不是在由他们自己选定的情况下进行的,而是在那

20世纪儒学研究大系

些已直接存在着的、既有的、从过去承继下来的情况下进行的。一切死亡先辈的传统,好像噩梦一般,笼罩着活人的头脑。……恰好在这样的革命危机时代,他们怯懦地运用魔法,求助于过去的亡灵,借用它们的名字、战斗口号和服装,以便穿着这种古代的神圣服装,说着这种借用的言语,来演出世界历史的新场面。"所谓东西文化接触是文明世界的强大推动力,以孔子为例,我们可以得到证明。

(《人民日报》1962 年 3 月 9 日)

朱谦之(1899—1972),字情牵,福建福州人。1917 年考入北京大学预科,毕业后转入北京大学哲学系。1929 年赴日留学,1931 年回国后应聘为上海暨南大学教授。1932 年出任中山大学史学系主任。1941 年出任该校文学院院长,后任哲学系主任。1952 年中山大学哲学系合并于北京大学,朱谦之前往北京。1964 年中国科学院筹备成立世界宗教研究所,朱被调入。主要著作有:《革命哲学》、《谦之文存》、《历史哲学大纲》、《中国文化之命运》、《日本哲学史》等。

该文提出"东西文化接触是世界文化的强大推动力"的论点,并以孔子学说传入欧洲,影响了欧洲资产阶级上升时期为例加以论证。说明法国资产阶级的启蒙思想,"直接间接借助于中国的民主思想,却形成大革命的基础之一"。指出在欧洲对孔子的评价虽不相同,而无疑同为当时进步思想的来源之一。

孔子——奴隶社会的保守派
封建社会的"圣人"

任 继 愈

考察孔子的历史上的作用,必须联系到春秋时期中国社会的性质。中国从什么时候进入封建社会,目前有四种不同的看法:第一,西周进入封建说;第二,春秋进入封建说;第三,秦汉进入封建说;第四,魏晋进入封建说。在分别承认第一、第三或第四各说的前提下,对孔子的评价也各有不同,本文暂不涉及;我是同意第二说的。在承认春秋开始进入封建说的前提下,目前学术界基本上有两派对立的意见:认为孔子是春秋时期新兴封建地主阶级的代言人,孔子的思想中进步的方面是主要的,这一派姑且称做甲方;认为孔子是春秋时期没落的奴隶主阶级的代言人,孔子的思想中保守方面是主要的,这一派姑且称做乙方。我是属于乙方的。

现在只就以下三个方面提出一些很不成熟的看法供讨论。

第一,为什么说孔子是奴隶社会的保守派?第二,说孔子代表新兴封建地主阶级,有哪些困难?第三,孔子既然是奴隶社会的保守派,何以后来被封建社会奉为圣人?

一

看孔子属于哪个阶级,首先看孔子对于他所处的时代的看法。孔子处在奴隶制正在崩溃,封建制正在形成的过渡时期。社会上旧秩序受到新的生产关系的冲击,开始破坏。孔子认为这是"无道"之世。他说:

> "天下有道,则礼乐征伐自天子出。天子无道,则礼乐征伐自诸侯出。自诸侯出,盖十世希不失矣;自大夫出,盖五世希不失矣;陪臣执国命,三世希不失矣。天下有道则政不在大夫;天下有道则庶人不议。"(《季氏》)

从孔子对于他的时代的特点的总估计,不难看出他是站在奴隶主阶级立场的。他认为打乱了旧秩序,是"无道",他甚至断言这种无道现象决不会维持长久,最多延续三代五代,就会垮台。

从孔子对当时社会上发生的重大政治事件的态度,也可以证明孔子是站在奴隶主立场,反对新兴封建势力的。

第一,晋国铸刑鼎,也就是公布了封建制的成文法,孔子对此表示反对。反对的主要理由是它破坏了唐叔以来的"贵贱不愆"的制度(事见《左传》昭公二十九年)。唐叔之法自然是奴隶制的法度,不能有别的解释。对于这个问题,甲方认为"贵贱不愆",封建社会也是需要的。区别贵贱是奴隶制和封建制共同的,封建不见得一定是奴隶制的"贵贱不愆"。

我认为从这一段史料的上下文来看,孔子听到晋国范宣子铸刑鼎的事,孔子说"晋其亡乎,失其度矣",分明说刑鼎破坏了唐叔所定的法度,唐叔所定的制度当然是奴隶制的等级制,不能有其他的解释。这是在法律方面孔子反对封建制的表现。

第二,随着所有制的改变,鲁国的季氏废止了旧的临时征集的丘赋制度,改用"田赋",按田亩的多少负担兵役的人力物资(事见《左传》哀公十一年,及《国语·鲁语》)。这是与封建制相适应的经常性的赋役制度。孔子反对的理由是与"周公之典"不合,它加重人民的负担。这些理由不过是借口。因为战争频繁的年代,临时征调人力物资,只会给生产带来更大的损害,并不能真正减轻人民的负担。孔子实际上是怕季氏财富集中,会对鲁君更不尊重,他为了反对"季氏富于周公",才反对聚敛的。这是在赋役方面孔子反对封建制的表现。

第三,随着所有制的改变,出现了一批不贵而富的阶层。奴隶制下,贵与富是统一的,孔子批评他的学生子贡"不受命而货殖焉"。这是在经济方面孔子反对封建的所有制的表现。

第四,齐国的大夫陈恒杀了齐国的国君。孔子已退休多年,立刻去见鲁哀公,请求鲁国出兵干涉。这次政变的性质是封建地主阶级向奴隶主争夺政权的斗争。这是在政治方面孔子反对封建势力的表现。

第五,孔子反对破坏周礼的僭越行为。僭越是奴隶制等级制崩坏的表现。如孔子反对"季氏八佾舞于庭",反对"季氏旅于泰山"。这是在礼乐制度方面孔子维护奴隶制的表现。

第六,"周道亲亲",是符合奴隶制的宗法制的精神的。春秋时期,亲亲的制度开始破坏。孔子对于"其父攘羊,其子证之",表示反对。他认为父子之间应当"父为子隐,子为父隐"。当时封建制主张法制,而反对亲亲的。这是在维护奴隶制的宗法制度方面孔子反对封建制的表现。

第七,在政治倾向、宗教信仰方面,孔子对周道有深厚的感情,做梦也梦见周公,他要复兴周道于东方。他说:"凤鸟不至,河不出图,吾已矣夫。"(《子罕》)孔子对于恢复周道有类似宗教徒的虔诚。这是孔子对于奴隶制在思想感情方面的流露。

从以上略举的具体事例,不难看出孔子对奴隶制拥护的态度是十分明确的,他的立场也十分坚定。他对这些个别的事件保守观点和他对于时代的总估计保守立场都是一致的。凡是不利于奴隶制或有利于封建制的重大事件孔子都坚决反对。我们怎么能够设想这样的孔子,在哲学思想上反倒是新兴封建地主阶级的代言人呢?

再看当时思想斗争方面,在最主要的问题上,孔子的态度和立场。

关于"天"的问题,辩论"天"是不是有意志,能不能创造一切、主宰一切,是当时思想战线上的主要问题。天是否有意志,看来和社会上阶级斗争不是那末直接联系着的。但是它确有联系。恩格斯说:

> "更高级的思想体系,即更加离开物质经济基础的思想体系,则采取了哲学和宗教的形式。在这里,观念跟自己的物质存在条件的联系,越来越混乱、越来越被一些中间环节弄模糊了。然而这一联系仍然是存在着。"(《费尔巴哈与德国古典哲学的终结》,人民出版社1957年版,第44页)

"天"在孔子的头脑里就是上帝,它能赏善罚恶,决定人事的吉凶。"天"的神学宗教地位并不是孔子发明的,是西周以来与巩固奴隶制度的周礼平行发展的。孔子相信"天",认为有一个活灵活现的人格神在主宰一切。有一次桓魋想杀孔子,孔子说:"天生德于予,桓魋其如予何。"(《述而》)孔子在匡这个地方遭到围困,他说:"天之将丧斯文也,后死者不得与于斯文也;天之未丧斯文也,匡人其如予何!"(《子罕》)子夏说:"商闻之矣,死生有命,富贵在天。"(《颜渊》)子夏没有说闻之于什么人,最大可能是闻之于孔子。孔子的确认为富贵是不可求的,他说过"富而可求也,虽执鞭之士为之"(《述而》),他认为富是不可求的,他反对子贡"不受命而货殖"的行为。

孔子不但认为个人的死生祸福要靠天命决定,就是自然界的变化,也是天决定的。《论语》记载:"子曰予欲无言。子贡曰,子如不言,则小子何述焉? 子曰:天何言哉? 四是行焉,百物生焉。天何言哉?"(《阳货》)对于这一章,历来有不同的解释,也有版本的分歧。甲方把天解释为"自然",认为孔子说天是自然界,所以不说话。

我认为"天"能言而不言,所以孔子才说"天何言哉",如果天是个死东西,块然如木石,就不存在言不言的问题。《论语》这一章的上面的两章都是反对多言的。上一章说,"巧言令色,鲜矣仁"(《阳货》)。再上一章说"恶利国之复邦家者"(《阳货》)。如果不是孔子讲这几句话的时间先后衔接,就是《论语》的编者认为孔子反对花言巧语。孔子教人向上帝学习。像上帝,虽然一句话也不说,但它推动了四时的运行,百物的生长。天能主宰一切而不必言,这是唯心主义者共同主张的。《孟子》中也有一段话可以互相印证:

> "万章曰:尧以天下与舜,有诸? 孟子曰否。天子不能以天下与人。然则舜有天下也,孰与之? 曰天与之。天与之者,谆谆然命之乎? 曰否,天不言,以行与事示之而已矣。"(《孟子·万章》上)

孟子的话是孔子的"天何言哉"的绝妙注解。甲方只用《论语》中这一句话来证明孔子是无神论,认为孔子说的"天"是自然,理由是相当薄弱的。如果再联系孔子"天之将丧斯文","天之未丧斯文"，"天生德于予"，就更不能把"天何言哉"解释为"自然"了。如果《论语》的原文被证实是"夫何言哉"，甲方连这一条可以两面解释的证据也丧失了。

孔子除了宣扬天有人格、有意志以外，还讲天命，认为天命有绝大权威，不可抗拒。他说："君子有三畏：畏天命，畏大人，畏圣人之言。小人不知天命而不畏也，狎大人，侮圣人之言。"(《季氏》)

对于这一段话，甲方认为"畏"不必是怕，只是敬畏、尊重的意思。

我认为"大人"即周天子和各国的诸侯，不是陪臣执国命的季氏，更不是公山弗扰和阳虎之流的人臣。孔子一生拥护鲁君，反对季氏和阳虎，即可说明孔子不畏季氏、阳虎。"圣人之言"就是文王周公相传下来的典籍训诰。"天命"实际上是地上王命、奴隶主国家统治者的命令的折光反射。这三者是一回事，都是奴隶主贵族统治者的意志的表现。从孔子对周制的崇拜、尊奉，对鲁君的敬畏的态度，完全可以证明孔子的"三畏"，就是对奴隶制所规定的一切表示顺从。汉儒董仲舒对这几句的解释比较符合孔子的原意，因为董仲舒也是一个相信天命鬼神的唯心主义者。他说："天之不可不敬畏，犹主上之不可不谨事。"(《春秋繁露·郊语》)当奴隶制已经动摇，天命已经不能维系人心的时候，孔子仍然坚信天命，这和他在政治上敌视新兴封建势力的保守立场是完全一致的。孔子甚至认为"知命"是作为统治者(君子)的必要条件，他说"不知命，无以为君子"(《尧曰》)。孔子历数他自己逐步形成自己的世界观的过程时，说："……五十而知天命，六十而耳顺，七十而从心所欲，不逾矩。"(《为政》)这是说，到了五十岁才确认天命，六十岁对事情可以不费力地辨别是非，七十岁可以自觉地按照天命的规定行动而不感到有丝毫勉强。

孔子把恢复垂死的周道看做自己的历史使命。他说："凤鸟不至，河不出图，吾已矣夫！"(《子罕》)孔子认为凤鸟、河图是代表天命的灵瑞，它们不出现，是见天命对复兴周道不予支持，所以才说"吾已矣夫"。

与相信天命问题相联系，孔子也讲到鬼神问题。对于孔子是否相信鬼神存在，也有相反的看法。甲方举出孔子说的"未能事人，焉能事鬼"，"未知生，焉知死"(《先进》)，来证明孔子不相信鬼神，孔子还说过"敬鬼神而远之"(《雍也》)，"非其鬼而祭之，谄也"(《为政》)，"子不语怪、力、乱、神"(《述而》)，"祭如在，祭神如神在"(《八佾》)，这些话，证明孔子不相信有鬼神。

"未能事人，焉能事鬼"，"未知生，焉知死"，最多只能说孔子避开直接回答鬼神的问题，不能认为他承认或否认鬼神的存在。"非其鬼而祭之"，是说不要祭错了对象，不要乱祭，也不是反对祭祀鬼神。"敬鬼神而远之"，还是要敬，只是不要太接近它。如果不相信有鬼神，鬼神根本不存在，就没有什么对它"远之"的问题了。"不语怪、力、乱、神"，只是不谈，并不是孔子认为它们不存在。"祭如在，祭神如神在"，是说祭祀时要诚心诚意，不能敷衍潦草，孔子正是对那些不信鬼神的无神论者说的，要他们祭神时，要相信鬼神如在其上，如在其旁。正因为孔子把祭祀看得重要，他才对于祭祀之前的准备工作(斋)看得很重要，"子之所慎斋、战疾"(《述而》)。"在"，是"姜大公在此"的"在"，不是存在不存在的在。

甲方也许可以说，孔子毕竟讲鬼神讲得不多，有时避而不谈，总与大讲鬼神、宣扬鬼神的迷信思想有所不同。能存而不论，或存而少论，总是有些怀疑鬼神的倾向。

　　甲方引用的材料是不全面的。全面看来，孔子对鬼神的倾向是相信，而不是不相信。孔子对禹称赞备至，他的第一条重要理由是禹能做到"菲饮食而致孝乎鬼神"（《泰伯》）。天命和鬼神在人们心目中的地位已经动摇了。孔子相信天命、鬼神的态度，说明他对奴隶制的精神支柱的维护的态度。天命、鬼神同时动摇时，孔子要先保住"天命"神权的地位，其次才是鬼神。孔子宁可说"未能事人，焉能事鬼"，但他决不敢说"未能事人，焉能事天"，相反，他倒教人"畏天命"。也有人认为孔子少讲鬼神，从而引用《论语》中"子罕言利、与命与仁"的话，说孔子也少讲利、命和仁。这是对《论语》这句话的标点断句的误解。古人早已说过了，这里不再辨正①。

　　甲方也许可以说，孔子对天命、鬼神比起西周的旧观点总多少有些修正，对鬼神的少讲总算进步的，因为他是第一个对天命、鬼神怀疑，即使他的态度不坚决，也值得肯定他的无神论倾向。

　　这种为孔子进行的辩解，理由似乎也不充分。第一孔子对天命没有怀疑，而是坚信。第二，孔子以前的老子早已大胆地明确地否定了上帝和鬼神的地位，孔子在老子之后，反而宣扬天命，以"知天命"自豪，他所修正的不是西周天命旧说，而是对老子无神

---

　　① 史绳祖《学斋占毕》："《论语》谓子罕言利，与命与仁。古注及诸家皆以为三者子所希言，余独疑之。利者固圣人深耻而不言也。……如命与仁，……曷尝不言。且考诸鲁论二十篇问答，言仁凡五十三条。张南轩已集为洙泗言仁，断之曰言矣。又命字，亦言之非一。如道之将行，命也，将废，命也，公伯僚其如命何。又曰亡之，命矣夫，又曰五十知天命，又曰死生有命，又曰不幸短命，又曰不知命无以为君子。是岂不言哉？孔子罕言者，独利而已，当以此句作一义，曰命曰仁，皆平日所深与，此句别一义。与者，许也。"（卷一）

论的顽抗。当然,老子的时代还是一个争论的问题。如果老子在孔子之前这一说法证实,孔子思想的落后保守程度就更加严重。

二

现在再看甲方说孔子的基本学说是为封建地主阶级服务,有哪些困难。甲方说,孔子口头上讲的是周礼,实际上是借古说今,并不真正保守周礼不变,他有所修正;并认为孔子周礼是可以损益的。甲方根据是:

> "殷因于夏礼,所损益可知也;夏因于殷礼,所损益可知也;其或继周者,虽百世可知也。"(《学而》)

甲方把这一段话解释为孔子是主张损益、赞成改变的。

这段话是证明孔子保守主义的材料。历史表明夏朝已确立了私有制,出现了阶级,有了奴隶制的萌芽和国家机构。殷周已进入发达的奴隶社会。夏殷周三代的礼(制度)是奴隶制不断补充发展、逐渐完善的过程。孔子由此推断说,即使百世以后,可以预知它的制度总不外是对周礼的补充。他认为周朝的制度、文化是夏殷以来文化发展的高峰,所以说"周监于二代,郁郁乎文哉,吾从周"(《八佾》)。周礼是不可超越的,所以孔子才推断百世以后也可以预知。他对当前破坏周礼的礼乐征伐"自诸侯出"、"自大夫出"、"陪臣执国命"的新兴事物不相信它能维持长久,认为总不过三代五代就会失败,仍旧要回到老样子(周礼)。

甲方认为,孔子虽然基本上拥护周礼,但是他对周礼作了一些修正,这些修正符合封建制的要求,所以孔子拥护封建制度。

甲方举出孔子说过"君使臣以礼,臣事君以忠"(《阳货》),并认为这是孔子提出统治者与劳动者双方要有共同遵守的条件,双方的条件尽管是不平等的,但总算承认了有所谓"双方",比根本不承认奴隶这一方进步了。

我看这恐怕是一个误解。"君使臣以礼,臣事君以忠",讲的君臣关系,春秋时代的君臣都是贵族,贵族之间本来要双方讲讲条件的。只有商朝的"臣"才是奴隶。"君臣"关系是奴隶主内部的关系,不是贵族和奴隶的关系。用这一条来论证孔子承认奴隶主贵族,与奴隶的"双方"的说法,根据不能成立。

甲方说,孔子的"道之以政,齐之以刑,民免而无耻;道之以德,齐之以礼,有耻且格"(《为政》)。甲方认为上一句是奴隶主阶级统治人民的方法,后一句是封建地主阶级统治人民的方法。

孔子主张对奴隶也要用德治、礼教,并不意味着奴隶主放下了皮鞭和刑具而用说服教育。而是说在皮鞭和刑具之外,又给奴隶们灌输以道德品质的思想教育。如果说,道德规范只是为了统治者(贵族)之间用的,而不是为了对付被统治者,这是难以理解的。中国和外国古代的奴隶制社会(不论古代希腊、罗马的奴隶制社会和中国周代的奴隶社会),都是告诉奴隶们要遵守些什么道德,什么应该做,什么不应该做。像中国古代《尚书》中的诰命,也不尽是告诫贵族的法令,也有道德的教训,它的对象也有指的是奴隶的。从理论上说,有了阶级以后,道德就带有阶级性,就成为阶级压迫的工具。不同的阶级有不同的道德标准,但并不是说统治阶级的道德只适用于统治阶级内部,而不用来强加在被统治阶级的头上;相反,统治阶级的道德正是用来强加在被统治阶级的头上的。道德和政治、法权一样,也是生产关系的比较直接的反映,一定的社会中占统治地位的道德和法权都是统治阶级意志的表现。说中国奴隶制社会的道德只是用来调整统治阶级内部的社会关系,而不是用来统治奴隶阶级,这是说不通的。以"忠"这一道德规范为例,意味着"不要背叛",怎能说,只是让奴隶主们自己相互不背叛而不包括要奴隶不背叛奴隶主呢?"礼不下庶人",不管从字面对这一句话作何解释,总不好说,礼的规范只管贵族,管不到平民和奴隶。只是由于奴隶们自身还没有自由,没有财产(中国古代种族奴隶制也有些奴隶有一定的财产,只是这种财产如房屋、一部分土地有随时被没收的可能,不能世世代代为他们私有),他们没有实行奴隶主贵族礼乐、仪式的物质条件,因而不便给他们规定出详细的条目来。马克思、恩格斯写道:

　　"统治阶级的思想在每一时代都是占统治地位的思想。这就是说,一个阶级是社会上占统治地位的物质力量,同时也是社会上占统治地位的精神力量。支配着物质生产资料的阶级,同时也支配着精神生产的资料,因此,那些没有精神生产资料的人的思想,一般地是受统治阶级支配的。"①

马克思、恩格斯说得已十分明白,"占统治地位的精神力量",其中就有道德。"支配着精神生产的资料"的阶级,怎能理解为只管奴隶主自己而不管奴隶,"礼不下庶人"呢?

　　如果真像甲方所说的,到了孔子才把礼下到了庶人,并断定这是孔子一大功绩,那就等于说,在孔子以前,中国整个的奴隶制时期的统治者完全是用皮鞭和刑具进行统治的。甲方用这种理由抬高孔子的历史地位,看来是困难的。

　　说"礼不下庶人",只是由于庶人没有条件去行礼,他们担负生产的主要任务,不可能像贵族奴隶主那样,吃饭外,有足够的时间,有多余财货,才能在吉、凶、军、宾、嘉各方面去讲究排场。西方

---

　　① 《德意志意识形态》,《马克思恩格斯全集》第3卷,人民出版社1960年版,第52页。

奴隶主阶级的哲学家亚里士多德说,奴隶缺少慷慨的道德品质,但奴隶可以有忠诚的道德品质。奴隶连身体都不归自己支配,哪里有余财去慷慨好施呢?但奴隶主希望奴隶必须有服从主人的品质。所谓"礼不下庶人",是由于"庶人贫,无物为礼","以其遽务不能备之"。哪能理解为从孔子开始用说服教育去对待奴隶?用暴力统治是剥削阶级进行统治的特点,离了暴力,根本统治不下去。但不能说奴隶社会光用暴力统治,不要德治、教化。礼乐教化是暴力统治的辅助工具。在有阶级压迫的社会里的礼乐教化,它必具有暴力统治的精神。不论奴隶社会,封建社会,以至资本主义社会,礼乐教化,在骨子里不能不带有强制性,封建社会的"以理杀人",近代资本主义社会的"以舆论杀人",都是这种强制性的表现。

至于甲方所谓奴隶制社会"刑不上大夫",这也是一种揣测或误解。"刑不上大夫",只能理解为"不专为大夫设刑科",而不能理解为对大夫、贵族们只用礼,不用刑罚。如《周礼》:

"……大宰之职,掌建邦之六典,以佐王治邦国。……五曰刑典,以诘邦国,以刑百官,以纠万民;……"(《天官·大宰》)

"岁终,则令百官各正其治,受其会,听其致事而诏王废置。三岁则大计群吏之治而诛赏之。"(同上)

"以八柄诏王驭群臣:一曰爵以驭其贵,二曰禄以驭其富,三曰予以驭其幸,四曰置以驭其行,五曰生以驭其福,六曰夺以驭其贫,七曰废以驭其罪,八曰诛以驭其过。"(同上)

《周礼》一书的真伪,现在学术界还有不同的看法。尽管它成书较晚,出于后来学者的追记,但基本保存了奴隶制的许多可信的史料。从以上随手举出的几条事例看来,不但看不出奴隶制社会有什么"刑不上大夫"的规定,倒是有"刑百官",对百官进行"诛赏"的明文记载。

为了照顾贵族的身份,周礼规定"凡命夫命妇不躬坐狱讼,凡王之同族,有罪不即市"(《周礼·小司寇》)。并有优待奴隶主贵族的"八议"的规定:

> "一曰议亲之辟,二曰议故之辟,三曰议贤之辟,四曰议能之辟,五曰议功之辟,六曰议贵之辟,七曰议勤之辟,八曰议宾之辟。"(《周礼·小司寇》)

这也不是说对贵族根本不用刑,周礼规定:

> "凡杀人者踣诸市,肆之三日,刑盗于市。凡罪之丽于法者亦如之。唯王之同族与有爵者,杀之于甸师氏。"(同上)

王之同族与有爵者有罪还是要杀,只是刑于隐处,不暴露其尸体以示众。

既然"礼不下庶人"、"刑不上大夫"不能照甲方那样的解释,那末也说不上孔子对周礼的"礼不下庶人"、"刑不上大夫"有什么修正。甲方这一论据,看来也是难以成立的。

甲方认为孔子主张劳动人民可以流动迁徙,以论证孔子容许奴隶的逃亡、迁徙。甲方的证据是孔子说过:"近者悦,远者来","四方之民皆襁负其子而至矣"(《子路》)。

我认为与其说这两章是鼓励奴隶迁徙,不如说孔子用小恩小惠把已逃散的奴隶吸收回来。因为当时的战争和剥削迫使人民四方逃散,孔子为了奴隶主的利益,提出对奴隶的压迫缓和一些,可以使他们回来。正如孟子所描述的:

> "凶年饥岁,君之民老弱转乎沟壑,壮者散而之四方者几千人矣,……"(《孟子·梁惠王》下,《公孙丑》下略同)

奴隶逃散了,孔子想了一些笼络办法,怎能说孔子是拥护封建制度？

甲方说孔子主张"来远人"，就是招纳四方的劳动者，奴隶是
不能随便招纳的，因为都有他们的主人。甲方由此论证孔子是为
封建制服务的。

我认为这一条论据也难成立。这句话出于《季氏》章，这一章
的全文是：

> "季氏将伐颛臾。冉有、季路见于孔子曰：季氏将有事于
> 颛臾。孔子曰：求，无乃尔是过与？夫颛臾，昔者先王以为东
> 蒙主，且在邦域之中矣，是社稷之臣也，何以伐为？冉有曰：夫
> 子欲之，吾二臣者皆不欲也。孔子曰：求，周任有言曰，陈力就
> 列，不能者止。危而不持，颠而不扶，则将焉用彼相矣。且尔
> 言过矣。虎兕出于柙，龟玉毁于椟中，是谁之过与？冉有曰：
> 今夫颛臾，固而近于费，今不取，后世必为子孙忧。孔子曰：
> 求，君子疾夫舍曰欲之而必为之辞。丘也闻有国有家者，不患
> 寡而患不均，不患贫而患不安。盖均无贫，和无寡，安无倾。
> 夫如是，故远人不服，则修文德以来之。既来之，则安之。今
> 由与求也，相夫子，远人不服而不能来也，邦分崩离析而不能
> 守也。而谋动干戈于邦内。吾恐季孙之忧不在颛臾而在萧墙
> 之内也。"

这一章分明说的是孔子坚决反对季氏吞并颛臾这个附庸小国。孔
子先说颛臾是西周以来先王所封，不应当伐；又说，它处在鲁国领
域包围之中，不必去伐；又说颛臾是社稷之臣，有其合法地位，季氏
没有资格去伐。总之，从对伐颛这件事也可以看出孔子对周礼、周
制是怎样地奉行唯谨了。孔子所"来"的"远人"，显然不是流亡奴
隶，也不是劳动人民，而是指的别的国家的人。"来远人"的"人"，
是春秋时代社会习惯通用的称呼国家的人。如"丙申，公及楚人、

秦人、宋人、陈人、卫人、郑人、齐人、莒人、邾人、薛人、鄫人盟于蜀"(《春秋经》成公二年)这些国家的"人"。馈女乐的"齐人",围孔子的"匡人",是指的某一国的"人"。"来远人"不能认为孔子主张"招兵买马",招纳远方奴隶为封建地主阶级打天下。

甲方说孔子说过"举贤才",它打破了奴隶制的世官世禄,是有利于封建制的。

我认为这也要看孔子所指的具体内容。不能抽象地把"举贤才"理解为后来封建制社会的官僚察举制度。在公元前514年晋国魏献子(魏舒)为政,灭羊舌氏和祁氏,把羊舌氏的田分为三个县,把祁氏的田分为七个县,同时任命了十个县的大夫,其中也有一个是魏献子的儿子。孔子对此有所评论,认为魏献子能够:

> "近不失亲,远不失举,可谓义矣。又闻其命贾辛也,以
> 为忠。诗曰永言配命,自求多福,忠也。魏子之举也义,其命
> 也忠,其长有后于晋国乎?"(《左传》昭公二十八年)

孔子称赞魏献子为义,为忠,因为魏献子在大夫跋扈,不听晋侯的命令的时候,削平了他们的叛乱,没收了他们的田,起了"张公室"、"抑私门"的作用。分为十县,没收了大夫的田,归了公家,并不是实行了封建制,相反,倒是乘机给大奴隶主晋侯增加了一批额外的财富。在孔子的头脑里根本不是考虑支持新生事物。不管他任命了几个县大夫,只要所有制不改变,仍然是奴隶主所有制而不是封建地主所有制。县的大夫,和后来的郡守县令不同。他们还是世官世禄,孔子也是拥护世官世禄的,所以孔子认为魏献子可以"长有后于晋国"。孔子对此新事物是从右的立场称赞的。对于这件事,甚至孔子连"天命"迷信也搬出来了,预祝魏氏子孙会得到上天的保佑。"长有后于晋国乎!"这条例子,恰好证明孔子维护奴隶制,同时也看出孔子的天命迷信思想也够严重的。

甲方说孔子首创私人讲学,过去从没私人讲学的事,并认为他是对周礼的一种改革。

我认为私人讲学并不是孔子开始的,这是当是奴隶制崩溃中,奴隶主阶级没落了,才有知识分子从贵族宫廷流散到民间的。《论语》记载:

> "大师挚适齐,亚饭干适楚,三饭缭适蔡,四饭缺适秦,鼓方叔入于河,播鼗武入于汉,少师阳、击磬襄入于海。"(《微子》)

可见周王朝宫廷中司礼司乐的大批专家,如挚、干、缭、缺、方叔、武、阳、襄这些人流散到四方各地,有的到了齐、楚、蔡、秦,有的到了晋国的河内,有的隐居在海岛。他们都有文化知识,有些为新兴的地主阶级暴发户服务,有的不得不出卖知识。据《史记》记载,孔子曾跟这位"击磬襄"学过琴。孔子学无常师,他曾从多方面学习文化知识,如果说孔子第一个传授知识,那末孔子没有在贵族宫廷当过文化方面的官,只管过仓库,管过牲畜,他的知识是从哪里来的? 孔子传播教育只能看做奴隶制崩坏的结果,而不能倒果为因,说孔子传播教育是破坏了奴隶制的周礼。

甲方说,孔子主张礼乐征伐自天子出,反映了中央集权封建王朝的要求。

这也是忽略具体历史条件来看统一问题。春秋时期,各国的封建势力还没有取得政权。由封建地主阶级统一中国,还提不到历史日程上来。当时只是生产关系在开始变化,不可能有像后来战国时期荀子、韩非那样为地主阶级封建王朝寻求统一的要求。孔子努力于统一是不错的,他是想用旧势力统一新势力,用奴隶制去消灭新兴的封建势力,"张公室"是他的政治路线,如果说孔子主张统一,那是倒退的统一,不是进步的统一。

甲方说,孔子对周礼也主张改革,如他主张"行夏之时,乘殷之辂,服周之冕,乐则韶舞"(《卫灵公》),又说"麻冕礼也,今也纯,俭,吾从众"(《子罕》)。

可以看出,孔子对于历法、车子、帽子以及制作帽子的材料、音乐歌舞都显得不保守。但这些都属于贵族吃的、用的方面的东西,都不涉及周礼所规定的最根本的方面。上面我们所举的周礼的最根本方面,如所有制、法律、政治、道德,以及礼仪方面,甚至某些小节,孔子是坚守周礼,不肯改动的。孔子说:

"拜下礼也,今拜乎上,泰。虽违众,吾从下。"(《子罕》)

朱熹在《论语注》中说:

"臣与君行礼当拜于堂下,君辞之,乃升,成拜。"

宋儒程颐阐发孔子的思想,说:

"君子处世,事之无害于义者,从俗可也。害于义,则不可从也。"(朱熹《四书集注》)

奴隶主贵族,生活上可以从新,制度上坚决守旧。凡是没落的阶级,都是对于旧制度坚持不改而对于新出的生活用品积极欢迎的。清末,有些反对变法的顽固派,他们不但不拒绝,而且欢迎外国输入的洋货、呢绒、钟表,甚至鸦片,但坚决拒绝外国的民主平等思想及议会、选举制度。孔子正是这种类型的奴隶主保守派。

甲方举出孔子说过"如有用我者,吾其为东周乎!"(《阳货》)并认为孔子要夺取政权,建立新王朝。

我认为这也是揣测之辞,把孔子革命化了。孔子讲"三畏",在宫廷里遇到国君坐的空位子都肃然起敬,"君命召,不俟驾而行"(《乡党》),对于被封建势力赶出国外长期流亡,死于国外的鲁昭公,孔子还说他"知礼"。别人指出鲁昭公娶同姓女,违反周礼的事实时,孔子也不分辩,而是把过错包下来,说,"丘也幸,苟有过,人必知之"。孔子这样一个保守人物,如果说他想夺取政权,建立新王朝,恐怕与事实真相相去太远了。

甲方以所列举的事实和言论,来论证孔子对于周礼作出重大的修正的这些理由都很脆弱。既然孔子大讲周礼,而又没有什么修正,那么,说孔子代表没落的奴隶主,恐怕未必冤枉他老人家吧!

甲方还有一条最后防线,他们说,即使"礼"是孔子保守的方面,但孔子提出了"仁";仁是中国哲学史上的新事物,是孔子思想中的进步方面。孔子讲的"仁者爱人",又讲"己所不欲,勿施于人"。以人与己对举,尽管孔子心目中的"仁"有阶级内容,但这是用普遍形式提出来的。甲方并引了马克思、恩格斯的一段话:

> "事情是这样的,每一个企图代替旧统治阶级的地位的新阶级,就是为了达到自己的目的而不得不把自己的利益说成是社会全体成员的共同利益,抽象地讲,就是赋予自己的思想以普遍性的形式,把它们描绘成唯一合理的、有普遍意义的思想。进行革命的阶级,仅就它对抗另一个阶级这一点来说,从一开始就不是作为一个阶级,而是作为全社会的代表出现的;它俨然以社会全体群众的姿态反对唯一的统治阶级。它之所以能这样做,是因为它的利益在开始时的确同其余一切非统治阶级的共同利益还多少有一些联系,在当时存在的那些关系的压力下还来不及发展为特殊阶级的特殊利益。因此,这一阶级的胜利对于其他未能争得统治的阶级中的许多个人说来也是有利的,但这只是就这种胜利使这些个人可能上升到统治阶级行列这一点讲的。"①

---

① 《德意志意识形态》,《马克思恩格斯全集》第 3 卷,人民出版社 1960 年版,第 54 页。

马克思、恩格斯这段经典性的指示说的是处在上升历史时期的阶级，为了反对腐朽的阶级，才有可能提出带有"普遍形式"而实际上有它自己本阶级的特定要求的口号。可是不能由此倒转来说，凡是提出一种抽象普遍形式的口号的必定是进步的阶级。如果上面的我们的论证还有一定的事实根据，孔子不但不是什么上升的阶级的代表人物，倒是没落阶级的代表人物，那末，孔子的"普遍形式"的口号，如"仁者爱人"，"泛爱众而亲仁"，就是欺骗性的口号了。每一个阶级总是希望以自己阶级的面貌去改变世界的。比如孔子把根本没有行过的"三年之丧"，说成"天下之通丧"，孟子把忠君敬长，说成人类与生俱来的先天道德，这都是从自己阶级偏见提出的普遍口号。在孔子所属的阶级成分还在争论未决的情况下，甲方和乙方似乎都难从马克思、恩格斯这段经典性的指示中得到帮助。问题最后决定于孔子究竟属于什么阶级。

现在再回到"仁"的问题。

《论语》中讲到仁的地方很多，有些讲到"仁"的话是针对发问者的具体情况说的，不免强调了某一方面。讲"仁"最清楚的是孔子答复颜渊问仁的一段话。

> "颜渊问仁。子曰：克己复礼为仁。一日克己复礼，天下归仁焉。"（《颜渊》）

"克己"是约束自己，"复礼"是把不合礼的言行纳入礼的规范。有人一旦能做到这一点，天下的人都会公认他做到了"仁"（"天下归仁焉"）①。

---

① 这一章，古人有多种注释。今从马融注及皇侃《论语义疏》的说法。《义疏》说："克犹约也，复犹反也。言者能自约俭己身，反于礼中，则为仁也。"朱熹注有误，未取。

颜渊进一步问"克己复礼"的具体内容是什么。孔子说：

"非礼勿视，非礼勿听，非礼勿言，非礼勿动。"（同上）

孔子认为，做一个符合"仁"的原则的人，在视、听、言、动各个方面都要符合"礼"的规定。当然，孔子讲的礼，就是周礼，不是别的礼，那时候也没有周礼以外的礼。

孔子还说：

"君子而不仁者有矣夫，未有小人而仁者也。"（《宪问》）

"仁"这一道德品质是统治阶级（君子）的道德品质，被统治阶级（小人）是说不上"仁"的，他所讲的"仁"不包括劳动者。

甲方还引用《论语》中"民之于仁，甚于水火。水火吾见蹈而死者矣，未见蹈仁而死者也"（《卫灵公》）。甲方因此认为孔子是说奴隶与仁的关系同水火一样不可分开，说孔子的"仁"包括奴隶。

如果孔子讲过爱奴隶，当然"仁"可以看作奴隶解放的哲学。但是《论语》这段话难作上述的解释。孔子是说，劳动者需要统治者的恩赐，比需要水火还迫切。水火固然是生活中不可缺少的东西，如不小心，有时也会受其害。而统治者的恩赐，对人只有好处，没有害处。孔子认为行仁政一定会得到劳动者的支持。

孔子的学生曾子曾以忠恕两字概括仁的全部涵义，这就是说，作为一个统治者，不光想到自己，也要经常想到别人。忠恕之道，就是以自己作为例子，设身处地为别人着想。孔子说："己欲立而立人，己欲达而达人，能近取譬，可谓仁之方也矣。"（《雍也》）又说："己所不欲，勿施于人。"（《颜渊》）这两句话，抽象地讲，未尝不可以说"人"是我以外的任何"别人"，但事实上孔子心目中的

"别人"只是别的贵族,不包括奴隶①。我们很难设想,拥护奴隶制的孔子会想到:他自己不愿意当奴隶,也不让别人当奴隶;他自己不愿受剥削,也不让别人受剥削。孔子的恕道,只能是奴隶主之间的恕道。

孔子看到当时破坏周礼、犯上作乱、弑父弑君的"无道"行为经常发生在统治阶级内部贵族之间。孔子从唯心主义观点,寻求原因,他发现是由于诸侯、大夫、家臣之间不相爱。所以他告诫说"仁者爱人"。孔子提出"仁",是为了调整贵族之间的关系,为了挽救周礼的崩坏。

在生产力发展,劳动者(奴隶)不断反抗的情况下,有些奴隶主被迫采取了封建剥削方式,他们从原来的奴隶主转化为新兴地主阶级。这时奴隶制的礼限制了新的生产关系。代表新兴封建地主阶级的这些贵族,要求突破这种限制,因而僭越、篡弑等违礼的行为不断发生。孔子只看到当时的君臣都是奴隶主身份,他不可能认识到当时处在臣的地位的叛逆者,有些已经是新的生产关系的体现者,他们的矛盾是新旧两种生产关系的矛盾。这种性质的矛盾不能采取互相谅解调和的方式去解决,只能由新的代替旧的。由于孔子把两种制度只看做奴隶主贵族之间君臣关系的不协调,所以他提出君臣之间要互相尊重,按周礼的规定办事,就可上下相安无事了。孔子的原则是"君使臣以礼,臣事君以忠"。孔子站在奴隶主立场,把通过君臣斗争所反映的社会制度的矛盾看做奴隶

①　有人认为《论语》中孔子讲的"人"和"民"有严格的区别,"人"指贵族,"民"指劳动者或奴隶。这个说法和古代词汇的习惯用法不合。《论语》中有许多地方,"人"是第三人称的词,有时与"尔"对文,如:"尔所不知,人其舍诸?"有时与"己"对文,如:"己所不欲,勿施于人。"但孔子的"仁"则是奴隶主之间的相互体谅的原则,不包奴隶主与奴隶之间相互体谅。

主之间君臣内部的问题。他企图在政治上用周礼,思想上用仁来消除公室(诸侯)和私家(大夫)的矛盾,所以才提出"仁者爱人"、"克己复礼"的原则。

忠恕之道,仁的原则完全按周礼的规定,不能违反。这原则并不是那样的广泛应用,并不是对一切人,对一切事,都可以"设身处地"为别人着想,它只能在周礼所规定的范围内去设身处地。照孔子的逻辑,他只能说,"己欲立而立人,己欲达而达人",他却万万不允许说,我想僭越,也允许别人僭越;我想叛乱,也同情别人叛乱;我不愿意当奴隶,也不要别人当奴隶。这样的"忠恕之道",孔子怕想也没想到过。"仁"的奴隶主的阶级特点,从反面一考察,就更昭然若揭了。孔子的"仁"必须服从"礼"的约束。社会的道德总归是为它的基础服务的,"仁"是从属于"礼"的。

在仁与礼的关系上,孔子似乎陷于循环论证:要做到"礼"必须符合仁,"人而不仁如礼何,人而不仁如乐何"(《季氏》),"礼云礼云,玉帛云乎哉,乐云乐云,钟鼓云乎哉"(《阳货》);要做到"仁",必须符合"礼","克己复礼为仁"。实际上孔子讲的"仁"和"礼"本来就是一回事的两个方面。"礼"是就社会制度方面说的,他要求贵族们实行"礼"的时候不要把"礼"看做从外面加给自己的约束,而是要求他们从思想上对"礼"重视起来,多为别人着想(忠恕)。"仁"是就伦理关系方面说的,他要求贵族们实行"仁"的时候,要遵循"礼"这一客观标准。所谓"能近取譬",不是随意取譬,只能在周礼规定的范围内去取譬。孔子提出了"仁"丝毫也没有突破礼的框框,而是从思想上对周礼进行巩固。

甲方说,孔子提出"仁"给礼增加了新的内容的说法,认为"仁"的爱可以推广到劳动者,这也是没有根据的。对于劳动者,孔子另有规定:

"子张问仁于孔子。孔子曰：能行五者于天下，为仁矣。
请问之。曰：恭、宽、信、敏、惠。恭则不侮，宽则得众，信则人
任焉，敏则有功，惠则足以使人。"（《阳货》）

这是孔子总结出来作为一个仁者统治人民的态度。孔子还说过，
"使民以时"，"使民如承大祭"。前一句说使用劳动者不要妨害农
业生产季节，后一句是说使用劳动者要慎重，不可轻率。孔子在当
时奴隶大量逃亡、反抗的情况下，要维持奴隶制不垮，就要相应地
采取一些防止奴隶逃亡暴动的措施。孔子劝说奴隶主们对待奴隶
要宽大一些，这就是孔子的"宽"和"惠"了。孔子既要维持奴隶制
不变，又要劝说奴隶主贵族对奴隶要"恭、宽、信、敏、惠"，这是十
分矛盾的一种"善良愿望"。奴隶主不赞成，封建地主也不满意。
孔子的政治理想自然要落空。

一方面由于劳动者的反抗、逃亡，另方面统治者之间又篡乱相
寻，加速了奴隶制的破坏。孔子提出了"仁"，正是为了调整奴隶
主内部的关系。孔子提出了"仁"这一道德范畴，作为调整统治阶
级内部矛盾的原则，这是一大发现，它标志着人类在社会关系中逐
步加深了人与人之间相互关系的认识。由于孔子第一次发现了这
一原则，不免夸大了"仁"的作用，不适当地抬高了"仁"的地位，把
"仁"看做指导生活，处理事务的普遍原则，认为可终身行之的绝
对真理。这显然是过分了。但孔子发现了统治阶级内部要有一个
调整关系的原则，这一原则是：多为对方设想（忠恕之道），它比起
过去贵族们之间不自觉地按周礼的规定去行动来，人类总算开始
去认识自己。虽然，孔子的仁并不包括对劳动者的仁爱、忠恕。后
来的统治阶级继承了孔子仁的学说，经常用仁作为调整阶级内部
关系的原则。如果说孔子的仁的学说是"人的发现"，就不免说得
过分了。"人的发现"只能在反封建的斗争中才有可能初步提出。

真正理解人,发现人的社会作用、历史地位,是马克思主义以后的事。说孔子时代就会有"人的发现",与历史进程不符。孔子的功劳在于他初步地探求统治阶级内部相处的原则,并做出一定的贡献。因而后来"仁"成为中国哲学史的重要范畴。

三

孔子既然是奴隶制的维护者,反对封建制度的,为什么孔子被后来的封建统治者奉为圣人,可见孔子的学说中有许多对封建地主阶级有利的东西。这是甲方论证孔子属于封建地主阶级的,在历史唯物主义原理方面的一条理由。

对于这样的现象要作具体的分析,不能因为封建社会拥护孔子,就认为他的学说本来就是为封建社会服务的。

历史上把孔子当作圣人,定于一尊,是汉武帝以后的事。孔子当时的封建地主阶级,以及战国、秦汉时期的封建地主阶级都是反对孔子的。从孔子活动的年代,到汉武帝独尊儒术,中间约隔了四百五十年。这四百五十年,是封建国家由形成到壮大,由分散割据到巩固的中央专制集权的过程。

在孔子活着的时候,到处遭到新兴封建势力的排斥。孔子在齐国时:

> "齐大夫欲害孔子。孔子闻之。景公曰,吾老矣,弗能用也。孔子遂行。"(《史记·孔子世家》)

齐景公是奴隶主贵族的保守势力,齐大夫欲害孔子,齐景公居然不敢管,想见这个欲害孔子的不是一般的大夫,很可能是陈氏这一派。他们知道孔子张公室抑私家的主张总是对大夫们不利的,所以"欲害孔子"。孔子还遭到陈蔡的"用事大夫"的反对,被围困了

20世纪儒学研究大系

很久：

　　"孔子迁于蔡三岁。吴伐陈，楚救陈，军于城父。闻孔子
在陈蔡之间，楚使聘孔子，孔子将经拜礼。陈蔡大夫谋曰：孔
子贤者，所刺讥，皆中诸侯之疾。今者久留陈蔡之间，诸大夫
所设行，皆非仲尼之意。今楚大国也，来聘孔子。孔子用于
楚，则陈蔡用事大夫危矣。于是乃相与发徒役，围孔子于野，
不得行。"(《史记·孔子世家》)

可以推知，齐国、陈蔡的用事大夫反对孔子的原因，正是因为孔子
要用周礼去制裁他们。孔子在鲁国在季氏的利用下当了短期的司
寇。终于和季氏有矛盾，孔子离开了鲁国。孔子还有意参加公山
弗扰和佛肸的政治叛乱。这些叛乱的家臣以"张公室"的口号反
对他们的上级(大夫)，孔子只动了动念头，终于没有去。

　　从孔子一生的活动看，他从少到老，凡是当时发生的重大政治
改革的事件，他总是站在维护奴隶制这一方面去反对封建制的。
孔子的学说，也是为周礼进行辩护的。

　　甲方认为，孔子的学说，虽然主观上他不明确为新制度服务，
但客观上，起了为新制度服务的作用。我们从孔子的礼和仁的学
说看，不能得出这样的结论。因为礼和仁在客观上也是缓和阶级
矛盾，反对新生力量的。

　　甲方说，孔子是封建社会有远见的政治家，他的主张有利于封
建地主阶级的长远利益，限制了封建地主阶级的目前利益，所以季
氏和当时的一些用事大夫不能理解孔子。马克思主义经典作家曾
指出过，一个阶级的真正的代言人，有时未必就是那个阶级中的某
些分子，像真正代表资产阶级的，不见得是小业主、资本家，而是某
些知识分子、教授。因为他们的主张更能符合这些阶级的根本利
益和长远利益。

我认为不能把当前利益和长远利益对立起来,很难设想孔子代表新兴地主阶级的长远利益就牺牲新兴地主阶级的当前利益。从春秋时期的具体情况看。地主阶级的根本利益是代替奴隶主阶级迅速取得政治上的统治地位,打破一切限制新兴封建生产关系的桎梏。——也就是说,只是打破周礼的各种规定,才能有利于新的封建势力的成长。封建地主阶级的当前利益和长远利益都应该为这一总任务而奋斗。奴隶制不打垮,就建立不起封建制度,也就既不符合当前利益更说不上长远利益。

孔子所努力的工作正是维持当时动摇的奴隶制力图使它稳定下来。这对于封建制度的长远利益也是不符合的。何况古人对社会发展规律的盲目无知,即使有"远见",其所远见的程度也极有限,我们怎能设想孔子能从春秋预见到汉武帝,四百五十年之远?孔子说过"其或继周者,虽百世可知也",这是孔子自诩的远见,实际上不过是孔子的保守思想作怪,使他的心目中只有奴隶制那一套礼,认为以后总不过是周制的补充。孔子哪里想到,何须百世之后,即在孔子活着的时候奴隶制(周礼)的死亡已成定局,他死后不久,到了战国,中国进入了崭新的历史阶段,孔子所梦寐以求的周公之制已一去不返了;汉以后封建王朝的规模,更非孔子梦想所能及。如果说孔子能远见到四五百年之后,跳过战国,远见到西汉,"前知千岁,后知万世",这正是王充早已攻击过的宗教迷信说法,把孔子说成神仙了。这是难以使人相信的。

汉以后确实把孔子奉为圣人。孔子生前被封建势力排斥,死后四五百年被奉为圣人,其原因是多方面的。

汉代统治者看到农民革命亲手把秦王朝推翻,因此不得不对农民做些让步,他们感到像法家商鞅、韩非那样赤裸裸地承认要剥削农民,容易激起农民的反抗,他们采取了比较温和的剥削政策。

孔子在春秋时期为奴隶主献策,行不通的一些主张,汉代地主阶级把它改造为地主阶级的哲学。汉以后的地主阶级借用了孔子礼乐征伐自天子出,反对僭越,加强等级制度的政治思想。孔子的天子是奴隶主的周天子,汉代的天子是封建王朝刘姓的天子,内容是不同的。孔子的天命是为奴隶主服务的天命,汉代宣扬的天命是为刘家天子服务的天命;孔子的忠孝是巩固奴隶制的宗法制的忠孝,汉代的忠孝是巩固封建制的宗法制的忠孝。孔子在春秋末期提出的这些为奴隶主服务的口号,汉代封建学者填充上新的阶级内容(作新的解释),改造为加强封建中央集权,反对分散割据的武器。

至于孔子痛心疾首,大声疾呼,用毕生精力所反对的刑鼎、封建所有制以及陪臣执国命,这些春秋末期的社会矛盾,到了汉初这些问题早已不存在了。

在阶级矛盾十分尖锐时期,新生势力将要代替旧的腐朽势力的情况下,孔子提出的改良路线,目的在于保存旧的,反对新的,所以不能说它有进步性,他的保守性是主要的。当社会矛盾不十分尖锐,革命形势和条件还不具备的情况下,提出改良主义,缓和阶级矛盾,在政治上有一定的进步意义。这就是后来"仁政"思想的基础。

前一社会历史阶段的哲学思想成为后一社会历史阶段的统治思想,在历史上是常见的。比如原始基督教,本来是奴隶社会中下层奴隶、劳动者们信奉的民间宗教。但基督教后来成了中世纪欧洲封建王朝的唯一的统治思想。佛教本来是印度的宗教,到了中国,成了与儒家思想并行不悖的统治人民的思想。我们不能说:原始基督教如果不反映中世纪封建统治者的利益,它怎能成为中世纪的圣人、天神?印度佛教如果不反映中国封建地主阶级的利益,佛教为什么得到中国封建王朝的推奉?

任何上层建筑,总归要为它的基础服务。上层建筑不是搬来就能用的,也不是可以移植或焊接在基础上的,它是统治阶级按照自己的阶级需要制造出来的。汉以后的孔子和春秋时期的孔子已经不是一个人了。汉代董仲舒把孔子装塑成为神学家、教主。宋明理学家把孔子改装成一个存天理、去人欲的僧侣主义的理学家。好像演双簧,面向观众的是孔子的偶像,躲在孔子身后说话的,在汉代是董仲舒这一派人,在宋明是朱熹这一派人。当少数民族入侵,民族危机加深的时期,中国统治者就强调孔子尊王攘夷、保卫传统文化的方面。当少数民族统治了中国,政权巩固后,他们又强调孔子学说中定于一尊,君臣大义不可违抗这一方面。至于孔子学说中唯心主义、宗教思想、宣扬天命鬼神,都是一切剥削阶级取得统治地位后共同需要的。正如中世纪的基督教到了资本主义社会仍然被利用是一个道理。辛亥革命后,袁世凯也很推尊孔子,军阀张宗昌也推奉孔子,抗日战争时期,日寇汉奸也尊奉孔子。我们又怎能由于这些现象得出结论说:如果孔子的学说不符合封建军阀卖国贼袁世凯、张宗昌和汉奸的需要,他们为什么尊奉孔子呢?如果由于封建社会尊奉孔子,就说奴隶社会的孔子为封建社会预先制定了一套上层建筑,不论在事实上在理论上都是讲不通的。上层建筑只有在一定基础上形成,而不能预先订制。不论后人把孔子这个偶像如何改塑,春秋时代的孔丘对此不负责任。

孔子的名字,几乎中国妇孺皆知,还在于他在文化事业上为中国人民做出了重大贡献,立下不可磨灭的功绩。

孔子在教育方面,扩大了受教育面,他的弟子中有贵族,也有比较穷困的城市居民(如颜渊等),当然不会有奴隶。但比起春秋以前,孔子收纳了奴隶主贵族以外的"类",总算"有教无类"了。

孔子对中国文化的贡献还不止于此。他传授知识的同时,建立了学术团体,即后来的儒家。儒家到了战国中期以后,分成以孟子为代表的唯心主义和以荀子为代表的唯物主义不同流派。各个流派从不同的角度宣传孔子学说的某一方面,扩大了孔子学说的影响。

孔子教学以"文、行、忠、信"为内容。他教的"行"、"忠"、"信"是属于宣传奴隶制道德规范方面的;整理古典文献,是孔子教学内容属于"文"的一方面。孔子主观上认为文化知识在他的全部思想中只占比较不重要的地位,但这一工作客观上对中国文化起的积极作用,比他在行、忠、信方面要大得多。汉以后,历代推传的六经,基本上是经过孔子和他的后学不断整理、补充而流传下来的。司马迁曾指出孔子和他的学派在文化方面的贡献,说:

> "天下君王至于贤人众矣。当时则荣,没则已焉。孔子布衣,传十余世。学者宗之。自天子王侯,中国言六艺者(按六艺即六经)折中于夫子。"(《史记·孔子世家》)

六经中保存了中国古代重要的历史、文学、文献资料,直到今天它还是我们研究古代历史的重要材料。

对于《诗经》,孔子除了教导他的学生理解它的字面意义,增加文学、自然科学方面的知识外,还开创了死书活读的说诗途径。《论语》记载,孔子弟子子夏读到《诗经》的"巧笑倩兮"(《卫风·硕人》)这首诗时,发挥引申出实行礼要有它的客观条件。孔子称赞他懂得读诗的方法。孔子的继承人,孟子、荀子解释《诗经》,也都运用这种方法,汉初齐、鲁、韩三家说诗,也是这种方法的继承和发展。孔子自己说,学了《诗》,"可以兴,可以观,可以群,可以怨;迩之事父,远之事君,多识草木鸟兽之名"(《阳货》)。他认为学习《诗经》可以感发志气,考见得失,团结大家,发抒悒郁;其中有些原理可以用来事父、事君,并可以从中学到关于动植物方面的知识。

　　孔子没有留下多少直接关于《礼》的解释的材料,但孔子认为"不学礼,无以立"(《季氏》),他把礼看作做人的根本。后来儒家的《礼记》也记载了孔子的一些言行,并对于礼做了理论上的发挥。《易经》,孔子也发生过很大的兴趣,易《系辞》基本上是孔子后学的作品。《书经》的传授也有赖于儒家。《春秋》可能经过孔子的加工,并由后来孔子后学整理过的。如"公羊学"对历史事实做出评论性的论断,是后来史论的萌芽。

　　先秦诸子各有自己的典籍著作,但他们对于历史文化遗产都不及孔子和他的弟子们这样重视。孔子主张"温故而知新","述而不作,信而好古"(《述而》)。他过于迷信古代,是他的保守主义;但在他的保守主义思想指导下,给后人保存下来许多重要文献资料,并经过他和他的弟子们整理、发挥,从而丰富了中国古代文化典籍。尽管孔子主观上认为"道不行"才著书立说,他自以为这是他的不幸。但是孔子的不幸,客观上给后人做了好事。孔子和他的弟子们在中国文化的继承和传播方面的贡献之大,在古代哲学家中是无可比拟的。

　　孔子和他的弟子们整理、解释过的六经,又经过历代封建学者按照时代的需要不断注释发挥,成了封建王朝规定的教材。所有封建时代的知识分子没有不读六经的。孔子的影响之大,后人对他印象之深,他所以被奉为"圣人",和他整理六经的工作也有密切关系。

　　博学多艺的孔子对后来中国文化的影响是多方面的。他是春秋时期重要哲学家、博学的学者、政治活动家、伟大的教育家。作为教育家和作为历史、古典文献专家的孔子,他的积极贡献是主要的。作为政治活动家的孔子,他代表没落奴隶主阶级对抗新兴封建势力,他是保守派。作为哲学家的孔子,他对当时思想战线上争论的"天"是否有意志的人格神这一主要问题上,他站在唯心主义立场与唯物主义的老子的哲学对立,他的错误是主要的。孔子也有些关于学习方面的唯物主义观点。孔子在哲学上要保持已经动摇了的上帝的神权,和他在政治上力图维持已经崩坏了的奴隶制王权的立场是一致的。

如果对孔子这个历史人物进行全面评价,他的贡献大于他的缺点;单就哲学这一个方面看,他的缺点多于他的贡献。

(《北京大学学报》1962年第5期)

任继愈,山东平原县人。1938年毕业于北京大学哲学系,后获哲学硕士学位。历任北京大学哲学系讲师、副教授、教授,中国社会科学院世界宗教研究所研究员兼所长,北京图书馆馆长,兼中国宗教学会会长、中国历史学会理事、中华孔子研究所顾问等。研究孔子的主要论著有:《孔子政治上的保守立场和哲学上的唯心主义》、《孔子"仁"的保守思想中的进步意义》、《论儒教的形成》等。

作者认为孔子是春秋时期没落奴隶主阶级的代理人,思想中保守方面是主要的。第一,从孔子对所处时代的看法,对当时重大政治事件的态度,从关于"天"的问题的辩论中的立场,证明孔子是站在奴隶主立场,反对新兴封建势力的。第二,通过分析孔子"仁"、"礼"的学说,说明孔子的基本学说不是为地主阶级服务的。第三,剖析了孔子后来被封建社会奉为"圣人"的原因。汉代统治者鉴于秦亡的教训,采取了较为温和的政策,孔子为奴隶主献策的一些主张,被改造为地主阶级的哲学。

孔子在中国文化史上之地位

徐 复 观

《史记·孔子世家》"孔子生鲁昌平乡陬邑,其先宋人也⋯⋯名丘字仲尼,姓孔氏"。根据《公羊》、《穀梁》的记载,孔子生于鲁襄公二十一年,而卒于哀公十六年(前552—前479),这正是春秋的"所见世"。而《论语》中许多观念,几无不与春秋时代一般贤士大夫间所流行的观念有关。孔子自己说他是"述而不作",此亦其一证。但孔子自身,已由贵族下降而为平民;较之当时贵族中的贤士大夫,可以不受身份的束缚,容易站在"一般人"的立场来思考问题;换言之,由贵族系谱的堕落,可以助成他的思想的解放。也可以这样说,周初是少数统治者的自觉,《诗经》末期及春秋时代,则扩展为贵族阶层中的自觉;孔子则开始代表社会知识分子的自觉。由当时孔子徒众之多,对孔子信服之笃,正可以证明这一点。再加以他的"发愤忘食,乐以忘忧,不知老之将至"的无限地"下学而上达"的努力过程,其成就毕竟不能以春秋的时代作限制。所以《论语》中每一个与春秋时代相同的名词、观念,几无不由孔子自己一生工夫之所到,而赋与以更深化纯化的内容。中国正统的人性论,实由他奠定其基础。在未谈到他的人性论以前,先根据《论语》上的材料,应略述他在中国文化史上的地位。不过,一直到现在为止,人与人相互之间,谈到人自身的现实问题时,有的仅是适应现实的环境而说的；有的则是直就应然的道理而说的。在适应现实环境中所说的话，对于应然的道理而言，常常须要打许多折扣。直就应然的道理以立论，便常须突破现实环境，与现实中既成的势力相冲突，因而便常常不能畅所欲言。在现实环境中所作的改良性的主张，这是孔子的"大义"。不考虑现实环境，而直就道理的本身立说，这是孔子的"微言"。同时，一样的话，说的对象不同，表达的方式也常因之而异。有的仅适于某一特殊对象；有的则可代表一般原则。读古人之书，尤其是读《论语》，若不把上面这些分际弄清楚，便会以自己的混乱，看成古人的矛盾。加以他的学说，在两千多年的专制政治影响之下，有许多解释，多把原意加以歪曲了。尤以关于君臣父子等人伦方面者为甚。这尤其是一种困难的问题。我下面所说的，多是从孔子的微言，或者是可以成为原则性的材料而稍作解释的。

第一，在中国文化史上，由孔子而确实发现了普遍的人间，亦即是打破了一切人与人的不合理的封域，而承认只要是人，便是同类的，便是平等的理念。此一理念，实已妊育于周初天命与民命并称之思想原型中；但此一思想原型，究系发自统治者的上层分子，所以尚未能进一步使其明朗化。此种理念之所以伟大，不仅在古代希腊文化中，乃至在其他许多古代文明中，除了释迦、耶稣，提供了普遍而平等的人间理念以外，都是以自己所属的阶级、种族来决定人的差等；即在现代，在美国，依然闹着有色人种的问题；而由人性不平等的观念所形成的独裁统治，依然流毒于世界各地。由此当可了解孔子在二千五百多年以前，很明确地发现了，并实践了普遍的人间的理念，是一件惊天动地的大事。

孔子发现了普遍的人间，可分三点来加以说明。

（一）孔子打破了社会上政治上的阶级限制，把传统的阶级上的君子小人之分,转化为品德上的君子小人之分,因而使君子小人,可由每一个人自己的努力加以决定,使君子成为每一个努力向上者的标志,而不复是阶级上的压制者。使社会政治上的阶级,不再成为决定人生价值的因素,这便在精神上给阶级制度以很大的打击。同时,孔子认为政治的职位,应以人的才德为选用的标准,而不承认固定的阶级继承权利,此即所谓《春秋》讥世卿。这便加速了中国历史中贵族阶级的崩溃,渐渐开辟了平民参政之路,有如汉代出现的乡举里选。尽管此一参政的形式,还很不完全。但对我们民族的生存发展而言,却关系甚大。这一点,我会在《中国自由社会的创发》一文中加以阐述。

（二）孔子打破了以为推翻不合理的统治者即是叛逆的政治神话,而把统治者从特权地位拉下来,使其应与一般平民受同样的良心理性的审判。他在答复当时的人君及卿大夫的问政时,总是责备人君及卿大夫自己。他在《论语》中所说的德治,即是要当时的统治者首先以身作则的政治。他从未把当时所发生的政治问题,归咎到人民身上。同时,他主张政治权力,应掌握在有德者的手中;平民有德,平民即应掌握政治权力;因之,把统治者与被统治者中间的障壁打开了,使政治不应当再是压迫人民的工具,而只能成为帮助一般人民得到教养的福利机构。所以他的政治最高理想,还是无为而治。所谓无为而治,即是政治权力自身的消解。他公开说他的学生仲弓可以南面;在他的心目中,有天下应归于一家一姓的观念吗? 公山弗扰以费畔（叛）,佛肸以中牟畔,召他的时候,他都想去（"子欲往"）;在他的心目中,只有如何可以解除人民痛苦的观念,还有什么是政治叛逆不叛逆的观念呢? 他说得很清楚,"夫召我者,而岂徒哉? 如有用我者,吾其为东周乎"。他对政治的这种最基本的态度,常常为他适应环境,逐步改良的态度所掩没；自当时子路，已不能真正了解他的真意。后儒沉没于专制毒焰之中，更河汉其言，并群起而谓《论语》此种记载，与《左传》不合，不可置信，有如崔灏（《四书考异》）、赵翼（《陔余丛考》卷四）、崔述（《洙泗考信录》卷二）之流。而不知《左传》系以国政为中心之纪录，其势不能尽其详密。加以纪录者与所纪录之事，不仅无直接关连，且系由展转传录而成。《论语》乃以孔子为中心之纪录，其事乃门弟子所亲见亲闻。以治史而论，应以《论语》订正《左传》之疏漏，岂可反据《左传》以疑《论语》？且此二事当时子路已不以为然，若非确出于孔门之故实，弟子中谁肯造作缘饰，以诬蔑其师？《墨子·非儒篇》述齐晏婴对景公之问，谓孔子是"劝下乱上，教臣杀君……入人之国而与人之贼"。又引"孔悝乱乎卫，阳货乱乎齐（《间诂》谓"当从《孔丛子》作鲁"），佛肸以中牟叛"等以证成其说。虽其所述者，不免过甚其辞，意存诬蔑；但不能谓其毫无根据。此亦可反证《论语》所载之不诬，及孔门对政权转移之真正态度。司马迁在《史记自序》中引董仲舒述孔子作《春秋》之旨，以为是"贬天子，退诸侯，讨大夫，以达王事而已"，正可与此互证。《礼记·礼运篇》，贬禹汤文武周公的家天下，为小康之治；而别于其上设"天下为公"的大同世界，此真传孔子之微言，而为后世小儒瞠目结舌所不敢道的。

此处，应顺便澄清一种误解。许多人因为孔子说过"吾其为东周乎"（《阳货》），及"周监于二代，郁郁乎文哉，吾从周"（《八佾》）的话，便以为孔子在政治上的目的，是在恢复周初的封建秩序。其实，就历史的观点说，如本书第二章所述，中国文化，至文王周公而有一大进展；此种进展之意义，不是一般人用"封建主义"四字所能加以概括或抹煞的。其次，由夏殷之质，而进入于周代之文，其文献的保存，必较宋杞为可征。合上二端，所以孔子从历史

20 世纪儒学研究大系

的观点,他会说"吾从周",说"为东周",甚至还"梦见周公"。但孔子的政治理想,则系以尧舜为其最高向往,因尧舜是天下为公的理想化。故《论语》、《孟子》、《荀子》三书之结构,皆以尧舜之事为末章,或系孔门相承之义。而孔子答颜渊问为邦,则主张"行夏之时,乘殷之辂,服周之冕,乐则韶舞"(《卫灵公》)。是固斟酌四代,何尝仅以周为限? 言非一端,这种地方,学者正应用心精细去了解。

(三)孔子不仅打破当时由列国所代表的地方性,并且也打破了种族之见,对当时的所谓蛮夷,都给与以平等的看待。"子欲居九夷。或曰陋,如之何? 子曰,君子居之,何陋之有?"(《子罕》)在孔子的意思,陋是出于小人鄙狭之心,与九夷并无关涉。他叹息"夷狄之有君,不如(似)诸夏之亡也"(《八佾》);他不以当时诸夏表面上的文明生活,可以代表人的真正价值。尤其重要的,他在陈蔡之间,困顿流连甚久,其志必不在陈蔡而盖在楚;楚称王已久,当时固视为南蛮缺舌之邦;但在孔子看来,并无异于鲁卫。所以春秋华夷之辨,乃决于文化而非决于种族。韩愈《原道》中综述这种意思说"孔子之作《春秋》也,诸侯用夷礼,则夷之;进于中国,则中国之",这说得相当恰当。儒家政治,以天下为对象而言"平天下",实系以普遍性的人间为其内容的。中国历史中所表现的对异族融和同化之力特强,这和孔子的这种思想,有密切的关系。

但现实上,人是有许多类别的,如智愚之分,种族之别,文野之不同等等;不过在孔子看来,这只是教育问题;而不是人自身的问题。所以他便说出了"有教无类"(《卫灵公》)的这句最伟大的话。他对当时洁身自好的隐士所作的答复是"鸟兽不可与同群,吾非斯人之徒与,而谁与?"(《微子》)由此可以了解孔子心目中之所谓"人",乃含融了一切人类,故仅与鸟兽相区别。

　　第二，由孔子开辟了内在的人格世界，以开启人类无限融合及向上之机。在孔子以前，已经有了很多道德观念；一方面是以此作对于行为的要求，同时也以此作评定某一阶层内的人的标准。但所谓智愚贤不肖，都是表现在外面的知识、行为，都是在客观世界的相互关系中所比定出来的，还不能算有意识地开辟了一种内在的人格世界。所谓内在的人格世界，即是人在生命中所开辟出来的世界。在人生命中的内的世界，不能以客观世界中的标准去加以衡量，加以限制；因为客观世界，是"量"的世界，是平面的世界；而人格内在的世界，却是质的世界，是层层向上的立体的世界。此一人格内在的世界，可以用一个"仁"字作代表。春秋时代代表人文世界的是礼，而孔子则将礼安放于内心的仁；所以他说"人而不仁，如礼何？"（《八佾》）此即将客观的人文世界向内在的人格世界转化的大标志。仁是不能在客观世界中加以量化的；譬如颜渊"其心三月不违仁"，和其他弟子的"日月至焉"（《雍也》），这呈现在客观上，即是表现在外表上，能有什么分别？又如颜渊的闻一以知十，子贡的闻一以知二，这种"知"，是可以用数字计算得出来的，因而也是可以在客观世界中呈现的；但违仁不违仁的自身，并不能用数字加以表达。因此，违仁不违仁，乃属于人自身内部之事，属于人的精神世界、人格世界之事。人只有发现自身有此一人格世界，然后才能够自己塑造自己，把自己从一般动物中，不断地向上提高，因而使自己的生命力作无限的扩张与延展，而成为一切行为价值的无限源泉。并把客观世界中平列的分离的东西，融和在一起。知能上的成就，可以给客观世界以秩序的建立。但若仅止于此，则生命除了向外的知性活动以外，依然只是一团血肉，一团幽暗地欲望。以这样的生命主体面对着知能在客观世界中的成就，常常会感到自己并把握不住，甚至相矛盾冲突。由孔子所开辟的内在的人格世界,是从血肉、欲望中沉浸下去,发现生命的根源,本是无限深、无限广的一片道德理性,这在孔子,即是仁;由此而将客观世界乃至在客观世界中的各种成就,涵融于此一仁的内在世界之中,而赋予以意味、价值;此时人不要求对客观世界的主宰性、自由性,而自有其主宰性与自由性。这种主观与客观的融和,同时即是客观世界的融和。这才是人类所追求的大目的。柏拉图的理型世界,黑格尔的绝对精神,只不过是思辨、概念的产物。宗教家的天堂,乃是信仰的构造。都与这里所说的内在的人格世界无关。此一世界的开启,须要高度的反省、自觉;而此种反省、自觉,并不能像禅家的电光石火一样,仅凭一时的照射;而是要继之以切实地内的实践、外的实践的工夫,才能在自己的生命中(不仅是在自己的观念中)开发出来;并且在现实生活中,是可以经验得到的。这正是孔子对我国文化,也即是对世界文化最大的贡献。孔子所说的仁,正指的是此一内在的人格世界。这一点,在后面还要较详细地说到。当然,这里须要注意的,孔子并没有忽略向客观世界的开发;因为如后所述,内在的人格世界之自身,即要求向客观世界的开发。所以,他便非常重视知识。但他是把二者关连在一起,融合在一起而前进;把对客观世界的知识,作为开辟内在的人格世界的手段;同时,把内在的人格世界的价值,作为处理、改进客观世界的动力及原理。所以他是仁与知双修,学与行并重,而不是孤头特出的。因此,他许多的话,都是把二者融合或照顾在一起来说的。

第三,由孔子而开始有学的方法的自觉,因而奠定了中国学术发展的基础。人类很早便有学的事实。西周金文中,已出现有不少的学字;春秋时代,已经有很明确的学的自觉,如《左传·昭公十八年》闵子马说"夫学,殖也,不学将落",即是。但似乎还没有明确的方法的自觉。由学所得的结论,和对学所使用的方法,有不可分的关系。有学,必有学的方法;但方法须由反省、自觉而始趋于精密,学乃有其前进的途径与基础。中国似乎到孔子才有此一自觉。

《论语》上所说的学,有广狭两义。广义的学,兼知识德行二者。而狭义的学,则常是专指追求知识;如"好仁不好学,其蔽也愚"之类。在孔子,以求知识为立德的一过程,或一手段。但《论语》上的所谓知,都含有很严肃的意义。并且一个人当实际活动时,精神必有所专注,而可将立德与求知,分为学的两种内容,因为学的内容不同,方法亦因之而异。故下面分三点加以说明。

(一)为学的总的精神,我想以"主忠信"(《学而》)作代表。而其极致,则归于"子绝四,毋意,毋必,毋固,毋我"(《子罕》)。《论语》:"子以四教,文,行,忠,信。"(《述而》)文指的是诗书礼乐;所以求知识。行指的是孝弟忠恕;所以立德行。而此处所说的忠信,乃绾带著文行两方面,为两方面所必不可少的共同精神。朱元晦谓"尽己之谓忠,以实之谓信",此一解释,似乎颇中肯綮。德行方面之不离于忠信,随处可见,固不待论。在求知方面,如"知之为知之,不知为不知",也是忠信。一切方法、工夫,皆应由忠信精神所贯注,否则便只是空话。忠信之至,便达到毋意毋必毋固毋我。此四毋,一面是到达的境界,一面也是为学时的精神状态。

(二)求知的方法,略可分为下列二端:

1. 学思并重:《论语》"学而不思则罔,思而不学则殆"(《为政》),学是向客观经验的学习;当然以见闻为主。《论语》上常将见闻对举。思是把向客观经验方面所学得的东西,加以主观的思考,因而加以检别、消化。学与思,构成孔子求知的完整方法。学贵博,贵疑,贵有征验。"博学于文","博我以文","多闻阙疑","多见阙殆","多闻择其善者而从之,多见而识之";及叹夏礼殷礼

的杞宋不足征；都是这种意思。孔子所说的"信而好古"(《述
而》)，朱元晦以"信古"释之，则此句中之"而"字为无意义。因有
一"而"字，乃表明一句中，含有两事，如上句"述而不作，"述"与
"作"正是两事；则"信而好古"，亦必"信"为一事，"好古"为一事。
所谓信者，盖亦指有征验而言。古今岂有无征验而可成为知识？
对于学而言思，上面所说的阙疑、求证，都是思的作用。但思的另
一重要内容，即是由已知以求未知的推理。推理乃思考的主要内
容。孔子既重思考，自然重视推理的能力。例如"温故而知新"，
"告诸往而知来者"，颜渊"闻一以知十"，子贡"闻一以知二"，这
都是推理的结果。"举一隅，不以三隅反，则不复也"，这是因为不
思，因而没有推理的能力，亦即没有思考的能力，所以孔子认为不
值得教诲。不过在孔子看来，思要以学所得的东西作材料；没有材
料作根据的思，乃至以很少的材料作过多的推理，都是危险(思而
不学则殆)的。所以他说"吾尝终日不食，终夜不寝，以思，无益；
不如学也"(《卫灵公》)。总之，他是主张求知识应学思并重，而以
向客观经验学习尤为最重要。

　2. 正名：孔子所说的正名，是广义的，即包括知识与行为两方
面而言。但仅就正名的本身来说，则较验名之正不正，不论此名属
于哪一范围，依然是知识的活动。并且孔子认为正名是为了语言
表达的正确；而语言表达的正确，乃行为正确的基础。所以他说
"名不正，则言不顺；言不顺，则事不成"。他说"觚不觚，觚哉觚
哉"；及"君君，臣臣，父父，子子"，都是他的正名主义。《庄子·天
下》篇谓《春秋》"以道名分"，董仲舒《春秋繁露》谓"春秋辨物之
理，以正其名。名物如其真，不失秋毫之末"(《深察名号》篇)；故
正名当亦为作《春秋》的重要目的之一。孔子的正名主义，在求知
识方面，居于极重要的地位。惜除荀子稍有申述外，此一方面，未

能得到正常的发展。

（三）立德的方法,亦即开辟内在的人格世界的方法:在这一方面,也略可分为下列二端:

1. 立德是实践,所以立德的方法,是实践的方法。而如上所述的下学而上达的历程,在实践的方法上有其非常的重要性。以孝弟为"为仁之本"(《学而》),这是下学而上达;以忠恕为一贯之道,也是下学而上达;以非礼勿视勿听等为为仁之目,也是下学而上达。凡孔子所答门弟子之问,都是从下学处说,尤其是对于问仁;不如此,便无切实下手、入门之处,会离开了道德的实践性,结果将变为观念游戏的空谈。这种下学的本身,便含有上达的可能性在里面。但不经提点,一般人在精神上便容易局限在某一层次,以一善一德为满足,而不易继续开扩上去。所以孔子对自己的学生,一方面是不断地要他们落实。例如,子贡说"我不欲人之加诸我也,吾亦欲无加诸人",孔子便说"赐也,非尔所及也"(《公冶长》)。另一面,则不断地把他们从已有的成就中向上提;例如子贡说"贫而无谄,富而无骄",孔子便说"未若贫而乐,富而好礼"(《学而》)。他称子路"不忮不求,何用不臧";及"子路终身诵之",便说"是道也,何足以臧"(《子罕》);"吾十有五,而志于学;三十而立;四十而不惑;五十而知天命;六十而耳顺;七十而从心所欲,不逾矩"(《为政》)的这一章,全系孔子下学而上达的自述。

2. 求知是对客观对象的认识;而立德则须追向一个人的行为的动机。所以立德特重内省,亦即是自己认识自己的反省。例如"吾日三省吾身"(《学而》),"见不贤,而内自省也"(《里仁》),"吾未见能见其过而内自讼者也"(《卫灵公》),"内省不疚"(《颜渊》)等皆是。孔子所说的"默而识之"(同上),及"立则见其参于前也;在舆则见其倚于衡也"(同上),也是一种积极性的内省。与内省关连在一起的,便是消极的改过,积极的徙义。这正是下学而上达过程中最具体地工夫。例如"过则勿惮改"(《学而》),"闻义不能徙,不善不能改,是吾忧也"(《述而》)等皆是。

孔子所开端的治学方法,在求知方面没有得到继续的发展。在立德方面,自汉迄唐,亦未能在人格世界中扩疆辟宇,所以在这一方面的方法,也芜塞不彰。直至宋明理学心学起而始能远承坠绪。

第四,教育价值之积极肯定,及对教育方法之伟大启发。孔子对政治上的究极理想,乃在政治权力自身之消解;所以他说"为政以德,譬如北辰,居其所,而众星拱之"(《为政》),又说"无为而治者,其舜也与? 舜何为哉,恭己正南面而已"(《卫灵公》)。但从"有教无类"这句话看,他是把教育自身的价值,远放在政治的上位。并且他对教育是采取启发的方式,而不是采取注入的方式,这已为一般人所了解。但除此之外,他更重视个性教育。所谓重视个性教育,乃在于他不是本着一个模型去衡定人的性格,而是承认在各种不同性格中,都发现其有善的一方面,因而就此善的一方面与以成就。他虽然认"中行"是最理想的性格,但"狂者进取,狷者有所不为"(《子路》),狂狷也有善的一方面。并且他门下有成就的学生,性格几乎都是偏于一边。"柴也愚,参也鲁,师也辟,由也喭",及"赐不受命"(《先进》)等即是。当他说"古之狂也肆……古之矜也廉……古之愚也直"(《阳货》)这一类的话时,都是在各种不同个性中发现其善处长处而加以成就的意思。这较之后来宋儒所强调的变化气质,似乎更合于人性的发展。

第五,总结整理了古代文献,而赋予新的意义,从文献上奠定了中国文化的基础。孔子删订六经,今人每引为疑问。但从《论语》看,他分明是以《诗》《书》《礼》《乐》为教材;并对《乐》与

《诗》，曾加以订正，而赋予礼以新的意义；准此以推，其对《书》，亦必有所整理与阐述。故《诗》《书》《礼》《乐》，在先秦儒家中，皆得成为显学。孔子因鲁史而作《春秋》，在先秦早成定论。《论语》中有两处提到《易》；而《易传》虽非孔子所作，但其出于孔门，则无可疑。且其中所引之"子曰"，可信其多出于孔子；综合以观，则孔子之删订六经，并各赋予新的意义；一面总结了在他以前的文化，同时即通过他所整理阐述过的文献，以启迪后来的文化，这是决无可疑的。在先秦时代，由孔子所开创出来的一个伟大的教化集团，是以《诗》《书》《礼》《乐》《春秋》《易》为中心而展开的。

　　第六，人格世界的完成。这即是统摄上述各端的性与天道的合一，而为后面所要详细叙述的。

　　　　　（《中国人性论史》，台北"中央书局"1963年版。

　　　　这里选自《徐复观集》，群言出版社1993年版）

　　徐复观（1903—1982），生于湖北浠水县，原名佛观，又称秉常，后更名复观。1928年赴日本陆军士官学校留学，九一八事变后回国，后从一位军、政界的高级幕僚，成就为一名造诣不凡的儒学大师。1949年去台湾，1955年任台湾东海大学中文系教授兼主任。1958年1月他同唐君毅、牟宗三、张君劢联合发表的《中国文化与世界》的宣言，标志着他开始取得与唐、牟并称"当代新儒学三大师"的学术地位。1970年赴香港任新亚研究所教授兼香港中文大学中国文化研究所研究员。主要论著有：《学术与政治之间》、《中国思想史论集》、《徐复观文录》、《两汉思想史》、《儒家政治思想与民主自由人权》、《徐复观杂文集》、《中国经学史的基础》等。

作者从五个方面论述孔子在中国文化史上之地位:一、在中国文化史上,由孔子而确定发现了普遍的人间,亦即是打破了一切人与人不合理的封域,而承认只要是人,便是同类的,便是平等的理念。二、由孔子开辟了内在的人格世界,以开启人类无限融合及向上之机。三、由孔子而开始有学的方法的自觉,因而奠定了中国学术发展的基础。四、教育价值之积极肯定,及对教育方法之伟大启发。五、总结整理了古代文献,而赋予新的意义,从文献上奠定了中国文化的基础。六、人格世界的完成。

孔子思想的再评价

庞　朴

　　孔子是中国过去历史上影响最大的思想家。其影响所及，远远越出了国界。批判地清理孔子思想及其影响，是中国无产阶级不容旁贷的革命义务。

　　五四新文化运动号召"打倒孔家店"，揭开了现代批孔的序幕，立下过不朽功勋。但由于那时的许多领导人物，没有历史唯物主义的批判精神，所谓坏就是绝对的坏，所谓好就是绝对的好，对于现实和历史，缺乏分析的态度；因而，批孔的任务未能真正完成。

　　在中国革命进一步发展过程中，伟大领袖和导师毛主席就思想文化的革命问题，作过一系列精辟指示，对包括孔子在内的文化思想遗产的批判继承，做出了光辉范例。毛主席关于这一方面的思想，也受到了各种机会主义者的干扰和歪曲；其中，"四人帮"的破坏尤为严重。"四人帮"是毛泽东思想最阴险的敌人。他们打起假批孔的旗号，制造种种混乱，犯下重重罪行，使中国革命蒙受了一次浩劫，也给文化思想的研究工作造成了极大破坏。

　　打倒了"四人帮"，揭露了他们假批孔的真面目以后，我们有了完整准确地遵照毛泽东思想批判孔子的可能；广大群众中，也深感有这样一种必要。"四人帮"在批孔问题上的混乱和余毒，更亟待肃清。因而，如何全面地重新评价孔子的问题，就很自然地摆在了我们面前。下面,谨就孔子思想的历史作用以及后世对孔子思想的评价问题,谈一点看法,供大家讨论。

一

孔子(前551—前479),名丘字仲尼,春秋鲁国人;宋国奴隶主贵族后裔。早年生活贫困,靠给富贵人家相礼为生,也干过一阵管理仓库和看管牛羊的差事。五十岁前后,担任鲁国季氏政权的中都宰和司寇等职。此后"周游列国",宣传自己的思想主张,并从事教育和整理典籍的工作。

孔子生活的春秋时代,无论是定为领主封建转变为地主封建的时期也好,还是定为奴隶社会过渡到封建社会的时期也好,总归是我国历史上一次剧烈的社会动荡时代。孔子居住的鲁国国都,又是当时公认的东方各地文化中心。这些条件,预示着当时当地必将有反映社会变动的思想文化人物出现。孔子本人在社会政治生活和教育文化实践中的丰富阅历,以及好学勤思等特性,使他正好适应了这个要求,成长为当时的最大思想家。

但孔子不是站在时代前列为新制度诞生而大喊大叫的思想家;相反,他是一位哀叹世风不古的保守思想家。这种情况,又有着它的客观必然性。当时,新兴势力虽在经济政治方面一再得手,但在思想文化方面还缺乏素养,一时难以产生出自己的像样喉舌来;而陈旧势力却企图凭借传统影响,用精神的办法去挽救物质的损失。孔子这样的思想家,正是这种情况的历史产物。

在政治上,孔子是保守主义者。他相信周王朝是社会制度的最完美形式,以维护周天子的一统天下和重建文武周公事业为己任。他说过:"周监于二代,郁郁乎文哉!""文王既没,文不在兹乎！""如有用我者，吾其为东周乎！"（见《论语》之《八佾》、《子罕》、《阳货》诸篇。以下凡引《论语》，只注篇名）对于眼前发生的社会进步，诸如经济关系的新旧蜕变，政治实权的逐步下移，宗法制度的日益涣散，人民暴乱的此伏彼起，他都不以为然，认为是"礼坏乐崩"，"天下无道"，表示了不能容忍的愤慨。

但是，作为一个思想家，比起本阶级的其他成员来，孔子看到的更多些，想到的更远些。他探寻过夏商周三代因革损益的变迁史，知道"殷因于夏礼，所损益可知也；周因于殷礼，所损益可知也"（《为政》）的大致情况。他所以提出"为东周"，也正意味着要对"西周"来一个损益，以便在不触动根本利益的前提下，能使周王朝百世不替地延续下去。这是当时他那个阶级可能选择的最佳道路。从现有材料看，孔子所主张的损益，除了"行夏之时，乘殷之辂"（《卫灵公》），在礼帽质料的俭省上表示"从众"之类的枝节变动外，更多的内容则侧重在改善统治者和人民的关系上。他认为，对老百姓的统治不能只靠"政"和"刑"，即只用行政命令和刑罚杀戮，也要注意"德"和"礼"，即加强思想教育和行为防范（见《为政》）。他提倡"泛爱众"、"使民以时"（《学而》），"使民如承大祭"（《颜渊》），"因民之所利而利之"（《尧曰》），反对"不教而杀"（《尧曰》）和"以不教民战"（《子路》）。为此，他要求统治者必须"贤"，必须有"德"，主张通过"举贤才"（《子路》）之类措施来改善统治者的状况，等等。

孔子的这些治国方法，无疑都是为当时的权势者设想，针对着国家机器中某些颓败现象而发的，其目的在于维护周王朝的统治；为民众的，一点也没有。他为了推行自己的主张，到处奔波，栖栖遑遑，向许多执政者提出过许多建议，也曾几次想利用政局变动中的某些势力，但都碰了钉子，没有捞到施行机会。

20世纪儒学研究大系

实践表明,孔子的"为东周"的政治方案,是一种不切实际的空想。它不仅违背新兴势力的根本利益,也不能满足腐败势力的眼前欲望。孔子想通过这些损益,对旧制度做点修补,以缓和日趋尖锐的矛盾,使天下复归太平。无奈他所设想的损益,并不符合客观需要;它既是急欲攫取全部权力的新势力代表者所难以容许的,也为对前途丧失信心的旧制度把持者所不愿接受。有人批评孔子是"知其不可而为之"(《宪问》)的蛮干家。孔子自己是否"知其不可",还很难说;至少那时已经有人看出了,孔子的方案,是不可实行的。

从孔子的政治主张不为任一势力接受这个事实,我们似乎可以得出这样的结论:他固然不是顺应历史潮流的革新派,却也还不是冥顽不灵的顽固派。他有一套实际上是空想的理想。这个理想的实质,是保守的;但其中包含有某些从统治者的长远利益着眼的、以改善他们和人民关系为目标的办法。这些"长治久安"的办法,在当时不曾为目光短浅的统治者所了解。只有待到人民力量的重要性越发显露的后来,孔子学说的这个部分,方才被重视起来,并随着不同的历史条件,起着不同的历史作用。

孔子把他的政治主张概括为理论,提出了"礼"和"仁"的学说。"礼"和"仁",以前也有人说过。孔子的发展在于,他把二者结合起来,并赋予它们某些新的含义。他所谓的"礼",是一种政治秩序,主要指周初所确定的一整套区别等级名分的制度典章和仪文习俗;他所谓的"仁",是最高道德规范,主要是说人们之间应该相爱。孔子认为,这二者是互相补充、互相包含、互相制约的。礼是外在的行为准则,仁是内在的精神状态。礼必须以仁为思想基础,否则就流于形式,徒具空文,所谓"人而不仁,如礼何!"(《八佾》)"礼云礼云,玉帛云乎哉!"(《阳货》)仁必须以礼为客观标准,相爱要有个节制,否则便乱了伦次,所谓"知和而和,不以礼节之,亦不可行也"(《学而》)。

这样的"礼""仁"学说,是为维护旧的制度作论证的。因为二者虽说互相制约,但现实的依据仍然是礼,即西周的社会制度,它是矛盾的主要方面。孔子所以在礼外又辅之以仁,其目的也并非要在制度上作什么根本变革,而是他误认为周礼之流于形式,日趋崩坏,不为人们尊重和遵守,原因在于人们缺乏自觉性,在于人们之间缺少相爱的思想。他认为,只要大家都去同情对方,爱护别人,周礼就能永远保持下去。这当然是一种十足的历史唯心主义。但孔子却以为,这是一大发现,是灵丹妙药,因而付出很大气力来鼓吹"仁"的思想,从各种不同角度进行解说,给它下了许多定义。"仁者爱人"和"克己复礼为仁",便是其中两个最主要的规定。

"克己复礼为仁"(《颜渊》),本是"古也有志"的一个现成定义(见《左传·昭公十二年》)。孔子用它来指明仁和礼的关系,强调礼对仁的决定作用。所谓克己,是就内在的思想状态来说的;复礼,是就外在的行为标准来说的。克己复礼,就是克制自己,使得视听言动合乎周礼的规定。孔子认为,谁能做到这种地步,天下人都将称之为仁者。

"仁者爱人"(《颜渊》)是说对别人要爱。它的具体规定主要是忠恕之道,即"己欲立而立人,己欲达而达人"(《雍也》)和"己所不欲,勿施于人"(《颜渊》)。孔子要求,每个人都应该把别人同自己一样看待,不能独善其身,更不能与人为恶。这里所指的"人",是一种泛称,并非确指某一阶级。因为,一切剥削阶级,为了向别人也向自己隐瞒其思想和行动的狭隘利益,总是自封为全民代表,面对着全民讲话。而它们所以能够这样做,确也有其一定的客观条件。孔子所说的"爱人",就是说的爱一切圆颅方趾的人,并不包含社会的限制性在内。当然,在阶级社会里,这种人类之爱是不可能实现的。对立阶级之间,没有什么相爱可言;对立阶级的个别成员之间,也不会无缘无故地去爱对方;剥削阶级内部不同利益的集团和成员之间,也谈不上什么真正的同情和相爱。但是,提倡人类之爱的思想却是现实存在过的,今天仍在许多地方存在着。能否实现是一回事,有无人提倡是另一回事。不能因为它不能实现,便认为不会有人去提倡。果然那样,世上便不会有唯心主义了。

当然,基于自己的利益,向别人提倡一种不能实现的东西,在实质上,是对别人的欺骗。如果他自己真诚地这样提倡,那也是自欺。现实生活是会出来修正并戳穿这种欺骗的。实际上,"克己复礼为仁"一句,已经对"仁者爱人"做了限制,给"爱"立下了框框。因为按照礼的规定,不同阶级、不同等级乃至同一阶级同一等级内部的不同名分的人们之间,地位是很不"平等"的。各人在既定的框框里克制自己,其克制的内容和程度就大不一样。所谓"爱人"、"立人"、"达人"和"勿施于人",当然也跳不出这个框框,而是要以此为界。所以,说到底,"仁"的学说,还是为"礼"服务的。它是想用精神的办法,去修补那个由于社会发展而破碎着的物质锁链,使之免于彻底崩解;它要在缺牙脱轴、运转不灵的政治关系齿轮上,涂上情感的润滑剂,力图使之和谐。这种努力,无疑是徒劳的。

不过我们也不能忽视,孔子能以提出"爱人"的口号,把它作为"仁"的一个定义,用以补充过去那个"克己复礼",这在思想发展史上说,应该算作一个进步。因为它在一定程度上反映了劳动者身份变化的事实。比起"克己复礼"来,"爱人"的定义着眼于"人",而不是着眼于"礼",着眼于人的共同性,而不是着眼于人的社会差异性。这个变化的后面,隐藏着劳动者通过不屈不挠斗争,争取做人权利的血与泪的、火与剑的历史。正由于有了这个历史上的进步，才有了这个思想上的发展。而孔子首先概括了这个进步，提出了"爱人"口号，改变了把奴隶当做会说话的工具的观念，这不能不说是中国思想史上的一个成就。

二

在哲学上，孔子是唯心主义者。他相信天命，认为人的死生富贵，事的成败兴废，包括文王事业能否延续下去，都是人力无可奈何，而由天命在冥冥中决定的。他说他自己到了五十岁的时候才懂得这个道理。他把天命同"大人"、"圣人之言"并列，称为君子应有的"三畏"（《季氏》）；其实这三者都是一个东西，就是统治者的意志。孔子鼓吹天命，同他维护周礼的政治态度是一致的。

但孔子认为道德水平的高下不是天生的，而要靠修养来提高，从而对天的威力作了一个限制，对人的努力作了一定肯定。他说过："有能一日用其力于仁矣乎？我未见力不足者。"（《里仁》）只是他所谓的道德修养上的"力"，并非基于实践的主观努力，而是某些主观精神的克制和扩张。这样，他限制了客观精神，却把地盘交给了主观精神。这种主观精神性的"仁"，在孔子思想体系里，被夸大成了决定社会生活的普遍原则。

孔子还相信有"生而知之"的天才，和"不可使知之"的蠢才，在认识论上存在着先验论的错误。他说："生而知之者上也，学而知之者次也，困而知之又其次也。困而不学，民斯为下矣。"（《季氏》）又说："唯上智与下愚不移。"（《阳货》）在这里，孔子把民列为不学不知的下愚，那是自然而又必然的；虽然他也承认在稼穑方面不如老农与老圃，但他并不承认生产知识也是知识。这是当时剥削阶级的通病。引人注意之点是，"上智"或"生而知之"这一格，在孔子那里是虚设的。未曾见到他许谁为生而知之的天才，他只是设想可能有这样一种人，那当是出于建立体系的需要。他说："盖有不知而作之者，我无是也。"(《述而》)可能有不需要经过认识就有所创造的人，我却没有这样做过。他一再表明自己不是生而知之的天才，并且勇于承认某些认识上的错误并改正，承认别人对他的启发和教育(见《公冶长》、《述而》等)，从而又在一定程度上修正了他的先验论。

孔子这种在事实上否认天才的认识，应该是得力于他的教学实践。多年的教学实践使孔子相信，通过经验、运用思考、反复练习、勤于切磋，是一般人获得知识的重要途径。他提出了"多闻多见"、"博学切问"、学思结合、"温故知新"，以及反对主观成见的"毋意、毋必、毋固、毋我"等有关认识过程的许多著名论题；它们是符合唯物主义精神的。

教学实践还使孔子懂得在教学中运用某些辩证方法。他说过："不愤不启，不悱不发；举一隅不以三隅反，则不复也。"(《述而》)这就是所谓的启发式教学法。这种方法比之注入式，对于教师和学生来说，都是较为困难的，但它却符合授受知识的辩证途径，因而又是容易的。孔子很注意分析学生的不同性格和水平，并能根据不同对象的不同特点采取不同的教学方法，强调同一问题的不同方面，这又是有名的"因材施教"法。孔子第一个提出来了"不善者"可以为师和"不知"可以算知这样机智的辩证思想。他说："三人行，必有我师焉；择其善者而从之，其不善者而改之。"(《述而》)向善者学习，以不善者为鉴，不善者也就是老师了。又说："知之为知之，不知为不知，是知也。"(《为政》)知道了事理，固然是一种"知"；知道了自己的不知，也是一种"知"，而且是进一步求知的必要开端。

　　孔子还反对"过",反对"不及",提出了"过犹不及"的著名论断。这句话,常常被当作折衷主义来指责,其实是不应该的。孔子有折衷主义,尤其就整个体系来说,更有这种错误。不过这一句话却不然。这句话是针对某个学生认为"过"比"不及"为好而发的,它所包含的思想,是辩证的。所谓"过",就是超过了正确;所谓"不及",就是达不到正确。至于正确的标准是什么,这里没有涉及。如果追究到这个标准,我们一定会发现,它是错误的,不符合历史发展规律的。但仅就"过犹不及"这个命题而言,它指出了"过"并不比"不及"更好,而是同"不及"一样,强调了超过正确,就要向对立面转化,成为不正确;就这种含义而言,这个命题是正确的。它同模棱两可、调和对立的折衷主义,不仅全无共同之点,而且正相反对。孔子以前,有过"先时"和"不及时"罪行相等的规定,孔子把这种思想上升为哲学命题,并且着重批评了以"过"为好的观点,其价值和意义,岂是可以轻易抹掉的?

　　孔子在教育史上的最大成就,要数打破了学在官府,开创私人讲学风气一事。这是作为教育家的孔子对于祖国文化的重大贡献。以前,学术由专司其职的种种官吏世袭,教育的对象只限于贵胄子弟,整个文化的发展异常缓慢。孔子时代,随着社会经济、政治的变动,一些有学之士沦为逸民,学术也被带到了民间,出现了"天子失官,学在四夷"(《左传·昭公十七年》)的现象。《论语》中记有好些这种人的踪迹,孔子本人也属于这个行列。在这些人当中,以聚徒讲学为业,从而扩大了教育的范围,对历史作出贡献的,首推孔子。相传他有三千弟子,容或是过甚之辞,也可想见其人数不致太少。这些弟子中,不少人颇有才干和知识,对于后来封建文化的兴盛,起过重要作用。

20世纪儒学研究大系

　　三千弟子的传说,说明孔子真的在实践他"有教无类"的主张。"有教无类"(《卫灵公》)是针对教育被垄断的情况提出来的一个口号。"有"字是语首助词,没有什么具体含义;"类"字指族类。周初社会制度同宗法组织密切相关,氏族或宗族上的差别,往往也是阶级或等级上的差别;当时很强调"君子以类族辨物"(《易·同人》),实际上也就是强调森严的阶级区别和等级差异。孔子以前,教育是"有类"的,即使在统治阶级内部,也还有着等级上的限制,接受教育的权利,把持在少数贵族手里。这也证明,在阶级社会里,教育是有阶级性的。这个阶级性,不仅贯彻在教学内容里,归结于教育目的上,即使在教育对象方面,也严格地表现了出来。但是,教育又具有社会性。这是因为,教育的内容,除了宣扬统治阶级意志的一套外,还包含有传授人与自然斗争的知识;教育的目的,是巩固统治阶级的专政,正因为如此,它就也要去麻醉被统治阶级,并训练他们成为更有效的生产工具;因而,在教育对象上,必然要根据各种条件,扩大到统治阶级成员以外。教育的这种社会性,随着生产的发展而逐步加大,在阶级社会的最后,可以在对象方面,达到全民性。这是教育这一社会意识形式本身固有的特点。孔子时代,学术下移,庶人议政,教育对象上出现了打破原来"类"的限制的可能,具备了扩大其社会性的条件。孔子的"有教无类"口号的提出,反映了教育发展的这一趋势,从而又促进了它的进一步发展,其意义是不能低估的。

　　至于孔子的教学内容,仍是很保守的。"子以四教:文行忠信"(《述而》),他的学生只分"德行、言语、政事、文学"(《先进》)四科,他还十分轻视并摈斥生产劳动的教育。这些,无疑都是服务于为剥削阶级培养贤才的目的,即所谓"学而优则仕"的,必须认真批判。不过他的学生中,真正当上了大官的人物并不多见,而学术文化却由于他和他的学生们的活动,空前活跃了起来。这里面,客观历史条件是必要的,他们的主观努力也应予承认。

孔子教学内容里的"文",主要指学习和整理文献典籍。据说他自己"学无常师"、"多闻多见"、"学而不厌",知识相当丰富。相传后来被称做"六经"的《诗》《书》《礼》《乐》《易》《春秋》,都由他一手删订。这个说法不一定可靠。可能孔子曾着手整理过某些"经",嗣由他的后学继续整理,补充定型,终于流传了下来。我们现在从春秋后期人称引古书的情况推测,当时存有的书籍远不止这六部;可是它们大多失传了。足见孔子和他的儒家的删订,对于古代典籍的保存,还是有一些作用的。在这些儒家的经书里,纪录有大量文学、史学、哲学、政治、宗教、道德以至科学的材料,成为后人了解上古中国的文字根据,也是我们祖国文化宝库的重要财富。这些儒家经书,经过历代经师的注释、发挥和推崇,又对中国文化造成了相当大的影响,因而也成为了解中国文化的必要依据。

三

孔子就是作为这样的一位博学者、教育家、思想家和政治人物而死去。据说他死前以"哲人"自称,表白自己只是一位有知识的人。可是他死了以后,由于种种原因,他的形象却越来越见高大,一直被抬到无与伦比的高度,成了妇孺皆知、举世闻名、适用于剥削阶级一切斗争需要的头号圣人。近几年来,"四人帮"出于某种动机,却又将他一贬再贬,一直压到无与伦比的低度,成了十恶不赦、九死有余、适用于他们一切罪恶需要的头号罪人。这种种情况,使我们了解孔子真相遇到了重重障碍,也给批判孔子思想的工作增添了许多麻烦。

无产阶级要批判整个旧世界,包括批判像孔子这样的人物及其思想在内,否则便不能建立自己的新世界。为了批判,首先要弄清对象,分辨出哪些是孔子本来的东西,哪些是后世发生的东西,方不致无的放矢,李代桃僵。因为,一般说来,一个在历史上有过重要活动或重大贡献的人物,尤其是具有典型性的人物,总会在后世留下这样那样的影响。由于历史情况的复杂性,本人在世的作用和后世发生的影响,并不总能那样吻合,真的像形之与影、声之与响一样。这是我们需要注意的。另外,也是由于历史情况的复杂性,后世的人们出于自己的种种需要,又会将过去的人物,尤其是有过重大贡献的人物,抬出来加以种种利用,借用他们的语言和影响,直至将他们弄得面目全非。这更是我们需要分辨的。这就是说,本人的作用,后世的影响,后人的利用,这是一些既有联系又有区别的不同方面。尤其是当着本人的作用具有某种矛盾性的情况下,其发生的影响,后人的利用,势必呈现出种种纷纭的现象,需要仔细分别清楚,批判工作才能有效进行。

历史唯物主义证明,社会存在决定社会意识,不同时代的思想产生于不同的历史条件。因而,一个人物在后世发生的影响和后人对他的利用,这些属于后来的思想方面的东西,主要应该到后来的客观条件中去找原因,不能简单地把账算在前人头上。当然,历史唯物主义还证明,思想一经产生,便有着自己的相对独立性;历史的发展也是连续的。因而,前人的思想并不随着肉体立即消失,而会这样那样地支配后人头脑;特别是任一思想中的真理因素,既经产生便不再失去,而加入进绝对真理的长河,永远为后人汲取。这样,我们又可以通过后世的实践和影响,去评判前人思想的真伪和得失。

作为一个意识形态方面的历史人物,孔子创建了一个学派,提出了一些错误见解,也认识到了一些真理,从而留下了许多为后人由以出发并得以利用的思想资料。后人对孔子思想作过种种解释,并由之发挥出成套的新见解。对于无产阶级来说,这浩瀚繁杂的解释和见解,即使曾被公认,或属于孔子思想的必然引申,也都必须认真审查,不能轻易相信,并仔细判断它同孔子思想的真实关系。至于种种曲解和附会,以及出于种种需要而搞的对孔子的神化和鬼化,当然更应分辨清楚,主要从各该时代的条件中去找原因了。必须指出,孔子学说在后世发生的影响,有消极的一面,也还有积极的一面;后人对孔子的利用,起过反动作用,也曾起过进步作用。我们不能以一个方面否定另一方面,不能拿一种作用抹煞另一作用。而所有这些方面和作用,又只有从其同孔子思想的联系和区别中,作出评价,从历史发展的曲折和波澜中,寻找说明;不能皂白不分,爱恶先定,"葫芦僧判断葫芦案",胡涂对胡涂,那将是什么也判不清楚的。

大家知道,孔子并不曾自诩为圣人,他说过"若圣与仁,则吾岂敢!"(《述而》)孔子活着的时候,也未见有谁尊他为圣人。孔子被法定为圣人,是汉武帝以后的事。研究孔子如何成为圣人,是一个专门课题。在这里我们只能强调指出,要想知道孔子之所以会在汉代开始被捧为圣人,与其到孔子的思想里去找原因,不如到汉代的政治中去寻根据。马克思在分析法国资产阶级召唤历史亡灵行动的时候说过:他们战战兢兢地请出亡灵来,为的是不让自己看清自己斗争的资产阶级狭隘内容,以便用借来的语言和服装,演出世界历史的新场面(见《路易·波拿巴的雾月十八日》)。中国地主阶级也是这样。他们为了向自己隐瞒自己的狭隘的阶级性,也需要到历史上去请亡灵,需要有"圣人"。汉代,起先请来的是老子,后来才请来了孔子;这一层事实刚好足以说明,不管请的是谁,地主阶级好歹是要请圣人的。当然,事情也有另外一面,孔子之能够稳坐圣人宝座,成为"万世师表",还有他自己的条件。不过这个条件,有时会变得无足轻重的。这一点,从孔子脸谱被随时改换,孔子思想被任意引申,就是说,从历代尊孔者并不真的尊重孔子,而只是尊重他们自己利益的尊孔闹剧中,便可明显看出。

例如,宋代孔子的面目同汉代孔子的面目就大不一样,汉儒崇奉的经书内容同宋儒崇奉的经书内容也迥异其趣。在汉时,孔子是个形体怪异、未卜先知的半神半人式的教主;到宋代,孔子又变成了修心养性、道貌岸然的纲常礼教的化身。汉儒从孔子经书里演绎出了许多神奇怪异;宋儒欣赏的却是"人心""道心"之类大义微言。在这两个时期里,孔子都是圣人;但这同一个圣人,的确是两种不同的孔子。这种现象,单从孔子本身是难以说明的;只有弄清楚了地主阶级在汉宋两代的不同发展阶段性,弄清楚了他们各自面临着的不同社会问题,方可作出圆满解释。

清末民初的尊孔活动也是例证。那时候,政治风云急剧变幻,各式人物轮流表演,孔子的圣人形象,也随之光怪陆离,令人目不暇接。改良派搞维新运动,孔子成了托古改制的鼻祖;洋务派干买办勾当,孔子的"礼失而求诸野"又成了委婉说词;革命党行共和新政,从"礼运大同"中吸取过力量;保皇党闹帝制复辟,孔教会便应运而生。甚至那些驾着炮舰闯进来的侵略者,捧着《圣经》踱进来的传教士,为了谋取他们的利益,也每每赞美几声孔子,全不计较《论语》中视夷狄如禽兽的轻蔑。这一切,当然不是由于孔子思想真的万能,足以适应各种不同的乃至对立的政治要求;只不过是这些持不同要求的派别,有着一个共同的"隐瞒内容"的要求,都需要召唤一位亡灵,找一位圣人罢了。而他们既然又都是活动在同一个中国的大地上,想征服的又都是同一个中国人民的心,所以他们很自然地便都想到了中国的传统圣人,把这位已被利用了一千次的孔子,拉出来再作第一千零一次的利用。至于他们如此不约而同地来利用孔子,那既是想到了孔子可能对自己有利,又是担心孔子在别人手里对自己的不利;既是想用孔子来给自己脸上抹点圣光,又是为的摘掉别人头上的圣冕。如此陈陈相因,便都找到了孔子。所以,尽管他们当中有些人本是武夫起赳,也免不了要斯文一番,俎豆馨香,向着大成殿礼拜起来。

这些尊孔活动无疑都应因其所起的作用进行认真的清理和批判,甚至有甚于孔子本人之应该受批判。但是必须注意,由于他们所尊的孔子各不相同,有些甚至正相对立,因之,批判了这些尊孔活动,并不等于批判了孔子本身,也代替不了对孔子本身的批判。这是非常清楚的。"四人帮"在这方面却故意制造混乱,他们既不区分不同尊孔活动的不同实质和作用,更蓄意混淆孔子思想和尊孔活动实际存在着的差别,进而把肯定孔子思想合理因素的学术研究一律谥为尊孔,继之以"凡是尊孔派都是反动派"的大棒,凶神恶煞,气焰万丈,把历史搞乱,把理论搞乱,把政治和学术关系的政策搞乱,把人们的思想搞乱。其结果是,在他们一手造成的一切工作的大破坏中,历史研究中的孔子批判工作,也是荒芜一片,疮痍满目,直至形成禁区,无人敢于涉足。

无产阶级要批判整个旧世界,也不是说把旧的东西统统骂倒便算完事。仅仅由于挨骂而倒掉的旧事物是没有的,意识形态方面尤其这样。恩格斯说过:"仅仅宣布一种哲学是错误的,还制服不了这种哲学。像对民族的精神发展有过如此巨大影响的黑格尔哲学这样的伟大创作,是不能用干脆置之不理的办法加以消除的。"(《路德维希·费尔巴哈和德国古典哲学的终结》)对于孔子思想,也是这样;历史已经给我们提供了足够的经验。

五四新文化运动中的某些领导人物,其抨击孔子思想的激烈程度,在历史上曾是空前的,也确实起到了振聋发聩的作用。但抨击还不等于批判,辱骂并不就是战斗。他们可以把孔子视同死狗,或者比死狗还不如,但他们却不能以此制服自己的敌人。特别当他们把纲常礼教的枷锁和尊孔读经的主张等等后世的东西,同孔子思想不加分别地搅和到一起的时候,孔子的罪过,表面上是加重了,实际上却被淹没了。战斗过后,除去敲掉了一些两千年来蒙上去的尘土而外,孔子思想本身几乎安然无恙。

制服孔子思想的办法,只能是像恩格斯所说的对待黑格尔哲学的办法那样:"必须从它(按:指黑格尔哲学)的本来意义上'扬弃'它,就是说,要批判地消灭它的形式,但是要救出通过这个形式获得的新内容。"(同上)孔子思想的成就同黑格尔哲学的贡献,当然不能类比。但是如前所述,它也有一些可供剥取的合理内容,因而也必须用"扬弃"的办法,即批判地消灭它的形式,救出那些在错误的、为时代和发展过程所不可避免的形式中获得的成果。只有这样的批判,才是推动发展的批判,才能制服得了孔子思想,完成历史赋予我们的任务。

这也就是说,批判同辱骂完全是两回事,而批判同继承在某些具体对象上却息息相通。只有把旧思想旧文化中的合理部分剥取出来,吸收下去,我们才变得更有力量和生气,它们才空剩一堆躯壳和渣滓。只有这样,才有可能否定一切旧的思想和文化,才谈得上建设无产阶级的新文化。列宁说过:"应当明确地认识到,只有确切地了解人类全部发展过程所创造的文化,只有对这种文化加以改造,才能建设无产阶级的文化,没有这样的认识,我们就不能完成这项任务。无产阶级文化并不是从天上掉下来的,也不是那些自命为无产阶级文化专家的人杜撰出来的,如果认为是这样,那完全是胡说。"(《青年团的任务》)孔子思想及其影响，无疑是中国过去文化中的重要成分，是建设无产阶级文化时不能置之不顾的历史遗产，我们必须认真领会列宁这段讲话的精神。

在这方面，伟大领袖毛主席早就发出过明确指示，号召"学习我们的历史遗产，用马克思主义的方法给以批判的总结"。毛主席指出，"中国现时的新政治新经济是从古代的旧政治旧经济发展而来的，中国现时的新文化也是从古代的旧文化发展而来"。历史是割不断的，我们也决不能割断历史，而应该尊重过去历史的发展，以推动历史的未来发展，不因历史的陈旧而无视它的价值，也不因历史的灿烂而否定今天的发展。说到孔子，毛主席曾明白反对"把孔夫子的一套当作宗教教条一样强迫人民信奉"，将包括孔子思想在内的旧文化列为"我们革命的对象"，强调指出"社会主义比起孔夫子的'经书'来，不知道要好过多少倍"；同时，毛主席也说过："从孔夫子到孙中山，我们应当给以总结，承继这一份珍贵的遗产。这对于指导当前的伟大的运动，是有重要的帮助的。"这种把孔子既当做革命对象，又当做继承对象的态度，就是尊重历史的辩证法的发展，就是无产阶级对于那些曾经产生过巨大影响的剥削阶级思想学说的批判态度。必须看到，对待孔子思想的问题，不是消极地处理一件斑驳的古董，单纯地防范毒害的问题；更为重要的是，它还关系到"指导当前的伟大的运动"，在目前来说，关系到建设无产阶级文化这样一个大问题。这一点，不因我们注意与否而顽强地存在着，并随着我们解决的正确与否而发生着促进或阻碍社会前进的作用，是不容掉以轻心的。

"四人帮"在这方面也起到了很好的反面教员作用。大家已经熟知，他们对于孔子，极尽了辱骂与打倒之能事。他们的辱骂孔子，是为了发泄自己对伟大的无产阶级革命家的阶级仇恨，他们的打倒孔子,是妄图打倒党内一大批革命领导人。就是说,他们同过去的许多尊孔者一样,是在利用孔子干自己的勾当。只是同尊孔者把孔子当做"敲门砖"的办法稍有不同,"四人帮"把孔子当做了"敲人砖";从而,孔子也就从过去的服务于不同政治目的的"摩登圣人",沦落为他们手里的适用于不同攻击目标的"摩登罪人"。至于如何批判孔子思想以建设无产阶级文化这样一件崇高的工作,对于他们那帮自命为"无产阶级文化专家"其实是封建专制文化专家来说,是根本不存在的,他们除了制造下一堆混乱,从而给无产阶级文化建设工作造成许多破坏以外,什么也干不出来。

妄图毁灭历史的"四人帮",被历史彻底毁灭了。亿万胜利的人民,正迈步在新的长征大道上。清理我们的历史遗产,扫除"四人帮"的余毒,建设无产阶级文化的任务,刻不容缓地摆在我们面前。孔子问题是与之有关的一个突出问题,也是历来争议较多的一个学术问题,究应如何正确评判,还有待于大家努力。

(原载《历史研究》1978 年第 8 期)

庞朴,江苏淮阳县人,1954 年毕业于中国人民大学哲学研究生班。曾任山东大学讲师、副教授,《历史研究》副主编,中国社会科学院历史研究所研究员。主要论著有:《孔子思想的再评价》、《论孔子的思想中心》、《"中庸"评议》等。

作者认为:"孔子是中国过去历史上影响最大的思想家。"孔子在政治上是保守的,但也不是冥顽不灵的顽固派;在哲学上他是唯心主义的,但也提出了有些符合唯物主义精神的议题;在教育史上首次打破了学在官府,而开创私人讲学风气,所提"有教无类"口号,其意义不可低估。

真孔子和假孔子

张岂之

一

今天，我们完全有条件对孔子思想及其影响进行认真的学术讨论，以肃清"四人帮"在这方面散布的流毒。与评价孔子这一主题密切相关，还有许多问题需要研究，其中之一是：在中国漫长的封建社会里，许多思想家以代孔子"立言"相标榜，有的则对孔子提出了非议，这些和孔子思想本身有什么关系？他们笔下的孔子是真孔子还是假孔子？

中国统一的封建主义中央集权国家建立以后，思想家们关于孔子的议论，从内容到形式都饱和着自己时代的特色。这里以汉代为例，作些分析说明。汉武帝在制定文化政策时，接受了董仲舒的建议，"推明孔氏，抑黜百家"，儒学定于一尊。这个时候的儒学和以孔子为代表的早期儒家思想是既有联系，又有区别。

孔子是春秋末期的大思想家。他思想的主导方面是企图挽救贵族统治的没落，但他也注意到平民阶层的兴起，并主张对平民作一定的让步。因此他的思想学说表现出折衷调和的倾向。后来有的思想家撷取了他思想中的这一面，有的则发挥其另一面，从而使孔子的真实面貌变得模糊起来。

　　董仲舒作为西汉时期儒学的代表人物,其思想更多是孔子后学之一的思孟学派与阴阳家思想的相互汇合。他撷取了思孟学派"天人合一"的天命说,以及阴阳家的神学观和"五德终始"说,按照封建专制主义的政治需要,把"天"神化起来,说人间世界是"天"的有目的的安排,"天不变,道亦不变",将封建统治秩序描绘为永恒不变的东西。董仲舒在阐述这些观点的时候,打着孔子的旗号,把孔子神学化了。

　　"仁"这一观念在董仲舒的思想体系里,有其特殊的含义。他说:"《春秋》之中,视前世已行之事,以观天人相与之际,甚可畏也。国家将有失道之败,而天乃先出灾害以谴告之;不知自省,又出怪异以警惧之;尚不知变,而伤败乃至。以此见天心之仁爱人君,而欲止其乱也。"(《汉书》本传)他附会公羊春秋学,把"仁"描绘为"天"的品德:"天""仁爱"地上的封建统治者,如果国家有了过失,"天"就用灾异来向皇帝表示告诫和谴责,促使他赶快采取相应的措施,免遭覆灭的命运。

　　董仲舒又说:"位尊而施仁,藏神而见光者,天之行也。"(《春秋繁露·离合根》)他主张:皇帝应当"法天之行","泛爱群生,不以喜怒赏罚,所以为仁也"(同上)。这样,从天上到人间,所有的一切都给披上"泛爱群生"的温情脉脉的面纱;封建主义政权和神权紧密结合,地主阶级对于农民大众的血腥统治,居然被编造成皇帝"泛爱众生"的图画。

　　董仲舒的"天心之仁爱人君"和孔子"仁"的观念并不相同。孔子"仁"的观念基本上是为了维护西周礼制的道德标准,但他在一定程度上也表示对旧礼作局部的改良,以便容纳一些平民阶层的要求。后来许多思想家都借用孔子"仁"的观念,表述自己的观点,然而这些和孔子的原意有了相当大的距离。同一观念内容的变化,归根到底是由于社会历史的变化。在中国思想史上,不管是站在时代潮流的正面或是反面的思想家们,他们构成自己的思想体系,都必须从前人的思想资料出发,对此有所承借,又有所改造,百分之百地依样画葫芦,其实是不存在的。

恩格斯说:"每一时代的哲学作为分工的一个特定的领域,都具有由它的先驱者传给它而它便由此出发的特定的思想资料作为前提。"又说:"经济在这里并不重新创造出任何东西,但是它决定着现有思想资料的改变和进一步发展的方式,而且这一作用多半也是间接发生的,而对哲学发生最大直接影响的,则是政治的、法律的和道德的反映。"[1]董仲舒生活的时代,统一的封建国家已经巩固,由于地主豪强对于土地的疯狂兼并,造成了阶级矛盾的尖锐化,各地已不断有农民起义发生。董仲舒深为汉王朝担忧,他提醒皇帝注意秦朝覆亡的历史教训,同时又力求从政治上和思想上强化封建专制主义统治。出于这种需要,他终于把儒学改造为神学,他的"天心之仁爱人君"的命题里,既有美化封建专制主义的虚伪说教,又透露出地主统治者对农民革命和农民起义的忧虑和恐惧。

董仲舒和孔子思想不能划等号,它们都带有自己时代的特征。从孔子思想到董仲舒思想,标志着早期儒家思想到西汉时期的儒学即神学正宗思想的演变。但是,也应当看到,董仲舒和早期儒家思想是有着渊源关系的。

首先,从孔子的"天命"论到思孟学派的"天人感应"论,再到董仲舒的神学目的论,思想的继承关系是很明显的。我们知道,孔子的世界观基本上没有摆脱西周的传统思想,认为"天"是有意志的神,并且承认"天命"。但他的世界观中也表现出叛离宗教的初

---

[1]　《马克思恩格斯选集》第4卷,第485—486页。

步企图,说:"未能事人,焉能事鬼?""未知生,焉知死?"(《论语·先进》)思孟学派片面继承了孔子思想中的"天命"论,并把它精致化,构成神学的"天人合一"论①,董仲舒的神学目的论就从这里引申而出。他把地主阶级对农民的超经济剥削,农民对地主的人身依附关系,以及与此相应的封建主义政治制度、法律制度和伦理道德观念都涂上神学的油彩,宣扬封建主义将要亿万斯年地永存。

其次,董仲舒的唯心主义认识论、人性论,和孔子思想有渊源关系。我们知道,孔子的认识论观点表现出一系列的矛盾和调和的倾向。关于认识的来源,他把"生而知之者"规定为上等,"困而不学"的民规定为下等,承认有先验知识的存在。但是另一方面,他只是把"生而知之"作为虚悬的一格,并且说,"我非生而知之者"(《论语·述而》),还讲了一些提倡学习的话,表现出一定的朴素唯物主义因素。后来许多唯心论者大都发挥了孔子的先验主义认识论观点,而丢掉其朴素唯物主义的合理因素。孟子则夸大孔子的"生知",主张在人心中先天就具有一种至善的"性",因此研究客观事物是完全没有必要的,只要把至善的"性"发挥出来就行了。孔孟的先验论直接为董仲舒所继承。他的先验论的公式是:"事各顺于名,名各顺于天。天人之际,合而为一。同而通理,动而相益,顺而相受,谓之德(或得)道。"(《春秋繁露·深察名号》)认为名词、概念来源于"天",人服从"天",就得到了"道"。除此,董仲舒将人性划分为"圣人之性"、"中民之性"和"斗筲之性"的三品,和孔孟的先验人性论有关。

---

① 《中庸》说:"至诚之道,可以前知。国家将兴,必有祯祥;国家将亡,必有妖孽,见乎蓍龟,动乎四体。祸福将至,善必先知之,不善必先知之,故至诚如神。"

最后还要提到,孔子关于维护传统礼制的思想和董仲舒"贵贱有等"的观点,也有渊源关系。董仲舒认为,要维护封建统治秩序,必须防微杜渐,而"礼节"和"度制"即可起到此种作用。他说:"故贵贱有等,衣服有别,朝廷有位,乡党有序,则民有所让而民不敢争,所以一之也。"(《春秋繁露·度制》)

中国奴隶制社会存在着血缘的宗法制,它在政治上便表现为区别贵贱、尊卑、亲疏、远近的"礼"。当历史进入封建社会,宗法制的外壳被保留下来,纳以封建等级制的内容,用来为封建主义经济基础服务。地主和农民之间披上"宗族"关系的外衣,实际上是残酷的阶级剥削关系。毛主席指出,政权、族权、神权和夫权这四种权力,"代表了全部封建宗法的思想和制度,是束缚中国人民特别是农民的四条极大的绳索"①。从孔子维护周礼的思想到董仲舒为封建宗法思想和制度提供理论的基础,一则标志着历史的演进,再则也表明了思想的历史联系。

从以上可以看出,以孔子为代表的早期儒家思想是董仲舒形而上学唯心主义体系的思想来源之一。

我们看封建社会里的儒学,既要具体分析它如何利用早期儒家的思想资料,在内容上进行改造,以适合其时代的需要,从而看出这种儒学的历史地位。另一方面,还要具体分析这种儒学和早期儒家思想的渊源关系,说明它的思想来源,从而看出思想发展脉络。以上两个方面都是不可缺少的。

东汉时期的儒学堕落为谶纬之学,孔子完全被神化了。谶纬之学渲染说,孔子生下来就有一幅怪相,胸前有"制作定,世运符"六个字,麒麟向他吐出宝书,要求他为汉代制法,云云。这里反映

────────────

① 《毛泽东选集》(合订本)第31页。

出:封建统治者越是面临现实的危机,社会矛盾越是尖锐,他们就越是向亡灵乞求,把它神化起来,放肆地宣扬蒙昧主义,用以欺骗人民,窒息人民的思想。

每当蒙昧主义盛行之际,有些杰出的思想家挺身而出,批判各种谬说,有时也追溯到早期儒家思想。他们尊重事实和理性,力求对事物作出符合实际的说明。他们融会诸子百家之学,并不拘守一家之言。说他们是儒家,或是法家、道家等,都是不对的,和他们的思想实际不合。例如东汉时期的杰出的唯物论者王充,他对早期儒家学说作过考察,批判了孔孟;他对战国时期的法家理论,同样是采取着批判的态度。他说自己的思想"违儒家之说,合黄老之义",事实上他并没有继承道家的基本观点,只是使用了《老子》书中关于"自然之义"的思想资料,又改造出新的含义。

王充的非儒饱和着自己时代的特色,主要是指向当时作为统治阶级支配思想的儒学。他评论说:"儒者说五经,多失其实。前儒不见本末,空生虚说,后儒信前师之言,随旧述故。滑习辞语,苟名一师之学,趋为师教授。及时蚤(早)仕,汲汲竞进,不暇留精用心,考实根荄。故虚说传而不绝,实事没而不见,五经并失其实。"(《论衡·正说》)这里所谓"后儒"指东汉时期的经学家。王充指出他们研究古代的经书,丝毫没有求实精神,以此作为敲门砖,想博取高官厚禄罢了。

王充更着力于批判谶纬之学。他的著作《论衡》的许多篇章都以"儒者传书言"、"传书之言"、"传书言"作为批判的对象,而这些所谓"传书",就是当时名目繁多的纬书。他对当时流行的神话、传说、怪诞不经的故事,以及祥瑞、灾异、谴告、报应等等天人感应论作了尖锐的批判。

中国封建社会里,文化思想领域内的非儒在不同的时期具有不同的特点,取决于当时社会的经济和政治情况。以王充为例,他批判的对象,主要是神学化的孔子和谶纬化的孔子,也可以说是假孔子。

事情还有另外一面。王充是否多少批判了春秋末期的孔子即真孔子呢? 回答是肯定的。《论衡·问孔》就是证明。王充在不少问题上不同意孔子的观点。例如他曾经批判孔孟不讲功利,不注重效果,只是在主观动机上做文章的唯心观点。《论语·子罕》:"子罕言利与命与仁。"孟子也说:"仁义而已,何必曰利?"(《孟子·梁惠王上》)针对此,王充说:利是不能不讲的,但要区别货财之利和安吉之利,对国家和人民有利,就是安吉之利,能不讲吗? 如果不讲,仁、义岂不成了空话吗? 王充还注意事实的效果和证验,他说,"事莫明于有效,论莫定于有证"(《论衡·薄葬》)。

其次,王充多少批判了孔子关于"仁"的观念。《论语·公冶长》记:楚国的子文三次做令尹,面无喜色;三次被去官,面无怨色。子张问孔子:令尹子文可算是"仁"了吧? 孔子答道:这算不得仁。《左传》载,令尹子文曾让位给子玉,子玉伐宋,失败。这大约就是孔子认为子文不能算"仁"的根据吧。对此,王充评论说,孔子把两个问题混同起来了,子文举子玉,说明他不知人,此其一;子文做令尹无喜色,去官无怨色,说明他对人宽厚,此其二。怎么能由前者而否定后者呢? 人各有擅长处,有的长于"仁",有的长于"义",有的长于"礼",哪里有各方面都擅长的完人呢? "厚人,仁矣",子文对人宽厚,也算是"仁"了。王充把"仁"作为人的一种优点,这和孔子关于"仁"的观念是不同的。

另外,王充"不学自知,不问自晓,古今行事,未之有也"的朴素唯物主义认识论观点,和孔子的"生知"说相对立。不过,王充又引用孔子所说"吾十有五而志于学","吾尝终日不食,终夜不寝,以思,无益,不如学也",说明"圣贤"也是不能"生知"的。

王充从东汉时期思想斗争的具体情况出发,着重批判了当时的儒者,破除了虚妄之言。同时,他也探索过孔子思想本身的一些问题,以唯物主义批判了孔子的唯心主义观点,其中有些论述虽然并不深刻,却具有解放思想的积极作用。

二

中国封建社会后期思想家们关于孔子的评论,带有其时代的特征,不同于封建社会前期的情况。

从宋代到明、清时期,孔子被抬到吓人的高度。不过,这个时候,他早已被剥去了神学的外衣,从粗俗的宗教中解脱出来,成了理学化的孔子。

理学是中国封建社会后期阶级斗争激化的产物。由于农民的长期反抗斗争,社会生产力有所发展,农民对于地主阶级的人身依附关系有所松弛,劳动人民可以利用一些劳役形式中断的机会,在好像是属于自己的土地上从事生产。同时,封建专制主义的压迫更加沉重,人民的反抗斗争从未间断。从唐末王仙芝"天补平均大将军"的称号到宋初王小波"均贫富"的口号以及南宋钟相、杨么"等贵贱,均贫富"的口号,都反映出农民对于土地的强烈要求。封建统治者为了抵制日益发展的人民反抗斗争,维护腐朽的封建专制主义,需要一套足可维系封建秩序的上层建筑,其中包括一种更为完整、更为精致的思想体系,使它渗透到社会生活的各个方面,去腐蚀人民的头脑。宋代的理学就是适应封建统治者的这种需要而产生的。它汇合了儒、道、释三家学说,将封建主义法规和伦理道德观念抽象化为"理",并把它规定为天地万物的始源。

　　理学的代表人物打着孔子的旗号,宣传说孔子思想自战国以来已中断了一千多年,只有理学家们才得到神秘的"心传","使圣人之道焕然复明于世"。凡是不同于这个"心传"系统的思想学说,被认为是离经叛道的"异端"。理学家们除了撷取早期儒家的若干思想资料外,还吸取了佛、道的一些内容,实际是"三教合一"潮流的产物。南宋时期的朱熹是理学的集大成者。他的《四书集注》一书使孔子彻底地理学化了,同时也使早期的儒家思想中保守的政治观点和伦理道德观念,经过理学的改造,集中起来,成为腐朽的封建统治者的反动思想工具,禁锢人民的头脑。

　　从某种意义上说,理学是佛教化了的儒家思想。例如,朱熹借用孔子"仁"的观念,又改造其内容。什么是"仁"? 朱熹说:"仁与心本是一物,被私欲一隔,心便违仁去,却为二物。若私欲既无,则心与仁便不相违,合成一物。心犹镜,仁犹镜之明。镜本来明,被尘垢一蔽,遂不明。若尘垢一去,则镜明矣。"(《论语章句·雍也第六》)这里把"仁"解成"心"的本性,和孔子关于"仁"的观念并不相同,颇切近于孟子的"良知",而和禅宗的论证方法如出一辙。禅宗的代表人物之一慧能说:"身是菩提树,心如明镜台,时时勤拂拭,勿使惹尘埃。"(《坛经·行由品》)朱熹采用禅宗的譬喻,说使镜不明的尘埃即是所谓"私欲",只要把它去掉,恢复了"心"的本来面目(即恢复了所谓"至善"的本性),这就叫做"克己复礼为仁"。他说:"孔子所谓克己复礼,《中庸》所谓致中和、尊德性、道问学,《大学》所谓明明德,《书》曰人心惟危,道心惟微,惟精惟一,允执厥中,圣人千万语,只是教人存天理、灭人欲。"(《朱子语类》卷十二)朱熹把"存天理、灭人欲"等同于孔子的"克己复礼为仁",那是他自己在那里搞"微言大义"。这不是偶然的。所谓"人欲"指人民的物质要求,如衣、食等等。人民为了生存下去,前赴后继地进行反抗封建专制主义的斗争,却被封建统治者视为大逆不道的"人欲"。统治者穷凶极恶地剥夺人民,骄奢淫逸,无所不用其极,却被称为是圣洁的"天理"。这是多么荒谬的逻辑!可见朱熹以"存天理、灭人欲"来解释"克己复礼为仁",完全是出于封建统治者的政治需要。

朱熹利用和改造孔子思想,同时他们之间也有继承关系。继承和改造是辩证的统一,不能绝对地割裂开来。继承中有改造,改造中又有继承。形象地说,朱熹笔下的孔子,既有假孔子,也有真孔子。

首先,从孔子的"正名"论到朱熹的"三纲五常不变"论是有思想继承关系的。孔子反对大夫僭用诸侯之礼和天子之礼,提倡"正名",改变"君不君,臣不臣,父不父,子不子"的"礼坏乐崩"局面,以维护"君君,臣臣,父父,子子"的传统礼制。孔子的这种"正名"论为朱熹继承和利用,他一再发挥这个观点:"物"有个分别,如君君、臣臣、父父、子子。至君得其所以为君,臣得其所以为臣,父得其所以为父,子得其所以为子,各得其利,便是"和"。若臣处君位,君处臣位,安得和乎?又说:"君尊于上,臣恭于下,尊卑大小,截然不犯,似若不和之甚,然使之各得其宜,则其'和'也。"(《朱子语类》卷六十八)他认为君臣父子各安其位,封建秩序才能维系而不敝。由此便引申出三纲五常不变论,用他的话说就是"三纲五常,礼之大体,三代相继,皆因之而不能变"(《论语章句·为政第二》)。"三纲五常终变不得,君臣依旧是君臣,父子仍旧是父子"(《朱子语类》卷二十四),这样,封建制度就得以永存。可见从孔子反对"礼坏乐崩"和"犯上作乱"到朱熹的"三纲五常终变不得"的论调,其间思想继承的脉络是很明显的。

其次,孔子强调君臣之礼,维护周天子的权威,即所谓"天下有道,则礼乐征伐自天子出"的思想,为朱熹继承,并加以膨胀,发展至蒙昧主义的"忠君"思想。朱熹说,"圣人"的"气"是透明的,他们是宇宙的枢纽。"圣人"即皇帝,他们是"理"的化身,君临于一切之上的神物。又说:"……有聪明睿智,能尽其性者出于其间,则天必命之以为亿兆之君师,使之治而教之,以复其性,次伏羲、神农、黄帝、尧、舜所以继天立极。"(《大学章句·序》)人民对于这类"继天立极"的"圣人"应当忠心耿耿,唯命是从。"君要民死,民不敢不死。"这种为封建专制主义辩护的"忠君"思想,是封建统治者禁锢人民头脑的锁链。

中国封建社会后期,特别是明、清时期,进步思想家对待孔子及其思想呈现着复杂的情况。这和当时社会历史的某些变化有着密切的关系。明朝嘉靖、万历年间(公元 16 世纪中叶至 17 世纪初),中国封建社会逐渐孕育着资本主义的幼芽,某些地区商品货币关系较之以前有了显著的发展。与此相应,市民(主要是城市工商业者和手工业工人)展开了反对封建统治者的斗争。农民革命也有了发展,明末李自成领导的大规模农民起义鲜明地提出了"均田免粮"的战斗纲领。所有这些变化不能不曲折地反映到意识形态的领域中来,文艺园地小说、戏曲的繁荣便是一种明显的表现。许多优秀的思想家彼此尽管各具特色,学派不同,但他们程度不等地反对科举制度和八股时文,反对当时占统治地位的道学①,进而对孔子言论多少采取了审查的态度。

个别思想家,如明中叶的李贽,对明代的俗儒(道学先生)进行了猛烈批判,和他们斗争了一生。为反对道学,他公开否认儒家

① 道学,包括以朱熹为代表的理学,和陆象山、王守仁为代表的心学(认为个人的主观意识是世界的本原)。

经典的神圣性，宣称不能以"孔子之是非"为准则，要求建立"今日之是非"。他说："前三代（夏、商、周），吾无论矣；后三代，汉、唐、宋是也。中间千百年而独无是非者，岂其人无是非哉？咸以孔子之是非为是非，故未尝有是非耳！"（《藏书·世纪列传总目前论》）他否定了儒家的独尊地位，为墨、荀、申、韩等诸子百家翻案；抛弃了道学家杜撰的"道统"，把程颐、朱熹摈于"德业"之外，并且推崇了一向遭到贬抑的历史人物。李贽还表述了他对社会历史、人类生活的种种观点，其中要求个性解放等比较明显地反映了当时市民阶层的思想意识。

　　更多的情况是，进步思想家们为了阐明道学家所推崇的是假孔子，不是历史上的真孔子，他们仔细地研究儒家经典，进行独立审查，作出新的解释，说明他们自己才是孔子思想的真正继承者。例如明末清初大思想家王夫之主张以求实的态度来对待孔子的《论语》，反对道学家对它任意穿凿附会，使佛、道观点羼杂其间。他说："《论语》一部，其本意之无穷者，固然其不可损，而圣意之所不然，则又不可附益。远异端之窃似，去俗情之亿中，庶几得之。"（《读四书大全说》）事实上，他对孔子并不是亦步亦趋，他一面孜孜不倦地爬梳儒家的经书，一面又小心翼翼地对孔子思想的某些方面提出异议。

　　王夫之批判道学家以"存天理、灭人欲"来解释孔子的"克己复礼为仁"，指出：按照道学家的逻辑，"倘须净尽人欲，而后天理流行"，那末，社会制度和人类生活等就全被否定了。王夫之说，这种观点和孔子思想不合，实际是佛家空无观点的再版。按照孔子的看法，"天理"和"人欲"不可分，"凡诸声色臭味，皆理之所显。非理，则何以知其或公或私，或得或失？故夫子曰：'为国以礼'。礼者，天理之节文也。识得此礼，则兵农礼乐无非天理流行处。故曰：'子路若达，却便是者气象。'倘须净尽人欲，而后天理流行，则但带兵农礼乐一切功利事，便于天理窒碍，叩其实际，岂非'空诸所有'之邪说乎？"(《读四书大全说》卷六)王夫之在这里是借用孔子的名义批道学，事实上孔子本人并没有谈过"理"和"欲"的问题。

什么是"仁"？王夫之有他自己的观点，这既不同于道学家，也不同于孔子。他从认识论的角度讲"仁"，相当于我们今天所说的思维或理性认识。他说："盖凡天下不仁之事皆容易，而仁则必难。所以然者，仁是心德，其他皆耳目之欲。"(《读四书大全说》卷六)接着他解释道：耳目等见闻之知是人们的感官与外物相接而产生的，然而"心官之德"却不是一下能够得到，要经过思索，才能认识事物的必然之理，这就比耳目之欲要难得多。在他看来，人们认识到事物的必然之理，就达到了"仁"(或"道")。所以他又说："以心循理，而天地民物固然之用，当然之则各得焉，则谓之道。"(《四书训义》卷八)可见王夫之对"仁"的解释，和孔子"仁"的观念是有区别的。

王夫之有时把"仁"解成刚毅不拔，说有了这种精神就可抗拒不义，至死不屈。他说："盖仁者，无私欲也，欲乱之则不能守"；"仁者，固执其所择者也，执之不固则怠乘之不能守。"而他自己已达到"去私欲、屏私意，固执其知之所及而不怠"(见《读四书大全说》卷六)，所以他能承受住环境的恶劣，而坚守自己的信念。这大约是他抗清失败以后，躲在石船山埋头著述时的心情流露吧。

王夫之不同意孔子的"生知"说，认为"庶物之理，非学不知，非博不辨"。他更反对朱熹所谓尧、舜为生知，禹、稷、颜回为学知的说法，指出：耳能区别声音，眼能观看事物，心(沿袭"心之官则思"的古说)能辨别是非，这些都是人异于禽兽的地方。如果耳离开了声音,它什么也听不到;眼离开了事物,它什么也看不着;心离开了思维,它什么也辨别不清。天下没有离开声、色、思的"生而知之者"。如果一定说有,这样的"生知"者必然和禽兽无异。承认有"生而知之者",也就否定了教育的作用,无疑是承认"野人"贤于"君子"了。

总之,王夫之为了深入批判道学,追根溯源地研究了儒、佛、道。他对早期儒家思想有许多评论,其中有曲折的修订,也有若干的肯定,所有这些都表明王夫之在思想史上的独创性贡献。另一方面,他所处的历史时代,他的阶级地位,以及他所受的教育,都使他不能完全摆脱早期儒家思想的束缚。例如,孔、孟关于君子与小人的分野,王夫之是接受的,他处处以"君子"自居,农民及其领袖则被他认为是不可教喻的"小人"之类,表现出地主阶级的陈腐偏见。另外,他关于封建伦理道德观念不可变易的观点,也都或多或少地和早期儒家思想有关。

归结起来,我的看法是:在中国封建社会里,有些思想家为适应封建专制主义的需要,他们改造和利用孔子,有的是神学化的孔子,有的则是理学化的孔子,等等。同时也要看到封建统治思想和孔子思想本身的一定渊源关系,不能割断历史。有些进步思想家为反对蒙昧主义,批判了他们时代的统治思想,或者是神学化的孔子,或者是玄学化的孔子,或者是佛学化的孔子,等等。但是也要看到,有些进步思想家曾经探讨过孔子思想本身,即真孔子的一些问题,对此作出不少深刻的评论。总之,在中国封建社会,文化思想领域内的真孔子和假孔子是辩证的统一,片面地强调某一方面,忽略另一方面,是不能令人信服的。

(《西北大学学报》1978 年第 4 期)

　　张岂之,江苏南通市人。1950 年毕业于北京大学哲学系,后任西北大学教授兼校长,中国史学会副会长,陕西省史学会会长。研究孔子的主要著作有《我国古代"和而不同"的文化观》、《真孔子和假孔子》,参加侯外庐主编的《中国思想通史》、《中国思想史纲》等。

　　作者认为,中国统一的封建主义中央集权国家建立以后,思想家们关于孔子的议论,从内容到形式都饱和着自己时代的特色。有些思想家为适应封建专制主义的需要,他们改造和利用孔子,有的是神学化的孔子,有的则是理学化的孔子,等等。同时也要看到封建统治思想和孔子本身的一定渊源关系,不能割断历史。有些进步思想家为反对蒙昧主义,批判了他们时代的统治思想,或者是神学化的孔子,或者是玄学化的孔子,或者是佛学化的孔子,等等。但是也要看到,有些进步思想家曾经探讨过孔子思想本身,即真孔子的一些问题,对此作出不少深刻的评论。总之,在中国封建社会,文化思想领域内的真孔子和假孔子是辩证的统一,片面地强调某一方面,忽视另一方面,是不能令人信服的。

孔子再评价

李 泽 厚

关于孔子的学术研究，解放前后都有不少成果，但意见分歧也许更大。分歧的一个重要原因，是对当时社会变革不很清楚，从而对孔子思想的阶级性质和社会意义也就众说纷纭。本文无法涉及社会性质问题的探讨，而只想就孔子思想本身作些分析，认为其中包含多元因素的多层次交错依存，终于在历史上形成了一个对中国民族影响很大的文化——心理结构。如何科学地把握和描述这一现象，可能是正确解释孔子的一条途径。本文采春秋战国是早期奴隶制向发达的奴隶制过渡的分期观点，认为孔子思想是这一空前时代变革中某些氏族贵族阶级性格的表现。但由孔子创始的这个文化——心理结构却因具有相对独立的稳定性质而长久延续和发展下来。

一、"礼"的特征

无论哪派研究者恐怕很难否认孔子竭力维护、保卫"周礼"这一事实。《论语》讲"礼"甚多，鲜明表示孔子对当时"礼"的破坏毁弃痛心疾首，要求人们从各方面恢复或遵循"周礼"。

那末，"周礼"是甚么？

一般公认,它是在周初确定的一整套的典章、制度、规矩、仪节。本文认为,它的一个基本特征,是原始巫术礼仪基础上的晚期氏族统治体系的规范化和系统化。早期奴隶制的殷周体制仍然包裹在氏族血缘的层层衣装之中,它的上层建筑和意识形态直接从原始文化延续而来。"周礼"就具有这种特征。一方面,它有上下等级、尊卑长幼等明确而严格的秩序规定,原始氏族的全民性礼仪已变而为少数贵族所垄断;另方面,由于经济基础延续着氏族共同体的基本社会结构,从而这套"礼仪"一定程度上又仍然保存了原始的民主性和人民性。就在流传到汉代、被称为"礼经"、作为三礼之首的《仪礼》中,也还可以看到这一特征的某些遗迹。例如《仪礼》首篇的《士冠礼》,实际是原始氏族都有的"成丁礼""入社礼"的延续和变形;例如《乡饮酒礼》中对长者的格外敬重,如《礼记》所阐释"六十者坐,五十者立侍,以听政役,所以明尊长也,六十者三豆,七十者四豆,八十者五豆,九十者六豆,所以明养老也。民知尊长养老,而后乃能入孝弟"(《礼记·乡饮酒义》)。可见,孝弟以尊长为前提,而这种尊长礼仪,我同意杨宽《古史新探》中的看法,它"不仅仅是一种酒会中敬老者的仪式,而且具有元老会议的性质,这在我国古代政权机构中有一定地位"。① 中外许多原始氏族都有这种会议,如鄂温克人"在六十多年前,凡属公社内部的一些重要事情都要由'乌力楞'会议来商讨和决定。会议主要是由各户的老年男女所组成,男子当中以其胡须越长越有权威"。② 《仪礼》中的"籍礼""射礼"等等,也无不可追溯到氏族社会的各

① 《古史新探》第 297 页,中华书局版 1964 年。
② 秋浦等:《鄂温克人的原始社会形态》第 62 页,中华书局版,1962年。

20世纪儒学研究大系

种礼仪巫术(参阅杨宽《古史新探》。该书对此作了一些颇有价值的探讨)。《仪礼》各篇中描述规定得那么琐碎的"礼仪",既不是后世所能凭空杜撰,也不是毫无意义的繁文缛节,作为原始礼仪,它们的原型本有其极为重要的社会功能和政治作用。远古氏族正是通过这种原始礼仪活动,将其群体组织起来、团结起来,按着一定的社会秩序和规范来进行生产和生活,以维系整个社会的生存和活动。因之这套"礼仪"对每个氏族成员便具有极大的强制性和约束力,它相当于后世的法律,实际即是一种未成文的习惯法。到早期奴隶制,这套作为习惯法的"礼仪"就逐渐变为替氏族贵族服务的专利品了。① 孔子对"周礼"的态度,反映了对早期奴隶制的氏族统治体系和这种体系所保留的原始礼仪的维护。例如孔孟一贯"尚齿";所谓"孔子于乡党恂恂如也,似不能言者"(孔子引文均见《论语》,下同,不再注明),"乡人饮酒,杖者出,斯出矣"。所谓"天下之达尊三,爵一齿一德一"(孟子)……等等,就是如此。

"礼"是颇为繁多的,其起源和其核心则是尊敬和祭祀祖先。王国维说:"盛玉以奉神人之器谓之豐若豊,②推之而奉神人之酒醴亦谓之醴,又推之而奉神人之事,通谓之礼"(《观堂集林·释礼》)。郭沫若说:"礼是后来的字。在金文里面,我们偶尔看见用豊字的。从字的结构上说,是在一个器皿里盛两串玉以奉事于神。盘庚篇里面所说的'具乃贝玉',就是这个意思。大概礼之起起于祀神,故其字后来从示,其后扩展而为对人,更其后扩展而为吉、

① 在《仪礼》中(例如《仪礼·明堂位》)经常看到从"有虞氏"到夏殷周三代的连续,其中,夏便是重要转换点,是许多礼的起点。又如《礼记·郊特牲》说"诸侯之有冠礼,夏之末造也"等等,都反映出这一点。

② 包括前述冠礼等等也与此有关,"冠者,礼之始也……古者重冠,重冠故行之于庙,……所以自卑而尊先祖也"。(《礼记·冠义》)

凶、军、宾、嘉各种仪制。"(《十批判书·孔墨的批判》)可见,所谓
"周礼",其特征确是将以祭神(祖先)为核心的原始礼仪加以改造
制作予以系统化、扩展化,成为一整套早期奴隶制的习惯统治法规
("仪制")。① 以血缘父家长制为基础(亲亲)的等级制度是这套
法规的骨脊,分封、世袭、井田、宗法等政治经济体制则是它的延伸
扩展。而以孔子为代表的儒家,也正是由原始礼仪巫术活动的组
织者领导者(所谓巫、尹、史)演化而来的"礼仪"的专职监督保存
者。②

---

① 所谓原始礼仪,即是图腾和禁忌。它们构成原始社会强有力的上层
建筑和意识形态,仪式在这里是不可违背的一套规范准则和秩序法规。恩格
斯曾说,在基督教"以前的一切宗教中,仪式是一件主要的事情"(《布鲁诺·
鲍威尔和早期基督教》)。原始巫术礼仪活动更是如此。种种繁细碎琐的仪
节,正是这种法规的具体执行。所以在某些礼仪活动中,一举手一投足都有
严格的规定,一个动作也不容许做错,一个细节也不容许省略、漏掉……否则
就是渎神,大不敬,而会给整个氏族、部落带来灾难。《仪礼》中的繁多规定,
《左传》中那么多的"是礼也""非礼也"的告诫,少数民族的材料(如"鄂温克
人长时期……形成的一套行为规范,……大家都必须严格地来遵守它……涉
及的范围是很广泛的……如狩猎时不能说'我们打围去',鹿犴的头不能从
驯鹿上掉下来。在捕鱼时不能跨过鱼网,不能切开鱼的胸骨。鄂温克人认为
违反了这些禁忌,会触怒神明,从而会对渔猎生产带来不利……"(上引秋浦
书第68页)都反映这一点。

② "生民之初,必方士为政"(《訄书·干盅》),章太炎认为儒家本"术
士"(《国故论衡·原儒》)。术士之说当然不始于章,章的老师俞樾即有此
说),"明灵星午子吁嗟以求雨者谓之儒","助人君顺阴阳以教化者也"(同
上),本是一种宗教性、政治性的大人物(参阅拙作《从历史文物试探体脑分
工的起源》,《文物》1975年第9期)。儒家的理想人物,从所谓皋陶、伊尹到
周公,实际都正是这种巫师兼宰辅的"方士"(传说中所谓伊尹以"宰割要
汤",实际恐乃一有关宰割圣牛的祭神礼仪故事)。后世儒家的理想也总以
这种帮助皇帝去治理天下的"宰相"为最高目标,其来有自。各派新旧史

　　章学诚说:"贤智学于圣人,圣人学于百姓,①集大成者,为周公而非孔子",又说"孔子之大,学周礼一言可以蔽其全体"(《文史通义·原道下》)。的确是周公而非孔子,将从远古到殷商的原始礼仪加以大规模的整理、改造和规格化,以适应于早期奴隶制的阶级统治。孔子一再强调自己是"述而不作","吾从周"、"梦见周公"……,其意确乎是要维护周公的这一套。"觚不觚,觚哉";"八舞午于庭,是可忍也,孰不可忍也";"尔爱其羊,我爱其礼"……,是孔子对礼仪形式("仪")的维护。"道之以政,齐之以刑,民免而无耻;道之以德,②齐之以礼,有耻且格","自古皆有死,民无信不立……"等等,则是孔子对建立在习惯法("信")基础上的"礼治"

家都注意到"礼"出自祭祀活动,"礼"与"巫"、"史"不可分等事实。如"礼由史掌,而史出于礼"(柳诒徵:《国史要义》第5页,中华书局版,民国三七年),"宗祝卜史皆司天之官,而所谓太宰者,实亦主治庖膳,为部落酋长之下之总务长。祭祀必有牲宰,故宰亦属天官"(同上),"最古之礼专重祭礼,历世演进则兼指凡百事为,宗史合一之时已然。至周则益崇人事,此宗与史,古乃司天之官,而后来为治人之官之程序也"(同上书,第6页)。"……《春秋》所记,即位、出境、朝、聘、会、盟、田猎、城筑、嫁娶,乃至出奔、生卒等等事项,几乎没有和祭祀无关的。而祭祀既以神为对象,故和祭祀有关的礼,其中还包括有媚神的诗歌(舞蹈和音乐),测神意的占卜,及神的命令——类似诗歌的刑律(一种初民的禁忌,多采取这种形式)等等"(《杜国庠文集》274页,人民出版社版,1962年)。"儒"、"儒家"之"名"虽晚出,但其作为与祭祀活动(从而与礼)有关的巫、尹、史、术士……之"实"却早存在。

　　①　这其实已有"上古之时礼源于俗"(刘师培)的意思,即"圣人"的"礼",来源于百姓的"俗"。

　　②　"德"究竟是甚么? 尚待研究。它的原义显然并非道德,而可能是各氏族的习惯法规,所以说"异姓则异德,异德则异类"(《国语》),故与"礼"联在一起。

内容的维护。①

但是,孔子的时代已开始"礼坏乐崩",早期奴隶制在向发达的奴隶制过渡,氏族统治体系和公社共同体的社会结构在瓦解崩毁,"民散久矣"(《论语》),②"民弃其上"(《左传》)。春秋时代众多的氏族国家不断被吞并消灭,许许多多氏族贵族保不住传统的世袭地位,或不断贫困,或"降在皂隶"。部份氏族贵族则抛弃陈规,他们以土地私有和经营商业为基础,成为新兴奴隶主阶级并迅速富裕壮大。韩非说:"晋之分也,齐之夺也,皆以群臣之太富也。"(《爱臣》)经济上的强大实力使他们在政治上要求夺权(田恒的大斗出小斗进实际是显示实力而不是"收买民心"),在军事上要求兼并侵吞,终于造成原来沿袭氏族部落联盟体系建立起来的天子——诸侯——大夫的周礼统治秩序彻底崩溃。赤裸裸压迫剥削("铸刑鼎""作竹刑""初税亩""作丘甲")和战争主张取下了

---

① 孔子反对铸刑鼎,把"政"、"刑"与"礼"、"德"对立起来。《春秋》三传都认为"初税亩"是"非礼也",说明"礼"是与成文法对立的氏族贵族的古老的政治、经济体制。但到战国时代,儒家说"礼乐政刑,四达而不悖,则王道备矣"(《乐记·乐本》),将"礼乐"与"政刑"视为同类,情况有了很大变化,这已是荀子而非孔子。实际在战国,"礼"已全等于"仪"而失其重要性了。"春秋二百四十二年的期间,君臣士大夫言及政治人生,无不以礼为准绳。至战国则除了儒家以外,绝少言礼。……战国时之漠视礼,可以取证于记载战国史的《战国策》。……礼字差不多都是指的人情礼节之礼,与春秋时为一切伦理政治准绳之礼,截然不同"(罗根泽《诸子考索》第235页)。并参阅《日知录》卷十三《周末风俗》条:"春秋时犹尊礼重信,而七国则绝不言礼与信矣。春秋时犹宗周王,而七国则绝不言王矣。春秋时犹严祭祀重聘享,而七国则无其事矣。春秋时犹论宗姓氏族,而七国则无一言及之矣"。所谓废封建立郡县,实即恩格斯所说地域性国家替代了自然纽带。

② "民"即公社自由民,"民散久矣",即自由民离开了世代相沿的公社共同体。

那层温情脉脉及"礼""德"面纱,公开维护压迫剥削的意识形态和政治理论——从管仲到韩非的法家思想体系日益取得优势。孔子在这个动荡的变革时代,明确地站在保守、落后的一方。除了上述在政治上他主张维护"礼"的统治秩序、反对"政""刑"外,在经济上,他主张维持原有的社会经济结构,宁肯一齐贫困也不要贫富过分分化,破坏了原有的公社制度和统治体系("不患寡而患不均,不患贫而患不安"①)。反对追求财富(聚敛)而损害君臣父子的既定秩序和氏族贵族的人格尊严,成为孔子一个重要思想:

"富与贵是人之所欲也,不以其道得之,不处也,贫与贱是人之所恶也,不以其道得之,不去也。"

"士志于道,而耻恶衣恶食者,未足与议也。"

"季氏富于周公,而求也为之聚敛而附益之,子曰:非吾徒也,小子鸣鼓而攻之,可也。"

"吾犹及史之阙文也,有马者借人乘之,今无已夫。"

"衣敝缊袍,与衣狐貉者立而不耻者,其由也欤!"

……

这些都反映了被财富打败、处于没落命运的氏族贵族的特征。孔子尽管东奔西走,周游列国,他要恢复周礼的事业,却依然四处碰壁。历史必然地要从早期奴隶制走向更发达的后期奴隶制。

这是社会的一大前进,在这基础上出现了灿烂的战国文明和强盛的秦汉帝国。但同时,早期奴隶制所保留的大量原始礼仪体制中包含的氏族内部的各种民主、仁爱、人道的残留,包括像春秋许多中小氏族国家的城邦民主制政治,也全被这一进步所舍弃和

---

① 虽然孔子也主张"庶之""富之",但居次要地位,更重要的是"安"和"均"。

吞没。历史向来就喜爱在这种悲剧性的二律背反中行进。恩格斯说:"由于文明时代的基础是一个阶级对另一个阶级的剥削,所以它的全部发展都是在经常的矛盾中进行的。生产的每一进步,同时也就是被压迫阶级即大多数人的生活状况的一个退步……"。① 恩格斯指的是资本主义对机器的采用。而从原始社会进到奴隶社会,更是如此。社会的前进,生产的提高,财富的增加,是以大多数人付出沉重牺牲为代价。例如,在原始社会和阶级社会中,战争经常是推动历史进步的重要因素,但哀伤、感叹和反对战争带来的痛苦、牺牲,也从来便是人民的正义呼声。② 双方都有理由,所以说是不可解决的悲剧性的历史二律背反(参看黑格尔《美学·论悲剧》)。同样,当以财富为实力的新兴奴隶主推倒氏族贵族的"礼治",要求"以耕战为本",建立无情的"法治",赤裸裸地肯定压迫剥削,以君主集权专制替代氏族贵族民主制来摧毁家长制的氏族统治的落后体制时,它具有历史的合理性和进步性。但另一面,哀叹公社体制的最终崩毁,反对日益扩大的兼并战争,幻想恢复远古没有剥削压迫的"黄金时代",企图维护相对说来对本氏族内部成员确乎比较宽厚的统治体系,不满、斥责、抨击赤裸裸的剥削压

---

① 《马克思恩格斯选集》第 4 卷第 173—174 页。

② 《诗经·采薇》等篇很早就表示了这种矛盾。宣王北伐远征,"载饥载渴",曰归不得,"我心伤悲,莫知我哀";但"靡室靡家,玁狁之故",为保卫国家抵抗外侮而战争是正义的。后世如杜甫《新婚别》等也突出地表现了这一矛盾。

迫,①……这也有其合理性和人民性。历史、现实和人物本来经常就是矛盾和复杂的,想用一个好坏是非的简单方式来评定一切,往往削足适履,不符事实。孔子维护周礼,是保守、落后以至反动的(逆历史潮流而动),但他反对残酷的剥削压榨,要求保持、恢复并突出地强调相对温和的远古氏族统治体制,又具有民主性和人民性。孔子的仁学思想体系,就建立在这样一种矛盾复杂的基础之上。

二、"仁"的结构

也几乎为大多数孔子研究者所承认,孔子思想的范畴是"仁"而非"礼"。后者是因循,前者是创造。尽管"仁"字早有,但把它作为思想系统的中心,孔子确为第一人。

那末,"仁"又是甚么?

"仁"字在《论语》中出现百次以上,其含义宽泛而多变,每次讲解并不完全一致。这不仅使两千年来从无达诂,也使后人见仁见智,提供了各种不同解说的可能。强调"仁者爱人"与强调"克己复礼为仁",便可以、实际也作出了两种对立的解释。看来,要在这百次讲"仁"中,确定那次为最根本或最准确,以此来推论其他,很难作到;在方法上也未必妥当。因为部分、甚至部分之和并不能等于整体,有机整体一经构成,便获得自己的特性和生命。孔

---

① 如果比较一下战国以来的"杀人盈城""杀人盈野"的战争,和秦汉帝国的大规模劳役压榨、西周时代的贫困而"安宁"就很显然。周礼虽已包含恐吓威胁的一面,如"哀公问社于宰我。宰我对曰,夏后氏以松,殷人以柏,周人以栗,曰使民战栗",但孔子不同意突出这一面,"子闻之曰,成事不说,遂事不谏,既往不咎"。

子的仁学思想似乎恰恰是这样一种整体模式。它由四个方面或因素组成,诸因素相互依存、渗透或制约。从而具有自我调节、相互转换和相对稳定的适应功能。正因如此,它就经常能够或消化掉或排斥掉外来的侵犯干扰,而长期自我保持延续下来,构成一个颇具特色的思想模式和文化心理结构,在塑造汉民族性格上留下了重要痕迹。构成这个思想模式和仁学结构的四因素分别是(一)血缘基础,(二)心理原则,(三)人道主义,(四)个体人格。其整体特征则是(五)实践理性。这里面有许多复杂问题需要详细研究,本文只是试图初步提出这个问题和提供一个假说。下面粗线条地简略说明一下。

(一)孔子讲"仁"是为了释"礼",与维护"礼"直接相关。"礼"如前述,是以血缘为基础、以等级为特征的氏族统治体系。要求维护或恢复这种体系是"仁"的根本目标。所以:

"其为人也孝弟,而好犯上者,鲜矣。不好犯上而好作乱者,未之有也。君子务本,本立而道生,孝弟也者,其为人之本欤?"("有子之言似夫子",一般均引作孔子材料)。

"子奚不为政?书云孝乎惟孝,友于兄弟,施于有政,是亦为政,奚其为为政?"

"弟子入则孝,出则悌,谨而信,泛爱众,而亲仁……。"

"何如斯可谓士矣……,曰宗族称孝焉,乡党称弟焉。"

"君子笃于亲,则民兴于仁。"

"慎终追远,民德归厚矣。"

……

参以孟子"亲亲,仁也","仁之实,事亲是也",可以确证强调血缘纽带是"仁"的一个基础含义。"孝"、"悌"通过血缘从纵横两个方面把氏族关系和等级制度构造起来。这是从远古到殷周的宗法统治体制①(亦即"周礼")的核心,这也就是当时的政治("是亦为政"),亦即儒家所谓"修身齐家治国平天下"。春秋时代和当时儒家所讲的"家",不是后代的个体家庭或家族,正是与"国"同一的氏族、部落。② 所谓"平天下",指的也是氏族——部落(诸侯)——部落联盟(天子)的整个系统。只有这样,才能了解孔子所谓"迩之事父,远之事君",孟子所谓"天下之本在国,国之本在家,家之本在身";也才能理解孔子的"兴灭国,继绝世,举逸民",孟子的"反其旄倪,止其重器,谋于燕众,置君而后去之"等等意思,它们都是要恢复原有氏族部落国家的生存权利。孔子把"孝""悌"作为"仁"的基础,把"亲亲尊尊"③作为"仁"的标准,维护氏族父家长传统的等级制度,反对"政"、"刑"从"礼""德"中分化出来,都是在思想上缩影式地反映了这一古老的历史事实。恩格斯说:"亲属关系在一切蒙昧民族和野蛮民族的社会制度中起着决

---

① 《尚书·尧典》:"放勋乃殂落,百姓如丧考妣。"《尚书·康诰》:"王曰,封元恶大憝,惟不孝不友,弗祗服厥父事,大伤厥弟心,……大不友于弟,惟弔滋,不于我政人得罪,天惟与我民彝大泯乱……"《尚书·酒诰》、《诗大雅·文王有声》均强调"孝",《左传·文公》"孝,礼之始也"……等等,甲文中,孝与老、考本通,金文同此。可知"孝"与尊老敬齿本是同一件事,是氏族遗风。"忠"则原意是对平等的"人"并非对"君",它出现也很晚。

② 《章太炎国学讲演录》第65页:"大学有治其国者必先齐家之语,……此殆封建时代,家国无甚分别。所谓家者乃'千乘之家百乘之家'之类,故不齐者即不能治国。……郡县时代,家与国大异,故而唐太宗家政虽乱而偏能治国。"

③ "亲亲尊尊"并不与"举贤才"相矛盾。"举贤"也是原始社会氏族体制中一个早就存在的历史传统,它与"亲亲尊尊"互补而行。所以才有"舜有天下,举皋陶,不仁者远矣。汤有天下,举伊尹,不仁者远矣"的称赞和说法。孔孟并未突破氏族贵族的世袭制(如某些论著所认为),而恰好是要求保存氏族体制的各种遗迹。

定作用"。① 孔子在当时氏族体制、亲属关系崩毁的时代条件下，把这种血缘关系和历史传统提取、转化为意识形态上的自觉主张，对这种超出生物种属性质、起着社会结构作用的血缘亲属关系和等级制度作明朗的政治学的解释，使之摆脱特定氏族社会的历史限制，强调它具有普遍和长久的社会性的含义和作用，这具有重要意义。特别是把它与作为第二因素的心理原则直接沟通、联结起来并扩展为第三因素之后。

（二）"礼自外作"。"礼"本是对个体成员具有外在约束力的一套习惯法规、仪式、礼节、巫术。包括"入则孝，出则悌"等等，本也是这种并无多少道理可讲的礼仪。例如，为孔孟所强调的"天下之通丧"（"三年之丧"）可能便是一种由来久远、要求人们遵守执行的传统礼仪。② 从而，在"礼坏乐崩"的时代浪潮中，很自然地发生了对这套传统礼仪（亦即氏族统治体制）的怀疑和反对。当时，对"礼"作新解释的浪潮已风起云涌，出现了各种对"礼"的说明。其中就有认为"礼"不应只是一套盲目遵循的外在仪节形式，而应有其自身本质的观点。例如：

"子大叔见赵简子，简子问揖让周旋之礼焉。对曰，是仪也。非礼也。简子曰，敢问何谓礼。对曰……夫礼，天之经也，地之义也，民之行也。……民失其性，是故为礼以奉之。为六畜、五牲、三牺，以奉五味，为九文、六禾、五章以奉五色，为九歌、八风、七音、六律以奉五声，为君臣上下以则地义，为夫妇外内以经二物，为父子、

---

① 《马克思恩格斯选集》第 4 卷，第 24 页。

② 三年之丧，非周制而为殷制（见毛西河《四书改错》卷 9），《尚书·无逸》中有殷王守丧三年等记述。关于三年之丧，各家说法不一，今文经学以及钱玄同、郭沫若均认为是孔子改制创作，古文经学以及胡适、傅斯年等人认为是殷礼。本文暂从后说。

兄弟、姑姊、甥舅、昏媾、姻亚以象天明,为政事、庸力、行务以从四时……。哀有哭泣,乐有歌舞,喜有施舍,怒有战斗;喜生于好,怒生于恶,是故审行信令,祸福赏罚,以制死生。"(《左传·昭公二十五年》)

这段话说明了,第一"礼"不是"仪"。① 这从反面证明,在原来,"礼"与"仪"本是不分的,它们是宗教性的原始礼仪巫术的延续;如今需要区分开来,以寻求和确定"礼"的内在本质。因为这时"礼"已是自觉的明确的社会规范,其中就有重要的政刑统治秩序,不能再是那种包罗万象而混沌一体的原始礼仪了。第二,这段话还说明了,作为统治秩序和社会规范的"礼",是以食色声味和喜怒哀乐等"人性"为基础的,统治规范不能脱离人的食色好恶。那么,进一步的问题便是,这种作为基础的"人性"是甚么呢? 孔子对宰我问"三年之丧"的回答,表达了自己的看法:

"宰我问三年之丧,期已可矣。君子三年不为礼,礼必坏,三年不为乐,乐必崩。旧谷既没,新谷既升,钻燧改火,期已可矣。子曰食夫稻,衣夫锦,于女安乎? 曰安。女安则为之。夫君子之居丧,食旨不甘,闻乐不乐,居处不安,故不为也。今女安,则为之。宰我出。子曰,予之不仁也! 子生三年,然后免于父母之怀。夫三年之丧,天下之通丧也。予也有三年之爱于其父母乎!"

与上述对"礼"作新解释新规定整个思潮相符应,孔子把"三年之丧"的传统礼制,直接归结为亲子之爱的生活情理,把"礼"的基础直接诉之于心理依靠。这样,既把整套"礼"的血缘实质规定

---

① 从春秋到战国,从《左传》到《荀子》,有对"礼"的各种解释,其中区分"礼"与"仪"便是重要的共同处。所以有所谓"礼之文""礼之貌""礼之容"与"礼之质""礼之本""礼之实"等等区分说法。

为"孝悌",又把"孝悌"建筑在日常亲子之爱上,这就把"礼"以及"仪"从外在的规范约束解说成人心的内在要求,把原来的僵硬的强制规定,提升为生活的自觉理念,把一种宗教性神秘性的东西变而为人情日用之常,从而使伦理规范与心理欲求溶为一体。"礼"由于取得这种心理学的内在依据而人性化,因为上述心理原则正是具体化了的人性意识。由"神"的准绳命令变而为人的内在欲求和自觉意识,由服从于神变而为服从于人、服从于自己,这一转变在中国古代思想史上无疑具有划时代的意义。

并没有高深的玄理,也没有神秘的教义,孔子却比上述《左传》中对"礼"的规定解释,更平实地符合日常生活,具有更普遍的可接受性和付诸实践的有效性。在这里重要的是,孔子没有把人的情感心理引导向外在的崇拜对象或神秘境界,而是把它消溶满足在以亲子关系为核心的人与人的世间关系之中,使构成宗教三要素的观念、情感和仪式①统统环绕和沉浸在这一世俗伦理和日常心理的综合统一体中,而不必去建立另外的神学信仰大厦。这一点与其他几个要素的有机结合,使儒学既不是宗教,又能替代宗教的功能,扮演准宗教的角色,这在世界文化史上是较为罕见的。② 不是去建立某种外在的玄想信仰体系,而是去建立这样一种现实的伦理——心理模式,正是仁学思想和儒学文化的关键所在。

----

① 参看普列汉诺夫《论俄国的所谓宗教探寻》:"可以给宗教下一个这样的定义:宗教是观念、情绪和活动的相当严整的体系。观念是宗教的神话因素,情绪属于宗教感情领域,而活动则属于宗教礼拜方面,换句话说,属于宗教仪式方面。"(《普列汉诺夫哲学选集》第3卷第363页)

② 墨家为恢复远古传统的外在约束力企图建立宗教(《天志》《明鬼》),结果被儒家打败了。

正由于把观念、情感和仪式（活动）引导和满足在日常生活的伦理——心理系统之中，其心理原则又是具有自然基础的正常人的一般情感，这使仁学一开始避免了摈斥情欲的宗教禁欲主义。孔子没有原罪观念和禁欲意识，相反，他肯定正常情欲的合理性，强调对它的合理引导。正因为肯定日常世俗生活的合理性和身心需求的正当性，它也就避免了、抵制了舍弃和轻视现实人生的悲观主义和宗教出世观念。孔学和儒家积极的入世人生态度与它的这个心理原则是不可分割的。

也由于强调这种内在的心理依据，"仁"不仅仅得到了比"仪"远为优越的地位，而且也使"礼"实际从属于"仁"。孔子用"仁"解"礼"，本来是为了"复礼"，然而其结果却使手段高于目的，被孔子所发掘所强调的"仁"——人性心理原则，反而成了更本质的东西，外的血缘（"礼"）服从于内的心理（"仁"）："人而不仁如礼何，人而不仁如乐何"；"礼云礼云，玉帛云乎哉，乐云乐云，钟鼓云乎哉"；"礼与其奢也宁俭，丧与其易也宁戚"；"今之孝者，是谓能养，至于犬马，皆能有养，不敬，何以别乎"？……不仅外在的形式（"仪"：玉帛、钟鼓），而且外在的实体（"礼"）都是从属而次要的，根本和主要的是人的内在的伦理——心理状态，也就是人性。后来孟子把这个潜在命题极大地发展了。

因之，"仁"的第二因素比第一因素（血缘、孝悌）与传统"礼仪"的关系是更疏远一层了，是更概念更抽象化（对具体的氏族体制说），同时又更具体化更具实践性（对未经塑造的人们心理说）了。

（三）因为建立在这种情感性的心理原则上，"仁学"思想在外在方面突出了原始氏族体制中所具有的民主性和人道主义，"仁从人从二，于义训亲"（许慎），证以孟子所谓"仁也者，人也"，"老吾老以及人之老,幼吾幼以及人之幼",汉儒此解,颇为可信。即由"亲"及人,由"爱有差等"而"泛爱众",由亲亲(对血缘密切的氏族贵族)而仁民(对全氏族、部落、部落联盟的自由民。但所谓"夷狄"——部落联盟之外的"异类"在外),即以血缘宗法为基础,要求在整个氏族——部落成员之间保存、建立一种既有严格等级秩序又具某种"博爱"的人道关系。这样,就必然强调人的社会性和交往性,强调氏族内部的上下左右、尊卑长幼之间的秩序、团结、互助、协调。这种我称之为原始的人道主义,是孔子仁学的外在方面。孔子绝少摆出一付狰狞面目。相反,"仁者爱人","老者安之,朋友信之,少者怀之","子为政,焉用杀","宽则得众,惠则足以使民","其养民也惠","百姓足,君孰与不足? 百姓足,君孰与足"? "不教而杀谓之虐,不戒视成谓之暴","伤人乎? 不问马","近者悦,远者来","修文德以来之""四方之民则襁负其子而至矣"……《论语》中的大量这种记述,清楚地表明孔子的政治经济主张是既竭力维护氏族统治体系的上下尊卑的等级秩序,又强调这个体制所仍然留存的原始民主和原始人道主义,坚决反对过份的、残暴的、赤裸裸的压迫与剥削。而这,也就是所谓"中庸"。关于"中庸",历代和今人都有许多解说,我以为新近出土战国中山王墓葬中青铜器铭文所载"籍敛中则庶民坿"①这句话,倒可以作为孔子所讲"中庸"之道的真实内涵,实质上是要求在保存原始民主和人道的温情脉脉的氏族体制下进行阶级统治。

这一因素具有重要意义。它表明"仁"是与整个社会(氏族——部落——部落联盟,亦即大夫——诸侯〔国家〕——天子〔天

---

①　"夫古之圣王,务在得贤,其次得民,故辞礼敬则贤人至,宠爱深则贤人亲,籍敛中则庶民坿"(《文物》1979 年第 1 期第 7 页)。

下〕）的利害相关连制约着，而成为衡量"仁"的重要准则。所以，尽管孔子对管仲在礼仪上的"僭越"、破坏极为不满，几度斥责他不知"礼"，然而，却仍然许其"仁"。

"子路曰，桓公杀公子纠，召忽死之，管仲不死。曰未仁乎。子曰，桓公九合诸侯，不以兵车，管仲之力也，如其仁，如曰仁！"①

"子贡曰，管仲非仁者与？桓公杀公子纠，不能死，又相之。子曰管仲相桓公，霸诸侯，一匡天下，民到如今受其赐。微管仲，吾其被发左衽矣。岂若匹夫匹妇之为谅也，自经于沟渎而莫之知也。"②

这就是说，"仁"的这一要素对个体提出了社会性的义务和要求，它把人（其当时的具体阶级内容是氏族贵族，下同）与人的社会关系和社会交往作为人性的本质和"仁"的重要标准。孟子所谓"无父无君是禽兽也"，也是强调区别于动物性的人性本质存在于、体现于这种社会交往中，离开了父母兄弟、君臣上下的社会关系和社会义务，人将等于禽兽。这也就是后代（从六朝到韩愈）反佛、明清之际反宋儒（空谈心性，不去"经世致用"）的儒学理论依据。可见，"仁"不只是血缘关系和心理原则，它们是基础；"仁"的主体内容是这种社会性的交往要求和相互责任。

思想总有其生活的现实根基，孔子这种原始人道主义根基在先秦很难解释为别的甚么东西，而只能是早期奴隶制下的氏族内部民主制的遗风残迹。一直到西汉时代，儒家及其典籍仍然是这种原始民主遗风残迹的重要保存者（如汉今文学家对所谓"禅

---

①　有人释"如其仁"为"不仁"，但从全文及下章观之，此解难信。
②　夷夏大防为孔门大义，实亦由原始遗风而来，即极端重视以部落联盟为内外界限的严格的敌我区分。

让”、“明堂”①的讲求等等)。

因之,把孔子这套一概斥之为“欺骗”“伪善”,便似乎太简单了,很难解释这些所谓“伪善”的言词为何竟占据了《论语》的主要篇幅和表述为“仁”的主要规定。恩格斯说:“文明时代愈是向前进展,它就愈是不能不给它所产生的坏事披上爱的外衣,不得不粉饰它们,或者否认它们——一句话,是实行习惯性的伪善,这种伪善,无论在较早的那些社会形态下,还是在文明时代的第一阶段都是没有的。②　虽然孔子已不是文明时代的第一阶段,虽然这些思想在后代确乎经常成为“伪善”工具;但在孔子那里,仍然具有一定的忠诚性。伪善的东西不可能在当时和后世产生那么大的影响。孔子毕竟处在文明社会的早期。

(四)与外在的人道主义相对应并与之紧相联系制约,“仁”在内在方面突出了个体人格的主动性和独立性。

这一点也至为重要。在上述礼坏乐崩、周天子也无能为力、原有外在权威已丧失其力量和作用的时代,孔子用心理原则的“仁”来解说“礼”,实际就是把复兴“周礼”的任务和要求直接交给了氏族贵族的个体成员,要求他们自觉地、主动地、积极地去承担这一“历史重任”,把它作为个体存在的至高无上的目标和义务。孔子再三强调“为仁由己,而由人乎哉”;“仁远乎哉,我欲仁,斯仁至矣”;“当仁不让于师”;“夫仁者,己欲立而立人,己欲达而达人,能近取譬,可谓仁之方也已”,等等,表明“仁”既非常高远又切近可行,既是历史责任感又属主体能动性,既是理想人格又为个体行

----

①　所谓“明堂”一直纠缠不清,我认为,大概即新石器时代的“大房子”的传统延续。它既是神庙,又是议政厅,二者在远古本是同一的。

②　《马克思恩格斯选集》第 4 卷,第 174 页。

为。而一切外在的人道主义、内在的心理原则以及血缘关系的基础，都必须落实在这个个体人格的塑造之上：

"其身正，不令而行；其身不正，虽令不从"；"苟子之不欲，虽赏之不窃"……，儒家强调"修身"作为"齐家治国平天下"的根本，固然仍是要求保持氏族首领遗风，①同时却又是把原来只属于这种对首领的要求推而广之及于每个氏族贵族。从而，也就使所谓"制礼作乐"不再具有神秘威权性质，"礼"不再是原始巫师和"大宰"（《周官》）等氏族寡头、帝王宰史的专利，而成为个体成员均可承担也应承担的历史责任或至上义务。这当然极大地高扬了个体人格，提高了它的主动性、独立性和历史责任性。"天生德于予，桓魋其如予何？""文王既殁，文不在兹乎？""天将以夫子为木铎"……，孔子以身作则式地实践了对这种具有历史责任感的伟大人格的自觉追求。

正是由于对个体人格完善的追求，在认识论上便强调学习和教育，以获各种现实的和历史的知识。这使孔子提出了一系列有科学价值的教育心理学的普遍规律。如"性相近也，习相远也"，"学而不思则罔，思而不学则殆"，"毋意毋必毋固毋我"……等等，从而某些涉及认识论的范畴（如知、思、学等）第一次被充分突出。一方面是学习知识，另一面则是强调意志的克制和锻炼，主动地严格约束自己要求自己，如"约之以礼"、"克己复礼"、"刚毅木讷近仁"、"仁者其言也韧"……等等。追求知识、勤奋学习和讲

① 在远古，氏族首领必须以身作则，智勇谦让超出一般，才能被选，并且他还必须对氏族命运负责，遇有灾难，他必须首先"检讨"，或者下台。文献中种种关于汤祷于桑林的传说甚至后世皇帝下罪己诏之类，亦均可说乃此风之遗。

求控制、锻炼意志成为人格修养相互补充的两个方面。这种刻苦的自我修养和伟大的历史使命感,最终应使个体人格的"仁"达到一种最高点:即"志士仁人,无求生以害仁,有杀身以成仁";"君子无终日之间违仁,造次必如是,颠沛必如是";"求仁而得仁,又何怨";"仁者必有勇,勇者不必有仁";"仁者不忧"……

以及:"三军可夺帅也,匹夫不可夺志也";"岁寒,然后知松柏之后凋也"……

以及:"可以托六尺之孤,可以寄百里之命,临大节而不可夺,君子人欤?君子人也"(《曾子》);"士不可以不弘毅,任重而道远。仁以为己任,不亦重乎,死而后已,不亦远乎"(同上)。

……

所有这些都是为树立和表彰作为个体伟大人格的"仁"。所以,"仁"不同于"圣"。"圣"是具有效果的客观业绩("如有博施于民而能济众");"仁"则仍停留在主观的理想人格规范之内。实际上,"仁"在这里最终归宿为主体的世界观、人生观。孔子把本是宗教徒的素质、要求归结为这种不须服从于神的"仁"的个体自觉。因之,不需要超凡入圣的佛菩萨或基督徒,却同样可以具有自我牺牲的献身精神和拯救世界的道德理想,可以同样孜孜不倦、临事不惧、不计成败利钝、不问安危荣辱,"知其不可为而为之"、"不怨天,不尤人"、"内省不疚,夫何忧何惧"……,由孔子树立的这种"仁"的个体人格,替代了宗教圣徒的形象而又具有相同的力量和作用。①

----

① 君子、小人本为阶级(或阶层)的对称。君子本武士,亦即士阶层。到孔子这里,则成为道德人格范畴了,"君子去仁,恶乎成名",即不成其为君子也。

康德《纯粹理性批判》说:"由于道德哲学具有比理性所有其他职能的优越性,古人应用'哲学家'一词经常是特指道德家。就是在今天,我们由某种比喻称能有理性指导下自我克制的人为哲学家,而不问其知识如何。"①对树立这种世界观人生观并产生了长久历史影响的孔子,他在中国哲学史上的重要地位,与名、墨、老、庄以及法家不同,似应从这个角度去估量。黑格尔哲学史把孔子哲学看成只是一堆处世格言式的道德教条,未免失之表面了。

(五)如前所说,作为结构,部分之和不等于整体。四因素机械之和不等于"仁"的有机整体。这个整体具有由四因素相互作用而产生、反过来支配它们的共同特性。这特性是一种我称之为"实践理性"②的倾向或态度。它构成儒学甚至中国整个文化心理的一个重要的民族特征。

所谓"实践理性",首先指的是一种理性精神或理性态度。与当时无神论、怀疑论思想兴起③相一致,孔子"对礼"作出"仁"的解释,在基本倾向上符应了这一思潮。不是用某种神秘的热狂而是用冷静的、现实的合理的态度来解说和对待事物和传统;不是禁欲或纵欲式地扼杀或放任情感欲望,而是用理知来引导、满足、节制情欲;不是对人对己的虚无主义或利己主义,而是在人道和人格的追求中取得某种均衡。对待传统的宗教鬼神也如此,不需要外在的上帝的命令,不盲目服从非理性的权威,却仍然可以拯救世界

---

① 《纯粹理性批判》A840 = B868,参阅兰公武中译本第 570 页,三联书店版,1957 年。

② 本文此词与康德"实践理性"词义不同。

③ 见《左传》中许多记载。如"天道远,人道迩,非所及也","民,神之主也,是以圣王先成民而后致力于神","国将兴,听于民;将亡,听于神"等等。

(人道主义)和自我完成(个体人格和使命感);不厌弃人世,也不自我屈辱、"以德报怨",一切都放在实用的理性天平上加以衡量和处理。所以,"子不语怪力乱神","祭如在,祭神如神在,吾不与祭如不祭","未能事人,焉能事鬼","未知生,焉知死"……。本来,在当时甚至后世的条件下,肯定或否定鬼神都很难在理论上予以确证,肯定或否定实际上都只是一种信仰或信念,孔子处理这个问题于"存而不论"之列,是相当高明的回避政策。墨子斥之为"以天为不明,以鬼为不神",实际正是作为仁学特征的清醒理性精神。

这种理性具有极端重视现实实践的特点。即它不在理论上去探求讨论、争辩难以解决的哲学课题,并认为不必要去进行这种纯思辩的抽象(这就是汉人所谓"食肉不食马肝,不为不知味"①)。重要的是在现实生活中如何妥善地处理它。孔子说:"敬鬼神而远之,可谓知矣",这个"知"不是思辩理性的"知",而正是实践理性的"知"。与此相当,不是去追求来世拯救、三生业报或灵魂不朽,而是把"不朽"、"拯救"都放在此生的世间功业文章中。"用之则行,舍之则藏",进则建功立业,退则立说著书……,而这一切都并不需要宗教的热狂或神秘的教义,只要用理性作为实践的引导,来规范塑制情感、愿欲和意志就行了。在这里,重要的不是言论,

---

①　直到严复介绍斯宾塞、穆勒等人的不可知论,也仍是这种精神。"仆往常谓理至见极,必将不可思议,……食肉不食马肝,不为不知味,……不必亟求其通也"(《穆勒名学·部甲按语》)。"迷信者,言其必如是,固差;不迷信者,言其必不如是,亦无证据。故哲学大师如赫胥黎、斯宾塞诸公皆于此事谓之 Unknowable(不可知),而自称为 Agnostic(不可知论者),盖人生智识至此而穷,不得不置其事于不议不论之列,而各行心之所安而已"(《严复家书》,见《严儿道先生遗著》,新加坡,1959 年版。)

不是思辩,而是行动本身:"力行近乎仁";"君子欲讷于言,而敏于行";"听其言而观其行";"古者言之不出,耻躬之不逮也"……。这里也没有古希腊那种日神精神和酒神精神的分裂对立①和充分发展(即更为发展的思辩理性和更为发展的神秘观念),而是两者统一溶合在实践理性之中。

血缘、心理、人道、人格终于形成了这样一个以实践理性为特征的思想模式的有机整体。它之所以是有机整体,是由于它在这些因素的彼此牵制、作用中得到相互均衡、自我调节和自我发展,并具有某种封闭性,经常排斥外在的干扰或破坏。例如,在第二因素(心理原则:爱有差等)的抑制下,片面发展第三因素的倾向被制约住,使强调"兼爱""非攻"的墨家学说的进攻终于失败。例如,在第三因素制约下,片面发展第四因素的倾向,追求个人的功业、享乐或自我拯救也行不通,无论是先秦的杨朱学派或后世盛极一时的佛家各派同样被吸收消失。……此外,如忠(对人)与恕(对己)、狂("兼济")与狷("独善")的对立而又互补,都有稳定这整个有机结构的作用和功能。总之,每个因素都作用于其他因素,而影响整个系统,彼此脱离即无意义。

孔子仁学本产生在早期奴隶制崩溃、氏族统治体系彻底瓦解时期,它无疑带着那个时代的阶级(氏族贵族)的深重烙印。然而,意识形态和思想传统从来不是消极的力量。它一经制造或形成,就具有相对独立的性格,成为巨大的传统力量。自原始巫史文化(礼仪)崩毁之后,孔子是提出这种新的模式的第一人。尽管不一定自觉意识到,但建立在血缘基础上,以"人情味"(社会性)的亲子之爱为辐射核心,扩展为对外的人道主义和对内的理想人格,

① 参阅罗素《西方哲学史》卷一。

它确乎构成了一个具有实践性格而不待外求的思想模式。孔子通过教诲学生,"删定"诗书,使这个思想模式产生了社会影响,并日益渗透在广大人们的生活、关系、习惯、风俗、行为方式和思维方式中,通过传播、熏陶和教育,在时空中蔓延开来。对待人生、生活的积极进取精神,服从理性的清醒态度,重实用轻思辩,重人事轻鬼神,善于协调群体,在人事日用中保持情欲的满足与平衡,避开反理性的炽热迷狂和愚盲服从……,它终于成为汉民族的一种无意识的集体原型①现象,构成了一种民族性的文化——心理结构。②孔学所以几乎成为中国文化(以汉民族为主体,下同)的代名词,决非偶然。恩格斯曾认为,"在一切实际事务中,……中国人远胜过一切东方民族……,③便也是这种实践理性的表现。

　　只有把握住这一文化——心理结构,也才能比较准确地理解中国哲学思想的某些特征。例如,伦理学的探讨压倒了本体论或认识论的研究;例如中国古代哲学范畴(阴阳、五行、气、道、神、理、心),无论是唯物论或唯心论,其特点大都是功能性的概念,而非实体性的概念,中国哲学重视的是事物的性质、功能、作用和关系,而不是事物构成的元素和实体。对物质世界的实体的兴趣远逊于事物对人间生活关系的兴趣(如中国的"金、木、水、火、土"五行不同于希腊、印度的"地、水、火、风"四元素,前者重要是着眼于其生活功能。所以有"金"。并且它是一个具有反馈系统的循环

---

　　① 此词亦非用容格(C. G. Jung)原意,它不是超社会非历史的神秘东西,而是一种积淀产物。

　　② 究竟甚么是所谓"文化——心理结构",当专文论述。暂可参考 Ruth Benediet:《Patterns of Culture》(《文化模式》),该书只谈到文化有机体,与本文所讲仍大有区别。

　　③ 《马克思恩格斯全集》第 12 卷,第 190 页。

模式）。与此一致,中国古代辩证法,更重视的是矛盾对立之间的
渗透、依存和互补(阴阳)和系统的反馈机制和自行调节以保持整
个机体、结构的动态的平衡稳定(五行,它强调的是孤阴不生、独
阳不生;阴中有阳、阳中有阴;中医理论便突出表现了这一特征),
而不是如波斯哲学强调的光暗排斥、希腊哲学强调的冲突成
毁……。这些特征当然源远流长,甚至可以追溯到史前文化,孔子
正是把握了这一历史特征,把它们概括在实践理性这一仁学模式
中,讲求各个因素之间动态性的协调、均衡,强调"权"、"时"、
"中"、"和而不同"、"过犹不及"等等。尽管在当时政治事业中是
失败了,但在建立或塑造这样一种民族的文化——心理结构上,孔
子却成功了。他的思想对中国民族起了其他任何思想学说所难以
比拟匹敌的巨大作用。

孔子在中国历史上的地位及其重要性,似乎就在这里。

三、弱点和长处

孔子而后,儒分为八,以后有更多的发展和变迁。由于对上述
结构的某因素的偏重,便可以形成一些新的观念体系或派生结构。
但最终又被这个母结构所吸收,或作为母结构的补充而存在发展。
例如曾子也许更着重血缘关系和等级制度,使他在《论语》中的形
象极端保守而愚鲁。颜渊则似乎更重视追求个体人格的完善,
"一箪食,一瓢饮,人不堪其忧,回也不改其乐",终于发展出道家
庄周学派(从郭沫若说,参阅《十批判书·庄子的批判》)。然而道
家在整个中国古代社会中,始终是作为儒家的对立的补充物才有
其强大的生命力的。荀子突出发挥"治国平天下"的外在方面,使
"仁"从属于"礼"(理),直到法家韩非把这套片面发展到极致,从

而走到反面,而又在汉代为这个仁学母结构所吸收消化掉。子思孟子一派明显地夸张心理原则,把"仁""义""礼""智"作为先天的人的"本性"和施政理论:"仁,人心也","人皆有不忍人之心,先王有不忍人之心,斯有不忍人之政",并以此为基础,既重视血缘关系,又提出"民为贵,社稷次之,君为轻"的人道原则,以及"居天下之广居,立天下之正位,行天下之大道,得志与民由之,不得志独行其道,富贵不能淫,贫贱不能移,威武不能屈"……之类的理想人格,这就比较全面地继承和阐发了孔子的思想,成为孔门仁学的正统。孔孟在后世终于并称,并不偶然。但所有这些派别,无论是孟、荀、庄、韩,又都共同对人生保持着一种清醒、冷静的理知态度,就是说,它们都保存了孔学的实践理性的基本精神。超脱人事的思辩兴趣(如名家),或非理性的狂热信仰(如墨家),则由于在根本上不符合仁学模式,终于被排斥在中国文化主流之外。如前已指出,由孔子创立的这一套文化思想,在长久的中国奴隶制和封建制的社会中,已无孔不入地渗透在广大人们的观念、行为、习俗、信仰、思维方式、情感状态……之中,自觉或不自觉地成为人们处理各种事务、关系和生活的指导原则和基本方针,亦即构成了这个民族的某种共同的心理状态和性格特征,值得重视的是,它由思想模式已积淀和转化为一种文化——心理结构。① 不管你喜欢或不喜欢,这已经是一种历史的和现实的存在。它经历了阶级、时代的种种变异,却保有某种形式结构的稳定性。构成了某种民族文化和民族心理的特征,它有其不完全不直接服从、依赖于经济、政治变革的相对独立性和自身发展的规律。一方面,它不是某种一成不

---

① 关于儒法合流后形成的中国官僚政治体系,不在本文讨论范围,应另文论述。

变的非历史的先验结构,而是历史地建筑在和制约于农业社会小生产的经济基础之上,这一基础虽历经奴隶制、封建制、半封建半殖民地各个阶段而并未遭重大破毁,宗法血缘关系及其相应的观念体系也长久保持下来……,这正是使孔学这一文化——心理结构长久延续的主要原因。但另一方面,它既已成为一种比较稳定的心理形式和民族性格,就具有适应于各种不同阶级内容的相对独立的功能和作用,否认这一点,便很难解释一个民族的文化、心理、思想、艺术的所具有的继承性、共同性种种问题。历史主义固然不能脱离阶级分析,但阶级分析、阶级观点又并不能等同或替代整个历史主义。阶级性并不能囊括历史现象的一切。有些东西——特别是文化现象(包括物质文明和精神文明,也包括语言等等),尽管可以具有某种非阶级的性质,却没有非历史、超社会的性质,它们仍是一定社会历史的产物,虽然并非某个阶级或某种阶级斗争的产物。在文化继承问题上,阶级性经常不是唯一的甚至有时也不是主要的决定因素。

只有充分注意到这种种复杂情况,才可能具体地分析研究五光十色异常繁杂的文化传统和民族性格。无论从内容或形式说,每个民族在这方面都有其优点和问题、精华和糟粕。孔子仁学结构亦然。概括前面所说,孔学诞生在氏族统治体系彻底崩毁时期,它所提出的具体的经济、政治方案,是不合时宜的保守主张,但其中所包含的氏族民主遗风、原始人道主义和氏族制崩毁期才可能有的个体人格的追求,又是具有合理因素的精神遗产。后代人们,从反动阶级到先进分子,由其现实的阶级利益、需要和要求出发,各取所需,或夸扬其保守的方面,或强调其合理的因素,来重新解说、建造和评价它们,以服务于当时阶级的、时代的需要。于是,有董仲舒的孔子、有朱熹的孔子,也有康有为的孔子。有"绌周王鲁""素王改制"的汉儒公羊学的孔子,也有"人心唯危,道心唯微"的宋明理学的孔子。孔子的面貌随时代阶级不同而变异,离原型确乎大有差距或偏离。孔子明明"述而不作",却居然被说成"托古改制";孔子并无禁欲思想,在宋儒手里却编成"存天理灭人欲"。但所有这些偏离变异,又仍然没有完全脱离那个仁学母体结构。以实践理性为主要标志的中国民族文化——心理状态始终延续和保持下来。并且使这个结构形式在长期封建社会中与封建主义的各种内容混为一体紧密不分了。直到今天,孔子基本上仍然是宋儒塑造的形象。这一点,颜元早就指出过。"五四"新文化运动所打倒的孔子,就是这个孔子。有如李大钊所说:

"掊击孔子,非掊击孔子本身,乃掊击孔子为历代君主所雕塑之偶像权威也,非掊击孔子,乃掊击专制政治之灵魂也。"(《自然的伦理观与孔子》)

正是这个君主专制主义、禁欲主义、等级主义的孔子,是封建上层建筑和意识形态的人格化的总符号,它当然是资产阶级民主革命的对象。直到今天,也仍然有不断地、彻底地肃清这个封建主义的孔子余毒的重要而艰巨的任务。并且,这个封建主义的孔子与孔学原型中对血缘基础宗法等级的维护、对各种传统礼仪的尊重,以及因循、保守,反对变革、更新……,又确乎是联在一起的;与这个原型产生在生产水平非常低下的古代条件下、又不着重注意生产的发展生活的提高,而满足于在某种平均的贫困中,来保持、获得或唤起精神上的胜利或人格上的完成……,也是联在一起的。所谓"安贫乐道"、"何必曰利"、"寡欲"俭约,以道德而不以物质来作为价值尺度,要求某种平均化的经济平等,满足和维护农业小生产的劳动生活和封闭体系,和建立在这基础上的历史悠久的宗法制度……,如此等等,就不仅是封建社会的产物,而且也确与孔子仁学原型有关,它始终是中国走向工业化、现代化的严重障碍。不清醒地看到这个结构所具有的社会历史性的严重缺陷和弱点,不注意它给广大人民(不止是某个阶级)在心理上、观念上、习惯上所带来的深重印痕,将是一个巨大的错误。① 鲁迅的伟大功绩之一,就是他尖锐提出了和长期坚持了对所谓中国"国民性"问题的批判和探究。他批判"阿 Q 精神",揭露和斥责那种种麻木不仁、封闭自守、息事宁人、奴隶主义、满足于贫困、因循、"道德"、"精神文明"之中……。这些都不只是某个统治阶级的阶级性,而是在特定社会条件和阶级统治下,具有极大普遍性的民族性格和心理状态的问题、缺点和弱点。其实也就正是这个孔子仁学的文化心理结构问题。虽然这些并不能完全和直接归罪于孔子,但确乎与孔学结构有关。所以鲁迅总是经常把矛头指向孔老二。

就是仁学结构原型的实践理性本身,也有其弱点和缺陷。它在一定程度和意义上有阻碍科学和艺术发展的作用。由于强调人世现实,一切都服务于、围绕着现世实际生活,过分偏重与实用结合,便相对地忽视、轻视甚至反对科学的抽象思辩,这便阻挠了真正理论的开展和提高,使中国古代科学久久停留并满足在经验论的水平(这是仅从认识论来说的,当然还有社会经济和阶级、时代的原因,下同),缺乏理论的深入发展和纯思辩的兴趣爱好(例如与德国民族相比)。而没有抽象思辩理论的发展,是不可能有现代科学的充分开拓的。这一点今天特别值得注意:必须用力量去克服这一民族性格在思维方式上的弱点和习惯。这一弱点与孔学有关。

同时,由于实践理性对情感展露经常采取克制、引导、自我调节

---

① 关于孔学的这个方面,参阅拙作《中国近代思想史论》(人民出版社版,1979 年)一书,此处不重覆。

的方针,所谓"发乎情止乎礼义",所谓以理节情,这也就使生活中和艺术中的情感经常处在自我压抑的状态中,不能充分地痛快地倾泄表达出来。中国大街上固然较少酗酒的醉汉,是民族性格的一种长处;但逆来顺受、"张公百忍"等等,却又正是一种奴隶性格。在艺术中,"意在言外"、高度含蓄固然是成功的美学风格,但"文以载道","怨而不怒",要求艺术服从和服务于狭窄的现实统治和政治,却又是有害于文艺发展的重大短处。只是由于老庄道家和楚骚传统作为对立的补充,才使中国古代文艺保存了灿烂光辉。当然,仁学中的人道精神、理想人格对文艺内容又有良好的影响。

然而,所有这些又都只是一个方面,即这一文化——心理结构的弱点。另一方面,这个文化——心理结构又有其优点和强处。毋宁说,中国民族及其文化之所以具有如此顽强的生命力量,历经数千年各种内忧外患而终于能保存、延续和发扬光大(这在全世界独此一份。古埃及、巴比伦、印度文明都早已中断),与这个孔子仁学结构的长处也大有关系。其中有中华民族文化遗产的精华。那种来源于氏族民主制的人道精神和人格理想,那种重视现实、经世致用的理性态度,那种乐观进取、舍我其谁的实践精神……,都曾在漫长的中国历史上感染、教育、熏陶了不少仁人志士。它是在中国悠久历史上经常起着进步作用的重要传统。即使在孔学已与封建统治体系溶为一体的后期封建社会,象范仲淹的"先天下之忧而忧,后天下之乐而乐",张载的"民吾同胞,物吾与也"、文天祥的"孔曰成仁,孟曰取义",顾炎武的"天下兴亡,匹夫有责",王夫之的"六经责我开生面,七尺从天乞活埋"……,都闪灼着灿烂光华,是我们这个民族的基本观念、情感、思想和态度,而它们又都可以溯源于仁学结构。鲁迅说:"我们自古以来,就有埋头苦干的人,有拚命硬干的人,有为民请命的人,有舍身求法的人,……虽是等于为帝王将相作家谱的所谓'正史',也往往掩不住他们的光耀,这就是中国的脊梁。"(《且介亭杂文·中国人失掉自信力了吗?》)而这根脊梁与孔子为代表的文化——心理结构不能说毫无关系。

《礼记·曲礼》说:"是故圣人作礼以教人,使人以有礼,知自别于禽兽。"具有外在强制性和约束力的"礼",曾经是使人区别于动物(动物也有群体生活)的社会性标志之所在。孔子释"礼"为"仁",把这种外在的礼仪改造为文化——心理结构,更使之成为人的族类自觉即自我意识,使人意识到他的个体的位置、价值和意义,就存在于与他人的一般交往之中即现实世间生活之中;在这种日常现实世间生活的人群关系之中,便可以达到社会理想的实现,个体人格的完成,心灵的满足或慰安。这也就是"道"或"天道","道在伦常日用之中"。这样,也就不需要舍弃现实世间、否定日常生活,而去另外追求灵魂的超度、精神的慰安和理想的世界。正是这个方面,使中国在过去终于摆脱了宗教神学的统治,或许在将来也能使中国避免出现像美国"人民圣殿教"那种反理性的神秘迷狂? 因为这种迷狂与中国民族(特别是这个民族的知识阶层)的心理结构和仁学思想是大相径庭的。同时,由于在文化心理结构上已经把人的存在意义放置在"伦常日用之中",人生理想满足在社会性的人群关系和日常交往中,也许可能在将来不致发生所谓"真实的存在"(个体)像被抛置在均一化整体机器的异化世界中,而倍感孤独和凄凉? 或沉沦于同样是均一化的动物性的抽象情欲中,而失去人的本质? 这些都是目前物质文明高度发展、科技力量分外加强后资本主义社会的异化产物,而为存在主义所渲染为所谓"无名"性的恐惧。由于以血肉之躯为基础的感性心理中积淀理性的因素,心理学与伦理学的交溶统一,仁学结构也许能够在使人们愉快而和谐地生活在一个既有高度物质文明又有现实精神安息场所这方面，作出自己的贡献？以亲子血缘为核心纽带和心理基础的温暖的人情风味，也许能使华人社会保存和享有自己传统的心理快乐？

　　然而，所有这一切都只有当中国在物质上彻底摆脱贫困和落后，在制度上、心理上彻底肃清包括仁学结构所保存的小生产印痕和封建毒素（这是目前主要任务）①之后，才也许有此可能。只有那时，以人类五分之一人口为巨大载体，仁学结构的优良传统，才也许能成为对整个人类文明的一种重要贡献。这大概最早也要到二十一世纪了。然而，今天可以高瞻远瞩，也应该站在广阔辽远的历史视野上，站在中国民族真正跨入世界民族之林、中国文明与全世界文明的交溶会合的前景上，来对中国文化传统和仁学结构进行新的研究和探讨。这样，对孔子的再评价，才有其真正巨大的意义。

（原载《中国社会科学》1980 年第 2 期）

　　李泽厚，湖南长沙市人。1954 年毕业于北京大学哲学系。历任中国社会科学院助理研究员、副研究员、研究员。长期从事哲学、美学、中国思想文化史的研究，著述主要有《批判哲学的批判》、《中国近代思想史论》、《中国古代思想史论》、《中国现代思想史论》、《美学论集》、《李泽厚论著集》等。

　　作者认为，孔子维护的周礼是早期奴隶制的秩序体系，其中保存了大量的氏族原始礼仪。孔子用亲子之爱等自觉的内在欲求"仁"来阐释强制性的传统规范"礼"，从而替代了建立

---

①　同上注。

宗教神学的外在信仰。应在广阔的历史视野和中国文明将与世界文明交融会合的前景下,对孔子作出再评价。

孔子思想述略

金 景 芳

　　孔子是儒家的创始人。儒和儒家并不是同一的概念。儒的特征是以六艺教人。《周礼·大宰》说："儒以道得民。"这个"道"字是指六艺而言。郑玄说："儒，有六艺以教民者。"是对的。六艺就是六种学习科目。《周礼》在《大司徒》和《保氏》二职里所说的六艺为礼、乐、射、御、书、数。孔子所用以施教的六艺则为诗、书、礼、乐、易、春秋。内容虽不尽相同，其为教学的六种科目则是一样的。所以都称为六艺。

　　儒之得名，并不自孔子始。在孔子以前，有六艺以教民者已称为儒。至于儒家则不然。它是一个学术派别的名称。孔子以前没有儒家。儒家当然必须"以六艺为法"。但是光是"以六艺为法"还不够，还必须有立场，有观点，有徒众，在政治思想斗争中形成一个独立的派别。所以，自儒家而言，则是自孔子始，孔子以前没有儒家。

　　《史记·孔子世家》说："孔子以诗书礼乐教，弟子盖三千焉，身通六艺者七十有二人。"《论语》包括有孔子应答弟子时人及弟子相与问答之言而接闻于孔子之语。研究孔子思想固然应以《论语》为最重要的材料，但是如果株守一部《论语》，而对于孔子所删述的诗、书、礼、乐、易、春秋毫无了解或不愿意了解，则对孔子思想的研究,只能是挂一漏万,是不能做到全面地如实地评价孔子的。

　　关于六艺的特点,《庄子·天下》说:"诗以道志,书以道事,礼以道行,乐以道和,易以道阴阳,春秋以道名分。"《荀子·儒效》说:"诗言是其志也,书言是其事也,礼言是其行也,乐言是其和也,春秋言是其微也。"《淮南子·泰族》说:"六艺异科而皆同道。温惠柔良者,诗之风也;淳庞敦厚者,书之教也;清明条达者,易之义也;恭俭尊让者,礼之为也;宽裕简易者,乐之化也;刺讥辩义者,春秋之靡也。故易之失鬼,乐之失淫,诗之失愚,书之失拘,礼之失忮,春秋之失訾。六者圣人兼用裁制之,失本则乱,得本则治。"《春秋繁露·玉杯》说:"诗书序其志,礼乐纯其养,易春秋明其知,六学皆大而各有所长。"《史记·滑稽列传》说:"孔子曰:六艺于治一也。礼以节人,乐以发和,书以道事,诗以达意,易以神化,春秋以道义。"(亦见《太史公自序》,惟"神化"作"道化")以上各家说法,各有所见,对于我们了解六艺为教的意义来说,有极大的参考价值。

　　不过,还应当明确六艺和六经不是一回事。用今日的学校教育作比喻,六艺是六种科目,六经则是孔子为此六种科目所编定的教科书。什么叫做经? 有人说,"圣人制作曰经"。有人释为常。有人说是"编丝缀属"。其实,这都不是经的本义。章学诚《文史通义·经解上》说:"依经而有传,对人而有我,是经传人我之名,起于势之不得已,而非其质本尔也。"这种说法是正确的。王逸注《离骚经》说:"经,径也。"刘勰《文心雕龙·史传》说:"传者转也,转受经旨,以授于后。"所以,经的本义是径,读经则直接了解某个人的作品;传的本义是转,读传则间接了解某个人的作品。经传的得名,如同父子一样,都是互相依存,又互相对立的名称。没有传时,经的名称也没有。

　　孔子在六经中用力最多的是《易》和《春秋》二书。董仲舒说："易、春秋明其知。"《史记·司马相如传》说："《春秋》推见至隐，《易》本隐以之显。"证明《易》和《春秋》二书是孔门的高深的理论著作。司马迁在《孔子世家》说："孔子晚而喜《易》序彖系象说卦文言，读《易》韦编三绝。曰：'假我数年，若是我于《易》则彬彬矣。'"又说："子曰：'弗乎！弗乎！君子病没世而名不称焉。吾道不行矣！吾何以自见于后世哉？'乃因史记作《春秋》，上自隐，下迄哀公十四年，十二公，据鲁、亲周、故殷，运之三代，约其文辞而指博。"又说："孔子在位，听讼文辞有可与人共者，弗独有也。至于为《春秋》，笔则笔，削则削，子夏之徒不能赞一辞。弟子受《春秋》，孔子曰：'后世知丘者以《春秋》，而罪丘者亦以《春秋》。'"从上述司马迁的几段话里，不难看出《易》和《春秋》二书在孔子六经中所处的地位何等重要。

　　首先谈孔子的哲学思想。

　　谈孔子的哲学思想，我认为，第一应和《周易》哲学联系起来看；第二应对孔子所使用的天命和中庸这两个概念有正确的理解。《论语·子罕》说："子罕言利与命与仁。"又《公冶长》说："子贡曰：'夫子之文章可得而闻也，夫子之言性与天道不可得而闻也。'"证明孔子平日很少谈到天命的问题。但是今日保存在《论语》一书中，却可以看到多处涉及天命问题的材料。

　　例如《为政》说："子曰：'吾……五十而知天命。'"《季氏》说："孔子曰：'君子有三畏：畏天命，畏大人，畏圣人之言。'"这都是正式地谈天命的。

　　其余，有时单谈天。例如《阳货》说："子曰：'予欲无言。'子贡曰：'子如不言，则小子何述焉？'子曰：'天何言哉？四时行焉，百物生焉，天何言哉？'"《宪问》说："子曰：'不怨天，不尤人，下学而上达,知我者其天乎?'"《八佾》说:"王孙贾问曰:'与其媚于奥,宁媚于灶,何谓也?'子曰:'获罪于天,无所祷也。'"《雍也》说:"子见南子,子路不悦。夫子矢之。曰:'予所否者,天厌之,天厌之。'"

有时单谈命。例如《雍也》说:"伯牛有疾,子问之,自牖执其手,曰'亡之命也夫。斯人也,而有斯疾也;斯人也,而有斯疾也。'"《宪问》说:"子曰:'道之将行也与,命也。道之将废也与,命也。公伯寮其如命何?'"《尧曰》说:"孔子曰:'不知命无以为君子也。'"

由于孔子关于天命的观点并没有作过专题论述,而只是于只言片语,偶而涉及,所以最容易被人歪曲。然而把全部材料综合起来,细心考察,其意义是可以确切地知道的。《孟子·万章上》说:"莫之为而为者天也,莫之致而至者命也。"这两句话,是对孔子所使用的天命概念的正确的解释。"莫之为而为",说明天的客观性;"莫之致而至",说明命的必然性。把天命二字连结在一起,就是指自然发展规律而言。在这里边没有鬼神和上帝存在的余地。有人说孔子是宿命论者,这种说法不对,因为一个宿命论者,不承认人的主观能动性,而孔子则不然。他是一个"发愤忘食,乐以忘忧,不知老之将至"(《论语·述而》),"知其不可而为之者"(《论语·宪问》),怎能说是宿命论者呢?

正由于天是自然,命是自然的发展规律,才有一个知天命不知天命的问题。特别是孔子说过"五十而知天命",假如说天是上帝,命是一个宿命论者的命,那末孔子自述学习进程,为什么只是说活到五十岁的时候才知天命呢?这岂不是不可理解的事情吗?

特别是孔子说过"天何言哉?四时行焉,百物生焉,天何言哉?"把四时行,百物生,作为天的行动表现来看待,则孔子所说的天命,不是自然发展规律是什么呢?我们如果联系《周易》哲学来看,可以看到《周易》里《乾》卦是象天,元亨利贞是象春夏秋冬四时。《系辞传》说:"是故刚柔相摩,八卦相荡,鼓之以雷霆,润之以风雨,日月运行,一寒一暑,乾道成男,坤道成女。"又说:"法象莫大乎天地,变通莫大乎四时。"以至于筮法之有"分而为二,以象两,揲之以四,以象四时","乾之策二百一十又六,坤之策百四十又四,凡三百六十,当期之日。二篇之策万有一千五百二十,当万物之数也。"这些言论,归纳到一点,不就是"天何言哉"这一段话的另一种说法吗?又《蛊卦》象传说:"终则有始,天行也。"《剥卦》象传说:"君子尚消息盈虚,天行也。"《系辞传》说:"是以明于天之道。"这里所说的"天行"、"天之道",不是自然发展规律是什么呢?

事实上,孔子所说的天命或天道,和老子所说的天道是一种东西,都是指自然发展规律而言。所不同的是,老子的观点是"道生一、一生二",而孔子的观点只是一生二,没有道生一。《易系辞传》说:"易有太极,是生两仪。"这个太极就是一,两仪就是二。"太极生两仪",就是一生二。也就是说,孔子认为一是第一性的。老子认为道是第一性的,一不是第一性的,而是第二性的。一是什么呢?是有,是物质。而道是无,不是物质,是规律。《老子》说"天下万物生于有,有生于无",就是这一观点的最确切的表述。所以,老子是一个唯心主义哲学家,孔子是一个唯物主义的哲学家。今人为了适应批孔的需要,硬说老子是唯物论者,孔子是唯心论者,完全不顾客观事实,亦可怪矣!

孔子的哲学思想不但有唯物论,还有辩证法,这也是醉心于批孔的人所最不愿了解的一件事。

《论语·微子》记孔子在评论伯夷、叔齐、虞仲诸人之后说:

"我则异于是，无可无不可。"《孟子·万章下》着重阐述孔子的这一观点，说："可以速则速，可以久则久，可以处则处，可以仕则仕，孔子也。""孔子圣之时者也。"孟子提出这个"时"字，真正抓住了孔子思想中一个本质特点。

《论语·为政》说："孟懿子问孝。子曰：'无违。'""孟武伯问孝。子曰：'父母唯其疾之忧。'""子游问孝。子曰：'今之孝者，是谓能养，至于犬马，皆能有养，不敬何以别乎？'""子夏问孝。子曰：'色难。'"又《颜渊》说："颜渊问仁。子曰：'克己复礼为仁。'""仲弓问仁。子曰：'出门如见大宾，使民如承大祭，己所不欲，勿施于人，在邦无怨，在家无怨。'""司马牛问仁。子曰：'仁者其言也讱。'"又《先进》说："子路问'闻斯行诸？'子曰：'有父兄在如之何其闻斯行之？'冉有问'闻斯行诸？'子曰：'闻斯行之。'公西华曰：'游也问闻斯行诸，子曰有父兄在；求也问闻斯行诸，子曰闻斯行之。赤也惑，敢问。'子曰：'求也退，故进之；由也兼人，故退之。'"上述这些事例，证明孔子在生活实践中真正能够按照"无可无不可"这一思想行事。这个"无可无不可"思想，是反形而上学的。它是遇事都从实际出发，根据不同的情况，作不同的处理。孔子是圣之时，正表现在这些方面。

其余如《论语·卫灵公》说："子曰：'可与言而不与言，失人；不可与言而与之言，失言。知者不失人亦不失言。'"《子路》说："子曰：'君子和而不同，小人同而不和。'"这个"不失人亦不失言"和"和而不同"，里边都包含有辩证法思想。此类言论尚多，就不在这里费词分析了。

孔子说："中庸之为德也，其至矣乎？民鲜久矣。"（《论语·雍也》）孔子把中庸思想看得最高，认为中庸是人处身行事的最高准则。中庸是什么意思呢？近人多认为中庸是折衷主义，是调和。

其实这种说法并不自今日始。《后汉书·胡广传》称引当时的谚语已有"天下中庸有胡公",即把中庸看成是调和。朱熹作《皇极辨》,指责当时诸儒把中庸说成"只是含糊苟且,不分是非,不辨黑白,遇当做的事,只略做些,不要做尽。"所有这类把中庸解释成折衷调和,含糊苟且的说法,都是错误的。

《论语·先进》说:"子贡问'师与商也孰贤?'子曰:'师也过,商也不及。'曰:'然则师愈与?'子曰:'过犹不及。'"孔子反对过和不及,正表明孔子所提倡的中庸,既不要过,也不要不及。用烹调作比喻,过是过火,不及是欠火。过火不好,欠火当然也不好,最好是既不过火,也不欠火,恰到好处。这个恰到好处,就是中庸。用党的政策作比喻,过,好比"左",不及,好比右。"左"不好,右也不好,最好是正确贯彻执行。这个正确贯彻执行,就是中庸。这样,中庸怎能说成是折衷主义,说成是调和呢?折衷主义这个概念是指无原则地机械地把各种不同的思潮、观点和理论结合在一起。这样,它怎能同孔子所说的中庸并为一谈呢?

《论语·阳货》说:"子曰:'乡原德之贼也。'"《子路》说:"子曰:'不得中行而与之,必也狂狷乎?狂者进取,狷者有所不为也。'"什么是"乡原"?为什么说"乡原德之贼也"?这个问题,《孟子·尽心下》有详细的说明。他说:"何如斯可谓之乡原矣!曰:'何以是嘐嘐也?言不顾行,行不顾言,则曰古之人,古之人,行何为踽踽凉凉?生斯世也,为斯世也,善斯可矣。阉然媚于世也者,是乡原也。'万子曰:'一乡皆称原人焉,无所往而不为原人,孔子以为德之贼,何哉?曰:'非之无举也,刺之无刺也,同乎流俗,合乎污世,居之似忠信,行之似廉洁,众皆悦之,自以为是,而不可与入尧舜之道,故曰德之贼也。'孔子曰:'恶似而非者,恶莠恐其乱苗也,恶佞恐其乱义也,恶利口恐其乱俗也,恶郑声恐其乱雅乐也,恶紫恐其乱朱也,恐乡原恐其乱德也。'"孟子刻划乡原,可谓入木三分,淋漓尽致。然而人们却偏要把孔子所崇尚的中庸说成是他所讨厌的乡原,真是咄咄怪事。

孔子所崇尚的中庸,同孟子所说的"孔子圣之时也"两种说法,从本质上说,是一致的,都是辩证法的思想在生活实践中的应用。《礼记·中庸》说:"君子中庸,小人反中庸。君子之中庸也,君子而时中,小人之反中庸也,小人而无忌惮也。"这正是时与中思想的一致性的证明。

其次谈孔子的政治思想。

孔子在政治上主张德治。

《论语·为政》说:"子曰:'为政以德,譬如北辰,居其所而众星共之。'"又说:"子曰:'道之以政,齐之以刑,民免而无耻;道之以德,齐之以礼,有耻且格。'"这就是孔子主张德治的证明。

由于孔子主张德治,所以把礼让和正名作为实行德治的具体办法。

《论语·里仁》说:"子曰:'能以礼让,为国乎何有?不能以礼让,为国如礼何!'"

又《子路》说:"子路曰:'卫君待子而为政,子将奚先?'子曰:'必也正名乎!'子路曰:'有是哉?子之迂也,奚其正?'子曰:'野哉由也。君子于其所不知,盖阙如也。名不正,则言不顺;言不顺则事不成;事不成则礼乐不兴;礼乐不兴,则刑罚不中;刑罚不中,则民无所措手足。故君子名之必可言也,言之必可行也。君子于其言,无所苟而已矣。'"

又《颜渊》说:"齐景公问政于孔子。孔子对曰:'君君臣臣,父父子子。'"这里说的君君臣臣,父父子子,实际就是正名的具体内容。

　　《庄子·天下》说:"《春秋》以道名分。"《史记·太史公自序》说:"夫《春秋》上明三王之道,下辨人事之纪,别嫌疑,明是非,定犹豫,善善恶恶,贤贤贱不肖,存亡国,继绝世,补敝起废,王道之大者也。"又说:"故有国者不可以不知《春秋》,前有谗而弗见,后有贼而不知。为人臣者不可以不知《春秋》,守经事而不知其宜,遭变事而不知其权。为人君父而不通《春秋》之义者,必蒙首恶之名,为人臣子而不通于《春秋》之义者,必陷篡弑之诛,死罪之名。其实,皆以为善为之,不知其义,被之空言而不敢辞。夫不通礼义之旨,至于君不君,臣不臣,父不父,子不子。夫君不君则犯,臣不臣则诛,父不父则无道,子不子则不孝。此四行者,天下之大过也。以天下之大过予之,则受而弗敢辞。故《春秋》者,礼义之大宗也。"董仲舒是西汉《春秋》学大师,司马迁从他问过《春秋》,故能精确地讲出《春秋》的基本内容和用意所在。《孟子·滕文公下》说:"世衰道微,邪说暴行有作,臣弑其君者有之,子弑其父者有之,孔子惧,作《春秋》。《春秋》天子之事也。是故孔子曰:'知我者,其惟《春秋》乎? 罪我者,其惟《春秋》乎?'"证明孔子由于不得位,不能实现其政治主张,所以作《春秋》。孔子的政治思想完全由《春秋》反映出来。《春秋》文成数万,其指数千,可以归纳到一点,就是正名。庄子说"《春秋》以道名分",实是至当不易之论。

　　孔子由于主张德治,所以反对残杀。

　　《论语·颜渊》说:"季康子问政于孔子,曰:'如杀无道,以就有道,何如?'孔子对曰:'子为政,焉用杀? 子欲善而民善矣。君子之德风,小人之德草,草上之风,必偃。'"

　　又《子路》说:"子曰:'善人为邦百年,亦可以胜残去杀矣,诚哉是言也。'"

　　以上两条材料是孔子为政反对残杀的证明。

孔子要求为政从自身做起。

《论语·颜渊》说:"季康子问政于孔子。孔子对曰:'政者正也;子帅以正,孰敢不正。'"

又《子路》说:"子曰:'其身正,不令而行;其身不正,虽令不从。'"又说:"子曰:'苟正其身矣,于从政乎何有?不正其身,其正人何?'"

以上两条材料是孔子要求为政由自身做起的证明。

关于为政的轻重缓急,孔子有如下主张。

《论语·学而》说:"子曰:'道千乘之国,敬事而信,节用而爱人,使民以时。'"

又《颜渊》说:"子贡问政。子曰:'足食足兵,民信之矣。'子贡曰:'必不得已而去,于斯三者何先?'曰:'去兵。'子贡曰:'必不得已而去,于斯二者何先?'曰:'去食。自古皆有死,民无信不立。'"

又《子路》说:"子适卫,冉有仆。子曰:'庶矣哉。'冉有曰:'既庶矣,又何加焉?'曰:'富之'。曰:'即富矣,又何加焉?'曰:'教之。'"

证明孔子主张为政要把信放在首位。其次则是足食,又次则是足兵。他主张先富后教。

总的说来,孔子的政治态度是消极的,被动的。孔子的哲学是"用之则行,舍之则藏"(《论语·述而》)。"天下有道则见,无道则隐"(《论语·泰伯》)。他尝为道不行而悲哀,一再发出绝望的声音说:"莫我知也夫!"(《论语·宪问》)"吾已矣夫!"(《论语·子罕》)"吾道穷矣!"(《公羊传》哀公十四年)然而孔子决不想起来革命,推翻旧政权,改建新政权。这是他的唯心主义历史观所决定的。他视犯上作乱为大忌。也正因为这样,所以历代统治阶级都尊崇他,长期称他为圣人。

其次谈孔子的教育思想。

孔子是中国历史上伟大的教育家。他第一个提出"有教无类"(《论语·卫灵公》)的口号。他说:"自行束脩以上,吾未尝无诲焉。"(《论语·述而》)"束脩"本义是一小捆干肉条,是古人见面所用的一种最薄的礼物。这就是说,无论是谁,只要肯来求教,他就进行教育。根据长期的教学经验,他认为"中人以上可以语上也,中人以下不可以语上也"(《论语·雍也》)。"性相近也,习相远也"。"唯上智与下愚不移"(《论语·阳货》)。

孔子善于因材施教。例如上文已经说过的,他对一些人的问孝,问仁,问政等等,都针对不同的对象作不同的回答。他经常对弟子作调查研究,了解到每一个人的特点。例如他说:"柴也愚,参也鲁,师也辟,由也喭。""求也退,故进之;由也兼人,故退之。"(《论语·先进》)

孔子早已实行启发式教学。例如他说:"不愤不启,不悱不发,举一隅不以三隅反,则不复也。"(《论语·述而》)

孔子自己"学而不厌,诲人不倦"(同上)。对弟子则循循善诱。颜子曾谈过他在孔子座前受教的亲身感受。他说:"仰之弥高,钻之弥坚,瞻之在前,忽焉在后。夫子循循然善诱人,博我以文,约我以礼,欲罢不能,既竭吾才,如有所立卓尔,虽欲从之,末由也已。"(《论语·子罕》)

孔子重视对于学思、言行、质文、新故等一些对立面的处理。他说:"学而不思则罔,思而不学则殆。"(《论语·为政》)"吾尝终日不食,终夜不寝,以思,无益,不如学也。"(《论语·卫灵公》)"君子欲讷于言,而敏于行。""古者言之不出,耻躬之不逮也。"(《论语·里仁》)"质胜文则野,文胜质则史,文质彬彬,然后君子。"(《论语·雍也》)"温故而知新,可以为师矣。"(《论语·为

政》)"告诸往而知来者。"(《论语·学而》)

孔子坚决反对主观主义。例如《论语·子罕》说:"子绝四:毋意,毋必,毋固,毋我。"这个意、必、固、我,正是主观主义的几种表现形式。

孔子对知与不知,一贯持老实态度,反对不懂装懂。例如他说:"盖有不知而作之者,我无是也。"(《论语·述而》)又说:"知之为知之,不知为不知,是知也。"(《论语·为政》)又说:"吾犹及史之阙文也。有马者,借人乘之。今亡矣夫。"(《论语·卫灵公》)

孔子认为求学应当刻苦。他说:"君子食无求饱,居无求安,敏于事而慎于言,就有道而正焉,可谓好学也已。"(《论语·学而》)又说:"君子谋道不谋食。"(《论语·卫灵公》)又说:"士志于道而耻恶衣恶食者,未足与议也。"(《论语·里仁》)他称赞颜子的贫而乐,说"贤哉回也,一箪食,一瓢饮,在陋巷,人不堪其忧,回也不改其乐,贤哉回也!"(《论语·雍也》)

孔子的弟子分为四科。《论语·先进》说:"德行:颜渊、闵子骞、冉伯牛、仲弓;言语:宰我、子贡;政事:冉有、季路;文学:子游、子夏。"

孔子认为一个人学成致用,需要经过四个阶段。《论语·子罕》说:"子曰:'可与共学,未可与适道;可与适道,未可与立;可与立,未可与权。'"孔子自述为学进程说:"吾十有五而志于学,三十而立,四十而不惑。"(《论语·为政》)所谈内容与上述阶段基本上相同。"可与共学"和"有志于学"同属第一阶段,即开始学习的阶段。"可与适道"为第二阶段,是选定正确方向的阶段。这个阶段在孔子自述中包括在第一阶段的"有志"里。"可与立"和"而立"为第三阶段,是志向坚定不可动摇的阶段。"可与权"和"不惑"为第四阶级。什么是权呢?《孟子·离娄上》有一段话解释得最好。

它说："淳于髡曰：'男女授受不亲，礼与?'孟子曰：'礼也。'曰：'嫂溺则援之以手乎?'曰：'嫂溺不援是豺狼也。男女授受不亲，礼也，嫂溺援之以手者，权也。'""立"如果说是处常，要求有原则性；"权"则是处变，要求有灵活性。权的本义是秤锤。秤锤必须随时移动，然后才能与所称量的物重相平衡。光懂得原则性，不懂得灵活性，是处理不好事情的。《孟子·尽心下》说："子莫执中。执中为近之。执中无权，犹执一也。所恶执一者，为其贼道也，举一而废百也。"孟子对无权的害处也解释得很好。实际上，从思想方法说，懂得权就是懂得辩证法。

孔子自述作学问的态度，于《论语·述而》说："叶公问孔子于子路，子路不对。子曰：'汝奚不曰，其为人也，发愤忘食，乐以忘忧，不知老之将至云尔。'"于《里仁》说："子曰：'朝闻道，夕死可矣。'"于《公冶长》说："子曰：'十室之邑必有忠信如丘者焉，不如丘之好学也。'"足见孔子毕生好学，老而弥笃，不以死生异其志。只有这样才能成一个好老师。

关于孔子的教育目的，无可否认，他是为统治阶级培养人才的。但是，从他的教育方法、教育态度来看，虽至今日，也有许多可取的地方。特别是在当日的历史条件下，他能提出"有教无类"的口号，这决不是一个简单的问题。这种思想和实践，对社会所产生的影响是很大的。《史记·儒林列传》说："自孔子卒后，七十子之徒，散游诸侯，大者为师傅卿相，小者友教士大夫，或隐而不见，故子路居卫，子张居陈，澹台子羽居楚，子夏居西河，子贡终于齐。如田子方、段干木、吴起、禽滑厘之属，皆受业于子夏之伦，为王者师。"《淮南子·要略》说："墨者学儒学之业，受孔子之术。"孔子教育的影响于此可以概见。司马迁在《孔子世家》说："孔子布衣传十余世，学者宗之。自天子王侯中国言六艺者折中于孔子，可谓至

20世纪儒学研究大系

圣矣。"这不是溢美,而是有事实根据的。

其次谈孔子的道德观。

道德是对于人与人之间以及人与社会之间的关系所规定的行为准则和规范。根据长期的历史经验,应当肯定一个事实,就是要想维持一个社会的安宁秩序,光有行政和法律的强制作用是不够的。还要有一种为大家所公认的,并且能够自觉遵守的道德。孔子是中国奴隶社会的思想家。孔子所说教的和实行的道德,当然不能不打上奴隶主阶级的烙印。但是,作为一种历史文化遗产来说,我们研究它,不无借鉴作用。

孔子所倡导的道德,如用一个字来概括,那就是仁字。《吕氏春秋·不二》说:"孔子贵仁",无疑是最正确的概括。

什么叫做仁? 这个问题在《论语》中找不到正式的解答。① 《礼记·中庸》说:"仁者,人也。"《孟子·告子上》说:"仁,人心也。"《尽心上》说:"君子之于物也,爱之而弗仁;于民也,仁之而弗亲,亲亲而仁民,仁民而爱物。"《吕氏春秋·爱类》说:"仁于他物,不仁于人,不得为仁;不仁于他物、独仁于人,犹若为仁。仁也者,仁乎其类也。"我看这种说法对仁的意义解释得很好。简言之,孔子所说的仁,是指对人类的爱而言。

怎样行仁? 在方法上,孔子提出一个恕字。《论语·卫灵公》说:"子贡问曰:'有一言而可以终身行之者乎?'子曰:'其恕乎?己所不欲,勿施于人。'"又《雍也》说:"子曰:'夫仁者己欲立而立人,己欲达而达人,能近取譬,可谓仁之方也已。'"又《里仁》说:"子曰:'参乎,吾道一以贯之。'曾子曰:'唯。'子出。门人问曰:'何谓也?'曾子曰:'夫子之道,忠恕而已矣。'"正因为人与人之间的

---

① 《论语》一书中,讲到"仁"的问题有一百零九次。

关系不管如何纷纭复杂,总之可以归结为人和己的一种关系,所以这个恕字可以到处使用。恕字的含义,从积极方面来说,就是己欲立而立人,己欲达而达人;从消极方面来说,就是己所不欲,勿施于人。

孔子在处理人和己的关系上,总是强调自己这一方面,例如他说"躬自厚而薄责于人"(《论语·季氏》),"不患人之不己知,患不知人也"(《论语·里仁》),"古之学者为己,今之学者为人"(《论语·宪问》),"君子求诸己,小人求诸人"(《论语·卫灵公》),"克己复礼为仁"(《论语·颜渊》),"仁远乎哉,我欲仁斯仁矣"(《论语·述而》),就是证明。

必须指出,孔子贵仁与墨子贵兼爱有本质上不同。兼爱是主张爱无差等,而仁则主张爱有差等。因此孔子言仁,总是以合礼与否作为具体的标准。例如《论语·颜渊》说:"颜渊问仁。子曰:'克己复礼为仁。'颜渊曰:'请问其目。'子曰:'非礼勿视,非礼勿听,非礼勿言,非礼勿动。'"又《为政》说:"孟懿子问孝。子曰:'无违。'樊迟御,子告之曰:'孟孙问孝于我,我对曰无违。'樊迟曰:'何谓也?'子曰:'生事之以礼,死葬之以礼,祭之以礼。'"又《八佾》说:"定公问君使臣臣事君如之何,孔子对曰:'君使臣以礼,臣事君以忠。'"又说:"事君以礼,人以为谄也。"又《学而》说:"子贡曰:'贫而无谄,富而无骄,何如?'子曰:'可也。未若贫而乐,富而好礼者也。'"又《雍也》说:"子曰:'君子博学于文,约之以礼,亦可以弗畔矣夫。'"这些事例都说明孔子言仁,其具体标准就是复礼。不但对任何人都要依礼去做,即便是一个人的视、听、言、动,也都要依礼去做。看来,孔子说"不学礼,无以立"这确不是一句空话。

在《论语》一书中,孔子谈到义的地方也不少。例如《里仁》

说:"君子之于天下也,无适也,无莫也,义之与比。"又说:"君子喻于义,小人喻于利。"又《卫灵公》说:"君子义以为质,礼以行之,孙以出之,信以成之。君子哉?"《为政》说:"见义不为,无勇也。"《述而》说:"闻义不能徙,不善不能改,是吾忧也。"又说:"不义而富且贵,于我如浮云。"《卫灵公》说:"群居终日,言不及义,好行小慧,难矣哉?"等等都是。

关于仁义礼三者的本义及其相互之间的关系,《礼记·中庸》说:"仁者人也,亲亲为大;义者宜也,尊贤为大;亲亲之杀,尊贤之等,礼所生也。"《孟子·离娄上》说:"仁之实,事亲是也;义之实,从兄是也;智之实,知斯二者弗去是也;礼之实,节文斯二者是也。"这样解释,是非常正确的。用今日通用的语言来说,就是仁是爱,它是以血缘关系为基础的有等级的爱;义是宜,它是以阶级社会的阶级关系为基础的不同等级的宜;至于礼,则是以仁义二者为内容的具体表现形式。仁义礼作为道德来说,正反映当时社会现实的复杂情况。

关于一般的道德修养,孔子强调注意下列一些问题。

《论语·宪问》说:"子曰:'君子道者三,我无能焉。仁者不忧,智者不惑,勇者不惧。'子贡曰:'夫子自道也。'"

又《季氏》说:"孔子曰:'君子有九思:视思明,听思聪,色思温,貌思恭,言思忠,事思敬,疑思问,忿思难,见得思义。'"

又说:"孔子曰:'君子有三戒:少之时血气未定,戒之在色;及其壮也,血气方刚,戒之在斗;及其老也,血气既衰,戒之在得。'"

又说:"孔子曰:'益者三友,损者三友。友直,友谅,友多闻,益矣;友便辟,友善柔,友便佞,损矣。'"

又说:"孔子曰:'益者三乐,损者三乐。乐节礼乐,乐道人之善,乐多贤友,益矣;乐骄乐,乐佚游,乐宴乐,损矣。'"

又说："孔子曰：'侍于君子有三愆：言未及之而言，谓之躁；言及之而不言，谓之隐；未见颜色而言，谓之瞽。'"

孔子观人很注意实践。例如《论语·卫灵公》说："子曰：'君子不以言举人，不以人废言。'"

又《公冶长》说："子曰：'始吾于人也，听其言而信其行；今吾于人也，听其言而观其行。'"

又《卫灵公》说："子曰：'吾之于人也，谁毁谁誉？如有誉者，其有所试矣。'"又说："子曰：'众恶之，必察焉；众好之，必察焉。'"

又《为政》说："子曰：'视其所以，观其所由，察其所安，人焉廋哉？人焉廋哉？'"

在道德修养上，孔子对自己要求很严。他很重视内省和改过。

《论语·颜渊》说："子曰：'内省不疚，夫何忧何惧？'"

又《公冶长》说："子曰：'已矣乎？吾未见能见其过而内自讼者也。'"

又《子罕》说："子曰：'主忠信，毋友不如己者，过则勿惮改。'"

又《卫灵公》说："子曰：'过而不改，是谓过矣。'"

孔子应用他的道德标准把人分为君子和小人两大类。

例如他说："君子怀德，小人怀土，君子怀刑，小人怀惠。"（《论语·里仁》）"君子周而不比，小人比而不周。"（《论语·卫灵公》）"君子和而不同，小人同而不和。"（《论语·子路》）"君子上达，小人下达。"（《论语·宪问》）"君子有三畏：畏天命，畏大人，畏圣人之言；小人不知天命而不畏也，狎大人，侮圣人之言。"（《论语·季氏》）"君子成人之美，不成人之恶，小人反是。"（《论语·颜渊》）"君子固穷，小人穷斯滥矣。"（《论语·卫灵公》）"君子坦荡荡，小人常戚戚。"（《论语·述而》）"君子求诸己,小人求诸人。"（《论语·卫灵公》）"君子喻于义,小人喻于利。"（《论语·里仁》）"君子不可小知而可大受也;小人不可大受而可小知也。"（《论语·卫灵公》）"君子泰而不骄,小人骄而不泰。"（《论语·子路》）"君子而不仁者有矣夫,未有小人而仁者也。"（《论语·宪问》）"君子易事而难说也,说之不以道,不说也,及其使人也,器之;小人难事而易说也,说之虽不以道,说也,及其使人也,求备焉。"（《论语·子路》）

老子贵柔,而孔子与老子相反,却重刚。

《论语·公冶长》说:"子曰:'吾未见刚者。'"又《子路》说:"子曰:'刚毅木讷近仁。'"

阶级社会的道德是有阶级性的。孔子的道德观也不能没有阶级性。孔子道德观的阶级性具体表现在所谓"克己复礼为仁"这个礼字上。如所周知,中国奴隶社会的礼是"不下庶人"的。所以孔子所宣扬的道德,实际上是奴隶主阶级的道德,不包括奴隶阶级以及奴隶主阶级与奴隶阶级之间的道德。尽管这样,从为人与人之间以及人与社会之间的关系规定了准则和规范这一点来说,在今天,还是有批判继承的价值的。因为它是统治阶级的道德,就一概加以否定,这不是马克思主义应有的态度。

最后谈孔子的历史观。

孔子的历史观是唯心的。这是没有疑义的。尽管他在"子张问十世可知也"时说过"殷因于夏礼,所损益可知也;周因于殷礼,所损益可知也,其或继周者,虽百世可知也"（《论语·为政》）,在"颜渊问为邦"时说过"行夏之时,乘殷之辂,服周之冕,乐则韶舞"（《论语·卫灵公》）,但这只是指在一种社会制度的内部有变革有批判继承的问题来说的,并不说明它已意识到一种社会制度会被另一种社会制度所代替。事实上他所说的损益,并没有越出奴隶社会的框框。他认为奴隶社会是永恒的,是万古不变的。因此,孔子所说的"天下有道"或"道不行",这个"道"不是别的,就是周道;所说的"克己复礼为仁"或"礼以行之",这个"礼"也不是别的,就是周礼。孔子生当春秋末世,那本来是中国奴隶社会的末日,是奴隶主阶级的末日,而他竟荒谬地把它看成是世界的末日,全人类的末日。孔子一生留下许多言论,许多事迹。如果从政治这个角度来看,从历史这个角度来看,一句话,就是企图使历史车轮倒转,倒转到西周,即中国奴隶社会的全盛时期。他说:"周监于二代,郁郁乎文哉,吾从周。"(《论语·八佾》)又说:"甚矣,吾衰也久矣,吾不复梦见周公。"(《论语·述而》)充分证明孔子一生所向往的是西周,心目中所最崇拜的人物是周公。

　　然而历史的潮流是任何人也阻挡不了的。孔子的政治企图是注定不能实现的。孔子似乎意识到了这一点,因而作《春秋》,把自己的政治抱负全部地在《春秋》一书中反映出来。司马迁说:"孔子知言之不用,道之不行也,是非二百四十二年之中,以为天下仪表,贬天子,退诸侯,讨大夫,以达王事而已矣。"(《史记·太史公自序》)孟子说:"《春秋》天子之事也。是故孔子曰:'知我者其惟《春秋》乎?罪我者其惟《春秋》乎?(《孟子·滕文公下》)二人所说的,正是这个问题。

　　孔子之所以这样看当世的历史,多数人认为有阶级根源。我看这样说法不一定对。孔子自己说过"吾少也贱"。从孔子的阶级出身说,比卫鞅、韩非要低得多。为什么卫鞅、韩非成为推动历史前进的法家,而孔子却成为拉历史倒退的儒家呢?有人说,由于孔子是宋后或殷后。这种说法尤为荒唐,不自觉地陷入反动的血统论的泥坑。我们今天确实重视阶级成分,但是怎能用十几世或几十世以前的祖先作为确定一个人的阶级成分的根据呢？据我看，孔子是耶人纥之子。他的家庭出身和他的生活环境同他的思想的形成，不能说没有关系，但是，更主要的还是由于他毕生总是同古打交道，久而久之，他的眼睛遂被这个古给蒙住了，终于成为古的俘虏。三国时"刘备访世事于司马德操。德操曰：'儒生俗士岂识时务？识时务者在乎俊杰。'"（《三国志·蜀志·诸葛亮传》注引《襄阳记》）后世儒生俗士不识时务，正是受了孔子的影响。这是儒家的传统使然。可以这样说，儒家之祖孔子本人，就是一个知古而不知今，不识时务的人。

然而，孔子这个人物，不管怎么看，都不能不承认他是中国历史上一个有重大影响的人物。那末，对于孔子应当怎样评价呢？孔子自己说过，他"述而不作，信而好古"（《论语·述而》），他"非生而知之者，好古敏以求之者也"（同上）。据我看，这"好古"二字是我们评价孔子所应当注意考虑的一个最重要的特点。正由于好古，孔子成为有广博知识的学者；在保存、整理、研究、传播历史文化遗产方面，作出了巨大的贡献。也正由于好古，他背上了一个沉重的古的包袱，使他只能成为一个伟大的教育家、哲学家，而不能成为一个政治家，更不能成为一个革命家。

孔子所以在中国历史上以至于超越中国历史的界限，受到长期的尊重，首先在于他是伟大的教育家，而不在于他的政治思想。他的政治思想，事实上在法家出现后，已被证明是不适用了。今天我国正在进行社会主义建设，为了扫除前进道路上的障碍，彻底地深入地批判孔子的唯心主义历史观和政治思想是完全必要的。但是孔子的教育思想和哲学思想在过去所起的作用，则不应低估。别的暂且不说，单就我们国家今天有将近十亿的人口，有自有文字以来持续几千年的历史，虽然也有过多少次分裂的时候，但最终总是归于统一。像这样一个大家熟知的事实,难道不值得一深思吗?这是什么原因造成的呢?是不是有一种虽然看不见然而真实存在的一种力量——精神力量在维系着呢?至少说应当承认,我们中华民族是有共同心理的。那末这个共同心理怎么形成的呢?当然,原因很多。据我看,孔子思想所起的作用,实是一个重要的原因。因此,中国之有孔子,毋宁说是中华民族的光荣。时至今日,孔子思想的大部分已经不适用了,但是孔子作为一个历史人物,我们应当给以应有的历史地位并做出科学的总结。过去在一个时期内,不加分析地全面加以否定,不是对待历史人物的正确态度。

(原载《中国哲学史研究》1981 年第 2 期)

金景芳(1902—2001),字晓村,辽宁省义县人。1949 年后历任东北文物管理处研究员、东北图书馆研究员兼研究组长、吉林大学历史系教授兼系主任、吉林大学图书馆长等职。一生致力于先秦史和孔子、儒学的研究。孔子研究方面的论著主要有《论孔子思想》、《关于孔子研究的方法论问题》、《论孔子学说的仁和礼》等。

作者认为,孔子的政治思想和唯心主义历史观是落后的、不适用的,但他的哲学思想和教育思想在过去所起的作用则不可低估。今天孔子的思想大部分已不适用了,但作为一历史人物,我们应对孔子给以应有的历史地位并做出科学的总结。

对孔子进行再研究和再评价

匡 亚 明

　　我们对历史人物所采取的态度,应该是:第一、把它放在特定的历史条件下,视其在多大程度上促进或阻碍历史进程;第二、根据"古为今用"的原则,视其在多大程度上有利或不利于当前人民的、社会主义的事业,"实事求是地加以评论和判断"。我们既反对"厚古薄今"的态度,也反对历史虚无主义的态度。对孔子这个有巨大影响的历史人物,更应如此。自从党的十一届三中全会以来,学术界对孔子提出了重新评价问题,并且进行了讨论,这是可喜的现象。但是,距离当前形势的需要还是很远的。因此,对孔子进行再研究和再评价,对这位在古今中外留有巨大影响的历史巨人作出实事求是的总结,是适时的、必要的,也是有积极意义的;这和当前建设物质文明,特别是社会主义精神文明有着密切的关系。

一、如何理解"从孔夫子到孙中山"这段话

　　毛泽东同志曾把孔子和孙中山直接联系起来,明确指出:"从孔夫子到孙中山,我们应当给以总结,承继这一份珍贵的

遗产。这对于指导当前的伟大的运动，是有重要的帮助的。"①

的确，从"孔夫子到孙中山"这一段漫长的历史过程中，出现了许多伟大的政治家、思想家、教育家、历史家、军事家、科学家、文学家以及许多民族英雄和爱国志士，我们都应该给以总结。为什么毛泽东同志不提别人，单举孔子作为中国伟大的历史人物的第一个代表，并把他和孙中山并列呢？我想，这是有道理的。我的体会是：

第一、孔子的学说，自汉朝到清朝，一直是历代封建王朝统治的思想支柱，成为中国两千多年封建社会的统治思想，它不仅为少数统治阶级所欢迎和利用，而且还对广大人民群众产生过既深又广的影响。这种影响，在中国历史上，简直没有任何人、任何思想学术流派可以与之相比拟。因而把孔子作为中国历史上伟大人物的第一个突出代表加以总结，吸取其中对人民有利的东西，从正反两方面得到经验教训，不是理所当然的事吗？

第二、孔子，主要是孔子，把他以前各个时期留传下来的典章文献包括民间诗歌在内，加以审定、推敲，编纂成集，成为传至今日藉以考察古代文、史、哲、经、伦理、道德等情况的文献，即《诗》、《书》、《春秋》等古典文集。他不愧为一位博大精深的学者和思想家。他是中国两千多年前历史上第一代知识分子的杰出代表。在文化思想方面，他总结过去，启迪后世，起着继往开来的作用。这一点，也是无人可与比拟的。

第三、孔子是一位有抱负的政治家，很想在政治上有所作为。他曾在鲁国做过司空、大司寇等参与朝政的官职，相传在"摄相事"后"三月而鲁大治"。去职后，为了实现他的政治抱负，曾周游

①　《毛泽东选集》第 2 卷第 522 页。

列国,到处宣传他的政治主张(治国平天下之道),希望遇到一位诸侯国君能用他,以实现他的政治理想,但到处碰壁。他并不因此悲观、泄气,他把希望寄托于未来。因而,他殚精竭虑,整理典籍,从事教育,对中国两千多年的学术文化产生了难以估量的作用。这样的教育家自应有其突出的历史地位。

第四、孙中山先生是中国资产阶级民主主义革命的伟大先行者。他受孔子儒家思想影响很深,这在他的许多著作中可以看到。当然,孙中山只是从孔子儒家思想中吸取合理的精华,并作了新的解释。但历史的连续性还是相当明显的。从这个意义上讲,毛泽东同志把孔子和孙中山联系起来,是寓有深意的。

二、对孔子再研究和再评价应注意的问题

要做好对孔子的再研究和再评价,我认为应该注意以下三个问题。

第一个问题是孔子所处的时代背景问题。这涉及到中国历史分期问题,即中国奴隶社会过渡到封建社会,始于何时的问题。这个问题不弄清楚,不作出恰当的回答,就无法确切理解孔子思想的实质。孔子生在周王朝日趋衰微的春秋后期。究竟周王朝是奴隶社会还是封建社会? 这个问题已经争论很久,其中较有代表性的为郭沫若和范文澜二说。就我目前的认识水平看,我认为范说较当。就孔子思想的总体来讲,我认为它是中国初期封建社会的产物,是初期封建社会生产关系和上层建筑(国家体制、典章文物和思想意识)的集中反映。在阶级对立的封建社会里,时代背景也就是阶级背景。在这种时代背景下,评判一个历史人物,忽视阶级分析,不对;机械地形而上学地到处乱贴阶级标签,也不对。在这

个问题上,重温一下马克思的教导,是很有启发的。他在《共产党宣言》中指出,当阶级斗争接近关键的时刻,就会有一小部分统治阶级的人脱离本阶级而投向掌握着未来的阶级。他说:

所以,正象过去贵族中有一部分人转到资产阶级方面一样,现在资产阶级中也有一部分人,特别是已经提高到从理论上认识整个历史运动这一水平的一部分资产阶级思想家,转到无产阶级方面来了。①

既然如此,那么,在封建社会内,贵族阶级的一些开明人物即使不能彻底洞悉整个历史进程,但多少能朦胧察知历史发展前景的较有远见的思想家,在维持封建社会统治秩序的前提下,也考虑到人民(主要是各类性质的农业劳动者)的某些利益,以致发展为"君为轻,民为贵"的思想(孟子)不也是可以设想的吗?孔子在其所处的历史条件下,大概就是这样受封建社会条件制约着的一位伟大的开明思想家。

第二个问题是占有和消化资料的问题。孔子思想曾成为两千多年来中国封建社会的统治思想。关于孔子的著作、注、疏等等,名目繁多,卷帙千万,甚至一部二十四史,在一定程度上也是孔子思想在起着指导作用。真有点令人望而却步。于是就不得不有一个资料选择的问题。粗略地说,大概有以下六类:

一、直接代表和反映孔子思想的资料,如《论语》,以及《春秋》、《左传》、《大学》、《中庸》、《孟子》、《荀子》、《礼记》等书中所保存的孔子遗言。还有经过孔子编订审阅过的《诗》、《书》、《易》等,在一定程度上也反映了孔子的思想观点。

二、春秋战国时期的诸子,如《老子》、《墨子》、《庄子》、《韩非

---

① 《马克思恩格斯选集》,第 1 卷第 261 页。

子》,以及后来的王充直至王夫之等人的著作,这些和孔子持不同思想或对他有批评的著作,可从侧面或反面看出孔子思想的实际。

三、有关孔子生平的资料,如《史记·孔子世家》等。

四、后儒祖述和阐发孔子思想的,如汉代的董仲舒,宋代的二程、朱熹,明代的王守仁等人的著作。从这些著作中可以掌握孔子儒家思想发展和演变的过程。

五、"五四"以来对孔子的论述和批判的著作。

六、国外对孔子和儒家评论、研究的著作。

对以上六类著作要分出轻重主次,有的可以略读,有的必须精读,并用科学分析的方法,把资料和观点(历史唯物论和辩证唯物论)密切融会贯通起来。

第三个问题是对孔子思想的三分法问题。所谓三分法,就是对孔子思想从三个方面加以研究和处理。

第一,明显为维护封建地主统治阶级的统治和阶级伦理关系的思想言论,这是孔子思想的历史背景所决定的。我们现在思想战线上所要肃清的封建残余,在很大程度上正是和这些有直接或间接关系的。因此,必须予以严肃批判,然后把它送进历史博物馆,免得在社会上散发毒气!

第二、在封建性的外形下,含有人民性、进步性内容的思想言论,经过剖析,分解出合理内容,可以作为借鉴的。例如:

1."天下为公"和"大同"思想。这种思想即使是出于他"好古"的回忆,也是他所向往的理想。这纯粹是两千多年前像孔子那样的开明思想家的一种"可爱的"空想。大家知道,十八、九世纪在英法曾出现过空想社会主义和共产主义的思潮(以圣西门、傅立叶、欧文为代表),由于社会条件的限制(资本主义初期),他们以"先知者"自居,以"解放"贫苦劳动人民为己任,幻想不触动现存的社会制度,去乞怜于资本家的同情和捐助,建立试验性的所谓"法郎斯大"、"社会主义领地",结果全都失败了。那么,两千多年前封建社会的孔子的所谓"大同世界"的思想,当然更加谈不到改变封建制度,而只是想在维护封建秩序的前提下,去乞求君王诸侯来实现了。结果周游列国,到处碰壁,当然也只能以彻底失败而告终。如果十九世纪的德国伟大哲学家黑格尔从他革命的思想方法(辩证法)出发,却得出极端驯服的反动的政治结论,而成为保皇派的话,那么,两千多年前的中国伟大的开明思想家孔子,在政治上得出维护封建地主阶级的统治秩序的结论,就更不足为奇了。恩格斯认为像黑格尔哲学这样有强烈影响的思潮,它在民族的智力发展中起了巨大作用,决不能以"荒谬有害"为理由而简单地加以抛弃。"必须从它的本来意义上'扬弃'它,就是说,要批判地消灭它的形式,但是要救出通过这个形式获得的新内容"。[1] 对两千年来在中华民族智力发展上起了如此巨大作用的孔子思想更应如此。中国两千多年前就能有这种"大同思想",作为珍贵历史遗产,通过批判加以"扬弃",吸取合理"内核",作为借鉴,是很有意义的。

　　2."仁"的观念。孔子自己对"仁"的观念,就有各种说法。但概括言之,主要是:一、在政治上是他所向往的"大同世界"的归宿;二、在伦理上是确定他所理想的社会"大同世界"中人与人之间的关系的最高准则。前已说过,他所向往的"大同世界",决不会触动封建制度本身,那么,他的"仁"的观念,自然也是适应封建社会的。而封建社会人与人之间是有等级的,不平等的,虽说"泛爱众而亲仁",实际上君臣之间、父子之间、兄弟之间、夫妇之间,

---

① 《马克思恩格斯选集》,第4卷第219页。

以及富人和贫人之间,那里有什么平等的爱和仁呢?"仁"在政治上表现的"大同世界",充其量只能做到"不患寡而患不均,不患贫而患不安",即不均之均,不安之安而已。"仁"在伦理上只不过用忠、恕、孝、悌、礼、义等道德规范,在不平等的人与人之间,维持一种各安其分的安定关系。因而,仁和爱的观念,不过是自觉或不自觉地用来协调和掩盖封建社会内部不平等的人与人之间的关系而已。但通过批判,"扬弃"孔子"仁"的思想的封建外衣,还是有合理的成分可以作为借鉴的。

对孔子仅举以上二例的这类思想,如何批判分析,吸取其精华,"古为今用","推陈出新",借以丰富社会主义精神文明,是摆在我们面前的一项十分艰巨而细致的工作。

第三、孔子思想中关于学习态度,学习方法,学习规律,以及教学态度,教学方法等思想言论,是没有明显阶级含义的,是孔子思想中直至今日尚闪耀着光辉的部分。一般说来,可以作为有益箴言而加以引用。例如:

"学而时习之,不亦说(悦)乎! 有朋自远方来,不亦乐乎! 人不知而不愠,不亦君子乎!"(《学而》)

"君子食无求饱,居无求安;敏于事而慎于言;就有道而正焉,可谓好学也已。"(《学而》)

"十室之邑,必有忠信如丘者焉,不如丘之好学也。"(《公冶长》)

"三人行必有我师焉,择其善者而从之,其不善者而改之。"(《述而》)

"学而不思则罔,思而不学则殆。"(《为政》)

以上这些例子,哪一例不可以引起我们深思而作为我们的座右铭呢!

　　我们要建设的高度社会主义文明,应该具有中国作风和中国气派。在马克思主义指导下,继承"从孔夫子到孙中山"这一段历史中的珍贵的民族遗产。而为了做到这一点,就必须从对孔子进行再研究和再评价开始。

　　为此,建议由教育部或社会科学院在某些大学或研究所指定专人负责,设置若干人的精干小组,有计划有步骤有领导地做好这件事,看来是很有必要的。

　　对孔子这样一位古今中外有深远影响达两千多年之久的伟大思想家、教育家和政治家,我们既不应冷淡下去,也不应表面热闹一番,要的是冷静的科学研究;拨开迷雾,给孔子以应有的历史地位,合理评价,承继这份珍贵遗产,是学术界的任务,是马克思主义者义不容辞的责任。

(《光明日报》1982 年 9 月 13 日)

　　匡亚明(**1906—1996**),江苏丹阳人。1937 年至延安,1938 年任山东解放区《大众日报》社长兼主编。1949 年任中共华东局宣传部副部长。1955 年任吉林大学校长及党委书记。1963 年任南京大学校长及党委书记。1981 年任南京大学名誉校长、南京大学中国古代思想家研究室主任,兼江苏省人大副委员长、中国孔子基金会会长等。研究孔子的主要论著有《孔子评传》、《人类文化知识遗产的继承和发展问题》、《论孔子的"三十而立"和开创私学》等。

　　作者认为,孔子思想是我们应该继承的一份珍贵遗产,但历史的局限性,使之不可能不包含着封建的因素。因此,必须从三个方面即"三分法"进行剖析和清理:凡是孔子思想中直

20 世纪儒学研究大系

接为维护封建统治者利益的东西,必须加以批判、抛弃;凡是在一定程度上带有远见智慧或这种智慧萌芽的东西,要认真加以清理,使之古为今用;凡是至今仍保有生命力而且具有现实意义的东西,则应积极继承和发扬。

关于孔子思想的新评价

胡寄窗

  1978 年以来,孔子思想的讨论又兴起一个新的高潮。最近《文汇报》的《学林》专刊发表了匡亚明和蔡尚思两位同志评价孔子论文,并希望学术界各抒己见展开讨论,因此,我也来凑凑热闹,对孔子的思想提出一点向所未有的新评价。为了避免引起读者的错觉,不妨先将我对孔子思想体系的基本态度作一些简略的说明。从幼年时代念私塾起,我就背诵《论语》、《大学》和《中庸》,但根本不理解其含义。大学时代正值"五四"运动初期,"打倒孔家店"之说盛极一时,而我又因一知半解的知道一点马克思主义,虽不反对打倒孔家店,却认为这是无济于事。直到 50 年代后期编写拙著《中国经济思想史》上册先秦部分时,才将孔子经济思想的总体及其个别观点作了一分为二的分析。我对孔子思想的这一基本态度历三十年而未变,也未再发表过别的有关孔子思想的论文。总之,我从未盲目崇信孔子,也从未全盘否定孔子。因此,下面我提出的对孔子思想体系的新评价,并不等于我全盘肯定孔子。

  我对孔子的新评价是最近两三年才产生的,集中表现在一个问题上。为什么孔子的思想体系能在长达二千多年的历史时期内,不但为历代统治阶级所接受,也为被统治阶级所信奉。而且这些统治阶级还包括经济落后的金、辽、蒙古和满等民族的统治者,

20世纪儒学研究大系

他们在入主中原后的第一件大事就是接受孔子思想体系。近数十年对此问题较一般的解答,不外是说它适应了封建统治者们的欺骗伎俩。如果真是"欺骗",何以两千年来一直未被广大人民群众所察觉。而且历代劝说新王朝统治者采纳孔子思想体系的大都是来自人民群众中的贤明之士,他们显然不能以"欺骗"为目的,因为欺骗就是欺骗他们自己。不仅古代中国如此,18世纪法国的启蒙思想家也大多欣赏孔子,甚至他们中间有的人还被称为"欧洲的孔夫子",他们均是被统治的"第三等级",也很推崇孔子。现代资本主义发达国家如日本、法国、美国有不少人推崇孔子,新加坡甚至以孔子思想为指导。这些现象就更难理解,故必须另求解答。

孔子思想体系不同于西方古代哲学之处,其后者多致力于哲学本体论与认识论之研究,而孔子则侧重在研究人类社会生活的规范。在孔子的思想体系中,除了一些有关个人行为的规范而外,绝大多数均为直接间接的与"为政"或治理国家有关的准则。这一特点既有别于西方抽象玄妙的哲学思维,又有别于东方各大教派逃避现实的宗教追求。正是孔子思想与人类社会生活有密切关联的这一特点,使它能较长期而广泛的为各社会阶级所接受。

尤其重要的是孔子所提出的一系列政治准则,在阶级社会中既有利于统治阶级的长期统治,也无损于被统治阶级的实际利益。例如,他坚持"为政以德,譬如北辰居其所而众星拱之"(《论语·为政》),不论人们对"德"的含义如何理解,总较一味强调政治权力的控制更易为人民群众所乐从。又如提倡各种政治设施,必须"因民之所利而利之"(《论语·尧曰》),那就不会进行任何损害和压榨人民的活动。在财政方面,他强调"节用而爱人,使民以时"(《论语·学而》),主张"敛从其薄"(《左传》哀公十一年),通过政府的节用以减轻人民的劳役租税负担。在《中庸》中,他将治理"天下国家"的政治准则概括为"九经"，即修身、尊贤、亲亲、敬大臣、体群臣、子庶民、来百工、柔远人和怀诸侯。"九经"首先要求最高统治者"修身"，以道德作为自己行为的指导；"尊贤"则不为奸佞所迷惑；"亲亲则诸父昆弟不怨"，减少皇族中的矛盾；"敬大臣"和"体群臣"可调协统治集团成员间的关系，使他们乐于为国家效力；"子庶民"视百姓如子女，给百姓讲清事理，他们自会听从政府的领导；"来百工"以从事生产则财用足；"柔远人"和"怀诸侯"的对外关系能不诉诸武力而使天下归顺。这是一套甚为完备的治国平天下的政治准则，特别是其中处理对外关系部分更是具有中国特色的对外政策，被历代中国统治者奉为处理对外活动的指导原则，不像西方那样从古希腊到近代强盛国家始终把军事侵略、掠夺和殖民作为理所当然的对外政策。

　　所以，孔子的思想体系尤其是它的治国平天下的主导政治准则，在阶级社会中对于任何阶级和阶层都是有利的。这并不意味孔子是个超阶级主义者。相反，他倒是一个很忠诚的统治阶级分子，其思想的主导部分就是为统治阶级而说教。他的一生以及他的后继者们均曾实际上或企图为统治者充当"管事"以治国平天下。但是，统治阶级的忠诚分子大多数常是为着本阶级的现实利益或满足最高统治者的私欲而压迫人民，横征暴敛。孔子的政治准则既能很好的为统治阶级服务，又能较广泛的为被统治阶级所接受，可以说是中外历史上罕有的政治理论典范。而且这些政治准则又非不切实际的天真幻想，均具有相当程度的可行性。据《史记·孔子世家》记载，孔子以大司寇代主国政三个月，即出现商贩不虚抬市价、路不拾遗、外客来联系工作都很顺利的局面。他的政治设施是否很快获得如此成效，虽不很清楚，但其政治成绩已引起邻国的关注和警惕确是肯定的。

20世纪儒学研究大系

　　总之，孔子的思想体系，尤其是他的政治准则既有利于统治阶级的长期统治，同时又较易于为被统治阶级所接受的这一特质，无论在理论上或实践上，均系阶级社会中最完善的统治方式这一点，是无可置疑的。

　　前几年，美国出版过一部《人民年鉴手册》，列出世界十大思想家，包括柏拉图、亚里斯多德、哥白尼、培根、牛顿、达尔文等在内，而孔子却名列第一。这可能是手册著者的主观判断，未必恰当。五十年代的法国，为纪念孔子诞辰两千五百周年，出版了一部精装巨著——《圣人的四书》，出版商在介绍此书时指出，孔子在人类历史上所占的地位，可与释迦牟尼、穆罕默德和耶稣基督相比拟。就他的思想影响的宏大而言，是可以这样讲的。如就他的政治作用而言，又当别论。单从政治上已起过实际作用特别对未来世界可能产生的影响来衡量，释迦牟尼等三人远不能与孔子相比拟。

　　孔子思想体系的这一特点，就目前它日益为国外所重视的发展形势来看，对未来世界的深远影响是无法预计的。其原因是只要有对立阶级的存在，就需要有能为统治阶级服务的较完善的政治准则。资本主义国家专靠政治法权和物质利益为工具的统治方式，西方有识之士对此已抱有隐忧，不时露出须求助于东方文化的呼声。所谓东方文化实际就是中国文化，更具体的说就是孔子思想。二百多年前的欧洲启蒙时代已曾掀起过一次研习中国文化的高潮，甚至有人主张要"全盘中国化"。如果未来的西方真是再涌现一次"孔子热"，那也不是什么新鲜事。倘能在政治权力和物质利益的统治工具之外，再加上孔子的政治准则，岂非更为完备的统治方式。

　　因此，孔子思想体系最为独特之处是，它是一种现存的较为合理的统治原则,在阶级社会中既能为任何统治阶级或统治者群而服务,又不损害任何被统治阶级或被统治者群的利益,故其为历代统治者所接受和推崇。

关于孔子思想的这一新评价,对于存在阶级对立的社会,肯定是适宜的,历史已充分地证明了此点。

(《文汇报》1987 年 5 月 26 日)

胡寄窗,四川省天全县人。获英国伦敦大学政治经济学院经济科学硕士,回国后历任四川大学、华西大学、东北大学等经济学教授,经济系主任,三江大学财经学院和浙江财经学院院长、上海财经大学教授。孔子研究方面,在其《中国经济思想史》《中国思想史简编》中,对孔子经济思想作了较充分阐述。

作者着重指出孔子思想体系的最为独特之处是他的治理国家的准则,是世界范围内现存的一种能适用于任何社会形态的较为合理的统治原则,既能为任何统治阶级服务,又不损害任何被统治阶级的利益。

孔　子

汤一介

　　孔子是我国最早的、也是最有影响的思想家、教育家,几千年来他成为我国封建社会的所谓圣人、贤哲。对这样一位思想家和教育家,他的生平事迹如何? 思想如何? 他为什么能成为封建社会的圣人? 这就需要我们根据历史材料,作客观的介绍和分析。

一、孔子这个人和他的时代

　　孔子名丘字仲尼,生于公元前 551 年(周灵王二十一年,鲁襄公二十二年),死于公元前 479 年(周敬王四十一年,鲁哀公十六年)。他的祖先是宋国贵族,大约在孔子前几世就没落了,失掉了贵族的地位,《史记》称"孔子贫且贱",孔子自己也说:"吾少也贱,故多能鄙事。"(《论语·子罕》)他年轻的时候做过几任小官,中年时曾做过三个月的鲁国的司寇,但他一生大部分时间是从事教育,教出不少有知识、有才能的学生。

　　生活在春秋末期的孔子并不像后来我国封建社会的统治者所吹捧、所神化的那样,是什么不食人间烟火的"文宣王"、"大成至圣先师"等等,他也是一个有血有肉的现实社会中的人。孔子很喜欢音乐,他在齐国听相传是虞舜时的"韶"乐,很长的时间尝不出肉味(《论语·述而》);他同别人一道唱歌,如果人家唱得好,一定请再唱一遍,然后他自己又和一遍(《论语·述而》)。他对诗也有浓厚的兴趣,他说:"诗,可以兴,可以观,可以群,可以怨。"并多次和他的弟子讨论诗的内容与形式问题。孔子热心地学习过各种礼仪,"入太庙,每事问"(《论语·八佾》)。他赞美颜回安于贫困,他说:"颜回真是个贤人呀!一箪饭,一瓢水,住在小巷子里,别人都受不了那样贫苦的生活所带来的忧愁,颜回却不改变他自有的快乐。"(《论语·雍也》)他又汲汲于追求富贵,甚至奔走于权贵之门,国君召唤他,他等不及驾好车马,就赶快跑了去。他喜欢"食不厌精,脍不厌细"(《论语·乡党》),但有时也能把这些看得很淡,他说:"饭疏食,饮水,曲肱而枕之,乐亦在其中矣。"(《论语·述而》)孔子说过许多很有道理的话,今天仍可作为格言,如"学而不厌,诲人不倦"(《论语·述而》),"过而不改,是谓过矣"(《论语·卫灵公》)等等;但他也说过一些不正确的话,是我们今天必须批判的,如"民可使由之,不可使知之"(《论语·泰伯》),"唯女子与小人为难养也"等等。孔子对他的学生很严厉,批评起来不讲情面,他批评"宰予昼寝"说:"朽木不可雕也,粪土之墙不可圬也"(《论语·公冶长》);而有时对他的学生也很亲切,他说颜回"我只看到他不断进步,而没见到他停止不前",当子贡对《诗》的一句话有正确了解,孔子就称赞他说:"子贡呀,现在可以和你讨论《诗经》了,告诉你一点,你能有所发挥,而推知另一点。"孔子为人,有时很豪放,他说他自己是"发愤忘食,乐以忘忧,不知老之将至"的人;可是有时又很拘谨,循规蹈矩不敢超越古代的礼仪一步,他走进朝廷的门,那种谨慎的样子,好象自己没有容身之地一般。孔子的学生虽然都对他很尊敬,但他的学生如有意见也敢对他提出批评。如卫灵公的夫人南子名声不好,有一次孔子要去见她,子路很不满,逼得孔子发誓赌咒说:"如果我有什么邪念,老天爷厌弃我吧!"孔子常常和他的学生一起讨论问题,有一次他把几个得意的学生召在一起谈各自的志向,子路说他的志向是"愿意让自己的车马衣服和朋友共同享用,就是用坏了也并不遗憾";颜回说他的志向是"不夸耀自己的好处,不表白自己的功劳";孔子则说他愿意让"老者安之,朋友信之,少者怀之"(《论语·公冶长》)。孔子的这番话,常常被后世进步的思想家所引用。

从上面这些事实看来,孔子并不是一个道貌岸然的超人,更不是先天的圣人,而是一个有感情、有性格、有抱负、又有世俗心理的现实的人。说到这,我们不能不感谢《论语》这部书,它为我们保存了记录孔子言行较为可信的材料,这部书虽不免有许多吹捧孔子的地方,但它多半记载的是事实,并不是象后来的人为孔子树碑立传那样一味"隐恶扬善"。

《论语》是孔子的弟子或再传弟子记载孔子和孔子弟子言行的一部书,共分二十篇,五百一十二章,约二万字。这部书和司马迁《史记·孔子世家》以及崔述《洙泗考信录》,是我们研究孔子生平和思想的基本材料。

孔子生活在我国的一个社会大变动时代,当时正是我国由奴隶制向封建制过渡的时期。从孔子的全部生活和思想看,正反映着这种社会矛盾的现实,他是一个从奴隶主贵族向封建地主阶级转化的思想家。在我国,奴隶制向封建制的转化,是由于私田肥于公田引起的。公元前五六四年,鲁国开始实行税亩制,承认私田的合法性,与公田一律取税。孔子对这一制度的改变曾表示不赞成,认为这种制度的税额比过去还重,应依"周公之典"行事。这反映了孔子思想中的保守的一面。但是,他在这一大变动时代,注意到劳动者在生产中的地位应该有所改变,因此他主张自上而下地改变劳动者在生产中的地位,把奴隶身分逐渐改变为农奴或农民。孔子这样的主张就表现在他主张的"仁"里。他提倡行"德政",反对行"苛政",反对对劳动者的非人行为。从这方面看,孔子的主张在客观上是适应当时社会发展要求的,在一定程度上有利于社会生产力的发展,这是他思想中进步的一面。

孔子要求改变劳动者在生产中的地位,当然不是为了劳动者的利益,而是反映了当时由奴隶主贵族向封建主阶级转化的这一阶层的要求。他们一方面和奴隶主阶级有着千丝万缕的血缘关系,另一方面在社会发展的趋势面前感到非有所变革不可,因此在他们身上表现了保守性和进步性的矛盾统一。

孔子看到,国家要富强,就必须提高生产,要提高生产,就必须使劳动者对生产稍微感些兴趣,所以他说:"道(治理)千乘之国,敬事而信,节用而爱人,使民以时。"又说:"百姓足,君孰与不足?百姓不足,君孰与足?"有一次孔子到卫国去,他的弟子冉有替他驾车。他说:"好稠密的人口!"冉有问:"人口众多了,进一步怎么办呢?"孔子说:"使他们富裕起来。"冉有又问:"富裕了以后,又该怎么办呢?"孔子说:"教育他们。"这就是孔子对待劳动者的态度。他希望劳动者好好劳动生产,这样国家才可以富强起来;国家富强起来,又要对劳动者进行教化,使他们了解上下尊卑的等级制度,不去作"犯上作乱"的事,这样社会就能安定了。

孔子政治主张的另一特点,也表现了他所代表的由奴隶主贵族向封建主阶级转化的要求,这就是他对新兴地主阶级当权派的两面态度:一方面他愿意帮助或者赞成新兴地主阶级的某些政治活动;但另一方面他又反对某些新兴地主阶级当权派的"犯上作乱"。在孔子看来,社会的变化应该是变而不乱。因此从上而下的适应社会发展的变革是可以的;但是由下而上的"犯上作乱"则是必须反对的。孔子大概意识到，原则上承认"犯上作乱"，不仅不利于奴隶主贵族，它同样不利于封建主阶级自身的利益。因为无论奴隶制也好，封建制也好，都必须维护等级制度。列宁说："社会划分为阶级，这是奴隶社会、封建社会、资产阶级社会共有的现象，但是在前两种社会中存在的是等级的阶级，在后一种中则是非等级的阶级。"由于孔子有这样的矛盾态度，虽然他很积极地从事政治活动，然而他的主张，在当时阶级斗争尖锐的情况下，是既不能为保守的奴隶主贵族所用，也不能很好地适应新兴地主阶级急剧地变革现实的要求。

二、"仁"——孔子思想的核心

孔子提出的"仁"是他全部思想的核心。它是"礼"的根本内容，是道德伦理观念的基础，是在当时的历史条件下，重视人的世界观的出发点。

在孔子以前没有人把"仁"作为一个最重要的哲学概念提出过。孔子提出"仁"的哲学概念并不是偶然的，它在一定程度上反映了春秋时代的社会政治经济状况。春秋时代，铁器开始使用于农业生产，生产力的发展，私田不断扩大，因此就产生了一个新问题：如何能使对生产完全没有兴趣的奴隶劳动者对生产发生兴趣，不再逃亡，使他们能"近者悦，远者来"(《论语·子路》)，以适应生产发展的要求呢？也就是说，解决劳动者在生产中的地位，成为当时社会发展的一个重要问题。另外，为适应上述变革要求，剥削阶级之间的斗争较之以往自然也更尖锐，不是旧贵族势力把新兴的封建势力消灭，就是新兴封建势力把保守的旧贵族势力推翻，或者是两者之间的互相调和，妥协。对于现实生活有着深刻了解的孔子,是不会不注意到这样的情况。代表由奴隶主贵族向封建主阶级转化的思想家孔子,他希望能在不打乱上下尊卑的等级关系的条件下来适应社会的变化,因此他在新旧势力之间,就采取调和改良的态度。而对于劳动者,主张改善他们过去在生产中的奴隶地位,对人民行以"德政",承认某些已经改变了的现实。当时持这种态度的,并不是孔子一个人,稍早于孔子的郑国子产就有过这样的思想。

孔子讲到"仁"的地方很多,意思很广泛,从《论语》看几乎是包括了做人的全部规范。它包括忠、恕、孝、悌、智、勇、恭、宽、信、敏、惠等等。孔子的"仁"是他的最高的政治原则和道德准则,他以为离开了"仁",忠孝信勇等都无意义。那么"仁"的最根本的涵义是什么呢? 这就是孔子所说的"仁者爱人"。

孔子提出"仁者爱人",当然不是从劳动人民的利益出发的,而是适应封建主阶级的要求,但它却具有广泛的涵义:一方面是如何处理剥削阶级和劳动者之间关系的问题;另一方面是如何处理剥削阶级自身之间关系的问题。照孔子看,有了"爱人"的主观意愿,才能处理好人与人之间的关系;才能自觉地按照上下尊卑的等级制度的要求"忠"于君主,孝顺父母;作为统治者来说,对劳动者才能给以恩惠,从而"得众"。但是"爱人"并不是什么人都做得到的,他认为只有"君子"才可能有爱人的品德;至于劳动者根本说不上有这种品德,他说:"君子而不仁者有矣夫,未有小人而仁者也。"(《论语·宪问》)这反映了"仁"的思想的阶级性。

子贡问孔子:"如有博施于民,而能济众,如何? 可谓仁乎?"孔子回答说:"何事于仁,必也圣乎!"他还说:"弟子,入则孝,出则弟,谨而信,泛爱众,而亲仁。"很明显,这些话的意思都是从统治者的主观要求出发,表示对劳动者应有所恩赐,以便达到"民易

使"的目的。孔子所说的"宽则得众","惠则足以使人",其中
"众"和"人"虽不一定都是指劳动者,但包括了劳动者应是无疑
的。孔子所说的"君子之道",有所谓"养民也惠","使民也义"等
等,"宽"、"惠"、"义"虽是统治者的品德,但"宽"、"惠"、"义"的
对象主要是指劳动者也是很清楚的。孔子为什么要把"爱人"也
推广到劳动者身上呢? 这一点孔子自己就交待得很明白,他说:
"仁者先难而后获"(《论语·雍也》)。这显然是从统治阶级的利
益出发的,认为统治者行"仁政"虽然不容易,但收获是会很大的。
本来孔子就没有隐藏其"仁者爱人"的阶级性。孔子认为,对老百
姓"宽"、"惠"一些,得到利益的仍然是他那个统治阶级。可见对
自己阶级的"爱",和对其他阶级的所谓"爱",是有不同的目的。

　　孔子强调的"仁者爱人"更为重要的一方面是处理统治阶级
内部关系的原则。春秋末期,正是我国奴隶制崩溃、封建制兴起的
时期,这时旧的奴隶主贵族和新兴的封建主阶级的矛盾自然是十
分尖锐的,孔子在这种形势下采取什么态度呢? 针对这种情况他
提出了行"仁"的方法,他说:"夫仁者己欲立而立人,己欲达而达
人,能近取譬,可谓仁之方也已。"(《论语·雍也》)这就是他的弟
子曾参说的:"夫子之道,忠恕而已矣。"其意思是主张在统治阶级
之间,要推己及人,如果说奴隶主贵族想要站得住,同时也应该让
封建主阶级站得住;如果奴隶主贵族希望自己通达,也应该让封建
主阶级通达,用这样的方法才可以实现"仁者爱人"的原则。因为
照孔子看来,社会不是一成不变的,总是有"因"有"革",他说:"殷
因于夏礼,所损益,可知也;周因于殷礼,所损益,可知也;其或继周
者,虽百世可知也。"(《论语·为政》)所以面对变革着的现实,从
中调和,他认为这是"吾从众"的态度,可以适应现实社会的变化。
从另一方面说,新兴封建主阶级也应该这样,"忠"则不应"犯上作

乱"，"恕"则应"己所不欲,勿施于人"。变革虽然可以,制度虽也可有所损益,但上下尊卑的原则必须保持,你如果不希望自己被别人从尊贵的地位拉下来,你也就不要去把别人从尊贵的地位拉下来。孔子的这套"为仁之方"看来颇有些矛盾之处,而这种矛盾正是当时现实社会矛盾的反映。

　　孔子的"仁"还有一个比较重要的涵义,这就是"尚贤"的意思。"尚贤"就是要注重个人的道德、学问和才能,而不必管其出身的高低。这个主张在实际上破坏着奴隶主贵族的世官世禄制度。关于"尚贤",孔子也讲过许多话,例如他说:"学也禄在其中矣","学而优则仕"等等。在孔子看来,要做官就应该有学问,这个看法对于中国两千多年的封建社会有很大的影响,一方面它打破了世官世禄的贵族政治;另一方面它又能吸收有才能有知识的人为封建统治者服务,但最终又能使知识分子不脱离政治的轨道。

　　《论语》中有这样一段记载:子路让孔子的另一个学生子羔做费这个地方的县长,孔子说:"你这是害了别人的孩子!"子路说:"那个地方有老百姓,有土地和五谷,何必一定要读书才叫做学问呢?"孔子批评子路说:"我就讨厌象你这样强嘴利舌的人。"孔子认为,没有学问没有才能的统治者,那只能是害人的统治者,不能只靠世袭土地和劳动者就可以进行统治,这样的统治是不可靠的。所以当他的学生冉雍问他政治,他说:"先有司(工作带头),赦小过(原谅别人的小过错),举贤才(提拔有道德修养和才能的人)。"(《论语·子路》)有了好的统治者,才能把国家治理好,人民统治好,国家才能安定。

　　孔子认为个人努力很重要,他说:"人能弘道,非道弘人。"(《论语·卫灵公》)他所说的"道"就是"仁"。靠个人的努力可以使"仁"发扬光大;并非靠了"仁",而自己不努力,他就可以光大了。这就是说,人是主动的,而"仁"是要靠人的主观努力才可以得到的,孔子很看不惯那些不努力求上进人,认为这样的人没有出息,他说:"后生可畏,焉知来者之不如今也?四十五十而无闻焉,斯亦不足畏也矣。"(《论语·子罕》)由于孔子重视了个人的努力,相对地说降低了"天"的作用,这也可以说是对西周以来"天命"观的一种否定。因此,他的"仁"不仅是一个政治的道德的范畴,而且是他的哲学范畴,它标志着对人自身的重视和对超自然力量的"天"的作用的限制。从这一点说,它一方面在一定程度上起着压低"天"的绝对性和神秘性的作用;另一方面也影响着孟子,孟子在这基础上特别强调人的主体性,从而夸大了人的主观作用。

三、"礼"——孔子思想的保守方面

"周礼"是西周以来奴隶制上层建筑的集中表现,它是用来维护奴隶制的上下尊卑的等级关系的。如何对待"周礼",这个问题正表现了孔子作为从奴隶主贵族转化的封建主阶级思想家的特性,特别是表现这个阶层的保守性一面。孔子不仅和旧制度旧思想有着联系,而且他能意识到"礼"作为一种上下尊卑的等级制度,对于新起的封建地主阶级也同样是需要的,如果没有这一套等级制度,他们也无法统治下去。

因此,孔子对春秋末期的"礼坏乐崩"抱着惋惜的态度,把破坏礼的行为看成是不可容忍的事情。有一次他谈到季氏,说:"八佾舞于庭,是可忍也,孰不可忍也!"(《论语·八佾》)"八佾"是六十四人的舞乐,本是西周天子用的,而身为天子下面的大夫季氏竟用六十四人在庭院中奏乐舞蹈,在孔子看来当然是"不可忍"的。陈恒杀了齐简公,孔子斋戒沐浴而后朝见鲁哀公,请求哀公出兵讨伐陈恒。"臣弑君"当然是最严重的"犯上作乱",这种破坏"礼"
的行为更是孔子所不能容忍的了。为什么孔子这样地维护"礼"
呢？因为在他看来："不知礼,无以立。"(《论语·尧曰》)意思是
说如果不懂得"礼",不按"礼"来办事,那就无法进行统治。上下
尊卑的等级制度破坏了,那岂不"君不君,臣不臣,父不父,子不
子"了？这当然是不行的。所以当齐景公向孔子问政治时,他说：
"君要象个君,臣要象个臣,父要象个父,子要象个子",这就是他
的"正名"思想。景公听了之后说："讲得真对呀！如果君不象君,
臣不象臣,父不象父,子不象子,虽有粮食,我能吃得着吗？"(《论
语·颜渊》)齐景公倒是很坦白,公然把维护上下尊卑等级制的
"礼"的作用,同他自己的切身利害联系起来。"正名"就是要不同
等级地位的人,都要安于他们已有的社会地位,不能有非分之想。
季康子问政于孔子,孔子说："政者正也,子帅以正,孰敢不正？"
(《论语·颜渊》)又说："苟正其身矣,于从政乎何有？不能正其
身,如正人何？"孔子看来,在统治阶级内部如果人人都按照他的
社会地位去作应该作的事,那么就没有什么你争我夺,社会就能长
治久安了。所以处理统治阶级内部关系的原则应该是"君使臣以
礼,臣事君以忠。"(《论语·八佾》)如果统治阶级都能按"礼"办
事,对老百姓的统治也就好办了,这就是孔子说的："上好礼,民易
使","约之以礼,亦可以弗畔矣夫。"(《论语·雍也》)孔子这样的
看重"礼",完全是为了要维护上下尊卑的等级制,但是他不了解
也不可能了解"等级制"不仅是奴隶社会的特征,也是封建社会的
特征,在当时的条件下不加区别地维护它,客观上是有利于奴隶主
贵族保持其统治地位的,这就是孔子思想中保守的一面。到封建
社会,封建统治者自然也要维护其封建等级制,因此孔子这一套
"约之以礼"、"正名"、维护上下尊卑等级制的思想,很快就成了我

国封建社会的统治思想,这也是孔子成为封建社会的圣人的一个重要原因。

孔子在春秋末期"礼坏乐崩"的情况下要来维护"礼",如果不给"礼"注入某些新的意义,那他不仅不能成为一个有影响的思想家,而且更不可能成为我国封建社会的圣人。在春秋末期,天下大乱,奴隶和平民的暴动和奴隶的逃亡当然很严重,但是"臣弑其君","子弑其父"的也很普遍。据记载在春秋时期"弑君三十六,亡国五十二,诸侯奔走不得保其社稷者不可胜数。"可见在当时破坏"礼"制的并不仅仅是奴隶和平民,而往往就是统治阶级自己。孔子看到了这一情况,并深以为虑。在他看来,光维护"礼"的一些形式是不能真正维持社会秩序。所以必须给"礼"以某些新的意义。孔子给了"礼"什么样的新意义呢? 这就是他认为"礼"必须和"仁"相联系,他说:"人而不仁,如礼何?"(《论语·八佾》)人如果没有"仁"的品德,"礼"又有什么用呢? 他反对把"礼"只当成一种形式,他说:"礼云礼云,玉帛云乎哉;乐云乐云,钟鼓云乎哉!"(《论语·阳货》)这是说,如果有礼无仁,就等于把礼和礼的作用相近的乐,变成普通的玉帛和钟鼓之类的形式,失去了它真正的作用。

关于用仁去解释礼的问题,有一次子夏问孔子:"'有酒涡的脸笑得美呀,黑白分明的眼流转得媚呀,洁白的底子上画着花卉呀。'这几句诗是什么意思呢?"孔子说:"先有白底子,然后画花。"子夏说:"那么,是不是礼、乐的产生在仁义以后呢?"孔子称赞子夏:"你真是启发我的人呀,现在可以同你讨论《诗经》了。"(《论语·八佾》)这说明,孔子把"仁"看得比"礼"更根本,要用一种"仁"的精神来讲"礼",这就是他所说的"克己复礼为仁"。"仁"要求有两个方面,一是"克己",就是对自己有个要求,应该"推己及人"，应该"己所不欲，勿施于人"；一是"复礼"，就是说"仁"又是必须在"礼"的范围内行"仁"，即应在上下尊卑的等级制的范围以内讲"仁"，所以他说"非礼勿视，非礼勿听，非礼勿言，非礼勿动"（《论语·颜渊》）。"克己"是讲要有自觉性。不是自觉地来实行"礼"，那是没有意义的，"礼"就仅仅是形式，是"玉帛"之类，所以孔子说："为仁由己，而由人乎哉?"孔子这一强调人的自觉性的思想对以后封建社会的影响也是非常大的，《大学》中讲修身为本，然后可以齐家、治国、平天下这一套道德修养，就是从孔子的"克己复礼为仁"发展来的。封建社会的统治者，特别是那些儒家的思想家要求人们不仅要遵守封建社会的"纲常名教"，而且要自觉的而不是勉强的遵守。从这方面看，孔子作为儒家的祖师爷，成为封建社会的圣人绝不是偶然的。

四、"天"——孔子思想的矛盾表现

从西周到春秋占统治地位的君权神授的思想，把"天"看成是有人格的神，它支配着人间的一切，因此巩固"天"的地位就是巩固奴隶主贵族的统治地位；实现"天"的意志就是实现奴隶主贵族的意志。春秋时代，随着奴隶主贵族统治地位的动摇，"天"的地位也发生了动摇，但这一传统的巨大的保守力量，仍然牢牢地抓住人心，因而"天"的至高无上的神圣性还是为人们所普遍承认的。孔子作为一个从旧的统治阶级向新的统治阶级转化的思想家，在对待"天"的态度上有了新的看法，然而也表现了他新旧相间的矛盾性。

在孔子的思想里仍然把"天"看成是有意志的，可以对人赏善罚恶的，如他说："获罪于天，无所祷也。"如果得罪了老天爷，那就

连祷告也没有地方了。他还认为他自己也是受命于天的,他说:
"老天爷把圣德赋予了我,桓魋能把我怎么样呢?"(《论语·述
而》)特别是他还宣扬"天命",把"天"说成是至高的决定人间祸
福的神秘力量。他的学生子夏说,他曾听他的老师孔子说过"死
生有命,富贵在天"。而社会的兴衰治乱也是由"天命"决定的,
"道之将行也与,命也;道之将废也与,命也",所以对于"天命"要
敬畏,"畏天命"。从这些方面看,孔子在原则上并没有否定有意
志的天,神秘力量的"天"。但是在现实生活中,他却对这种"天"
也持有一些怀疑态度,其中,尤其是对鬼神等超自然力量不大感兴
趣。有一次孔子生病了,子路请求为他向老天爷祷告,孔子说:
"有这回事吗?"(《论语·述而》)表示对此事的怀疑。当子路问
他事奉鬼神的事,孔子回答他说:"未能事人,焉能事鬼。"问他关
于死的问题,孔子回答说:"未知生,焉知死。"(《论语·先进》)所
以《论语》中也记载着"子不语怪、力、乱、神"(《论语·述而》)的
话。

孔子为什么对"天"会有矛盾的态度? 我们不能不把它和孔
子关于"仁"的思想联系起来进行考察。前面我们已经说过,孔子
的"仁"包含着提高人的地位和自觉性的意思,作为一个人在一些
问题上应该靠自己的努力而达到成为"君子",所以对一个人来
说,虽然"生死"、"富贵"等是由"天命"决定的,但是他的道德修
养、学问、才能等等则是靠自己努力得到的。

孔子说:"不去修养道德,不去讲求学问,听到仁义不能去做,
有了过错不能改正,这些都是我所忧虑的。"有没有道德不是天生
的,而是修养得到的,而且成为有道德的君子也并不是很困难的,
"仁的品德难道离我们很远吗? 只要我要它,它就会为我所具
有。"作为君子就应该是"不怨天,不尤人",而一心追求仁义,小人

则不要它,所以"君子上达,小人下达"(《论语·宪问》)。在孔子看来,道德品格要靠一个人去努力追求,靠一个人的自觉性,不是靠"天命"的赋予。

学问和才能,也要靠努力求得,这也是孔子再三强调的。他说:"博学而笃志,切问而近思,仁在其中矣",一个人要成为有仁德的君子,必须是好学的,是能够深思的;而学问和才能的取得,又必须具有"学而不厌"的精神。有一次孔子对子路说:"子路,你听说过六种德行便有六种弊病吗?"子路说:"没有。"孔子说:"你坐下,我告诉你。爱好仁德却不爱学习,它的弊病是愚蠢;爱好聪明却不爱学习,它的弊病是放荡;爱好诚实却不爱学习,它的弊病是被人利用;爱好直率却不爱学习,它的弊病是说话尖刻;爱好勇敢却不爱学习,它的弊病是捣乱闯祸;爱好刚强却不爱学习,它的弊病是大胆妄为。"孔子自己就是非常好学的,"入太庙,每事问。"在一般情况下他也不把自己看成是超人,而常常把自己看作是一个普遍人,他认为自己的知识和才能都是由自己努力得到的,他说:"我非生而知之,好古,敏以求之者也。"可见孔子是非常重视个人主观努力的。孔子重视个人主观努力,也是有他的一种道理作根据的,他说:"性相近,而习相远。"孔子大体上认为"天命"是人力不能改变的,而人的本性虽然是相近的,但由于后天主观努力不同,因而其道德修养、学问才能以及可能取得的成就等等也就不一样。

孔子这样的一些思想,虽然还没有摆脱"天命"观念的束缚,但是由于对个人努力的重视,致使"天命"对人事的作用的范围大大缩小了。在那种把"天命"看成是决定一切的时代,给"天命"划了一个"势力范围",其意义不能不说是对"天命"的权威加以限制了。

对"天命",孔子有两种相互矛盾的态度,他一方面讲"畏天命",另一方面又讲"知天命"。正是由于他仍然把"天命"看成一种超自然的神秘力量,所以对"天命"必须敬畏,他说:"君子有三畏:畏天命,畏大人,畏圣人之言。"但是,在孔子看来光"畏天命"是不行的,因为那样就什么事也不要做了,所以还要"知天命"。在他叙述自己的人生过程中,他说他"五十而知天命"(《论语·为政》)。"天命"所起作用的范围虽然不能改变,但如果了解这种不可改变,那么就可以在"天命"所允许的范围中,或者在"天命"所不涉及的范围,尽自己最大的主观努力,可以使自己成为"志士仁人"。所以孔子说:"不知天命,无以为君子。"这种把"天命"作为认识的对象的"知天命"观点,和"畏天命"的宿命观点,又表现了孔子对"天"的矛盾态度,这正是反映了他作为一个从奴隶主贵族转化为封建主阶级的思想家的两面性。

五、"知"——孔子思想的精华

孔子不仅是伟大的思想家,而且是个伟大的教育家,他从长期的教育实践中总结了许多很有意义、很有启发性的教育思想和获得知识的方法。在春秋末期这样一个社会大变动的时代,保守的奴隶主贵族是无法应付现实生活的变化,从奴隶主贵族本身来说也不可能培养出适应社会发展要求的人才。但从整个社会发展来说,却需要有一批有才干的人才,要他们来解决现实社会中发生的种种复杂的问题。孔子适应着当时社会的需要,通过教育,给人们以知识,成为我国历史上最早的一位教育家。

孔子提出"有教无类",对这句话虽有种种不同解释,但它包含要扩大教育面,使受教育的人不仅仅限于奴隶主贵族,应该是无疑问的。孔子自己实践了他的"有教无类"的主张,所以他说:"只要给我十条干肉作学费,我从没有不教诲的。"(《论语·述而》)他的这一作法,对当时迫切需要解决的人才问题起着很大的作用。当然孔子的"有教无类"并不是为了所有的阶级,更不是为了什么培养为全民服务的人才,而是为了培养更多的能适应社会发展要求的、为统治阶级服务的有才干的人。虽然如此,但孔子的教育活动,却是结束了过去贵族垄断的"官府之学",开始了学问的私家传授。所谓"学术下庶人",正是从孔子开始的。从这一点来说,无论如何是有利于当时社会发展的。

不仅如此,孔子通过他长期的教育实践,从中总结了不少合于人们认识规律的经验,但孔子的这方面的思想,还不是认识论本身的问题,主要还是对教育方法、求知方法的概括和总结。

首先,孔子比较强调人们的知识来源于学习。虽然他也讲到"生知"、"唯上智与下愚不移",它表明孔子还受着传统思想的束缚。但是我们从他的具体教育活动上看,他并不十分重视这点。他所说的"性相近,习相远"才是他自己的主张,显然这和"生知"的观点是不一致的。孔子从来就没有认为他自己是"上智"的,而且也没有说过哪一个人是"上智"的,他甚至认为尧舜也会有错误。关于他自己,他说:"我非生而知之者,好古,敏以求之者也。"(《论语·述而》)他非常好学,他自己给自己的评论是:"十室之邑,必有忠信如丘者焉,不如丘之好学也。"(《论语·公冶长》)他赞美好学的学生颜回说:"有颜回者好学,不幸短命死矣,今也则亡。"(《论语·先进》)子贡问:"孔文子何以谓之文也?"孔子回答说:"敏而好学,不耻下问,是以谓之文也。"(《论语·公冶长》)可见,孔子非常注重学习,认为人的知识来源于学习,人的道德品德也是通过学习才能得到,所以他所说的"生知"差不多成了一句空

20世纪儒学研究大系

话了,在实际上并没有重视它。

孔子主张学习的知识大体上有两个方面:一是从学习古代文献和典章制度方面得来的知识,这可以说是历史知识,《论语》中记载孔子从过去的历史文献、典章制度中学得知识的地方很多,他自己说他是"述而不作、信而好古"。《论语·乡党》一篇中,除极少数几节外,大都是讲古代的制度,孔子就是学习这些东西。从孔子教学的内容看,大部分是古代文献、典章制度等,"孔子用四种内容教育学生:历代文献,生活行为的准则,对上要讲忠义,对朋友要讲信实"(《论语·述而》)。这里所说的"历代文献"就是《诗》、《书》、《礼》、《乐》等等。二是从现实生活方面得到的知识,这可以说是现实的知识。但孔子主要是注重观察而不大注重实践,特别是他非常轻视生产实践。在《论语》中许多地方记载了孔子主张在生活中要注意学习的话,例如他说"多闻择其善者而从之,多见而识之","三人行,必有我师焉,择其善者而从之,其不善者而改之"(《论语·述而》),"不耻下问"等等。但是孔子轻视生产实践则是非常错误的,有一次他的学生樊迟向他请教种庄稼和种菜,他不仅说他不如老农民和老菜民,而且骂樊迟说:"樊迟真是个小人呀! 作一个统治者重视礼,老百姓就不敢不敬畏;作一个统治者重视义,老百姓就不敢不服从;作一个统治者重视信,老百姓就不敢隐瞒真情。要是作到这样,四面八方的老百姓都会背着小孩前来投奔,哪里用得着自己去种庄稼呢!"(《论语·子路》)孔子说这样的话表明他是一个剥削阶级的思想家,而剥削阶级从来都是自己不劳动而且轻视劳动。

其次,孔子对某些学习的规律作了概括,得出一些认识事物的一般规律,并以此作为他指导学生学习的方法。

他提出反复的学习可以使人们的认识更加深入,从而获得新的知识,他说"温故而知新"(《论语·为政》),"学而时习之"(《论语·学而》)等,就是这个意思。孔子虽然没有明确谈到通过对过去的经验加以分析可以得到事物发展的规律,但他已经知道可以由学习过去的知识中吸取经验,这对认识当前的事物是有帮助的。孔子常常向别人请教,从别人那里学得知识,然后用来教别人,他说:"我有很多知识吗?没有哩。有一个普通人问我,我对他的问题本来一点也不知道。但是我从他的问题正反两面去盘问之后,却得到很多启发,然后尽量地告诉他。"(《论语·子罕》)

孔子还从教育实践中总结出"学"和"思"的关系。他所说的"学"和"思"的关系虽然不等于是感性认识和理性认识的关系,但也是别人的经验如何通过思考变成自己的知识的关系。"学"是学习别人的经验和从现实生活中学习,"思"是把别人的经验和从现实生活中学得的东西通过思考加以消化,使之成为自己的知识,所以他说:"学而不思则罔,思而不学则殆。"(《论语·为政》)只学习前人的知识而自己不思考,只能停留在迷罔之中而不知正确与错误;只是凭空思想而不学习和利用前人的知识经验,那就会一无所成。看来,孔子虽然也重视"思",但他却更重视"学",他认为"学"是"思"的基础,所以他说:"吾尝终日不食,终夜不寝,以思;无益,不如学也。"(《论语·卫灵公》)大凡人类认识史总是首先重视"学"(直接经验和间接经验),而逐渐才注意到"思"(对经验加以总结找出规律),孔子通过他亲身的教育实践,开始认识到这两者的关系,并由注意"学"开始,到注意"思"的认识阶段。

孔子认为,知识应该尽量丰富,他自己就是一个博学多能的人。但是,孔子认为渊博的学问,必须有一个中心思想来贯穿,这就是他所说的"一以贯之"。发现了"一",就是中心思想,或者说是本质,才可以把许多表面上看起来不联贯的知识贯穿起来。当然根据孔子的整个思想看,这个贯穿一切的"一",其思想本质就是他说的"仁"。他说:"人而不仁,如礼何;人而不仁,如乐何?"(《论语·八佾》)又说"君子无终食之间违仁,造次必于是,颠沛必于是"(《论语·里仁》);"当仁,不让于师"。照孔子看,一方面是一切要以"仁"去看待,但另一方面的意思又是说任何人都应该对自己有个要求,要把自己看成是个"人",站在自己应站立的地位来尽力而为,因此他所说的"仁"从阶级和个人的关系方面来说,包含着重视人的作用的观点,这个观点不仅是贯穿他的教育思想,而且也贯穿他的整个学说。

《论语》中记载说孔子有四绝:"毋意、毋必、毋固、毋我。"(《论语·子罕》)这就是说孔子作学问尽力避免四种毛病:不凭空揣测,不全部肯定,不拘泥固执,不自以为是。这"四绝"当然也是他从教育实践中得来的,对我们今天也是有启发的。

第三,孔子的教育思想中还包含着学习态度的问题。他认为学习的态度应该是老老实实的,不懂的就说不懂,就努力学习,他说:"知之为知之,不知为不知,是知也。"(《论语·为政》)他自己就是这样,不懂就问别人,"不耻下问"。说错了就应改正,"过而不改,是谓过矣"。由于孔子抱着这样的学习态度,他的知识在当时就比别人丰富。

第四,孔子教学也比较注意"因材施教"。他很注意受教育人的具体情况,他对不同的学生,给以不同的教育。他的弟子问仁、问政、问君子等等的很多,他往往都是根据不同的对象给以不同的回答。为此,孔子在教学的过程中也就比较注意用启发式,他说:"教育学生,不到他苦思苦想而仍然领会不了的时候,不去开导他;不到他想说又说不出来的时候,不去启发他。教给他一个方面,他不能由此推知其他几个方面,就不再教他新的内容。"(《论语·述而》)孔子采用这样的教学方法,去推动学生思考问题,主动地学习。

孔子的教育思想以及其中所包含的合理因素,是他思想中极有价值的部分,是值得我们批判继承的。

六、孔子——我国封建社会的圣人

孔子不仅是我国历史上的一位重要的思想家,而且是一位伟大的教育家和学识渊博的学者。同时他对古代的文化遗产进行了整理。相传《诗》、《书》、《礼》、《乐》、《春秋》等都是经过孔子整理的,这些典籍是我们今天研究古代历史文化的重要文献。

孔子是我国封建社会的圣人,是封建统治思想的创立者。两千多年来,对孔子有着各种各样的评价,有的是从封建地主阶级的立场来评价孔子,有的是从封建社会中被压迫阶级的立场来评价孔子。近代,我国资产阶级的不同阶层在不同时期也都给过孔子以不同的评价。但过去的任何阶级或任何阶层,对孔子的评价都不免有片面性。五四运动时期的新文化运动的中心课题是"打倒孔家店"。当时"打倒孔家店"就是要打倒封建礼教。这次运动是有重大的历史意义,它是一次资产阶级革命派向封建思想的猛烈冲击,它对推动我国的社会进步是有很大的积极意义。但是,在"打倒孔家店"的队伍中有着各种各样的成分,而且由于没有马克思主义指导,因此对孔子也没有能作出全面的科学的评价。毛泽东同志说过:"五四运动本身也是有缺点的。那时的许多领导人物,还没有马克思主义的批判精神,他们使用的方法,一般地还是资产阶级的方法,即形式主义的方法。他们反对旧八股、旧教条,主张科学和民主,是很对的。但是他们对于现状,对于历史,对于外国事物,没有历史唯物主义的批判精神,所谓坏就是绝对的坏,一切皆坏;所谓好就是绝对的好,一切皆好。"正确对待历史遗产的态度,应该是运用历史唯物主义和辩证法对历史进行科学的研究和总结,对待孔子的研究也应这样。

(原刊于《中华民族杰出人物传》(3),选自《孔子研究论文集》,教育出版社1987年版)

汤一介,湖北黄梅县人。1951年毕业于北京大学哲学系。1956年10月后在北大哲学系任教,兼中国哲学史学会理事、中国哲学与文化研究所所长、国际中国哲学会理事及该会驻中国代表,中华孔子学会副会长等。著有《郭象与魏晋玄学》、《中国传统文化中的儒道释》、《汤一介学术文化随笔》等。

作者认为,孔子生活在我国的一个社会大变动时代,是一个从奴隶主贵族向封建地主转化的思想家。"仁"是孔子思想的核心,"礼"是孔子思想的保守方面,"天"是孔子思想的矛盾表现,"知"是孔子思想的精华。

孔子的礼学体系

——纪念孔子诞辰二千五百四十周年

蔡 尚 思

自孔子成为宗法礼学祖师以后,墨家墨子、道家老庄、农家许行与前期法家,都先后起来反对宗法礼学。墨子是积极地反对宗法礼学的,老庄是消极地否定所有宗法礼学的存在的,许行更是反对宗法礼教中居于主要地位的君臣民的不平等。前期法家坚决主张法治,反对礼治;后期法家韩非师事荀况,是在批判儒家中继承其"三顺"思想的。所以如说春秋战国时代是围绕儒家礼学来展开争鸣的,也不会远离历史事实。

孔子(前551—前479)名丘字仲尼,鲁国人。鲁是周公之子伯禽的封国,独备有周礼。孔子自少好礼,以礼闻名,授徒讲学。他主持鲁政,是以礼治国的典型。最后编出一部礼的教科书,叫做《春秋》。其弟子记录的《论语》,最可代表孔子的言行。孔子最崇拜周公,所以周孔并称;颜回是孔子的第一高足,所以孔颜并称;孟轲只愿学孔子,所以孔孟并称。这是就同一思想系统来说的。孔子是儒家的祖师,与墨家的祖师墨子并称孔墨,与道家的祖师老子并称孔老。这是就不同思想系统来说的。

孔子以礼为核心的思想体系,不是任何的空话所能曲解的。

此篇不用一般的体裁,而是比较全面地有力地举出例证,约有如下三十多条:

一、礼独高于其他诸德

孔子认为:好德如好仁、好知、好信、好直、好勇、好刚等,只要不好学,都会各有所弊(《论语·阳货》,以下凡引《论语》只注篇名);惟有好礼,没有被他列入有弊之内。有了知还需要仁,有了仁还需要庄,有了庄等如果"动之不以礼",也还是"未善"(《卫灵公》)。诸德不仅知、仁、庄等,而且恭、慎、勇、直等也都不能"无礼"(《泰伯》)。所以概括地说,就是"道德仁义,非礼不成"(《礼记·曲礼上》)。以管仲之贤,也只是仁而不知礼。孔子的高足颜回,被孔子称为唯一无二的"好学"者,也独能做到"三月不违仁"(《雍也》)。不违仁,即由于不违礼。颜回自称夫子"约我以礼"(《子罕》)。"约我以礼"即"克己复礼"。颜回对孔子亦步亦趋,孔子称他"于吾言无所不悦"(《先进》);用现在的话来说,他不失为孔子的"凡是派"。

二、以礼为仁的主要标准

孔子主张"克己复礼"为"仁"。"克己复礼"的主要内容是:"非礼勿视,非礼勿听,非礼勿言,非礼勿动。"(《颜渊》)视、听、言、动,包括了人生的一切,即全身都要用礼约束起来。有些学者以为,仁是内容,礼是形式;仁是道德,礼是政治。难道视、听、言、动,全是形式而没有内容,全是政治而没有道德么? 王夫之独能用一句话来概括它:"礼者仁之实也。"(《周易外传》卷二)仁之实就是礼,这比孟子说的"仁之实,事亲是也",还要高明。孔子坚持仁义必须受礼的制约。人的地位高下不同,其所施行的仁义也就有范围广狭的不同:只有天子可以爱天下,诸侯只能爱其境内,大夫只能爱其官职,士只能爱其家,假使各超过其所爱的范围,就是侵犯(《韩非子·外储说右上》)。这就是说,如果超过其本分去蹴等爱人,那就不仅无功,而且有罪了。礼教由于宗法制度,除了天子以外,诸侯、大夫等都各对其上级称小宗,而在其范围内称大宗。在最注重宗法礼教的孔子心目中,爱人也是绝对不许自由的。这是纵一方面的差等爱。当然,还有横一方面的差等爱。那就是先爱亲后爱人的差等爱,如孟子说的"亲亲而仁民,仁民而爱物"(《孟子·尽心》)。不仅生前,死后的祭祀,也必须如此。孔子明说:"非其鬼而祭之,谄也。"(《为政》)祭祀也同样地把不祭自己的祖宗而祭他人的祖宗看作谄媚。对活人与死人,儒家和墨家都是有别爱与兼爱的对立的。如果要打破亲疏人我的界限去实行兼爱、平等爱,就被孟子、王夫之等儒者痛斥为"禽兽"(详见《孟子》,拙著《王船山思想体系》);如果"不爱其亲而爱他人",也会被儒者斥为"悖德"(《孝经》)。"悖德"与"禽兽",是天大的罪恶,那还了得!

三、以礼为孝的主要标准

孝悌为仁之本(《学而》)。古人也常以"仁孝"并称。孔子认为,孝子对父母生前的起居和死后的葬、祭,都必须合乎礼,才算得上是孝(《为政》)。

四、以礼为忠的主要标准

孔子有点把君看作活神仙、活上帝来礼拜的样子。他把"民无二王"比作"天无二日"(《孟子·万章上》)。认为不可"三月无君"(《孟子·滕文公下》)。他一步步一层层地进入王宫时,动作都要随时变化,有"鞠躬如也","屏气似不息者"等的表态。君赐生肉,必煮熟而祭祖考,以表示荣幸;君赐活物,必养起来而不敢杀,以表示君的仁惠;君来探视他卧病,他必起来改穿朝服束带;君命召他,他必破例徒步走出(《乡党》)。连拜君之礼,也必须从古礼的"在堂下"拜,而不从"今"的"拜乎其上"(《子罕》)。孔子对国君昭公的无礼,避讳说是"知礼",以致被人指出,才不得不公开认错(《述而》)。他主张"臣事君以忠。"自己"事君尽礼",以致被人讥为"谄"(《八佾》)。他坚持"与其使民谄下也,宁使民谄上"(《韩非子·外储说》)。至于弑君等于弑父那种天大的罪恶,更是"不从"了(《先进》)。强大的齐国发生弑君的事件,孔子就沐浴而朝弱小的鲁君,请派兵去讨伐齐国的乱臣(《宪问》)。莫怪直到近代,人们还把"尊孔忠君"连起来说。

五、以礼为中和的主要标准

有子说:"礼之用,和为贵。先王之道,斯为美,小大由之。有所不行,知和而和,不以礼节之,亦不可行也。"(《学而》)这也就是"礼乎礼,夫礼所以制中也"(《礼记·仲尼燕居》)。又"子钓而不网,弋不射宿"(《述而》),也是一种制中的礼。因为网鱼和射宿鸟未免太过,不吃鱼不射鸟又未免不及,钓鱼和射鸟而不网鱼射宿鸟,就是中庸而合礼的。

六、以礼为治国的主要标准

孔子认为法治只能使民"免而无耻",礼治就能使民"有耻且格"(《为政》)。礼治是优于法治的。这有很好的说明:"礼者禁于将然之前,而法者禁于已然之后。……礼云礼云,贵绝恶于未萌,而起敬于微妙,使民日徙善远罪而不自知也。"(《大戴礼·礼察》、《小戴礼·经解》)他又主张"为政"必先"正名"(《子路》)。正名即"君君臣臣,父父子子"(《颜渊》),也就是说贵贱上下各有各的名分,必须顾名思义。如晋国铸刑鼎、著刑书,孔子评道:"贵贱不愆,所谓度也。……今弃是度也,而为刑鼎,……贵贱无序,何以为国?"(《左传》昭公二十九年)贵贱无序,就会亡国。"季氏亦僭于公室,陪臣执国政,是以鲁自大夫以下,皆僭离于正道,故孔子不仕"(《史记·孔子世家》)。"正道"指礼,鲁国违礼,所以孔子不愿做官。

孔子主张一切由天子命令决定,人民只顺从不议政,天下才能太平。"礼乐征伐自天子出","庶人不议",才是"天下有道"(《季氏》)。"庶人不议"也就是"民可使由之,不可使知之"(《泰伯》)。由于"君臣之义"是"大伦",所以君子"不仕无义"(《微子》)。

七、以礼为法律的主要标准

孔子主张先礼而后法,用他的话来说,就是"礼乐不兴,则刑罚不中"(《子路》)。他反对楚国的直躬"其父攘羊,其子证之"。父亲偷窃人家的羊,儿子出来作证,只有公法而没有私情,这是何等的法治精神!而注重宗法私情的孔子却不以为然,而主张"吾党之直者,父为子隐,子为父隐"(《子路》)。就是说,父子做盗贼,应当互相隐瞒,装做不知道并加以否认。最愿学孔子的孟子,也主张舜为天子,父亲瞽瞍杀人,法官皋陶执法要抓杀人犯,舜就不顾国法,窃负其父而远逃。舜以父子私情而反公法,这一类事情,在孔子的《春秋》中就叫做"为亲者讳"。儒家从亲不从法,以曲为直,与墨家、法家的从公法不从亲,正相反。孔孟的主张,都是只知有亲而不知有法的典型理论。

八、以礼为外交的主要标准

鲁定公和齐景公会于夹谷,"以会遇之礼相见"。孔子摄相事。当齐国从"奏夷狄之乐"到"优倡侏儒为戏而前时,孔子趋而进说:"匹夫而营惑诸侯者罪当诛。"有司不得不加法(《史记·孔子世家》)。

九、以礼为军事的主要标准

军事首先需要勇敢,但孔子却认为勇敢必须以礼为先决条件。他向来强调"勇而无礼则乱"(《泰伯》),"勇而不中礼谓之逆"

20世纪儒学研究大系

（《礼记·仲尼燕居》），所以他的军事路线就必然是以礼治军。他说："军旅有礼，故武功成也。"反之，无礼则"军旅武功失其制"（同上）。《周礼·春官宗伯》也有"以军礼同邦国"的话。这是同当时兵家的军事思想相反的。

十、以礼为经济的主要标准

孔子认为，鲁国大夫"季氏富于周公"是不合周礼的一件大事，即季氏破坏了周公建立的等级礼制，竟以一个诸侯国的大夫而富于周天子的冢宰；而自己的学生冉求又帮助他聚敛，增加他的财富。因此，孔子气极，不承认冉求为自己的学生，而叫学生们"鸣鼓而攻之"（《先进》）。有些近人把孔子曾说的"均无贫"，误认为是最早的社会主义，而不知他是为有国（诸侯）有家（卿大夫）打主意，而要上下相安，各守本分，并不是要根本消灭贫富的对立阶级（详见荀子、董仲舒、何晏、朱熹、俞樾、郑浩、赵纪彬等的解释和言论）。孔子又主张"贫而乐，富而好礼"（《为政》）。意思是说：贫人安贫，富人好礼，即按照等级礼制，而贫富都守己安分。

十一、以礼为教育的主要标准

孔子连对自己的唯一儿子也说："不学礼，无以立。"（《季氏》）他经常说这一类话。又如"执礼"（《述而》），也是他所常说的。孔子的教育，主要是礼的教育。

十二、以礼为史学的主要标准

孔子的《春秋》一书，寓褒、贬、讳、闵等于其中，只是礼的教科书，而不是信史实录。庄子早就指出它是"道名分"的了。

十三、以礼为诗歌的主要标准

孔子用"无邪"二字概括《诗》三百篇（《为政》）。无邪即正，正即合礼。

十四、以礼为音乐的主要标准

孔子认为乐也在于"正"。他斥当时的郑声是"淫"(《卫灵公》)。就是说,郑声是今声,不合古礼的雅乐。

十五、以礼为美人的主要标准

孔子认为做人以礼为先,有如绘画要先用素质。批评当时的美人只知"美目"、"巧笑",而把礼放在后面。这样,对礼与美就颠倒过来了(《八佾》)。

十六、以礼为尊敬鬼神的主要标准

孔子遇到迅雷烈风,都必变面色(《乡党》)。祭祖宗,也认为"吾不与祭,如不祭"(《八佾》)。这些,都在表示自己是特别虔诚的。礼,最主要的是等级名分的思想和制度。在宗教上,也并不例外:一是要有亲疏之分。孔子只祭自己祖宗的鬼,而不祭他人祖宗的鬼,已详前说。二是要有尊卑之分。按照奴隶社会时代的礼制,泰山之神只是天子和诸侯(国君)祭祀的对象。季氏是鲁国的大夫,也要去祭祀泰山。孔子便认为,以大夫而用诸侯之礼是越礼僭分的行为,而感叹道:难道泰山的神还不如林放的知礼而会接受他的祭祀么?(同前引)荀子的《礼论》讲得很清楚:天子、诸侯、士大夫的祭神各有其范围,只有劳动人民不得立宗庙。

十七、饮食必须合礼

除了上述与忠君特别有关系的饮食以外,据《韩非子》载:鲁哀公赐孔子桃与黍;黍不可吃,是用以雪桃的。孔子却反而先吃黍而后吃桃。其理由是,他认为黍贵而桃贱,"君子以贱雪贵,不闻以贵雪贱;如"以上雪下",就会"妨义",以致被左右掩口而笑!(《外储说左下》)孔子吃肉类,凡是割得"不正"的都"不食"。"不正"即不合礼。孔子把礼用到饮食上去了。

十八、衣服必须合礼

有人称孔子为"食家",其实,他同时也是"衣家"。孔子对服饰很讲究。首先要分为朝服、常服,而在常服中又分为吉服、凶服、冬服(如狐裘、麑裘、羔裘等)、夏服、昼衣、寝衣以及内外、长短等等,各种颜色要互相配合(《乡党》)。他以朝服即朝君之服、大礼服为最重视。

十九、乘车必须合礼

孔子上车,"必正立执绥,车中不内顾,不疾言,不亲指"。他官位低时,就步行;做了大夫以后,出门就必须坐车了。有什么地位,就有什么等级礼制的生活规格。连最得意的高足颜回死了,其父请以孔子的车为颜回的椁,孔子也绝对不肯(《先进》)。

二十、仆御必须合礼

樊迟、冉有等人,均以孔子的学生而做孔子的赶车者。诚如武亿说:"视舆马,慎驾驭,弟子事师,古礼如是。"(《群经义证》)

二十一、睡觉必须合礼

孔子"寝不言",即睡觉不讲话,同"食不语"一样。

二十二、坐席必须合礼

凡"席不正",孔子就"不坐"。礼以"正"为是,"不正"即不合礼。

二十三、见贵夫人必须合礼

卫灵公夫人南子欲见孔子,孔子辞谢;不得已而见之,夫人在绨帷中。孔子入门,北面稽首。孔子说:"吾向为弗见,见之礼答焉。"(《史记·孔子世家》)

二十四、见官谈话必须合礼

孔子到处都表现出其有等级礼制的浓厚色彩,连对大夫也分为上大夫与下大夫,而对他们做出两副面孔(以上均见《乡党》)。

二十五、见朋友必须合礼

孔子的故人原壤踞傲待见,孔子以其无礼而严厉斥责其"幼而不逊悌,长而无述焉,老而不死是为贼",并且以手杖叩敲其脚胫(《宪问》)。

二十六、男女有别是礼的大问题

孔子主持鲁国政治,命令男女在路上必须分开行走,这就是他的政绩之一(《史记·孔子世家》)。

二十七、男女不平等是贵贱等级的大问题

分开来说:第一、孔子三世出妻。出妻即片面地把妻子赶出家门。曾子、孟子也都以小事出妻。丈夫可以随时出妻,妻可没有与夫平等的权利。第二、女子必须片面地为男子守贞操,如伯姬因傅母保母不在,夜不敢下堂,终于被大火烧死。孔子在薄薄的一部《春秋》中,却认为"妇人以贞为行","伯姬之妇道尽矣",大书其事,以褒其贤。妇有妇道,男却不要有男道,真是不平!

二十八、男女性别是优劣品质的大问题

孔子站在男子的立场而歧视女子的表现有多种:第一,孔子认为女子与小人为一类品质,都是天生"难养"的(《阳货》)。女子是不可能成为君子的,君子只能是由男子包办的。在性别中,男子养女子;在男子中,君子养小人。女子与小人都是被养的,都有点像家畜的被人养那样。第二,周武王有乱臣十人,只能称为"九人"(《泰伯》)。此"乱"字通作"治"字解释,乱臣即治臣。因为在十个治臣当中有一个妇人(指邑姜),而妇人不论怎样贤明,也不能与男子同样看做"人"。到了二千多年后的潘光旦教授,便公开地宣传"女人不是人"了。

从孔子到潘光旦等文化人,如果能实行仁道恕道,稍为推己及人,推男及女,推父及母,推夫及妻,就决不致于把占人类半数的女子和小人等同起来,甚至不承认她们也同样是"人"了。这种太不仁恕的礼教实行到二千多年,终难完全破除,真是一个值得人人深思的大问题。

二十九、礼的主次本末

孔子说："礼云礼云,玉帛云乎哉? 乐云乐云,钟鼓云乎哉?"(《阳货》)这是说,物质形式方面只是次要的,精神内容方面才是主要的。前者如玉帛、钟鼓之类,后者如亲疏、贵贱、长幼、男女等级之类。前者是末,后者是本,主次本末必须明辨(请参看《吴虞文录·墨子劳农主义》)。

三十、礼的广泛内容

礼的重要性不仅高于其他诸德,而其范围的广大也几乎是无所不包的。孔子说:"礼,定社稷,序人民,利后嗣者也。"(《左传》隐公十一年)"民之所由生,礼为大。非礼无以节事天地之神明也,非礼无以辨君臣上下长幼之位也,非礼无以别男女父子兄弟之亲,婚姻疏数之交也。"(《大戴礼记·哀公问于孔子》)这　类话,到了荀子、《礼记》、李觏、司马光、朱熹、王夫之、凌廷堪、阮元、曾国藩、张之洞、陈沣、梁漱溟、戴季陶、柳诒徵、谢幼伟等,都有所阐明。

三十一、人与禽兽之别在于有没有礼

孔子已经以有没有"敬",为人与犬马之别(《为政》)。"敬"是近于"礼"的,犬马是禽兽之一。孔子既以对父母生前必须"事之以礼"的孝敬,为人与犬马之别,到了孟子、荀子、《曲礼》、王夫之、张謇等,便个个声称有没有礼就是人与禽兽之别了。

三十二、大礼不可变革,小礼可以变革

孔子对于礼分为大小,大礼只能相因,小礼可以损益。有人把它混为一谈,认为二者都是损益,避而不谈相因,这是不合事实的。事实是:"子张问十世可知也? 子曰:殷因于夏礼,所损益可知也;周因于殷礼,所损益可知也。其或继周者,虽百世可知也。"(《为

政》)这段文字早就有正确的解释,《礼记·大传》说:"立权度量,考文章,改正朔,易服色,殊徽号,异器械,别衣服,此其所得与民变革者也。其不可变革者则有矣:亲亲也,尊尊也,长长也,男女有别,此其不可与民变革者也。"后人如马融、何晏、朱熹、顾炎武、王夫之、张之洞等,都认为"不可变革者"是指三纲五常之类。张之洞述之很详。这也有孔子之言为证。孔子认为小礼可以变革,如帽子之类,尽可从今;大礼不可变革,如拜君之类,必须从古(《子罕》)。

综上以观,孔子的礼学,从大到细,面面俱到。他打下礼教理论的基础,成为礼教系统的祖师。礼教虽经董仲舒的神化,朱熹的理学化,也仍然是礼教而不是宗教,只具有宗教的作用而不含有宗教的性质。如仿蔡元培"以美学代宗教"的话来说,也就是"以礼教代宗教"。在中国,任何宗教,都敌不过孔子的礼教。康有为、陈焕章等硬把孔教等同于各大宗教,穿凿附会,并未得到世界的公认。这就是中国汉族地区的礼教空气最浓厚,而宗教空气较淡薄的一个特点。

古代崇拜儒家孔子者,都公开宣传礼学与孔子的密切关系;到了近现代,传入西方的民主主义、社会主义等思想后,崇拜儒家孔子者便多避而不谈孔子的礼学,甚至宣传孔子反对三纲、孔子主张臣权、孔子尊重女权等等。这是古今崇拜儒家孔子者的一个异点。

附言 我从幼至今不断研究孔子思想,写出的文字也不少,其中较大的转变,是对他从尊信到疑问,从笼统到具体,从核心是仁到核心是礼,核心是礼并不以礼为限。我肯定孔子在中国思想文化史上,影响最大,有首先探讨的价值。我主张学术面前,人人平等。只要足踏实地,敢于争鸣,就会促进学术发展,也才是真正忠实地对待孔子。我自知,自己只是一个"我爱孔子,我尤爱真理"者而已。敬请中外研究孔子者，多多予以指正。谢谢！

（《孔子研究》1989 年第 3 期）

蔡尚思，福建德化人。1925—1928 年入孔教大学研究所，后考入北京大学研究所研究生。1930 年以后历任复旦大学、华中大学、沪江大学、东吴大学等校教授，光华大学历史系主任，沪江大学副校长等职。1952 年后曾任复旦大学教授、历史系主任、副校长。主要著作有:《中国思想研究法》、《中国传统思想总批判》、《孔子思想体系》等。

该文举出 30 多条，以论证孔子以礼为核心的思想体系，如礼独高于其他诸德，以礼为仁的主要标准，以礼为孝的主要标准，以礼为忠的主要标准，以礼为中和的主要标准，以礼为治国的主要标准……饮食必须合礼，衣服必须合礼，见朋友必须合礼等等。最后得出结论说，"孔子的礼学，从大到细，面面俱到。他打下礼教理论的基础，成为礼教系统的祖师"。

论著目录索引

谢　蒙　孔子　(上海)中华书局 1915 年 12 月发行(学生丛书之一)

胡春林　春秋之孔子　北京大学出版社 1920 年 7 月

[日]宇野哲人著　陈彬和译　孔子　(上海)商务印书馆 1926 年 8 月(国学小丛书)

徐蘧轩　孔子生活　(上海)世界书局 1929 年 11 月版(生活丛书)

江恒源　孔子　(上海)商务印书馆 1930 年 10 月(在《万有文库》第 1 集 36 种百科小丛书),1933 年收入《新中学文库》丛书

周予同　孔子　(上海)开明书店 1934 年 9 月(开明中学生丛书 1)

庄富甫编　孔子圣迹　(出版地点不详)新学会社 1935 年 1 月

梁启超　孔子　(上海)中华书局 1936 年 3 月

程淯编　历代尊孔记孔教外论合刻　(上海)东方读经会 1938 年 10 月

廖竞存　大哉孔子　(重庆)商务印书馆 1941 年 8 月

黎东方　孔子　(重庆)胜利出版社 1944 年 5 月(中国历代名贤故事集第 1 辑)

尹　汐　　孔子　（长春）文化社 1942 年 10 月（青年丛书）

张其昀　　孔子新传　台北中华大典编印会 1967 年版

杨荣国　　孔子——顽固维护奴隶制的思想家　中华书局 1973 年版

钱　穆　　孔子传　台北孔孟学会 1974 年

钱　穆　　孔子略传《论语》新编　台北广学社印书馆 1975 年

匡亚明　　孔子评传　齐鲁书社 1985 年

张秉南　　孔子传　吉林文史出版社 1989 年

范希春　　孔子本传　山东人民出版社 1997 年

袁金书　　孔子及其弟子事迹考诠　三民书局［台］1991 年

骆承烈　　孔子祖籍考　中州古籍出版社 1996 年

杨佐仁、宋均平　孔子传　齐鲁书社 1999 年

吴高飞　　孔子传　中国人事出版社 2000 年

　　　　　　　＊　　　　　＊　　　　　＊　　　　　＊

陈焕章　　孔教论　孔教会事务所出版 1913 年

廖　平　　孔经哲学发微　中华书局 1913 年

葛　琨　　孔子教育哲学　著者发行 1925 年

兰自我　　孔门一贯哲学概论　商务印书馆 1930 年

蔡尚思　　孔子哲学之真面目　启智书局 1930 年

汪　震　　孔子哲学　百城书店 1931 年

杨大膺　　孔子哲学研究　中华书局 1931 年

苏渊雷校辑　孔学三种　世界书局 1935 年

苏　非自刊　孔道探源　1937 年

徐赓陶讲述　孔子的民主精神　鄞都南宾印刷公司印行 1947 年

马　璧　　孔子思想的研究　世界书局 1941 年

王阴铎　　孔子的学术思想　湖北人民出版社 1957 年

20 世纪儒学研究大系

严北溟　孔子的哲学思想　上海人民出版社 1959 年

陈大齐　孔子学说　正中书局(台)1964 年

罗敬之　孔子学说新探　台湾文津出版社 1975 年

余家菊　孔子漫谈　东大图书公司 1976 年

高　明　孔学论丛　黎明文化公司 1978 年

蔡尚思　孔子思想体系　上海人民出版社 1982 年

钟肇鹏　孔子研究　中国社会科学出版社 1983 年

方克立　从孔夫子到孙中山　中国青年出版社 1984 年

杜任之、高树帜　孔子学说精华体系　山西人民出版社 1985 年

王棣棠　孔子思想新论　兰州大学出版社 1987 年

杨焕英　孔子思想在国外传播与影响　教育科学出版社 1987 年

王　民　孔子的形象与思想　台湾商务印书馆股份有限公司
　　　　1988 年

黄伟林　孔子的魅力　漓江出版社 1993 年

邓承奇　孔子与中国美学　齐鲁书社 1995 年

孔　健　孔子的处世之道　中国国际广播出版社 1995 年

闫　韬　孔子与儒家　商务印书馆 1997 年
　　　　孔子的生命境界——儒学的反思与开展　台湾学生书局
　　　　1998 年

　　　　　　　*　　　　*　　　　*　　　　*

蔡元培　中国伦理学史　商务印书馆 1910 年

胡　适　中国哲学史大纲(卷上)　商务印书馆 1919 年

梁漱溟　东西文化及其哲学　财政部印刷局 1921 年　商务印书
　　　　馆 1922 年

柳诒徵　中国文化史　1925—1928《学衡》杂志分期发表并出合
　　　　订本

李石岑　人生哲学　商务印书馆 1926 年

戴季陶　孙文主义之哲学的基础　上海民智书局 1927 年

吕思勉　先秦学术概论　世界书局 1933 年

钟　泰　中国哲学史　商务印书馆 1934 年

胡　适　说儒　中央研究院历史语言研究所集刊以单行本发
　　　　行,1934 年

杨幼炯　中国政治思想史　商务印书馆 1937 年

夏丰臻　中国理学史　商务印书馆 1937 年

赵纪彬　中国古代哲学史纲　生活书店 1939 年

傅斯年　性命古训辨证　1940 年

钱　穆　国史大纲　商务印书馆 1940 年

范文澜　中国通史简编　延安新华书店 1941—1942 年

萧公权　中国政治思想史　商务印书馆 1945 年

郭沫若　十批判书　重庆群益出版社 1945 年

张君劢　义理学十讲纲要　台北华国出版社 1955 年

熊十力　原儒　上海龙门联合书局 1956 年

徐复观　中国人性论史　台北中央书局 1963 年

侯外庐　中国思想史纲　中国青年出版社 1963 年

孔孟学会　孔子学说对世界之影响　台北复兴书局 1971 年

梁漱溟　东方学术概观　巴蜀出版社 1986 年

张恒寿　中国社会与思想文化　人民出版社 1989 年

张岂之　中国儒学思想史　陕西人民出版社 1990 年

姜林祥主编　中国儒学史　广东教育出版社 1998 年

刘宗贤、谢祥皓　中国儒学　四川人民出版社 1998 年

李　申　中国儒学史(上下)　上海人民出版社 1999 年

[美]列文森著　郑大华、任菁译　儒教中国及现代命运　中国社

会科学出版社 2000 年

列　子　孔子独忧其忧　《中西教会报》复刊 65 期 1900 年 5 月

梁启超　保教非所以尊孔论　《新民丛报》1 卷 2 号 1902 年 2 月
　　　　23 日

梁启超　中国学术思想变迁之大势　《新民丛报》1902 年 3—12
　　　　月

王国维　孔子之美育主义　《教育世界》69 期 1904 年 2 月

刘师培　论孔教与中国政治无涉　《警钟日报》1904 年 5 月 4—5
　　　　日

[日]蟹江义丸　孔子之学说　《教育世界》82、83、86—89、161—
　　　　165 期 1904 年 9、11、12 月

章太炎　诸子学略说　《国粹学报》2 卷 8、9 期 1904 年 9 月

马叙伦　孔子政治学拾微　《国粹学报》2 卷 1 期—3 卷 1 期 1906
　　　　年 1 月—1907 年 1 月

梁启超　孔子教义实际裨益于今日国民者何？欲昌明其道何由？
　　　　《大中华》1 卷 2 期 1915 年 2 月

枹　木　孔子教义实际之研究　《大中华》1 卷 9 期 1915 年 9 月

易白沙　孔子平议（上）　《新青年》1 卷 6 期 1916 年 2 月

易白沙　孔子平议（下）　《新青年》2 卷 1 期 1916 年 9 月

陈独秀　宪法与孔教　《新青年》2 卷 3 期 1916 年 11 月

陈独秀　孔子之道与现代生活　《新青年》2 卷 4 期 1916 年 12 月

吴　虞　家族制度为专制主义之根据论　《新青年》2 卷 6 期
　　　　1917 年 2 月

李大钊　自然的伦理观与孔子　《甲寅》1917 年 2 月 4 日

常乃德　我之孔道观　《新青年》3 卷 1 期 1917 年 3 月

陈独秀　复辟与尊孔　《新青年》3 卷 6 期 1917 年 8 月

腐　木　孔子学说的基本谬误　《觉悟》(上海《民国日报副刊》)
1919 年 10 月 28、30 日、11 月 1 日

吴　虞　吃人与礼教　《新青年》6 卷 6 期 1919 年 11 月

沈彤君　对于孔子学说的批评　《学灯》1922 年 5 月 7 日

卢汉章　孔子为教育家非宗教家说　《国学月刊》18 期 1923 年

峙　山　孔子是女子的敌人　《新民意报》1923 年 10 月 15 日

梁漱溟讲　雷汉杰记　孔子人生哲学大要　《学灯》1924 年 2 月
27、28 日，3 月 4—8 日、11—14 日、18、19、21、22、25—27
日，4 月 1—4 日

玄　同、颉　刚　春秋与孔子　《北京大学研究所国学门周刊》1
期 1925 年 10 月

钱　穆　孔子年表　《国学小丛书》1925 年 12 月　《古史辨》4 册
朴社 1933 年 3 月

代　英　耶苏孔子与革命青年　《中国青年》120 期 1926 年

顾颉刚　春秋时代的孔子和汉代的孔子　《厦大周刊》160—
162 期 1926 年 10、11 月

周谷城　孔子的政治学说及其演化之形势　《民铎杂志》9 卷 1 期
1927 年 9 月

冯友兰　孔子在中国历史中之地位　《燕京学报》2 期 1927 年 12
月

关健南　孔子之思想　《南开大学周刊》74 期 1929 年 12 月

嵇文甫　先秦诸子政治社会思想述要　女师大《学术季刊》1 期
1932 年 2 月

韦渊然　孔子的中心思想——仁　《尚志》1 卷 14 期 1932 年 8 月
6 日

李长河　孔子治学的精神　《遗族校刊》4 卷 1 期 1936 年 10 月

高　亨　孔子哲学导论　《经世》1 卷 3 期 1937 年 2 月

宋庆龄　儒教与现代中国　《亚细亚》(纽约)1937 年 4 月

张荫麟　孔子　《大众知识》1 卷 8、9 1937 年

张东荪　孔子的思想　《丁丑杂志》1 卷 2 期 1937 年 5 月

陈独秀　孔子与中国　《东方杂志》34 卷 18、19 期 1937 年 10 月

陈伯达　孔子的哲学思想　《解放》69 期 1939 年 4 月

计　诚　孔子一贯之道　《地方政治》4 卷 1 期 1940 年 8 月

周荫棠　真孔子与真文化　《斯文》1 卷 2、3 期 1940 年 11 月

陈立夫　孔学刍言　《大公报》1942 年 4 月 22 日

吴鼎昌　孔子的伟大　《大公报》1942 年 4 月 22 日

侯外庐　孔子批判主义社会思想的研究　《中山文化季刊》1 卷 1
　　　　期 1943 年 4 月

钱　穆　孔子与心教　《思想与时代》21 期 1943 年 4 月

李澄刚　孔子大同小康之现实价值　《文史哲季刊》2 卷 9 期
　　　　1945 年 3 月

郭沫若　孔墨的批判　《解放日报》1945 年 5 月 6—11 日

蔡尚思　孔学总批判　《民主》第 21、22 期 1946 年 3 月

杨荣国　孔墨的思想　《读书与出版》复刊 1 卷 4 期 1946 年 7 月

蔡尚思　孔子伦理思想研究纲要　《中国建设》3 卷 6 期 1947 年 3
　　　　月

岑仲勉　对于孔学的我见　《东方杂志》43 卷 6 期 1947 年 3 月

蔡尚思　孔子思想的研究　《中国建设》4 卷 6 期 1947 年 9 月

吴　泽　论孔子的复古保守主义　《中国建设》5 卷 1 期 1947 年
　　　　10 月

黄绍衡　从孔子精神清算"尊孔"　《新中华》复刊 6 卷 10 期 1948

年 5 月

杜任之　论重新研究孔子的必要与应做的工作　《大公报》(天津)5 期 1948 年 10 月 8 日

张申府　论纪念孔诞　《大公报》(天津)第 6 期 1948 年 10 月 15 日

唐君毅　孔子与人格世界　《民主评论》2 卷 5 期 1950 年 9 月

嵇文甫　孔子思想的进步性及其限度　《新史学通讯》1951 年 6 期

宋云彬　孔子在中国历史上的地位　《光明日报》1951 年 11 月 24 日

嵇文甫　关于孔子的历史评价问题　《历史教学》1953 年 8 月号

冯友兰、黄子通、马　采　孔子思想研究　《新建设》1954 年 6、7 期

张岱年　孔子　《中国青年》1956 年 14 期

毛礼锐　孔子　《教师报》1956 年 8 月 17 日

赵光贤　孔子不代表地主阶级　《新建设》1956 年 8 月号

冯友兰　关于孔子研究中的几个问题　《光明日报》1956 年 11 月 14 日

杨向奎　孔子的思想及其学派　《文史哲》1957 年 5 月

金景芳　论孔子思想　《东北人民大学人文科学学报》1957 年 4 期

张其昀　孔子传略　《中国一周》1959 年 9 月 28 日

童书业　孔子思想研究　《山东大学学报》1960 年 1 期

冯友兰　论孔子　《光明日报》1960 年 7 月 22 日、29 日

关　锋、林聿时　论孔子　《哲学研究》1961 年 4 期

王先进　孔子在中国历史上的地位　《孔子讨论文集》1 集山东人

民出版社 1961 年版

汤一介　孔子思想在春秋末期的作用　《孔子讨论文集》1 集山东人民出版社 1961 年版

高　亨　孔子思想三论　《哲学研究》1962 年 1 期

杨荣国　论孔子思想　《学术研究》1962 年 1 期

汤一介　孔子　《教学与研究》1962 年 2 期

任继愈　孔子——奴隶社会的保守派封建社会的"圣人"　《北京大学学报》1962 年 5 期

周谷城　纪念孔子讨论学术　《学术月刊》1962 年 7 期

严北溟　怎样评价孔子　《学术月刊》1962 年第 7 期

钟肇鹏　如何剖析孔子思想　《学术月刊》1962 年 7 期

王仲荦　对于孔子评价的几点意见　《文史哲》1962 年 5 期

吕振羽　孔子学术讨论中的几个问题　《大众日报》1962 年 11 月 3 日

冯友兰　关于孔子讨论中的一些方法上的问题　《文汇报》1962 年 11 月 13 日

王玉哲　从客观影响上看孔子的历史作用　《天津日报》1962 年 12 月 12 日

蔡尚思　孔子思想核心的面面剖析　《中国哲学史文集》2 集中华书局 1965 年版

庞　朴　孔子思想的再评价　《历史研究》1978 年 8 期

王先进　对孔子认识意见纷歧的所在　《郑州大学学报》1978 年 3 期

张岂之　真孔子和假孔子　《西北大学学报》1978 年 4 期

李泽厚　孔子再评价　《中国社会科学》1980 年 2 期

张恒寿　孔丘　《中国古代哲学家评传》齐鲁书社 1980 年版

杨伯峻　试论孔子　《东岳论丛》1980 年 2 期

严北溟　要正确评价孔子　《齐鲁学刊》1980 年 6 期

严北溟　孔子要平反，"孔家店"要打倒　《社会科学辑刊》1981 年 1 期

金景芳　孔子思想述略　《中国哲学史研究》1981 年 2 期

杜任之　探索孔子思想的精华　《求索》1981 年 4 期

孙海波　论孔子　《史学月刊》1982 年 2 期

赵纪彬　谈谈孔子问题　《河南师大学报》1982 年 4 期

匡亚明　对孔子进行再研究和再评价　《光明日报》1982 年 9 月 13 日

庞　朴　论孔子的思想中心　《沉思集》上海人民出版社 1982 年版

钟肇鹏　孔子的基本思想　《孔子研究》中国社会科学出版社 1983 年版

刘蔚华　孔子研究中的方法问题　《哲学研究》1984 年 9 期

张岱年　孔子在中国文化史上的地位　《北京日报》1985 年 19 日

刘蔚华　孔丘　《山东古代思想家》山东人民出版社 1985 年版

张岱年　孔子与中国文化　《清华大学学报》1986 年 1 期

侯外庐　孔子研究发微　《孔子研究》创刊号 1986 年

金景芳　我对孔子的基本看法　《中国史研究》1986 年 3 期

金景芳　孔子与六经　《孔子研究》1986 年 1 期

赵俪生　有关孔子思想中"仁"、"礼"关系的一点辨析　《孔子研究》1986 年 1 期

胡寄窗　关于孔子思想的再评价　《文汇报》1987 年 5 月 26 日

汤一介　孔子　《孔子研究论文集》教育出版社 1987 年版

李启谦　论孔子思想在现代社会中的价值　《齐鲁学刊》1989 年

20世纪儒学研究大系

　　　　1 期

蔡尚思　孔子的礼学体系　《孔子研究》1989 年 3 期

赵光贤　孔子中庸说管见　《孔子研究》1990 年 2 期

［美］成中英　孔子哲学中的创造性原理——论生即理与仁即生
　　　　《孔子研究》1990 年 3 期

刘国光　关于孔子思想评价问题　《辽宁大学学报》1997 年 2 期

刘宜善　孔子治学探析　《辽宁大学学报》1997 年 2 期

白　奚　孔老相会及其历史意义　《南京大学学报》1998 年 4 期

汤　勤　孔子礼学探析　《复旦学报》1999 年 2 期

周金恋　孔子的道德修养理论及其现实意义　《郑州大学学报》
　　　　1999 年 4 期

乔法容、朱金瑞　孔子"德教为先"思想的当代意义　《郑州大学
　　　　学报》1999 年 6 期

白　奚　孔老异路与儒道互补　《南京大学学报》2000 年 5 期

赵国权　孔子与河南历史文化述论　《南京大学学报》2000 年 6
　　　　期

　　　　　　*　　　　*　　　　*　　　　*

陈焕章　孔教会　《孔教会杂志》1 卷 1 号 1913 年 2 月

陈焕章　中国之新生命必系于孔教　《孔教会杂志》1 卷 1 期
　　　　1913 年 2 月

张　勋　上大总统请尊崇孔教书　《孔教会杂志》1 卷 1 期 1913
　　　　年 2 月

康有为　以孔教为国教配天议　《不忍》2 期 1913 年 4 月

廖　平　尊孔篇　《国学荟编》3 卷 1、4、6、9 期 1914 年

吴贯因　尊孔与读经　《大中华》1 卷 2 期 1915 年 2 月

吴　宓　论孔教之价值　《国闻周报》3 卷 40、41 期 1926 年 10 月

傅斯年　论孔子学说所以适应于秦汉以来的社会的缘故　《国立中山大学语言历史学研究所周刊》1 卷 6 期 1927 年 12 月

方　岳　孔子学说之发展　《新生命》2 卷 2、9 期 1929 年 9、12 月

范存忠　孔子与西洋文化　《国风》1 卷 3 期 1932 年 9 月

唐君毅　孔子与歌德　《国风》1 卷 3 期 1932 年 9 月

吴铁城　尊孔论纪念先师孔子之意义　《申报》1934 年 8 月 26 日

汪院长报告孔诞纪念之意义　《申报》1934 年 8 月 28 日

胡　适　写在孔子诞辰纪念之后　《独立评论》117 期 1934 年 9 月

倦　飞　尊孔与非孔　《大道半月刊》18 期 1934 年 9 月

历代尊孔诗文集　《大道半月刊》18 期 1934 年 9 月

再　烝　与尊孔者商榷　《骨鲠》40 期 1934 年 9 月

梁启超　康南海之孔教观　《大道半月刊》1 卷 2 期 1935 年 1 月

孔德成　现代中国怎样要孔子　《新亚细亚月刊》10 卷 2 期 1935 年 8 月

汪懋祖　文化建设与尊孔　《中央日报》1935 年 8 月 27、28 日

曲阜祭孔观光记　《中央日报》1935 年 8 月 31 日　9 月 10 日

石荣暲　历代尊孔纪　《道德》2 卷 2、3 期 1935 年 8 月,3 卷 1—3 期 1936 年 1、2 月

吴心恒　祀孔考略　《新亚细亚月刊》10 卷 2、3 期 1935 年 8、9 月

章太炎　尊孔意义　《国光杂志》9 期 1935 年

李华萱　曲阜孔庙大成乐器考　《进德月刊》1 卷 5、6 期 1936 年

蔡尚思　孔子和新时代的对立　《大公报》(上海)1949 年 2 月 22 日

朱谦之　十七、八世纪西方哲学家的孔子观　《人民日报》1962 年
3 月 9 日

林　琳　孔夫子在欧洲的面目　《羊城晚报》1962 年 12 月 31 日

汤志钧　五四运动和经学的终结　《中国哲学》1980 年 3 月

朱玉湘　试论"五四"时期思想界对孔子的评价　《孔子及孔子思
想再评价》吉林人民出版社 1980 年 4 月

吕明灼　五四时期李大钊对孔门伦理的批判　《东岳论丛》1981
年 1 期

丁伟志　论近代中国反孔思潮的兴起　《社会科学研究》1981 年
2 期

韩　达　打倒孔家店与批孔思潮　《百科知识》1982 年 11 期

蔡尚思　孔子思想问题的百家争鸣　《哲学研究》1983 年 2 期

〔澳〕Vivienne Teon 著　胡发贵译　论五十年代对孔子的再评价
《中山大学研究生学刊》1983 年 2 期

朱　州　新加坡与孔子　《世界知识》1983 年 12 期

徐远和　台湾的孔子研究　《孔子研究》1986 年 1 期

刘宏章　辛亥革命到建国前孔子研究的历史考察　《孔子研究》
1986 年 2 期

默明哲　近年来孔子研究的状况和进展　《孔子研究》1986 年 2
期

严北溟　谈孔子研究的宏观和微观　《孔子研究》1986 年 2 期

张岱年　探索孔子思想的真谛——六十年来对孔子思想的体会
《孔子研究》1989 年 3 期

冯增铨　对中国大陆 40 年来研究孔子情况的回想　《孔子研究》
1991 年 4 期

李　刚、何成轩　论中国近代的反孔思潮　《孔子研究》1992 年 3

期

岳国先　关于对孔子思想评价问题　《辽宁大学学报》1997 年 2
期